# 침례교 신학사들

## 하

티모시 조지, 데이비드 도커리 편집
침례교신학연구소 펴냄

침례신학대학교출판부

4265-88
ISBN : 0-8054-6588-X
Dewey Decimal Classification : 286
Subject Headings : BAPTISTS-BIOGRAPHY // BAPTISTS-DOCTRINES // THEOLOGIANS
Library of Congress Catalog Number : 89-29532
Printed in the United States of America

**Library of Congress Cataloging-in-Publication Data**

Baptist theologians / edited by Timothy George and David Dockery.
p. cm.
Includes biographical references.
ISBN 0-8054-6588-X
1. Baptists-Doctrines-History. 2. Theologians I. George, Timothy. II Dockery, David S.
BX6331.2.B29 1990 89-29532
230′.6′0922-dc20 CIP
[B] r89

# 「침례교 신학자들」 상하권의 기고자들

**Paul A. Basden,** Pastor
Valley Ranch Baptist Church
Dallas, Texas

**Stephen Brachlow,** Professor of Church History
North American Baptist Seminary

**L. Russ Bush III,** Dean and Academic Vice President
Southeastern Baptist Theological Seminary

**Mark Coppenger,** Executive Director-Treasurer
State Convention of Baptists in Indiana

**R. Alan Culpepper,** Professor of New Testament Interpretation
The Southern Baptist Theological Seminary

**Alan Day,** Pastor
First Baptist Church
Edmond, Oklahoma

**Mark E. Dever,** Ph.D. Candidate, J. B. Lightfoot Fellow
Cambridge University

**David S. Dockery,** Editor
Broadman Press

**Lewis A. Drummond,** President
Southeastern Baptist Theological Seminary

**Keith E. Eitel,** Professor of Missions
Criswell College

**Duane A. Garrett,** Associate Professor of Old Testament
Canadian Baptist Seminary

**James Leo Garrett Jr.,** Professor of Theology
Southwestern Baptist Theological Seminary

**Timothy George,** Dean
Beeson Divinity School, Samford University

**Stanley J. Grenz,** Professor of Theology and Ethics
Carey Hall, Regent College

**Fisher Humphreys,** Professor of Divinity
Beeson Divinity School, Samford University

**John N. Jonsson,** W. O. Carver Professor
The Southern Baptist Theological Seminary

**Molly MarsHall-Green,** Associate Professor of Theology
The Southern Baptist Theological Seminary

**R. Albert Mohler, Jr.,** Editor
*The Christian Index*

**Thomas J. Nettles,** Associate Professor of Church History
Trinity Evangelical Divinity School

**Bob E. Patterson,** Professor of Theology
Baylor University

**Harry L. Poe,** Assistant Professor of Evangelism
The Southern Baptist Theological Seminary

**Robert V. Rakestraw,** Associate Professor of Theology
Bethel Theological Seminary

**Kurt A. Richardson,** Assistant Professor of Historical Theology
Southeastern Baptist Theological Seminary

**Phil Roberts,** Associate Professor of Evangelism and Church Growth
Southeastern Baptist Theological Seminary

**L. Joseph Rosas** III, Assistant Professor of Religion
Union University

**Robert Sloan,** Associate Professor of New Testament
Baylor University

**Harold S. Smith**, Manager
General Trade Books, Broadman Press

**James Spivey,** Assistant Professor of Church History
Southwestern Baptist Theological Seminary

**Danny R. Stiver,** Assistant Professor of Christian Philosophy
The Southern Baptist Theological Seminary

**Gerald Thomas,** Ph.D. candidate, Martin Luther King, Jr., Fellow
The Southern Baptist Theological Seminary

**J. Barry Vaughn,** Assistant Professor of Religion
Samford University

**Timothy P. Weber,** Professor of Church History
Denver Seminary

# 목 차 - 상

# 목 차 - 하

# 서 문

“누구든지 책을 저술하는 사람은 서문을 써야하는 책무를 지는 것이 관례인 듯하다. 서문에서 기대하는 것은 바로 그 작품을 저술하도록 만든 동기를 밝히는 것이다.” 토마스 크로스비(Thomas Crossby)는 1738년 4권으로 구성된 「영국 침례교회사」(*The History of English Baptists*) 서문을 열면서 이렇게 말했다.

이 책의 기원 및 동기를 추적하면 어떤 무덤과 만나게 된다. 1987년의 어느 여름날 오후, 우리 두 사람은 켄터키 주 루이빌(Louisville)에 있는 케이브 힐(Cave Hill) 공동묘지를 함께 걸었다. 그곳은 이 책에 등장하는 신학자들 가운데 몇몇 사람이 묻혀 있는 곳이다. 우리는 하나님의 이런저런 위인들이 남긴 풍부한 신학적 유산에 대해 우리 각자가 느낀 빚에 관해 이야기했다. 그리고 과거의 수많은 침례교 거장들이 더 이상 전혀 기억되지 않거나, 기껏해야 동정적인 아련한 추억의 영역 속으로 사라져간다는 사실을 개탄했다. 우리는 목사들과 학생들 그리고 교사들을 위한 자료집으로 사용될 수 있도록, 침례교신학의 가장 주목할 만한 형성자들의 생애와 사상에 대한 개론서로 삼을 만한 논문들을 모으기로 결정했다.

침례교신학자들에 관한 논문들을 모으려는 우리의 열망에는 또 하나의 다른 동기가 있었다. 이 책을 편집하자는 생각이 맨 처음 떠올랐을 당시에 우리는 남침례교 총회(SBC)에서 벌어진 논란에 깊이 연루된 두 교육기관 즉 텍사스 주 달라스의 크리스웰대학(The Criswell College)과 켄터키 주 루이빌의 서든침례신학대학원(the Southern Baptist Theological Seminary) 교수들이었다. 우리의 개인적인 우정은 우리 교단의 불화 속에서 (우리의 의사와 관계없이) 우리를 논쟁적인 대립진영의 양쪽으로 갈라놓은 분리선을 가로질러 서로에게 다가서고자 하는 시험적인 노력을 통해 서서히 모습을 드러냈다. 그 과정에서 놀라운 사실을 발견할 수 있었다. 그것은 우리 둘 사이뿐만 아니라, 좀 더 넓은 범위의 동료와 친구들 사이에서, 의외로 이념과 헌신이 하나로 수렴된다는 것을 발견하면서 서로 변화를 경험하게 된 것이다. 서신왕래와 대화를 통하여, 수차례의 기도와 교제를 통하여, 서로가 타인에 대하여 가졌던 고정관념보다 훨씬 더 많은 공통점을 가지고 있다는 사실을 확인하게 되었다.

따라서 우리 침례교 유산 가운데 무시된 부분을 회복하기 위한 학구적 노력으로 시작한 일은 우리가 소속되어 있는 사랑하는 교단의 사명과 통일성에 기여하기를 바라는 프로젝트가 되었다. 침례교 혈통 안에서 다양한 관점을 가진 학자들이 자신들의 연구 성과를 공유하고 아마도 그 과정에서–서로를 향하여 소리질러대지 않고, 서로의 등 뒤에서 교활하게 소곤거리지도 않고, 겸손한 질문과 훈련된 사고의 맥락에서 진심으로 귀를 기울이고 배우는–대화의 기적을 경험할 수 있는 토론의 장을 마련하기를 열망했다. 몇 년 전 그 공동묘지를 거닌 이후에 우리 두 사람은 새로운 직책과 새로운 주소를 갖게 되었지만 이 책의 주제에 관하여 심사숙고할 필요성을 여전히, 아니 훨씬 더 시급하게 느꼈다.

공통의 기초를 모색할 때 우리는 신학적 중립을 선언하지 않는다. 우리는 우리 교단이 간직해 온 성경적 신앙에 대한 헌신이 새로워진 것에 대해서, 그리고 전 세계에 흩어져 있는 침례교인의 복음적 각성의 소식에 기뻐한다. 그러나 성령의 이와 같은 움직임들이 천박하고 가벼운 믿음으로 전락하지 않으려면 신학적 부흥이 동반되지 않으면 안 된다. 기독교신앙은 어떤 한 신자의 영적 체험보다 훨씬 더 깊고 더 넓다. 즉 기독교신앙은 예수 그리스도를 주(主)

로 고백하는 것과 그 고백으로부터 성령의 능력에 의하여 하나님의 백성 가운데서 살아가는 것이다. 신학은 꽉 막힌 공부벌레들을 위한 상아탑 활동이 아니다. 그것은 주님께 신실하기를 구하는 모든 기독교인과 모든 교회가 짊어져야 하는 진지한 책임이다. 우리를 앞서간 사람들이 그 신앙을 어떻게 표현하였는지를 살펴봄으로써 이 격랑의 시대에 우리 자신의 신학을 훨씬 잘 형성해 낼 수 있을 것이다. 따라서 어떤 점에서는, 이 책에 실린 논문들은 다음에 쓰여질 다른 책들을 위해 반드시 필요하면서도 예비적인 연구가 될 것이다.

19세기에 근대 역사편찬의 아버지인 레오폴드 폰 랑케(Leopold von Lanke)는 역사가의 과업이 과거를 "실제 일어난 그대로" 기술하는 것이라고 선언했다. 그러나 이 관념이 과거 사건들에 대한 변증적 왜곡에 대한 귀중한 교정책이기는 하지만, 역사는 결코 과거를 "실제로 일어난 그대로" 단순히 재현하는 것이 아니다. 역사는 언제나, 불가피하게 과거 사건에 대한 해석, 과거를 되돌아보는 관점, 역사 자료 자체에 의하여 그리고 그 자료들을 골라내고 평가하는 역사가에 의하여 조건화된 시야(視野)다. 우리는 침례교신앙이라는 넓은 범위에서 이 책의 기고자들을 신중히 선정했다. 그리고 그들에게, 할당된 신학자들을 분석할 뿐만 아니라 평가하라고 의뢰했다. 우리는 아주 조금 편집적인 수정을 했고, 논문들을 가급적 제출된 대로 실리도록 했다. 이것은 신학자들의 고찰과 해석의 다양성이 더 깊은 연구와 대화를 촉진하기를 바라는 마음에서였다. 동시에 우리는 침례교신학의 경로와 미래에 관한 우리 자신의 전망을 이 책의 서장과 종장에서 명백하게 진술했다.

우리의 가장 어려운 과제 가운데 하나는 어떤 신학자들을 선정하여 연구해야 할지를 결정하는 것이었다. 초창기 침례교인들은 영국의 대학들에 입학하는 일이 법적으로 금지되었고, 그들의 신학교육기관의 발전은 더뎠다. 침례교 최초의 신학교육기관은 1679년 브리스톨에서 목회자를 양성하기 위한 기금을 가지고 세운 것이었다. 그 당시에 신학저서는, 비록 공교육은 받지 못했다고 해도, 결코 무식하지 않은 목사들과 전도자들에 의해서 저술되었다. 번연, 키치, 길, 풀러는, 전후 시대에 남침례교신학에서 가장 영향력 있는 인물들이라고 할 수 있는 크리스웰과 허쉘 홉스처럼, 목사인 동시에 신학자로 오늘날도 살아있는 전통에서  매우 유명한 대표자들 가운데 네 사람이다. 이 책에 소개된 또 하나의 그룹은 교회에서 봉직할 목회자들을 훈련시키면서도 조직신학 저서들을 저술한 전문적인 신학자들이다. 제임스 보이스, 아우구스투스 스트롱, 멀린스, 카너는 이런 수고를 한 지도자들이었다. 하지만 성경이 침례교 역사에서 수행해 온 중대한 역할을 고려해서, 고유한 의미에서의 "조직"신학자들에 국한하지 않고 우리 교단 안팎에 상당한 영향을 끼친 성경신학자들도 선택했다. 이 범주에 속하는 사람이 휠러 로빈슨, 조지 래드, 조지 비슬리 머레이다. 신학적 수고와 유산이 침례교 범주를 뛰어넘는 맥락에서 가장 잘 이해되는 사람들도 있다. 사회복음에 관한 월터 라우쉔부쉬의 관점은 현대 개신교 자유주의의 중요한 연결점으로써 널리 알려져 있고, 흑인신학을 위한 데오티스 로버츠의 의제설정은 흑인 침례교회에 국한되지 않는다. 칼 헨리와 카넬은 현대의 초교파적 복음주의의 주요 형성자들이다. 각 장은 (1) 생애, (2) 해설, (3) 평가, (4) 중요한 저작물의 목록으로 구성되었다. 후주는 각 장의 마지막에 있다.

선별된 대부분의 신학자들은 우리 자신들의 상황과 지평을 즉 북미 침례교-주로 북미의 남침례교-을 보여준다. 분명히 전 세계로 뻗어나가는 침례교인들 가운데서 신학적 거장들이 새롭게 등장할 것이다. 우리는 우리 임무의 한계 내에서 전체 침례교인 가운데 일부 그룹의 대표자들을 선별했다. 마지막 개관은 침례교 세계를 형성한 다른 많은 사람들을 제시했다. 분명히 새로운 판이 등장할 가능성이 있다. 틀림없이, 이 책의 기고자들 가운데 장차 이와 유사한 연구를 위한 연구 대상이 될 사람들이 나올 것이다. 이 책이 침례교신학의 부활을 강화시켜 줄 최초의 책이 되기를 우리는 기도한다.

이 책과 같이 방대한 책은 많은 사람들의 능력 없이는 만들어질 수 없다. 비록 침례교신학의 부활을 향한 우리의 비전이 기고문들의 다양성 때문에 독자들에게 명백히 다른 모습으로 그려지게 될지라도 그러한 우리의 비전을 공유하는 기고자들에게 감사할 따름이다. 또한, 원고 전체 혹은 일부분들을 읽고 귀중한 제안을 주신 분들에게 감사의 말을 전한다. 테네시 주 내슈빌의 역사 위원회 관계자들은 자료와 사진들을 제공해 주었다. 그들의 도움에 감사한다. 우리는 우리에게 목사안수를 해주었고, 침례교 목사가 되는 것이 무슨 의미를 갖는지에 관하여 큰 이해를 갖게 해준 두 분에게 이 책을 헌정했다. 우리의 가족들은 우리가 이 프로젝트를 완성할 수 있도록 여러 차례 과외의 희생을 치렀다. 그들의 지속적인 사랑과 후원에 감사한다. 특히, 라레스 더커리와 데이비드 스미스가 마련한 세심한 색인에 감사한다. 끝으로 그리고 궁극적으로, 우리를 은혜로 구원하시고 사역에 대한 소명을 주신 우리 주님께 찬양과 감사를 드린다.

오직 하나님께 영광(*Soli Deo Gloria*)

데이비드 도커리

티모시 조지

# 「침례교신학자들」 하권을 내며

티모시 조지(Timothy George)와 데이빗 도커리(David Dockery)의 「침례교신학자들」(Baptist Theologians) 번역본 상권이 나온 지도 벌써 2년이 지났다. 하권의 출판이 늦어진 데 대한 변명이 필요한 시점이다. 그 동안 신학연구소 소장과 연구원이 바뀌면서 일관된 일의 추진이 아무래도 어려웠던 점이 있었고 다른 밀렸던 일과 새로운 일들 사이에서 아무래도 하권의 작업이 용이하지 않은 상황이었다. 그럼에도 불구하고 하권이 조속히 나오길 기대했던 분들이 계셨다면 참으로 그 분들께는 죄송스러운 일이다. 그러나 이제 하권이 나왔으니 그것으로 만족해 주신다면 얼마나 감사한지 모른다.

「침례교신학자들」 상하권은 침례교의 주요 인물들의 생애와 신학사상을 간단하게 잘 정리한 책이므로 침례교회사와 침례교 신학을 공부하는 이들에게 지속적으로 참고도서의 역할을 할 것이라 기대한다. 아울러 이 책을 통하여 한국의 침례교인들이 침례교의 유산을 이해하는 데에 많은 도움을 얻었으면 하는 마음이 간절하다. 부족하나마 상하권이 이제 나란히 책꽂이 꼽힐 수 있기까지 수고를 하신 모든 분들에게 심심한 감사의 말씀을 전한다.

2010년 8월

침례교신학연구소

소장 남병두

# 17. 윌리엄 벨 라일리(William Bell Riley)

티모시 웨버(Timothy P. Weber)

윌리엄 벨 라일리
(William Bell Riley)

미국 종교사가들은 근본주의와 현대주의 사이의 논쟁에서 윌리엄 벨 라일리(William Bell Riley)의 중요성을 더욱 더 인정해왔다. 그는 여러 가지 수식어로 알려졌다. 즉 "근본주의가 배출한 가장 유능한 행정가,"[1] "20세기 초반에서 정통주의 경향을 지닌 가장 탁월한 리더," "미국의 근본주의자들에게 유일한 총체적 단체"의 설립자,[2] "근본주의의 건설자,"[3] 그리고 "미국 근본주의를 조직한 천재"[4] 등으로 불렸다. 그러나 이제까지 아무도 그를 신학자로 부르지 않았는데, 라일리는 이러한 사실을 아마도 더 좋아했을 것이다. 위에서 본 수식어가 가리키는 것처럼, 그는 행동가요 실행가였으며, 그의 생애는 안정된 학자의 삶과 별반 다르지 않은 신앙의 수호자였다. 사실상, 그는 신학자들을 세상에서 별로 호감이 가지 않는 사람들로 여겼다. 이러한 사람들에는 특히 자유주의 신학자들이 있었고, 또한 논쟁기간 그들의 확신을 절대 굽히려 하지 않는 보수주의자들도 포함된다.

라일리는 학자가 아니라 일반인 가운데 한 사람이었다. 그럼에도 그의 신학적 견해는 북침례교단(the Northern Baptist Convention)의 안과 밖에서 수많은 사람에게 커다란 영향을 끼쳤다. 즉, 그는 "뒷문으로 천국을 침노하여"[5] 교육받은, 교회의 지도층을 넘어서는 방법을 알았던 대중적 종교지도자 가운데 한 사람이었다.

## 생 애

윌리암 벨 라일리(William Bell Riley)는 1861년 3월 22일 인디애나(Indiana), 그린 카운티(Green County)에서 켄터키 출신의 브랜슨 래디쉬 라일리(Branson Radish Riley)와 펜실베이니아(Pennsylvania) 출신의 루스 아나 잭슨(Ruth Anna Jackson) 사이에서 태어났다. 노예제도에 찬성하는 민주당원이며 남부지지자였던 브랜슨 라일리는 남북전쟁이 발발하자 얼마 후 오하이오 강을 건너 가족과 함께 켄터키(Kentucky)로 이주했다.[6] 라일리는 그의 아버지가 운영하는 담배농장에서 자랐다. 전기작가인 그의 아내가 묘사한 것처럼, 그는 켄터키를 주기적으로 휩쓸던 "따스한 복음주의 부흥의 물결 속에서 깊은 영향을 받았다." 그의 부모는 모두 헌신된 신자들이었으며, 윌리엄은 17세에 자신의 신앙을 고백했다.[7]

그러나 그때까지도 라일리는 변호사가가 되기를 원했다. 1879년 그는 담배농장에서 그가 번 돈으로 인디애나의 발파라소 보통학교(Valparaiso Normal School)에서 1년제 대학예배과정에 등록했다. 1880년 봄에 그는 교원자격증을 지니고 가을에 대학을 다닐 계획으로 인디애나를 떠났다. 그러나 그는 경제적 어려움 때문에 나중에 다시 농장으로 돌아와 지내야했다. 거기서 그는 커다란 갈등을 겪은 뒤, 복음을 전하라는 소명에 순종했고 충실히 앞을 향해 나갔다.

1881년 가을에 그는 남부 인디애나의 장로교 학교인 하노버(Hanover)대학에 입학했다. 거기서 그는 레슬링과 토론에서 뛰어남을 보였고, 그의 새로운 소명에 맞게 켄터키 변두리에 있는 두 개의 작은 침례교회를 담임하였다. 1885년 자기 반에서 4등으로 졸업한 그는 그 후 바로 루이빌에 있는 서든침례신학대학원(The Southern Baptist Theological Seminary)로 옮겼다. 그는 3년간 신학 과정을 마친 뒤, 인디애나의 뉴 알바니(New Albany, 1887-88), 라파예트(Lafayette, 1888-91)와 일리노이의 블루밍턴(Bloomington, 1891-93)의 작은 세 교회에서 목회활동을 하였다. 라파예트에서 목회하는 동안 그는 릴리안 하워드(Lillian Howard)와 결혼했고, 6명의 자녀를 두었다.

1893년 라일리는 시카고에 있는 새롭게 구성된 갈보리침례교회(the Calvary Baptist Church)로 옮겼다. 그곳은 그리스도를 위한 도시를 이루려는 열망으로 가득 차 있었다. 그는 열정적인 젊은 목사였고 이러한 그의 사역은 곧 결과를 맺었다. 4년 만에 회원은 60명에서 500명으로 늘었지만 그는 행복하지 않았다. 1893년의 혹독한 불황으로 인해 교회는 그에게 재정적 책임을 다하지 못하게 되었다. 그러나 더 큰 문제는 도시가 그를 미미한 존재로, 그의 업적은 보잘 것 없는 것으로 만들어버린 것이다. 그는 "대도시는 가장 유능한 자가 아니고는 어떠한 목사에게든 적당하지 않은 곳이다. 그 커다란 도시는 기회를 감소시키고, 영향력을 제한하고, 심지어 개인의 가능성을 파괴하기에 충분한 곳이다"라고 결론지었다.[8] 라일리는 중간 크기 도시의 시내에 있는 교회에서 더 잘할 수 있을 것이라고 생각했다. 1897년 그는 자신에게 알맞은 도시와 교회를 찾았다. 그곳은 미니아폴리스의 제일침례교회(the First Baptist Church in Minneapolis)였고, 그곳에서 그는 45년 동안 거주하며, 미국에서 가장 놀라운 기독교왕국 가운데 하나를 만들었다.

제일침례교회는 1854년에 세워졌고, 라일리가 담임목사가 되었을 무렵에는 아름다운 시설들과 약삭빠른 회원들로 유명해졌다. 결코 어떠한 부류의 엘리트들도 좋아하지 않던 라일리는 평범한 대중으로 교회를 채우기로 결심했다. 그는 활동적인 회원들을 제외하고는 모든 회원명을 삭제하도록 교적부를 개정했다. 그는 교회위원회를 재조직함으로써 보수파 세력의 근원을 잘라내고, 전용좌석 임대를 폐지하고, 레이디원조협회(the Ladies' Aid Society)가 바자회나 교회 만찬을 통해 기금을 모으는 것을 중지시켰다. 또한 교회회원들이 그들의 수입에서 십일조를 하도록 했고, 영화관람, 카드놀이, 춤과 같은 세속적인 유흥을 비난했다. 전임자가 예배의식을 강조했지만 그는 강력한 복음적 설교로 그 강조점을 전환함으로써 교회의 특성을 변화시켰다. 그 결과들은 명확하게 드러났다. 제일침례교회의 회원들은 변화되기 시작했다. 미니아폴리스에서 처음 1년 동안 그가 교회로 이끈 영혼들이 300명이었는데, 그 가운데 거의 4분의 3이 블루칼라와 화이트칼라의 노동자였다.[9] 교회의 보수파들은 교회가 중하류층화 되어간다는 것을 알고 저항했다. 5년 동안 라일리는 그를 몰아내려는 시도들을 참아냈고, 결국 146명의 사람들이 다른 교회를 세우기 위해 떠났다.[10] 라일리가 주도권을 얻은 후, 교회는 급속히 성장했다. 그가 부임했을 때 585명이었던 회원들은 그가 은퇴할 때 3,550명으로 늘어났다.[11]

그는 언제나 제일 먼저 목사로 자신을 여겼지만, 자신이 해야 할 다른 일들을 찾는 데 소홀하지 않았다. 그는 곧 시민개혁가, 대중부흥운동가, 기독교교육가, 교회정치가로서 입지를 굳혔다. 목회생활 초기부터 그는 도시 목회자들이 사회문제들에 관해 공적인 직책을 맡아야 한다고 믿었다.[12] 시카고와 미니아폴리스에서 그는 시민연합에 가입했으며, 그것을 통해 주류산업과 부도덕에 반대해 싸웠고, 정부의 부패에 대항했다. 더 나아가 미니아폴리스로 옮긴 후에, 제일침례교회는 그에게 1년에 4개월을 교회에서 떠나 순회설교자로서 활동할 수 있도록 허용했다. 1920년 이후에 다른 책무들로 인해 그는 부흥설교를 줄여야 했다. 하지만 20년 동안 그는 전 미국과 해외에서까지 1년에 3-4주 동안 복음전도활동을 했다.[13] 그는 미네소타의 침례교회들의 1/3이 목사가 없는 교회라는 것을 알고, 1902년 작은 마을과 시골 회중에게 목사를 보내기 위해 초교파 노스웨스턴 성경선교훈련학교(the interdenominational Northwestern Bible and Missionary Training School)를 세웠다. 1938년 그는 도시 교회에 지도자들을 공급하기 위해 노스웨스턴복음주의신학대학원(the Northwestern Evangelical

Seminary)을 세웠으며, 1944년에는 교양과목 교육기관인 노스웨스턴대학(Northwestern College)을 설립했다.[14)]

이러한 활동으로 라일리는 무한한 에너지를 지닌 진취적이고, 탁월한 지도자라는 평판을 얻었다. 그는 이러한 평판을 근본주의-현대주의 논쟁에 활용했다.[15)] 이단을 색출하는 능력과 투쟁을 좋아하는 기질을 타고난 그는 일찍이 정통신앙을 위협하는 자유주의의 위협을 감지했다. 그는 1차 세계대전 중에 그 세력을 얻은 예언컨퍼런스(the Prophetic Conference) 운동에 참여하여 전투적인 보수주의의 지도자로서 신용을 얻었다. 한 세기가 바뀌는 1890년에 세대주의적 전천년주의(dispensational premillennialism)로 전환한 그는 성경예언컨퍼런스(Bible prophecy conference)에서 정기적으로 연설하였고, 거기서 사람들과 교제하며 자신이 신뢰할 만한 정통신앙을 가진 인물로 각인시켰다. 그는 점차 커져가는 불안한 마음으로 신학적 자유주의의 확산을 지켜보았다.[16)]

1차 세계대전 말기, 라일리는 보수주의자들이 현대주의자들의 도전에 직면하여 초교파적인 조직체를 구성할 필요가 있다고 믿었다. 지지를 위해 천년왕국의 도래를 믿는 지도자들과 1918년 대규모 예언컨퍼런스를 강연장소로 활용한 그는 1919년 5월 필라델피아에서 열린 기독교근본에 관한 대회에 출사표를 던졌다. 시간이 되자 6천명의 사람들이 나타났고, 세계기독교근본주의협회(the World's Christian Fundamentals Association, WCFA)의 존속을 위한 투표를 했다. 그는 사무국장(general secretary)으로 선출되었고, 협회가 발행하는 잡지 「교회와 학교에서 기독교의 근본」(Christian Fundamentals in School and Church)의 편집장이 되었다. 5개의 위원회는 확실히 라일리가 가입한 많은 근본주의자들의 조직체들의 활동들을 조정하기 위해 설립되었다. 그는 즉시 근본주의 설교자들의 팀을 구성해 순회활동을 하도록 했다. 현대주의의 시대는 얼마 남지 않았다고 확신하며, 전 미국에 걸쳐 전격적으로 그들을 공격했다. 사실 직설적으로 말하는 그는 "새로운 개신교의 발흥을 시작할 시기이며, 마르틴 루터가 비텐베르크에 걸었던 95개 반박문보다 더 역사적인 사건이 될 것이라고 호언하며" WCFA의 설립을 발표했다.[17]

그러나 순탄하지 않았다. 라일리는 곧 근본주의가 가장 해이한 독자적인 종교 사업가들의 연합으로 구성되어 있음을 알았다. 이들은 아마도 자신들 가운데 가장 탁월한 행정가인 라일리에게 자신들이 어렵게 얻은 권한을 내줄 생각이 없었다.[18] 결과적으로, WCFA는 해마다 이렇다 할 만한 활동을 하지 못했고, 이루어낸 결과도 아주 미미하였다. 1920년 라일리는 윌리엄 제닝스 브라이언(William Jennings Bryan)을 영입하였고, WCFA가 진화론에 대항하는 활동을 하도록 주의를 끌었다. 그 후 몇 년 동안 라일리는 여러 주(state)에서 반진화론을 법제화하기 위해 강력한 캠페인을 벌렸고, 진화론자들과 24번의 논쟁을 치렀다. 그러나 10여년이 지난 뒤 그는 자신이 학교에서 다윈주의(Darwinism)를 몰아내는 데 실패했다는 것을 알았다.[19] 1929년 그는 사무국장직을 사임하고, 10년간의 노력에 비해 별 성과를 이루어내지 못한 채 WCFA를 떠났다.[20]

라일리는 WCFA를 이끌면서 동시에 북침례교단(the Northern Baptist Convention, NBC)에 깊이 관련하고 있었다.[21] 1920년 경 보수주의자들은 교단 내의 자유주의에 대해  깊은 우려를 하였다. 그들은 J. C. 메씨(J. C. Massee)의 지도로 근본주의협회(the Fundamentalist Fellowship)를 조직했고, 침례교 학교들과 선교기관들에 대한 철저한 조사를 요구했다. 그러나 여러 곳에 자유주의(liberalism)가 확산되어 있음을 확인한 보고들이 있음에도, 교단이 아무런 조치도 취하지 않으려하자, 근본주의자들은 다른 접근을 시도했다. 그들은 교단이 신앙에 대한 구속력 있는 진술을 채택할 것을 제안했고, 교회로부터 자유주의를 몰아낼 것을 희망했다. "신조주의"(creedalism)는 대다수 침례교인들에게 인정받지 못했기 때문에, 근본주의자들은 어떻게 자신들의 생각을 교단에 납득시킬 것인가에 대해 논쟁했다. 1922년 경 라일리는 일치된 의견을 기다리며, 자신이 해야 할 중대한 일들로 인해 지치게 되었다. 그는 NBC의 공식적인 신조로 1833년의 뉴햄프셔신앙고백서(the New Hampshire Confession)를 채택하여 해결할 것을 제안했다. 자유주의자들은 준비를 하고 있었다. 그들은 "신약성경이 침례교 신앙과 행습에 온전히 충분한 근거며, 우리는 다른 진술들을 필요로 하지 않는다"면서 해결점을 제시했다. 성경에 반하여 투표하기를 원하지 않았던 보수주의자들조차도 1,264명 가운데 637명이 자유주의자들의 해결책을 지지했다. 라일리는 투쟁을 계속했다. 다음 몇 년 동안 그는 교단과 관련된 문제들을 결정할 때 NBC로부터 유급으로 고용된 사람들을 제외시키려고 했고, NBC에 속한 교회들에서 회원이 되기 위한 전제조건으로 침수례에 의한 침례를 넣으려 시도했으나, 결코 투표로 이길 수 없었다.

라일리와 다른 전투적 보수주의자들은 그러한 실패들이 "근본주의 협회"(the Fundamentalist Fellowship) 내의 약한 지도력에 기인한다고 비난하며, 더 적극적인 행동을 촉구했다. 1923년 라일리와 캐나다의 쉴즈(T. T. Shields), 텍사스의 프랭크 노리스(J. Frank Norris)는 침례교성경연합(the Baptist Bible Union)을 조직했고, 북부와 남부, 그리고 캐나다 침례교단들에 있는 근본주의자들의 연합을 모색했다. 라일리와 두 동료들의 지도로 BBU는 더욱 호전적인 자세를 취했으나 NBC에서 형세가 뒤바뀌어 "근본주의협회"보다 더 성공하지는 못했다. BBU에서 일부 사람들이 교단을 떠나라고 위협했을 때, 라일리는 어떠한 분리주의적인 소문도 묵살했고, 근본주의자들이 교회의 주도권을 되찾을 때가 가까웠다고 완전히 확신했다.[22] 그러나 라일리의 예측은 빗나갔다. 1927년경 대부분 근본주의자들은 자신들이 변화시킬 힘을 가지고 있지 않다고 판단했다. BBU에 남겨진 사람들이 결국 1923년 NBC를 탈퇴하여 레귤러 뱁티스트 일반협회(the General Association of Regular Baptists)를 만들기로 결정했을 때, 라일리는 교단을 아직도 구할 수 있다고 확신하면서 남아있기로 했다.[23]

그 후, 1930년 경 NBC로부터 자유주의자들을 쫓아내고, 학교로부터 진화론을 몰아내는 일로 잘 알려진 그의 활동은 끝이 났다. 비록 그가 전국적인 후원을 받은 근본주의 지도자로 남았지만, 라일리는 자신의 지역에 관한 문제에 더 집중하였다. 아내 릴리안(Lillian)이 죽은 지 2년 후인 1933년에 그는 노스웨스턴 성경선교훈련학교(Northwestern Bible and Missionary Training School)의 여성 학장인 마리 에이콤(Marie Acomb)과 결혼했다. 아마도 자신의 기대들이 어긋났음을 반영하듯이, 라일리는 "시온장로들의 협정"(The Protocols of the Elders of Zion)을 증진하는 일에 제럴드 윈로드(Gerald B. Winrod), 아르노 게벌레인(Arno C. Gaebelein)과 다른 세대주의 지도자들과 연합했다. 이 협정은 유대인들이 기독교문명을 파괴하려는 음모를 계획하고 있다는 반유태적 태도와 그들이 공산주의와 밀접하게 관련된 국제적 음모단이라는 것을 파헤치는 것이었다.[24] 그러므로 예전에 낙관주의적 행동가인 그는 '대공황'(the Great Depression), '뉴딜정책'(the New Deal), '영화산업'(the movie industry), '조직범죄'(organized crime)와 '현대주의의 성공'이 어떻게 작은 그룹인 유대인 음모자들에 의해 초래되었는지를 자세히 밝히는 데 그의 생애 절반과 마지막 10년을 소비했다.[25]

동시에 그는 우파정치에 관심을 가지면서, 교회와 학교를 성장시켰다. 노스웨스턴 학교들(Northwestern Schools)의 졸업생들은 곧 수 백 명으로 증가했고, 그의 네트워크는 중서부의 북부까지 뻗어나갔다. 복음적 기독교를 위해 NBC를 안전하게 지켜낼 수 없었지만, 적어도 그는 미네소타의 침례교단을 구할 수 있었다. 라일리는 1944년과 1945년에 의장이 되었고, NBC와 모든 실질적인 관계를 끊었다. 비록 1942년 은퇴한 때부터 그의 회중은 NBC와 관계를 유지하기로 결정했지만, 그는 1947년에 미국 보수주의 침례교협회를 설립하기를 원했다. 결국 1947년 5월 라일리는 그 교단 내에서 자신의 회원권을 포기했고, 그 교단에는 희망이 없다고 확신했다.[26]

그러나 아직 한 가지 해야 할 일이 남아있었다: 그것은 노스웨스턴 학교들을 이끌 후계자를 찾는 일이었다. 1947년 8월에 라일리는 병석에서 28세의 복음주의자인 빌리 그래함(Billy Graham)을 불러 다음과 같이 말했다. "사랑하는 이여, 사무엘이 이스라엘의 왕으로 다윗을 임명한 것처럼, 나는 당신을 이 학교의 학장으로 임명합니다." 그래함은 받아들이기를 주저했다. 5개월 후 "근본주의의 주역"[27]인 윌리엄 벨 라일리는 세상을 떠났다. 시카고의 무디 기념교회의 목사인 해리 아이언사이드(Harry Ironside)는 떠나간 친구를 위해 다음과 같이 기록했다: "우리는 하나님께서 결코 자신을 되풀이 하지 않는다는 것을 기억할 필요가 있습니다. … 하나님께서는 라일리를 잇는 다른 이들을 보내실 것이지만 결코 그와 같은 사람은 없을 것입니다."[28] 엘린 러셀(C. Allyn Russell)에 따르면, "라일리의 제자들은 그의 죽음을 애도했고, 그의 정적들은 그 사실을 기뻐했다."[29]

## 사상

신학적으로 많은 면에서 라일리는 전형적인 침례교 전통주의자였다. 그는 19세기 가장 대중적인 침례교 "신조"(creed)인 1833년의 "뉴햄프셔신앙고백서"(the New Hampshire Confession)를 지속적으로 신뢰했다. 그가 첫 번째로 낸 주요 저서는 그 신앙고백서를 해설한 것이었다.[30] 그리고 우리가 알듯이, 1922년 그는 NBC에 그 신조를 구속력이 있는 신앙의 진술로 채택하려고 시도했다. 그러나 다른 수 백 명의 침례교 전통주의자들은 라일리와 그의 계획을 결코 지지하지 않았다. 그것은 아마도 라일리가 자신이 생각한 것만큼 전통적이지 않았다는 것을 의미한다. 근본주의자로서 라일리는 성경의 무오류성(Biblical inerrancy)과 세대주의적 전천년설(dispensational premillennialism)의 양극단 사이에서 자신의 침례교 신학을 전개했다.

뉴햄프셔신앙고백서에 의하면, "성경은 신적인 영감을 받은 사람에 의해 기록되었으며, 하늘의 가르침을 담고 있는 완전한 보화다…. 성경의 저자는 하나님이고, 그 목적은 구원이며, 그 내용은 어떠한 오류의 혼합도 없는 진리다." 20세기 전통주의자들은 아직까지 이 진술을 확신하고 있지만, 그들 중 상당수는 새로운 성경학문의 견지에서 그것을 얼마나 지속할 수 있을지 의심하고 있다. 비록 대부분의 보수주의자들이 아마도 “무오류성”을 “어떠한 오류의 혼합도 없는 진리”로 이해했지만, 그들 중 많은 이들은 프린스턴신학교의 장로교 보수주의자들이 한 것처럼 철저하게 무오류성을 강조했다고 여기지는 않았다.[31] 사실 북부의 지도적인 보수적 침례교 신학자인 아우구스투스 스트롱(Augustus Strong)은 그의 성경론에서 언어의 무오류성을 지속적으로 회피했고, 옹호할 수 없는 위치에 있다고 경고했다.[32]

윌리엄 벨 라일리는 그렇지 않았다. 성경에 대한 고등비평을 공격하는 견지에서 그는 무오류성 교리는 정통주의에서 없어서는 안 되는 것(the *sine qua non* of orthodoxy)이라고 믿었다. 1891년에 그는 뉴햄프셔 고백서가 성경에 대해 진술한 것을 확신했고 비록 인간이 실제적으로 문자를 기록했지만, 그들은 단지 “신적 통로의 매개체였고, 그다지 중요하지 않은 생각을 지닌 기록자들처럼, 자신들이 알고 있는 것보다 더 많이 기록했다.” 하나님께서 최종적으로 검토하여 “모든 책, 장, 절, 문장과 심지어 단어”도 쓰셨다. 그것이 성경의 종교적 진술과 역사적이고 과학적인 진술들 사이를 구분하려고 하는 것이 위험스럽고 불가능한 이유다. 라일리에게 성경은 “오류가 없고, 완전한 것이다 … 그 통일성은 도덕과 종교뿐만 아니라 역사로까지 확장되며, 사상뿐만 아니라 표현되는 형식까지 포함한다.”[33] 라일리는 비록 전달과 번역에서 오류가 본문에 퍼져있다는 것을 알았지만, 그러한 잘못들이 말씀의 진실성에 어떠한 의심을 가하는 것이 아니고, 실제적으로 경건한 마음에 두려움을 주는 것도 아니다”라고 주장했다.[34] 최초의 원본은 오류가 없었고 현재의 본문은 그것과 비슷하다. 이 점이 프린스턴의 무오류성 교리가 침례교의 옷을 입은 것이다.[35]

라일리에 따르면, 무오류성을 부인함으로써 현대주의의 두 가지 심각한 오류인 고등비평과 진화론이 생겨났다. 이 두 가지는 그 옹호자들이 과학에서 무신론적 견해를 가지고, 학문에서 억측하여 만들어낸 것이다. 라일리가 강하게 반대한 이유는 그러한 이론들이 진정으로 과학적이지 않기 때문이다. 그것들의 결론은 실제로 증명되지 않은 가정들이었고, 그 "확정된 결과들"은 귀납적인 과학적 방법으로 지지될 수 없는 것이었다. 실제로 라일리는 그러한 비상식적인 것을 개방적인 마음과 일반적인 상식을 지닌 사람이 어떻게 믿을 수 있는지 이해하기 어려웠다. "그들을 제외하고, 또한 그들이 가르치고 있고, 정신적으로 너무 부족하여 심지어 불확실한 것조차 습득하려고 애쓰는 일부 학생들을 제외하고, 그 누가 그들의 주장을 듣고 확신하겠는가?"[36] 그는 80퍼센트나 그 이상 되는 신학교의 졸업생들이 이제까지 현대주의자들의 선전에 넘어간 일이 없다는 증거를 가지고 있다고 주장했다.[37] 형세를 전환시키기 위해 현대주의자들은 그들의 학생들을 위협하거나 속인 것이 틀림없다. 라일리는 농장으로부터 젊은 학생들을 데려다가 그러한 비양심적인 선생들의 교실로 던져넣는 것은 비도덕적이라고 단언했다. "한 사람이 복종해야 하는가 아닌가를 결정하는 능력을 갖기 전에… 그 사람이 지닌 신앙을 파괴하는 것을 정당화하는 것은 노상강도가 하는 짓보다 더 나쁜 약탈 행위다."[38]

라일리는 자신이 완고하게 성경적이거나 과학적인 학문을 반대하는 것이 아니라 단지 현대주의자들을 엉터리 결론으로 이끄는 반초자연주의적 전제들(the anti-supernatural presuppositions)을 반대하는 것이라고 했다. 신학적으로 정통이 되는 것과 진화론의 일면을 믿는 것이 가능했을까? 라일리에게 그것은 불가능한 것이다: "유신론자이면서 진화론을 지지하는 사람들이 있고, 또 그들은 그렇게 말한다. 그러나 예외 없이 그들은 성경의 하나님을 섬기는 사람들이 아니고, 예수 그리스도의 본질적인 신성을 받아들이는 사람들도 아니다."[39]

라일리는 그가 그렇게 완고하게 거부했던 사상들을 정말로 이해하고 있었을까? 이것은 라일리가 그런 이론들에 대해 학문적인 비판을 한 적이 없기 때문에 결코 알 수 없다. 그의 저서 가운데 상당수는 학문적인 담론의 매개체로 적합하지 않은 설교를 옮긴 것이다.[40] 그리고 라일리가 처음에 설교하지 않았던 것들조차 일반 대중들을 위해 쓴 것이었다. 그는 상대편의 사상을 받아들이지 않고 그 특성을 나타냈다. 이러한 면에서, 그의 가장 학구적인 저서들조차도 1920년대에 진화론자들과 공공연히 논쟁한 것들보다 더 깊이를 지닌 것은 거의 없었다. 그러한 대결들은 학문적인 문제들에 대해 고도의 논의를 하려고 의도된 것이 결코 아니었다. 그것은 이미 자신들이 가진 확고한 신념들을 그들의 신도들에게 확신시킬 수 있었던, 또한 모두가 다른 누군가를 희생하여 재미를 느낄 수 있던 공공연한 구경거리였다. 그러한 논쟁들은 라일리에게 결코 학문적인 행위가 아니라, 청중들의 관심을 끌고 교회회원들을 증가시키는 기회였다.[41]

이러한 고찰이 라일리의 능력이나 동기에 이의를 제기하고자 하는 것은 아니다. 대중적인 종교지도자로서 그의 첫 번째 의무는 어떻게 현대주의가 형성되었는지가 아니라 무엇을 지향하는 가를 보여주는 것이다. 그는 현대주의가 신학, 종교 그리고 도덕에 악영향을 준다는 사실을 사람들이 알기를 원했다.[42] 그는 일반 대중이 전문가라고 불리는 사람들보다 현명하며, 만일 그들을 격려하고 힘을 준다면, 성경과 기독교신앙을 훨씬 잘 이해할 수 있을 것이라고 철저히 확신했다.[43] 이러한 사실은 라일리가 미국 교육, 과학의 토대로써 사용되지 않은지 오래된 "상식철학"(Common Sense philosophy)을 다른 근본주의자들과 동일하게 고수하고 있었다는 것을 증명한다.[44]

비록 대부분의 사람들이 그 나름대로 세대주의에 도달하기는 어려웠지만, 라일리는 그것이 현대주의에 대항하는 보루로써 성경무오류성과 함께 지켜져야 한다고 주장했다. 세대주의적 전천년주의는 1893년대 영국에서 플리머스 형제단(the Plymouth Brethren)의 설립자 가운데 한 사람인 존 넬슨 다비(John Nelson Darby)의 수제자로부터 나왔다. 그것은 모든 역사를 시대별로 또는 "세대별"(dispensations)로 나누고, 각각 하나님의 계획에 따라 하나님의 백성들을 두 개로, 즉 이스라엘과 교회로 구별하는 본질적으로 복잡한 해석학이었다. 이러한 방식으로 "진리의 말씀을 정확하게 분별하는 것"에 의해, 세대주의자들은 성경의 예언을 푸는 열쇠를 가졌다고 믿었다. 그 예언은 이 땅에 큰 배교가 있기 전에, 그리스도께서 은밀히 오셔서 그의 교회를 하늘로 옮길 것이며, 적그리스도는 정체가 드러나게 될 것이다. 하나님의 선택된 백성들이 박해 받는 기간인 큰 환란에 이어 그리스도께서 휴거된 성도들과 함께 재림하시어 아마겟돈 전쟁에서 다시 적그리스도와 그 추종자들과 싸우시고, 천년동안 사탄을 결박하시며, 천년왕국을 세우실 것이다. 따라서 성경은 "시대의 징조"를 찾았던 세대주의자들에게 "그것이 발생하기 이전에 역사"를 보여주었다.

세대주의는 남북전쟁 이후 미국에 들어왔다. 성경과 예언집회, 성경기관들과 가장 중요한 것으로, 독자들이 성경본문을 세대주의적으로 보도록 도왔던 「스코필드 주석성경」(the Scofield Reference Bible)을 통해 전역으로 퍼져갔다.[45]

지금까지 보아왔듯이, 라일리는 1890년대에 그 교리를 받아들었고, 예언집회에서 저명한 설교자가 되었다. 그의 철저한 세대주의적 견해로 인해 스코필드(C. I. Scofield)로터 자신의 「주석 성경」에 기여해줄 것을 요청 받기도 했지만, 다른 업무들로 인해 거절하였다.[46]

모든 세대주의자들이 동일하지는 않았다. 라일리는 인류문명의 마지막 소멸 이전에 이루어질 것에 대해 대다수의 사람들보다 낙관적이었다. 어떤 세대주의자들은 희망없는 세상의 상태에 대해 고뇌하는 반면에, 라일리는 아마겟돈으로 치닫는 속도를 느리게 하기 위해 모든 노력을 기울였다. 부흥운동가와 사회개혁가로서 성공했기 때문에, 그는 악을 패배시킬 수 있다는 사실을 알았다. 1922년 라일리는 WCFA 연중 회의에서 "만일 그리스도가 늦어지더라도, 현대주의의 패배는 확실하다"고 말했다.[47] 그는 예수 그리스도께서 재림하시기 이전에 한 차례 더 강력한 부흥을 기대했기 때문에, NBC에 남아 다른 근본주의자들이 단념했을 때 투쟁할 수 있었고, 학교로부터 진화론을 몰아내려고 적극적인 정치적 활동을 펼칠 수 있었다.[48][49]

1920년대 이러한 낙관론이 1930년대 그를 더욱 명백하게 반유대주의 음모이론을 신봉하게 했다는 사실은 기억되어야 한다. 그때 라일리는 70대였고, 주요한 싸움에서 승리하지 못했다. 현대주의자들과 진화론자들이 여전히 지배하고 있었고, 궁극적으로 세상은 예정된 종말로 빠르게 치닫고 있는 것처럼 보였다. 결국 세대주의는 정연한 균형을 갖춘 겹쳐진 이론이다. 따라서 그 교리의 폭넓은 외형은 과격한 배교적인 이론들과 라일리와 같은 선한 사람들의 고귀한 노력들을 약화시킨 공산주의자 유대인들을 쉽게 포용할 수 있었다.[50] 심지어 자신이 반유대주의로 인해 다른 근본주의자들로부터 비난받을 때에도, 그는 물러서지 않았다. 이 노병은 그의 친구들에게도 사과하지 않았다.[51]

되돌아보면, 라일리의 신학은 침례교 정통과 근본주의를 혼합한 것이었고 해가 갈수록 더욱 극단적이 되었다. 그것은 성경을 문자적으로 직역하는 것에 기초했다. 어떤 이들은 이것을 적절하게 "증거본문 제시하기"(proof-texting)라고 불렀는데, 이는 일반인들을 대상으로 했던 것이다.[52] 비록 자유주의적인 적대자들이 그의 신학을 조롱했을지라도, 궁극적으로 그것은 그에게 비난으로부터 벗어나게 하고 성공을 가져다주었으며, 수백만의 깊은 확신을 나타내었다는 것을 알아야 한다. 수많은 사람들이 따르는 대중적 종교지도자에게는 청중이 곧 권위다.

## 평가

어떤 기준으로 윌리엄 벨 라일리는 평가되어야 하는가? 그는 사상가로서 어떠한 유산도 남기지 않았다. 오늘날까지 근본주의자들은 그에 대한 존경할 만한 기억을 간직하고 있다.[53] 그러나 「주의 검」(the Sword of the Lord)에 게재된 간헐적인 설교를 제외하고는 그에 대해 거의 읽지 않는다. 결국 그의 저서들은 모든 시대를 위한 책들이 아니라 "그 당시를 위한 소책자"였다. 그의 신학은 건설적이기보다는 논쟁적이었기 때문에, 같은 시대에 있었던 상대자들과 격렬한 투쟁에 한해서만 유용했다. 심지어 진화론을 미워하는 오늘날의 "창조론자들"도 도움을 받기 위해 그의 저작인 「영감이냐 진화냐」(Inspiration or Evolution)를 뒤적거리지 않는다. 1990년대의 갈등양상은 그전과 다르며, 더 유용한 도구들이 있다. 비록 창조론자들이 저작에 나타난 그의 인내와 열정을 존경하지만, 오늘날 대부분의 신학적 보수주의자들은 아마도 라일리의 신학을 시대에 뒤떨어진 것으로 여길 것이다. 즉 그들은 그것이 "최신의 것"(latest thing)으로 사용되었고, 그 목적에 잘 부합했다는 것을 알지만, 더 이상 거기에 머무르길 원하지 않는다.

하지만 이러한 모든 것에도, 라일리는 아마도 이제까지 근본주의가 배출한 가장 탁월한 지도자였음에는 변함이 없다. 그는 이러한 배경에서 평가되어야 한다. 라일리가 위대한 것은 그가 쓴 저서들 때문이 아니라 그가 이끈 사람들 때문이다.

나단 해치(Nathan Hatch)의 「미국 기독교의 민주화」(The Democratization of American Christianity, 1989)에서 그의 진정한 유산을 이해하는 열쇠를 발견할 수 있다. 저자는 초기 공화당 시절에 미국의 종교는 민주화의 흐름에 따라 커다란 변화를 경험했다고 주장한다. 공식적인 훈련도, 자신을 절제할 줄 모르고 열정만 있었던 젊은 지도자들은 "설득력을 지닌 민주적인 방법으로 수많은 추종자들을 모으기 위해 기존의 교파적인 범위를 넘어섰다. 이들은 사람들의 관심을 유발하는 선천적인 기질을 타고났고, 교파에 속하지 않은 개인주의자들이었으며, 뒷문으로 천국을 침노하기로 선택한 사람들이다."[54] 이 지도자들은 일반 대중에 깊숙이 자리 잡고 있는 갈망을 사로잡고, 그들을 조정하려고 시도하는 권위적인 틀을 벗어나도록 도와줌으로써 대중들에게 힘을 부여했다.

해치는 20세기 근본주의가 미국 기독교에서 반복적인 대중영합주의자의 충격으로 일어난 한 사례로 보고 있다. 한 세기가 바뀌면서, 미국 사회는 질서를 세우기 위해 필사적인 노력을 하였다.[55] 회사와 정부, 심지어 교회들도 중앙집중적인 권위와 관료적 질서를 갖추려고 급격히 전환되었다. 자유주의 기독교는 이성적인 연구와 효율적인 계획과 학문적인 직업을 위해 그러한 필요성을 지지했다. 그러한 범위에서 지도력은 그런 사람들의 용어로 정의되었고, 전문가들이 최종적 권위를 가지도록 허용되었다.

많은 사람들은 그들의 교회를 합리적으로 만들고 단결하기 위해 그러한 시도들에 저항했고, 한 세기 동안 미국의 대중적 기독교를 위해 사용되었던 대중영합주의자들의 기술들로 싸웠다. 그들은 "현대 세계에서 자신들의 힘은 그들의 특성인 민주적인 설득에 기인한다."고 보았다.

근본주의가 등장한 이유는 자립적 정신을 가지고, 스스로 그 위치에 오른 수많은 지도자들이 교회적 권위를 중앙집권화 하는 데 반대한 일반 대중의 좌절을 분출시키는 법을 알았기 때문이다. 또한 자신들의 신앙이 현대 학문성에 비추어 이제는 조롱 받게 된 사실에 분개했기 때문이다. 교육받은 관료적인 엘리트들에 의해 활동을 제지당한 근본주의 지도자들은 일반 대중이 성경과 신학에 접근하기 쉽게 함으로써, 또한 자신들의 교회와 학교들을 세우고, 대중매체를 지배함으로써 그들을 넘어갔다. 권력을 지닌 현대주의자들이 무시하면 할수록, 근본주의 지도자들의 대중영합적 본능은 강력되었다.[56)]

윌리엄 벨 라일리는 정확히 이러한 종류의 지도자였다. 그는 자신을 경멸하는 교회 관료들과 현대주의 신학자들과 경쟁하려고 하지 않았다. 그는 그들에게 대항하여 대중들의 편에 서서 자신의 입지를 굳혔다. 그의 적의는 상대자들과 동일했고, 근본주의 지도자로서 성공할 수 있었다. 왜냐하면 그는 어떻게 그들에게 대항해야 할지를 알았기 때문이다.

그는 하층민과 자신을 동일시했다. "나는 가난으로부터 벗어나지 못하는 운명을 지닌 농부의 아들이었다…. 태어나고 자라며, 나는 외로운 육체노동자의 친구일 뿐 아니라 특히 가난하고, 억압받던 이들의 친구다."[57)] 그러한 사람들은 결코 이단적인 신앙을 가질 수 없다. 그러한 이단들은 대학교와 신학교에서 교육받은 학자들에게서 생긴다. 그들은 그들이 조롱하는 사람들로부터 월급을 받는다.[58] 1921년 라일리는 기독교 교육이 "조직적인 지배구조" 아래에 있기 때문에 위험에 처해있다고 말하였다. 현대주의적 교육가들과 교육기관들은 "학문적 문어발"을 형성하여, 미국 전역에 뻗어있으며, 전통적인 기독교의 가치와 교훈들을 배제하고 있다.[59]

라일리는 동일하게 교단에서 책임을 맡고 있는 관료주의자들에게 반감을 가졌다. 많은 보수주의적 침례교인들은 1907년 북침례교단(Northern Baptist Convention)을 설립하는 데 반대했다. 왜냐하면 그들은 중앙집권화가 지역교회의 자율성에 미치는 효력을 염려했기 때문이다. 결과적으로 근본주의자들은 더 전문적인 목사를 위한 요구와 효율성 증가를 위한 모든 노력을 그들의 특권을 제거하려는 시도로 해석했다. 1936년 라일리는 현대주의가 오로지 그런 식으로 목사들을 빼앗는다고 불만을 토로했다. 현대주의의 지원으로 교육받은 그들은 교단을 발전시킬 만한 "전문가"로 간주되었다. 도대체 하나님의 부르심에 그리고 목회를 위한 거룩한 준비에 무슨 일이 일어났나? 라일리는 알기를 원했다. 교회의 관료제도는 목회자 훈련을 파멸시켰다. 즉 이것이 라일리와 같은 근본주의자들이 자신들의 학교를 세우고, 그래서 일반 대중들이 적절한 교육을 받도록 한 이유다.[60]

만일 교회의 교육받은 지도층이 라일리가 강단에서 자신의 사상을 전하는 것을 받아들이지 않는다면, 라일리는 그들을 피해 어떤 방법을 사용해야 할지를 알고 있었다. 1년 동안 라일리는 60권이 넘는 책들을 출판했고, 수많은 글들을 집필했으며, 자신의 잡지들인 「침례교의 횃불」(Baptist Beacon), "학교와 교회에서 기독교근본들," "기독교 근본주의자들" 그리고 "북서부의 안내자"(the Northwestern Pilot)를 편집했다. 그가 죽었을 때 미네소타의 교회들 가운데 70퍼센트의 목사들이 노스웨스턴 학교들(Northwestern Schools) 출신이었고, 동창생들은 2천명이 넘었다.[61] 현대주의는 교단에서 그리고 교육계에서 힘을 가졌지만, 라일리는 그가 다룰 수 있는 것보다 더 많은 사람들을 적절히 길러냈다.

대중지도자로서 라일리는 놀라운 성공을 이루었다. 그가 근본주의자들이 가득 찬 싸움터에서 유달리 탁월했던 이유는 그의 자립성, 끊임없는 에너지, 여러 분야에 걸친 행정기술과 대중을 조직하고 기회를 포착하는 능력 때문이었다. 역설적으로 현대주의를 쓰러뜨리지 못한 그의 무능은 근본주의 지도자로서 그의 명성에 흠을 내지 못했다. 해치에 따르면, 그러한 지도자들은 막강한 적들이 있어야 하며, 자신들의 신분을 일반 대중들과 일치시켜야 할 필요가 있다. 근본주의에서는 때때로 지는 것이 이기는 것을 의미한다.

## 주(註)

1) Stewart G. Cole, *The History of Fundamentalism* (New York: Richard Smith, 1931), 325.

2) Robert S. McBirnie, "Basic Issues in the Fundamentalism of W. B. Riley" (Ph.D. diss., University of Iowa, 1952), 132.

3) C. Allyn Russell, "William Bell Riley: Architect of Fundamentalism," *Minnesota History* (Spring 1972): 14-30.

4) Ferenc M. Szasz, *The Divided Mind of Protestant America*, 1880-1930 (University, Ala.: University of Alabama Press, 1982), 89.

5) Nathan O. Hatch, *The Democratization of American Christianity* (New Haven: Yale University Press, 1989), 210-19.

6) 기본적인 생애에 대한 정보는 다음을 보라. Marie Acomb Riley, *Dynamics of a Dream* (Grand Rapids: Eerdmans, 1938); William Trollinger, *God's Empire: William Bell Riley and Midwestern Fundamentalism* (Madison: University of Wisconsin, 1990); and Russell.

7) M. A. Riley, 31-33. 43-44; W. B. Riley, "My Conversion to Christ," *Watchman-Examiner*, May 6, 1937, 432.

8) "Four Anniversaries of a Great Christian Statesman," *The Northwestern Pilot* 27 (March 1947): 167.

9) Walter Ellis, "Social and Religious Factors in the Fundamentalist-Modernist Schisms among Baptists in North America, 1895-1934" (Ph.D. diss., University of Pittsburgh, 1974), 110-19.

10) M. A. Riley, 85-86.

11) Russell, 16.

12) William B. Riley, *Messages for the Metropolis* (Chicago: Winona Publishing House, 1906); Szasz, 60-61, 65.

13) Russell, 20-21; M. A. Riley, 172-82.

14) M. A. Riley, 146-60.

15) George M. Marsden, *Fundamentalist and American Culture* (New York: Oxford University Press, 1980).

16) 미국의 세대주의에 관해서는 다음을 보라: Norman Kraus, *Dispensationalism in America* (Richmond: John Knox Press, 1958); Ernest R. Sandeen, *The Roots of Fundamentalism* (Chicago: University of Chicago Press, 1970); and Timothy P. Weber, *Living in the Shadow of the Second Coming: American Premillennialism. 1875-1982* (Chicago: University of Chicago Press, 1987).

17) William Bell Riley, *Inspiration or Evolution* (Cleveland: Union Gospel Publishing Co., 1923), 181.

18) M. A. Riley, 128; William B. Gatewood, *Controversy in the Twenties* (Nashville: Vanderbilt University Press, 1969), 17-18.

19) Edward J. Larson, *Trial and Error: The American Controversy Over Creation and Evolution* (New York: Oxford University Press, 1985).

20) Russell, 24-28; Cole, 298-317.

21) Norman Furniss, *The Fundamentalist Controversy* (New Haven: Yale University Press, 1954), 104-18; George Dollar, *A History of Fundamentalism in America* (Greenville, S.C.: Unusual Publications, 1974), 145-58.

22) David O. Beale, *In Pursuit of Purity* (Greenville, S.C.: Unusual Publications, 1986), 211; Cole,281-83.

23) Robert G. Delnay, "A History of the Baptist Bible Union" (Th.D. diss., Dallas Theological Seminary, 1963).

24) William B. Riley, *Protocols and Communism* (Minneapolis: L. W. Camp, 1934); William B. Riley, *Wanted-A World Leader!* (Minneapolis: Privately printed, 1939?).

25) Trollinger, chapter 3; Leo Ribuffo, *The Old Christian Right* (Philadelphia: Temple University Press, 1983).

26) 라일리의 사임서에 대해서는 Beale, 393-95를 보라.

27) Dollar, 112-22.

28) Harry A. Ironside, "Dr. W. B. Riley, Defender of the Faith," *Northwestern Pilot 28* (January

1948): 120.

29) Russell, 15.

30) William B Riley, *Ten Sermons on the Greater Doctrines of Scripture* (Bloomington, Ill.: Leader Publishing, 1891).

31) Norman Maring, "Baptists and Changing Views of the Bible, 1865-1918 (Part I)," *Foundations* 1 (July 1958): 52-75

32) Augustus Strong, *Systematic Theology*, 8thed. (Old Tappan, N.J.: Revell, 1907), 196-242.

33) Riley, *Ten Sermons*, 3-10; William B. Riley, *The Finality of the Higher Criticism* (n.p., 1909), 21.

34) Riley, *Ten Sermons*, 5; William B. Riley, *Ten Burning Questions* (New York: Fleming Revell, 1932), 9-29.

35) Martin E. Marty, *Modern American Religion, Vol. I: The Irony of it All, 1893-1919* (Chicago: University of Chicago Press, 1986), 232-37; Sandeen, 103-31.

36) Riley, *The Finality of Higher Criticism*, 31.

37) Ibid., 43.

38) Ibid., 33.

39) William B. Riley, *Inspiration or Evolution* (Cleveland: Union Gospel Publishing Co., 1923), 71.

40) 예를 들어, *Ten Sermons on the Greater Doctrine of Scripture, The Finality of the Higher Criticism, The Crisis of the Church, Inspiration or Evolution, The Blight of Unitarianism, Vagaries and Verities, and Ten Burning Questions.*

41) 라일리의 논쟁방식에 대해 Gatewood, 157-61을 보라.

42) William B. Riley, *Vagaries and Verities* (Minneapolis: Hall, Black and Co., 1903).

43) Timothy P. Weber, "The Two-Edged Sword: the Fundamentalist Use of the Bible," *in The Bible in America*, eds. Nathan Hatch and Mark Nol l(New York: Oxford University Press, 1982), 101-20.

44) T. D. Bozeman, *Protestants in an Age of Science: The Baconian Ideal and Antebellum American Religious Thought* (Chapel Hill: University of North Carolina Press, 1977); Marsden, 14-18, 110-16.

45) Kraus; Sandeen; and Weber, *Living in the Shadow of the Second Coming.*

46) William B. Riley, *Re-Thinking the Church* (New York: Fleming Revell, 1940), 81; William B. Riley, *The Evolution of the Kingdom* (New York: Charles C. Cook, 1912).

47) Cole, 303에서 인용.

48) 본문에서 누락됨

49) Marsden, 161, 169-70.

50) Weber, *Living in the Shadow*, 154-56, 185-91.

51) William B. Riley, "Cohn vs. Riley," *The Pilot* 15 (May 1935): 218; "Joseph Cohn Again," *The Pilot* 15 (June1935): 249-50.

52) Russell, 17.

53) Dollar, 112-22; Beale, 279-87.

54) Hatch, 13.

55) Robert H. Wiebe, *The Search for Order, 1877-1920* (New York: Hill and Wang, 1967).

56) Hatch, 212-19.

57) Riley, *Inspiration or Evolution*, 91-92.

58) Riley, *The Menace of Modernism*, 136.

59) Riley, *Inspiration or Evolution*, 161-78.

60) William B. Riley, *Pastoral Problems* (Westwood, NJ: Fleming Revell, 1936), 19-23.

61) Russell, 28.

# 참고문헌

1차 자료

*Ten Sermons on the Greater Doctrines of Scripture*. Bloomington, III: Leader Publishing, 1891.

*The Seven Churches of Asia*. New York: Christian Alliance Publishing Co., 1900.

*Vagaries and Verities.* Minneapolis: Hall, Black and Co., 1903.

*Messages for the Metropolis.* Chicago: Winona Publishing House, 1906.

*The Finality of the Higher Criticism.* n.p., 1909.

*The Evolution of the Kingdom.* New York: Charles C. Cook, 1913.

*The Crisis of the Church.* New York: Charles C. Cook, 1914.

*The Menace of Modernism.* New York: Christian Alliance Publishing Co., 1917.

*Inspiration or Evolution.* Cleveland: Union Gospel Publishing Co., 1923.

*Christ the Incomparable.* New York: Fleming Revell, 1924.

*The Bible of the Expositor and the Evangelist,* 39 vols. Cleveland: Union Gospel Press, 1923-35.

*Ten Burning Questions.* New York: Fleming Revell, 1932.

*Protocols and Communism.* Minneapolis: L. W. Camp, 1934.

*Pastoral Problems.* Westwood, N.J: Fleming Revell, 1936.

*Wives of the Bible: A Cross-Section of Femininity.* Grand Rapids: Zondervan, 1938.

*Seven New Testament Soul-Winners.* Grand Rapids: Eerdmans, 1939.

*Wanted-A World Leader!* Minneapolis: Privately printed, 1939?

*Re-Thinking the Church* (New York: Fleming Revell, 1940),

*The Preacher and His Preaching*. Wheaton, Ill: Sword of the Lord Publishers, 1948.

*The Conflict of Christianity with Its Counterfeits.* N.P., n.d.

그밖에 *Baptist Beacon, Christian Fundamentals in School and Church, the Christian Fundamentalist*, and *The Northwestern Pilot* 등에 기고한 글들.

## 2차 자료

Hull, Lloyd B. "A Rhetorical Study of the Preaching of William Bell Riley." Unpublished Ph.D. diss., Wayne State University, 1960.

McBirnie, Robert S. "Basic Issues in the Fundamentalism of W. B. Riley." Unpublished Ph.D. diss., University of Iowa, 1952.

Riley, Marie Acomb. *Dynamics of a Dream*. Grand Rapids: Eerdmans, 1938.

Russell, C. Allyn. "William Bell Riley: Architect of Fundamentalism," *Minnesota History* (Spring 1972): 14-30.

Szasz, Ference M. "Three Fundamentalist Leaders: The Roles of William Bell Riley, John Roach Straton, and William Jennings Bryan in the Fundamentalist-Modernist Controversy." Ph.D. diss., University of Rochaster, 1969.

Trollinger William V. *God's Empire: William Bell Riley and Midwestern Fundamentalism*. Madison: University of Wisconsin, 1990.

# 18. 월터 라우쉔부쉬(Walter Rauschenbusch)

스티븐 브라클로우(Stephen Brachlow)

## 생 애

월터 라우쉔부쉬
(Walter Rauschenbusch)

어거스트 라우쉔부쉬(August Rauschenbusch)는 1846년 독일 이민자들을 선교하기 위하여 미국에 온 독일 루터교회 목사의 6대손이다. 열정적인 경건주의자 어거스트는 교회론에 대한 침례교의 입장에 동의하여 루터교회의 교회론을 포기했고, 1850년 미시시피 강에서 침수침례를 받았다. 그는 침례 받은 것 때문에 독일의 친구들과 가족으로부터 소외당하는 값비싼 대가를 치르게 되었다. 몇 년 뒤에 월터는 교회의 독립성에 대한 아버지의 사상이 그 자신의 독립적 신학정신을 형성하는 데 중요한 영향을 끼쳤다고 증언하곤 했다.[1)]

월터가 태어나기 3년 전, 라우센부쉬 가족은 뉴욕에 있는 로체스터에서 살게 되었다. 그곳에서 어거스트는 로체스터신학대학원에서 독일어를 구사하는 침례교인들을 위한 학과를 창설하는 일을 도왔다. 월터는 성경 읽는 것과 기도하는 일이 일상생활인 집안과 독일 경건주의 신학대학원의 열렬한 신앙분위기에서 1861년 10월 4일에 태어났다. 그러나 라우쉔부쉬 가족의 경건한 분위기는 부부간의 불화로 종종 깨어지기도 했으며, 로체스터신학대학원 총장인 아우구스투스 스토롱(Augustus Hopkins Strong)은 이것을 부부간의 "충격적인 불화"(shocking alienation)라고 묘사했다. 그들은 결국 4년 동안 별거하기도 했다.[2)]

비록 월터가 가정의 불행을 두고 아버지를 비판하곤 하였지만, 아버지의 고전에 대한 애정과 더불어 열정적인 신앙심은 월터의 삶에 지대한 영향을 주었다. 월터가 17세가 되었을 때, 그는 경건주의적 회심을 체험했다. 그것을 통해 "나는 내 자신의 신앙체험을 했다"고 그는 말했고, 후에 그 사건을 "나의 영혼에 깊은 영향을 준 미묘하고 신비한 경험"이라고 묘사하기도 했다. 때때로 라우쉔부쉬는 경건주의가 미국 교회 안에 확산시킨 편협한 개인주의를 혹독하게 비판하면서도, 그는 자신의 사회적 실천이 살아계신 하나님에 대한 내면적이고 거의 신비한 체험에 의해서 지속적으로 양육된다는 것을 확인하면서 신학적인 고찰에서 본질적으로 경건주의 노선을 결코 포기하지 않았다. 사실, 그의 말에 따르면, 그 회심은 "설교자가 되어서 영혼을 구원하는 데 도움을 준다"는 결단, 곧 그의 모든 개혁활동의 중심인 복음전도적 헌신을 불러일으켰다.[3)]

1879년 월터의 아버지는 그를 웨스트팔리아(Westphalia)에 있는 고전 교과과정의 구터슬로 김나지움(Gutersloh gymnasium)으로 공부하러 보냈다. 그곳은 독일 신학의 주류였던 자유주의와는 반대로 개혁주의 전통의 보수적 경건주의 학교였다. 4년 동안 수학한 후, 로체스터대학교(University of Rochester)에서 문학사 학위를 취득했고, 로체스터신학대학원(Rochester Theological Seminary)에서 신학을 공부하여 1886년에 수석으로 졸업하였다. 그는 자신의 우수한 학자적 자질에 의해서 그리고 신학적 입장에 대한 점진적 전환을 통해 유명하게 되었다. 예를 들면, 그는 구약교수인 하워드 오스굳(Howard Osgood)의 보수적 견해에 반대했는데, 그때 그는 오스굳의 성서적 무오성의 개념은 지지할 수 없는 "인위적"(man-made) 이론이었다고 결론을 내렸다. 그는 자신의 스승인 스트롱이 그릇된 성서권위를 수용한 방식을 이유로 구속에 대한 스트롱의 좀 더 전통적인 견해를 거부함으로 그와 불화했다.[4)]

그는 보수적 복음주의의 몇 가지 전통적인 신조들을 포기할 때, 고통스런 결단을 경험했다. 그는 "그것들이 내게 혹독한 대가를 치르게 했다"고 말했다. 그런 일들로 인해서 라우센부쉬는 인도에 있는 텔루구신학대학원(Telugu Seminary)의 학장으로 취임하지 못했다. 오스굳 교수는 라우쉔부쉬가 비정통이라는 이유로 침례교 선교연맹이 그를 후보자 명단에서 제명시키도록 압력을 넣었다. 그가 물려받은 보수신학을 버리고 자신의 소신을 따르려는 결정은 결코 쉬운 일이 아니었다. 그는 때때로 종교적 보수주의와 마주칠 때 깊은 소외감과 반감을 느끼게 되었다.[5]

사회에 관한 그의 각성은 신학연구를 통하여 나타난 것이 아니었다. 그것은 1886년 뉴욕시의 동쪽 변두리에 있는 독일 이민자들의 작은 집단촌의 목사가 되어 목회를 하는 중에 시작되었다. 그가 뉴욕에 왔을 때는, "사회적 문제에 관심이 전혀 없었다"고 말했다. 그러나 그가 교회 주변의 슬럼가에서 직면한 열악한 생활여건들은 사역의 모든 관점에 영향을 주었다. 그가 사역하는 교회는 지옥의 부엌(Hell' s Kitchen)으로 알려진 열악한 주거지역의 변두리에 위치해 있었다. 그는 종종 가난에 처하며, 또 가난한 무리들 속에서 11년 동안 그곳에서 사역했다. 착취당하고 가난한 이주민 노동자들이 겪는 냉혹한 빈곤의 모습을 직접 목격하면서, 라우센부쉬는 구태의연한 경건주의의 개인주의화된 복음의 부당성을 인식하기 시작했다. 복음은 예수와 예언자들의 가르침들을 그가 이해한 자본주의의 구조악에 적용시킴으로써 개인적인 병폐뿐 아니라 사회적인 것까지도 다루어야 한다고 그는 생각하게 되었다.[6]

두 사람의 평신도 덕택에, 라우쉔부쉬는 주위에서 직면한 가난의 경제적 원천을 인식하게 되었다: 한 사람은 개혁성향을 가진 뉴욕시 시장 후보자 헨리 조지(Henry George)였고, 또 한 사람은 경제학자이고 감독교회의 평신도 지도자였던 리처드 엘리(Richard Ely)였다. 엘리는 사회윤리학자로서 라우쉔부쉬의 미래상에 대한 사상적 틀을 확립시키는 데 지대한 영향을 끼쳤다. 기독교의 다른 사회개혁자들의 저작 또한 영향을 끼쳤다. 특별히 워싱턴 글라덴(Washington Gladden), 여호수아 스트롱(Josiah Strong) 블리스(W. P. D Bliss), 프레데릭 모리스(Frederick Dension Maurice) 등의 저작들이다.[7]

그러나 가장 결정적인 영향은 그가 두 명의 젊은 침례교 사역자들과 나눈 친밀한 교제를 통해 형성되었다. 1887년에, 아미티 침례교회(Amity Baptist Church)에서 목회한 레이톤 윌리엄스(Leighton Williams), 그리고 스웨덴계 침례교 목사인 너새니얼 슈미트(Nathaniel Schmidt)였다. 윌리엄스는 "예수의 새로운 사회"(new society of Jesus)라 부른 모임을 결성하기 위하여 라우센부쉬와 연합했다. 이 모임은 거룩한 삶을 살고 효과적으로 사회 사역을 하려는 서로의 갈망으로 태동된 것이었다. 그들은 매주 주의 만찬을 나누었고, 중보기도를 하였으며, 사람들의 사회적 필요들을 충족시키려는 서로의 사역을 격려하였다. 이런 모임들에서 나온 창조적 힘은 1889년에 새로운 잡지 「정의를 위하여」(For the Right)를 발행했다. 이것은 기독교 사회주의 관점에서 노동자 계층의 필요와 관심사들을 다루려한 것이었다.[8]

1891년 라우쉔부쉬는 자기 자신이 청각장애로 어려움을 겪고 있다는 것을 알게 되었다. 그 질병으로 인해 그는 외로움을 느꼈고, 종종 친구들, 학생들, 그리고 가족들로부터 고립되기도 했다. 유럽의 전문의에게 치료를 받기 위해서, 라우쉔부쉬는 1년간 안식년을 얻어 영국을 거쳐 독일로 향했다. 불치병으로 진단 받았기 때문에 그 여행은 청각장애 치료에는 전혀 도움을 주지 못했지만, 그의 비전과 사회복음에 대한 소명감을 강화시키는 데는 도움이 되었다. 영국에서, 그는 신앙부흥운동과 사회봉사를 결합시키려는 구세군의 노력에 감동 받았다. 그러나 그는 그들의 사역을 비판했는데, 그들이 가난의 원인을 다루지 못하고 단지 현상들만을 다룬다고 생각했기 때문이다. 마찬가지로 그는 독일에 있는 사회주의자들을 통해 편협한 광신주의를 접하고 괴로워하기도 했다. 그럼에도 그는 교회의 사회선교에 더 분명한 소명감을 가지고 이듬

해에 뉴욕으로 돌아왔다. 그는 이 사역을 자신이 감당해야 할 "하나님의 특별한 사역"으로 이해했다.[9)]

복음에 대한 종체적인 사회복음적 전망을 조직하고 증진시키려는 그의 두 번째 주요 노력은 1982년에 시작되었다. 그 때 라우센부쉬와 여덟 명의 침례교인들은 "하나님 나라의 형제회"(Brotherhood of the Kingdom)를 결성했다. 이 모임은 영적 연합을 추구하고, 기독교가 미국의 사회구조를 기독교화하는 방법을 좀 더 심오하게 이해하려는, 사회문제에 민감한 기독인들의 작은 조직이었다. 이 형제회는 허드슨강 상류에 위치한 레이톤 윌리엄스(Leighton Williams)의 가족농장에 있는 은신처에서 20년 이상 매년 모임을 가졌다. 거기에서 라우센부쉬와 같은 뜻을 가진 친구들이 친교를 위해서 모였다. 그들은 복음송과 찬송을 노래했으며, 기도했고, 주의 만찬을 함께 나누고, 하나님 나라를 주제로 한 논문들을 읽었으며, 세상에서 교회가 감당할 일을 논의했다. 라우쉔부쉬가 한 때 "이 성령의 꼭대기"(this hilltop of the Spirit)라고 묘사한 수련회들은 형제회 구성원들의 영적 연합의식을 촉진시켰다. 라우쉔부쉬가 하나님의 임재 의식과 영적 교제를 통해 은혜를 받은 곳도 다름 아닌 바로 이런 수련회에서였다. 여기서 그는 모임의 성격을 특징짓는 하나님 나라와 예배의 정신에 대한 공동의 비전을 경험했다.[10)]

라우쉔부쉬는 폴린 로더(Pauline Rother)와 1893년에 결혼했다. 그들은 1897년까지 뉴욕에 거주했다. 그 때 라우쉔부쉬는 아우구스투스 스토롱이 로체스터신학대학원의 독일어로 개설된 학과에서 신약성서를 가르치라는 초청을 수락했다. 독일 침례교인들이 경제적으로 독립해서 로체스터의 다른 곳에 별개의 교육기관을 세웠을 때, 그는 영어로 개설된 학과의 교회사 교수가 되었다. 그의 부친이 설립한 신학대학원으로 옮기지 않겠다는 그의 결단은 쉬운 일이 아니었다. 왜냐하면 그는 이민공동체에 대한 강한 애착이 있었기 때문이다. 공식적으로는 로체스터신학대학원에 몸을 담고 있었지만, 그는 독일 침례교단 안에서 적극적인 활동을 했다. 비록 진보적인 사회복음 활동에 대한 지지로 그의 경건하고 신앙심 깊은 영성이 다소 약화되었을지라도, 그곳에서 그는 항상 환대를 받았다.[11]

교회역사에 대한 저술을 하지 않았지만, 라우쉔부쉬는 자신을 신학자 또는 사회윤리학자보다는 전문인 기독교 역사가로 간주했다. 그러나 가난한 사람들의 절박한 요구와 복음의 사회적 책임에 대한 교회의 인식을 일깨우려는 열망 때문에, 그는 자신의 전공분야 밖의 책을 저술했다. 그가 영어로 집필한 수많은 기사들과 논문들로부터 일곱 권에 이르는 방대한 저작은 대부분 기독인의 삶과 실천의 사회적 차원에 전적으로 집중돼 있다. 그의 첫 번째 중요한 저술인 「기독교와 사회 위기」(*Christianity and the Social Crisis*)는 1907년에 출판됐다. 이 위험한 책이 야기시킬 잠재적인 반발을 인식했기 때문에, 그는 "두렵고 떨림으로" 그리고 "나의 기독교 사역의 일부"로써 영적 의무감을 가지고 썼다고 말했다.[12] 그러나 그 책이 아우구스투스 스트롱(August Strong), 해리 포스딕(Harry Emerson Forsdick) 그리고 다른 사람들에 의해서 찬사를 받을 만큼 성공적으로 출판되었고, 또 단숨에 국내의 저명인사가 되자, 그 자신도 놀랐다.[13]

그 후 10년간 여섯 권 이상을 저술했다. 이런 책들을 근거로 라인홀드 니버(Reinhold Niebuhr)는 그를 "이 나라 안에서 사회적 기독교의 실제적 창설자"이자 "사회적 기독교에 대한 가장 총명하고 실력 있는 해석자"로 평가했다.[14] 첫 번째 책에서 당시의 사회적 위기를 조성한 상황들과 그것이 교회에 불러일으킨 도전들을 설명한 후, 라우센부쉬는 기도에 관한 「하나님과 사람을 위하여」(For God and the People)라는 소책자를 저술했다. 그 책이 1912년에 「사회적 각성을 위하여 기도하는 사람들」(Prayers of the Social Awakening)로 재발간 되었을 때, 그는 그 책을 가장 사랑하는 책으로 그리고 "나에게 주신 하나님의 가장 좋은 선물"로 간주했다.[15] 두 권의 소책자들이 곧이어 출판되었는데, 1912년에는 「나에게까지」(*Unto Me*) 그리고 1914년에는 「우리가 과연 기독교인인가?」(*Dare We*

*Be Christian?*)이다.

1912년에 라우센부쉬는 「사회질서의 기독교화」(Christianizing the Social Order)라는 제목으로 그의 실질적인 야심작을 출판했다. 그 책은 당대 많은 사회문제들을 건설적으로 분석하고 다양한 실질적 해결방안을 제안한다. 교회가 구조 악을 식별하고, 사회적 연대와 민주적 개혁의 이상들을 포용하는 좀 더 기독교적인 사회비전을 실행하는 예언자적 임무를 수행함으로써 미국 사회가 안고 있는 불공평을 고쳐야 한다고 그는 촉구한다. 그 책은 널리 호평을 받았다. 아우구스투스 스토롱은 그 책을 위대한 책이라고 찬사했고, 라우쉔부쉬는 전국적으로 요청이 쇄도하는 강연자가 되었다.[16)]

1916년에, 아주 선호되는 연구지침서인 소책자 「예수의 사회 원리」(The Social Principles of Jesus)가 출판되었다. 그러나 이 무렵 라우쉔부쉬는 세계대전의 비극적 사건들로 말미암아 점점 우울하게 되었고, 그 전쟁은 2년 동안이나 계속되었다. 그는 너무나도  슬픈 나머지 그 표시로 가슴에 검정색 천 조각을 달고 다녔다. 절망감-그의 동정적인 성품과는 판이하게 달리-은 얼마 남지 않은 여생을 지배하고 있었다: "1914년 이후 세계는 증오로 가득해서, 내 삶이 다시는 행복하게 될 수 없다"고 그는 인생 말년에 말했다.[17)]

그렇게 심각한 고뇌를 겪으면서도, 그는 1917년에 그의 마지막이자 최고의 가장 좋은 책인 「사회복음 신학」(A Theology of the Social Gospel)을 출판했다. 본래 예일대학 신학부 테일러강좌(Taylor Lectures at Yale Divinity School)를 위하여 준비했던 그 책은 사회적 기독교에 대해 우호적인 관점에서 여러 전통적인 신학주제들을 해석한 것이었다.

11월에 그 책이 출판될 때, 라우쉔부쉬는 암으로 고통을 당하고 있었다. 그는 56세의 나이로 1918년 7월 25일에 생을 마쳤다.[18)]

## 사상

### 신학적 방법론

월터 라우쉔부쉬는 조직신학자가 아니었다. 1912년 사적인 편지에서, "나는 신학자가 아니고 될 수도 없다"다고 썼다…. "빛나는 우주의 하나님은 내가 매혹된 한 분 하나님이시다. 예수의 얼굴을 가진 그리스도를 나는 이해할 수 있으며, 사랑하며, 그리고 닮고자 한다. 그래서 나는 그를 붙잡고 그 이름으로 그를 부른다."[19] 그의 신학적 저술은 거의 전적으로 윤리적이다. 그는 신학적으로 저술할 때, 사변적 혹은 교리적 신학보다는 고전적 교리의 주제들이 가지고 있는 도덕적 의미에 더 깊은 관심을 두었다. 프란시스 J. 멕코넬(Francis J. McConnell)이 라우쉔부쉬의 방법론에 관해 진술했듯이, "그 자신은 체계적 논리에 부응하는 데 고심하지 않았다…. 그는 시종일관 기본적인 인간의 필요들에 전념했다."[20] 신학 연구에 대한 이런 일관된 귀납적 방법은 그의 사역을 사회복음주의 노선으로 향하게 했다. 그는 사회복음 의식이 "교회에서 기인된 것이 아니다"라고 설명한 적이 있다. "그것은 개인적으로 가난을 경험한 것에서 비롯되었다…. 그런 방식으로 사회 정황과 사회 고충은 내게 인식되었다."[21]

라우쉔부쉬가 가지는 남다른 신학적 관심을 이해하기 위해서는 그의 생애를 이해하는 것이 필수적이다.[22]

라우센부쉬는 독일 이민자 부모 슬하에서 온화한 경건을 물려받으면서도 그들의 가정불화의 고통스런 모순을 견디어 낸 감수성이 예민한 아들이었다; 그래서 그는 약자와 피해자들, 특히 그가 뉴욕의 가난한 이민자 목회에서 접한 비참한 사람들의 고통에 항상 민감했다.[23] 따라서 그의 신학은 학문적 연구에서 기인한 것이 아니라, 그가 어린 시절부터 배워 온 동일한 복음으로 도심의 가난한 사람들이 당한 최악의 상황을 해결하려는 노력에서 기인했다.[24] 그리고 그가 발견한 것은 어린 시절에 체험한 개인주의화된 경건주의가 '지옥의 부엌'에서 사는 가난한 사람들과 대접받지 못한 사람들의 절대적 필요를 해결하기에 충분하지 않다는 것이었다.

### 사회복음

뉴욕 서부의 열악한 환경들로 말미암아 고심하던 라우쉔부쉬는 헨리 조지의 사회적 비판과, 리처드 엘리와 프레드릭 모리스 같은 기독교 사회주의자들의 저작들을 통하여 그리스도의 복음이 개인적 차원 뿐 만아니라 사회적 차원까지도 포함하고 있다는 것을 점점 이해하기 시작했다. 산업혁명 과정에서 소외된 자들의 궁핍을 직접 목격한 증인으로서, 라우쉔부쉬는 가난한 자들을 옹호했고 자본주의의 횡포를 일관되게 비판했다. 소수의 유익을 위한 자본의 축척보다는 사회적 평등과 정의에 대한, 성서에 근거한 정치적 질서를 회복시키겠다는 다소 모호한 비전을 가진 기독교 사회주의지도자가 되었다. 기독교 사회주의의 원대한 목적은 계급적 특권을 폐지하고, 자유롭고, 정의롭고, 평등한 사회질서를 창조하는 것이다.[25]

이런 목적을 위하여, 라우쉔부쉬는 철도산업, 도시수송망, 공익사업체의 국유화 같은 광범위한 공공정책 문제를 추진하게 하는 데 힘썼다. 그는 좀 더 공정한 세금제도, 공장 내의 안전하고 쾌적한 근로조건 향상, 아동노동의 철폐, 사회보장보험의 설립, 공공의 공원, 운동장, 그리고 도서관의 설립을 추진했다. 그는 알코올의 오용에 반대하고, 학교 안의 교육적 개혁과 여자들과 소수민족의 평등권을 지지하는 운동을 벌였다. 1914년 세계대전이 발발했을 때, 로체스터신학대학원에 "평화단체"(Peace Group)를 발족시켰고, 갈등이 근본적으로 정의문제라기보다는 이익의 추구에 의해서 야기된다는 것을 근거로 전쟁을 비판했다.[26]

라우쉔부쉬가 기독교사회주의의 복음을 심화시키기 위하여 이런 방식으로 사역했을지라도, 그는 결코 철저한 이념적 사회주의자도 사회주의의 정당의 일원도 아니었다.[27] 그럼에도 그는 "사역의 목표를 위해서, 나는 사회주의자다"라고 분명하게 인정했다. 그는 뉴욕시 기독교 사회주의협의(Christian Socialist Society of New York City)에 참여하기도 했다. 그 운동은 예수의 사회관이 공공영역에서 일종의 경제적 민주화의 형식을 말한다는 것을 인정하는 반면, 무신론과 맑시즘의 물질주의를 거절한다.[28]

라우쉔부쉬는 가난한 사람들과 억압당하는 사람들을 위해 그리스도와 같은 사랑에 기초를 둔 사회체제에 대한 비전을 지지받기 위해서 성서를 연구했다. 라우쉔부쉬에 의하면, 성서 계시의 중심 주제 가운데 하나는 하나님께서 사회적 편향을 가지고 있다는 것을 계시하는 것이다. 하나님은 이 세상의 불행한 사람들을 지지하는 반면, 이윤에 굶주려 있는 자본주의자들에게는 냉혹한 태도를 보이신다. 라우쉔부쉬는 이것에 대한 특별한 증거가 그가 좋아하는 두 가지 자료, 곧 구약의 예언자들과 예수의 설교에 잘 나타나 있다고 생각했다. 그는 「기독교와 사회위기」라는 책에서 "구약의 예언자들과 같이 예수의 주된 관심도 가난한 자들과 억압받는 자들에게 있다…. 그의 치유하는 권능은 사회병폐를 고치고, 인간의 고통을 덜어주기 위한 것이었다. 이것은 어떤 비참한 문둥이를 돕기 위한 것이지 의심많은 서기관들을 돕기 위한 것이 아니었다."[29]

라우쉔부쉬는 예수의 사역이 지닌 사회적 의도가 자본주의적 가치와는 첨예하게 대립되며, 자본주의의 경제체제는 소수의 강자들을 위한 거대자본의 창출에 가장 효율적인 체제이고 노골적인 물질주의는 복음의 정신과 배치되는 것이라고 믿었다. 그들이 일하는 체제 내에서는 아무런 힘도 가지지 못한 노동자들의 공동이익보다는 생산수단을 장악하고 있는 소수의 기업가들의 이익을 우선한다. 따라서 자본주의의 체제는 근본적으로 "비도덕적이고, 부도덕적이며, 비기독교적이고 심지어 이교적이다."[30] 라우쉔부쉬는 자본주의 특징을 인간의 삶, 즉 인간 활동의 기쁨, 가족의 소중함, 그리고 하나님의 창조물에 대한 청지기직에 무관심한 "탐욕스런 기계"로 규정했다. 그러므로 "교회의 가장 복음전도적이고 선교적 임무"는 국가로 하여금 방종한 자본주의의 죄악상을 깨닫게 하는 것이고, 섬김과 형제애 원리에 기초하여 기독교적 경제질서를 창조하는 것이라고 그는 생각했다. 그는 자본주의를 일종의 "경제적 민주주의," 곧 사람들이 생계수단을 관리하고 또 개별적인 경쟁이나 사적인 이익보다는 공동의 이익을 가치로 강조하는 체제로 대체시키려 했다.[31]

### 개인복음

사회개혁을 옹호하던 초기에, 제임스 윌마스(James Willmarth)와 라일리(W. B. Riley) 같은 호전적인 보수적 침례교인들은 라우쉔부쉬를 공산주의와 이단으로 비난했다. 그들은 라우쉔부쉬가 기독교사회주의의 탈을 쓰고 무신론적인 마르크스주의자들의 손에 놀아났다고 주장했다. 또 그가 19세기 독일 자유주의의 모호한 신학적 교리를 공포하면서 그들을 괴롭히고 있다고 주장했다.[32] 그를 비판하는 보수주의자들은 사회복음이 삶을 변화시키는 영감된 복음을 단지 사회적 원리 정도로 격하시키고, 또 개인의 중생을 사회적 변화로 대체시키려는 일종의 신학적 자유주의와 밀접히 연관돼 있다고 본다. 사회복음이 기독교진리의 영적 특성을 사실상 제거시킨다고 그들은 생각했다.[33]

라우쉔부쉬는 의심의 여지없이 신학적 자유주의의 영향을 받았다. 무비판적으로 수용한 것은 아니지만 특별히 독일 전통의 세 명의 선구자들인 아돌프 하르낙(Adolf Harnack), 알브레히트 리츨(Albrecht Ritchl), 프리드리히 슐라이어마허(Friedrich Schleiermacher)에게 빚지고 있다.[34] 그렇지만 그의 사회복음운동이 사회변혁을 추구하여 19세기 복음전도적 부흥운동의 개인구원을 배제한 것으로 이해된다면, 라우쉔부쉬의 근본적인 경건주의 성향은 전적으로 오해된 것이다. 라우쉔부쉬에게는 경건주의가 남긴 지울 수 없는 흔적이 있다.[35] 그는 당대 사람들에게 경건한 신앙인으로 일관되게 기억되었다. 그의 사회사상은 자본주의에 대한 경제적 비판에 의한 것만큼이나 그가 성서에서 발견한 살아

계신 그리스도와 나눈 신비적 교제에 의해서 고무되었다.[36] "가장 중요한 것은 하나님이 그리스도 안에서 활동하는 것이다; 그분이 우리 안에 거하게 하여… 그의 임재를 인식하는 것이다; 그의 거룩함을 느끼고 거룩하게 되는 것이다"라고 라우쉔부쉬는 썼다.[37] 이것이 바로 라우쉔부쉬의 사상을 대변하는 것이다. 헨리 로빈스가 말했듯이, 라우쉔부쉬는 "그의 모든 삶을 한결같은 경외감으로 가득 채운 그리스도와 진정한 영적 연합과 경험에 대한 열망에 사로잡혔다."[38] 라우쉔부쉬는 시적 상상력을 가지고 그에게 임한 하나님을 "미세하고 멀리서 들리는 음성, 천상의 음율보다 더 부드러운 음성, 그의 자녀를 부르는 영적 하나님의 음성"으로, 그리고 "우리의 영혼은 영원한 갈망과 동경으로 응답한다"고 묘사한 적이 있다.[39]

성서권위에 대한 라우쉔부쉬의 견해는 자기 자신의 신앙체험에서 나온 것이다. 그는 보수주의자들의 성서무오설을 "인간적 전통"으로 여기며 거부했다. 왜냐하면 그 주장들이 신자의 심령 속에서 하나님의 성령에 의해 진정성을 지닌 것으로 확증된 하나님의 살아계신 말씀의 자증적 능력보다 외적 권위에 더 의존한다고 생각했기 때문이다.[40] 라우쉔부쉬는 오직 성서만이 "신앙과 실천에 관한 유일한 권위"라고 인정했다.[41] 더구나 그의 최고 열망은 "예수 그리스도의 온전한 진리와 하나님의 온전한 말씀을 인식하고 믿는 것," 다시 말해, 경건주의자들의 전통적인 말로 표현하자면, 그가 "전심을 다해" 믿었다고 주장했다.[42]

동시에 라우쉔부쉬는 사회복음이 당시 많은 사람들에게 조장한 것처럼 보이는 개인의 경건, 기도, 그리고 부흥운동에 대한 무관심이라는 파괴적인 위협을 고통스럽게 의식하고 있었다.[43] 더 의미심장하게, 그는 독일의 자유주의 사조가 빠지던 함정들을 잘 알고 있었다. 그는 소위 "자유주의의 합리적 오류"를 직시했다; 다시 말해, 그것은 살아있는 신앙의 "불을 껐다."[44]

라우쉔부쉬가 자유주의 신학을 상당 부분 받아들인 것이 사실이지만, 그는 역시 정통적 유산을 보존하려고 했던 사람들과 동조했다. 그의 마지막 책을 동료이자 신학적 은사인 아우구스투스 스트롱에게 감사와 존경의 표시로 헌정했듯이, 당시 보수주의자들과 손잡기-연대를 위한 은유-는 그가 항상 바라는 것이었다.[45)]

라우쉔부쉬의 사회복음은 고전적 개인구원의 복음적 메시지의 연장 그 자체였다. 그는 「사회복음을 위한 신학」에서 다음과 같이 고백하고 있다:

> 나는 우리의 삶을 거룩하게 만드는 그 어떤 귀중한 것들도 포기하지 않으려는 보수적 성향에 전적으로 공감한다. 우리는 그것들의 많은 부분을 결코 포기하지 않았다. 사회복음을 위한 영역을 확보하는 데 요구된 변화들이 파괴적이지 않고 건설적이라는 것을 아는 것은 내게 위안이 된다. 그 변화들은 축소가 아니라 확장을 초래한다. 사회복음은 하나님의 사역을 이루기 위하여 구원의 영역에서 연장과 좀 더 영적인 역동성을 요청한다. 그것은 약한 믿음이 아니라 좀 더 강한 믿음을 요구한다. 그것은 좀 더 철저하고 영속적인 구원을 제공한다. 그것은 죄에 민감성을 갖게 하고, 또 고통 받는 인류를 지옥의 문으로 이끄는 높임을 받는 권세자들에게 회개를 선포하게 한다.[46)]

라우쉔부쉬는 부패되고 또 부패되어 가는 사회구조를 변화시키는 데 관심을 두었지만, 옛 부흥주의 관점에서 회심의 개인체험이 가지고 있는 중요성을 과소평가하지 않았다. 사회정의라는 큰 뜻에 헌신한 뒤에도, 그는 자신의 복음적 회심을 남은 생애에 필요한 삶의 경건성을 확립한 심오하고 신적인 체험으로 늘 소중하게 간주했다. 사회예언자로서 저술들을 통해, 라우쉔부쉬는 사회구조들이 개선될 필요가 있지만 개인의 구원이 항상 가장 중요하다는 것을 분명히 했다. 그는 개인의 삶에 영적 중생이 없다면, 세상에서 최상의 사회변화가 있을지라도 무용지물에 불과하다고 했다. 이러한 이유에서 라우쉔부쉬는 다음과 같이 주장한다:

> 영적 중생은 일생 가운데 가장 중요한 것이다. 하나님의 살아계심을 경험하는 것은 사람이 얻을 수 있는 최상의 지식이다. 우리 각자는 우리 자신을 위해서

> 구원의 능력을 필요로 한다. 선과 악이라는 총체적인 세상의 비극이 인간 영혼의 한 부분에서 재연되기 때문이다. 인간이 이룰 수 있는 가장 이상적인 사회 질서에서도, 인간은 탐욕과 야망으로 들끓고, 노예를 부리는 사람의 채찍과 같은 증오와 질투에 의해서 강타 당한다. 물질적 위안과 풍요는 우리 안에서 불안해하는 영혼을 만족시키지 못하고, 평화를 제공하지도 못한다. 그것을 경험한 바 있는 사람들은 모두가 오직 신앙만이 삶의 궁극적 의미의 열쇠라고 주장한다. 그러므로 우리 각자는 내적 신비에 이르는 길을 모색해야 한다. 이 땅위에 모든 생명체가 소멸할 때가 올 것이다. 만일 그것이 전부라면, 우리의 사회적 변혁은 도대체 무슨 의미가 있단 말인가? 신앙은 시간 안에서 그리고 시간을 초월해서 영원한 생명이다.[47]

라우쉔부쉬에게 개인의 중생은 그리스도의 거룩한 은혜의 신비다. "그분은 그를 믿는 사람들에게 그의 영을 부여하고, 그것으로 말미암아 육신과 세상의 지배로부터 그들을 구속한다. 따라서 그들의 부패와 변이들은 영적인 것으로 바뀌고, 그와 같이 되고, 또 그의 생명을 공유한다."[48] 라우쉔부쉬는 개인의 영적 체험이 가지고 있는 중요한 국면을 결코 놓치지 않았다. 1918년 그가 죽던 해에 쓴 편지에서 라우쉔부쉬는 다음과 같이 설명하였다:

> 나에게 신앙을 빼버린다면, 나의 삶은 빈 조개껍데기와 같을 것이다. 내가 다른 사람들을 도와서 새 생명을 얻게 할 수 있었다는 것에 대한 증거를 확보해온 것은 그때나 지금이나 최고의 만족이었다. 나는 나의 사역을 심오한 회심과 하나님의 구원에 대한 새로운 경험을 요청하는 복음주의의 한 형태로 간주해 왔다.[49]

만약 라우쉔부쉬가 독일신학에 영향을 받았다면, 그는 미국 부흥운동의 전통을 수용한 것도 역시 분명하다. 초기에 라우쉔부쉬는 무디(D. L. Moody)의 설교를 듣고 개인적으로 감동받았다. 무디의 작곡자들인 패니 크로스비(Fanny Crosby)와 아이라 생키(Ira Sankey)의 찬송들은 라우쉔부쉬가 소중하게 간주했던 개인 복음의 핵심을 일깨워 주었다. 그는 "주 음성 외에는," "죄짐 맡은 우리 구주," "저 죽어가는 자 다 구원하고," "믿는 사람들은 군병 같으니" 등을 포

함해서 100편 이상의 찬송가들을 독일어로 번역했다.[50)]

그러나 라우쉔부쉬가 단호히 거부한 것은 세상을 등지고 자기-중심적이며 이기적으로 전락한 부흥주의와 개인경건이었다. 그리스도 안에서 중생의 체험이 참되고 건전한 것이라면, 그것은 사람들을 하나님뿐 아니라 인류에 대한 봉사로까지 이어지게 해야 한다. 그리스도의 복음은 개인구원에 대한 심오한 함축성을 가질 뿐 아니라, 우리로 하여금 세상을 돌보게 한다고 그는 생각했다. 이것은 구원에 대한 총체적 입장이었고, 복음주의의 개인주의 성향에는 그런 이해가 결여돼 있다고 그는 생각했다. 그는 「사회 질서의 기독교화」에서 그 점을 다음과 같이 표현했다:

> 기독교는 모든 사람들에게 온전한 구원을 제공해야 한다. 개인주의화된 복음은 이것을 결코 이룰 수 없다. 그런 복음주의는 세상에서 역사하시는 하나님의 구속적 힘의 일부 이상을 결코 이해할 수 없다. 구원은 단지 교리적 명제로 종종 왜곡되었다; 그 교리에 동의해야 구원받는다. 사회복음의 기독교는 고전적 방법을 사용해서 모든 실제적 가치들을 주장하지만, 인간 삶의 모든 필요를 충족시키기 위해 그런 가치들을 완성시킨다.[51)]

라우쉔부쉬에게 사회복음의 관심은 개인복음전도와 통합돼 있다.[52)] 그가 사회복음을 개인적 신앙의 특별한 형태로 설명했듯이, 이것은 새롭고 좀 더 균형 잡힌 복음이었다. "그 복음은 영혼의 구원을 목적으로 삼는 개인주의 신앙형태가 아니라 순수한 영성, 죄에 대한 통회, 지속적인 성장력, 개인적인 복음전도, 그리고 포괄적인 구원의 가능성을 가장 분명하게 포함한다."[53)]

## 하나님 나라 신학

어떤 하나의 신학적 주제가 라우쉔부쉬의 신학을 지배했다면, 그것은 바로 하나님 나라였다. 이 주제는 경건주의의 개인주의에 대한 자신의 헌신과 성서에서 발견한 사회적 요구를 통합시킨 일관된 지침 원리다. 하나님 나라라는 주제는 라우쉔부쉬 당대 사람들, 특히 독일의 지성인들과 미국 개신교인들에 의해서 널리 사용되었다.[54] 그 주제가 세기적 전환기에 신학계에서 인기 있는 개념이 되었지만, 라우쉔부쉬는 이런 사상에 대한 발견을 "새로운 계시"라고 말했다. 그는 그 계시를 이른 아침에 구름 속에서 자태를 드러내면서 눈부시게 서 있는 거대한 알프스의 정상을 목격한 감동적인 경험에 비유했다.[55] 그의 발견을 그렇게 강력하게 주창한 이유는 옛 신앙의 개인적 경건과 가난한 사람들 가운데 그가 포용한 사회복음 기독교를 두고 고심한 난제에 대한 해결책을 하나님 나라의 신학에서 발견했기 때문이다. 라우쉔부쉬는 하나님 나라라는 주제가 그의 신앙에서 서로 모순되어 보이는 두 국면을 포용하고 통합하기에 충분하다는 것을 알았다. 1913년 오하이오 주 클리브랜드의 YMCA 강연에서, 라우센부쉬는 하나님 나라에 대한 성서적 개념이 하나의 신학적 주제가 된다고 설명했다:

> 하나님 나라만큼 나를 완전히 사로잡은 흥미롭고 중요한 주제는 없습니다. 그것은 개인 신앙의 문제일까요? 하나님 나라는 개인 신앙으로 시작됩니다! 하나님 나라의 능력은 개인 영혼을 통해 분출됩니다; 그곳은 그 능력들이 발현되는 곳이고, 또 필연적으로 출발점이 되어야 하는 곳입니다. 그것은 세계선교의 문제일까요? 어찌 세계선교를 하나님 나라가 아니라고 말할 수 있을까요-세계선교는 하나님 나라를 땅 끝까지 증거하는 것입니다. 하나님 나라는 노동자들을 위한 정의를 실현하는 문제일까요? 정의는 하나님 나라의 한 부분이 아닌가요? 하나님 나라는 정의를 실현하는 것, 곧 하나님의 뜻이 하늘에서 실현되었듯이 땅에서도 실현된다는 것이 아닐까요? 이렇듯, 내가 다룬 모든 주제들은 하나님 나라와 관련되었습니다. 하나님 나라는 그런 개념의 찬란한 빛이었습니다-하나님 나라는 신앙과 관련된 모든 주제들을 다룹니다. 하나님 나라는 여러분이 행하는 모든 일에 하나님께서 관여하게 합니다. 그밖에 다른 방법은 있지 않습니다.[56]

하나님 나라는 라우쉔부쉬 당대 사람들에 의해서 다양한 방법으로 이해되었다: 부흥운동 전통에 있는 사람들은 그 개념을 주로 개인 영혼을 영원히 구원하는 내면적이고 영적인 실체로 이해했다; 분명하게 체계화된 전천년주의 종말론을 주장하는 보수적 복음주의자들은 하나님 나라를 전적으로 미래적이고 저 세상의 관점에서, 다시 말해 인간 역사의 종말에서 실현될 것으로 정의했다; 독일의 자유주의 신학을 따르던 사람들은 하나님 나라를 인류의 진보를 통해 역사 안에서 실현되는 현재적인 윤리적 실재로 이해했다. 라우쉔부쉬의 평가에 따르면, 이러한 세 가지 입장들은 진리의 일부를 포함하지만, 그 어떤 것도 하나님 나라 신학의 총체적 특징을 온전히 이해하지 못한다. 라우쉔부쉬는 자신의 설명을 통해서 세 가지 요소 모두를 포용했다: "하나님 나라는 여전히 미래적이면서도 현재적이며, 사회적이고 역사적인 동시에 내면적이고 영적인 실제다."[57] 하나님 나라는 개개 신자 안에서 개별적인 실제로 시작되지만, 거기에만 제한되지 않는다고 라우쉔부쉬는 말했다. 하나님 나라는 개인 영역에서 사회 영역으로 확장되고, 사회질서에 실질적인 영향력을 발휘한다. 따라서 사람들이 하나님의 뜻에 따라 살 때에만, 하나님 나라는 가시적이고 역사적인 현재가 된다.[58]

하나님 나라가 이런 식으로 세상 속에서 실현되지만, 그것의 완성은 미래를 위해 남겨져 있다.[59] 라우쉔부쉬가 당대 많은 사람들이 생각한 사회주의 기독교를 특징지은 유토피아 낙관주의에 여러 차례 동조했을지라도, 그는 "당연한 진보"(inevitable progress)라는 대중적인 진화 개념을 신중하게 피했다. 그는 죄의 문제와 체제적이고 구조적인 죄에 의해 생긴 소위 "죄의 초인간적인 힘"의 문제를 정확하게 알고 있었다.[60]

라우쉔부쉬는 하나님 나라의 도래가 그리스도인들이 하나님 나라의 규칙에 의거하여 살려는 순종의 노력에 부분적으로 관련된다고 생각했다.[61] 그러나 항상 그것의 임재는 인간의 노력이라기보다는 근본적으로 하나님 은혜의 신비였다. 라우쉔부쉬는 하나님 나라가 현재적으로 드러나고 동시에 미래적으로 성취되는 두 양상으로 출현하는 것을 "전적으로 기적"이라고 여겼다.[62]

그는 인간의 노력이 아니라 하나님이 "하나님 나라의 진정한 창조자"라고 말한다.[63] 따라서 하나님 나라는 현재적이며 동시에 미래적이다. "하나님처럼, 하나님 나라는 모든 시제 속에 존재한다; 다시 말해, 그것은 시간 속에서 영원하다. 그것은 인간의 삶 속에서 실현되는 하나님의 힘이다. 그것의 미래는 하나님의 신비 속에 속한다."[64]

하나님 나라의 최종적 완성이 그리스도의 재림과 최후심판 이후에 있을 역사의 종말이라는 미래에 속한다고 생각했을지라도,[65] 라우쉔부쉬는 전천년주의 종말론이 복음의 윤리적 요구를 간과한 "비성서적인" 그릇된 표현이라는 점을 근거로 그들의 하나님 나라에 대한 미래상을 거부했다. 그는 전천년주의가 그리스도인들의 사회의식을 저해시킨다고 생각했다. 하나님 나라를 역사 밖으로 밀어내고, 또 현세대를 언젠가 있을 확실한 파멸과 결부시킴으로, 전천년주의자들은 사회 영역에서 신자들의 구속적 노력이 의미있고 효과적인 하나님 나라 사역으로 간주될 수 있다는 희망을 전적으로 제거시킨다. 하지만 그 자신처럼 믿음으로 하나님 나라를 미래적일 뿐 아니라 현재적인 가능성으로 이해한 사람들에게, 하나님 나라 신학은 하나님 나라의 도래를 위하여 인간의 삶에서 정의와 평화를 위해 활동하는 당위적이고 즐거운 초청을 제공한다. "모든 인간의 삶이 그런 처지에 있기에, 하나님 나라 창조에서 하나님과 함께 할 수 있거나, 아니면 하나님 나라의 발전을 거부 혹은 지체시킬 수도 있다." 하나님 나라는 우리 개개인을 위한 하나님의 최고 과업이며 최상의 선물이다. 우리는 하나님 나라를 과업으로 받아들임으로써 그것을 선물로 경험한다. 하나님 나라를 위해 노력함으로, 우리는 하나님의 본향이자 거할 곳으로써 하나님 나라의 즐거움과 평화를 경험한다.[66]

## 평가

오늘날 복음주의 관점에서 평가하자면, 월터 라우쉔부쉬의 저작들은 많은 부분에서 많은 복음주의자들이 당혹해 하는 19세기 개신교의 자유주의 전통과 신학적 유사성을 나타낸다. 성서 권위에 대한 그의 지나치게 주관적인 개념, 그리스도의 신성과 대속뿐 아니라 하나님의 초월성과 의로움에 관한 교리를 좀 더 명확하게 지지하지 못한 것, 그리고 일부 비판가들에게 인식된 기독교 사회주의와 지상에 하나님 나라 건설에 관한 거의 순진한 낙관주의 등은 라우쉔부쉬 신학의 주된 약점들로 지적되어 왔다.[67] 그러나 그가 침례교인으로서 적극적으로 수용한 신자의 교회전통의 관점에서 평가하자면, 라우쉔부쉬의 신학은 급진적 개신교의 핵심을 특징짓는 가시적 제자도(visible discipleship)를 강조한 좋은 예가 된다.[68] 라우쉔부쉬에게 기독교의 본질은 그리스도에 관해 특정한 정통적 명제들을 수용하는 것이 아니라 세상에서 그리스도처럼 사는 것이다.[69] 라우쉔부쉬는 (지나치게 심오하고 특권적이어서 보통 사람들의 실제적 필요에 적절하지 못한 것으로 주장하곤 했던) 학문적 신학의 고전적 교의에는 별 관심을 쏟지 않았다. 그는 도리어 성서 윤리에 더 많은 관심을 두었다.[70] 그의 신학은 사색적이기보다는 실천과 삶을 지향했다. 정통이 아니라 급진적 제자도는 그가 수용한 침례교 유산의 본질 그 자체다. 급진적 제자도로 인해 "나는 침례교인이 되었고, 침례교인이 되었기에 나는 급진적 개신교인이다 …. (그리고) 나는 인류를 예수께서 가르치신 그런 단순하고, 윤리적이고, 영적인 예배로 이끌 수 있다"고 그는 서술했다.[71]

라우쉔부쉬가 보여준 경건의 열심과 열정에도 불구하고, 오늘날 일부 복음주의 그리스도인들은 그의 급진적 기독교 성향을 못마땅해 한다; 하지만 최근에 다른 복음주의 그리스도인들은 개인적 신앙과 사회적 행동주의에 유사한 헌신을 보이기도 한다. 라우쉔부쉬의 사회복음 의식과 유사한 복음주의자들의 사회복음 의식에 대한 가장 인상적인 증거는 1970년대 초기에 상원의원 마크 핫필드(Mark Hatfield)와 함께 기독교민중연합(People's Christian Coalition)을 조직한 트리니티복음주의신학대학원의 소수 학생들과 교수들 사이에서 드러났다. 미국 정계에서 복음주의의 예언자 외침과 도시의 가난한 사람들과 연대 사역에 헌신한 그 모임은 「포스트 아메리칸」(The Post American)이라는 계간지를 발행했다. 지금은 「체류자들」(Sojourners)로 더 잘 알려져 있다. 최초의 논의 주제 가운데 하나에서, 기독교민중연합의 관심사들은 월터 라우쉔부쉬에 대한 회고의 말로 분명하게 표현되어 있다:

> 우리는 인간의 인격적 변화가 필요하다는 것을 간과하고, 기독교 신학의 역사적 내용을 왜곡하고, 교회 계급제도로 퇴보한 자유주의 신학의 오류를 범하고 있다. 또한 우리는 구원에 관해서는 말하지만 예언자들, 사도들, 그리고 그리스도 자신의 가르침에 종종 불순종하는 편협한 정통주의 오류를 범한다; 그리스도는 사회정의에 대한 급진적 헌신과 무관한 신앙을 거짓이라고 분명하게 진술한다.[72]

복음주의의 사회적 관심을 확대시킨 다른 흐름들이 있다. 그것은 "복음전도와 사회-정치 참여는 기독교 의무의 두 축이다"를 선언한 1974년의 로잔언약(Lausanne Covenant)에서 시작하여,[73] 1977년의 성명서를 통해 하나님의 구속활동이 함축하는 공동체적, 물질적, 그리고 현세적 의미를 무시하기 위하여 구원을 단지 개인적, 영적, 그리고 내세적 문제로만 이해하려는 복음주의자들의 성향을 애통해 한 41인의 미국 복음주의 지도자들의 시카고선언(Chicago Call)에까지 이른다.[74]

오늘날의 복음주의는 폭넓고 다양한 운동이다. 모든 복음주의자들이 월터 라우센부쉬가 사회적 정의를 위해서 모범을 보인 동일한 열정을 공유하지는 않는다. 사회정의를 위해 활동한 사람들 가운데는 론 사이더(Ron Sider)와 '사회활동을 위한 복음주의'(Evangelicals for Social Action)가 있고,[75] 침례교인들 가운데는 '북미 침례교평화협회'(Baptist Peace Fellowship of North America)가 있다.[76] 그들은 복음의 개인적 의미뿐 아니라 소수의 삶을 부당하게 격상시키는 반면에 많은 사람들의 삶을 소외시키는 왜곡된 사회구조를 바로 잡으라는 성서적 의무를 신중하게 다뤘다.

이것은 라우셴부쉬의 관심사에 깊이 공감한 복음주의 교회진영 안에 있는 사회의식이다. 세기전환기에 많은 사회복음전도자들이 개인 신앙을 사회 변혁과제로 전적으로 대체하려는 경향을 보였지만, 라우쉔부쉬는 "복음주의 신앙과 사회복음 의식을 하나로 통합할 것을 주장했다."[77] 마르틴 루터 킹 2세(Martin Luther King, Jr.)가 말했듯이, 그는 미국 개신교에게 "결코 간과하지 말아야 할 사회적 책임의식"을 호소했고,[78] 그는 신실한 복음주의 그리스도인으로서 그것을 실천했다.[79] 사회개혁에 깊은 관심과 자본주의에 대한 진솔한 사회비평을 했음에도, 그는 "근본적으로 영적 예언자였다."[80] 라우쉔부쉬가 의도한 새로운 사회 질서는 하나님과 개인적 교제, 곧 그리스도에 의해서 구속되고 변화된 심령에서 기인한다. 마지막 분석에서, 사회복음은 좀 더 나은 삶을 위한 사회구조 변화의 문제일 뿐 아니라 또한 본질적으로 영적인 문제다. "외적인 경제구조 조정으로는 인간의 필요에 답할 수 없을 것이다"라고 하면서는 다음과 같이 말했다.

> 우리나라가 필요로 하는 것은 이것이냐 저것이냐가 아니다. 우리에게 필요한 것은 새로운 정신과 마음, 우리 모두가 더불어 살아가야 할 방법에 대한 새로운 인식, 인간 삶의 가치와 우리의 삶을 개선하기 위해 하나님께서 원하는 방법에 대한 새로운 확신이다. 우리는 내적인 혁명과 외적인 혁명 모두를 필요로 한다.[81]

# 주(註)

1) Paul M. Minus, *Walter Rauschenbusch: American Reformer* (New York: Macmillan, 1988), 53.

2) Ibid., 12; Klaus Juergen Jaehn, *Rauschenbusch: The Formative Years* (Valley Forge, Pa.: Press, 1976, 13.

3) Dores Robinson Sharpe, *Walter Rauschenbusch* (New York: Macmillan, 1942), 43; Minus, *Walter Rauschenbusch,* 17. 생의 마지막 순간에 라우쉔부쉬는 "나는 항상 나의 사역이 복음주의의 한 형태로 간주한다"고 고백한다. Winthrop S. Hudson, ed., *Walter Rauschenbusch: Selected Writings* (New York: Paulist Press, 1984). 46.

4) Minus, *Walter Rauschenbusch,* 40-44.

5) Ibid., 41; Hudson, *Walter Rauschenbusch*, 45-46.

6) Sharpe, *Walter Rauschenbusch,* 232.

7) Ibid., 11, 194-97; Minus, *Walter Rauschenbusch,* 61-64, 69.

8) Hudson, *Walter Rauschenbusch,* 13-19.

9) Jaehn, *Rauschenbusch,* 41-44; Minus, *Walter Rauschenbusch,* 71-82.

10) Hudson, *Walter Rauschenbusch,* 27.

11) Minus, *Walter Rauschenbusch,* 101, 117.

12) Sharpe, *Walter Rauschenbusch,* 233.

13) Minus, *Walter Rauschenbusch,* 161-62. (본문에는 각주 번호가 누락)

14) Reinhold Niebuhr, *An Interpretation of Christian Ethics* (New York: Harper and Brothers, 1935), 서문.

15) Minus, *Walter Rauschenbusch,* 168.

16) Ibid, 169-74.

17) Sharpe, *Walter Rauschenbusch,* 448.

18) Minus, *Walter Rauschenbusch,* 194.

19) Letter to William Gay Ballantine, January 24, 1912, Sharpe, *Walter Rauschenbusch,* 322에서 인용.

20) Ibid., 410.

21) Ibid., 429.

22) Ernest P. Clipsham, "An Englishman Looks at Rauschenbusch," *Baptist Quarterly* 29 (1981): 113.

23) Minus, *Walter Rauschenbusch*, 16.

24) F. W. C. Meyer, "Walter Rauschenbusch, Professor and Prophet," *The Standard* 3 (1912): 662.

25) Sharpe, *Walter Rauschenbusch,* 91-93.

26) Minus, *Walter Rauschenbusch,* 177-84.

27) Ibid., 92, 182; Sharpe, *Walter Rauschenbusch,* 157; Carl E. Johnson, "The New Present and the New Past: Some Timely Reflections on the Rauschenbusch Legacy," *Perspectives in Religious Studies* 14 (1987): 141.

28) Ibid., 91-92; Minus, *Walter Rauschenbusch,* 92. 교리적 사회주의에 대한 라우쉔부쉬의 비판은 다음을 보라. Walter Rauschenbusch, *Christianizing the Social Order* (New York: Macmillan, 1912), 397-405.

29) Rauschenbusch, *Christianizing the Social Order,* 82-83; Walter Rauschenbusch, *A Theology for the Social Gospel* (New York: Macmillan, 1917), 168; 184.

30) Rauschenbusch, *Christianizing the Social Order*, 238.

31) Ibid., 323, 363, 376.

32) Minus, *Walter Rauschenbusch*, 90-91, 190.

33) A. C. McGiffert, "Rauschenbusch Twenty Years After," *Christendom* 3 (1938): 98-109.

34) Donovan E. Smucker, "The Origins of Walter Rauschenbusch's Social Ethics," (Ph. D. diss., University of Chicago, 1957), 189; Glenn C. Altschuler, "Walter Rauschenbusch: Theology, the Church, and the Social Gospel," *Foundations* 22 (1979): 145-47.

35) Smucker, "The Origins of Walter Rauschenbusch's Social Ethics," 62-79.

36) Minus, *Walter Rauschenbusch*, 113.

37) Walter Rauschenbusch, "The Culture of the Spiritual Life," *The Rochester Baptist Monthly* (November 1897); in Hudson, Walter Rauschenbusch, 98.

38) Sharpe, *Walter Rauschenbusch*, 433에서 인용.

39) Walter Rauschenbusch, "Religion; The Life of God in the Soul of Man," in Hudson, *Walter Rauschenbusch*, 132-33.

40) Ibid., 45.

41) Walter Rauschenbusch, "Why I Am a Baptist," *Rochester Theological Seminary Bulletin; The Record* (November 1918): 23.

42) Minus, *Walter Rauschenbusch*, 53에서 인용.

43) Rauschenbusch, "Religion; The Life of God," in Hudson, *Walter Rauschenbusch*, 123.

44) Rauschenbusch, *A Theology for the Social Gospel*, 11; Minus, *Walter Rauschenbusch*, 146.

45) Rauschenbusch, *A Theology for the Social Gospel*, 머리말.

46) Ibid., 5, 10-11.

47) Rauschenbusch, *Christianizing the Social Order*, 104.

48) Walter Rauschenbusch, "Conceptions of Missions," *The Watchman* 24 (November 1892); in hudson, *Walter Rauschenbusch*, 67.

49) Walter Rauschenbusch, "Letter to Lemuel Call Barnes," in Hudson, *Walter Rauschenbusch*, 46.

50) Minus, *Walter Rauschenbusch,* 56-57. 또한 무디에 대한 긍정적 평가는 Rauschenbusch, *A Theology for the Social Gospel,* 97 참조.

51) Rauschenbusch, *Christianizing the Social Order*, 114.

52) Vernon Parker Bodein, *The Social Gospel of Walter Rauschenbusch and Its Relation to Religious Education* (New Haven: Yale University Press, 1944), 157.

53) Rauschenbusch, *Christianizing the Social Order*, 114.

54) Minus, *Walter Rauschenbusch*, 27.

55) Rauschenbusch, *Christianizing the Social Order*, 93.

56) Sharpe, *Walter Rauschenbusch*, 222에서 인용.

57) Henry French, "Walter Rauschenbusch and Kagawa Toyohiko's Rediscovery of the kingdom," *The Japan Christian Quarterly* (Summer 1987): 144.

58) Rauschenbusch, *A Theology for the Social* Gospel, 142.

59) Sharpe, *Walter Rauschenbusch*, 129.

60) Rauschenbusch, *A Theology for the Social Gospel*, 69-94; Johnson, "The New Present and the New Past," 137-40, 42-44.

61) Max L. Stackhouse, ed., *The Righteousness of the Kingdom* (Nashville: Abingdon Press, 107-8.

62) Rauschenbusch, *A Theology for the Social Gospel*, 139.

63) Walter Rauschenbusch, *Christianity and the Social Crisis* (New York: Macmillan, 1907), 63.

64) Rauschenbusch, *A Theology for the Social Gospel,* 140-41.

65) Stackhouse, *The Righteousness of the Kingdom*, 106; Minus, *Walter Rauschenbusch*, 91.

66) Rauschenbusch, *A Theology for the Social Gospel*, 141.

67) 이것과 더불어 그밖에 또 다른 비평들은 다음을 보라. William M. Ramsay, *Four Modern Prophets* (Atlanta: John Knox Press, 1986), 25; Clipsham, "An Englishman Looks at Rauschenbusch," 119; Minus, *Walter Rauschenbusch,* 188; Robert T. Handy, "Walter Rauschenbusch; An Introduction," in *The Social Gospel in America, 1870- 1920* (New York: Oxford University, Press, 1966), 261-62; C. Howard Hopkins, "An American Prophet, A Biographical Sketch of Walter Rauschenbusch," in Benjamin E. Mays, comp., *A Gospel For the Social Awakening* (New York: Association Press, 1950), 20.

68) Smucker, "The Origins of Walter Rauschenbusch's Social Ethics," 80-95; 급진적 기독교의 제자도가 함축하는 중요성에 대해서는 다음을 보라. Donald Durnbaugh, *The Believer's Church Tradition* (New York: Macmillan, 1968), 209-25.

69) Minus, *Walter Rauschenbusch*, 46-47.

70) Rauschenbusch, *A Theology for the Social Gospel*, 15-17, 42.

71) Rauschenbusch, "Why I Am a Baptist," 17.

72) Richard Quebedeaux, *The Young Evangelicals* (New York: Harper & Row, 1974), 120-21에서 인용.

73) "The Lausanne Covenant," in J. D. Douglas, ed., *Let the Earth Hear His Voice* (Minneapolis: World Wide Publications, 1975), 5.

74) "The Chicago Call: An Appeal to Evangelicals," *Christianity Today 21* (1977): 1036.

75) Evangelicals for Social Action, 5107 Newhall Street, Philadelphia, Pa. 19144.

76) Baptist Peace Fellowship of North America, 499 Patterson Street, Memphis, Tn. 38111.

77) W. Morgan Patterson, "Walter Rauschenbusch: Baptist Exemplar of Social Concern," *Baptist History and Heritage* 7 (1972): 136.

78) Martin Luther King, Jr., "Pilgrimage to Nonviolence," *The Christian Century* 77 (1960): 439.

79) Sharpe, *Walter Rauschenbusch*, 192

80) C. Howard Hopkins, *The Social Gospel in American Protestantism* (New Haven: Yale University Press, 1940), 218.

81) Rauschenbusch, *Christianizing the Social Order,* 458-59.

# 참고자료

## 1차 자료

*Neue Leider,* with Ira D. Sankey. Authorized translation of *Gospel Hymns Number 5*. New York: Biglow and Main, 1889.

*Das Leben Jesu: Ein systematisher Studiengang fur Jugendvereine und Bibelklassen*. Cleveland: P. Ritter, 1895.

*Evangeliums-Leider 1 und 2*, with Ira D. Sankey. New York: Biglow and Main, 1897.

*Evangeliums-Sanger 3, 150 Neue Leider fur abendgottesdienste und besondere versammlungen*, with Ira D. Sankey. Kassel: J. G. Oncken, 1907.

*Christianity and the Social Crisis*. New York: Macmillan, 1907.

*For God and People: Prayers of the Social Awakening*. Boston: Pilgrim Press, 1910.

*Unto Me*. Boston: Pilgrim Press, 1912.

*Christianizing the Social Order*. New York: Macmillan, 1912.

*Dare We Be Christian?* Boston Pilgrim Press, 1914.

*The Social Principles of Jesus*. New York: Association Press, 1916.

*A Theology for the Social Gospel.* New York: Macmillan, 1917.

*The Righteousness of God.* Max. L. Stackhouse에 의해 미리 정리된 미간행자료. Nashville: Abingdon Press, 1968. 라우쉔부쉬의 저작이 가장 완벽하게 정리된 자료.

## 2차 자료

Bodein, Vernon Parker. *The Social Gospel of Walter Rauschenbusch and Its Relation to Religious Education.* New Haven: Yale University Press,

1944.

Handy, Robert T. ed. *The Social Gospel in America, 1870-1920.* New York: Oxford University Press, 1966. 3부는 라우쉔부쉬의 저작선집과 머리글을 소개한다.

Hopkins C. Howard. *The Social Gospel in American Protestantism*. New Haven: Yale University Press, 1940.

Hudson, Winthrop S., ed., *Walter Rauschenbusch: Selected Writings*. New York: Paulist Press, 1984.

Landis, Benson Y., comp. *A Rauschenbusch Reader: The Kingdom of God and the Social Gospel*. 해리 포스딕의 머리글. New York: Harper and Brothers, 1957.

Mays, Benjamin E., comp., *A Gospel For the Social Awakening.* New York: Association Press, 1950.

Minus, Paul M. *Walter Rauschenbusch: American Reformer*. New York: Macmillan, 1988.

Sharpe, Dores Robinson. *Walter Rauschenbusch*. New York: Macmillan, 1942.

# 19. 윌리엄 오웬 카버(William Owen Carver)

존 존슨(John N. Jonsson)

## 생 애

윌리엄 오웬 카버
(William Owen Carver)

윌리엄 오웬 카버(William Owen Carver: 1868-1954)는 테네시 주 내슈빌(Nashville)과 레바논(Lebanon) 사이에 있는 57에이커(23만 676평방미터) 규모의 농장에서 자라났다. 카버는 11명의 자녀 가운데 두 번째 아들이었다. 어머니는 가족의 부양을 살아남은 자녀 가운데 가장 나이가 많은 카버에게 맡긴 채 일찍 세상을 떠났다. 카버의 저술이나 회고록들에는 어머니에 대한 깊은 사랑이 묘사되어 있다. 그는 어머니가 아이들을 낳고 가사 일을 돌보느라 지쳐있었다고 회상했다. 카버는 어머니를 진정한 성도였고, 불평이 없는 사람이었다고 생각했으며, "그는 자신을 어머니의 대리자로서 그녀를 도와야 할 사람으로 여겼다."[1] 고 고백했다. 카버의 아버지는 전쟁에서 심한 상처를 입은 퇴역군인으로서, 카버가 어릴 때부터 스스로 생각하도록 가르쳤다. 카버도 자신의 아이들에게 그와 같은 철학을 적용했다. 그에게 교육은 기술을 익히는 형식적인 훈련 이상이었다. "교육은 환경 안에서 인격을 성장시키는 것이다…. 진정으로 교육받은 사람들은 모두 스스로 교육을 터득한 사람이었다…. 우리에게 최고의 환경은 하나님이시다."[2]

카버의 초기 공교육에 관한 정보들은 제한되어 있지만, 그는 다독가로서 수학, 라틴어, 물리학에 뛰어났다. 18세에 그는 리치몬드 대학(Richmond College)에 목회하는 학생으로 입학했고 석사학위(M.A.)를 취득했다.[3] 1891년 10월에, 카버는 켄터키 주 루이빌(Louisville)에 있는 서든침례신학대학원(Southern Baptist Theological seminary)에서 신학교육을 시작했으며, 신학석사(Th. M.)와 철학박사(Ph. D.) 학위를 모두 취득하고 1896년 봄에 졸업을 했다.[4] 그의 신약학 박사학위 논문은 "주후 1세기 이방인에 대한 예수의 견해"라는 제목이었다. 28세에 빛나는 졸업과 동시에 그는 신학교에 신약해석학과 설교학 조교수로 임용되었다. 같은 해에 여러 해 동안 남침례교총회의 해외선교국 국장으로 있었던 해리스(H. H. Harris) 박사도 서든침례신학대학원의 교수로 들어왔다. 그는 선교학 분야에서 새로운 과정을 개척했다. 그러나 불행히도 건강이 나빠져서 그 해가 끝나기 전에 그는 신학교를 떠나야했다.[5]

해리스는 분명히 카버의 삶과 사상에 깊은 영향을 주었다. 카버는 해리스를 그 시대의 위대한 스승 가운데 하나로, 그리고 그가 만났던 가장 위대한 스승으로 여겼다.[6] 학문적인 탁월함과 선교에 대한 헌신으로 인해 카버는 서든침례신학대학원에서 선교 과정을 더 분명하게 선택했다. 따라서 1898년 5월에 위원회는 신약해석학과 설교학 외에도 선교 교과과정을 지도하도록 카버에게 위임했다.[7] 취임사를 준비할 때 카버는 자신이 가르치도록 정해진 두 과목에서 주제를 선택하지 않고, "선교와 하나님나라"로 강연을 했다. 그는 그 이유를 다음과 같이 설명했다:

> 나는 선교라는 주제에 깊이 매료되어 있습니다. 비록 선교가 전공주제는 아닐지라도, 나는 이것이 중요한 주제일 뿐 아니라 그 연구에 대한 관심을 가지게 되기를 바랍니다. 그리고 선교는 신약성경 해석 분야의 중심에 위치해 있다고 생각합니다. 설교자는 설교할 때 "우리의 주와 그의 그리스도의 왕국"을 선포하는 일에 부담을 가져야 합니다.[8]

1899년 서든침례신학대학원은 카버의 지도 아래에서 비교종교학과 선교학 분야를 신설했다. 이것은 북아메리카에서, 아마도 세계에서도, 신학교들 안에 존재하는 가장 오래된 선교학 분야일 것이다.[9] 1867년에 알렉산더 더프(Alexander Duff)는 에든버러대학의 뉴 칼리지 선교학 교수로 임명되었다. 그러나 1년 만에 더프는 그 직위를 사임하였고, 그의 선교학 강의는 중단되었다.[10] 1884년에 클레이번 벨(Claiborne H. Bell)은 켄터키에 있는 쿰벌랜드(Cumberland) 대학교에서 선교학 교수직을 시작했다. 그러나 1909년 그가 사망함으로써 그 자리도 사라지게 되었다.[11] 1918년이 돼서야 뉴욕에 있는 유니온 신학대학원은 다니엘 플레밍(Daniel J. Fleming)을 선교학 분야에서 최초로 전임교수로 임명하였으며, 이어서 예일과 메코믹 대학도 선교학 분야에 시간제 교수를 임용했다.[12] 이렇게 세기의 전환점에서 신학기관에서 선교학 교육을 시작한 것은 신학교육에 혁명을 불어왔다.[13] 그러므로 카버가 "미국 혹은 전 세계에서 선교 분야에 가장 뛰어난 사람"으로서 남침례인들에게 찬사를 받았다는 것은 그만한 까닭이 있는 것이었다.[14]

카버는 서든침례신학대학원에서 45년 동안 교수로 재직했다(1898-1943). 이 기간에 그는 선교를 "하나님께서 그리스도 예수 안에 이 시대를 위해 계획하신 목적"이라고 가르치면서 학생들의 삶에 독특한 공헌을 했다(엡 3: 11). 그는 자신의 교단이나 혹은 그 외의 교단에도 선교신학을 결정적이면서 근간이 되도록 발전시켰다.[15] 선교는 그의 성경해석학에서 핵심이었다. 그는 신학교에서 어느 분야의 교수도 선교를 가르치는 것을 막을 수 없다는 분명한 확신을 가지고 있었다. 1898년 10월 그는 자신의 취임사에서 다음과 같이 쓰고 있다:

> 이러한 정서가 서든침례신학대학원보다도 더 강조되고 있는 곳은 아무 데도 없다. 이러한 근본적인 기독교의 가르침을 고려할 때, 선교학과를 세우는 것은 아무리 강조해도 지나치지 않다. 그러나 우리는 끊임없이, 일관성 있게, 전문적이면서, 방향이 잘 설정된 연구가 다른 분야의 성경 연구와 마찬가지로 선교에 대해 올바르고 포괄적인 견해를 수립하기 위해 필수적이라는 것을 확신한다.[16]

카버는 남침례교 총회 해외선교부와 매우 밀접한 관계를 맺고 있었다. 그는 2-3년 동안 선교부에서 일했다(1917-23). 그때에 제임스 프랭클린 러브(James Franklin Love, 1915-28)가 남침례교 해외선교전략의 행정을 이끌었다. 러브는 하나님께서 아시아보다 유럽을 위해서 바울을 부르셨다는 개념에 뿌리를 두고 있는 이른바 앵글로 색슨 우월의식을 가지고 있던 사람이었다.[17] 이것은 러브에게는 세계를 복음화 하기 위해서 백인들이 먼저 기독교화 되는 것이 필요하다는 것을 의미했다. 카버는 이러한 문화화된 선교정책을 제거하는 것이 남침례교를 위해서 필요하다는 것을 언급하면서, 그것은 "민족적 우월감, 경제적 탐욕에 대한 합리화, 자인하지 않은 제국주의적인 억압으로 권력의 야망을 정당화 시키려는 것"이라며 러브의 정책을 거침없이 비난했다.[18]

카버는 정신적으로나 정체성에 있어서나 에큐메니칼한 정신을 소유하고 있었으며, 자기의 선교 영역을 남침례교회의 교구에 한정하는 것을 거부했다.[19] 그는 북아메리카의 해외선교협의회에 의해서 세워진 "선교 준비부"(the Board of Missionary Preparation)의 일원으로서 폭넓은 경험을 쌓았다. 남침례교 해외선교부가 1919년에 해외선교협회의에서 탈퇴했을 때, 카버는 남침례교회의 총회장이었던 갬블(J. B. Gambrell)의 비위를 몹시 거스르면서까지 초교파적 조직의 일원으로서 남아있었다.[20] 카버는 게다가 1938년에서 1948년까지 세계교회협의회(WCC)의 형성과정에 참여했다. 비록 그는 1938년 네덜란드의 유트레히트(Utrecht)에서 만났던 위원회가 제공하는 업무를 수락할 수 없었지만, 1939년에 신앙과 직제에 대한 세계협의회 산하에 있는 미국 신학위원회의 위원으로 임명되었다.[21] 카버의 공헌은 "교회의 기능적 연구의 중요성"이라는 제목이 붙은 연구보고서에 포함되어 있다. 그는 제도로서 교회의 관점에서 이루어지는 연합이 아니라, 에큐메니칼 토론의 기초로서 교회의 기능을 강조했다. 그가 보기에 침례교는 "어떤 하나의 교회"로서 제도화되기에는 너무나 다양화되어 있었다. 그는 교회가 성육신의 연속으로서 그리스도와의 관계에서 이해되어야 한다고 생각했다."[22]

선교학자로서 카버의 생애는 북아메리카의 해외선교 협의회 설립에서부터 1948년 세계교회협의회 설립과 1950년 미국에서 그리스도의 교회들의 국내 위원회 설립에 이르는 기간을 포괄하고 있다. 이 기간에 침례교 세계연맹(Baptist World Alliance)이 1905년에 만들어졌다. 에든버러에 세계 선교사 대회가 1910년에 개최되었고, 국내 선교사 협의회가 1921년에 세워졌다. 두 번의 세계대전이 서부세계를 산산조각 내었고, 유엔(United Nations)이 1945년에 창설되었다. 이 기간에 카버는 자신의 선교에 대한 성경적 통찰을 상술했다. 이것을 그는 1949년에 「크리스천 소명에 나타난 하나님의 영광」(The Glory of God in the Christian Calling)이라는 제목의 에베소서 연구 출판을 통해 완벽하게 표현했다.[23] 카버는 에베소서의 중요성에 대해 점점 확신을 가지게 되었다. 그는 "이것은 최고의 서신이다"라고 하면서, 구원에 대한 하나님의 무시간적 은혜의 계시와, 자기시대의 조건에 적용해야 할 필요에 대한 양면성을 언급했다.

카버는 일정하게 정해진 해외선교에 봉사하지 않았지만, 1900년과 1907-08년 동안 선교에 대한 관심으로 유럽을 방문했다. 1922년, 1923년에 그는 해외선교를 경험하기 위해서 라틴아메리카와 동양을 여행했다.[24] 두 자녀들은 지정된 해외 선교지에서 오랫동안 거주했다. 그의 아들 조지 카버(George A. Carver) 박사는 남침례교 해외선교부에 의해서 선교사로 임명되었으며, 1931년에서부터 1941년까지 중국 상하이대학의 교수로 봉직했다. 그는 선교학 교수로서, 카버선교 대학 학장으로, 그리고 서든침례신학대학원의 사회복지학과에서 10년(1953-63) 동안 가르쳤다.[25] 카버의 딸 도로시(Dorothy)는 1935년부터 거의 40년 동안 일본에서 선교사로서 활동했다.[26] 그 후에 일본 침례교의 지도자요, 세계침례교연맹의 부의장이 되었던 아키고 엔도 마츠무라(Akiko Endo Matsumura)는 도로시 카버 가롯(Dorothy Carver Garrott)의 사역을 통해 그리스도인이 된 사람으로서, 그는 카버(W. O. Carver)에 대해 아주 높이 평

가했다.[27)]

카버의 폭넓은 학문성과 그의 영감 넘치고 절제된 가르침은 교실에서부터 많은 학자들을 배출해 내었다. 그중 한 사람인 휴고 컬페퍼(Hugo H. Culpepper)는 중국, 칠레, 아르헨티나의 선교사로 갔고, 후에 서든침례신학대학원에서 2년 동안 선교학과 세계종교학을 가르쳤으며, 5년 동안 남침례교 국내선교회 선교분과장으로 활동했다. 컬페퍼는 카버의 학문을 "독창적인 통찰력과, 폭넓은 흥미와 깊이 있는 이해를 그 특징으로 가지고 있는 것"으로 묘사했다. 그의 폭넓은 해박함은 신학과정의 모든 영역에서 여러 기간 가르치면서 그를 능력 면에서 "무엇이든지 할 수 있는 사람"이 되도록 이끌었다.

카버는 선교분야에 관한 8권의 책을 포함하여 상당히 광범위한 출판을 했다. 비록 형식면에서 다소 어려운 책이었지만, 그의 저서들은 아주 잘 팔렸다. 어떤 것들은 40년이 넘도록 발간되었다. 그는 남침례교회의 동료들에게 가장 위대한 선교학자로 평가를 받았으며, 그러한 평가는 지금까지 유지되고 있다.[28)]

## 사상

### 생활철학

카버의 생활 학은 그의 초기 가정 훈련에 의해서 단련된 것이었다. 가정에서 교육은 그로 하여금 자신에 대해서 생각할 수 있는 자료들을 제공하는 것이었다. 필리핀 선교사 브라이언트 힉스(W. Bryant Hicks)와, 서든침례신학대학원의 선교학 교수 테론 랜킨(M. Theron Rankin) 교수는 카버에 대한 인상을 다음과 같이 회상한다. 어느 예배시간에 카버는 신학 훈련을 시작하는 새로운 학생들에게 다음과 같이 충고해 주었다:

> 여러분은 교수님들에 의해서 많은 새로운 사상들을 제공받을 것입니다. 이러한 것들은 가끔 자극적이고도 설득력 있게 들리겠지만, 주의하십시오. 여러분이 가지고 있는 신학적 알맹이들을 어떤 부분도 버리지 마십시오. 이러한 것들

은 여러분의 삶에서 검증받은 것들이고, 봉사할 만한 것들로 증명된 것들입니다. 만약 여러분이 좀 더 매력적이고 우수하게 보이는 새로운 중요한 것들을 발견했다면, 이것들을 현재의 알맹이들 속으로 가져오고 시간을 두고 잘 검증하십시오. 그 후에야 그것이 더 좋은 것인지 어떤지에 대하여 합당한 판단을 할 수 있을 것이고, 어떤 것이 지켜지고 어떤 것이 포기되어야 하는지에 대해 건전한 판단을 할 수 있을 것입니다.[29]

위의 충고는 언제나 선을 고수하고, 모든 것을 검증하는 성경적 명령의 형태를 띠고 있는, 삶의 모든 것에 대한 카버의 기본자세를 나타내고 있다. 이 위대한 선교학자이자 교사인 카버의 충고는 영존하시는 하나님의 영광으로부터 나온, 사실상 기독교인의 사상과 삶이다.

데일 무디(Dale Moody)는 카버를 철학자인 동시에 신학자로서 간주한다. 그가 볼 때 카버는 "모든 것을 증거하고; 선한 것을 빨리 붙잡으라"(살전 5:21)고 권고하시는 하나님의 말씀에 사로잡힌 자였다. 무디는 어떤 중요한 문제들에서 카버가 어떻게 반응할지 알 수 없으나 그가 분명히 반응하게 될 것이라는 것은 사람들이 알 수 있다고 주장하면서, "너무나 성실하여 회피할 수 없고, 너무나 담대하여 침묵할 수 없는" 자로 카버의 성격을 규정했다. 카버는 철학자로서, 그리고 개인주의자로서, 기본적으로 성경신학자였다. 그는 확실히 천국과 그리스도의 몸으로서 교회에 초점을 맞춘 사람이었다. 이러한 요소들은 그의 사상과 저술을 강하게 지배했다. 무디는 당시의 학생들이 카버의 교과 과정들과 개인적인 모범들을 통하여 하나님의 말씀에 사로잡히는 것을 배웠다고 진술한다. 이 위대한 학자는 지계석주의, 근본주의, 그리고 섭리주의에 반대하여 능란하게 그의 성경적 학식을 실증했다.[30] 그 당시에 중요한 문제들을 대할 때 그는 깊은 영적인 통찰력과 영원한 성경의 목적들이 침해되었다는 기독교적 확신을 가지고 논쟁에 참여했다.

카버의 생활철학은 아마도 그를 서든침례신학대학원이 낳은 위대한 학자로 만들었으며, 학제 간 교류를 이루는 데 기여했다. 그는 갑작스러운 통보에도 교실에 들어가 강의할 수 있으며, 교과과정 훈련에서 신뢰할 만한 교직을 행할 수 있는 가장 유능한 교수 가운데 하나로서 기억되었다. 카버는 또한 아주 겸손한 자아상을 가지고 있었다:

> 내가 조교로 시작했을 1895년부터 나는 명목상으로 오직 두 과목, 신약학과 설교학만 관련되어 있었다. 그러나 그 후에 비교종교학과 선교학 등 사실상 나는 때때로 다른 과목들에 대한 강의도 요청받았다. 나는 실제로 그때나 지금이나 내가 들어갔던 교실에서 히브리어만 제외하고, 신학, 성경학 개론, 교회론 등 기간이 길거나 짧거나 간에 무엇이든 가르칠 수 있는 사람이 되었다. 수년을 통하여 나는 긴급히 요청되는 과목들을 계속 맡아왔다. 특히 1차 세계대전 기간에 나는 멀린스(Mullins)가 가르치던 과목을 다른 사람들과 함께 가르쳐야 했다. 나는 이 넓은 영역에서 나의 에너지를 소모하고 나서 신학의 전 영역에서 제한된 지식과 함께 좀 더 나은 포괄적인 관계를 유지할 수 있었다. 그러나 이것을 통해 내가 치룬 대가는 내가 실제적 전문가가 될 수 없었다는 것이었고, 내 자신의 전공분야에서 조차도 권위가 없었다는 것이다. 여기에서 실제로 나의 진보에 대해, "미국 선교에서, 혹은 세계선교에서 가장 잘 알려진 사람"이라는 남침례교인들의 빈번한 찬사를 들으면 나는 결코 자격이 있다고 생각하지 않았다. 나는 이러한 형제들의 은혜로운 칭찬이 선교분야에서, 그리고 특별히 포괄적인 신앙의 분야에서 실제적 권위와는 전혀 관계가 없다는 것을 알고 있었다.[31]

신약신학을 자신의 표준으로 삼으면서 카버는 성경의 본문에서 무엇이 본질적인 것이고 무엇이 비본질적인 것인지를 구분하는 데 유의했다. 그에게 본질적인 것은 인간과 복음의 고유한 본성에, 그리고 그들 가운데 일어나는 것에 속해있었다. 이것을 그는 모든 시간 동안의 행위의 관점으로, 원리에 대한 설명으로 간주했다. 예수께서 "선한 일을 하시면서 다니셨다"는 것은 모든 시간에 모든 사람들에게 적용하기 위한 원리이다. "본질적인 것은– 어제나 오늘이나 영원토록 같은, 인간의 고유한 본성(인간성)에서 나온 것이며, 복음의 본성에서 나온 것이다– 그리고 비본질적인 것은 때와 풍토와 문명과 더불어 바뀌는 것이다."[32] 카버의 생활 철학은 복음의 신성과, 인간 삶의 존엄성과 가치의 깨달음을 강조한 것으로서 성경해석을 통해 주조된 것이었다.

### 선교에 대한 성경적 조망

아마도 카버의 위대성에 대한 열쇠는 코넬 괴르너(H. Cornell Goerner)가 그와 관련하여 "성경의 영감성"에 대한 깊은 확신이라고 부른 것에서 찾을 수 있을 것이다. 그는 카버가 "거의 경외에 가까운 존경심"으로 성경 연구에 접근했다고 주장했다.[33] 신학교육자로서 카버는 성경으로부터 얻은 수많은 통찰력으로 그의 학생들에게 영감을 주었다. 한 가지 예를 들면, 그는 이스라엘의 선택(그리고 교회에 대한 선택)이 도구적이었고 조건적이었다고 주장했다. 선택은 봉사를 위한 것이었고 복종이라는 조건이 있었다. 이러한 개념은 카버의 학생들이 성경을 이해하는 요점이 되었다. 카버는 학생들에게 아브라함과 히브리인의 선택은 하나님의 편에서 편애의 행동이 아니었다는 것을 명백히 했다. 그들은 단지 봉사하기 위해서 선택된 것이지 구원을 위한 것이 아니었다.[34] 괴르너에 따르면, 더욱 일반적인 것은 하나님의 "시대의 계획"(엡 3:11)에 대한 카버의 강조였다. 여러 세대의 학생들은 카버의 교실에서 하나님의 "계획을 가진 목적"에 대한 긴급함을 배웠다. 이와 같은 통찰력을 통해서 괴르너는 단언한다. "다른 어떤 사람들보다도 카버는 주린 마음을 가진 자, 방향을 잃은 자, 탐구하는 자로서 나의 필요한 것들을 충족시켰다. 그리고 그는 다른 학생들도 동일하게 대했다는 것을 나는 안다."

카버에게 선교는 궁극적으로 하나님의 마음에서부터 시작된다. 카버는 구약성경에 하나님께서 모든 인류를 위해 우주적 사랑 안에서 어떻게 활동하시는지를 보여주려고 공들인 증거가 있었다고 생각했다. 그러나 선교의 기원은 예수 그리스도의 사역, 삶, 명령 속에서 주어졌고, 그를 따르는 자의 삶 속에서 계획되었다. 이러한 이유로 성경은 선교 교과서다. 신약성경은 선교의 산물로 이해되어야 한다. 그리고 이것은 오직 우리가 진정으로 해석할 수 있는 선교적 이념 안에 있다.

카버에게 하나님의 왕국은 예수 사역을 형성하는 개념이 된다고 말할 수 있다. 그리스도 안에서 표현된 하나님의 이상은 그의 왕국이 모든 것 안에서 통치될 것이라는 것이며, 그 모든 것은 가장 작은 것에서부터 가장 큰 것까지 하나님을 알게 될 것이다. 선교는 이러한 것이 가능하도록 하는 매개다. 그리스도의 성육신적 가치는 인간들이 그것을 믿고 받아들이는 데 달려있다. 그것은 그의 성육신이 모든 사람들이 알아차려서 이것을 그들의 삶으로 받아들이거나 거절하기까지는 불완전하다는 것을 의미한다.[35] 우리가 주님의 재림에 대해서 많이 강조할 필요가 있지만, 선교의 책임과 관련해서는 일차적 성육신을 알릴 필요가 있는 것이다. 예수는 자기 자신을 자신의 종들과 아주 거의 동일시했다. 선교에서 예수는 그의 성령충만한 동료들 가운데서 행하고 가르치기를 계속하셨다.

카버는 저술을 통해 예수를 따르는 자들의 선교에서 성령이 기여하는 역할에 전적인 주의를 기울인다. 「사도행전」은 1916년에 출판되었다. 그는 사도행전을 “성령행전”이라고 부르는 데 동의했다.[36] 이러한 이유 때문에 카버는 “비평적”인 것보다도 “실천적”인 주석을 준비하는 것이 합당하다고 생각했다. 책의 서문에서 그는 다음과 같이 기록하고 있다: “나는 사도행전을 성령의 복음으로 확신하는 데 오랜 시간이 걸렸다. 성령의 복음으로서 사도행전은 동시에 예수 그리스도의 복음의 짝을 이루는 최고로 매혹적이고 중요한 책이다.”[37]

### 선교와 사회적 연관성

모든 나라에 알리고 증거하는 일은 “모든 것들을 깨닫도록 그들을 가르침으로써” 계승될 필요가 있다. 이 말은 특별한 함축을 가지고 있다. 비록 그는 사회학 이론의 적법성에 의문을 가지고 있지만, 사회학이 기독교의 영역이라고 주장했다. 거짓 이론들은 그 무익함이 증명될 것이다. 그러나 카버는 교회가 사회속의 풀뿌리 층에서 중요한 문제들을 취급하였던 사회학자들로부터 배워야만 한다고 느꼈다. 교회들은 땅을 단순히 복음화 하는 것뿐 아니라 기독교화하는 데에 대해서도 눈을 떠야 한다. 카버는 기독교화를 그리스도인이 노력하는 목표가 되어야 하는, 일종의 "사회적 혁명"으로 말했다. 그는 이것이 거듭난 삶의 목적이 되어야 한다고 생각했다.

> 사람들은 하나님 나라에 들어가기 위해 조직되는 것이 아니라 거듭나야 한다. 우리는 구원받고 거룩하게 된 사람들을 사회 속에 보냄으로써 사회를 구원할 수 있다. 세상을 깨닫게 하거나, 그 왕국을 소개하는 것을 허락하는 것조차 실패한 교회가 멸시받는 것은 너무나 당연한 것이다. 우리는 사람들이 왕국 속으로 들어가려면 거듭나야 한다고 말하지만, 그들을 거듭나도록 찾아가지도 아니하고, 우리의 삶이나 교회들 속에서 왕국을 생성시키지도 않는다.[38]

1970년에 세워진 여성선교 훈련학교(Woman's Missionary Training School)로 성장한, 선교와 사회사업을 위한 카버학교는 아주 초창기 천국에 대한 카버의 논지를 발전시키는 데 공헌을 했으며, 이 논문은 그를 남침례 신학대학원의 교수가 되도록 했다.[39] 1907년 여성 선교 훈련학교의 목적은 국내나 외국선교 분야에서 기독교 봉사를 위해서 젊은 여자들을 준비시키기 위한 것이었다. 당시에 기독교 일꾼으로 봉사하기 위해서 미국에서 젊은 여자들을 훈련하는 것은 전례도 없고 따를 모범도 없는, 아주 새로운 출발이었다. 1953년에 선교와 사회사업을 위해 세워진 카버학교의 목적은 특수화된 선교훈련과 교회의 사회사업 영역에서, 남녀를 준비시키기 위한 것으로 재정비되었다. 이것은 천국과 복음적 관계들 속에 포함된 새로운 사회적 깨달음의 결과였다. 1984년에 앤 데이비스(Anne C. Davis) 학장 시절, "교회사회사업의 카버학교"(the Carver School of Church Social Work)라고 이름을 지은 것은 카버가 1898년 선교와 사회적 관계를 위해서 세워 놓은 방향에서 또 다른 발전이 있었음을 나타낸다.[40]

카버는 성경본분의 한 해석으로서 인간의 차원을 강조했다. 1898년 취임사에서 그는 "인간의 삶과 복음의 타고난 본성"이라는 말로 성경해석에 대해 언급했다.[41] 그의 천재성은 세상과 함께 우리가 반드시 나누어야 할 예수 그리스도의 성육신 이해 속에 반영되어 있다. 1954년 5월에 있었던 카버의 추도예배에서 듀크 맥콜(Duke McCall)은 다음과 같이 말했다:

> 그는 선교의 동기를 감상적 관심 이상으로 끌어올렸다 …. 그는 감상적인 관심을 뒤로 돌리고, 시대에 대한 하나님의 계획 안에서 하나님과 함께 상호작용하는 특권을 선교의 동기의 핵심으로 두도록 만들었다. 그는 그것을 하나님 나라의 한 국면으로서만 가치 있는 것으로 만들지 않고, 우리로 하여금 그것을 하나님의 핵심적인 계획으로 이해하도록 만들었다.[42]

하나님 나라의 복음에 대한 카버의 이해는 여성을 차별하지 않는 삶의 방식에도 반영되어 있다. 카버의 가족으로 받아들여진 일본학생 아키코 마츠무라(Akiko Matsmura)는 그녀에 대한 카버의 위대한 공헌을 강조했다. 카버가 그녀를 대하는 방식은 정상적이고 건전한 방식이었고, 여자에 대해서 결코 경멸적인 말을 하지 않았다. 그는 성과 민족 등 다른 요인과 관계없이, 각 사람이 하나님의 눈에 영원한 가치를 가졌다는 것을 말과 삶으로 그녀에게 증명해 주었다. 그녀는 이것이 그녀로 하여금 "그의 주변에서 가식이나 변호함이 없이 자연스럽게 대하도록 하는 것"을 가능하게 했다고 말했다.[43]

캐더린 알렌(Catherine Allen)은 카버의 생애가 "구원받은 모든 사람들은 구원의 대행자로서 임명되기 때문에," 복음전파의 책임은 오직 남성들뿐만 아니라, 여성들에게도 있다는 전제아래 행동한 것이라고 강조했다.[44] 이렇게 견고한 확신은 카버로 하여금 여성선교 연합(Women's Missionary Union)을 끝까지 신뢰하도록 했다. 교육자로서 그는 여성들이 여성선교연합 훈련학교에서 신학훈련을 받을 수 있도록 개척자적인 사역을 감당했다. 50년이 지난 후에(1957년) 이 프로그램은 "선교와 사회사업을 위한 카버학교"(Carver School of Missions and Social Work)로 명명되었다. 창립 50주년 소책자는 남침례교인들의 삶 속에서 여성들로부터 다음과 같은 찬사를 기록하고 있다:

> 기독교 선교의 많은 역사는 선교정책가요 탁월한 학자인 카버 박사의 지도에서 많은 것을 배웠다. 그는 우리의 기억 속에서 사라질 수 있지만, 우리는 그의 성경적 선교 메시지를 통해 선포된 하나님의 선교에 대한 목적과 계획이 선교를 명령하고 있다는 것을 우리 삶 속에서 결코 피할 수 없을 것이다.[45]

캐더린 알렌은 그 시대의 아들로서 카버가 생물학적 의미에서 남성적 용어를 중성으로 사용했다고 지적했다. 그렇지만 카버는 왕국에서 여성들의 선택된 역할을 포괄하고 있다는 것을 강조하기 위해서 종종 "남성들과 여성들"로 언급했다.[46]

카버는 여성운동과 연합하지는 않았지만, 여성운동들이 크리스천 이상들과, 목적들, 그리고 동기에 의해서 조절되어 왔다고 인정했다. 그는 교회들이 여성권리에 대한 모든 문제들을 반대함으로써, "모든 사회 조직 속에 연합한 자로서 여성의 완전하고 합법적 자율권을 반대해왔다고 주장했다."[47] 일반적으로 사회 속에서 여성은 법적이고 정치적 힘을 갖기 위해서 충분한 잠재력을 훈련받지 못했다고 그는 강하게 주장했다. 그는 공동체가 좀 더 큰 포괄성을 받아들이지 않고 있는 것은 아닌지 점검해야 한다고 생각했다.

### 에큐메니즘과 기능하는 교회

카버는 윌리엄 캐리(William Carey)가 근대 선교를 창시한 자가 아니라, 조직된 선교의 아버지, 즉 근대 선교협회의 아버지였다고 주장했다. 세계복음화를 위해 하나님에 대한 개인적 책임에 관하여 캐리의 이념은 한 세대의 선교적 열정을 실제적인 결과로 나타나도록 만들었다. 카버에게 이러한 책임을 감당하는 가장 좋은 수단은 그들의 책임에 대해서 같은 의식을 가진 다른 개인들과의 연합하는 것이다.

카버는 세계복음화를 위해서 "교회"로서가 아니라 조직체로서 처음부터 이런 이념에 접근한 유일한 종파로 모라비안들을 인용했다. 만일 근대 선교의 강조가 개인적 책임에 초점이 맞추어져 있어서, 우리로 하여금 개인에 초점을 둔 신약성경적인 노력을 기울이도록 했다면, 이제 우리는 선교를 위해 미래 왕국의 확장을 위한 일한 신약적 기독교의 또 다른 측면에 관심을 가져야 한다. 하나님께서는 선교를 통해서 자기 백성들이 원시기독교로 돌아가도록 인도하신다. "원시기독교를 향한 전 세계선교의 길을 통한 여행; 이 사역의 중요한 특징은 성경을 새로운 책으로 만드는 것이고 그 속에서 우리의 믿음을 크게 강화시키는 것이다."[48]

시작부터 카버는 그리스도의 관계 속에서 개인의 책임에 관계되는 문제점들을 붙잡고 있었다. 그는 세계 복음화를 위한 선교단체로서의 교회, 그리고 선교에 연루된 것들은 크리스천 신앙을 위해서 성경을 새로운 책으로 변형시킬 것으로 보았다. 원시기독교로 돌아감으로, 카버는 복음화에 대한 지배적인 개념이 "사회적 혁명"의 일종인 기독교화로 넘어갈 필요가 있다는 것을 확신했다.

카버가 1893년 위원회 초창기부터 회원으로 있었던 남침례교총회의 해외선교부는 그의 직무 기간(1917-23)인 1919년에 해외선교협의회로부터 철수했다.[49] 그러나 카버는 상호 교단적인 운동과의 관계를 끊지 않았다. 그는 다른 단체 속에 있는 사람들로부터 침례교인들이 예배에 대한 좀 더 포괄적이고 효과적인 강조점과, 연합하는 삶의 물질적 측면의 질서정연함과 아름다움을, 그리고 세계지도자들을 향한 좀 더 적당한 사역을 배울 수 있다고 믿었다. 루터 코플랜드(E. Luther Copeland)는 우리가 크리스천 생활과 신앙의 연속성을 위해 좀 더 올바른 인식을 가져야 한다고 카버는 생각했다고 지적한다. 그리고 그는 다음과 같이 카버가 생각했다고 지적했다:

> 우리는 핍박아래서 신앙의 자유를 위해 투쟁하는 중에 수 세기 동안 우리가 대부분 잃어버렸던 모든 신자들의 공동체 의식을 회복할 수 있다…. [그것은] 가

톨릭교회와 개신교회에 의해 억압되었으며, 여전히 어떤 나라에서는 억압을 당하고 있는 것이다.[50]

카버는 1939년부터 1948년까지 활동했던 미국 신학위원회(신앙과 직제에 대한 세계 협의회의 부속)에 침례교회의 성경신학적 전망을 제공했다. 그는 보고서를 통해 에큐메니칼 토론이 교회 기능의 중심이 되어야 한다고 강조했다. 그는 제도로서 교회연합에는 동의할 수 없었다. 그는 에큐메니칼적 의도와 목적으로 "하나의 커다란 유기적 연합 속에서 교회들을 합병하려는" 시도에 반대했다. 이러한 연합은 그리스도에 대한 우리들의 관계로 형성된 "성령의 자발적 연합"을 파괴하기 때문에 오직 강압에 의해서 성취될 수 있었다.[51]

코플랜드(Copeland)는 카버가 어떻게 에큐메니칼의 도전에 응답하여 남침례교를 격려하려고 애썼는지를 보여주었다. 그는 (1) "편견, 무지, 교만 혹은 무관심"을 버리고 사실들에 대한 철저한 지식을 통해; (2) 예수그리스도, 그의 인성, 그의 진리, 그의 계획, 그의 백성에 대한 충성으로; (3) "진정한 에큐메니칼 침례교 친교"를 소중히 여기고 발달시킴으로; (4) 모든 신자들의 정신과 친교 속에 사실적 연합을 확대함으로, 그리고 (5) 단지 이론과 원리에서가 아니라, 실제로 가르치고 행동함으로써 세상 책임에 대한 우리들의 충분한 몫을 받아들임으로 그 이를 해냈다.[52]

카버는 그의 생각을 1949년에 "침례교 세계 가족"(Baptist World Family)지에 호소하기 위해서 다음과 같이 요약했다. 세계협의회(World Council)나 다른 형식의 협력이 침례교인들 사이의 교제를 희생시킨 대가로 얻어져서는 안 된다. 현재나 다가올 미래에서 최선의 봉사는 세계 모든 침례교인들을 섬기는 데 가장 완벽하게 성령과 교제의 연합을 따라야 한다. 이러한 것들과 더불어 거기에는 역시 친교가 있어야 하고, 제한된 범위 내에서 기독교의 다른 조직체들과의 연합도 있어야 한다. 북침례교 총회의 경우처럼, 어떤 침례교 조직체가 세계협의회에 참여하도록 인도함을 받았다는 사실이 다른 침례교인들 사이

에 있는 친교나 확신에 불화의 요소가 되지 말아야 한다.[53)]

**예수그리스도의 성육신의 연속으로서 교회**

카버가 1949년에 「크리스천 소명에서 하나님의 영광」이라는, 에베소서에 대한 그의 연구를 출판하려고 했을 때, 그는 자신이 얼마나 열정적으로 이 뛰어난 서신을 끝마쳤는지에 대해서 말했다. 그는 복음과 우리 주 예수 그리스도의 왕국에 대한 중요성에 대해서 점점 자라가는 확신을 나누었다. 이 "최고의 서신"에 대한 그의 철저한 연구에서, 카버는 하나님의 은혜에 대한 무시간적 계시와 이것을 그 때의 필요들과 조건들에 적용할 필요, 둘 다 의식하고 있었다.[54)]

반면에 카버는 에베소서 전체가 "하나님의 영광"이라는 초점으로, 하나님의 관점에서 시작하고 진행한다는 것과, 마찬가지로 그 책의 걸출함과 중요성은 그것의 경험적 특성이라는 것을 깨달았다. 그것은 그리스도인의 소명 속에 내재되어 있는 윤리적 강조를 발달시키는 하나님의 영광과 인간의 경험 사이의 관계를 의미한다. 에베소서 전체를 통해 예수 그리스도의 높임과 성육신의 연속인 그리스도의 몸으로서 교회의 개념은 자주 인상적으로 두드러져 있다.[55)]

카버는 우리가 이 "논문"의 틀을 다루는 방식이 중요하다고 느꼈다. 그는 에베소서를 "교리적"인 부분과 "실천적"인 부분으로 나누는 것을 거절했다. 그는 에베소서의 원형 속에서 진리와 경험의 두 가지 국면들을 예리하게 구분하는 것을을 발견할 수 없었다. 만일 교리가 실천적이거나 실천된 것이 아니라면, 그것은 비현실적이고 망상적이며 무능한 것이다. 카버는 이러한 인위적 구분이 기독교 역사와 실천에서 혼란과 연약함을 가중시킨 중요한 자료들 중에 하나가 될 것이라고 생각했다.

카버는 에베소서의 분명한 틀을, 인간의 선과 하나님의 영광을 위해서, 하나님과 인간이 철저하게 서로 살아있는 만남을 위한 태도로 간주했다.[56] 이러한 이유 때문에 카버는 으뜸가는 기독교 개념들 가운데 위대한 네트워크의 정점이 되는 에베소서 3장 20-21절의 송영에 나오는 "영광"에 대한 존 리젯(John S. Lidgett)의 이해를 거부했다. 리젯에게 에베소서는 "예수 그리스도 안에서 하나님의 영광"이라는 슬로건으로 요약될 수 있었다.[57] 그러나 카버는 이러한 논제들을 거절할 수밖에 없었다.

카버의 발견은 그가 하나님과 인간 사이의 관계를 간파할 수 있었다는 데 그 중요성이 있다. 1장부터 3장을 통하여 볼 때, 우리의 경험은 하나님의 관점에서 조망되지만, 이것은 인간들에 대한 하나님의 관계라는 맥락에서 설정된다. 카버는 "예수 그리스도 안에 하나님의 영광"이라는 말로 에베소서를 축소함으로써 리젯이 바울의 개념 일부를 생략했다고 지적했다. 이 지적은 하나님의 영광이 "교회와 예수그리스도" 양쪽에 있다는 것을 생략했다는 것을 의미했다.[58] 이 대목의 요점은 "그리스도인의 소명 속에 하나님의 영광"이라는 점에서 하나님과 인간들 사이의 관계가 중요하다는 것을 말한다. 카버는 "예수께서 다른 무엇보다도 인간으로 하여금 천국으로 자신을 따라 오라고 부른 것이 아니라, 봉사와 희생, 의와 구원의 천국으로 들어가도록 부른 것"이라고 결론지었다.[59]

## 평가

카버가 선교와 세계종교에 대한 연구를 제도적인 신학교육의 영역 안에 수용한 것은 신학과 선교 사이를 구분하는 사고방식을 많은 수정하게 했다.[60] 선교와 신학과 성경에 대한 연구를 하나로 묶는 방법론은 카버의 위대한 기여들 가운데 하나다. 카버는 선교에 대한 성경적 의도에 대해 신학적 반성이 부족한 열광적 선교활동가도 아니었고, 세계선교에 거의 무관한 기독교신앙의 교리들을 가르치는 신학자도 아니었다. 그리고 선교에 대한 기독교적인 헌신과 성경적 의도에 대한 그의 통찰력있는 신학적 연구에 대한 학문적 탁월성 사이에는 어떤 이분법도 없었다. 카버는 고전어 훈련의 자질을 선교에 포함시키는 것을 포기하지 않았다. 선교는 다른 훈련들과 함께 학문적으로 명확한 표현을 필요로 하는 성경의 포괄적인 주제였다. 카버에게는, 선교와 최고의 학문이 함께 하는 것이었으며, 학문성은 선교의 이유를 제공하는 최상의 도구가 되었다.

카버의 첫 번째 책인 「시대의 계획 안에서 선교」(Missions in the Plan of the Ages, 1909)는 20세기 초반의 10년 내에서 평가되어야 한다. 나는 1949년에 런던에서 신학교 훈련을 하는 동안 나이든 침례교 목사와 토론한 것을 기억한다. 그는 금세기의 전환점에 어떻게 새 천년이 지구상에서 막 시작하려는 것처럼 보였는가를 회상했다. 1910년 제1회 세계선교대회가 에든버러에서 열렸을 때, 낙관주의는 최고조에 달했으며, 타종교들의 붕괴가 예견되고 있었다. 그러나 이러한 낙관주의는 제1차 세계대전(1914-18)이 강타로 수년 내에 줄어들었다. 문화와 종교 사이에서 어떤 공생의 가능성은 그때부터 냉소적으로 보였다.

첫 번째 책을 출판할 때, 카버가 서구 낙관주의를 어느 정도 포함시켰다는 점에서 그의 선교론적 사상의 중요성을 과소평가 하는 것은 공평하지 못한 일이다. 카버는 자신의 책에서 어느 정도의 한계를 깨달았으며, 1951년 제5판에서 자신이 만일 새로운 책을 쓴다면 이 문제는 다르게 정리해야 된다는 것을 분명히 했다. 그리고 그는 자신의 원래 저서에서 전개했던 성경 해석을 몇 군데 수정했다. 그의 사상은 우리 시대의 인간본성과 그 존엄성, 그리고 고유의 가치에 대한 보편성 위에서 선교를 강조하는 것을 뛰어넘는 것이었다. 그러나 카버는 자기 시대에 앞서서 인간의 삶을 성경본문에 대한 해석의 본질적인 요소로 파악했다. 그의 천재성은 우리가 반드시 세상과 함께 나누어야 할 예수 그리스도의 성육신 이해에 반영되었다.[61]

카버가 에베소서 3장 11절을 "시대의 계획"으로 번역한 것은 그리스도인의 소명과 분리하여 분석될 때 다소 안정적인 것으로 보인다. 그렇지만 카버는 "하나님의 영광"을 "그리스도인의 소명"과 결합함으로써 에베소서의 경험적 특성 속에 반영되어 있는 역동성을 끄집어내었다. 그러한 방법으로 그는 아주 강력하게 "영광"을 문제 해결의 열쇠로 보는 리젯의 이해에 반응했다. "예수 그리스도 안에서 하나님의 영광"은 리젯이 설명했듯이 하나님의 특성에 관계가 있다. 에베소서 3장 21절은 "교회와 예수 그리스도" 양쪽에 존재하는 것으로서 "하나님의 영광"을 고려했다고 말하면서 카버는 이것(리젯의 이해)을 오직 그 이념의 반밖에 안 되는 것으로 생각했다. 이러한 개념 속에서, 하나님의 영광은 교회의 선교약속에서 하나님의 영광과 공존한다.

존엄성을 가진 인간의 생명은 카버에 의해 "하나님의 영광"과 "그리스도인의 소명"에 대한 합리적 개념 안에서 카버가 당시에 직면했을지도 모르는 어떤 것을 넘어서, 오늘날 선교이해에서 심오한 것을 함축하고 있다. 1898년 인간 생명의 영원한 가치와 카버에게 매우 기본적이었던 복음에 대한 이와 같은 인정은 무엇이 성경해석의 "본질"인가를 강조한다. 성경에서 그밖에 모든 것은 "우발적인" 것이고, 반드시 그렇게 취급되어야 한다.[62]

반면에 리젯은 교리적인 관심으로 단지 하나님의 성품에 대해서 "영광"의 존엄성에 관심을 가졌다; 카버는 선교의 중요성과 함께 "교회와 예수그리스도" 양쪽의 하나님의 성품의 존엄성에 관심을 가졌다. 이것은 예수 그리스도의 성육신의 존엄성과 인간 생명의 가치를 인식한 것이다. 또한 이것은 그리스도의 육체 안에 들어오신 하나님의 영에 의해서 연합된 자들의 선교 역할에 완전한 무게를 준다. 여기에서 그리스도인의 소명이라는 관점에서 볼 때 선교는 우리들의 중생, 그리스도의 몸으로서 우리들의 연합, 예수 그리스도의 성육신의 연속으로서 교회와 관계되어 있다.

## 주(註)

1) Catherine Allen, "Concerns Beyond Feminism," *God's Glory in Missions*, ed. John N. Jonsson (Louisville: Nilses, 1985), 61-62.

2) Cf. Hugo Culpepper, "The Scholar and Missiologist," *God's Glory in Missions* 2; W. O. Carver, *Out of His Treasure: Unfinished Memoirs* (Nashville: Broadman Press, 1956), 15f.

3) 리치몬드(Richmond) 대학은 현재 버지니아 주의 리치몬드대학교가 되었다.

4) Carver, *Unfinished Memoirs*, 129.

5) Cf. John N. Jonsson, ed., *God's Glory in Missions*, 101 f.

6) Cover. *Unfinished Memoirs*, 132.

7) W. O. Carver, *Mission and the Kingdom of Heaven: The Inaugural Lecture* (Louisville: John P. Morton, October 1, 1898), 3.

8) Ibid., 3.

9) Cf. Olav Guttorm Myklebust, *The Study of Missions in Theological Education*, 2 vols. (Oslo: Forlaget Land og Kirke, 1955), 1:376f.

10) William Paton, Alexander, *Duff: Pioneer of Mission Education* (London: SCM Press, 1923).

11) Myklebust, 375.

12) J. Verkyl, *Contemporary Missiology* (Grand Rapids, Mich,: Eerdmans, 1978), 15.

13) Jonson, *God's Glory,* 101-6.

14) Cf. W. O. Carver, "Recollections and Information from other Sources Concern The Southern Baptist Theological Seminary" (Louisville: Unpublished Manuscript in SBTS Library), 62f.

15) Cf. h. Cornell Goerner, "The Greatest Teacher I Ever Knew," in *God's Glory in Missions*, 14-24; E. Luther Copeland, "The Ecumenical Participant and Spokesman," in *God's Glory in Missions*, 65-84; Hugo H. Culpepper, "The Scholar and Missiologist," in *God's Glory in*

*Missions,* 1-13; Dale moody, "Holding Fast that Which Is Good," in *God's Glory in Missions*, 85-95.

16) Carver, *Unfinished Memoirs*, 72-73.

17) J. F. Love, *The Mission of our Nation*(New York: Fleming H. Revell, 1912), 15.

18) W. O. Carver, *Christian Missions in Today's World*(Nashville: Broadman Press, 1942), 37.

19) Carver, *Unfinished Memoirs,* 72-73.

20) Ibid., 73.

21) Cf. 「기독교계」 *Christendom* 9:2(Spring 1944), 263.

22) Ibid., 266, 284. Cf. R. Newton Flew. ed., *The Nature of the Church*(London: SCM Press, 1952), 243.

23) W. O. Carver, *The Glory of God in the Christian Calling*(Nashville: Broadman Press, 1949).

24) Cf. George A. Carver and H. C. Goerner, "William Owen Carver," *Encyclopedia of Southern Baptists* (Nashville: Broadman Press, 1958), 1:236.

25) Jonson. *God's Glory*, 110-11. Personal discussion with Dr. George A Carver.

26) Dorothy Carver Garrott. *Japanese Youth Faces the Future*(Nashville: Broadman Press, 1940).

27) Akiko Endo Matsumura. "The Man with a Heart for the World," in *God's Glory in Missions*, 25-45.

28) Cf. W. Bryant Hicks, "Introduction" in *God's Glory in Missions,* i-ii.

29) Ibid.,

30) Cf. Moody, "Holding Fast that Which Is Good." in *God's Glory in Missions*. 85-95.

31) Cf. Culpepper, "The Scholar and Missiologist," in *God's Glory in Missions,* 5.

32) Carver, *Missions and the Kingdom of Heaven*, 5.

33) H. Cornell Goerner, "The Greatest Teacher I Knew," in *God's Glory in Missions*, 14-15.

34) Cf. Ibid., 14-24.

35) W. O. Carver, *Missions in the Plan of the Ages* (New York: Fleming H. Revell, 1909), 71.

36) Ibid., 215.

37) W. O. Carver, *The Acts of the Apostles* (Nashville: Broadman Press, 1916), 3.

38) Carver, *Missions and the Kingdom of Heaven*, 15. ("People" has been substituted for "men" in Carver's book.)

39) Alma Hunt, *History of Woman"s Missionary Union* (Nashville: Convention Press, 1964), 190, and Bobbie Sorrill, *Annie Armstrong: Dreamer in Action* (Nashville: Convention Press, 1964).

40) Cf. John N. Jonson, *god's Glory in Missions,* 110-11.

41) Carver, *Missions and the Kingdom of Heaven*, 5. (카버의 책에서 "인간"은 인간의 삶으로 대체된다.)

42) Carver, *Unfinished Memoirs*, 157.

43) Matsumura, "A Man with a Heart for the World." in God's Glory in Missions, 25-45.

44) Catherine Allen, "Concerns Beyond Feminism," in *God's Glory in Missions*, 51.

45) *Semicentennial Brochure*, The Southern Baptist Theological Seminary Library Restricted Area (378.992c.256se), 9.

46) Allen, 61.

47) Allen, 60.

48) Carver, *Missions and the Kingdom of Heaven*, 26.

49) Cf. W. W. Barnes, *The Southern Baptist Convention*, 1847-1953 (Nashville: Broadman Press, 1954), 176-77, 280-83.

50) R. Newton Flew, ed., *The Nature of the Church* (London: SCM Press, 1952), 293-98.

51) Cf. *Christendom* 9:2 (Spring 1944): 226.

52) The Commission 7:1 (January 1944): 6,

53) Baptist World Alliance, *Sixth Baptist World Congress, Atlanta, Georgia, USA, July* 22-28, 1939, 136; Cf. E. Luther Copeland, "Ecumenical Participant and Spokesman," *God's Glory in Missions,* 65-82.

54) W. O. Carver, The *Glory of God in the Christian Calling* (Nashville: Broadman Press, 1949).

55) Cf. Jonsson, *God's Glory in Missions,* 115-18.

56) Ibid., 21. Carver, *The Glory of God in the Christian Calling*, 21.

57) John Scott Lidgett, *God in Christ Jesus; A Study of Paul's Epistle to the Ephesians* (London; C. H. Kelly, 1915), 16-17.

58) 에베소서 3장 16절의 "그의 영광"이라는 표현의 의미는 에베소서 3장 21절의 "교회 안에서의 영광과 그리스도 예수 안에서의 영광"이란 표현으로 분명해 진다.

59) Carver, *The Glory of God in the Christian Calling*, 38.

60) Nils Alstrup Dahl, *Studies in Paul* (Minneapolis: Augsburg, 1977). 70.

61) Carver, *Missions and the Kingdom of Heaven*, 5.

62) Ibid.

# 참고자료


1차 자료

*The Acts of the Apostles.* Nashville: Broadman Press, 1916.

*All in the World in All the World*. Nashville: The Sunday School Board of the SBC, 1918.

*Baptist Opportunity*. Philadelphia: American Baptist Publication Society, 1907.

*The Bible Missionary Message.* New York: Fleming H. Revell Co. 1921.

*Christian Missions in Today's World.* New York: Harper & Brothers, 1942.

*The Course of Christian Missions*. New York: Fleming H. Revell Co., 1932.

*The Furtherance of the Gospel.* Nashville: The Sunday School Board of the SBC, 1935.

*The Glory of God in the Christian Calling: A Study of the Ephesian Epistle.* Nashville: Broadman Press, 1949.

*God and Man in Missions.* Nashville: Broadman Press, 1944.

*How the New Testament Came to Be Written.* New York: Fleming H. Revell Co., 1933.

*"If Two Agree."* Nashville: Broadman Press, 1942.

*Missions and Modern Thought.* New York: Macmillan Co, 1910.

*Missions in the Plan of the Ages: Bible Studies in Missions.* New York: Fleming H. Revell Co., 1909.

*Out of His Treasure: Unfinished Memoirs.* Nashville: Broadman Press, 1956.

*The Rediscovery of the Spirit.* New York: Fleming H. Revell Co., 1934.

*Sabbath Observance.* Nashville: Broadman Press, 1940.

*The Self-interpretation of Jesus*. Nashville: The Sunday School Board of the SBC. 1926.

*Thou When Thou Prayest*. Nashville: The Sunday School Board of the SBC, 1928

*Why They Wrote the New Testament*. Nashville: The Sunday School Board of the SBC, 1946.

2차 자료

Ellis, Curtis Ray. "The Missionary Philosophy of William Owen Carver." Nashville: Historical Commission, Southern Baptist Convention, 1969. Microfilm copy of a thesis. New Orleans Baptist Theological Seminary. 1968.

Forehand, Robert Vernon. "A Study of Religion and Culture as Reflected in the Thought and Career of William Owen Carver." Th.D. diss., The Southern Baptist Theological Seminary, 1972.

Goerner, H. C. "Kingdom Statesman: An Appreciation of William Owen Carver." The Commission (Dec. 1943): 436f. Published on the occasion of his retirement from teaching at age 75.

Jonsson, John N., ed. *God's Glory in Missions*. Louisville, Ky.: Nilses, 1985.

Smith. William Cheney, Jr. "A Critical Investigation of the Ecclesiological Thought of William Owen Carver." Th.D. diss., The Southern Baptist Theological Seminary, 1962.

# 20. 휠러 로빈슨(H. Wheeler Robinson)

두안 가레트(Duane A. Garrett)

## 생 애

휠러 로빈슨
(H. Wheeler Robinson)

휠러 로빈슨(H. Wheeler Robinson)은 1872년 2월 7일 영국의 노스햄프턴(Northhampton)에서 태어났다. 아버지 조지 로빈슨(George Robinson)은 이미 가족을 남겨둔 채로 남아메리카로 떠난 상태였다. 로빈슨은 생전에 단 한 번 아버지를 만났다. 그는 소심하고 외로운 어린 시절을 보냈지만, 지적으로 잘 훈련받은 것으로 알려져 있다. 그는 어머니와 함께 외당숙 집에서 자라났으며 그들과 함께 노스햄프턴의 비국교도모임인 대학가 교회(College Street Church)에 참석했다. 그는 거기서 신앙을 고백하고 1888년 3월 28일에 침례를 받았다.

로빈슨은 1895년 아츠(Arts)에 있는 에든버러대학교(Edinburgh University)를 졸업하고 옥스퍼드대학교의 맨스필드대학(Mansfield College at Oxford University)에 진학했다. 거기서 그는 칼 버드(Karl Budde) 교수, 데오도르 놀데크(Theodor Noldeke) 교수, 드라이버(S. R. Driver) 교수, 그리고 특히 조지 그레이(George Buchanan Gray) 교수 아래에서 공부하면서, 고등비평 방법들과 결론들을 습득했다. 그는 학위논문 "히브리서에 나타난 심리학적 용어들"(The Psychological

Terms of the Hebrews)로 옥스퍼드대학교의 시니어 케니코트 히브리 장학금(the Senior Kennicot Hebrew Scholarship)을 받았다.

로빈슨은 1900년에 졸업하여 앨리스 애쉬포드(Alice Ashford)와 결혼하고, 펄스셔(Perthshire)의 피틀로크리(Pitlochry)에서 목회했다. 1903년에 그는 코벤트리(Coventry)의 성 마이클 침례교회(ST. Michael' s Baptist Church)로 부임했다. 그곳에서 3년 목회기간에 놀라운 교회성장을 이루었다.

로빈슨은 1906년 요크셔(Yorkshire)에 있는 로우돈(Rawdon)침례신학대학원의 교수가 되어 1913년까지 재직했다. 그의 중요한 첫 간행물은 신명기와 여호수아에 대한 주석으로 1907년 「센추리바이블」(Century Bible)에 게재되었다. 이 시기에 그의 명성은 침례교단뿐 아니라 다른 교단으로까지 알려지게 되었다. 전쟁기간에 학생 수가 점차 줄어들어서, 그는 다시 목회에 전념했다.

그는 1920년에 런던의 리젠트 파크 대학(Regent' Park College)의 학장이 되었다. 그 학교는 1927년에 옥스퍼드로 이전했고, 로빈슨은 이 학교에서 1942년 은퇴할 때까지 학장직을 맡았다. 게다가 1934년부터는 대학에서 성경비평학을 가르쳤다. 이 시기에 줄곧 그는 학술 저작들을 꾸준하게 발표했을 뿐 아니라 침례교 연맹(Baptist Union)을 위해 헌신적으로 봉사하였으며, 침례교신학과 정체(polity)를 옹호하는 많은 글들을 썼다. 금요일 저녁의 친교예배와 토요일 아침의 설교학 수업시간에 보인 그의 개인적 경건성은 학생들에게 깊은 인상을 주었다. 또한 그는 가끔 라디오 설교도 했다.

로빈슨은 은퇴한 후에도 계속 저술했으며, 구약신학에 관한 저술도 계획했다. 그러나 이 계획들은 1945년 3월 12일에 그의 죽음으로 중단되었다[1]. 그럼에도 로빈슨은 이미 성경과 신학계에 괄목할 만한 업적을 이루어 놓았다. 그의 저작들은 다소 중복된 부분도 있지만, 상당한 분량이었다.

## 사상

### 침례교 변증가로서 로빈슨

로빈슨은 침례교의 교리와 정체를 옹호하는 중요한 두 권의 책을 출판했다. 하나는 「침례교 원리」(Baptist Principles)[2]이고 다른 하나는 「침례교인들의 삶과 신앙」(The Life and Faith of the Baptists)[3]이다. 그는 이 책들에서 침례교 교리를 다른 전통의 기독교인들에게 설명하고, 침례교인들의 신앙적 확신을 확고히 하고자 했다.[4] 두 저서 중에서 「침례교인들의 삶과 신앙」은 좀 더 완벽한 연구서고, 「침례교 원리」는 성인의 침수례를 옹호하기 위한 것이다.[5]

「침례교인들의 삶과 신앙」에는 44쪽에 달하는 "침례교인의 특성에 관한 연구"[6]가 포함되어 있다. 이 연구는 초기 영국 침례교인들 가운데 모범을 보인 교사들, 목회자들, 개혁자들, 그리고 구성원들에 관한 전기가 짧은 삽화 형태로 구성된 것이다. 로빈슨이 이야기들을 서술하는 방식은 별나고 재미있으면서 거의 디킨스(Dickens: 영국의 소설가)풍이었고, 침례교 신앙에 대한 역사적 증거 역할을 했다. 이어서 로빈슨은 침례교인들이 독특한 입장을 견지해 온 침례, 교회, 선교, 자유 등의 네 주제를 논의한다.

**침례 –** 로빈슨은 "신약성경에서의 침례는 이해력 있는 성인을 대상으로 한 침수례로, 그리스도 안에서 하나님과의 도덕적이며 영적인 관계를 통해 새로운 생명으로 들어가는 것에 대한 외적 표현이다"[7]라는 입장에서 두 책을 기술한다. 그는 이 의식이 기독교의 세 가지 신념을 명백하게 표현하고 있다고 주장한다. 이것은 확신에 의한 회심의 필요성, 행습에 대한 신약성경의 규칙에 복종하는 것의 중요성, 그리고 회심한 사람들의 공동체로서 교회 개념 등이다.[8] 게다가 침수례 자체는 죄로부터 깨끗해지는 것, 성령의 은사, 신자들에게만 집행, 그리고 그리스도와 연합을 내포한다. 유아세례에서 유아의 수동성은 개인적 회심이라는 윤리적 당위성에 모순된다.[9]

그는 많은 침례교인들처럼 신약성경에서뿐만 아니라 교회사에서도 이런 입장에 대한 지지 근거를 찾는다. 그는 순교자 저스틴(Justin Martyr)에게서 발견되는 가장 초기의 속사도 증거(the earliest postbiblblical witness)가 침례교 입장을 지지한다고 주장하고, 또 유아세례의 수용이 회심의 요구를 훼손시켰고 교회의 도덕적 특성을 부패시켰다고 주장한다.[10] 그는 또한 종교개혁 이전의 교회에서 침례교적 입장을 발견한다.[11]

**교회** – 로빈슨의 경우, 교회의 세 가지 근본 원리는 다음과 같다: "(1) 모든 신자들로 구성된 우주적 교회(Catholic Church)의 통일성 안에서의 다양성, (2) 지역교회의 자치권(self-governing), (3) 교회 안에서 그리스도의 절대적 권위."[12] 교회는 성직계급 제도가 아니라 신자들의 몸이다. 회심자는 교회에 단순히 참가하는 것이 아니라 교회를 "구성한다."[13]

그는 침례교 예배에는 종종 엄숙함이 부족하고, 또 경배예배보다는 사교적 행사와 같다는 점을 인정하지만, 침례교 예배의 친밀성은 침례교인들이 교회를 영적 안식처로 간주한다는 사실에 부합한다고 주장한다.[14] 이런 방식으로 로빈슨은 침례교 예배를 장엄함을 갖추지 못한 사소한 모임으로 간주하는 극단적 영국국교회주의(high Anglicanism)와 로마 가톨릭의 비난을 반박한다. 둘 혹은 세 사람이 모이는 곳에는 그리스도께서 그들 중에 함께 있기 때문에 "거기에는 존경과 경외와 믿음을 위한 충분한 여지가 있다"고 그는 말한다.[15]

침례교인들 사이의 논쟁거리를 다루면서, 그는 "폐쇄" 성찬을 반대하고, 주의 만찬이 스스로를 진정한 그리스도인으로 간주하는 모든 사람들에게 개방되어야 한다고 말한다. 그는 침례교인들이 신약성경의 침례로 간주하는 것에 따라서 침례를 받지 않는 사람은 완전한 그리스도인이 아니라는 편협한 논리에 반대하여, 교회의 본질적인 통일성에 대한 좀 더 폭넓은 논리를 지지한다.[16]

**선교** – 로빈슨의 경우, 선교와 복음전도에 대한 침례교의 전통적인 강조는 침례교 교리의 가장 강력한 강조점 가운데 하나이다. 그것은 신약성경의 기독교에 대한 침례교의 충실함을 보여준다. 그는 침례교 선교에 열심히 있었던 사람으로 앤드류 풀러(Andrew Fuller), 윌리엄 캐리(William Carey) 티모시 리처드(Timothy Richard) 등을 들고 있다.[17]

**자유** – 로빈슨은 자유에 대한 열정이야말로 침례교의 핵심적 특성이라고 주장한다. 그는 존 스마이스(John Smyth), 토마스 헬위스(Thomas Helwys) 그리고 로저 윌리엄스(Roger Williams) 같은 사람을 정부 권력이 오직 정부의 세속적 문제에만 적용되어야 하며 신앙적 신념의 영역에까지 간섭해서는 안 된다고 주장한 침례교 선두주자들이라고 지목한다.[18]

그러나 로빈슨은 자유의 원리를 국가 안에서 신앙의 자유를 넘어 그리스도의 몸 안에서 사상의 자유로까지 확대한다. 그는 보수적인 성경론에 기초한 신학적 독단주의에 특히 반감을 표했다.[19] 그는 침례교의 자유에 대한 사랑에 기초하여 침례교인들도 성경비평학에 개방되어야 한다고 주장한다: "모든 사람들 중에 침례교인들은 문자를 넘어서 살아 있는 정신으로 이끄는 비평을 수용해야 하는데, 왜냐하면 그것이 글의 첫 창작시의 경험을 드러내기 때문이다."[20]

**평가** – 여러 가지 점에서 독창적이지는 않지만, 여기서 로빈슨의 저작은 침례교 입장을 제시하고 옹호하는 데 탁월하다. 한편 그의 일부 주장은 전통적인 침례교 입장에 반드시 부합되는 것이 아니다. 헬위스, 스마이스, 그리고 다른 침례교 개척자들에 대한 폭넓은 인용에도 불구하고, 국가 안에서 신앙의 자유를 교회 안에서 신학적 자유로 확장하는 개념을 지지하는 인용을 결코 제시한 적이 없다는 것은 주목할 만한 점이다.

여전히 그는 침례교 신앙에 대한 훌륭한 변호자이다. 비록 로빈슨은 직선적이고 직접적인 방법으로 그의 입장을 주장하지만, 결코 호전적인 사람은 아니었다. 그는 교리적 완고성으로부터 자유로운 사람이었으며, "확신을 통한 보편성"과 "양심과 판단과 관련하여 개인의 자유에 대한 인식" 두 가지 모두를 보고자 갈망했다.[21]

## 구약성경 학자로서의 로빈슨

**구약성경 개론과 역사** – 로빈슨은 「구약성경: 그 형성과 의미」(The old Testament: Its Making and Meaning)[22]에서 구약성경의 입문을 기술한다. 이 책은 20세기 초 고등비평학계의 견해를 요약하고 반영한 것이다. 이 책은 궁켈(Gunkel)과 모빙켈(Mowinckel)의 양식비평이나 구전 전승사 이론과 같은 당시 최신의 학문적 연구를 다소 반영하지만, S. R. 드라이버(S. R. Driver)[23]나 다른 사람들에 의해서 영국에서 채택하여 보급된 벨하우젠의 고전적 모델을 거의 벗어나지 못하고 있다. 오경, 이사야, 시편, 다니엘 그리고 다른 본문들에 대한 그의 분석은 고전적 비평입장을 따르고 있다.

동일한 평가는 로빈슨의 역사적 연구서인 「이스라엘의 역사」(The History of Israel)에도 내려진다.[24] 그는 많은 이야기들을 왕정시대 상황에서 과거를 유추해 보는 것으로 이해하면서, 창세기 1-11장을 본질적인 "신화"로, 그리고 족장의 이야기를 일종의 "전설"로 간주한다.[25] 그는 모세를 요셉 지파를 출애굽시킨 지도자로 간주한다.[26] 비록 초기의 좀 더 믿을 만한 문서와 후기에 전설적인 이야기로 발전된 것을 구별하려고 시도하지만, 그는 일반적으로 왕정시대로부터 포로 후기까지의 역사를 성경 이야기의 전개 순으로 따라간다.[27] 로빈슨은 이스라엘 역사에 대해 문서설을 주장하는 입장의 주류에 속한다.

**구약성경신학** – 구약성경신학에 대한 로빈슨의 이해는 그의 모든 저작들에 나타난 신학적 강조점을 보여준다. 초기 책 가운데 하나인 「구약성경의 종교적 개념」(The Religious Ideas of the Old Testament)[28]에서, 그는 신학을 지배할 핵심 개념들을 제시했다. 그의 강조와 해석은 유고작 「구약성경에 나타난 영감과 계시」(Inspiration and Revelation in the Old Testament)[29]가 출판되기까지 변화가 없었다. 그의 저작 전반에는 많은 주요 개념들이 반복적으로 나타난다.

**히브리 정신** – 로빈슨은 이스라엘 사람들에게 인간은 육화된 영혼(incarnate soul)이 아니라 생명체(animated body)라고 자주 강조한다. 인간의 네페쉬

(nephesh)는 그리스어에서 "영혼"(soul)이 아니라 하나님 선물인 생명 자체다. 이런 이유로 구약성경은 인간을 이분법이나 삼분법이 아니라 한 연합체로 인시한다. 더욱 중요한 점은, 그리스어의 프쉬케(psyche)와는 달리 히브리어의 네페쉬는 인간이 하나님께 의존된 존재라는 것을 강조한다.[30]

로빈슨은 또 루아흐(ruach, 영)의 개념을 다룬다. 그는 이 용어가 발전의 기간을 거쳐서 하나님의 속성이 어느 정도 반영된 인간 속성의 국면을 나타내는 용어가 되었다고 주장한다. 루아흐는 하나님과 교제하는 인격의 영역이고, 그것은 하나님의 루아흐에 의존해야 한다.[31]

로빈슨은 이스라엘 사람들이 심리적 작용들을 다양한 내부 기관들에서 기인하는 것으로 생각했다고 주장했고, 심지어 그 기관들이 그들 자신의 유사-의식(quasi-consciousness)을 소유하는 것으로 이스라엘 사람들이 생각했다고 주장하기도 했다. 이런 이유로 히브리인들은 그것이 신적이든 혹은 마귀적이든, 외부 영의 지배를 받는 인간에 대한 개념을 우리보다 쉽게 수용할 수 있었다.[32]

로빈슨은 구약성경에 사후 삶의 교리를 뒷받침할 확실한 증거가 있는지에 대하여 의문을 갖는다. 스올은 음침하고 혐오스러운 곳이며, 확실한 부활 사상은 후기 저작의 두 본문에서만 발견된다(사 26:19; 단 12:2).[33] 그러나 그는 구약성경에서 주된 사상이 죽음 이후의 삶에 있는 것이 아니라, 사람과 하나님과의 관계에 있다고 강조한다. "미래에 대한 소망은 인간 영혼이 하나님과의 관계에 의존케 하기 위해서 만들어졌다."[34] 또한 부활에 대한 히브리 사상은 몸과 영이 하나라는 그들의 개념에서 발전되었는데, 이것은 몸과 영혼의 이원론이 영혼의 불멸성에 대한 개념을 야기시켰다는 헬라적 사상과는 대조적이다.[35]

**연대적 인격(corporate personality)** – 브래바드 차일즈(Brevard Childs)의 말을 빌자면, 연대적 인격에 관한 로빈슨의 독창적인 연구[36]는 "탁월한 논문"으로, "그 영향은 직접적이고 광범위해서 심지어는 독일 학계에까지도 영향을 끼쳤다."[37] 첫째로 그의 연구에서 로빈슨은 이스라엘인들이 과거와 미래로 확장된 연대적 인간의 사상을 지녔다는 것을 입증하려 했다. 히브리인들은 가족 묘지에 묻힘으로 조상들과의 연대라는 실제적 의미에서 "조상들과 연합되고," 또 세상에서의 한 사람의 존재는 자손들을 통하여 지속된다고 믿었다. 이것은 또한 그들 조상들의 연대적 인격 안에서 이스라엘 사람들의 선택을 설명한다.

둘째, 그는 히브리인들에게 이것이 단순히 인격화(personification)가 아니라 실재(reality) 그 자체라고 주장한다. 라헬이 자녀를 위해 우는 것은 시적 장치가 아니라, 그녀의 자녀들이 죽음으로 인해 그녀도 역시 죽었다고 선언하는 것이다. 셋째, 로빈슨은 사람을 가리킬 때 단수 혹은 복수를 혼용하는 히브리 본문의 유동성에서 이것의 한 국면을 인식한다. 그들에게 한 사람에서 많은 사람으로, 그리고 많은 사람에서 한 사람으로 전환하는 것은 자연스런 것이었다. 넷째, 그들이 연대 개념을 지속시켰을지라도, 개인에 관한 발견은 예레미야와 에스겔의 예언에서 두드러지게 발전되었다.[38]

연대적 인간의 개념에 근거해서 로빈슨은 구약성경의 많은 난제들을 설명한다. 그는 시편의 '나' 라는 주어는 전체 공동체와 결코 무관치 않다고 주장한다. 이 말은 시편 기자가 자신을 공동체의 대표자나 그것의 인격화로 생각했기 때문이 아니라, "집합적 의미가 그 자신의 많은 부분을 차지함으로 그가 그 자신을 사회적 지평과는 결코 분리시킬 수 없다"고 생각했기 때문이다.[39] 그는 또한 이사야의 고난받는 종을 집합적으로 해석해서 이스라엘로 간주한다.[40] 이것은 로빈슨의 신학 저술의 핵심이다.

**자연, 인간, 역사** – 로빈슨은 구약성경의 계시는 자연, 인간, 역사라는 세 영역에서 작용한다고 주장한다. 그는 구약성경에서 자연이 "자연법칙"에 따라 작용하는 기계적 대상으로 다뤄지지 않았다고 주장한다. 오히려 모든 자연, 심지어 무생물체까지도 살아있어 생명력을 가진 것으로 이해된다.

그러나 자연은 범신론적 혹은 신화적인 방식으로 다뤄지지 않는다. 자연은 하나님께 의존하는 창조물이자 하나님의 계시이다. 이런 이유로 동물은 생물학적 분류를 위해서가 아니라 도덕적 교훈을 위하여(예를 들면, 잠언 중에서) 연구된다. 산과 바다와 하늘은 하나님을 찬양하거나 그 앞에서 두려워 떠는 것으로 표현된다. 게다가 기적은 신비한 자연법칙의 예외로 간주되지 않는다. "자연이 새로운 의미로 부상될 수 있을지라도, 그것은 이미 초자연적이라는 정의가 보여 주듯이 히브리인들에게는 자연과 초자연간의 구분은 없었다."[41] 무엇보다도 자연은 "독특한 존재의 독특한 표현"이다.[42]

로빈슨은 또한 죄론을 인간론의 일부로 다룬다. 비록 이스라엘이 주로 금기로 이해했던 거룩이라는 원시적 개념으로부터 도덕의 핵심과 마음의 동기에 대한 인식으로 종교적 진화가 이루어졌다 하더라도, 죄는 하나님의 거룩과 정반대의 개념이다. 그러나 하나님의 도덕적 성품이 인식됨으로써 회개에 대한 히브리 개념이 표현되었다. 그것은 죄에 대하여 후회하는 감정이 아니라 하나님께로 돌이키는 것이다.[43]

로빈슨에 의하면, 하나님의 도덕적 성품에 대한 인식은 "[이스라엘] 신앙의 가장 독특한 특성이 그것의 도덕적 강조였다"는 것을 의미한다.[44] 이것은 정의에 대한 하나님의 요구와 공동체의 상호의존성에서 기인한다. 궁극적으로 그것은 하나님이 모든 사람의 아버지라는 인식, 그리고 지혜문학에서 보이는 도덕적 원리들에 대한 (이스라엘에만 국한된 것은 아니지만) 보편적인 제시의 깨달음에 이르게 한다.[45]

그러나 구약성경의 계시가 가장 역동적으로 표현되는 부분은 자연이나 인간 영혼의 영역이기보다는 역사적 영역이다. 그는 예언자들이 역사가 하나님이 활동하시는 주요 무대이고 그의 도덕적 성품의 증거임을 발견한 사람들이라고 생각한다. 예언자들은 이스라엘이 인간 내러자들과 정치적 사건들을 통한 하나님의 구속적 목적의 성취를 인식하게 했다.[46] 이스라엘이 바라보는 것은 나라가 재앙과 어려움에 빠질지라도, 하나님의 계획을 성취하기 위해서는 하나님을 섬기는 것이다. 심판과 구원, 야훼의 날, 이스라엘의 선택 등의 주제

들은 역사에 관한 예언적 해석에 기여한다.[47]

히브리 종교의 발전 – 문서설을 주장하는 학자들과 더불어 로빈슨은 히브리 종교는 오랜 기간 발전되어 왔고, 또 각각의 중요 기간에 형성된 본문이 구약성경에서 구분될 수 있다고 주장한다. 지금도 남아있는 초기의 문서들 가운데 하나인 드보라의 노래에서, 야훼는 본래 한 부족의 전쟁 신이었다.[48] 그러나 종교적이고 문학적인 발전을 거듭해 오면서, 이스라엘에 세 가지 중대한 신앙적 관점(예언, 제사장, 지혜)이 생겨나게 되었다.

위에서 살펴본 바와 같이 로빈슨에게 예언자들은 이스라엘 종교 배후에 있는 창조적인 천재들이다. 그들은 히브리적 심리에 적합한 방법으로 하나님의 인도하심을 받았을 뿐 아니라 하나님의 부름을 받고 사명을 위임받은 모습으로, "엄격한 윤리성을 특성으로 하는" 메시지를 전했다.[49] 예언자들의 윤리적 강조는 역사를 하나님의 활동하심의 주요 국면으로 제시하고, 또 그들을 신앙에 대한 순수한 이해를 특징짓는 영적이며 윤리적인 유일신론(monotheism)의 원천으로 간주하는 것을 보여준다.[50]

비평적 전통에 입각하여, 로빈슨은 제사장 자료들이 포로기 이후에 성문화되었고, 제의적 신학의 후기 단계를 보여준다고 주장한다. 제사장적 신학은 일차적으로 거룩함, 하나님의 도덕적 성품, 그리고 제사장적 "대표성"을 강조한다. 제사장이 백성을 대표하듯이, 희생제사는 개인이 하나님께로 돌이키는 것에 대한 상징이다. 제사장 제도와 제의는 "예언자에게 필수적인 보완책"[51]이었지만, 제사장 신학은 종교적 전통과 제의에 빠져 버릴 위험성을 보여준다.[52]

"히브리 지혜서는 계시로 해석된 윤리적 경험 중에 가장 탁월한 역사적 사례가 될 것이다."[53] 지혜에 관한 다른 나라의 표현을 많이 받아들인 성경적 지혜는 야훼 신앙이 지배적이긴 하지만 이스라엘의 독특한 강조점들을 피하고, 그 어조는 더 실제적이며 심지어 실용적이다. 그러나 이스라엘의 지혜는 하나님의 심판과 인간의 고통이라는 문제를 다룰 때 아주 심오하다.[54] 지혜에 대한 도덕적 강조는 독창적인 것이 아니라 예언서들로부터 기인한 것이다. "사실상 우리는 이스라엘의 지혜서를 경험의 차원에서 예언적 진리가 개인의 삶에 적용되도록 가르치는 교훈으로 정의할 수 있다."[55]

**평가 –** 로빈슨은 고전적 고등비평 이론들을 특별히 변화시키지 않고 고수했다. 이로 인하여 두 가지 중요한 문제들이 발생하게 되었다. 첫째, 고전적 비평이론들은 구약성경의 대부분이 전설적이거나[56] 역사적 근거가 없거나,[57] 그 신학에서 오도되고,[58] 현재 본문을 산출한 이스라엘의 여러 학파와 분파 가운데 갈등을 반영한다고 명백히 주장한다.[59] 이런 입장을 채택한 로빈슨은 이질적이지는 않지만 적어도 새로운 토대에 근거한 역사적 기독교와 병존하는 신학을 체계화하는 임무를 가졌다. 그가 성공했는지 아닌지는 여전히 논란의 여지를 남기는 문제다.

둘째, 로빈슨이 1937년에 책을 출판할 때 드라이버가 이미 40년 전에 제시한 입장과는 별 차이가 없는 입장을 고수하고 있다는 것은 주목할 만하다.[60] 본문비평, 전승사, 성경 고고학과 연계한 역사 문학적 연구가 당시의 문서가설에 준해 진행되었을지라도,[61] 그런 연구들은 많은 사람들이 과연 비평적 동의를 지속할 수 있을지를 이미 의심하게 했다. 예를 들어, 로빈슨이 편집한 책에서 후크(S. H. Hooke)가 주장한 바에 따르면, 고고학은 고전 이론이 생각하는 것보다 그 이전에 히브리인들이 문서를 기록했다는 것을 시사하고, 족장 이야기에 대한 신뢰성을 갖게 한다. 그렇다 할지라도, 그는 문서설의 주요 흐름은 상처입지 않았다고 했다.[62] 진보적 입장이든 보수적 입장이든 막론하고 후기의 학자들은 이미 드러난 토대의 갈라진 틈을 가속화시켰다.[63] 스승의 입장에 대한 로빈슨의 확신은 현대 독자들에게는 시대착오적인 것으로 보인다.

성경적 인간론과 연대적 인격에 대한 로빈슨의 공헌은 생명에 관한 이스라엘의 관점을 이해하는 데 도움을 주었고, 그는 많은 논쟁거리들을 자연스럽게 이끌어 냈다.[64] 반면에, 그의 접근법은 여러 측면에서 문제가 많았다. 예를 들어, 이스라엘 사람들이 신체의 각 기관들이 유사-의식을 소유한 것으로 믿었다는 그의 주장은 아마도 히브리의 제유법을 잘못 이해한 것으로 보인다.[65]

게다가 연대적 인격에 관한 모든 사상에도 문제가 다분하다. 여호수아서 7장에 나오는 아간의 죄와 예레미야서나 에스겔서에서 "개인의 원리" 사이에서 로빈슨이 보여준 대조가 바로 그러한 경우다. 로빈슨은 여호수아 7장에서 모든 백성은 아간의 불순종으로 인하여 "죄에 빠졌으며," 그 결과 백성과 그의 모든 가족이 고통을 받게 되었다고 말한다. 이것이 로빈슨에게 "연대적 인격의 원리"인데, 즉 한 사람의 죄로 인하여 많은 사람이 죄를 지은 것이다. 대조적으로, 예레미야나 에스겔서는 "아버지가 신 포도를 먹으면 그 자식의 이가 시리다"라는 속담을 거절함으로 "개인 책임성의 원리"를 분명히 선언한다.[66]

그러나 여호수아 7장의 이스라엘인들이 연대적 죄를 지지했는지는 분명하지 않다. 범죄 관련자에 대한 조사는 그들이 "개인의 책임성 원리"를 이해하고 있었다는 것을 나타낸다. 아간의 가족을 처형했을지라도, 그것은 가족구성원 모두에게 죄가 있었다는 것을 의미하지는 않는다. 오히려, 가족구성원 모두는 아간에 대한 벌로써 그의 이름을 "삭제"하기 위해 죽임을 당한 것이다. 그는 그 땅에서 그의 이름으로 유업을 이어 받을 권리를 몰수당했다.

"연대적 인격"이라는 용어는 아마도 잘못 선택된 것 같다. 오히려 이스라엘 사람들은 공동체와 가족 정체성을 대단히 존중했다. 이스라엘은 아간의 죄와 동일시되었고, 아간의 이름을 가족에게까지 확대되었다. 그러나 이것은 아간의 개인적 책임에 대한 인식을 희생시켜서 이뤄지지는 않았다. 예레미야나 에스겔이 반대한 연대적 죄에 대한 냉소적 신념은 잘못된 것이다. 그것은 이스라엘 신앙의 "정통"에 결코 위치하지 않는다.

로빈슨의 구약성경신학에 대한 더 심각한 근본적인 반대는 두 가지 측면에서 제기되어야 한다. 첫째, 도덕성이 구약성경의 핵심이라는 로빈슨의 주장은 언약과 구원이라는 핵심 영역의 초점을 흐리게 하는 경향이 있다. 야훼는 의로운 하나님이며 그의 백성들에게 의로움을 요구한다는 것은 분명한 사실이다. 그러나 구약성경의 두드러진 신학적 강조는 야훼가 이스라엘과 계약을 맺었고, 또 출애굽 사건에서 나라를 구원함이니라.

둘째, 예언서들이 이스라엘 신앙의 원천이자 최상의 대변자라는 로빈슨의 주장은 인위적이다. 확실히 이것은 모세가 그런 역할을 수행했다고 일관되게 표현하고 있는 구약성경 자체의 입장과는 다른 것이다.[67] 지혜를 예언자들의 실질적 주해로 정의하는 것은 연대기적 근거에서뿐 아니라[68] 정경의 그런 구분들 간의 현저한 차이를 모호하게 만들기 때문에 문제가 있다. 게다가 제사장 제도는 예언자들 배후에서 지지하는 역할을 수행한 것으로 볼 수 없다.

동시에, 우리는 로빈슨의 저작들에서 심오한 통찰을 발견할 수 있다. 히브리인의 입장이 내세의 교리가 아닌 하나님의 인격에 의존한다는 로빈슨의 주장은 확실히 옳은 것이다.[69]

### 신학자로서 로빈슨

**인간: 도덕성, 죄, 그리고 의지** – 위에서 살펴보았듯이 로빈슨은 기독교를 무엇보다 도덕적 종교로 보았다. 따라서 그는 필연적으로 죄와 의지의 논제들을 다뤄야 했다. 로빈슨은 죄와 고통이 상당 부분 타락의 결과이고, 사탄과 귀신들의 활동이라는 전통적 기독교의 주장을 거의 따르지 않는다.[70] "인간의 죄를 세계 역사 안에서 혹은 이전에 발생한 타락에 의한 것으로 설명하는 것은 실제로 도덕적 책임을 무력화시키는 것으로서, 죄에 대한 발전 이론처럼 타락을 인간의 발전 단계에 필연적인 것으로 만든다."[71]

그럼에도 로빈슨은 인간 죄의 보편성을 경험적 사실이자 성경적 교리로 주장하고, 또 죄의 보편성과 은혜의 필요성을 모호하게 했다는 이유로 펠라기안들을 비판했다. 그러나 로빈슨은 자유의지에 대한 동방정교의 강조에 매우 우호적이며(그는 그런 근거들을 바탕으로 어거스틴을 비판한다), 그래서 신인협력적 구원론(synergistic soteriology)의 입장을 취한다.[72] 그는 의지의 속박 사상을 주장하지는 않는다.[73]

**고통과 구속 –** 고통의 문제는 로빈슨의 많은 신학사상들에서 핵심 축이다. 이런 관심은 아주 지배적이어서 구약성경, 구원론, 그리고 기독론 등과 같은 중요한 문제들에 대한 그의 여러 해석들마저도 고통과 구속이라는 주제로 아주 잘 설명된다.

**고통의 문제 –** 고통의 문제는 그의 주요 저서인 「고통: 인간과 하나님」(Suffering: Human and Divine)과 다른 많은 연구들의 주제일 뿐 아니라,[74] 그 문제를 직접적으로 다루지 않는 수많은 책에서도 빠짐없이 나타나고 있다.[75] 그럼에도 이 주제에 대한 로빈슨의 입장은 간결하게 요약될 수 있다. 고통은 (예를 들면, 자연, 역사, 그리고 개인의 삶이라는) 모든 실존의 영역에 존재하고 있다. 고통의 다양한 유형들은 심판, 훈련, (신앙으로 초대하는) 시험, 그리고 희생 등의 범주로 분류될 수 있다.[76] 전부는 아니지만 고통의 상당 부분은 죄의 결과이다.

그러나 그리스도인들이 고통의 폭풍 속에서도 견딜 수 있게 하는 신학적 닻(theological anchor)은 "우리가 죄라고 부르는 실재가 오직 하나님 안에서 고통의 모양으로 존재한다"고 인식하는 것이다.[77] 그리스도의 십자가는 이러한 하나님의 고통에서 기인하고,[78] 신자는 이런 고통에 참여하도록 요청 받는다. 고통은 그리스도인들에게 구속적인데, 왜냐하면 그들은 고통을 통해서 하나님과 "연합"할 수 있기 때문이다. 고통을 하나님 안에서 그리고 그분과 더불어 이뤄진 것으로 해석함으로써, 그리스도인은 구속자 그리스도와 진정한 교제 가운데 머무른다.[79]

**구약성경에 나타난 메시아 사상 –** 고통에 대한 이런 해석을 중심으로, 로빈슨은 그리스도를 고난받는 종으로 이해한다. 그럼에도 그는 이사야의 종의 노래(42:1–4, 49:1–6, 50:4–9, 52:13–53:12)를 메시아적인 것으로 간주하지 않는다. 오히려 그 종은 연대적 이스라엘이고, 그들의 고통은 하나님과의 특별한 관계를 이유로 그들이 하나님의 고통에 참여한 결과이다. 이것이 마카비 순교자들이 자신들이 참여한 것으로 이해한 바로 그 고통이다.[80)]

비슷하게, 로빈슨은 구약성경의 메시아를 육체를 입은 하나님(Incarnate Deity)으로 생각하지 않는다. "구약성경의 메시아적 왕이 이런 위치로 높임을 받고 그가 그의 직무를 능력 있게 수행할 수 있는 독특한 권세를 부여받았지만, 그는 사람들 중에서 뛰어난 사람으로 여전히 남아있고 어떤 의미에서도 하나님과 동등하지 않다."[81)] 신약성경의 계시는 옛 희망의 성취가 아니라 새 부대에 담긴 새 포도주다.

어떻게 로빈슨은 이런 관점에서 그리스도의 위격을 해석하는가? 무엇보다 로빈슨은 칼케돈 신앙고백에 제시된 "한 위격 안의 두 가지 본성"이라는 진술을 불만스럽게 생각한다. 이는 그가 이 신앙고백을 성경적 가르침이 아니라 헬라철학으로 간주했기 때문이다.[82)] 오히려 그는 다음과 같은 두 가지의 사상에 입각하여 그리스도의 신성을 설명한다.

첫째는 로빈슨이 '루아흐'에 대한 분석을 통해 주장하는 하나님과 인간 사이의 "연관성"(kinship)을 이해한 것이다. 인간의 영은 하나님의 영과 접촉점이고, 또 인간과 하나님 사이의 연결이다. 인간의 영이 없다면 성육신은 불가능할 것이다. 이것은 예수께서 하나님으로 올라가신 인간으로 이해되어야 한다는 것을 의미하는 것은 아니라고 로빈슨은 덧붙여 말한다. 그는 인간으로 내려오신 하나님이시다. 그러나 신-인 관계(divine-human kinship)라는 사실은 예수께서 하나님으로 불릴 수 있는 방법을 이해하는 데 필수적이다.[83)]

그러나 그리스도의 고난은 그의 신성과 메시아적 특성을 가장 명확하게 제시한다. 십자가는 죄에 대한 하나님의 고통이 구현된 것이다. 모든 사람들이 죄에 대한 하나님의 이런 고통에 참여하도록 초대되지만, 하나님-인간으로서 그리스도는 다른 사람들이 필적할 수 없는 방식으로 참여한다. 그리스도가 고통 받는 사람들 중에 뛰어난 자(primus inter pares)로만 간주되는 위험이 있지만, 로빈슨은 그런 이해를 적절치 않는 것으로 단호하게 주장한다. "그리스도는 하나님과의 독특한 관계에 있기 때문에, 그의 구속적 고통은 특이하고, 궁극적이고, 또 전적으로 적절하다."[84)]

**십자가와 속죄** – 그렇다면 로빈슨은 속죄를 어떻게 해석하는가? 로빈슨의 구약성경 연구를 다시 한 번 살펴볼 필요가 있다. 그는 구약성경의 희생 제사들은 대리적 고통 또는 죄의 전가라는 어떠한 개념도 포함하지 않는다고 말한다. 본래 그것들은 신을 위한 식사로 제공된 애니미즘적 의식들이었다. 포로후기 동안에, 이스라엘 사람들은 이전의 개념들을 버렸고, 예배자들은 규정된 방식에 따라서 의식들을 거행해야 한다고 단순하게 생각했으며, 그것의 효과나 의미를 중요하게 여기지는 않았다.[85)]

또한 신약성경에서 구속과 속죄에 관한 대리적 은유들이 그리스도의 사역에 적용되지만, 어떠한 이론도 표준으로 제시되거나 주장될 수는 없다. 따라서 로빈슨은 속죄에 관한 "객관적" 혹은 "주관적" 이론들이 강요된다면 그것은 부적절하고 잘못된 것이라고 간주한다. 오히려 십자가의 진정한 의미는 죄에 대한 하나님의 고통이 표현된 것이다. 십자가는 "신적이고 영원한 실재에 대한 현세적 대안"이었다.[86)] "하나님께서는 당신 안에서 발생한 고통에 대한 자신의 태도를 통해서, 죄의 사실성을 항상 변형시켜 오셨다."[87)] 이로 보건대 그리스도의 신성과 사역의 의미는 분명하다. 그는 죄를 위해 고통 받는 하나님이시기에, 구원자일 뿐만 아니라 우리가 따라야 할 행동의 모범자이시다.

**성령** – 로빈슨은 「그리스도인의 성령체험」(The Christian Experience of the Holy Spirit)에서 성령론에 대한 그의 이해를 발전시킨다.[88)] 여기서 성령론을 포괄적으로 다루는데, 그는 교회생활에서 뿐 아니라 구약성경과 신약성경에서, 개인의 경험에서, 그리스도의 성육신에서 성령의 임재, 성례전들, 그리고 성경의 영감 등을 연구한다. 그는 또한 신론에서 성령의 위치 문제를 자세하게 다룬다.

그러나 그 책의 실질적인 취지는 기독교의 신앙메시지가 무엇보다 성령의 임재를 통한 새 생명의 창조임을 밝히는 것이다. 여기서 로빈슨은 그리스도인의 체험이 사회적 그리고 심리적 입장에서 설명될 수 있다는 사상에 반대하는 기독교 변증가의 역할을 한다. 그는 성령께서 가치들에 대한 급진적인 변형을 통해서 기독교인들이 죄에 대한 새로운 의식을 갖게 만들고, 그 의식으로 말미암아 하나님을 체험한다고 주장한다. 우리를 그리스도의 참 제자로 만드는 분은 바로 성령이다.[89] 침례교인인 로빈슨은 매우 많은 경험과 진실한 마음을 가진 신학자이다.

**정경** – 로빈슨에게 히브리 성경의 정경화는 혼합된 축복으로서 제사장적 일이었다. 그것은 하나님에 관한 좀 더 원시적이며 전통적인 많은 사상들을 예언서들의 가장 고상한 선포들과 동등한 위치에 놓았을 뿐 아니라, 하나님의 영과 살아있는 관계 대신에 죽은 문자의 종교적 위험에 직면하게 만들었다. 따라서 하나님은 예배자들로부터 더 멀어지게 되었고, 중간기의 복잡한 천사론이 등장하게 되었다.[90]

이것은 로빈슨이 성경을 무시하려 했다는 것을 뜻하지는 않는다. 성경은 기독교인들을 위한 영감과 지침의 보화다. 심지어 율법도 이런 관점에서 상당한 가치가 있다. 로빈슨은 성경의 권위와 관련하여 주관주의에 빠질 위험을 익히 알고 있지만, 이것이 "성령의 증거"에 의해서 벗어날 수 있다고 생각한다. 이런 주장을 통해 그는 그 증거를 개인의 마음에서 뿐 아니라 기독교 교리사와 기독교인들의 교제에서 찾아 볼 수 있다고 말한다.[91] 그럼에도 성경의 "가장자리에 그을 수 있는 일관된 경계선은 없다."[92] 계시는 근본적으로 역사 안에 있고, 기독교는 근본적으로 하나님의 영과 살아있는 관계다.

**평가** – 로빈슨의 신학에는 분명한 설득력이 있다. 도덕적 책임에 대한 그의 강조는 현 시대가 절실히 요구하는 것이고, 성령이 기독교인의 경험 한 가운데 위치해야 한다는 그의 주장은 규범화된 전통과 제도적인 종교를 강력하게 반대한다. 고통을 하나님의 고난과 사역에 참여하는 것으로 간주한 것은 목회적인 면에서 아주 유용할 뿐 아니라 우리의 신학, 특히 기독론에서 요구되는 균형을 제공한다.

동시에 그의 신학에는 문제점들도 있다. 예언서들에 대한 그의 도덕적 이해가 예언서들의 신학에서 언약과 구속이라는 핵심을 모호하게 만들었듯이, 그의 신인협동적 인간론(synergistic anthropology)은 성경적 (특히 바울의) 구원론에서 발견되는 인간의 죄와 하나님의 구원에 관한 급진적 견해를 간과한다.

게다가 정경에 대한 로빈슨의 이해는 전혀 받아들이기 어렵다. 성경이 하나님의 섭리로 우리에게 주어졌고, 그것이 신앙을 위한 영감이라고 주장하였어도, 그의 모델은 성경의 권위에 관한 어떤 의미 있는 진술도 하지 않는다. 또한 특정 예언서 본문을 높이 평가한 반면, 다른 구절들에 대해서는 평가절하함으로써,[93] 그는 "정경 속의 정경"(canon within canon)의 개념을 유치하고 쓸모없는 것으로 만들어 버렸다.

그러나 로빈슨의 견해에서 가장 문제가 있는 부분은 위대한 신학적 공헌으로 평가받는 고통에 대한 분석이다. 많은 난점들이 있지만, 여기서는 두 가지만 언급하겠다.

첫째, 로빈슨 자신이 십자가와 객관적 사역의 중심성을 주장하지만, 그의 신학적 기반이 어떻게 이 결론을 지지하는 지를 찾아보기 힘들다. 그의 이론은 십자가 그 자체가 정말로 필요한 것인지, 또는 구원의 실제 수단이 하나님의 무시간적 고통인지에 의문을 제기한다. 후자의 경우에, 우리는 "왜 하나님은 인간이 되었는가?"(Cur Deus Homo?)라고 질문할 수 있다. 마찬가지로 로빈슨의 주장과 반대하여 고통당하는 사람으로서 그리스도가 어떻게 사람들 중에서 뛰어난 자(primus inter pares) 그 이상인지를 알 수 없다.

신약성경이 로빈슨의 관점과는 반대의 입장을 보인다고 우리는 덧붙여 말할 수 있다. 십자가는 영원한 실재의 지상적 현현이 아니라, 영원하고 천상적 효력을 끼치는 지상적인 일회적 사건(히 9:11–28)이다.

로빈슨의 입장이 안고 있는 둘째 문제는 구약성경의 메시아 개념을 전반적으로 오해하고 있는 그의 신약성경 기독론이 타당하게 간주될 수 있는가 하는 점이다. 신약성경에서 구약성경을 사용하는 문제는 많은 논란이 있지만, 신약성경이 그리스도의 신성을 주장할 뿐 아니라 구약성경 역시 그렇다는 것에는 의심의 여지가 없다. 더욱이 신약성경이 예수를 이사야의 노래에서 나오는 종이라고 주장하는 것을 부인하는 것은 쓸데없는 일이다. 그러나 로빈슨의 해석에 따르면, 그리스도는 구약성경에 나타난 메시아 이상의 어떤 존재이며, 예수나 사도들보다 마카비 가문이 고난의 노래를 더 잘 이해했다는 결론을 피하기는 어렵다.

## 결론

로빈슨은 과학, 성경비평, 그리고 철학의 진보로 인해 교회가 제시한 많은 전통적 답변들이 현대 세계에 타당하지 않다고 생각했다. 그럼에도 불구하고 그는 기독교의 핵심적이고 중요한 교리들이 현대 지식의 진보 덕분에 유지될 수 있을 뿐 아니라 좀 더 명료해 질 수 있다는 것을 보여주고자 노력했다.

과연 그는 성공하였는가? 성공의 의미가 로빈슨이 기독교교리의 핵심 국면들을 힘 있고 명료한 용어로 제시할 수 있었다는 것이라면, 그는 성공한 사람이다. 그러나 로빈슨 자신이 분석한 상당수는, 엄격하게 적용해 본다면, 그가 견지하고자 했던 신앙을 세우기보다는 그 신앙에 해를 입히는 결과를 낳았다.

## 주(註)

1) 우호적이고 무비판적인 전기를 보려면 Ernest A. Rayne, *Henry Wheeler Robinson: Scholar, Teacher, Principal* (London: Nisbet and Co. 1946)을 보고, 좀 더 간결한 전기를 보려면 John Reumann, "Introduction," H. Wheeler Robinson, *Corporate Personality in Israel* (Philadelphia: Fortress Press, 1946), v-xiii을 보라.

2) H. Wheeler Robinson, *Baptist Principles* (London: Carey Kingsgate Press, 1925).

3) H. Wheeler Robinson, *The Life and Faith of the Baptists, rev, ed.* (London: Kingsgate Press, 1927; 1946). 로빈슨은 「영국의 침례교회들」(*Baptists in Britain* [London: The Baptist Union Publication Department, 1937])을 저술한 러쉬브루크(J. H. Rushbrooke)와 함께, 다양한 측면에서 침례교의 역사와 정체에 대해 여러 논문들을 썼다. 「영국의 침례교회들」 안에는 로빈슨이 쓴 "영국 침례교회들의 역사"(The History of Baptists in England)가 9-34 면에 포함되어 있다.

4) Robinson, *Life and Faith*, v.

5) 「침례교의 원리들」은 침례교인들의 간단한 역사가 포함되어있다(pp. 56-65). 이 책은 "평신도를 위해 저술되었다는 점뿐 아니라 여러 차례 재판이 되었다는 점에서 대중적"이다.

6) Robinson, *Life and Faith*, 44-68.

7) Robinson, *Principles*, 12. (Cf. *Life and Faith*, 69-70)

8) Robinson, *Principles*, 17-27.

9) Robinson, *Life and Faith*, 70-73. 또한 로빈슨은 침수례의 실제적 가치를 주장한다. 그 가치들은 (1) 신자들의 마음에 회심 사건을 더 강화시키는 심리학적 요소; (2) 회심과 회심 이후의 믿음의 행보가 궁극적으로 개인의 사적인 문제라는 것을 암시; 그것은 그리스도에 대한 믿음을 고백한 뒤의 행위(74-80)라는 것을 함축한다.

10) Robinson, *Principles*, 31-39.

11) Ibid, 52-55. 예컨대 그는 동방교회의 한 분파인 바울파를 논하면서, 그들의 "진리의

열쇠"라는 교리문답에는 유아세례를 금지하고 있다는 것을 제시한다.

12) Ibid., 83.

13) Ibid., 85.

14) Ibid., 94.

15) Ibid., 88.

16) Ibid., 100-01.

17) Ibid., 108-22.

18) Ibid., 123-38.

19) Ibid., 137: "침례교인들은 종교 안에서 해악을 끼쳐왔던 교회 권위의 형식주의가 있다면, 성서를 강조하는 일에도 그리스도의 살아있는 진리에 결코 덜 이질적이지 않은 형식주의가 있음을 기억할 필요가 있다."

20) Ibid., 141-42.

21) Ibid., 66.

22) H. Wheeler Robinson, The Old Testament: Its Making and Meaning(Nashville: Abingdon Press, 1937).

23) 예컨대, 로빈슨은 이사야 24-27장의 "소묵시"(little apocalypse)를 기원전 300년경으로 계산하지만(*Old Testament,* 216), 드라이버는 그것을 바벨론 포로 이후시대의 초기로 간주한다. 비교하라. S. R. Driver, *An Introduction to the Literature for the Old Testament* (2nd. ed., 1913; reprint, Gloucester, Mass.: Peter Smith, 1972), 221. 그러나 이러한 차이는 무의미할 정도로 약하다. 구약성경개론의 모든 중요한 문제에서 로빈슨은 본질적으로 드라이버를 반영한다.

24) H. Wheeler Robinson, The History of Israel(London: Duckworth, 1938).

25) Ibid., 22-23.

26) Ibid., 40-41.

27) Ibid., 52.

28) H. Wheeler Robinson, *The Religious Ideas of the Old Testament* (London: Duckworth, 1913).

29) H. Wheeler Robinson, *Inspiration and Revelation in the Old Testament* (London: Oxford, 1946).

30) Robinson, *Religious Ideas*, 79-87, and *Inspiration and Revelation*, 69-70.

31) Robinson, *Religious Ideas*, 82-83, and *Inspiration and Revelation*, 76

32) Robinson, *Inspiration and Revelation*, 71-77. 또한 H. Wheeler Robinson, *The Christian Doctrine of Man* (Edinburgh: T. and T. Clark, 1911), 11-27을 참조하라.

33) Robinson, *Religious Ideas*, 92-98, and *Inspiration and Revelation*, 92-102.

34) Robinson, *Religious Ideas*, 96.

35) Ibid., 96-97.

36)) "연대적 인격성이라는 히브리 개념"은 *Werden und Wesen des Alten Testaments*, ed. P. Volz (Berlin: Topelmann, 1936), 49-62에 처음으로 나타난다. 이하 관련내용들은 1964년 Fortress Press의 재판을 참고한 것이다.

37) Brevard S. Childs, *Biblical Theology in Crisis* (Philadelphia: Westminster, 1974), 46.

38) Robinson, "The Hebrew Conception of Corporate Personality," 3-10.

39) Ibid., 14.

40) Ibid., 16-17.

41) Robinson, *Inspiration and Revelation*, 37.

42) Ibid., 47. 이 주제에 관해 로빈슨의 완벽한 설명을 보려면 1-48쪽을 참조하라.

43) Ibid., 49-62.

44) Robinson, *Religious Ideas*, 26.

45) Robinson, *Inspiration and Revelation*, 78-91.

46) 로빈슨 자신은 이스라엘의 역사에서 하나님의 활동에 대한 증거를 본다. 그는 이스라엘 역사에서 세 가지 두드러진 특징을 지적한다: (1) "괄목할 연속적인 외세의 영향(이집트, 가나안 등); (2) 개인의 주도로부터 나오는 중요한 인물들(모세, 사무엘, 엘리야 등); (3) 독특한 종교를 가지고 있다는 의식. 로빈슨은 이러한 요소들이 유대의 역사가 기독교 역사와 놀라운 방법으로 연합될 때 이스라엘 역사의 목적론적이거나 섭리적인 통치를 보여준다고 말한다(*Religious Ideas*, 17-23). 그러나 비록 로빈슨의 전제가 타당하다 할지라도, 어떻게 그의 결론이 그 요소들로부터 필연적으로

나올 수 있는지를 아는 것은 어려운 일이다.

47) Robinson, *Inspiration and Revelation*, 123-59.

48) Robinson, *Religious Ideas*, 55.

49) Robinson, *Inspiration and Revelation*, 174.

50) Ibid., 164-98.

51) Ibid., 230.

52) Cf. Robinson, *Religious Ideas*, 42-43.

53) Robinson, *Inspiration and Revelation*, 241.

54) Ibid., 231-61.

55) Ibid., 241. 로빈슨의 강조.

56) 예/ 족장들

57) 예/ P자료에 있는 성막 모임에 관한 규례.

58) 예/ 학개의 실패한 메시아적 혁명(2:20-23)

59) 예/ 아론지파, 무시지파, 레위지파 가운데 사제권에 대한 경쟁.

60) 드라이버(Driver)의 「입문」은 1897년에 초판이 완성되었다.

61) 예/ 헤르만 궁켈의 양식비평과 올브라이트의 고고학 작업 안에서.

62) S. H. Hooke, "Archaeology and the Old Testament," in H. Wheeler Robinson, ed., *Record and Revelation* (London: Oxford, 1938), 372-73.

63) 문서가설이론에 대한 정확한 연구와 현대 학계에서 대안적 이론의 대두에 대해서는 다음을 보라. R. N. Whybray, "The Marking of the Pentateuch," *JSOT Supplent Series 53:13-219.*

64) 그 시대까지 문학의 주제와 리뷰에 대한 탁월하지만 간략한 논의는 다음을 보라. Walther Eichrodt, *The Theology of th Old Testament* (Philadelphia: Westminster Press, 1961), 1:483, n. 4.

65) Aubrey R. Johnson, *The Vitality of the Individual in the Thought of Ancient Israel* (Cardiff: University of Wales, 1942), 83, n.2., 102, n.2. John Reumann in *Corporate Personality*, 38에서 인용.

66) Robinson, *Religious Ideas*, 88-89.

67) 예컨대, 호세아는 자신을 새로운 신학을 강조하는 지도자로 생각하지 않고, 모세 5경의 해설자로 생각했다는 것을 보여준다. 다음을 보라. Umberto Cassuto, "The Prophet Hosea and the Books of the Pentateuch" (1933: reprinted in U. Cassuto, *Biblical and Oriental Studies* [Jerusalem,: Magness Press, 1973], 79-100).

68) 전통적인 연대기에서 보면, 대부분의 지혜는 고전적 예언을 예견한다.

69) 이것은 또한 예수의 자세와 동일하다. 예수는 증거본문에 의한 것보다 개인들이 하나님과 언약적 관계 안에 있다는 확신에 의해 부활을 확증한다. (마 21:32).

70) Cf. H. Wheeler *Robinson, The Christian Doctrine of Man* (Edinburgh: T. and T. Clark, 1911), 97.

71) H. Wheeler Robinson, Suffering: Human and Divine(New York: Macmillan, 1939), 79.

72) Robinson, *Man*, 178-94, 301-7. 참조. Cf. H. Wheeler Robinson, *Redemption and Revelation* (London: Nisbet and Co., 1942), 284.

73) 이는 로빈슨의 마지막 작업에서 아마도 가장 분명하게 나타난다고 할 수 있다: "우리는 그것의 타당성을 주장할 수 있다. 만일 우리가 하나님과 인간 사이에 진정한 친족관계가 존재한다는 것을 받아들일 준비가 되어있다면. 친족관계란 동정과 이해를 가능하게 하고, 호세아가 남편과 아버지로 묘사했던 것과 같은 것이다. 사람은 구약성경에서 볼 때, 모든 한계점들이 있음에도 영이신 하나님과 유사한 영적 존재다. 하나님과 인간 사이에 장벽이 되는 가장 심각하고 커다란 한계는 반복해서 도덕적 악을 저지르는 것이다. 만일 사람들이 도덕적 악에 머문다면, 그들 안에 하나님에 대한 지식이 있을 수 없고, 하나님의 계시가 존재하지 않는다. 그러나 이것이 어떤 신학자들이 지금까지 주장해왔던 것처럼 하나님과 사람의 친족관계가 첫 사람의 죄로 인해 모든 후손에게서 파괴된다는 것을 의미하는 것은 아니다. 에덴의 이야기를 '원죄"라는 기독교 교리로 읽는 것은 주석적 근거가 없다. 사람은 개별적으로 죄를 범함으로써 하나님을 아는 능력에서 떠나게 되는 것이다. 그러나 원죄 교리가 함축하는 것처럼 이런 결과가 불가피하고 인격적 책임이 결여된 상태에서 나오는 것은 아니다. 자기 자신을 사람에게 계시하시는 하나님의 말씀과 그 계시에 반응할 수 있는 존재는 모두 필요하다. (Robinson, *Inspiration and Revelation*, 190).

74) 특별히 다음을 보라. H. Wheeler Robinson, *The Cross in the Old Testament* (Philadelphia: Westminster Press, 1955). 이것은 세 가지 도식을 포함한다: "욥의 십자가"(1916), "예레미야의 십자가"(1925), "종의 십자가"(1926).

75) 예컨대, H. Wheeler Robinson, "The Inner Life of the Psalmists," in D. C. Simpson, ed, *The Psalmists* (London: Oxford University Press, 1926), 56 65; Robinson, *The Veil of God* (London: Nisbet and Co., 1936), 72-104; Robinson, *Redemption and Revelation*, 245-80; and Robinson, Religious Ideas, 159-83 참조.

76) 고통의 다른 형태는 "계시적" 이고(이는 호세아의 혼인에서처럼, 하나님에 대한 깊은 의식으로 사람을 인도한다) "종말론적" 이다(묵시 안에서처럼, 최후의 승리를 알리는 서막처럼 민족적 고통이다). Robinson, *Suffering*, 31-48 참조.

77) Robinson, *Suffering*, 178.

78) 로빈슨은 신적 고통(신적 의지의 좌절, 시간적인 과정에서 엉킴, 덜 절대적으로 보이는 하나님)이라는 개념에 함축된 문제들을 의식하고 있다. 그러나 그는 자기제한이 하나님의 좌절보다는 진정한 동정심으로 이루어진 도덕적이고 영적인 고통이고, 시간 과정은 하나님이 그 안에서 엉켜버리는 존재라기보다 시간이 하나님 안에 있는 것이고, 하나님의 절대성이라는 개념은 하나님이 역사 안에 참여하신다는 성서적 개념에 어긋나는 것으로 이해될 필요가 없다고 응답한다. Robinson, *Suffering*, 146-55 참조.

79) Ibid., 31-48, 65-224. 또한 다음을 보라. Robinson, *The Cross in the Old Testament*, 111-12.

80) Robinson, *The Cross in the Old Testament*, 65-97.

81) Robinson, *Religious Ideas*, 111-12.

82) Robinson, *Redemption and Revelation*, 207-11. (213쪽에서 그는 우리가 칼케돈 기독론을 "신성불가침적인" 인 것으로 간주할 필요가 없다고 말한다.)

83) Ibid., 211-18.

84) Robinson, *Suffering*, 191. Cf. 163-84. Robinson, *The Cross in the Old Testament*, 98-114, and *Redemption and Revelation*, 262-63.

85) Robinson, *Religious Ideas*, 141-48.

86) Robinson, Suffering,174.

87) Ibid., 183. 또한 170쪽: "그리스도의 이 승리는 하나님의 숨겨진 승리에 대한 단순한 상징이 아니다; 신적 승리에서 우리는 그것이 역사적 구속의 핵심 수단으로서 최상의 승리가 되는 것을 보게 된다. 그것은 일시적 사건이지만, 또한 복음이 선포하는 영원한 실재의 한 부분이다. Cf. *Robinson, Redemption and Revelation*, 271-80.

88) H. Wheeler Robinson, *The Christian Experience of the Holy Spirit* (London: Nisbet and Co.,

1928).

89) 특별히 다음을 보라. Robinson, *Christian Experience*, 199-220

90) Robinson, *Religious Ideas*, 126-27.

91) H. Wheeler Robinson, "The Bible as the Word of God" in H. Wheeler Robinson, ed., *The Bible in Its Ancient and Modern Versions* (Oxford: Clarendon Press, 1940), 294-96.

92) Ibid., 298.

93) 예컨대, 전도서는 로빈슨에게 희망없고 회의적인 헬라화된 유대주의의 한 조각이다. 이런 유대주의는 히브리적 지혜에 긍정적인 공헌을 하지 못한다. Robinson, *Inspiration and Revelation*, 257-58 참조.

# 참고자료

## 로빈슨의 작품들

로빈슨의 문학적 작품들은 어마어마하다. 책과 논문 외에도 그는 1914년에서 1924년까지 *Baptist Times*에 칼럼을 썼으며, *Critical Review, Times Literary Supplement, Church Quarterly Review, Journal of Theological Studies, Baptist Quarterly*와 그밖에 책들에도 논평을 썼다. 다음은 그의 저술목록과 주요 논문들이다. 그의 유명한 수필이 많이 포함된 연대기적(일부분이긴 하지만) 목록들은 페인(E. A. Payne)이 편집한 *Studies in History and Religion Presented to Dr. H. Wheeler Robinson M. A, On his Seventieth Birthday* (London: Lutterworth Press, 1942), 254-58에 있는 "A Bibliography of the Writing of Dr. H. Wheeler Robinson"을 보라.

## 단행본


*Baptists in Britanin.* With J. H. Rushbrooke. London: Baptist Union. 1937.

*Baptist Principles*. London: Kingsgate Press. 1925.

*The Bible in Its Ancient and English Versions.* Oxford: Clarendon Press, 1940. Includes "The Bible as the Word of God" by Robinson, 275-302.

*The Christian Doctrine of Man*. Edinburgh: T. and T. Clark. 1911. 2d. ed.. 1913.3d. ed.. 1926

*The Christian Experience of the Holy Spirit.* London: Nisbet, 1928.

*Corporate Personality in Ancient Israel.* Philadelphia: Fortress Press. 1964. Reprints the essays "The Hebrew Conception of Corporate Personality" and "The Group and the Individual in Israel."

*The Cross in the Old Testament.* London: SCM, 1995. This reprints The Cross of Job, The Cross of Jeremiah, and The Cross of the Servant.

*The Cross of Jeremiah.* London: SCM, 1926.

*The Cross of Job.* London: SCM, 1916.

*The Cross of the Servant.* London: SCM, 1926.

*Deuteronomy and Joshua* (Century Bible, Vol. IV) Edinburgh: T.C and E. C.

*The History of Israel.* London: Dickworth, 1938.

*Inspiration and Revelation in the Old Testament.* Oxford: Clarendon Press, 1946.

*The Life and Faith of the Baptists.* London: Methuen, 1927.

*The Old Testament: Its Making and Meaning.* University of London Press, 1937.

*Redemption and Revelation in the Actuality of History.* London: Nisbet, 1942.

*The Religious Ideas of the Old Testament.* London: Duckworth, 1913.

*Record and Revelation.* Oxford: Clarendon Press, 1938. 로빈슨의 다음 두 논문 포함: "The Philosophy to Revelation," 303-20 and "The Characteristic Doctrines," 321-48.

*Suffering, Human and Divine*. London: SCM, 1939.

*Two Prophets: Studies in Hosea and Ezekiel*. Edited by E. A. Payne. London: Lutterworth, 1959.

*The Veil of God*. London: Nisbet, 1936.

로빈슨이 편집한 책

*The Bible in Its Ancient and English Versions.* Oxford: Clarendon Press, 1940. "The Bible as the Word of God" by Robinson, 275-302 포함.

*Record and Revelation.* Oxford: Clarendon Press, 1938. "The Philosophy of Revelation," 303-20, "The Characteristic Doctrine," 321-48 포함.

정기간행물

"The Christian Doctrine of Redemption," *The Christian Faith*, ed. W. R. Matthews. London: Eyre and Spottiswoode, 1936.

"The Eschatology of the Psalmists," *The Psalmists,* ed. D.C. Simpson. Oxford University Press, 1926.

"The Group and the Individual in Israel," *The Individual in East and West,* ed. E. R. Hughes, 1937.

"The Hebrew Conception of 'Corporate Personality," *Werden und Wesen des Alten.* Testaments, ed. P. Volz, F. Stummer, and J. Hempel. Berlin: Alfred Topelmann, 1936.

"Hebrew Psychology in Relation to Pauline Anthropology," *Mansfield College Essays Presented to the Reverend Andrew Marin Fairbairn, D.D. on the Occasion of his Seventieth Birthday, November 4, 1908.* London: Hodder and Stoughton, 1909.

"Hebrew Psychology," *The People and the Book*, ed. A. S. Peake. Oxford University Press, 1925.

"Law and Religion in Israel." *Judaism and Christianity*. vol. 3, ed. E. I. J. Rosenthal. London Sheldon Press, 1937-38

"The Old Testament Background," *Christian Worship: Studies in its History and Meaning*, ed. N. Micklem. Oxford University Press, 1936.

"The Religion of Israel." *A Companion to the Bible*, ed. T. W. Manson. Edinburgh: T. and T. Clark, 1939.

"The Social Life of the Psalmists," *The Psalmist*, ed. D. C. Simpson. Oxford University Press, 1926.

# 21. 월터 토마스 카너(Walter Thomas Conner)

제임스 레오 가레트 2세(James Leo Garrett, Jr.)

## 생 애[1]

월터 토마스 카너
(Walter Thomas Conner)

### 출생과 유년기

필립 올랜더 카너(Phillip Orlander Conner, 1846-1896)와 프랜시스 제인 몬크 카너(Frances Jane Monk Conner, ?-1904)의 둘째 아들인, 월터 토마스(Walter Thomas)는 지금은 로웰[2](Rowell)로 불리는 알칸사스(Arkansas) 주 클리브랜드 카운티(Cleveland County)의 센터(Center)에서 1877년 1월 19일[3]에 태어났다. 올랜드 카너는 미시시피(Mississippi)의 폰토톡(Pontotoc) 근처에서 태어났으며, 4명의 형제 가운데 3명이 남북전쟁 당시 남부군으로 참전했다가 전사했다. 그의 아들은 사별한 첫 부인에게 태어났으며, 그와 그의 둘째 부인은 미시시피에서 파인 블프(Pine Bluff)[4] 남쪽으로 25마일 거리에 있는 센터로 이주했다. 월터가 태어난 후 올랜드는 파인 불프에서 워렌으로 가는 길목이자 현재의 라이(Rye)[5] 마을 근처에 있는 80 에이커 크기의 농장을 신용대출로 구입해 이사했다. 1889년 올랜드 카너는 알칸사스 주의 킹스랜드로 가족을 이주시켰는데, 그곳에서 그는 제재소에 취직했다.[6] 월터 토마스 카너는 후에 자신의 유년기에 대해 회상하면서 "나는 남북전쟁 후

남부의 비참한 빈곤 속에서 양육되었다"고 언급했다.[7] 그가 받은 초기 교육은 "학년 별로 나누어지지 않은 시골 학교에 1년에 평균 3-4개월 출석하거나 거의 몇 년 동안은 출석하지 못한 것"이었다.[8]

1892년 11월 월터가 15세가 되었을 때, 올랜드 카너는 다시 가족들과 함께 이사를 했는데, 이번에는 훨씬 더 먼 곳으로 갔다. 새 집은 당시 테보(Tebo)라고 불렸지만 현재는 타이(Tye)[9]로 알려진 지역으로 테일러 카운티(Taylor County)에 있는 아빌렌(Abilene)에서 남서쪽으로 약 8마일 떨어진 서부 텍사스에 있는 농장이었다.

### 회심, 목회소명 그리고 초기 설교

카너는 자신의 생애와 사역을 지배하게 하였던 기독교신앙을 갖게 된 동기에 대해 다음과 같이 증언한다: "나의 최초 종교적 영향은 부모님과 조부모님께서 살았던 알칸사스 주, 클리브랜드 카운티에 있던 에논(Enon)교회에서 시작되었다."[10] 일찍이 그 교회에서 월터는 복음 선포에 대한 응답으로 신앙고백을 하려고 했지만, 그의 형이 월터의 옷깃을 잡아끌어 말렸다.[11] 킹스랜드 지역에서, 카너 가족은 "침례교회에 출석하기가 여의치 않아… 한 시골 감리교회에 출석했다." 월터 카너는 대략 14세가 되던 해에, 어떤 감리교 예배에서 젊은 설교자가 불신자들을 위해 그리스도인이 될 때 생기는 몇 가지 유익을 들어가며 "강력하고 장시간에 걸친 호소"를 해지만, 그 호소에 저항했던 일을 회상했다.[12]

텍사스로 이사한 후, 젊은 카너는 침례교와 감리교 설교자들이 "여전히 십자가와 하나님의 사랑에 대해 전하고 있는 것"을 발견했다. 그의 회심은 그가 17세가 되는 1894년 여름에 일어났다.

나는 오래 전 감리교 집회에서 회심했다…. 죄에 관한 확신은 매우 명확하고 무거운 짐이 될 때까지 점점 깊어갔다…. 나는 기도하러 나아가 도움을 청하는 것에 대해 충분히 깊은 관심을 가지게 되었다…. 많은 사람들이 나에게 애도자의 의자(mourner' s bench)라고 알려진 것에 대해 말해주었지만 어느 누구도 결정적인 도움을 주지는 못한 것으로 보였다…. 마침내, 무엇을 해야 할지 모르는 가운데 내 짐은 극도로 무거워져서 포기상태에 이르렀다. "포기하다"라는 표현은 나의 상태에 대해 내가 생각할 수 있는 최상의 표현이다. 내가 포기했을 때, 내 짐은 사라졌지만 어떤 황홀한 기쁨이나 소리를 지르고 싶은 느낌과 같은 그런 종류의 어떤 느낌도 들지 않았다. 나는 단순히 내 짐이 사라졌음을 느꼈고 무슨 일이 있었는지는 전혀 알지 못했다…. 마침내 … 나는 내가 과거에 경험했던 어떤 특별한 종류의 느낌에 의해서가 아니라 그리스도에게 나의 믿음을 의뢰함으로 구원받았음을 알게 되었다.[13]

카너의 생애와 신학은 복음주의적 기독교 회심의 유효성에 관한 변치 않는 확신에 근거하고 있었다. 그는 레이놀즈(W. M Reynolds)[14]에게 침례를 받았고 텍사스 주 캡스(Caps)[15]에 있는 하모니(Harmony) 침례교회의 일원이 되었다.

카너는 복음을 전하라는 소명에 관한 확신에 대해서 이렇게 말했다: "내가 작은 소년이었을 때로 돌아간다. 내가 회심을 한 후 곧 분명한 확신을 갖게 되었다."[16] 카너의 집에 있는 작은 서재에는 교리적 특성에 관한 책들이 있었다. 그는 캡스 지역에 있는 젊은이들의 기도모임에 참석했는데 그 모임에서 적어도 6명 이상의 침례교와 감리교 설교자들이 배출되었다. 그 토론회에서 카너는 공적으로 말하는 법을 배웠다.[17] 레이놀즈의 동생인 제이 엠 레이놀즈(J. M Reynolds)는 1895년 여름 캡스에서 열린 복음주의 예배에서 설교하는 가운데 젊은 카너에세 복음선노의 소명에 대한 확신에 관해 질문을 했다. 카너가 확신있게 대답하자, 레이놀즈는 교회로 하여금 카너에게 설교할 수 있는 허가를 주도록 권면했고 교회는 이를 받아들였다.[18] 카너의 첫 설교는 "내가 아버지의 일을 해야만 하는 줄을 너희는 알지 못하느냐?"라는 본문에 관한 것이었다.[19] 레이놀즈의 도움을 통해서 카너는 곧 근처에 있는 침례교회들에서 설교

를 하게 되었다.[20]

카너의 첫 목회사역은 1898부터 1899년까지[21] 텍사스 주, 튜스콜라(Tuscola)에서였다. 1899년 10월, 그는 캡스에 있는 교회에서 안수를 받았다.[22] 그리고 그는 1899년부터 1900년까지 그 교회에서 목사로 섬겼다. 카너는 1903년에서 1904년 동안 캐롤(B. H Caroll)의 추천을 받아[23] 1/2은 텍사스 남부에 있는 이글(Eagle) 호수 지역의 교회들에서 그리고 1/4은 각각 록 아일랜드(Rock Island)와 이스트 버나드(East Bernard) 지역에서 전임목사로 지냈다.[24] 그 후 1908년 말 경 카너는 포트워스(Fort Worth) 남쪽의 존슨 카운티(Johnson County)에 있는 블룸(Blum)과 리오 비스타(Rio Vista) 교회의 목사로 사역했다.

### 학교 그리고 신학교육

카너가 일생의 사역을 위해 받고자 했던 교육은 거의 20여 년간에 걸친 사건들을 통해 이루어졌다. 교육을 받기 위한 그의 노력은 1896년 아버지의 죽음으로 인하여 더 큰 어려움에 봉착했다. 1896년부터 1898년 동안, 간헐적으로 그는 텍사스 주 아빌렌(Abilene)에 있는 시몬즈(Simons) 대학(지금의 Hardin-Simons University)에 학적을 두고 있었다. 후에 돈을 빌려 1898년 가을, 와코(Waco)에 있는 베일러(Baylor)대학에 입학했지만 한 학기 후에 빚을 갚기 위해 학교를 그만 둬야했다. 그는 1901년 가을 베일러에 다시 돌아왔지만 1903년 1월 다시 휴학을 했는데, 이번에는 그의 동생 존(John)이 계속해서 베일러대학에 다니게 하기 위해서였다.[25] 초창기 베일러대학 시절, 카너는 해외선교사에 대한 소명을 가지게 되었다. 이 확신은 존 테너(John S. Tanner) 교수의 영향을 크게 받은 데서 기인된 것이다. 테너 교수의 선교적 열망은 해외선교에 헌신한 학생단체의 조직을 만들어냈다.[26] 1904년 카너는 다시 베일러에 돌아왔고 1906년 학사학위를 받고 졸업할 때까지 학업을 계속했다.[27] 또한 같은 해 졸업생 중에는 텍사스 주 얼바니(Albany) 출신의 블란치 혼(Blanche Ethel Horne) 양이 있었는데 그녀는 1907년 6월 4일 카너의 아내가 되었다.[28] 후에 라틴어와 헬라어에 뛰어났던 이 부부는 1907년에서 1908년까지 베일러대학에서 라틴어를 가르쳤다.

카너는 베일러신학대학원에서 학업을 계속했다. 학장인 캐롤(B. H Carroll)의 지도아래 1905년 정식 학생이 되었다. 당시 그 학교에는 알버트 뉴만(Albert Henry Newman), 찰스 윌리엄스(Charles B. Williams), 캘빈 굿스피드(Calvin Goodspeed), 그리고 둘란(L. W Doolan)과 같은 교수들이 있었다.[29] 1908년 카너는 이미 3월에 사우스웨스턴침례신학대학원의 입학허가서를 받은 상태로 베일러신학대학원에서 신학학사(Th.B.) 학위를 받았고 베일러대학교로부터는 석사(M.A.) 학위를 받았다.[30]

1906년부터 1908년 동안, 캐롤은 카너를 가리켜 말하기를 만일 "그가 적절한 준비가 되었더라면" 그에게 "신학교에서 조직신학 교수 자리를 제안했을 것"이라고 했다. 카너와 관련된 첫 번째 제안은 뉴만(A. H. Newman)이 한 듯하다. 그 때문에 카너는 사우스웨스턴신학대학원에 돌아가 신학을 가르칠 수 있으리라는 생각으로 2년 동안 뉴욕 로체스터(Rochester)에 있는 로체스터신학대학원(Rochester Theological Seminary)으로 공부하러 갔다.[31] 1909년 봄, "아무런 학위도 받지 못한 채" 로체스터를 졸업했다. 라우쉔부쉬(Walter Rauschenbusch) 교수의 제안으로 그는 "데오도르 파커의 신학체계"(Theodore Parker' s Theological System)라는 연구논문을 썼다. 연구원 자격으로 로체스터에서 1년을 더 공부한 후, 그는 1910년 학위(B.D.)를 받았다.[32] 로체스터에서 그를 가르친 교수들로는 라우쉔부쉬를 비롯하여 스트롱(A. H. Strong), 윌리엄 스티븐스(William A. Stevens), 그리고 매비(H. C Mabie)가 있다.[33] 카너는 텍사스로 돌아오기 전 1910년 여름에 2주 동안 시카고 대학(University of Chicago)에서 조지 포스터(George B. Foster)에게 배웠다.[34] 9월에 그는 자신의 임무가 사우스웨스턴침례신학대학원의 교수라고 생각했는데, 그 학교는 그때 와코에서 지금의 포트워스 지역의 언덕으로 이전하는 중이었다. 카너는 캘빈 굿스피드의 후계자로 선출되었으며, 그의 직함은 "변증적, 논증적 조직신학과 교회론 교수"였다.[35]

1914년 한 해 동안, 카너는 켄터키 주 루이빌(Louisville)에 있는 서든침례신학대학원에서 학업을 하기 위해 휴직했다. 그곳에서 그는 멀린스(Edgar Young Mullins) 밑에서 신학을 전공하고 카버(William O. Carver)와 디멘트(B. H. Dement) 아래서 각각 종교철학과 종교 심리학을 부전공으로 공부했다. 1916년 5월 카너는 "실용주의와 신학"(Pragmatism and Theology)라는 제목의 논문으로 신학박사 학위(Th. D)를 받았다.[36] 1920년 여름, 그는 시카고대학에서 6주 동안 공부했고, 같은 해 여름 베일러대학은 그에게 명예박사를 수여했다.[37] 후에 서든침례신학대학원이 신학박사(Th.D.) 학위 대신 철학박사(Ph.D.) 학위를 주기 시작하자, 이전에 신학박사 학위를 받은 동문들에게 철학박사(Ph.D.) 학위를 받기 위한 추가논문을 쓸 수 있는 권한을 부여했다. 카너는 "요한복음에 나타난 성육신의 개념"(The Idea of the Incarnation in the Gospel of John)이라는 또 다른 논문을 써서 1931년 3월 철학박사 학위를 받았다.[38]

### 교수직 그리고 관련된 활동들

사우스웨스턴침례신학대학원에서 카너는 교수로서 왕성한 활동을 하였고, 그의 교수 기간은 1910년 9월부터 그를 은퇴하게 만든 한 사건이 일어났던 1949년 5월까지였다. 1910년부터 1913년까지 그는 "임시 교수"(acting professor)였고 1913년부터 1949년까지 교수였다. 얼마동안 카너는 조직신학보다는 다른 과목들을 가르치게 되었는데 이는 주로 신학교 교수들의 인사이동에 따른 것이었다. 이때 가르친 과목으로는 영어신약(English New Testament, 1921–22), 성경신학(Biblical Theology, 1923–25), 그리고 헬라어신약석의(Greek New Testament Exegesis, 1939–44)가 있다.[39]

1910년부터 1917년까지 이 사우스웨스턴침례신학대학원 교수는 조직신학개론과정에서 스트롱의 「조직신학」(Systematic Theology)을 교재로 사용했다. 1918년부터 1922년까지 그는 멀린스의 「기독교신앙의 교리적 표현」(The Christian Religion in Its Doctrinal Expression)을 교재로 썼다. 1922년 카너는 인쇄물 형식으로 된 자신의 교안을 사용하기 시작했고, 그것은 1926년 「기독교 교리의 체계」(A System of Christian Doctrine)라는 저서로 출판되었다. 몇 년 후 그는 자신의 책, 「계시와 하나님」(Revelation and God)과 「구속의 복음」(The Gospel of Redemption)을 학생들이 읽도록 했다.[40)]

카너는 학생들의 주의를 집중시키는 강의 기술을 지녔다. 아일랜드계의 유머, 일화를 적절히 사용하는 예민한 감각, 그리고 신학적 개념의 적용 등이 뛰어난 인기 있는 강사가 되었다.[41)]

카너는 텍사스 주 가들리(Godley)와 핸들리(Handley)에 있는 침례교회에서 목회했다. 그리고 지금은 포트워스의 겜브렐가 침례교회(Gambrell Street Baptist Church)가 된 세미나리 힐 침례교회(Seminary Hill Baptist Church)의 초대목사였다. 협동 또는 임시 목사직은 수차례 수행했다. 그는 종종 사경회(Bible Conference)와 여름 집회에서 강연했고, 이따금 침례교총회에서 연설했으며, 복음주의 모임에서 설교했다. 비록 카너가 해외선교사로 나가지는 못했지만, 그와 그의 아내는 포트워스에 있는 중국인을 대상으로 훌륭한 사역을 했다. 세계선교에 대한 지속적인 관심은 그의 모든 활동을 특징지었고 남침례교총회의 해외선교부는 선교사 지원자들에 대한 임명과 관련해서 그의 조언에 "의존했다."[42)]

1928년 카너는 토론토(Toronto)에서 열린 침례교세계연맹(Baptist World Alliance)의 제 4차 세계대회에서 신학교육에 관해 연실했다.[43)] 그는 사우스웨스턴 성서연구모임(Southwestern Society of Biblical Study and Research)의 활발한 회원이었으며 1933년부터 1942년까지 이 모임 내의 협의회 의장으로, 그리고 1941년에는 이 모임의 회장으로 일했다.[44)] 그리고 1946년 시카고에 있는 노던침례신학대학원(Northern Baptist Theological Seminary)에서 윌킨슨 강좌(Wilkinson

Lectures)로 자리를 옮겨 요한신학에 관해 강의했다.[45)]

카너와 사우스웨스턴침례신학대학원의 동료교수들은 대공황 이전과 그 기간에 재정적 어려움을 크게 겪었다. 특히 카너는 자신의 자녀 6명이 모두 대학생이 되는 1925년과 1940년 사이에 더욱 어려웠다. 또한 카너는 세 번의 폐렴을 포함해서 몇 가지 질병을 앓았다.[46)] 그는 1926년 경 베일러대학의 철학 교수직과 1937년 경 캔자스시침례신학대학원(Kansas City Baptist Theological Seminary)의 학장직을 거절했다.[47)] 말년에 카너가 사우스웨스턴침례신학대학원 교수직에 누군가를 추천하면 그것은 그들이 선임되는 것과 같은 효력을 가졌다. 카너는 1952년 5월 26일 세상을 떠나 포트워스에 있는 마운트 올리벳 공동묘지(Mount Olivet Cemetery)에 묻혔다.[48)]

## 사 상

자신의 신학에 끼친 영향들이나 원류들에 대해 제한된 자료만을 제공하기 때문에 카너에 대한 연구는 쉽지 않다. 필자는 이와 관련된 연구를 행한 바 있기 때문에[49)] 여기서는 간단히 요약만 하기로 하겠다. 카너의 신학에 원류로 혹은 크게 영향력을 끼친 대상들로는 베일러 교수들[50)], 로체스터대학의 교수들[51)], 루이빌에 있는 서든침례신학대학원 교수들[52)], 시카고 대학의 교수들[53)], 침례교 교파주의[54)], 사우스웨스턴침례교신학대학원 교수들과 포트워스[55)], 영국 복음주의자들[56)], 미국의 침례교인들[57)], 다른 미국 신학자들[58)], 미국 철학자들[59)], 다른 영국 신학자들[60)], 유럽대륙의 신학자들[61)], 그리고 전통적인 신학자들[62)]을 들 수 있다.

신약신학에 관한 카너의 노력은 「신약의 신앙」(The Faith of the New Testament, 1940)이라는 결실로 나타났다. 조지 베이커 스티븐스(George Barker Stevens)[63)]와 헨리 클레이 쉘든(Henry Clay Sheldon)[64)]의 전례처럼, 카너는 신약성경 문헌의 주요 형태에 따라 자신의 책을 구성했다: 공관복음, 유대적 기독교, 바울서신, 요한서신. 카너는 신약성경 안에 나타난 가르침의 통일성과 다양성 모두를 인식하고 있었다. 이 책에서, 그는 예수의 광야시험을 강조하고, 하나님 나라와 기도에 관한 예수님의 가르침을 설명했으며, 히브리서가 알렉산드리아 방식으로 기록되었다고 평가하고, "영생"에 관한 요한의 개념과 죄의 보편성에 관한 바울의 개념을 설명했다.[65]

카너는 또한 논증법과 변증법에 관여하고 있었다. 그의 초창기 주요 성과는 크리스천 싸이언스와[66] 여호와의 증인들[67]의 가르침에 대한 신학적 논박을 한 소논문으로 말미암은 것이었다. 데오도르 파커에 관한 로체스터에서 쓴 논문을 필두로 계속된 그의 저서에서, 그는 유니테리언주의에 대해서 비평했다. 많은 저서와 논문들에서, 카너는 침례교 반선교주의(Baptist antimission, Hardshellism), 유아세례, 토마스(Thomas)와 알렉산더 캠벨(Alexander Campbell)의 신학, 신학적 현대주의와 자유주의, 세대주의적 전천년설, 칼 바르트 신학, 로마가톨릭 신학, 성결과 오순절 운동들 그리고 반-기독교 철학(물질주의, 범신론, 불가지론 그리고 반-기독교적 신론) 등의 가르침을 반박했다.[68]

"다시 한 번 신학자로 알려지는 것이 부끄럽지 않게 되었다." 카너가 「구속의 복음」(1945)의 서문에 "종교 과학"은 더 이상 일반적인 것이 아니라고 하면서 이 같은 말을 언급했다. 성경신학의 부상과 조직신학의 중흥은 카너에게도 영향을 끼쳤다. 그는 결코 신학자가 되는 것을 두려워하지 않았다. 「기독교 교리의 체계」(1924)의 뒤쪽 절반의 내용을 개정한 「구속의 복음」(1945)[69]은 「기독교 교리의 체계」앞쪽 절반 부분의 개정판인 「계시와 하나님」(1936)에서는 볼 수 없었던 성경신학의 영향력을 보여준다.

카너는 신론보다는 계시론으로 자신의 기독교 교리에 대한 조직적 주석을 시작했다. 그는 신적 계시를 받을 수 있는 인간의 능력에 대해 특별한 관심을 가졌다. 창조된 인간은 하나님을 알 수 있는 능력을 가졌고 하나님을 예배하며 의지하려는 갈망을 가지고 있다. 그리고 자신들의 죄에도 불구하고 그들은 하나님의 관점에서 볼 때 가치 있는 존재다. 카너는 성경신학보다는 인격주의(personalism)에 의지하여 인간의 성품에는 지성, 이성적 성향, 자유의지 그리고 양심과 같은 영적 인격성이 있다고 주장했다. 1924년, 카너는 자연계시와 구약의 계시에 관한 논의보다 그리스도 안에서 하나님의 계시가 우선하는 것으로 여겼다. 그러나 1936년에는 자연계시가 성경계시보다 먼저 일어난다고 했다. 카너는 "인간의 종교적 의식"을 강조했고 하나님의 존재에 관한 고전적인 논쟁을 다시 시작했다. 간단히 말하면, 카너는 근본적으로 일반계시가 구원에 도움이 되지는 않지만 인간의 책임을 위한 기초와 예수 그리스도 안에 있는 계시를 위한 예비가 된다는 존 칼빈과 에밀 브루너의 주장과 일치한다. 카너는 계시와 성경을 분명히 구분했다. 성경은 역사적으로 유일한 신적 계시에 관한 산물이자 기록이며 신앙의 책이라고 보았다. 스트롱을 따라, 그는 성경의 영감 과정에 관한 특별한 이론을 밝히려고 시도하지는 않았다. 그리고 멀린스를 따라, 그는 발전적인 계시의 개념을 활용했다. 성경의 "주된 관심"은 구원이며, 성경의 통일성은 예수 그리스도에 기초한다. 카너는 "그러나 성경이 말하는 대로 그대로 해석해야 되지 않나요?" 라고 묻는 학생에게 "아니 그것이 바로 그 뜻이야"[70] (즉 그 구절은 그리스도의 통일성을 의미하는 것으로 해석해야 한다는 뜻: 역자 주)라고 대답하곤 했다. 그리스도 안에 있는 계시는 '최종적"이며 "궁극적"이며, 하나님에 대한 예수의 자의식, 아버지 하나님에 대한 가르침, 자신의 성품과 삶, 아버지와 예수의 독특한 관계에 관련된 주장, 그리고 예수의 구속 사역을 포함한다. 그리스도 안에 있는 객관적인 계시와 대조적인 것은 성령을 통한 주관적 계시다, 그리고 믿음은 하나님의 자기계시를 받아들이는 데 필수적인 "모험"이고 "비전"이다. 카너에게 "성경의 권위는 그리스도의 권위다." 그 결과 이중적 권위는 성립되지 않는다.[71]

포괄적인 의미에서 카너에게 신론은 예수 그리스도의 인격, 성부 하나님의 본성과 관계들, 성령 그리고 삼위일체를 의미한다. 카너의 저서에서 그리스도의 인격은 항상 신론에 앞서서 다루어진다. 아마도 이는 그리스도를 하나님의 계시자로서 간주했기 때문일 것이다. 그 결과 신론은 "그리스도의 성품, 사역 그리고 가르침과 같은 내용"으로 구성되었다.[72] 카너에게 그리스도의 "인격"(person)은 그리스도 안에 있는 인성과 신성의 상호 관계를 포함할 뿐만 아니라 동정녀 탄생, 무죄, 기적 그리고 예수의 부활도 포함한다. 카너는 예수의 인성을 멀린스보다 더 강조했다. 그리고 스트롱과 멀린스와는 달리 예수의 무죄를 그의 인성과 연관 지었다.[73] 동정녀 탄생과 부활, 선재와 승천 모두를 주장하면서 카너는 예수가 "인자"(Son of Man)라고 자신을 호칭하기 좋아했음을 발견했다. 그리스도의 신성은 자세하게 다루었고, 성육신은 "신비"(mystery)로 규정했다. 다양한 케노시스 이론(예수의 자기 비하, 신성 포기설)들은 거부했으나, 근본적인 겸손 또는 자기 비움은 계속 주장했다. 카너는 하나님께 인격성을 적용하는 것은 유추라고 주장했다. 일부 신학자들이 하나님의 "자연적 속성"(natural attributes)이라고 설명하는 것을 그는 하나님의 "절대성"(absoluteness) 또는 "무한성"(infinity)으로 간주했다. 그것으로부터 하나님의 자존, 단일성 그리고 주권이 추론될 수 있다. 하나님은 시공간과 관련하여 무소부재, 영원 그리고 광대하심이라는 말로 표현된다. 전지하신 하나님은 자유로운 행동까지도 미리 아실 수 있다. 카너에게 도덕적 특성들은 주로 거룩 또는 초월, 의로움, 그리고 사랑이다. 카너는 창조와 보존, 자연법과 기적 모두를 가르쳤다. 성령은 이 세상에서 일하시는 하나님의 능력이다. 이 포트워스의 신학자는 구약에서 하나님의 영은 본질적으로 하나님과 별개라는 사실을 덜 확신하게 되지만 신약에서는 그러한 구분이 분명하다고 확신한다. 성령은 예수로 하여금 그의 사역을 가능하게 했으며, 오순절에 강림하셨고, 그리스도인들에게 은사를 주어 교회를 세울 수 있게 한다. 카너는 성령의 사역을 대치하는 다양한 현대적 대체물들에 대해 개탄했다. 그는 구약에서 확고한 삼위일체 교리를 발견하지 못하지만 예수의 신성과 성령의 인격성은 고대 이단들을 배제시킨 내재적 삼위일체의 근간을

이루었다고 보았다. 또한 그는 "위격"이라는 단어를 신중하게 사용했다.[74)]

카너는 종교적 개념으로서 죄를 사탄의 유혹 결과로 보았다. 그는 죄를 육체적 욕망, 인간의 육체적 소유, 또는 진화한 동물의 유물로 설명하는 이상주의적 경향과, 죄를 인간의 태생적 유한성에서 기인하는 것으로 보는 자연주의적 경향을 단호히 거부했다. 대신에, 죄의 본성에는 고의적 반역과 불신이 중심에 자리하고 있으며, 죄에도 등급이 있다고 보았다. 유전적 타락을 전적 타락으로 보는 칼빈의 개념과는 달리, 그는 전적 타락이란 범죄의 불가피성으로 보았다. 카너는 인간이 아담의 죄를 물려받는다는 "원죄"에 관한 어거스틴주의 또는 연방설(federal theories)의 수용을 거부했고, 로마서 5장 12-21절로부터 로마서 1장 18절에서 3장 20절로 초점을 옮겼다. 그는 역사적 아담의 존재를 의심하지 않았고, 인간이 아담과 이브의 죄에 의해 잘못된 영향을 받았지만, 인간은 오직 자신의 죄로 인해 죄책이 있다고 주장했다. 카너는 고통 또는 자연적인 악은 죄의 "예상된 결과"(anticipative consequence)였다는 개념을 발전시켰다. 죄는 죄인을 하나님으로부터 분리시키고, 그의 동료들과 소원하게 만들며 진정한 자아를 파괴시킨다. 죄는 사망으로 끝을 맺는다.[75)]

카너 신학의 주요 주제인 구원은 선택, 그리스도의 사역, 그리스도인이 되는 것, 그리스도인의 생활, 교회 그리고 마지막 일을 포함한다. 카너에게 선택은 하나님의 섭리가 아니라 하나님의 목적이라는 용어로 정의될 수 있다. 선택은 하나님의 백성 전체와 개인 모두를 포함하며, 하나님의 계획이 드러나는 것이다. 그러나 그것은 회개와 믿음으로 말미암는 신자들의 자기-선택(self-election)이나 단지 회개하고 믿을 사람을 미리 아는 하나님의 예지는 아니다. 하나님은 믿는 자들을 책임지시지만 불신자들은 책임을 지지 않으신다. 그런 이유로 카너의 사상은 "수정된 칼빈주의의 예정론"이라는 이름으로 분류된다.[76)] 그리스도의 구원하시는 사역에 관한 교리에 관해서, 카너는 「기독교교리의 체계」(1924)와 「복음 교리」(Gospel Doctrine, 1925)에서 형벌대속 이론(penal substitutionary theory)이라는 온건한 형식을 주장하던 초창기 주장으로부터 「구속의 복음」(1945)과 「신약에 나타난 십자가」(The Cross in the New Testament, 1954)에서는 승리자 그리스도라는 이론으로 입장을 바꾸었다.[77] 그는 "속죄"라는 용어보다는 "십자가"(the cross)라는 용어를 더 선호했다. 그리스도의 구원 사역은 그의 죽음 뿐 아니라 그의 생애와 부활을 포함해야 한다. 그리고 그리스도의 인격과 분리될 수 없다. 카너는 안셀름주의자(만족설), 그로티우스주의자(통치설), 아벨라르주의자(도덕감화설), 소시니우스주의자(모범설), "거래설" 혹은 형벌보상설, 그리고 스트롱의 영원속죄론 등을 탐구하고 비판했다.[78]

칭의, 성화 그리고 영화에 관한 고전적인 개신교의 주장을 따르기보다는 비록 "구원"이라는 용어가 포괄적(과거, 현재, 미래)으로 사용되기는 했지만, 카너는 한 사람이 그리스도인이 되는 것을 묘사하는데 사용된 다양한 신약의 용어에 관심을 기울였다. 그는 그리스도와의 연합, 죄사함, 칭의, 화목, 양자, 새 생명 그리고 성화에 대해 성공적으로 설명했다. 카너는 종교개혁에서 비롯된 선포된 의라고 하는 법정적 칭의 교리를 비판하고 로마 가톨릭의 행위-의(works-righteousness)와 전혀 관계없는 생명 교리(만들어진 의)를 주장하여 중생에 밀접하게 연결시켰다.[79] 성화에 관해, 카너는 그 용어가 단지 진행의 의미만이 아니라 시작, 진행 그리고 완성의 의미를 가지고 있다고 주장하여 개신교 정통주의와는 의견을 달리했다. 회개와 믿음을 "구원의 조건"으로 규정하면서, 1925년에 카너는 앞서 말한 개념들에 대한 논의보다 이것을 앞에 두었고 1945년에는 그 논의보다 뒤에 두었다. 그리스도인이 되기 항목의 마지막 장은 확신이다. 그리스도인의 삶은 다음의 네 가지 주제 즉, 섭리, 기도, 견인, 그리고 성장 등으로 설명된다. 고통으로 기인하는 것을 포함하는 섭리에 대한 반대의견들에 답하고 특별섭리를 인정한다. 기도는 "하나님과의 교제"다; 카너는 여러 가지 기도방법을 언급하고 기도에 대한 반대의견에 답한다. "창고의 십일조"(storehouse tithing)에 대한 반대를 포함하여 카너의 청지기직분에 대한 교리는 여러 편의 글에 나타나 있다. 견인에 대해, 카너는 배교를 인정하지 않는 칼빈주의 입장을 분명히 했지만 그의 견인에 대한 조심스런 정의는 그를 "수정된 칼빈주의자"라고 규정하게 만들었다.[80] 그는 그리스도인의 성장을 주장했지만 완전주의는 반대했다.[81]

침례교의 지계석주의를 넘어서서, 카너는 "교회"라는 용어가 신약에서 지역적인 의미뿐 아니라 보편적인 의미로도 사용되었음을 발견하게 된다. 그리스도의 몸으로서 교회는 조직이기보다는 주로 교제를 의미한다. 카너는 증거-본문(proof-text)보다는 신약성경 교회의 원리에 입각해 민주 정체를 선호했다. 1925년 그는 교회의 임무에 대해서 교화, 복음전도, 선행 그리고 도덕적 역동성이라고 강조한 반면, 1945년에는 교회의 "첫 번째 사역"은 예배라고 주장했다. 설교에 대한 신적 소명에 관해 강조하고, 그는 침례와 주의 만찬을 예시적이고 상징적이라고 했으며, 유아세례와 "타교단 침수침례"(alien immersion)를 거부했고, 폐쇄성만찬을 지지했다. 카너는 종말에 관한 일을 "구원의 완성: 하나님 나라의 도래"라는 제목으로 다루었다. 종말론에 관하여는 특별한 어려움들이 있음을 인정하면서, 그는 하나님 나라에 관한 다섯 가지 부분에 대한 해석을 내 놓았다: 보편적인 주권, 이스라엘의 신정정치, 예수에 의해 세워진 영적 통치, "세상에서의 발전적 능력," 그리고 완성된 또는 영원한 왕권. 1924년 카너는 예수 재림 시 모든 인간의 일회적 보편 부활을 가르쳤다. 그러나 1945년에는 스태포드(T. P Stafford)를 따라 죽을 때 부활한 육체를 받게 되며, 부활 그 자체는 재림 때 일어나게 될 것이라는 견해에 기울어지는 경향을 보인다. 1924년 카너는 후천년설에 가까운 경향을 보였지만, 1945년에는 자신 스스로를 대체로 무천년주의자로 규정했다. 마지막 심판에서는 인간의 품성이 드러나고 운명이 결정되며 인간에 대한 하나님의 처분이 정당했다는 것이 입증될 것이다. 카너는 회복론(restorationism)과 전멸론(annihilationism)을 거부하고 천국과 지옥을 인정했다.[82]

## 평가

카너의 신학에는 그의 사역이 끝난 이후 40년 동안 인정받았던 여러 가지 강점들을 가지고 있다. 그에게 기독교 신학은 그리스도인의 경험 그리고 교회와 깊은 연관을 맺고 있으며 그런 이유로 본래부터 추론적이지 않다. 단순하고 앵글로 색슨계열의 단어로 특징지을 수 있는 카너의 저작 스타일로 인해 그의 가르침은 목사들과 신자들에게 유용한 것이 되었다.[83] 개신교 신학자들이 계시론에 많은 관심을 가질 때, 카너도 이 주제에 강조점을 두었다. 그의 일반계시에 관한 반 바르트주의적 주장과 그리스도 안에서 최종성(finality)에 관한 가르침은 강점으로 보인다. 하나님의 속성은 하나님의 도덕적 자기-일관성(self-consistency)이 이루어지도록 해석되어야 한다. 그리고 신론은 그리스도의 빛 아래서 형성되어야 한다. 카너는 점차적으로 성령론, 특별히 성령의 사역에 관심을 갖게 되었다. 인간은 구원받을 자격이 없지만, 여전히 구원받을 수 있는 존재다. 인간은 개인적으로 죄에 대해 책임을 진다. 그런 이유로 카너는 아담의 죄에 대한 전가론을 용납하지 못한다. 말년에 카너는 형벌대속론에서 승리자 그리스도로 주요한 관점을 이동한다. 성화에 관련하여 개신교 정통주의의 입장을 떠난 것은 아마도 그가 칭의에 관련하여 개신교 정통주의로부터 이탈한 것보다 더 설득력 있어 보인다. 카너에게 섭리는 로마서 8장 28-29절을 의미한다. 게다가 하나님 나라는 예수 자신의 사역과 일치하는 선에서 해석되어야 했다.[84]

카너의 신학에는 약점 또한 있다. 카너는 19-20세기 동안에 다른 신학자들에 의해 다루어진 주요한 주제들을 간과하거나 단지 간단하게 취급했다: 예를 들면, 성경영감설에 관한 이론들, 인간 안에 있는 하나님의 형상에 관한 성경적 교리 그리고 창조론과 진화론과의 관계 등이 그러했다. 종종 카너의 독자들은 그에게 다음과 같은 질문을 하고 싶은 생각이 들었을 것이다. 일반 계시와 하나님의 존재에 관한 논증을 섞어 놓는 실수를 한 것은 아닌가? 칼케돈 기독론과 케노시스 이론과의 구분점에 대해 명확한 결론을 못 내리고 있는 것은 아닌가? 다른 교리들보다는 삼위일체 교리, 그리고 카너가 세분화시킨 신학보다는 전체적인 신학이 더 중요한 것은 아닌가? "타교단 침수침례"의 반대와 폐쇄성찬에 대한 옹호는 남침례교인들 사이에서 시대착오적인 것이 아닌가? 한 남장로교인은 「구속의 복음」이 "변증력" 이 떨어지며 교회와 사회가 직면하고 있는 중요한 현대 문제들에 대한 "진지한 논의"에 실패했다고 비판했다.[85] 카너를 근본주의자로 규정하는 사람들은 그들의 근거가 빈약함을 알게 될 것이고, 그를 충실한 도르트회의(Synod of Dort)의 칼빈주의자로 간주하는 사람들은 그가 "5대 교리" 가운데 단지 두 가지(선택과 견인)만을 가르쳤다는 사실에 직면하게 될 것이다.[86]

카너를 어떤 신학자라고 분류하는 것은 어려운 일이다. 분명한 것은 그가 남침례교 신학자였다는 것이다. 그의 신학적 관점은 전통적인 정통 기독교와 개신교의 가르침과 일치했지만, 중요한 점에서 개신교 정통주의로부터 벗어나 있었다. 종교철학자들은 그를 "전통적인 초자연주의자"로 분류하곤 한다.[87] 아마도 그를 보수주의자 또는 건설적인 복음주의자라고 규정하는 것이 가장 좋을 것이다.

비록 그의 저작 중 일부가 스페인, 포르투갈 그리고 중국어로 번역되기는 했지만, 카너의 영향은 거의 전적으로 남침례교인들로 제한되었다. 거의 40년 동안 배출된 학생이 그의 강의에 영향을 받았으며, 그의 책은 1960대까지 광범위하게 활용되었다. 1980년대에 그의 신학적 작업은 남침례교인들이 당면하고 있는 문제와 관련되어 있으며, 심층연구를 위한 분야라는 것을 알게 되었다.

## 주(註)

1) 이 장의 많은 부분은 다음 논문을 수정한 것이다. James Leo Garrett, Jr. "The Theology of Walter Thomas Conner." (Th. D. diss., Southwestern Baptist Theological Seminary, 1954), 1-23.

2) *Who's Who in America* (Chicago: A.N. Marquis Co., 1950), 26:547; Stewart A. Newman, W. T. Conner: Theologian of Southwest (Nashville: Broadman, 1964), 19-20.

3) W. T. Conner, "Trip to Arkansas, January 1948," 현재 Southeastern Baptist Theological Seminary, Wake Forest, N.C.에 소장된 미간행물. 사본은 Southwestern Baptist Theological Seminary, Fort Worth, TX.에 있는 A. Webb Roberts Library에 있다.

4) Newman, 19.

5) Ibid.

6) Ibid., W. T. Conner, "Autobiographical Sketch," in *Southwestern Men and Message*, ed. I. M. Price (Kansas City, Kan.: Central Seminary Press, 1948).

7) Conner, "Trip to Arkansas," 5.

8) Conner, "Autobiographical Sketch," 41.

9) Conner, "Trip to Arkansas," 6; Newman, 19-20.

10) Conner, "Autobiographical Sketch," 41.

11) W. T. Conner, "My Religious Experiences," 현재 Southeastern Baptist Theological Seminary, Wake Forest, N. C.,에 있는 미간행물. 사본은 Southwestern Baptist Theological Seminary, Fort Worth, TX.에 있는 A. Webb Roberts Library에 있다.

12) Ibid., 2.

13) Ibid., 3-4.

14) Conner, "Autobiographical Sketch," 41.

15) L. R. Scarborough, *A Modern School of the Prophets*(Nashville: Broadman Press, 1939), 190; Newman, 29, 텍사스 Caps에 있는 Harmony Baptist Church의 회의록에 근거한다.

16) Conner, "Autobiographical Sketch," 41.

17) Conner, "My Religious Experiences," 5-6.

18) Conner, "Autobiographical Sketch," 41.

19) Conner, "My Religious Experiences," 7.

20) Conner, "Autobiographical Sketch," 41.

21) Ibid.

22) Scarborough, 190.

23) Conner, "Autobiographical Sketch," 42.

24) Conner, "My Religious Experiences," 12.

25) Conner, "Autobiographical Sketch," 41-42.

26) Conner, "My Religious Experiences," 10-11.

27) Conner, "Autobiographical Sketch," 42.

28) John S. Ramond, comp., *Among Southern Baptists* (Shrevepot, La.: author, 1936), 1:106.

29) Conner, "My Religious Experiences," 14.

30) Conner, "Autobiographical Sketch," 42.

31) Conner, "My Religious Experiences," 14-15.

32) Conner, "Autobiographical Sketch," 42.-43.

33) W. T. Conner, "Some Outstanding Men That I Have Known," 현재 Southeastern Baptist Theological Seminary, Wake Forest, N. C., 10-15.에 있는 미간행물. 사본은 Southwestern Baptist Theological Seminary, Fort Worth, TX.에 있는 A. Webb Roberts Library에 있다.

34) Conner, "Autobiographical Sketch," 43.

35) *Second Annual Catalogue of the Southwestern Baptist Theological Seminary*, 1908-1909, 18.

36) Hugh R. Peterson, registrar, Southern Baptist Theological Seminary, to James Leo Garrett, Jr., September 28, 1953.

37) Conner, "Autobiographical Sketch," 43.

38) Peterson to Garrett.

39) Garrett, "The Theology of Walter Thomas Conner," 12-13.

40) Ibid., 13-14.

41) "Connerisms," *The Southwestern News* 10(November 1952): 6.

42) Frank K. Means, "Advocate of Mission," *The Commission* 15(September 1952).

43) W. T. Conner, "Theological Education," in *Fourth Baptist World Congress: Record of Proceedings*, ed. W. T. Whitley (London: Kingsgate Press, 1928), 286-91.

44) John W. Cobb to James Leo Garrett, Jr., September 17, 1953.

45) Charles W. Koller to James Leo Garrett, Jr., September 18, 1953

46) 1953년 저자와 Mrs. W. T. Conner의 대화에 근거한다.

47) W. T. Conner, "Here and There," unpublished reflections, December 18, 1931-December 31, 1939, 현재 Southeastern Baptist Theological Seminary, Wake Forest, N. C.,에 있는 미간행물. 사본은 Southwestern Baptist Theological Seminary, Fort Worth, TX.에 있는 A. Webb Roberts Library에 있다.

48) Newman, 143.

49) Garrett, "The Theology of Walter Thomas Conner," 24-132를 보라

50) John S. Tanner, S. P. Brooks, B. H Carroll, A. H Newman, and Calvin Goodspeed.

51) A. H. Strong, Walter Rauschenbusch, W. A. Stevens, and H. C. Mable.

52) E. Y. Mullins and W. O. Carver.

53) L. R. Scabrorough, J. Frank Norris, Charles B. Williams, He. Dana. W. W. Barnes, et al.

54) 특별히 지게쉬주외.

55) L. R. Scarborough, J. Frank Norris, Charles B. Williams, H. E. Dana, W. W. Barnes, et al.

56) James Denney, P. T. Forsyth, H.R. Mackintosh, A. B. Davidson, James Orr, James Moffatt, et al.

57) A. T. Robertson, John B. Champion, T. P. Stafford, E. C. Dargan, et al.

58) Geroge B. Stanley Jones, E. F. Scott, James M. Cambell, A. C. Kundson, Nels F. S. Ferre, et al.

59) William James, Borden P. Bowne, et al.

60) John Baillie, A. E. Garvie, R. Newton Flew, Sydney Cave, et al.

61) Karl Barth, Emil Brunner, Gustav Aulen, et al.

62) Augustin of Hippo, John Calvin, et al.

63) *The Theology of the New Testament* (New York: Charles Scribner's Sons, 1899)

64) *New Testament Theology* (New York: Macmillan, 1922).

65) Garrett, "The Theology of Walter Thomas Conner," 294-319.

66) *The Teaching of Mrs. Eddy.* 카너는 1926년 이전부터 크리스천 싸이언스에 관한 논문들을 써 왔다.

67) *The Teaching of "Pastor".* 비록 러더퍼드(Joseph F. Rutherford)가 회장으로 있던 기간에 쓰이긴 했지만, 카너의 논문은 러셀(Charles Taze Russell)의 가르침에 직접적으로 반하는 것이었다.

68) Garrett, "The Theology of Walter Thomas Conner," 133-81.

69) ix.

70) James William McClendon, *Peacemaker of Christian Thought* (Nashville: Broadman Press, 1962), 54.

71) 증거자료와 좀 더 자세한 내용은 이곳을 보라. Garrett, "The Theology of Walter Thomas Conner," 182-205.

72) Conner, *Revelation and God*, 212.

73) Arthur Lynn Allen, "A Comparative Study of the Person of Christ Selected Baptist Theologians: Augustus H. Strong, William N. Clark, Edgar Y. Mullins, and Walter T. Conner" (Th. D. diss., New Orleans Baptist Theological Seminary, 1979), chapter 6.

74) 증거자료와 좀 더 자세한 내용은 이곳을 보라. Garrett, "The Theology of Walter Thomas Conner," 205-34.

75) Ibid., 234-41.

76) Paul Abbott Baseden, "Theologies of Presdestination in the Southern Baptist Tradition: A Critical Evaluation"(Ph. D. diss., Southwestern Baptist Theological Seminary 1986), 173,

208-29

77) Walter D. Draughon III, "A Critical Evaluation of the Diminishing Influence of Calvinism od the Doctrine of Atonement in Representative Southern Baptist Theologians: James Petigru Boyce, Edgar Young Mullins, Walter Thomas Conner and Dale Moody," (Ph. D. diss., Southwestern Baptist Theological Seminary 1987), chapter 6.

78) 증거자료와 좀 더 자세한 내용은 이곳을 보라. Garrett, "The Theology of Walter Thomas Conner," 241-57.

79) Robert Keith Parks, " A Biblical Evaluation of the Doctrine of Justification in Recent American Baptist Theology : With Special Reference to A. H. Strong , E. Y. Mullins, and W. T. Conner" (Th. D. diss., Southwestern Baptist Theological Seminary 1954), 147-54. 188-89, 이 논문에서는 카너가 법정적 견해의 가치를 지나치게 무시하고 있다고 주장한다.

80) Clark Richard Youngblood, " The Question of Apostasy in Southern Baptist Thought Since 1900: A Critical Evaluation"(Ph. D. diss., Southern Baptist Theological Seminary 19r 2.

81) 증거자료와 좀 더 자세한 내용은 이곳을 보라. Garrett, "The Theology of Walter Thomas Conner," 257-76.

82) Ibid., 227-93.

83) 카너가 의도적으로 학자들을 위해 글을 쓰지 않고 자세한 자료출처를 제시하지 않은 것은 근본적인 약점으로 평가되기도 한다.

84) 증거자료와 좀 더 자세한 내용은 이곳을 보라. Garrett, "The Theology of Walter Thomas Conner," 320-26.

85) Holems Rolston, Review of W. T. Conner, "The Gospel of Redemption," Interpretation 1(October 1947): 527-28.

86) James Leo Garrett, Jr., "W. T. Conner: Contemporary Theologian," *Southwestern Journal of Theology*, n.s. 25 (Spring 1983): 59-60.

87) H. N. Wieman and B. E Meland, *American Philosophies of Religion* (Chicago: Willett, Clark, and Co., 1936), 61-76.

# 참고자료

## 1차 자료

*Christian Doctrine*. Nashville: Broadman Press, 1937.

*The Christ We Need*. Grand Rapids, Mich.: Zondervan, 1938.

*The Cross in the New Testament.* Edited by Jesus J. Northcutt. Nashville: Broadman Press, 1954.

*The Epistle of John: Their Meaning and Message*. New York: Fleming H. Revell Co., 1929.

*The Faith of the New Testament.* Nashville: Braodman Press, 1940.

*Gospel Doctrines.* Nashville: The Sunday School Board of the SBC, 1925.

*The Gospel of Redemption.* Nashville: Broadman Press, 1945.

*Personal Christianity*. Grand Rapids, Mich.: Zondervan, 1937.

*The Resurrection of Jesus.* Nashville: The Sunday School Board of the SBC, 1926.

*Revelation and God: An Introduction to Christian Doctrine.* Nashville: Broadman Press, 1936.

*A System of Christian Doctrine.* Nashville: The Sunday School Board of the SBC, 1924.

*The Teachings of Mrs. Eddy.* Nashville: Braodman Press. 1926.

*The Teaching of "Pastor" Russell.* Nashville: The Sunday School Board of the SBC. 1926.

*What Is s Saint?* Nashville: Broadman Press, 1948.

*The Work of the Holy Spirit.* Nashville: Broadman Press. 1949.

## 2차 자료


Allen Arthur Lynn. "A Comparative Study of the Person of Christ in Selected Baptist Theologians: Augustus H. Strong. William N. Clarke, Edgar Y. Mullins, and Walter T. Conner." Th.D. diss., New orleans Baptist Theological Seminary, 1979.

Basden, Paul Abbott. "Theologies of Predestination ih the Southern Baptist Tradition: A Critical Evaluation." Ph.D. diss., Southwestern Baptist Theological Seminary, 1986.

Draughon, Walter D., Ⅲ. "A Critical Evaluation of the Diminishing Influence of Calvinism on the Doctrine of Atonement in Representative Southern Baptist Theologians: James Perigru Boyce, Edgar Young Mullins, Walter Thomas Conner, and Dale Moody." Ph.D. diss., Southwestern Baptist Theological Seminary, 1987.

Garrett, James Leo, Jr. "The Bible at Southwestern Seminary during Its Formative Years: A Study of H. E. Danna And W. T. Conner." *Baptist History and Heritage*, 21 (Oct. 1986): 29-43.

________, "Conner, Walter Thomas." *Encyclopedia of Religion in the South,* ed. Samuel S. Hill. Macon, Ga: Mercer University Press, 1984.

________, "Conner, Walter Thomas." *Encyclopedia of Southern Baptist.* Vol. 1. Nashville: Broadman Press. 1958.

________, "The Theology of Walter Thomas Conner." Th. D. diss., Southwestern Baptist Theological Seminary, 1954.

________, "W. T. Conner: Contemporary Theologian." *Southwestern Journal of Theology*, n, s. 25(spring 1983):43-60.

Gray, Elmer Leslie, "The Ultimate Purpose of God." Th.D. diss., Southwestern Baptist Theological Seminary, 1951.

Hunt William Boyd. "Southern Baptists and Systematic Theology." *Southwestern Journal of Theology*, n, s, 1(April 1959):43-49.

Hurst, Clyde J. "The Problem of Religious Knowledge in the Theology of Edgar Young Mullins and Walter Thomas Conner." *Review and Expositor*, 52 (April 1955): 166-82.

McClendon, James William. *Pacemakers of Christian Thought*. Nashville: Broadman Press, 1962.

Moody, Dwight Allan. "Doctrines of Inspiration in the Southern Baptist Theological Tradition." Ph.D. diss., Southern Baptist Theological Seminary, 1982.

Morgan, Danald H. "Traditional Supernaturalism and the Problem of Evil." Th. D. diss., Southwestern Baptist Theological Seminary, 1953.

Newman, Stewart Albert. *W. T. Conner: Theologian of the Southwest*. Nashville: Broadman Press, 1964.

Northcutt. Jesse James, "Walter Thomas Conner: Theologian of Southwestern." *Southwestern Journal of Theology*, n.s. 9(Fall 1966): 81-89.

Parks, Robert Keith. "A Biblical Evaluation of the Doctrine of Justification in Recent American Baptist Theology: With Special Reference to A. H. Strong, E. Y. Mullins, and W. T. Conner." Th.D. diss., Southwestern Baptist Theological Seminary, 1954.

Youngblood, Clark Richard. "The Question of Apostasy in Southern Baptist Thought since 1900: A Critical Evaluation." Ph.D. diss., The Southern Baptist Theological Seminary, 1979.

# 22. 허셸 홉스(Herschel Hobbs)

마크 코펜거(Mark Coppenger)

## 생 애

허셸 홉스
(Herschel Hobbs)

홉스의 어린 시절을 돌아보면, 그가 남침례교 총회에 영향을 끼칠 것이라고는 아무도 예상치 못했을 것이다. 어린 시절 그의 가정생활이 건전하고 또 교회와 분명한 연대를 가지고 있었다 하더라도, 그의 가문 중에 신학 연구, 저술, 그리고 교단 일에 중요하게 관여한 사람은 없었다.

홉스는 1907년 10월 24일, 앨라배마 주 탈라데가 스프링스(Taladega Springs)에서 농부의 아들로 태어났다. 아버지는 그리스도의 교회 일원이었고 어머니는 침례교인이었다. 두 살 때 아버지는 말라리아로 사망했다. 아버지가 사망한 후, 어머니가 자녀들을 데리고 침례교회에 참석한 것을 계기가 되어 홉스는 침례교인이 되었다. 열두 살 때 홉스는 앨라배마 주의 칠톤 카운티(Chilton County)에 위치한 에논침례교회(Enon Baptist Church)에서 열린 부흥회 기간에 공개적으로 예수 그리스도에 대한 신앙을 고백했다. 그 무렵 그의 가족은 몬테발로(Montevallo)로 이사했다. 부흥회 설교자는 어네스트 데이비스(Ernest Davis) 목사였는데, 그는 홉스에게 몬테발로 크리크(Montevallo Creek)에서 침례를 주었다.[1)]

1년 뒤 홉스의 어머니는 농장을 팔아 다섯 명의 누나들과 함께 버밍햄(Birmingham)으로 이사했다. 그곳에서 홉스는 하워드대학(현재의 샘포드대학교)에서 공부했다. 그는 학업보다는 일을 계속해야 했다. 실제로 그의 어머니는 그가 고등학교를 마칠 수 있도록 뒷받침 해주었다. 그러나 그 모든 것은 그가 후에 해야 했던 다급한 사역을 훌륭하게 하는 데 도움이 되었다. 한 동료는 그 점을 이렇게 말했다:

> 하나님께서 작은 도토리를 어떻게 큰 참나무로 자라게 하시는지를 아는 농부를 생각해 보라. 여기에 따스한 유모와 준비된 웃음으로 어떠한 궁지도 헤쳐나갈 수 있는 극장안내원의 모습도 더하라. 때로는 사소한 부품이 매우 중요하다는 것을 알고 있는 자동차 부품 판매원의 활기를 덧붙여라. 그를 정숙하고 얌전한 처녀와 결혼하게 하여라. 지식뿐 아니라 지식을 추구하는 사람들을 사로잡을 수 있는 지성을 계발시켜 줄 학교에 그를 보내라. 그러면 당신은 홀어머니와 다섯 누이들에 의해서 양육된 홉스의 부분적인 모습을 그릴 수 있을 것이다. 그는 전 세계의 사람들에게 복음을 증거한 인물, 곧 허셸 헤럴드 홉스(Herschel Harold Hobbs)다.[2]

홉스는 고등학교를 졸업한 후 곧바로 대학에 진학하지 않았다. 그는 한 동안 부익(Buick) 자동차 대리점에서 젊은 층 고객담당 책임자로 근무하면서 다소 안정적인 생활을 했다. 그는 열아홉 살에 프란시스 잭슨(Frances Jackson)과 결혼했고, 아내의 적극적인 협조로 지역교회를 위해 헌신할 수 있었다. 그러나 영적 갈등도 있었다. 한 때, 그는 교회에서 "특별한 기독교 사역"에 헌신하였지만, 술을 마시고는 수시로 홉스에게 대리운전을 시켰던 그의 난폭한 친구들의 영향으로 그 사역을 그만 두게 되었다. 그러나 그 열정은 사라지지 않았고, 결국에 허셸은 부흥회 초청시간에 소명을 재차 확신했다.

한 크리스천으로 성숙해 가면서, 그는 가정에서 아내와 함께 기도하였고, 성가대장이 되었으며, 집사로 선출되고, 또 십일조를 내기 시작했다. 그는 대리 설교자로 첫 설교를 했다. 설교의 본문은 예수님이 안드레에게 "나를 따르라"고 말한 부분이었고, 제목은 "인류를 향한 하나님의 우주적 부르심"으로 정했다. 이 설교에서 홉스는 리(R. G. Lee)를 인용하고, 또 특유의 유머를 사용하면서 "제가 택한 본문과 제목은 고층건물을 지을 수 있는 기초였습니다만, 짓다 보니 그 위에 지은 것은 고작 닭장에 불과했다"[3] 고 말했다. 그러나 그것은 하나의 시작일 뿐이었다.

목사 안수를 준비하면서, 홉스는 경험 많은 목사를 만나서 "당신은 침례교의 신조문을 가지고 있습니까?"라는 질문을 했다. 그 목사는 "청년, 그런 것은 없다네. 나는 그런 것을 본 적이 없어. 신약성경만이 우리의 신조라네"라고 말했다.[4] 이는 1963년에 나온 「침례교인의 신앙과 메시지」의 서문에서 홉스가 그런 주장을 하기 수 년 전의 일이었다.

삶의 방향이 설정되었기에, 홉스와 프란시스는 앞만 보고 나아갔다. 그는 목회를 하면서 샘포드에서 2년 6개월 동안 공부했는데, 총장의 특별한 배려로 빨리 졸업할 수 있었다. 그 이후, 그는 켄터키 루이빌에 있는 서든침례신학대학원으로 옮겨갔다. 홉스는 6년 후에 그곳에서 철학박사(Ph.D.) 학위를 받았다. 그 과정에 그는 서든 인디애나(Southern Indiana)에서 (미국 침례교) 교목의 사역을 감당하면서도, 신학석사 졸업식에서 고별사를 읽는 학생으로 선정되었다.

서든신학대학원의 연구과정 자체는 매우 엄격한 것이었다. 브로더스(Broadus)는 버지니아대학교(University of Virginia)에서 이미 선풍적인 인기를 끌고 있는 커리큘럼을 채택했고, 신학대학원에는 존 샘피(John Sampey), 카버(W. O. Caver), 세계적인 헬라어 학자 로버트슨(A. T. Robertson)과 같은 영향력 있고 탁월한 교수들이 재직 중이었다. 신학자 멀린스(E. Y. Mullins) 교수는 5년 전에 타계했으나, 그의 영향력은 여전히 강력했다.

서든의 모든 교수들 중에 헐시 데이비스(Hersey Robertson Davis)는 홉스의 생애에 가장 큰 영향을 끼친 인물이다:

> 나는 헬시 데이비스를 가장 위대한 신약학 교수로 생각한다. 로버트슨은 박학다식한 지성인이었다. 그는 신약성경에서 누가 무엇을 말하고 기록했는지를 알고 있는 사람이었다. 데이비스는 예리한 지성의 소유자였다. 그는 '고디우스의 매듭' (Gordian knot)을 칼로 잘라버린 알렉산더 대왕에 비견될 만 했다.[5)]

해석과 관련하여 몇 가지 입장을 달리한 로버트슨을 존중하여 데이비스는 책을 거의 출판하지 않았다. 데이비스는 로버트슨이 죽은 후에 마무리하는 것을 계획했지만, 그 때에 새로운 일에 대한 구상으로 시간을 내지 못했다. 그러나 홉스는 스승의 사상에 심취했고, 자신의 저술과 강의를 통해 그것의 상당부분을 전달했다. 홉스는 데이비스의 지도로 연구된 박사학위 논문에서 그의 영향을 공공연히 드러냈다.

홉스는 신학대학원을 떠난 후 수년 동안 루이지애나와 앨라배마의 목회사역에서 두각을 나타냈다. 그가 남침례교단에서 전례 없는 활약을 보이기 시작한 것은 오클라호마의 제일 침례교회에 부임하면서부터였다. 그는 그곳에서 방대한 저술을 시작했고, "뱁티스트 시간"(Baptist Hour) 담당자로 선정되어 18년 동안 프로그램을 진행했다.

홉스는 성경에 기초한 가르침과 저술활동으로 평신도들과 목회자들로부터 신뢰를 받았다. 이러한 신뢰를 기반으로 그는 다음과 같은 수많은 기관에서 지도자로 역임했다: 뉴올리언스 신학대학원, 오클라호마침례대학교, 해외선교부, 실행위원회, 남침례교총회 평화위원회의 이사; 남침례교총회 목사협의회, 오클라호마 일반침례교, 남침례교총회의 총회장; 오클라호마 침례대학교 이사회, 「침례교인의 신앙과 메시지」 위원회의 위원장; 침례교세계연맹의 부총재.

그는 남침례교 내에서 일어난 근본주의-온건주의 논쟁에서 중재자의 역할을 하였고, 그 과정에서 상당한 양의 편지를 양산했다. 방대한 규모의 홉스 자료들은 내슈빌의 남침례교 역사위원회(Historical Commission)에 보존되어 있다. 쇼우니(Shawnee)에 소재한 오클라호마 침례대학교 문서보관소에는 아내 프란시스가 정리한 수십 개의 스크랩북, 많은 여행 기록, 조정 연설문, 공로패 등이 전시되어 있다.

그는 자신의 활동을 고압선에서 전력을 유도하여 60와트 전구의 불빛을 밝히는 변압기의 역할에 비유했다. 그는 "거장들"의 신학을 평범한 신자들이 쉽게 접할 수 있게 만들었다. 그의 신학은 확실히 성경적이었다. 그는 신학자로 위장한 많은 철학자들이 있다고 비판했다. 이러한 신학자들은 장난감 비행기라도 되듯이 지성의 태엽을 감았다가, 원하는 대로 날다가 그들이 바라는 곳에 내려앉아 지성을 풀어놓는다. 올바른 신학이란 "한 발을 성경이라는 근거에 두어야 한다."[6]

남침례교신학을 두고 한 관찰자는 멀린스가 20세기 전반부에 교단을 대표했지만, 1960년대와 70년대에는 허셸 홉스가 그 역할을 했다고 주장했다.[7] 그는 저술가이자 라디오 방송 설교자로서 교단의 많은 부분에 영향력을 발휘했다. 분명히, 그의 유머, 근면성, 타고난 의사소통 능력들은 매우 중요한 자산들이었다. 홉스 자신은 그것이 한 세대의 지도자들이 물러가는 그 시점에 그의 신학교 동기들이 교단에 영향력을 끼치기 시작했기 때문에 가능했다고 말했다. 그의 사상은 그 자신의 명성에 걸 맞는 것이었다.

## 사상

### 침례교인의 신앙과 메시지

홉스가 「침례교인의 신앙과 메시지」의 1963년판을 발행한 위원회의 위원장으로 활약한 일은 오랫동안 기억될 것이다. 이 증보판은 1925년도 초판과 마찬가지로 논쟁의 결과로 나온 것이다. 초판의 진술은 진화론적 가르침이 창조에 관한 전통적인 성경의 이야기에 침입한 것에 대한 반응이었다. 홉스의 말에 따르면, 이 신앙고백서는 자유주의와 현대주의에 직면하여 "광야의 길을 인도하는” 역할을 했다.[8] 1960년대, 홉스의 위원회는 신학대학원의 교육에서 성경의 이야기에 대한 충실함을 위협하는 폭풍 속에서 활동했다. 미드웨스턴 신학대학원의 교수이고 「창세기의 메시지」(The Message of Genesis) 저자인 랄프 엘리어트(Ralph Elliott)가 문제의 원인이었다.

1962년 샌프란시스코에서 개최된 총회는 엘리어트의 책을 출판하기로 한 브로드만 출판사의 결정에 반발하며 이를 저지했다. 그 책이 창세기 앞부분의 여러 장들에 있는 많은 이야기들의 역사성을 의심했기 때문이다. 성경 이야기의 정확성을 지지하는 결의안이 통과되었다. 그 책을 회수하려는 운동은 실패하였고, 결정권은 주일학교 위원회에 주어졌다. 위원회는 재판을 찍지 않기로 결정했다. 엘리어트가 이 책을 계속 발행하기 위해 다른 출판사를 물색하고 있을 때, 미드웨스턴신학대학원 이사회는 그의 사직을 종용했다. 이 논쟁이 한창 진행되고 있을 때, 총회는 1925년 진술을 고려하고 재확정하기 위한 위원회를 임명하기 위해 투표했다. 이것은 그들의 방향을 설정하기 위한 공동의 평화적 결정이었다.

1963년 남침례교총회의 「연감」은 1963년판과 1925년판을 나란히 제시했다. 1833년 뉴햄프셔 신앙고백서가, 중요한 구절들이 바로 이 고백서에서 많이 유래되었기 때문에, 셋째 칼럼에 당연히 있을 법했는데 그렇지는 못했다. 위원회는 중요한 구절에서 1925년판의 진술을 다시 채택할 것인지, 대체할 것인지, 혹은 수정할 것인지를 결정해야 했다. 그들은 제3안을 채택했다. 두 단으로 배열된 신앙고백서들은 상당한 유사성을 보여주었다. 총회는 그 문안을 수용해서, 1963년판이 오늘날 남침례교 신학을 대표하는 신앙고백이 되었다.

여러 항목들에서, 홉스는 개념들과 용어들을 소개했다. 또 다른 항목에서, 그는 위원회의 사상을 조정했다. 전반적으로, 그는 위원회 승인을 위해 일련의 초안들을 제시한 작성자였다.[9] 전체적이든 부분적이든 그 문서에 대한 그의 열정은 널리 사용된 교과서에 나타난 그 본문에 대한 설명과 변호에서 뚜렷하게 드러난다.

서문을 "다른 어느 부분만큼이나 중요하게" 간주하는[10] 홉스는 「침례교인의 신앙과 메시지」가 신조가 아니라는 점을 강조하는 데 많은 시간과 정력을 쏟았다. 서문에 있는 이런 부정적 진술은 「침례교인의 신앙과 메시지」를 신앙에 관한 진술, 곧 살아있는 신앙의 소산으로 주장한다. 그것은 "하나님 앞에서 영혼의 역량, 신앙의 자유, 전신자 제자장직"을 천명한다.[11] 그의 관심은 그 문서 자체가 진정한 침례교인이 되게 하는 강제 수단 혹은 가늠자일 수 없다는 것이었다.

소박한 어투로, 홉스는 그 차이를 다음과 같이 구별했다:

> …신조와 우리 입장 간의 차이는 소에게 풀을 뜯어먹게 하는 방법의 차이다. 한 방법은 소를 말뚝에 묶어두는 것이다. 그러면 소는 이 말뚝 주위를 빙빙 돌다가, 마침내 그 밧줄이 짧아져 더 이상 갈 곳이 없게 되면 고개를 들지 못하고 풀을 더 이상 뜯어 먹지 못하게 된다. 이 방법이 신조적 신앙이다. 하지만 살아있는 신앙은 당신이 목장 둘레에 울타리를 치고 소를 풀어놓고 "자 이제 너희들은 이 목장 안이면 어디든지 풀을 뜯어먹어라, 그러나 울타리 밖으로 나가서는 안 된다"고 말하는 것이다. 이 경우 울타리는 곧 성경이다. 성령의 인도하심으로, 우리는 성경을 읽고 해석할 자유가 있다. 그러나 그 해석은 전체 성경 안에서만 가능하다. 그것이 특정 구절이나 사건에 근거한 것이 되어서는 안 된다고 생각한다.[12]

멀린스는 1908년에 저술한 「신앙의 공리」(The Axioms of Religion)에서 영혼의 역량을 모든 신앙의 핵심요소로 주장했다. 1960년대에 들어 그 책은 절판되었다. 홉스는 헌 책방에서 그 책을 발견했고, 그 개념들을 설명하기 시작했다. 멀린스의 사상이 총회에 반영되는 데는 주일학교부의 역할이 컸다. 홉스는 1978년에 이 책의 개정판을 발행했다.

홉스는 침례교인들이 「침례교인의 신앙과 메시지」와 유사한 문서를 교회 회원권에 대한 기준으로 사용해서는 결코 안 된다고 분명하게 말하면서도, 침례교인의 정체성에 관한 "전반적 안내"를 위한 교단 신앙을 정립하려는 사업을 적극 지지했다. 그는 단지 어떤 것이든 다 믿을 수 없을지라도 침례교인이 될 수 있다는 사실을 확신했다. 영혼의 역량에 대한 홉스의 확고한 신념은 다음과 같이 재차 강조되었다:

> 침례교인들은 우리의 기본적인 침례교신앙이 일부가 주장하는 것처럼 성경의 무류성에 있지 않음을 종종 망각한다. 나는 성경의 무오성과 예수 그리스도의 신성을 의심 없이 믿지만, 무오성 자체가 예수 그리스도의 신성은 아니다. 침례교인들의 핵심신앙은 영혼의 역량이다. 그 점을 망각할 때, 우리는 온갖 종류의 난관에 봉착하게 된다. 내가 최근에 그 점을 말할 때, 젊은 설교자들은 쇠귀에 경 읽듯 나를 바라보았다.[13]

서문에서 성경에 대한 부분으로 넘어가다 보면, 1925년의 진술에 "성경 해석의 기준은 예수 그리스도다"라는 내용이 추가되었음을 알 수 있다. 그 당시에는 멜기세덱을 바알의 제사장으로 간주하는 엘리어트의 해석이 관심의 대상이었다. 많은 사람들에게 이 해석은 예수를 손상하는 것으로 이해되었다. 왜냐하면 예수를 고대 제사장과 같게 여기기 때문이다. 엘리어트는 성경의 표현이 "멜기세덱과 같이"가 아니고 "멜기세덱의 반차를 따라"였다는 것을 근거로 자신을 변호했다.

그의 변호는 사안을 다소 약화시켰지만, 위원회는 그리스도의 위상을 격하시키는 어떤 성경 사용도 허용하지 않고 적극 대응했다. 홉스는 "당신은 멜기세덱의 관점이 아니라 예수 그리스도의 관점에서 예수 그리스도를 이해해야 한다"고 말했다.[14]

동일한 원리가 예수보다 성령을 더 중시하는 사람들에게도 불리하게 작용했다. 예를 들어, "예수께서 모든 것을 다 이루지 않았기에 당신은 성령으로부터 제2의 축복을 필요로 한다"고 생각한다면, 성경 이해의 열쇠인 그리스도의 기준을 위반한 것이다.[15] 간단히 말해서, 모든 성경은 예수를 중심으로 이해되어야 한다는 것이다.

「침례교인의 신앙과 메시지」의 1925년판은 삼위일체를 기술하는 두 번째 문장에서 하나님에 관해 간략하게 진술한다. 1963년판은 삼위일체의 각 위격을 각각의 단락으로 기술했다. 성부, 성자에 관한 새로운 진술 중에, 홉스는 두 가지 사항에 특히 주목했다. 첫째는 "그러나 죄가 없으신"(Yet without sin)이라는 표현이었고, 둘째는 "중재자"(Mediator)라는 용어였다.

그 초안은 의견 수렴을 위해 신학대학원들과 주일학교 위원회에 유포되었다. 서든신학대학원의 웨인 워드(Wayne Ward) 교수는 예수가 자신을 인간과 완전히 동일시했다는 진술에 이의를 제기했다. 그 진술은, 모든 사람이 죄인이라는 점에서, 예수를 죄인으로 간주한다고 그는 주장했다. "그러나 죄가 없으신"이라는 구절에는 모두가 전적으로 동의했다.[16]

그리스도를 중재자로 부를 때, 홉스는 위원회가 "하나님과 인간이 각 편에서 서로 반목하고 있고 그 중간에서 중재하는 예수의 모습을 그리는 것을 피하도록 하는 데에 주력했다.[17] 오히려 신인으로 예수는 각각을 서로에게 완벽하게 대변해 준다.[18] 화해는 그리스도의 본성 안에서 일어나는 것이지 그리스도가 제3자로서 개입하여 이루어지는 결과가 아니다.

구원에 관한 1963년판의 진술은 1925년판의 것보다 훨씬 간결하다. 여기에는 세 국면들, 즉 중생, 성화, 영화로 나누어 설명된다. 구두 설명을 통해 위원회의 승인을 받은 후, 홉스 자신이 구원에 관해 기록했다. 이 중에 가장 크게 변한 내용은 성화에 대한 부분이다. 「침례교인의 신앙과 메시지」의 초판은 성화를 과정으로 간주했지만, 「침례교인 신앙과 메시지」에 관한 연구교재에서 설명한 내용에 따르면 홉스는 그것을 회심과 관련해서 즉각적인 것으로 간주했다. "사람이 하나님을 예배하도록 구별되는" 것은 바로 중생의 때다.[19] 신자는 성화의 상황 혹은 상태 안에서 발전하는 것이지 성화의 상태로 나아가는 것은 아니다.

캔자스총회에서 유일하게 반대에 부딪힌 문제는 교회에 관한 부분이었다. 위원회는 한 문장을 추가시켜 "교회에는 모든 세대의 구원받은 모든 사람을 포함한다"는 것을 인정하게 했다. 지계석주의자들은 교회가 지역교회만을 언급해야 한다고 주장했다. 홉스는, 예수께서 베드로에게 "내가 반석 위에 내 교회를 세우리라"고 말씀하셨을 때, 예수께서 어떤 지역교회를 말하고 있었는지를 수사학적으로 질문했다. 한 대의원은 "예루살렘 제일침례교회"라고 소리쳤다. 그러자 홉스는 "예수께서 그것을 말했을 때, 예수께서는 그가 세운 교회와 적어도 75마일은 떨어져 있었다"고 대답했다.[20] 그는 또한 자신의 논지를 강조하기 위하여 알버트 맥클레란(Albert McClellan)이 그에게 제공한 지계석주의자 펜들턴의 주장도 사용했다. 그가 인용한 바에 따르면, 펜들턴은 "구속받은 사람 전체"를 언급했다. 지계석주의의 반대는 지지받지 못했고, 전체 「침례교인의 신앙과 메시지」는 쉽게 통과되었다.

홉스의 철저한 성경주의(biblicism)는 「침례교인의 신앙과 메시지」의 모든 조항들을 성경의 기초 위에서 주의 깊게 살펴보도록 했다. 그는 1925년판에서 불완전한 조항들을 발견하고, 1963년판의 조항들이 신학적 주장들을 분명하게 표명하도록 했다. 홉스와 위원회 총무 딕 홀(Dick Hall)은 세세한 부분까지 점검했다. 홉스는 이에 대해 "지금까지 내가 해 본 일들 중에서 가장 지루하고 골치 아픈 일이었다"고 말했다.[21] 그러나 결국에 그는 만족했다.

## 중재

홉스는 거듭해서 중용의 지혜를 말했다. 일반 대중은 이런 중립적 입장을 발견하고 수용할 것이라는 확신에서다. 그리고 홉스는 신학을 연구할 때처럼, 양무리를 위험한 변방지역에서 벗어나 안전하고 기름진 지역으로 인도하는 목회자의 역할을 했다.

이런 입장에 관한 대표적인 표현들은 다음과 같다:

> 대다수의 남침례교인들은 신학에서 극단으로 치우치지 않은 보수적 성향의 사람들이었다. 말하자면, 그들은 중도노선의 인물들이었다. 특정 시기에, 신학노선은 좌로나 우로 치우쳐 왔다. 그러나 남침례교는 중도 노선을 유지했다. 남침례교인들은, 그가 도로의 좌측이나 우측의 가장자리에 어느 정도 치우칠 수 있지만 여전히 길을 가고 있다는 것을 인정했기에, 상호교제를 방해하는 일을 정당화시키지 않았다. "위험! 비포장 노견"이라는 도로 표지판을 적용할 수 있다. 남침례교인들은 결코 합리적 조화를 깰 만큼 중도 노선을 확장시키려 하지는 않는다. 만일 그 차선을 벗어난다면, 그들은 반대 방향에서 오고 있는 이상한 신학적 흐름과 정면충돌할 것이다.[22)]
>
> 어떤 사람은 이런 새로운 신학을 형성시키고 이끌어 갈 것이다. 그리고 남침례교는 그 일을 하기에 가장 적합하다. 그들은 "민초들"(grass roots)이다. 그들의 성공은 남침례교인들이 복음을 선포할 때 그것에 대한 민초들의 반응에 크게 좌우된다. 남침례교인들이 복음에 대한 보수적인 중도적 해석을 포기한다면, 민초들은 다른 곳에서 영적 양식과 지침을 찾을 것이다.[23)]
>
> 우리는 어떤 면에서도 결코 극단주의자가 아니었다…. 남침례교에는 5% 정도의 극우파와 5%의 정도의 극좌파가 있다…. 그러나 90%는 남침례교가 늘 견지한 중도 노선을 취하고 있다…. 여러분이 돼지를 사육한 적이 있는지 모르겠지만, 가득 찬 먹이통을 들고 가서 돼지들을 부른다고 하자. 먹이를 한 곳에 부어주는데, 그 양은 모든 돼지들이 먹고 남을 만큼 충분하다. 대개, 다른 돼지들에게 빼앗길까봐, 늙은 암돼지는 먹이 한 덩이를 구석으로 물고 가서 먹는데, 사실은 그들 모두가 배불리 먹고도 남을 만큼 충분한데도 말이다. 마찬가지로 당신은 하나의 사소한 교리를 만들어 그것을 가지고 극단으로 몰고 가려는 사람을 보게 된다. 그러나 대부분의 남침례교인들은 언제나 중도 노선의 사람들이다.[24)]

중도 노선에 대한 홉스의 애착에도 불구하고, 그는 극단주의자들을 어느 정도는 칭찬한다.

> …우리의 교리는 근육과 같다. 근육이 근력을 잃는다면, 그것은 무용지물이다…. 이런 신학적 긴장은 우리에게 유용하고, 그것이 우익이든 좌익이든 우리에게는 좋은 것이라 생각한다. 그것들은 우리에게 활력을 준다.[25)]

그리고 이러한 전체를 조망하는 정신으로, 그는 침례교의 "다양성 중의 통일성"을 긍정적으로 반복해서 말했다.

그러므로 침례교인들은 오랜 세월 동안 지켜 온 다양성과 보수지향 성향 모두에 자부심을 가져야 한다. 단순히 성경만을 믿는 평범한 그리스도인들은 신앙과 행습에서 호감이 가는 이치로 기울기 마련이다.

이런 확신으로 가득 찬 홉스는 수많은 위원회 논의 활동에 참여했다. 엘리어트를 다루는 중서부의 긴장으로부터 1980년대 평화위원회의 의제들에 이르기까지, 그는 다양한 논쟁들이 있었던 논제들을 낙관적이며 평화적으로 풀어나갔다.

### 성경의 무오성

남침례교신학 논쟁의 과정에서, 홉스는 자신을 일명 "근본주의자"와는 일관되게 거리를 두었다. 진보적 보수주의자임에도 오히려 자신을 보수주의자로 자처하면서,[26] 그는 자신을 중도적 입장의 인물에 위치시켰다. 그러나 그는 "근본주의"와 동일한 감정적 이론을 상당부분을 수반한 "무오성"이라는 용어를 수용했다. "나는 실수하지 않으시는 하나님을 믿는 나의 신앙에 기초하여 원본의 무오성을 믿는다."[27]

무오성이 역사적 이야기의 정확성을 내포하기 때문에, 어떤 사람들은 용어 "무류한"(infallible)을 선호한다. 그들은 이런 저런 보도가 전적으로 정확하든지 그렇지 않든 간에 성경이 사람이 구원받기 위해서 하나님을 발견하는 방법을 말하는 데 성공하고 있다고 주장한다. 어떤 설명이 제시될지라도, 결국 성경은 과학책이나 역사책으로 간주될 수는 없는 것이다. 그래서 시내산에서 이스라엘 사람들의 숫자나 요나를 삼킨 물고기의 능력은 사소한 것이 되었다.

그러나 "무류"라는 말은 홉스에게 적절치 않았다. 「침례교인의 신앙과 메시지」 1963년 판에서 그 용어의 대체를 반대하여, 홉스는 다음과 같이 말했다:

"무류"라는 말에는 두 가지 의미가 있다; 하나는 "실수가 없다"는 뜻이고, 다른 하나는 "그것이 의도한 역할을 성취한다"는 뜻이다. 무딘 칼로 버터를 자를 경우에, 그것은 무류한 칼(infallible knife)이 될 수 있다. 하지만 당신은 그런 말을 통해 그 진술을 약화시킬 것이다. 나는 그것이 당신과 많은 사람들이 좋아하는 용어라는 것을 알지만, "어떤 오류도 가미되어 있지 않은" 표현과 같이 엄격한 의미를 가지고 있지 않다는 것을 알고 있다.[28]

홉스는 성경이 실제로 사람에게 구원에 이르는 믿음을 갖도록 의도된 것으로 인정했지만, 다음과 같이 언급함으로써 성경이 신뢰할 만한 것임을 여전히 확신했다:

성경은 과학책이 아니다. 그럼에도 성경에는 증명되지 않은 과학적 오류가 포함되어 있다. 과학과 성경이 제대로 이해되면, 그것들은 대립하기보다는 서로를 존중할 것이다. 성경은 믿을 수 있는 역사다. 냉소적인 사람들이 성경에 오류가 있다고 주장할 때도 있었다. 그러나 고고학은 그 판도를 바꾸었다. 이런 문제들에 대한 고고학적 연구는 언제나 성경을 확증해 주었다.[29]

그는 성경에 대한 신정통주의 입장을 다음과 같이 거부했다. "성경은… 하나님의 말씀을 포함하고 있는 것이 아니다. 성경은 곧 하나님의 말씀이다."[30] 그리고 그는 성경 원본에 대한 무오주의자의 입장을 지지했다. "우리가 예수 그리스도를 본 적이 결코 없지만, 우리는 그리스도를 믿는다."[31] 간단히 말하면 평화를 위하여 애매하게 말할 수밖에 없는 상황에서도 그는 무오성을 지지했다.

그러나 성경에 대한 홉스의 입장에는 또 다른 면이 있다는 사실에 주목해야 한다. 그는 성경에 대한 다른 사람의 입장을 터무니없는 것으로 말하길 매우 싫어했다. 그는 「브로드만 성경주석」이 "아주 훌륭한 작품"이라고 평가하면서 그것을 지지했고,[32] 랄프 엘리어트의 신학적 입장에 큰 문제를 제기하지 않았다. 홉스는 엘리어트에게 창세기에 관한 그의 견해를 개인적으로 질문한 후, "엘리어트 박사, 당신은 이단자가 아닙니다; 그렇지만 당신은 서투른 작가입니다"라고 결론지었다.[33] 홉스의 판단에 따르면, 엘리어트가 더 이상 임용되지 못한 것은 해석적 오류보다는 비타협적인 태도 때문이었다.

그러면 무오주의자인 홉스는 어떻게 그러한 딱지를 거부하는 사람들의 저작들과 무오주자들이 수용하기에 종종 미흡한 성경 본문에 대한 그들의 입장을 그렇게 쉽게 수용할 수 있었는가? 몇 가지 이유가 있다. 첫째, 홉스는 학문성을 대단히 존중했다. 그가 항상 "소박한" 사람이었지만, 고고학과 성경 언어를 높이 존중하면서 신학을 연구했다. 홉스는 박식했고 신학대학원에서 헌신적으로 가르쳤다. 그리고 그는 교수나 학문성을 지닌 목회자들을 경솔한 사람들의 비판으로부터 보호하는 데 관심을 두었다.

그는 점진적인 계시에 관해 다음과 같이 확신했다: "이것은 숨겨진 것을 드러내는 하나님의 능력을 말하는 것이 아니라, 그 계시를 받아들일 수 있는 인간의 능력을 의미한다. 따라서 우리는 창세기보다 요한복음에서 하나님의 더 존귀하신 모습을 볼 수 있다."[34] 그리고 그는 문법적-역사적 방법에 대한 전반적인 신뢰를 표명했다. 가령 역대기서에 어떤 문제가 있는 것으로 보일 경우, 본문이 왕들의 연대기를 자료로 인용한다고 말할 수 있다. 그리고 우리는 문제가 왕들의 자료에 있다는 것을 안다.[35] 따라서 성경 자체는 우리가 자료들을 문자적으로 수용하는 방법에 대한 단서를 우리에게 제공한다.

홉스는 모세가 오경을 기록했다고 강력히 주장하면서도, 문서설을 높이 평가했다.[36] 그는 "D" 문서를 인정했고, 모세가 기록된 자료를 근거로 기록했을 것이라고 제안했다. 물론 이것이 많은 학자들의 일반적 입장이었지만, 자신을 무오주의자임을 자처하는 사람에게는 독특한 것이었다. 그는 일반 신자들의 입장을 학자들에게 대변할 뿐 아니라, 학자들의 입장을 일반 신자들에게 대변하고자 했다.

"신학 사상은 결코 고착적이지 않다"[37]는 소신이 그를 훌륭한 신학자의 위치로 올려놓게 했다. 그리고 그는 보이스(James P. Boyce)가 멀린스를 자유주의자로 간주했다 하더라도 별로 놀라지 않았을 것이다.

> 세상에 관한 지식의 증가로 인해, 멀린스 박사는 진리를 좀 더 명확히 드러내는 관점에서 신학(Science of God)을 해명하고자 했다. 그러나 멀린스 박사는 보이스 박사의 가르침을 무너뜨리려고 하지 않았다. 그는 그 둘에 의해 주장된 진리에서 좀 더 거대한 체계를 그들의 견고한 기초 위에 세웠다.[38]

물론 홉스는 성경을 충실하게 따르는 확고한 신학적 입장을 주장했지만, 신학적 발전의 여지에 대한 그의 기본적 입장은 분명했다.

영혼의 역량은 다음과 같이 설명된다: "만일 어떤 사람이 진리에서 벗어나면, 하나님은 다른 유한하고 오류에 빠질 수 있는 동료 크리스천을 심판하시는 것이 아니라 그를 심판하실 것이다. 각 사람은 그것을 깨닫도록 인도되었다고 느낄 때 진리를 선언하게 될 것이다. 그가 옳다고 생각할 때, 그는 하나님께서 그 자신과 다른 사람을 인도하시도록 해야 한다."[39] 이것은 전적으로 자신의 확신을 진술하기 위한 것으로 다른 사람들이 당신의 의견에 동의하지 않는다는 표시를 간과했다는 것을 암시하는 것이다. 이것은 다른 사람이 그 표시를 전혀 인식하지 못했기 때문에 그를 간악한 사람이나 변절자라고 말하는 것과는 별개다.

교단주의는 신앙의 관용을 위한 또 다른 이유가 되었다. 남침례교총회의 조직과 전통에 대한 홉스의 헌신은 성실했다. 또 그는 잘 이루어지고 있는 교제를 위태롭게 하는 어떤 운동에도 반대했다.

> 어떤 사람은 밤에 공동묘지를 지나가기가 두려움을 표현했다. 죽은 사람이 해칠까봐 두려워하는 지의 질문을 받으면, 그는 "아니오, 그들 때문에 내가 내 자신을 해칠까 염려된다"고 대답했다. 그것이 바로 남침례교가 직면한 가장 큰 위협이다. 외부의 힘이 그들을 해하는 것이 아니라, 그들 스스로가 자신을 해치는 원인이 될 것이기 때문이다.[40]

이 인용문은 두 가지의 신념, 곧 무오성 논쟁이 위험하다는 것, 그리고 그것이 남침례교 행보의 순조로운 협력에 도움이 되지 않는 사고의 산물이라는 것을 반영한다.

교단의 안녕과 관련한 염려는 비단 신앙의 자유만을 위한 것은 아니다. 교단을 활성화시키려는 열정 때문에, 그는 징계 조치를 완화시켰다.

> 우리는 반대자들의 목소리를 들었다. 처음에는 많은 사람들이 아니라 일부 반대자들의 목소리를 들었다. 그러나 우리는 반대자들의 목소리를 경청하지는 않았다. 나는 우리가 경청하지 않았다고 주장했다. 그런 일이 한창 진행될 때 그 일에 다소 연루된 사람들처럼, 나도 비슷한 입장이었다. 그 때 우리는 좀 더 많이 들었지만, 여전히 경청하지는 않았다. 결국, 모든 일은 잘 되었다. 신학대학원에 등록한 학생 수는 늘어났다. 협력 사업은 증진되었다. 복음전도 사역 역시 향상되었다. 개척 교회들과 모든 교회들이 늘어났다. 당신도 알다시피 "잘 작동하면 고치지 말라"는 옛 속담이 있다.[41]

이것은 어떤 의미에서 가말리엘의 관점이다–가만히 두어라, 그러면 진리는 결국 승리할 것이다. "토끼들이 원안에서 뛰어다니나, 그들은 성경으로 되돌아 올 것이다."[42] 몸소 이런 문제들을 해결하려 했을 때, 여러분에게 돌아올 것은 상처뿐이다. 사랑으로 무오성의 진리를 말하라, 그러면 민초들이 옳고 그름을 판단할 것이다.

그는 "침례교인들은 성경에 관해 무엇을 믿는가?"는 논문을 시로 마무리했는데, 그 마지막 연은 다음과 같다:

> 그리하여 나는 생각한다 하나님 말씀의 모루를
> 오랜 동안, 회의의 쇠망치가 세차게 내리쳐도
> 아직도 내리치는 시끄러운 소리가 들려도
> 모루는 해 입지 않는다–망치를 든 사람들이여, 가라![43]

### 칼빈주의에 관하여

홉스는 칼빈주의의 5대 교리 중에 한 가지만을 강조했다. 히브리서에 대한 그의 저서에서, "타락한 자"(6:4–6)는 구원의 문제가 아니라 유효성을 다루는 것으로 설명된다.[44] 그의 설명에 따르면, 하나님의 구속 목적은 역사를 통하여 이루어진다; 우리가 그것을 중단시키려 해서는 안 된다. 그러나 출애굽 서사의 모델에서 보면, 어떤 사람은 그것에 가담할 기회를 잃게 될 것이다. 말하자면, 그들은 광야에서 죽을 것이다. 그들이 구원받았으나, 세계 복음전도의 사명에는 제외된다. 그래서 개개 그리스도인들은 자신의 가데스-바냐에서 복음사역을 위한 전략적 유용성의 기회를 놓치지 않도록 주의해야 한다. 이렇게 해석됨으로, 그 구절은 성도의 견인 교리를 반대하는 알미니우스주의를 지지하지 않게 된다.

무조건적 선택의 교리는 홉스의 손에서 그리 잘 다뤄지지 않고 있다. 그것의 추론인 불가항력적 은혜의 교리 역시 잘 다뤄지고 있지 않다. 그는 요점을 개진하기 위하여, 「기독교교리와 신앙」(The Christian Religion in the Doctrinal Expression)을 인용하여 멀린스의 의견에 동조한다.

> 선택은 인간의 자유로운 선택과 사용된 인간적 수단을 배제한 채 그렇게 많은 인간 부류에 대한 하나님의 활동에 의한 단순한 선택으로 간주되어서는 안 된다…. 인간의 자유 의지를 무시한다면, 하나님을 다른 모든 사람을 무시하면서 일부만을 구원에 이르도록 임의적으로 선택하시는 분으로 간주하게 된다.[45]

만약 선택이 하나님의 택정하심과 구원하심에 관한 문제라면, 그것이 의미하는 바는 무엇인가? "예정된"에 대한 헬라어 연구를 통해 홉스는 다음과 같이 과감하게 주장한다:

> 그것은 토지의 한 구획에 울타리를 치는 것과 같다. 이 경우에 울타리는 그리스도다…. 그래서 하나님은 "그리스도 안에" 있는 모든 사람들이 구원받도록 선택하셨다. 그리스도 밖에 있는 모든 사람은 멸망을 받을 것이다…. 하나님은 주권을 사용하여 구원의 조건을 정하시고, 인간은 자유의지를 사용하여 결과를 결정하게 된다.[46]

"제한 속죄"에 관하여, 홉스는 "선택에서 하나님의 목적은 일부 사람만이 아니라 가능한 많은 사람을 구원하는 것이다"라고 주장했고,[47] 따라서 구원의 범위는 하나님의 결정이 아니라 인간의 결정에 좌우된다고 보았다. 마지막으로 우리는 1963년판 「침례교인의 신앙과 메시지」에서 인간의 타락에 관한 다소 완화된 표현을 찾아 볼 수 있다. 1925년판은 "그의 후손은 타락하고 죄에 속박된 본성을 물려받는다"라고 언급되어 있는데, 홉스의 1963년판은 "그의 후손은 죄에 치우친 본성과 환경을 물려받는다"고 기록한다.[48]

토마스 네틀스(Thomas Nettles)가 「하나님의 은혜에 의한 그리고 하나님의 영광을 위하여」(By His Grace and for His Glory)에서 입증했던 바와 같이, 남침례교는 그들의 초기 칼빈주의 신앙에서 상당히 멀어져 왔다. 이와 관련해서 홉스가 주도적 역할을 했든지 혹은 단지 침례교인들이 스스로를 돌아보게 한 것인지는 말하기 어렵다. 이러한 문제들에 관한 그의 신학은 신학대학원의 설립자들의 (서든의 「원리 강령」(Abstract of Principle)에 진술된) 신학과는 논조가 다르다는 것을 부인할 수 없다.

### 종말론

무오주의자요 유력하고 저명한 성경 강해자로서 지니는 위상 때문에, 홉스는 신뢰를 높일 수도 있었지만 다른 한편으로는 대중적 명분을 약화시킬 수도 있었다. 무천년주의 입장이 바로 그런 경우다. 이 교리를 변호한 사람은 단지 혼자가 아니었다. 래이 섬머(Ray Summer)의 「존귀한 어린양」(Worthy in the Lamb)과 맥도웰(E. A. McDowell)의 「요한계시록의 의미」(The Meaning of the Board of Revelation)는 상당한 영향력을 끼쳤다. 그러나 그 세대에는 보수주의자들에게 전천년설이 더 선호된 입장이었고, 세대주의 노선에 있는 보수주의자들은 무천년주의자들이 성경에 근거하지 않고 있다고 주장했다.

「우주적 드라마」(The Cosmic Drama)에서, 홉스는 요한계시록을 해석하는 열쇠가 "하나님께서 그것을 나에게 표시해주셨다"는 요한의 진술에 있다고 주장했다.[49] "표시해주었다"(signified)라는 말은 sign-i-fied로 구성된 단어다. 이것은 세시곡의 상징적 성격을 상소한나. 낭신이 그것을 상징적으로 읽는다면, "말들을 바꾸어 타는 일"은 결코 없어야 할 것이다. 당신의 신학적 입장에 부합시키기 위해서 상징적 독서에서 문자적 독서로 전환하는 것은 부당하다.

그의 설명에 따르면, 무천년주의는 많은 사람들에게 감추어져있던 성향이었다. 그의 주장이 문서로 출판되었을 때, 그것을 수용하는 사람들이 늘어났고, 많은 사람들은 그들 자신의 무천년주의적 경향을 보여주기 시작했다.

## 평 가

홉스는 저술 활동을 하면서 목회했고, 일반신자들과 효과적으로 의사소통을 하였다. 또 적용 가능한 글을 썼기 때문에, 목회적 신학자(pastoral theologian)로 불렸지만, 그의 신학이 목회적 성향을 띠는 데는 다른 큰 의미가 있다. 홉스는 무리를 보존하는 데 관심을 두었는데, 이 경우 무리는 남침례교 총회를 뜻한다.

홉스의 융화적인 성향, 제명에 대한 완강한 거부, 또 극단보다는 상식을 선호하는 그의 명백한 취향은 그의 저작이 보여준 두드러진 특징이다. 그는 거친 가장자리를 모래처럼 부드럽게 만들어서 관대하고 너그러운 일치를 이끌어 내고자 했다. 이것은 그의 위원회 활동에서 가장 괄목할 만한 것이었다. 그러나 또한 그의 성경신학에서 이런 정신이 자명하게 드러난 표지를 찾아 볼 수 있다.

칼빈주의와 알미니우스주의자들에 대한 그의 반응을 주목해 보자. 두 노선의 입장은 오늘날의 청중들에게는 낯설고 혼란스런 국면을 지니고 있다. 칼빈주의자들은 하나님께서 구원될 일부만을 선택하고, 나머지는 지옥에 떨어진다고 주장한다. 알미니우스주의자들은 구원받은 사람들이 굳게 잡았던 손을 놓고 지옥으로 미끄러지는 점을 부각시킨다. 홉스는 선택을 일반화시키고 또 신자의 안전을 지지했다. 이것은 이 문제들에 대한 양자택일의 완고한 접근보다 훨씬 더 온건한 해결책이다.

"중도 노선"에 대한 홉스의 강한 애착은 신학에 대한 그의 온건주의적 입장이 보여준 또 다른 특징이다. 사람들은 보통 다수의 성도들이 기본적으로 건전하게 사고한다는 확신을 가지고 잇다. 또 그들의 주 업무는 양쪽 극단에서 있는 방황자들이 스스로를 해치지 않도록 하고, 또 그 무리에게 위협을 하지 않도록 하는 것이라는 확신을 가지고 일한다.

우리는 아리스토텔레스의 덕(virtues) 이론을 기억한다. 각 사람은 두 극단적인 악덕 사이에 끼어 있다. 예를 들면, 덕스런 용기는 무모함과 소심함의 오류 사이에 있다. 그래서 온건함이 우리의 구호이며 극단은 피해야 한다.

이런 확신에 대한 성경적 근거에는 문제가 전혀 없지는 않다. 서신서에는 그리스도인들의 몸을 높이 평가하는 말씀도 있지만, 세상의 안목으로 보았을 때 위험하고 열광적인 것에 대한 찬사의 말씀과 교회의 빗나감에 대한 분노의 말씀도 있다. 전형적인 교회 회원의 행동과 판단에 관한 성경적 열정은 기껏해야 혼합적이다.

「기독교신앙의 원리」에서, "영혼의 역량"은 침례교가 로마가톨릭의 성례전적, 교권주의적 확신과는 현격한 차이가 있다는 것을 의미하는 분명한 표현이다. 이것은 침례교인들이 스스로를 교리적으로 보호하는 것을 의미하지는 않는다. 홉스는 영혼의 역량이 허가(license)를 의미하지 않다는 것을 분명히 했지만, 평화 정신에 입각하여 홉스는 그 표현을 그런 방식으로 해석하려 했던 사람들과 충돌하지 않았다.

사람들은 성경에 대한 홉스의 지극한 사랑을 잊기보다는 히브리서 6장에 대한 그의 해석, 영혼의 역량에 관한 그의 주장, 그리고 그의 무천년주의를 좀 더 빨리 잊게 될 것이다. 어떤 점에서, 성경에 초점을 둔 그의 생애는 그의 가장 설득력 있는 신학적 주장이다.

홉스가 기여한 가장 위대한 신학적 기여는 주석의 특수성에 있지 않고, 성경 본문을 이해하고 제시하려는 그의 열성에 있다. 그는 일련의 우선순위를 정했는데, 그 중에 첫째는 성경의 가르침에 대한 헌신이다. 방송에서, 주일학교 잡지에서, 그리고 저술에서 그의 성경 강해를 통해, 성경이 우리가 기울일 수 있는 가장 주의 깊고 종합적인 주의와 헌신을 받을 가치가 있다는 점을 분명하게 했다. 그것은 자기만족의 사변을 위한 비약이 아니라 오히려 그리스도의 주되심의 주요 수단이다.

## 주(註)

1) Herschel Hobbs, Interview by Ronald Tonks, Hobbs Collection, Southern Baptist Historical Commission Archives, 1-8.

2) Stanton Nadh, "Operation Baptist Biography Data Form for living Persons," Hobbs Collection, Southern Baptist Historical Commission Archives, 4.

3) Tonks interview, 16.

4) Ibid., 18.

5) Ibid, 28.

6) Herschel Hobbs, personal interview, December 1987.

7) Walter Shurden, "The Pastor as Denominational Theologian," *Baptist History* & Heritage (July 1980): 21.

8) Herschel Hobbs, "Talk Back with Hobbs," Baptist Telecommunication Network-teleconference(BTN), 1988.

9) Tonks interview. 272.

10) BTN teleconference.

11) Herschel Hobbs, *The Baptist Faith and Message* (Nashville: The Sunday School Board of the SBC, 1963), preamble.

12) Tonks interview, 286.

13) Ibid., 129.

14) Ibid., 286.

15) Personal interview.

16) Tonks interview, 274.

17) Ibid., 273.

18) Ibid.

19) Hershcel Hobbs, *The Baptist Faith and Message* (Nadhville: Convention Press, 1971), 61.

20) Tonks interview, 279.

21) Ibid., 275.

22) Herschel Hobbs, "President's Address, " *in Southern Baptist Convention Annual* (Nashville: Convention Press, 1962), 86.

23) Ibid., 87.

24) Tonks interview, 270.

25) Personal interview, 278.

26) Hobbs, "Southern Baptist Convention: The Inerrancy Controversy," The Herschel H. and Francis J. Hobbs Lecture on the Baptist Faith and Heritage (Oklahoma Baptist University, October 14, 1987), 6.

27) BTN teleconference.

28) Tonks interview, 307.

29) Herschel Hobbs, "Questions About the Bible," Hobbs Collection, Southern Baptist Historical Commission Archives, 2.

30) Herschel Hobbs, "What Baptists Believe About the Scriptures," Hobbs Collection, Southern Baptist Historical Commission Archives, 3.

31) BTN teleconference.

32) Tonks interview, 309.

33) Ibid., 284.

34) Hobbs, "Scriptures, "3.

35) Personal interview.

36) Herschel Hobbs, "The Graf-Wellhausen Theory," Hobbs Collection, Southern Baptist Collection, Southern Baptist Historical Commission Archives, 2.

37) Herschel Hobbs, “Are Southern Baptist Facing a Theological Revolution?” Hobbs Collection, Southern Baptist Historical Commission Archives, 2.

38) Ibid., 5-6.

39) Herschel Hobbs, “Southern Baptists’ Greatest Danger,” Hobbs Collection, Southern Baptist Historical Commission Archives, 1.

40) Ibid.

41) Personal interview.

42) BTN teleconference.

43) Hobbs, “Scriptures,” 7.

44) Herschel! Hobbs, *How to Follow Jesus: The Challenge of Hebrews for Christian Life Witness Today* (Nashville: Broadmam Press, 1971), 60-61.

45) Herschel Hobbs and E. Y. Mullins, *The Axioms of Religion* (Nashville: Broadman Press, 1978), 70.

46) Ibid., 72.

47) Ibid., 71.

48) Hobbs, *The Baptist Faith and Message*.

49) Herschel Hobbs, *The Cosmic Drama: Studies in Revelation* (Waco: Word, 1971),

# 참고자료

## 1차 자료

*The axioms of Religion.* With E. Y. Mullins. Nashville: Broadman, 1978.

*The Baptist Faith and Message*. Nashville: Convention, 1971.

*Christ in you: An Exposition of the Epistle to the Colossians.* Grand Rapids, Mich.: Baker, 1961.

*The Corinthian Epistles*. Grand Rapids, Mich.: Baker, 1960.

*The Cosmic Drama: Studies in Revelation.* Waco: Word, 1971, 1987.

*The Epistles of John.* Nashville: Thomas Nelson, 1983.

*An Exposition of the Four Gospels.* Grand Rapids, Mich.: Baker, 1965.

*An Exposition of the Gospel of John.* Grand Rapids, Mich.: Baker, 1968.

*An Exposition of the Gospel of Luke.* Grand Rapids, Mich.: Baker, 1966.

*An Exposition of the Gospel of Mark.* Grand Rapids, Mich.: Baker, 1970.

*An Exposition of the Gospel of Matthew.* Grand Rapids, Mich.: Baker, 1965.

*Fundamental of Our Faith.* Nashville: Broadman Press, 1960.

*Galatians: A Verse by Verse Study.* Waco: Word, 1978.

*The Gospel of John: Study Guide.* Grand Rapids, Mich.: Zondervan, 1965.

*The Gospel of John: Invitation to Life.* Nashville: Broadman Press, 1988.

*The Gospel of Mark: A Study Manual.* Grand Rapids, Mich: Baker, 1971.

*The Gospel of Matthew.* Grand Rapids, Mich: Baker, 1961, 1979.

*Hebrew: Challenge to Bold Discipleship.* Nashville: Broadman Press, 1981.

*The Holy Spirit: Believer's Guide.* Nashville: Broadman Press, 1967.

*How to Follow Jesus: The Challenge of Hebrews for Christian Life and Witness Today.* Nashville: Broadman Press, 1971. 1981.

*John: A Bible Study Commentary.* Grand Rapid, Mich.: Zondervan, 1983.

*A Layman's Handbooks of Christian Doctrine.* Nashville: Broadman Press, 1974.

*The Life and Times of Jesus: A Contemporary Approach.* Grand Rapids, Mich: Zondervan, 1966.

*Message on the Resurrection.* Grand Rapids, Mich.: Baker, 1959.

*New Testament Evangelism.* Nashville: Convention Press, 1961.

*The Origin of All Things: Studies in Genesis.* Waco: Word, 1975.

*Revelation: Three Viewpoints.* With George R. Beasley-Murray, Ray Robbins, and David C. George. Nashville: Broadman Press, 1977.

*Romans: A Verse by Verse Study.* Waco. Word, 1977.

*Studies in Hebrews.* Nashville: Convention Press, 1955.

*Studying Adult Life and Work Lesson.* Nashville: The Sunday School Board of the Southern Baptist Convention, 1968-

*What Baptist Believe.* Nashville: Broadman Press, 1964.

*You Are Chosen: The Priesthood of All Believers.* San Francisco: Harper and Row, 1990.

2차 자료

Baker, James Donald. "An Examination of th Baptist Hour Preaching of Herschel H. Hobbs from 1958-1968." Th.D. diss., New Orleans Baptist Theological Seminary, 1964.

Ingleheart, Glenn Alle. "A Study of Radio Preaching as Represented by Four Speakers on the Baptist Hour, 1951-1960." Th.D. diss., The Southern Baptist Theological Seminary, 1964.

## 23. 더불유 에이 크리스웰(W. A. Criswell)

러셀 부시 3세(L. Russell Bush III)

더불유 에이 크리스웰
(W. A. Criswell)

어떤 사람들은 두 사람의 크리스웰이 존재했다고 말한다: (1) 유명한 강연자, 교단 대변자, 열렬한 논쟁가; (2) 유명한 달라스 설교단에서 성령 충만한 목회자이자 신학자. 필자는 이러한 성격묘사가 지나치게 단순하다고 생각되나 그 통찰력은 중요하다고 본다. 불행히도 대부분의 사람들은 크리스웰을 "강연회 설교" 혹은 그의 방송설교를 통해서만 알고 있다. 비판하는 사람들은 크리스웰을 과장되며 목소리가 크며 매우 감성적이고 타협적이지 않은, 그리고 종종 불필요하게 논쟁적이고, 이기적이고 직선적인 사람으로 보인다고 말한다. 그러나 많은 목회자들과 성도들은 그의 열정적인 설교 스타일을 좋아한다. 크리스웰 자신은 "박사 학위를 소지한 거룩한 순경"이라는 비꼬는 말에 항상 웃음을 짓는다. 왜냐하면 5마일 안에 사는 사람이 창문만 열어 놓아도 그의 설교를 들을 수 있었기 때문이다. 필자는 60년 이상 목회한 크리스웰, 성실함과 신학적 통찰력의 소유자인 크리스웰, 그리고 그의 목회연구와 주일설교, 목회자이자 신학자인 크리스웰에 대해 서술하겠다.

## 생 애[1]

1909년 성탄절 6일 전, 오클라호마 주 앨도라도(Eldorado) 주민인 애나 큐리 크리스웰(Anna Currie Criswell)과 그의 남편 왈리 아모스(Wallie Amos) 사이에 사내 아이가 태어났다. 그들은 미국 시골지역의 일반적 관습대로 아버지의 이니셜을 그의 이름으로 대신했다.[2] 1914년 네 살이 되던 해에 크리스웰은 그의 가족과 함께 뉴멕시코와 국경을 접한 텍사스부근에 위치한 텍스라인(Taxline)이라 알려진 조그만 철도사업에 관련된 마을로 이사를 했고, 그의 아버지는 그곳에서 이발소를 개업했다.

어린 크리스웰은 교회를 좋아했다. 그의 가족은 종종 텍스라인에 위치한 흰색의 아담한 "크래커박스" 모양의 교회에서 예배를 마친 후 초청 설교자들을 초대하여 식사대접을 하곤 했다. 크리스웰은 식탁주변에 앉아서 어머니가 설교자들과 성경에 대해 대화하는 것을 떠올린다. 그가 아홉 살이 되던 해인 1919년에, 크리스웰은 텍스라인 교회의 아침 10시 예배에 참석하기 시작했다.[3] 부흥강사는 존 힉스(Brother John Hicks) 목사였다. 그는 분명히 부흥회 기간 크리스웰의 가정에서 지냈고, 그의 메시지는 어린 소년의 영혼을 흔들어 놓았다. 초청을 위한 찬송을 부르는 동안에 소년은 서 있었고, 바로 뒷좌석에 앉아 있었던 어머니를 보기 위해 고개를 뒤로 돌렸다. 어머니는 한없이 눈물을 흘리면서 어린 아들에게 "오늘" 구원자이신 주님께 네 마음과 생명을 드렸는지를 물었다. 심지어 많은 세월이 지난 후에도, 그가 그 이야기를 할 때는 그의 눈에 눈물이 가득 고여 있음을 발견할 수 있다. "예, 어머니! 오늘, 저는 예수님을 저의 구주로 영접했어요."[4]

그러나 크리스웰의 어머니는 그에게 목회자로서 삶을 촉구하지 않았고 그가 의사가 되기를 바랐다. 그녀는 목회자의 가난함과 힘든 삶을 염려했다. 그럼에도 열 두 살의 어린 크리스웰은 강단 설교자로서 삶을 살기로 헌신했다.[5]

애나 크리스웰은 아들이 좀 더 나은 교육환경에서 고등학교에 진학하도록 남편을 잠시 동안 텍스라인에 남겨둔 채 아말리로(Amarillo)로 이사했다. 그 후 그녀는 다시 베일리대학교(Baylor University)에 진학시키기 위해 와코(Waco)도 옮겼다. 크리스웰은 한 번도 학업성적으로 인해 어머니를 실망시키지 않았다.

1928년, 아말리로(Amarillo)에 소재한 산제신토침례교회(San Jacinto Baptist Church)는 이 젊은 청년의 삶에 대한 하나님의 부르심을 인정하고 그를 시취하기 위한 목사안수위원회를 소집했고, 회중 앞에서 열 일곱 살의 크리스웰을 복음설교자로 안수했다. 베일러대학교에서 공부하는 동안, 그는 데빌스 밴드(Devil' s Bend)와 풀타이트(Pultight) 지역의 작은 두 곳의 교회에서 목회자로 사역했다.

1931년 크리스웰은 서든침례신학대학원(The Southern Baptist Theological Seminary)에 진학하기 위해 켄터키 주 루이빌(Louisville)로 이사했다. 그곳에서 데이비스(W. Hershey Davis) 교수는 이 젊은 목회자에게 깊은 감명을 주었고, 헬라어 신약성경에 대한 사랑을 그의 마음에 심어주었다. 신학대학원 과정 중에서도 크리스웰의 설교는 계속되었다. 켄터키 주의 마운트 와싱턴(Mount Washington)에 있는 교회에서 파트타임 사역자로 사역하는 동안, 그는 베티 해리스(Betty Harris)라는 아름다운 피아노반주자를 만났고, 1935년에 결혼했다.[6]

크리스웰은 1934년에 신학석사학위(Th.M.)를 취득했고, 동대학원의 박사학위과정에 지원해 합격했다. 실제로 그는 1937년에 "침례 요한 운동의 기독교 운동과의 관계"(The John the Baptist Movement in Its Relation to the Christian Movement)라는 박사논문을 제출했다(미출판 간행물).

앨라배마 주의 그 유명한 버밍햄제일침례교회(First Baptist Church of Bringham, Alabama)에서는 자신들의 목회자로 크리스웰이 오기를 바랐으나, 오클라호마 주의 치카샤 제일침례교회(First Baptist Church of Chickasha)에서 먼저 그에게 제의했다. 하나님의 주권이 이러한 문제 가운데도 함께 한다는 것을 강하게 믿은 크리스웰은 1937년 알려지지 않은 지역에 있는 작은 교회의 제의를 받아들였다. 그 후 그는 오클라호마 주의 머스코기제일침례교회(First Baptist Church of Muskogee)로 옮겼고, 그곳에서 그는 가장 행복한 시절(1941-1944) 중의 일부를 보냈다.

1897년 이후 텍사스 주의 달라스제일침례교회(First Baptist Church of Dallas)의 목사이며, 남침례교의 가장 위대한 목사들 중의 한 분이었던 조지 트루에트(George W. Truett) 목사는 1944년 7월 7일 오랜 지병으로 인해 세상을 떠났다. 그 일 바로 직후에 크리스웰은 꿈을 꾸었다. 그는 달라스교회의 오래된 발코니에 앉아서 장례식에 참석하고 있었고, 트루에트 목사가 다가와 바로 옆에 앉았다. 그 위대한 목사는 그에게 이렇게 말했다. "형제여! 당신은 부디 내려와서 나의 성도들에게 말씀을 전해주시오." 비록 몇 명의 사람들이 이 이야기에 대해 회의적 태도를 보였지만, 크리스웰은 그 사실을 의심 없이 받아들인 것으로 판단된다.[7] 그래서 달라스제일침례교회로부터 초청을 받은 후 그가 곧바로 교회를 옮긴 것은 당연한 일이었다.

크리스웰의 60년 목회사역은 누가 보더라도 참으로 놀랍다. 1944년 교인수가 약 7800명에서 1980년대 중반에 총 25,000명 이상으로, 빠르고 지속적인 교회성장을 했다. 뿐만 아니라, 매년 수 백 번의 침례식, 필요한 지역에 세워진 수십 개의 선교교회들, 가난한 이들을 위한 사회사역, 초등교육부터 대학교육까지 완전한 교육기관 설립, 라디오 및 TV를 통한 사역을 했고, 1944년 250,000달러의 헌금이 1980년대에는 1년 교회예산이 천만달러이상으로 성장하였으며 서적과 다른 기독교문서를 통한 좀 더 광범위한 사역 등이 일어났다.

# 사상

## 목회자

크리스웰은 목회의 사소한 것 하나 하나에도 매우 꼼꼼하였다. 따라서 그가 남보다 앞선다는 것이 어쩌면 당연한 일이었을지 모른다.[8] 크리스웰은 주식시장을 살펴보는 것 외에는 다른 취미생활이 없었다. 그러나 그의 우선순위는 항상 교회였다. 그는 교회의 사역을 사랑했고, 그 자신을 전부 교회에 헌신했다. 그는 자신의 스텝이나 다양한 지도자로 세울 성실한 사람들을 발굴하고, 그들이 교회를 위해 최선을 다하도록 만드는 데 특출한 재능이 있었다.

그는 아침시간을 성경연구와 설교준비로 보냈다. 실제로 달라스교회는 스위스 가(Swiss Avenue)에 위치한 그의 집 근처에 교회 도서관을 지어서 아침시간에 그가 좀 더 쉽게 연구 할 수 있도록 했다. 보통 그는 성경의 절별 혹은 장별로 설교를 했기 때문에, 책상 위에 그의 책들을 펴둔 채, 수개월간 동안 같은 주석서를 통해 연구할 수 있었다. 그는 또한 다량의 설교책자들을 가지고 있었고, 설교문들을 글자별로 색인을 해서 1901년 미국표준성경(American Standard Version)의 낡은 딱딱한 표지의 여백에 정리해 놓았다.[9] 그는 설교용으로 킹제임스성경(King James Bible)을 결코 포기하지 않았다. 그러나 그는 원문을 통한 성경연구를 좋아했고, 잘 번역된 성경을 통해 연구하는 것도 역시 좋아했다.

오후에는 병원심방, 상담, 그리고 교회행정 전반의 목회 업무들로 시간을 보냈다. 또한 수 년 동안 그는 당시 교회의 건너편에 위치해 있던 YMCA에서 운동을 했다. 저녁시간은 사회사역과 교회위원회 회의를 위한 시간이었다. 사실, 크리스웰은 가족에게 시간을 많이 할애하지 않았으며, 월차를 내거나 혹은 "단지 즐기기 위한" 휴가를 내지도 않았다. 심지어 휴가 중에도 교회에서 설교를 하며 보냈다.

크리스웰은 확고한 침례교인이었다. 침례에 관한 그의 신학은 신학대학원

과정에서 부분적으로 성장했다. 침례 요한에 대한 그의 결론 중의 하나는 침례 요한의 독특성이 사람들에게 침례를 베풀어주었다는 데 있지 않고, 하나님이 요한을 통해 그들에게 침례를 주었다는 데 있다는 것이다. 다시 말해, 사람들은 그들 스스로 침례를 행하지 않았고(예를 들면 쿰란 공동체에서 일반적인 모습), 그들은 다른 누군가에 의해서 침례를 받았던 것이다. (즉 이것은 구원이 자신의 수고나 인간의 노력에 의한 것이 아니고, 오직 하나님의 은혜의 행위에 의해서 가능하다는 것을 상징한다.) 더욱이 침수례 그 자체는 구세주의 죽음과 부활에 관한 명확한 묘사다. 그래서 침례의 형식은 그 의미를 나타내는 데 매우 중요하다.

아마도 침수례 시행에 대한 크리스웰의 가장 위대한 공헌은 그의 지시 아래 행해지는 침례의식의 방법에 있다. 그는 “여러분은 절대로 누군가가 자신이 사랑하는 사람의 시체를 열린 무덤으로 가지고 가서 구덩이에 던지는 것을 본 적이 없을 것입니다. 그것은 생각할 수조차 없는 일입니다”라고 말한다. “절대로 그렇지 않지요! 여러분은 사랑하는 자를 조심스럽게 그리고 경외하는 마음으로 무덤에 눕힐 것입니다. 우리는 고인에 대한 추억과 사랑에서 그리고 축복된 부활에 대한 소망을 가지고 그들을 존중합니다. 그래서 침례식에서도 의식절차는 깊은 위엄을 가지고 행해져야 합니다. 여러분은 불필요하게 물을 튀겨서도 안 되고, 침례 받는 이를 물아래로 빠르게 던져서도 안 됩니다. 그 대신에 여러분은 상대의 몸을 조심스럽게 눕히고 이 예식이 가능한 한 경건해지도록 해야 합니다.”[10] 비록 비슷한 침례식 문구를 사용함에도, 크리스웰은 그가 공개적이든 혹은 개인적이든 한 사람씩 침례를 행할 때 침례 받는 이들에게 다른 말들을 하곤 했다. 그리고 모든 침례예배의 끝 부분에서 크리스웰은 두 팔을 벌리고 함께 모여 있는 회중과 구원받아야 할 세상을 바라보며, “아직 구원받아야 할 사람이 더 있다”고 말하곤 했다.

### 신학자

"우리의 설교는 깊이, 능력 그리고 교리상의 내용이 필요합니다. 그리고 그것을 얻는 유일한 방법은 오랜 시간의 연구와 기도에 의해서입니다."[11]

일반적으로 크리스웰의 설교는 깊이가 있고, 힘이 넘치며 교리로 가득 차 있다. 설교는 오랜 시간의 연구와 기도에서 나온다. 위에서 언급했듯이, 그의 매일 아침은 설교준비 시간이었고, 매일 오후와 저녁은 교회활동을 위한 시간이었다. 아침시간은 독서, 원어해석작업, 주석연구 그리고 설교연구로 보냈다.

그의 대부분 저서는 자신의 설교를 편집해 놓은 것이다. 크리스웰은 모두 50여 가지 이상의 주제를 중심으로 저술했다.[12] 이들 전집을 통해 우리는 그의 신학적 사상에 대해 좀 더 자세히 말할 수 있다. 그가 발행한 전집의 양은 우리로 하여금 침례교와 복음주의 진영에 대한 그의 영향력에 대해 좀 더 자신 있게 말할 수 있게 한다.

크리스웰의 신학은 석의신학이다. 그는 특별히 성경에 대한 강해설교집을 저술했다. 그러나 그의 저서 중 「인간은 우연히 존재하게 되었는가?」(Did Man just Happen?)는 진화론의 주제를 매우 효과적으로 다루고 있으며, 과학에 대한 해박한 지식을 보여줄 뿐만 아니라, 성경의 주제에 대한 신학적 통찰력을 보여준다.[13] 또한 「현대시대의 성령」(The Holy Spirit in Today's World)은 설교집일지라도 매우 신학적으로 구성된 책이다.[14] 그는 "현대시대"에서 교리의 역사, 성경자료에 대한 해석, 그리고 실천신학도 함께 통합된 내용을 저술했고 설교했다. 교회 안에서 여성의 침묵은 주로 여성들이 알 수 없는 방언으로 회중 가운데서 말하는 것에 반대하는 금지사항이라는 의견, 그리고 주요한 성령의 은사들을 사도시대에만 국한시키는 견해, 예를 들면 고린도전서 13장 10절의 "온전"을 완성된 정경과 동일시하는 것 등과 같이 해석상의 몇몇 부분에 동의하지 않는 사람들마저도 이 책을 여전히 가치 있게 여긴다.

크리스웰은 세대주의적이지만 세대주의자는 아니다. 성경역사에 나타난 일곱 개의 세대구조는 크리스웰에게 매우 논리적으로 보였고, 그는 그것이 사실이라고 믿는다. 그러나 구원이 인간의 노력 혹은 인간의 공로에 기초해서 죄인들에게 주어졌다는 주장은 그의 입장이 결코 아니다. 구원은 언제나 그리고 영원토록 은혜에 의한 믿음을 통해 온다. 그럼에도, 크리스웰은 율법 시대를 그 자체의 독립인 시대로 인식하는 것이 중요하다고 말한다. 그렇지 않다면 우리 기독교인들이 안식일을 지켜야 할 것이라고 한다.[15] 더욱이, 선지자들은 이스라엘과 유다에게 약속을 했고, 하나님은 오늘날에도 이 약속들을 이루시길 원하신다. 고대 이스라엘이 하나님께 종종 불순종했듯이, 현대 이스라엘의 모든 정책과 조치가 완전하게 옳은 것만은 않을 수 있다. 하나님께서 선지자를 통해 약속하신 대로 이스라엘 사람들을 실제로 회심케 하고 복 주시려고 그들을 약속한 땅으로 인도하시는 일을 계속하시는 것도 그 때문이다. 이런 점들이 있을지라도, 크리스웰은 오늘날의 이스라엘을 예언의 진정한 성취로 간주한다.

크리스웰은 에베소서 3장 2-13절에서 교회가 새롭게 계시된 것을 기초로 이스라엘과 교회를 엄격히 분리했지만, (진정한 세대주의자들이 하는 것처럼) 그것들을 영구적으로 분리하지는 않았다.[16] 크리스웰은 공동의 상속자로서 교회(엡 3:6)가 이스라엘과 더불어 천년왕국 기간에 이 땅 위에 존재할 것으로 기대한다.[17] 우리는 별도의 축복들을 누릴 수 있지만, 일시적일 뿐이다. 그리고 영원한 왕국에서, 즉 하나님께서 의도하신 대로 모든 것의 머리가 되신 그리스도와 연합을 이루어 모든 것은 하나가 될 것이다. 단지 유업과 국적만을 이유로 유대인이 결코 용납되지는 않는다. 유대인들도 이방인들처럼(요 3:3), 그리스도를 구주로 믿음으로써 구원받는다. 바울이 회심했듯이(고전 15:8), 이스라엘도 회심해야 한다. 그러나 중요한 것은, 하나님의 은혜로 인해 예수의 재림 때에 유대인들 전체가 변화될 것이라는 점과 그로 인해 새롭게 변화된 이스라엘이 "그 날에 태어난"(사 66:8) 나라가 될 것이라는 것을 크리스웰이 믿었다는 것이다.

성경 예언성취의 방법으로써 종말론적 회심에 대한 이러한 기대는 크리스웰의 칼빈주의를 반영한다. 엄격히 말해서, 우리 모두는 성령의 중생 사역을 통해 회심되었다.[18] 이것은 모두 하나님의 은혜요 그분의 주권이다. 에베소서 1장에 대한 그의 설교문은 이 교리들을 매우 명쾌한 용어로 서술하고 있다.[19] 스펄전 목사와 함께 그는 구원을 포함한 모든 것에 대한 하나님의 주권적이고 선택적인 목적을 분명히 인정했다.[20] 이것이 성도의 섭리적 견인(providential perseverance)을 믿는 근거다.[21] 택자 중 어느 한 사람도 버림당하지 않는다. 그러나 크리스웰은 마치 옛 감리교 복음전도자처럼 영혼들을 향해 호소했고, 죄인들에게 하나님의 사랑에 반응할 것을 촉구했다.[22] 그는 (엄격하게 논리적인 조직신학자이 아니라) 주석적 신학자였다. 그는 요한계시록 22장에 동의하면서 동시에 요한복음 10장에 동의하는 것에 어려움이 없었다.

크리스웰은 교조적인 칼빈주의자가 아니다. 왜냐하면 그는 제한속죄의 교리를 결코 받아들이지 않았기 때문이다. 크리스웰은 확신 있게 일반속죄론을 주장한다. 그러나 동시에 그가 결코 보편구원론자가 아님은 아주 분명하다. 속죄는 모든 죄 값이 지불되었고, 원죄가 (죄없는 제2의 아담인) 그리스도의 죽음 안에서 완전히 심판되었다는 점에서, 대리적이고, 효력 있고, 완전하다. 그리스도의 피는 모든 사람을 구원하기에 절대적으로 충분하다. 그러나 하나님은 우리들 각자가 자신들의 죄을 회개하고, 또 믿음으로 그리스도와 주이신 예수께로 돌이킬 것을 요구하신다. 만약 우리가 그렇게 하지 않는다면, 우리는 영원히 버림받은 상태로 남게 된다. 우리의 구원은 이제 "아들"(a Son)의 문제이다. 왜냐하면 "죄"의 문제는 그리스도의 대속하는 죽음에 의해 해결되었기 때문이다. 우리가 아담의 죄 혹은 우리 자신의 죄로 인한 결과들 때문에 여전히 고통을 받고 있을지라도, 우리가 버림받은 상태에 있는 것은 우리가 너무 많은 죄를 짓거나 혹은 그런 것들로 인해서도 아니고, 더욱이 아담의 죄 때문도 아니다. 그러나 우리의 버림받은 상태는 이미 십자가상에서 만족하게 해결되었다. 그러나 만약 우리가 그 십자가로 향하지 않고, 또 그리스도의 보혈에 의지하지 않는다면, 우리는 생명과 빛의 하나님과는 아무런 관계가 없는 상태로 버림받게 될 것이고, 영원한 지옥에서 멸망 받게 될 것이다.

이와 더불어 우리는 크리스웰이 영혼창조론(creationism)의 확고한 신봉자임을 알 수 있다.[23] 그는 창세기 자료들의 역사성을 받아 들였지만, 여기서 말하는 것은 영혼의 기원에 대한 관점과 관련된다. 출생의 순간에 생기가 아이의 몸속에 들어가게 되고, 생명체(a living soul)가 태어나게 된다. 이것은 크리스웰이 태아의 존엄성을 부인했다는 말이 아니다. 예레미야와 침례 요한 두 사람은 하나님께서 태어날 아이를 알고, 또 태어나지 않은 태아도 관계하신다는 것을 보여주는 성경의 사례다. 크리스웰은 현대의 낙태 관행을 반대하면서도, 불멸의 영혼이 우리 각자의 출생 시 첫 번째 호흡을 하면서 창조된다고 주장한다. 따라서 비록 우리가 세상에 태어나서 부모의 죄 많은 행동의 결과로 인해서 고통을 받기는 하지만, 우리가 부모의 죄를 물려받는 것은 아니다. 우리 모두는 "에덴동산 밖에서" 태어났기 때문에, 어쩔 수 없이 생명나무로부터 분리된 상태다. 모든 사람은 죄를 짓게 되고 하나님의 영광에 이르지 못하며 죄의 삯은 사망이다. 그러나 하나님의 선물은 영생이다. 죄에 대한 이러한 교리적 이해는 그의 일반속죄이론과 단지 하나님의 은혜에 의해서만 구원이 가능하다는 이론과 일치한다. 인간의 행위는 구원의 계획과 아무런 관계가 없다. 우리가 할 수 있는 모든 것은 보고 살아가는 것, 즉 하나님의 선물을 신뢰하고 받아들이는 것이다.[24]

성경의 무류성(infallibility)에 대한 크리스웰의 강경한 항변에는 반지성적인 추론은 거의 포함되지 않았다. 그의 저서, 「왜 나는 성경이 문자적으로 사실이라고 설교하는가?」(Why I Preach that the Bible Literally True)는 그의 비평가들이 인정하는 것 이상의 확고한 설명을 제시했다. 크리스웰은 회심시키는 말씀의 능력으로 이 책을 시작한다. 이러한 경험은 성경에 관심을 집중케 했지만, 그의 주장에서 다음 단계는 성경과 그것의 사용에 대한 그리스도의 태도에 있다. 이런 주장은 합리적이지만 학문적이진 않다. 믿음의 기준이 인간의 이성에 있지 않고 오히려 그리스도의 인격적 권위에 대한 신뢰에 있기 때문이다. 그리스도를 믿는 사람은 또한 말씀을 믿는 사람이라는 것을 확립한 크리스웰은 서둘러 성경의 내적 증거를 지지하는 증거들(성경의 통일성, 자증적 성격, 일관성)과 성취된 예언의 증거들을 다룬다. 이러한 면에서 그는 방법론적으로 교부시대의 변증자들의 입장을 따랐다. 그러고 나서야 그는 고고학의 외적 증거와 역사적 증기들을 사용한다. 무오주의자의 주장이 성경에서 발견되는 본문상의 그리고 내용상의 현상들을 어떻게 다루는지를 보여주기 위한 목적으로, 대표적인 "난해구절"을 고찰한다.

흥미롭게도, 크리스웰은 실제로 기계적 영감설(mechanical dictation theory of inspiration)을 주장하는 실수를 하지 않았고, 게다가 축자영감(verbal inspiration)에 대한 그의 이해는 그 어디에서도 성경의 모든 말씀의 원천으로서 축자계시(verbal revelation)와 관련시키지 않는다. 「왜 나는 성경이 문자적으로 사실이라고 설교하는가?」의 다음 단락을 생각해 보자:

> 종종 우리는 성경이 하나님의 말씀인지, 아니면 단지 하나님의 말씀이 포함된 책인지에 대한 토론을 듣곤 한다. 만약, 전자의 의미가 하나님께서 성경의 모든 말씀을 하셨다는 것을 말한다면 이에 대한 대답은 물론 "아니다"이다. 그러나 만약 이것이 하나님께서 사실이건 거짓이건 간에 성경의 모든 말씀이 기록되게 하는데 영향을 끼쳤다는 것을 의미한다면, 그 대답은 "그렇다"이다. 성경에는 사탄의 말, 거짓 예언자의 말, 심지어는 그리스도의 대적들의 말도 있다. 그렇지만 이 모든 말들 역시 성경에 기록되도록 영감되었다. 이것은 곧 하나님이 그들에게 말씀하셨다는 의미가 아니라, 하나님께서 우리의 유익을 위해 성경이 무류하게 그리고 무오하게 기록되게 했다는 의미다. 이러한 관점에서 성경은 단지 하나님의 말씀만을 포함한다고 볼 수 없다. 그것은 하나님의 말씀인 것이다.[25]

크리스웰에게 영감의 목적은 "하나님으로부터 온 사상을 인간의 언어로 정확히 나타내는" 것이다. 그래서 만약 성경을 이루고 있는 인간 언어의 영감이 없다면, 성경의 영감은 있을 수 없고, 그런 종류의 영감은 기록의 정확성을 포함한다. 예를 들어, 최후의 만찬 혹은 겟세마네 동산의 기도를 기록하는 데 마태와 누가의 언어적 차이는, 하나님께서 말씀하고자 하는 바에 따른 것이며, 또한 다양한 저자들을 택해서 기록하도록 함으로 자신을 표현하는 방식을 선택하는 하나님의 성령의 자유에 대한 일례라고 크리스웰은 이해한다.

기독교 교리는 성경의 교리다. 거룩하게 영감된 성경과 관계없는 기독교 신조들은 죄 많은 인간의 경건에 대한 견해들에 지나지 않는다. 만약 성경이 문자적으로 (실제로) 사실이 아니라면, (즉 만약 성경을 통해 정확히 이해된 교훈이 진정한 역사를 그대로 나타내지 않거나, 혹은 성경이 하나님의 절대적 도덕기준이나 거룩하게 계시된 신학적 교리를 정확하게 제시하지 않는다면), 기독교는 결코 진실 되게 보이지 않게 될 것이다. 성경 비평에 익숙하지 않은 사람이나 심지어 비평적 혹은 해석학적 입장에 다소 잘못 이해를 한 사람이라도 구원을 얻기 위해서 그리스도를 믿는 것은 충분히 가능하다. (구원은 성경의 무오성에 대한 인간의 신념이나 해석학적 지식에 좌우되는 것이 아니다.) 그러나 그리스도에 대한 기본적인 전기적 정보마저도 전적으로 성경의 역사 자료들에 대한 주의 깊은 해석으로부터 얻어진다. 우리가 신뢰할 그리스도는 성경에 계시된 (묘사된) 그리스도다. 인간의 이성, 상상, 심지어 주관적 경험의 그리스도를 구원을 베푸는 그리스도라고 반드시 말할 수는 없다. 오직 성경이 말하는 그리스도만이 구원을 주신다. 크리스웰에게 이러한 것들은 성경의 무오성 교리를 확신케 하는 강력한 이유였다.

비록 의심의 여지없이, 크리스웰이 성경의 권위와 무오성을 변호한 것으로 익히 알려져 있지만, 그가 그러한 교리를 강단에서 특별히 강조하여 설명했다고 생각하는 것은 오해다. 비록 그 주제와 관련된 설교들이 분명히 있지만,[26] 크리스웰은 거의 18년 이상 주일 아침과 저녁 예배시간에 (지난 번에 못 다한 부분을 다음 번 설교에서 계속하면서) 창세기 1장 1절부터 요한계시록 22장 21절까지 강해했다는 사실로 더욱 잘 알려져 있다. (성경 교훈을 직접적인 진리로 인정하는 것과 더불어),[27] 이러한 문법적-역사적, 석의적, 그리고 절별 형태의 강해는 그의 주장처럼 그를 전천년주의자로 이끌었다.[28] 그의 신학적 사상과 영향력을 이해하는데, 그의 종말론이 무시되어서는 안 된다.[29] 그러나 종말론이 그의 신학적 토대는 아니다.

크리스웰 신학의 핵심은 종말론이 아니라 기독론이다.[30] 그의 천년왕국설은 그 나라를 주관하는 왕에게 초점을 둔다. 창세기 1장의 문자적 창조론은 과학에 초점이 맞추어 있지 않고, 육신이 되신 창조주께 초점이 있다. 그의 세대주의는 구속사의 과거와 현재의 계획을 주도하는 하나님께 기초하고 있다. 속죄는 하나님의 말씀 가운데 가장 큰 신비다. 구원은 주 하나님의 가장 위대한 선물이다. 교회는 어린양의 보혈에 의해 구속함을 받은 성도들로 구성된 새 피조물, 즉 영적 가정이다. 교회는 구약시대의 선지자들에게는 숨겨져 왔지만, 사도들과 우리들에게는 드러난 하나님의 비밀이었다. 이 모든 것에는 과거나 현재나 앞으로도 영원토록 동일하신 주 그리스도를 중심으로 한다.

크리스웰은 우리 현시대에 기독교 사상가가 직면하는 두 개의 큰 신학적 이슈를 성경의 영감과 동정녀 탄생이라고 보았다. (그는 이 용어를 사용하여 기적의 사실성과 하나님의 존재 문제를 부각할 뿐 아니라 성육신이라는 전체 교리를 의미한다.)[31] 그는 성육신을 인간의 역사에 대한 하나님의 다른 개입들, 즉 창조, 노아 시대의 대홍수, 새 나라를 세우도록 아브라함을 부르심, 새로운 선지자로서 엘리야의 출현, 은혜의 세내를 선포하는 침례 요한의 출현, 그리고 시대의 완성 등과 비교한다. 그러나 성육신은 이러한 하나님의 개입 중에 가장 위대한 것이다.[32] 크리스웰은 동정녀 잉태를 하나님께서 행한 두 개의 위대한 생물학적 기적 가운데 하나라고 생각한다. (다른 하나는 육신의 부모 없이 태어난 아담의 창조이다.) 예수 그리스도는 비록 그의 몸을 이루기 위해 여성의 "씨앗"만을 가지고 태어났음에도, 그는 생물학적으로 완전한 몸을 가졌다. 그러나 도대체 왜 육신의 몸으로 태어나야 했을까? 히브리서 10장은 그리스도의 몸은 희생제물이 되기 위해서 준비되었다고 말씀하고 있다.[33]

고대나 현대나 영지주의는 이단이다. 예수 그리스도는 완전한 하나님이시고 또한 완전한 인간이시다.[34] 이 진리는 복음의 절대적 본질이다. 그리스도는 고난을 통해서 우리와 동일시했다. 속죄는 우리의 구원을 위한 하나님의 베푸심이고, 그것은 하나님의 본성에 기초한다. 왜냐하면 우리는 모두 하나님의 형상대로 지음을 받았기 때문에 도덕적 민감성을 가지고 있으며, 또 속전과 구속을 이해할 수 있다. 우리의 죄에 대한 하나님의 은혜는 선물이다. 왜냐하면 우리의 생명을 위해 그의 생명이 실제적으로 대속되었기 때문이다. 이러한 대속과 속죄의 원리는 구약성경과 인간 역사 전반에서 발견된다.[35]

그리스도의 죽음이 어떻게 우리를 구원하는가? 크리스웰은 이 문제에 대한 그의 초기 견해의 일부와는 다른 입장을 후에 취했다. 그러나 그의 최종적 결론은 예수 그리스도께서 문자 그대로 사탄의 왕국의 본질적 구조를 공격해서 파괴함으로 실제로 사탄의 세력을 물리쳤다는 것이다. (크리스웰의 견해에 따르면,) 그리스도는 죽은 후에 실제로 지옥에 가서 그곳에서 사탄과 어둠의 영들과 대결했다. 그리스도는 그들을 물리치셨고, 그들에게서 "승리의 권세"를 빼앗았다.[36] 즉 그는 지옥(Hades)에서 사망의 권세를 물리치셨다.[37] 그는 부활하고 승천함으로, 하늘의 성막으로 오르셨고, 자신의 속죄하는 희생의 피를 제단에 드리셨다. 심지어 하늘나라도 인류의 죄로 말미암아 더럽혀졌지만. 그리스도는 그의 보혈로 그 모든 것을 정결케 하셨다. 이것은 그리스도께서 그의 보혈, 화해, 속죄, 그리고 그것을 토대로 한 용서로 인해 우리를 구원한 것이다.[38]

크리스웰에게 우리 구주의 부활은 사실이지 허구가 아니다. "우리 구주의 부활 생명체 되심"[39]라는 설교에서 크리스웰은 예수의 부활이 철학적 사실이며, 실용적이고 경험적인 사실이며, 심리학적 사실이고, 교회론적 사실이며,

구원론적 사실이고, 문학적 사실이며, 체험적 사실이라고 했다. 종종 "위대한 사실"에 대해 들이왔던 성도들은 열거된 것의 마지막 사실을 놓치지 않았다. 예수는 다시 사셨다![40] 그의 제자들은 그분을 "동일한 예수"로 인정했다. 처음에 그분의 임재는 실제로 그들과 함께 했으며, 심지어 승천 이후에도 실재적으로 함께 하셨다. 결과적으로 그분의 임재는 여전히 우리와 함께 한다.[41]

크리스웰의 일반 회중들이 수년간 그의 설교를 통해 깨달은 한 가지 가장 뚜렷한 특징적 교훈은 이것이다. 즉, 우리는 오직 영원히 하나님만을 바라 볼 것이며, 오직 하나님과 예수님은 한 분이시고, 예수님은 구원자이시다는 것이다. 이러한 사실을 내가 알 수 있는 것은 성경에서 그렇게 말하고 있기 때문이다.[42]

그래서 크리스웰은 자신이 정기적으로 회중 앞에 주장한 가장 중요한 주제 가운데 하나를 위한 무대를 마련했다. 그리스도는 그의 정체와 사역으로 인해 이제 우리의 자비로운 대제사장, 중보자, 중개자 그리고 우리 기도의 응답이 되셨다.[43] (그것이 우리가 진실로 원하는 바인지를 알든 모르든 간에), 우리 모두는 하나님을 갈망한다. 인간의 마음에 원하는 모든 것은 예수 그리스도, 즉 우리의 위대한 구원자이자 대제사장 되신 그분 안에서 충족된다. 전 우주의 하나님께서 인간이 되셨다. 그분의 죽음이 인성의 마지막은 아니었다. 심지어 부활 후에도, 예수님은 먹을 물고기와 꿀을 찾으셨다(누가복음 24장). 그리스도는 우리를 구원하셨고, 우리의 구원을 지속시켜주실 것이다. 우리가 항상 의지해야 하는 것은 바로 그분의 능력이다. 그리고 우리로 하여금 은혜의 보좌 앞으로 담대히 나아가게 하는 것도 바로 그분의 중보와 중재 때문이다. 더욱이 우리의 자비로운 대제사장으로서 그분의 섬김이 가능한 것도 성육신 때문이다. 크리스웰의 말을 들어보자:

그분(예수 그리스도)은 우리의 질고에 마음 아파하시며, 역경에 처한 사람들에게 위안과 힘을 주시는 분이다. 그분이 이 땅에 내려와 세상에서 육신의 몸으로 생활할 때와 하늘에서의 삶은 다르지 않다. 그분은 가장 작은 신음에도 마음 아파한다.

그분은 육신의 몸으로 있을 때 그러하셨다. 히브리서 기자는 그분은 언제나 그러하시다고 말한다. 그분은 우리의 질고의 아픔에 마음 아파하신다. 우리가 기도하고 울부짖을 때, 그분은 하늘에서 몸을 숙이시며 우리의 기도를 들으시고 우리를 보신다.

지극히 작은 성도들의 간구와 신음을 듣기 위해 모든 것을 멈추시는 가장 위대한, 전능의 주 하나님을 상상해 보라! "누구든지 주 예수의 이름을 부르는 자는 구원을 얻으리라." 그는 귀 기울이신다; 그의 백성이 외칠 때, 그분은 몸을 숙여 귀를 가까이 대고 들으신다.[44]

## 평가

어떤 사람들은 두 명의 크리스웰이 있다고 말한다. 이것은 지나친 단순화라고 볼 수 있다. 실제로 많은 크리스웰이 있어왔다. 그는 한 때 열렬한 인종차별주의자였으나, 그의 마음은 어느 날 한 순간 변화되었다. 남미 비행기 추락 전후의 크리스웰, 심장발작 전후의 크리스웰, 로마 교황청 전후의 크리스웰, 그리고 모스크바 전후의 크리스웰이 존재한다. 이 사람의 일생 가운데는 많은 인생의 전환점들이 있었다. 그는 자신의 영혼을 그의 사역에 쏟아 부으며, 그 자신을 완전히 나누는 삶을 실천했다. 이러한 헌신에서 남부 및 남서부의 침례교인들의 삶에서 성경적인 강해설교와 전천년주의 종말론에 대한 새로운 관심을 일으켰다. 이러한 헌신으로 인해 일반신자들과 목회자의 입장에서, 교단 기관들 내에서 정통주의 신학에 대한 깊은 염려가 일어났다. 그의 오랜 설교를 통해, 수많은 믿음의 고백과 주님의 사역에 대한 재헌신이 일어났다.

믿음이 반지성적일 필요가 없다는 것, 기도에는 실제적인 힘이 있다는 것,

복음은 사실이라는 것, 신앙은 재미있을 수 있고 그래야 한다는 것, 그리고 지옥의 문들은 실제로 참된 교회의 성공적을 견딜 수 없다는 것 등을 격려한 것보다, 복음주의적 교회와 침례교단 안에서 인종투쟁의 시기에 보여준 지도력[45] 보다, 주님의 재림이 임박했다는 것에 관해 그가 전할 수 있었던 기대감보다, 크리스웰은 더욱 더 그리스도를 향한 헌신의 정신을 가장 잘 보여주었다. 그가 주님에 관해 얘기를 할 땐, 그의 두 눈은 종종 반짝이며 빛이 났다. 그는 진실로 하나님의 아들을 사랑하는 사람이다. 그는 또한 자신의 성도들을 사랑한 사람이다. 그는 우리 모두와 같이 완전하지 않으며 결점도 가지고 있다. 그러나 그는 주님의 눈에서 은혜를 발견한 사람이었다.

## 주(註)

1) 표준적인 전기 자료들은 다음과 같다: Billy Keith, *W. A. Criswell: The Authorized Biography* (Old Tappan: Revell, 1973), 이 책은 잘 의도되었고 사실적인 전기이지만, 생애나 목회 사역 기간을 다루는 적절한 학문적인 자료는 H. Leon McBeth, *The First Baptist Church of Dallas* (Grand Rapids, Mich.: Zondervan, 1968)이다. 이 책은 Criswell에 관한 전기적인 부분을 포함하는 교회의 백년사를 다루고 있지만, 이제 더 이상 최근의 것은 아니다. 실제로, 결코 크리스웰의 신학적 사상들이나 지성사를 밝히려는 시도를 하지 않았다; R. W. DuCasse, "A History of the First Baptist Church of Dallas, Texas" (Th.M. thesis, Dallas Theological Seminary, 1964)와 비교해 보라. 자서전에 가장 가까운 저술은 토마스 찰톤(Thomas A. Charlton)과 류퍼스 스페인(Rufus B. Spain)의 책인데, 그들은 베일러대학의 구두 역사 프로그램의 후원아래 구두 역사를 기록하고 옮겨 썼다. *Oral Memoirs of W. A. Criswell* (Waco: Baylor University, 1973)을 보라. 이것은 사용 가능한 최고의 자료지만 조금 날짜가 오래된 자료이다. 뛰어나고 가치 있는 전기 자료는 Paige Patterson, "The Imponderable of God," *Criswell Theological Review* 1 (Spring 1987): 237-53이 있다.

2) 따라서 그의 실제 이름은 왈리 아모스 크리스웰 2세(Wallie Amos Criswell, Jr)가 아니라 더블유 에이 크리스웰(W. A. Criswell)이다. 법적 이름으로 머리글자를 사용하는 행습은 미국의 도시에서 널리 사용된 것이 아니다. 하지만, 지속적으로 머리글자들이 의미하는 것이 무엇인가에 대한 질문이 있다. 그는 결국 그의 이름을 왈리 아모스로 선언했고, 이것이 가장 친한 동료들의 기억에 남았다. 후년에 그는 구약성경의 강력한 설교자/예언자와 일체감을 느꼈기 때문에 아모스란 이름을 더 선호하게 된 것 같다. 그럼에도 불구하고 모든 기록된 서한집과 출판된 자료들에서 그는 언제나 W. A.로 남아있다.

3) 비록 나는 크리스웰이 언급하는 것을 결코 듣지 못했지만, 그 일이 아마도 그 시대의 침례교회들에서 있었던 전통적인 8월의 부흥회 동안에 일어났을 것이라고 추측한다.

4) 이러한 공적인 신앙고백 후 얼마 안 되어, 크리스웰은 담임목사인 힐(Brother L. S. Hill)로부터 침례를 받았다.

5) 나는 크리스웰이 자신의 결단 시기, 회심, 신앙고백 등에 대한 극적인 이야기들을 너무 자주 말한 것에 비해서 내가 아는 한 결코 복음(설교) 사역으로의 소명체험에 관해 결코 말한 적이 없었다는 것에 대해 의아하게 생각한다. 설교사역으로서 그의 소명은 회심의 시기로부터 자라나기 시작한 것으로 보인다. 사실, 신앙과 목회사역으로의 소명은 같은 것이라고 말할 수 있다. 하지만, 맥베스는 *The First Baptist Church of Dallas*, 229에서 설교사역에 관한 결심은 여섯 살 때 이루어졌다고 기록하고 있다. 그는 열 두 살에 전임 기독교 사역자로 공개적으로 헌신했다. 그의 최초 설교는 아마도 애완견을 위한 장례 설교였을 것이다.

6) 베티 크리스웰(Betty Criswell)은 딸인 마블 앤(Mable Anne)과 손자인 크리스(Chris)를 길렀고, 또한 동시에 교회생활의 모든 면에서 헌신했다. 나중에 그녀는 정규적으로 출석하는 사람이 500명 이상이 되는 그 교회에서 가장 큰 주일학교반을 가르쳤다.

7) 그 꿈에 대한 완전한 설명은 맥베스의 *The First Baptist Church of Dallas*의 227쪽 이후에 나온다. 하나님의 뜻을 찾기 위한 이러한 신비로운 접근방법은 그의 일생을 통해 반복적으로 발견될 수 있는 크리스웰의 신앙생활의 특징이다. 그는 분별없지 않았지만, 확실한 표적을 추구했으며, 직관적 통찰력에 의존했다. 그의 이러한 측면은 그의 성경주의를 엄격한 문자주의로 보는 사람들에게 충분히 인식되지 못했다. 이 사실은 또한 매년 트루에트 박사(Dr. Truett)의 장례기념일에 알려져야만 했고, 크리스웰은 트루에트 박사의 생애, 사역, 그리고 그의 특별한 관심들에 대해 주일 아침 설교에서 설명했다. 그는 단지 존경과 예의를 갖추는 것을 넘어서 트루에트 박사에 관한 기억을 생생하게 오랫동안 간직했다. 전임목사에 대한 이러한 지속적인 인정은 이러한 알려진 꿈이 실제로 일어났다는 것을 보여주는 것이다.

8) 목사로서 크리스웰에 관한 기록된 정보에서 단연 최상의 것은 그가 쓴 *Criswell's Guidebook for Pastors* (Nashville: Broadman Press, 1980)이다. 가장 적게 알려진 책들 중 하나일 것이지만, 358쪽에 달하는 이 책은 그의 최고의 그리고 가장 유용한 책이다.

9) Criswell, *Guidebook*, 74.

10) 거대한 달라스 강당에서, 마이크를 사용했기에 회중은 목사가 침례 후보자의 이름과 침례 문구를 말하는 것을 들을 수 있었다. 그는 자신의 손을 들고, 기도하는 말투로 침례식의 의미를 설명하곤 했다. 그는 종종 "우리 주님의 명령에 복종하는"이라는 어구를 사용했고, 언제나 삼위일체 하나님 한분 한분을(비록 항상 같은 용어로는 아니었지만) 언급했다. 그는 이러한 일을 마친 후, 물이 튀거나 떨어지는 소리가 들리지 않도록 마이크를 껐다.

11) Criswell, *Guidebook*, 74.

12) 크리스웰 자신이 출판한 자료들의 시기까지 활용할 수 있는 가장 포괄적인 자서전은 Lamar E. Cooper, Sr., "The Literary Contributions of W. A. Criswell," *Criswell Theological Review* 1 (Spring 1987): 255-67 (비록 약간의 오류들이 있지만)에 나와 있는 것이다. 2차 자료를 포함하는 더욱 포괄적인 문헌목록 자료와 소논문들을 위해서, 다음의 저서들을 참고해야 한다: J. E. Towns, *The Social Conscience of W. A. Criswell* (Dallas: Crescendo, 1977); J. E. Towns, "The Rhetoric and Leadership of W. A. Criswell as President of the Southern Baptist Convention: A Descriptive Analysis Through Perspective and Public Address" (Ph.D. diss., Southern Illinois University, 1970); Harold T. Bryson, "The Expository Preaching of W. A. Criswell in His Sermons on Revelation" (Th.D. diss., New Orleans Baptist Theological Seminary, 1967); C. M. Robert, "W. A. Criswell"s Choice and Use of Illustrations" (Th.M. thesis, Dallas Theological Seminary, 1976); and G. Allison"s dissertation (in process) at Mid-America Baptist Theological Seminary in Memphis, Tennessee, on the preaching of W. A. Criswell.

13) W. A. Criswell, *Did Man Just Happen?* (Grand Rapids, Mich,: Zondervan, 1957).

14) W. A. Criswell, *The Holy Spirit in Today' s World* (Grand Rapids, Mich,: Zondervan, 1966).

15) 성경은 명확하게 안식일을 지키도록 이스라엘의 자손들에게 요구한다. 그는 지속적으로 유대인은 오늘날까지 안식일을 준수해야 한다고 가르쳤다. 그러나 기독교인들은 그것을 지키지 않도록 되었고, 한 주의 첫째 날인 주님의 날에 예배해야 한다고 말했다. Criswell, *Great Doctrines of the Bible*, ed. Paige Patterson (Grand Rapids, Mich.: Zondervan, 1972), 6:56-74를 보라.

16) W. A. Criswell, *Great Doctrines*, 3:35 f.

17) Ibid., 3:110 f., 121.

18) Ibid., 5:85-94. 중생시키는 성령의 사역은 죄인들의 마음과 정신을 죄를 깨닫게 하고 돌이키게 하는 하나님의 말씀의 능력을 통해 이루어진다. 요한복음 3장 5절에(물로 태어남) 대한 크리스웰의 해석은 중생과 회심의 영적 과정에서 성경의 역할을 강조하기 위해 디도서 3장 5절과 에베소서 5장 26절에 근거한다. 그는 요한복음 3장 5절에서 "물"이 6절의 "육"을 언급하고 자연적, 육체적 탄생의 물일 수 있다는 해석을 받아들이지 않았다.

19) W. A. Criswell, *Ephesians: An Exposition* (Grand Rapids, Mich.: Zondervan, 1974).

20) Criswell, *Great Doctrines*, 5:124-44. 목회에서 크리스웰의 영웅은 트루에트라기보다는 스펄전이었다. 크리스웰은 많은 면에서 스펄전을 따랐고, 광범위하게 스펄전의 저작들을 읽었다. 그는 스펄전에 관한 중요한 자료들을 모았다. 영국 침례교인들 사

이에서 일어난 하강논쟁(the Downgrade Controversy)은 만일 그러한 문제들이 즉시 충분하게, 효과적으로 경고되지 않으면 남침례교인들에게서 일어날 수 있는, 그가 우려한 문제였다. 스펄전의 칼빈주의는 아마도 스펄전의 사역에서보다 더 중점적으로 나타났지만, 선택과 예정 그리고 관련된 주제들을 논의할 때, 크리스웰이 결코 스펄전의 견해로부터 후퇴한 것은 아니었다. 스펄전을 참고하는 것은 설교에서보다 설교 외의 것에서 더 빈번히 이루어졌다. 크리스웰에게 스펄전은 바울과 아볼로(크리스웰은 그들이 히브리서를 쓴 사람들이라고 믿었다) 이후에 살았던 가장 탁월한 설교자였다.

21) Ibid., 5:115-23, 145-54.

22) Ibid., 5:41-84; Criswell, *Guidebook*, 227-54를 보라.

23) 크리스웰은 좀 더 복잡한 형태의 옛 간극이론(the old interval theory)을 고수했다. 이 이론은 창세기 1장은 창세기 1장 1절에서 창조되고, 이후 사탄의 타락에 의해 파괴된(창 1:1과 1:2의 사이와 본문 사이의 사건으로 본문에 언급되지 않은) 원래의 지구를 하나님께서 회복하는 것에 대한 설명이라는 것이다. 그는 '날'(the days)을 문자적으로 24시간이라고 보았다. 그러나 지구의 연대는 실제로 아주 광대하고 오래되었다. 창세기 1장 1절은 오래된 과거지만, 창세기 1장 2절은 비교적 근래의 과거이다. (크리스웰은 더 짧을 수도 있다고 보았지만, 아마도 1만년에서 2만년 이전) 창세기 이야기는 아담 인간을 위해 (그리고 우리를 위해, 그리스도를 위해) 지구를 재창조하시는 하나님에 대한 설명이다. 크리스웰은 열렬한 반진화론자(antievolutionist)였지만, 요즈음과 같은 창조론자(creationist)는 아니었다.

24) "보면 살리라"라는 어구는 민수기 21장(cf. 요 3)에 나오는 장대 위의 놋뱀이라는 성경적 형태를 언급하는 것이다. 그러나 이러한 어구를 빈번히 그가 사용하는 것은 스펄전이 자신의 회심에 대해 자서전에 나오는 설명에서 직접적으로 뽑아 온 것처럼 보인다.

25) W. A. Criswell, *Why I Preach that the Bible Is Literally True* (Nashville: Broadman Press, 1969). 66.

26) 예를 들어 W. A. Criswell, *The Bible for Today's World* (Grand Rapids, Mich.: Zondervan, 1965)를 보라. 이 책은 후에 *Why I Preach that the Bible Is Literally True* (1969)를 출판함으로 Broadman 출판사가 받았던 신랄한 공격을 받지 않았다는 사실은 흥미롭고 또한 중요하다. 신학적 입장은 동일하지만, Criswell, *Great Doctrines*, vol 1도 보라.

27) 처음에 그는 3년 6개월에 구약을 모두 설교하기 위해 좀 더 빠르게 나갔다. 1948년 9월 12일 마태복음부터 그는 서서히 각 권들을 철저히 주석해 나갔고, 1953년 2월에

복음서들을 끝냈다. 그는 1960년 12월에 계시록에 도달했고, 3년 동안 그것을 설교했다.(교회 회원들은 종종 그들이 참석한 주일에 나타난 본문을 확인함으로 교회에 참석한 그 날짜를 알았다.) 후에 그는 다니엘, 이사야, 에스겔에 관해 심도 있는 연구를 하기위해 되돌아가기도 했다(이 책들은 모두 출판되었다). 그는 또한 더 철저하게 사도행전, 에베소서, 갈라디아서, 야고보서, 베드로전후서의 연구를 해나갔다. 그의 많은 설교집 가운데, *The Gospel According to Moses, Expository Notes on the Gospel of Matthew, and Expository Sermons on Revelation*들은 독창적인 "성경을 통한" 시리즈 중에서 대표적인 저작들 중 일부다.

28) 크리스웰가 대학교나 신학교에서 공인된 전천년주의자로부터 결코 수업 받지 않았다는 것은 사실이지만, 그가 광범위한 독서를 했으며, 따라서 사경회 운동(the Bible Conference movement)의 놀라운 성공을 알고 있었음이 확실하다는 것을 기억해야만 한다. 그의 Criswell Study Bible은 명백하거나, 과도하게 세대주의적이지 않았고, 전천년주의적이었다. (20세기 초기에) 서남부 지역의 위대한 신학 지도자들(트루에트, 캐롤과 그 외 다른 사람들)은 종종 후천년주의적이었다. 즉 그들은 그리스도의 재림이전에 복음 전파를 통해 이루어질 역사적 천년왕국을 믿었다. 이러한 낙관주의적, 승리주의적 신학은 1차 세계 대전에 의해 심각한 타격을 받았고, 2차 세계 대전에 의해 남침례교단에서 실질적으로 부서지게 되었다. 주된 반발은 천년왕국을 거부하는 입장과 역사적으로 실현되는 문자적 천년왕국에 대한 기대를 포기하는 것에 초점에 맞춰졌다. 이러한 견해를 위해 예언적 구절들을 영적인 의미로 해석하는 것은 교부시대나 중세의 알레고리화가 현대의 옷을 입은 것과 다를 바 없다고 크리스웰은 본 것 같다. 그것은 어거스틴적이고 로마 가톨릭적이다. 그러나 초대교회는 종종 그리스도의 재림 이후에 오는 천년왕국을 확신했다. 이와 같은 이해가 그의 전천년주의를 가능하게 한 원천이다. 그는 온건한 세대주의가 어떤 본문에서도 그것의 직접적이고 정상적인 일반적 의미를 읽도록 해주고, 또한 그것을 역사, 교리로 또는 예언으로 순수하게 받아들이도록 해준다고 생각했다.

29) 패터슨(Patterson)은 다음과 같이 주장했다: "크리스웰에 대한 폭넓은 존경과 영향으로 인해, 전천년주의는 다시 한 번 남침례교인들의 삶에 영향력을 끼치기 시작했고, 이제 지난 20년 중에서 어떤 시기보다 더욱 탁월한 입지를 세웠다. 비록 이러한 현상이 일어난 데는 다른 영향들도 있었지만, 크리스웰의 설교가 주된 공헌 가운데 하나로 간주되어야만 할 것이다." Paige Patterson, "The Imponderables of God" 248.

30) 예를 들어, 다음의 책들을 보라: W. A. Criswell, *The Gospel According to Moses* (Nashville: Broadman Press, 1950); W. A. Criswell, *These Issues We Must Face* (Grand Rapids, Mich.: Zondervan, 1953); W. A. Criswell, *Five Great Questions of the Bible* (Grand Rapids, Zondervan, 1958); W. A. Criswell, *Five Great Affirmations of the Bible* (Grand

Rapids, Zondervan, 1959); W. A. Criswell, *Christ and Contemporary Crises* (Dallas: Crescendo, 1972); W. A. Criswell, *Christ and the Savior of the World* (Dallas: Crescendo, 1975); W. A. Criswell, *The Compassionate Christ* (Dallas: Crescendo, 1976); and W. A. Criswell, *The Christ of the Cross* (Dallas: Crescendo, 1977).

31) 예를 들어, *Great Doctrines*, 2:79를 보라.

32) Ibid., 2:83.

33) 실제로, 크리스웰은 예수님께서는 비록 정자는 포함되지 않더라도 (46개의 염색체를 내포하는) 자신이 실제의 인간 육체를 갖기 위해 필수적인 유전적 본질을 기적적으로 받으셨다고 아주 명백하게 확언한다. (Cf. Criswell, *Great Doctrines*, 2:83-86.) 크리스웰은 성경을 개관하는 동안 히브리서 10장만을 설교하는 데 여섯 달을 보내기도 했다.

34) Criswell, *Great Doctrines*, 2:115-22.

35) 실제로 이러한 두 원리들, 즉 (1) 성경의 예증과 (2) 인간 역사에서 진리의 실례는 거의 모든 설교에서 기초적인 설교의 윤곽을 형성한다. 그의 출판된 설교들은 이러한 사실을 확실하게 보여주고 있다. 또한 *Guidebook*, 76 f에서 그의 설교준비에 대한 설명을 보라.

36) *Expository Sermons on the Epistles of Peter* (Grand Rapids, Mich.: Zondervan, 1976) and *Ephesians: An Exposition* (Grand Rapids, Mich.: Zondervan, 1974)에 있는 엡 4:7-10과 벧전 3:18-20a에 관한 크리스웰의 설교를 보라. 또한 *Great Doctrines*, 2:140-47을 보라.

37) 비록 크리스웰이 이것을 해석하지 않았더라도, 마치 있을 수 있고, 맞서게 되고, 패배될, 그래서 어느 날 최종적으로, 궁극적으로 파멸될 악의 실체인 것처럼 그가 죽음 자체에 대해 생각한 것과 거의 같다. 과외로 인간의 심리에 대한 크리스웰의 이해에서 한 가지 결함이 있다면, 그것은 죽음이 모든 인간을 두렵게 하는 것이라고 그가 확신한 데 있다. 그는 종종 우리 모두는 죽음에 대해 증오와 두려움과 공포를 느낀다고 지적했다 (그 예로 *Great Doctrines*, 2:148을 보라). 진정으로 침울해진 사람은 (그리스도인들조차도 이러한 상태에 도달할 수 있다) 실제로 사는 것이 고통스러운 것으로 보고 죽음을 갈망할 것이며, 그 사람은 자신의 삶에서 느끼는 절망감을 끝나게 해주는 유일한 희망으로 생의 종말을 추구할 것이다. 여기서 크리스웰은 그리스도께서 순종하는 신자들에게 주시는 기쁨에 대한 풍부한 이해에서 놀라운 대답을 가진다. 그러나 그는 때때로 극단적인 우울로부터 나오는 이러한 태도가 사실이라는 것을 고려하지 않으려고 한다. 삶에 대한 사랑과 끊임없는 열정은 아마도 그로 하여금 자아상이 스트레스와 죄와 타협함으로 심각하게 손상되고, 상처 입은 진

실로 외로운 사람의 곤경을 온전히 이해할 수 없게 한 것으로 보인다.

38) Criswell, *Great Doctrines*, 2:188-96을 보라.

39) Ibid., 2:156-63.

40) Ibid., 2:164-71.

41) "우리"에게 이러한 모든 교리적 진리들의 실제적인 적용은 크리스웰이 행한 주해적 설교방법에서 어떠한 다른 요소만큼이나 전형적인 것이다. 만일 이러한 삼중적(성경적, 역사적, 인격적) 방법은 그가 설교학 수업을 통해 신학교에서 배웠던 것인지 혹은 그것이 단지 설교실제에서 크리스웰 자신의 공헌인지 나는 결코 알 수 없다. 설교를 위해 조사한 연구량은 엄청나며, 사람들에 대한 호소력도 또한 탁월하다. 설교의 서론은 보통 석의적이고, 언어학적이다. 그때 각 주해적 요점은 이러한 요소들 중에 적어도 한 가지 이상 사용된다. 그 후 설교는 개인적 적용으로 마친다. 그러한 적용은 또한 메시지의 처음부분에서 발견될 수 있다. 그러나 그것은 언제나 결말에 나타나는 방식이 선호되었다. 물론, 이러한 형식에도 예외가 있다. 대부분 교리적 중요점들을 적용하도록 할 때다. 하지만, 후년에, 그런 열정적인 연구가 부담으로 느껴지기 시작할 때, 적용들은 설교의 내용에 점점 더 많아지게 된다. 하지만, 같은 강단에서 몇 십년간 설교한 후에 그러한 것은 예상될 수 있는 것이며, 그리고 크리스웰이 시도한 광범위한 설교사역 후에, (그의 50권이 넘는 책이 반영하는 것처럼) 예상될 수 있는 것이다.

42) Criswell, *Great Doctrines*, 2:68-77, 106-14를 보라. 또한 Criswell, *Expository Sermons on Revelation,* 1 vol. edition (Grand Rapids, Mich.: Zondervan, 1969); and Criswell, *Expository Sermons on Daniel*, 1 vol. edition (Grand Rapids, Mich.: Zondervan, 1976)을 보라.

43) Criswell, *Great Doctrines,* 2:197-203.

44) Ibid., 2:202f

45) Criswell, *Look Up, Brother* (Nashville: Broadman Press, 1970), 43-55를 보라.

# 참고자료

## 1차 자료


*Acts: An Exposition.* Grand Rapids, Mich.: Zondervan, 1977.

*The Bible for Today's World.* Grand Rapids, Mich.: Zondervan, 1965.

*Criswell's Guidebook for Pastors.* Nashville: Broadman Press, 1980.

*Did Man Just Happen?* Grand Rapids, Mich.: Zondervan, 1957.

*Ephesians: An Exposition.* Grand Rapids, Mich.: Zondervan, 1974.

*Expository Notes on the Gospel of Matthew.* Grand Rapids, Mich.: Zondervan, 1961.

*Expository Sermons on Daniel.* Grand Rapids, Mich.: Zondervan, 1976.

*Expository Sermons on Galatians.* Grand Rapids, Mich.: Zondervan, 1973.

*Expository Sermons on the Epistles of James.* Grand Rapids, Mich.: Zondervan, 1975.

*Expository Sermons on the Epistles of Peter.* Grand Rapids, Mich.: Zondervan, 1976.

*Expository Sermons on Revelation.* Grand Rapids, Mich.: Zondervan, 1969.

*Five Great Affirmations of the Bible.* Grand Rapids, Mich.: Zondervan, 1959.

*Five Great Questions of the Bible.* Grand Rapids, Mich.: Zondervan, 1958.

*The Gospel According to Moses.* Nashville: Broadman Press, 1950.

*Great Doctrine of the Bible.* Grand Rapids, Mich.: Zondervan, 1982.

*The Holy Spirit for Today's World.* Grand Rapids, Mich.: Zondervan, 1966.

*In Defense of the Faith.* Grand Rapids, Mich.: Zondervan, 1967.

*Isaiah: An Exposition.* Grand Rapids, Mich.: Zondervan, 1977.

*Look Up, Brother!* Nashville: Broadman Press, 1970.

*Passport to the World.* Nashville: Broadman Press, 1951.

*The Scarlet Thread Through the Bible.* Nashville: Broadman Press, 1971.

*These Issues We Must Face.* Grand Rapids, Mich.: Zondervan, 1953.

*Why I Preach that the Bible Is Literally True.* Nashvill: Broadman Press, 1969.

2차 자료

Leon McBeth. *The First Baptist Church of Dallas.* Grand Rapids, Mich.: Zondervan, 1968.

*The Criswell Study Bible.* Nashville: Thomas Nelson, 1979.

"Essays in Honor of W. A. Criswell." *Criswell Theological Review* Ⅰ: (Spring 1987).

# 24. 에릭 러스트(Eric Rust)

밥 패터슨(Bob E. Patterson)

## 생 애

에릭 러스트
(Eric Rust)

에릭 찰스 러스트(Eric Charles Rust)는 1910년 6월 6일 영국의 그래이브샌드(Gravesend)에서 태어났다. 부모 찰스 헨리 러스트(Cherles Henry Rust)와 루스 와일즈(Ruth Wiles)는 씨팅번(Sittingbourne) 침례교회 교인이었다. 할아버지는 이 교회의 장로였으며, 아버지는 집사로서 "평신도 설교자"였다. 러스트는 14세에 이 교회에서 침례를 받고, 그의 아버지처럼, 자신의 가정 근처에 있는 여러 작은 침례교회에서 설교를 시작했다.

러스트의 아버지는 탁월한 교량 건설업자였다. 1차대전이 발발하자 가족은 쉬어네스(Sheerness)로 이사했는데, 여기서 그의 아버지는 영국 해군성(Admirality)의 소형 선박 제조의 책임을 맡았다. 러스트는 8세가 되자, 사립학교에서 씨팅번의 공립 보던문법학교(Borden Grammar School)로 옮겼으며, 여기서 두 번째 교육을 받았다. 16세, '제로-레벨' (0-level) 시험을 치렀는데, 12번 레벨 가운데 "우등"에 해당하는 10번 레벨을 받아 기술 관료가 될 수 있는 시험을 쉽게 통과했다.

러스트는 비록 정기적으로 침례교회들에서 설교를 했으나, 과학 분야의 일을 하는 것이 자신의 적성에는 더 맞는 것이라 생각했다. 그는 18세(1928년)에 수학, 물리학 그리고 화학을 본격적으로 공부하기 시작했다. 탁월한 학업성적으로 인해서, 그는 영국의 최고 학교 중의 하나인 왕립과학대학(Royal College Science)에서 다섯 개의 왕립 장학금 가운데 하나를 받을 수 있었다. 2년 후에는 동료 학생들을 가르치는 수학 교사가 되어 연구하기 시작했다. 러스트는 20세에 우등의 영예를 안고 이학사(B.S.) 학위와 왕립과학대학의 졸업장(ARCS)을 취득했다.

그는 왕립과학대학에 있는 2년 동안, 런던 침례교 설교자 협회의 회원자격으로 정기적으로 설교를 했다. 그는 왕립과학대학에서 이학석사(M.S.) 학위와 제국과학대학(Imperial College of Science)에서 DIC를 모두 받을 때까지, 2년 더 왕립과학대학에 남았다. 그러나 과학 공부와 설교는 그에게 소명적 갈등을 일으켰다. 동료 침례교인들 대다수는 그가 남다르게 생각하고 있는 과학에 대하여 부정적 입장을 취하고 있었다. 그는 점차적으로 세속화되어 가는 1930년대 영국에서 과학과 신앙의 관계에 관한 강단의 침묵을 인식하고 있었다. 과학 연구와 신앙을 화해시키려고 노력하면서, 그는 자신이 어떻게 과학과 신앙을 연결해 주는 교량 건설자가 되어 최선의 봉사를 할 수 있을지를 살펴보기 시작했다. 과학자가 된 그가 이제 목회적이자 신학적인 훈련을 동시에 추구하기 시작한 것이었다.

러스트는 1932년 가을 옥스퍼드대학에 들어가서 침례교신학교인 리젠트 파크(Regent's Park) 대학에 입학했다. 당시 리젠트 파크의 학장은 휠러 로빈슨(H. Wheeler Robinson)이었다. 그는 괄목할 경건성과 학문성이 결합된 탁월한 구약학 교수였다. 러스트는 로빈슨으로부터 자신의 복음주의 기독교에 대한 입장과 이미 자신이 가지고 있던 구약성경에 대한 깊은 애정, 그리고 해석방법론, 성경을 "구원사적"으로 접근하는 통찰력, 성경 실재론 등을 보완했다. 옥스퍼드의 어느 교수도 로빈슨보다 러스트에게 성경에 대한 애정을 더 잘 키워 준 사람은 없었다. 따라서 러스트는 입무를 위해 미국에 왔을 때, 종종 구약에 대한 자신의 이해가 "로빈슨적"이라고 고백하곤 했다.

러스트는 옥스퍼드에서 활약하고 있던 당시 지성의 거성들과 함께 공부하는 혜택을 누렸다. 그의 신약 지도교수 맨슨(T. W. Manson)은 역사적 예수 문제에 대한 절대적 중요성에 관해서 매우 강조했는데, 러스트는 당연히 그 탁월한 지도를 따랐다. 또한 콜링우드(T. G. Collingwood)는 그에게 어떻게 신앙과 역사가 관련성이 있는지 그리고 어떻게 과학과 역사가 구분될 수 있는지를 보여 주었다. 그 밖의 스승으로는 개신교 신학 영역에서 독보적인 웨일(John S. Whale); 교회사의 권위자 캐두(C. J. Cadoux); 그리고 맨스필드(Mansfield) 대학의 학장 미클렘(Nathanial Micklem) 등이 포함될 수 있다. 그는 파러(Austin Farrer), 스트리터(B. H. Streeter), 커크(Kenneth Kirk), 스톤(C. J. Stone), 라이트풋(R. H. Lightfoot) 그리고 콜링우드 같은 탁월한 학자들의 강의를 수강하는 혜택을 누렸다.

러스트는 옥스퍼드라는 명예로운 학교에서 영예의 우등을 차지하며, 1935년 문학사(B.A.) 학위, 그리고 1938년에는 석사(M.A.), 1946년에는 신학사(B.D.) 학위를 취득했다. 러스트는 또한 1935년부터 1939년까지 해이 힐(Hay Hill) 침례교회를 섬기면서 영국 침례교의 목회자로서 경력을 쌓기 시작했다. 한편 그는 1940년 버밍햄에 있는 옥스퍼드 로드(Oxford Road) 침례교회 사역자가 되었지만, 이 엘리트 회중들은 이내 나치의 폭격이 강화되자 시골로 흩어졌다. 러스트는 제2차 세계대전 발발 무렵, 신학적 관심사들을 확장해 나가면서 학계와의 접촉점들을 계속 유지시켜 나갔다. 그는 비밍햄대학에서 외래 교수(extension lecturer)로 있었고, 킹 에드워드(King Edward) 고등학교에서 수학을 가르쳤다. 러스트는 이 고등학교에서 십대를 위한 방과 후 모임을 만들고 성경을 강해했다. 전쟁이 한창일 때 그는 「역사에 대한 기독교적 이해」(The Christian Understanding of History)를 집필했다. 이 책은 1946년 옥스퍼드에서 신학사(B.D.)

자격을 얻게 해 주는 근거가 되었다. 그는 항공기 폭격 감시원처럼 교구민들을 피신처로 인도하느라 수많은 밤을 보냈기 때문에, 저술 활동에 많은 방해를 받아야 했다. 그는 종종 삶과 관계가 없는 신학은 무의미하며 설교 되어서도 안 된다는 말을 하곤 했다. 목회자인 동시에 학자로서 명성은 커져갔고, 1942년 12월에는 허더스필드(Huddersfield)에 소재한 뉴 노스 로드(New North Road) 교회에서 대규모 기독교 회중을 섬기는 목사가 되었다. 동시에 리즈(Leeds)대학교의 외래교수로도 활동하게 되었다.

1946년, 스승 로빈슨(H. Wheeler Robinson)의 사망 1년 후, 그는 로던침례교대학(Rawdon Baptist College)의 신학 및 철학 교수로 부임했다. 그는 이 신학교에서 성경신학, 윤리학, 종교철학, 구약학, 세계종교, 그리고 조직신학을 가르쳤다. 그는 학문적 역량을 크게 인정을 받아서, 1947년에는 코펜하겐에서 개최된 제7차 침례교세계대회(Baptist World Congress)에서 "과학과 종교"라는 주제로 연설을 하기도 했다. 그리고 그는 1952년 펜실바니아주 체스터(Chester)에 있는 크로저신학대학원(Crozer Theological Seminary)의 초빙교수로 성경신학을 가르치기 위해 미국에 왔다. 같은 해 켄터키주 루이빌에 있는 서든침례교신학대학원(The Southern Baptist Theological Seminary)에서 노톤 강좌(Norton Lectures)를 열었고, 1953년 5월에는 서든침례교신학대학원 교수로서 은퇴할 때까지 그곳에 재직했다. 나는 1954년 9월 루이빌의 러스트 강의실을 들어가, 그의 강의를 수강한 적이 있다. 나에게 러스트는 항상 "위대한 화해자"로 남아 있게 될 것 같다. 그 이유는 그가 건전하고도 매력적인 방법으로 성경과 과학, 철학, 기독교 교리 등의 영역을 화해시켰기 때문이다.

러스트는 40년 동안 수 천 명의 제자들을 통해서 침례교단에 매우 큰 영향력을 미쳤다. 그의 박사과정출신 제자들은 말 그대로-콜롬비아의 칼리(Cali)에서 일본의 도쿄, 아프리카 나이지리아의 오그보모쇼(Ogbomosho)까지-세계를 주름잡고 있다. 그는 성경과 과학 사이의 관계라는 분야에서, 남침례교인들에게 지대한 도움을 주었다. 동료였던 힌슨(Glenn Hinson) 교수는 러스트에 대해 다음과 같이 평가했다. "그는 목회사, 교사, 그리고 학자로서 생애 대부분을 기독교신앙과 현대과학의 관계회복이라는 일에 전념했는데, 이 주제는 점점 기독교의 핵심적 문제로 자리 잡게 되었다." 러스트의 일생을 지배했던 관념은 과학과 성경 사이의 분쟁을 종식시키겠다는 것이었다.

## 사상

### 과학과 성경

내가 침례교인의 한 사람으로서, 다른 복음주의 기독교인들과 마찬가지로 성경과 과학을 연계시키는 데 동일한 어려움을 겪은 이유는 무엇일까? 이것은 러스트라는 화해자가 등장해서 다른 이들에게 도움의 손길을 내밀기까지 오랫동안 해결되지 않은 문제였다.

코페르니쿠스 이래 지금까지 성경주석가들과 실험과학자들은 두 영역을 화해시키려는 움직임이 있을 때마다 줄곧 논쟁에 휩싸여왔다. 1605년 프란시스 베이컨(Francis Bacon)은 「학문의 진보」(The Advancement of Learning)에서 하나님은 성경이라는 책과 자연이라는 책, 즉 두 개의 책을 가지고 계시며, 우리는 바보처럼 이 두 개를 뒤섞으려 하지 말고 다만 모두에 익숙해지려고 노력해야 한다고 주장했다. "아테네와 예루살렘"의 분리를 원했던 베이컨이래, 양 진영은 가장 시끄럽고 치열한 싸움을 벌였고, 휴전 신호는 철저히 무시했다. 그들은 "두 개를 섞지 말라"고 주장한 베이컨의 입장만을 고수했다. 그러나 이 시대 우리는 이 냉전관계의 해빙분위기를 간과할 수 없을 만큼, 과학 영역과 신학 영역에서 충분한 변화들을 목도하고 있다. 이제 의문이 일고 있다고 생각되는 과학 지식의 상황과 함께, 과학자는 좀 더 기꺼이 신학자에게 귀를 기울이고 있으며, 성경주석가는 최초의 상황에서 성경을 이해하는 데 좋은 친숙한 도구로 실험실에서 진행된 결과들에 대해 좀 더 개방적인 듯 보인다.

러스트는 각자가 겸손과 이해심을 가지고, 상대방이 제시한 세계를 이해하는 데 필요한 여러 방안들에 주목하고 귀 기울여야 한다고 설교했다. 그는 성경과 자연이라는 하나님의 두 책이 화해할 때임을 주장한다. 과학의 발전으로 종교에 관한 긴급 문제제기는 지속되겠지만, 이것은 자주 그리고 대담하게 논의되어야만 한다. 과학과 기독교는 결코 과거의 관계가 보여주었던 것과 같은 전면적 대립으로 되돌아갈 필요가 없다.

양자 간의 긴 분쟁에 대한 평가는 러스트의 양자 화해와 관련한 공헌을 가늠하는 데 도움이 될 것이다. 근대 과학은 17세기에 탄생했다. 새로운 세계관을 우리에게 제공한, 이 "천재의 세기"는 물리학에서 갈릴레오(Galileo)의 「대화」(Dialogues, 1632)와 이삭 뉴턴의 「프린씨피아」(Principia, 1687)로 대표된다. 갈릴레오는 수학과 실험을 연결시켰고, 뉴턴은 영원한 법칙 아래 있는 기계로 자연을 묘사하고자 하는 과학적 전망 속에서 이 혁명을 실현했다. 이성의 시대 혹은 계몽주의 시대라고 하는 18세기는 뉴턴의 물리학을 더욱 더 결정론적 그리고 환원주의적 자연관으로 발전시켜 나갔다. 라그랑쥬(Lagrange), 달랑베르(d' Alembert), 라플라스(Laplace), 그 밖의 여러 사람들은, 정확하고 절대적인 법칙에 의해서 지배되는 경직된 인과체계, 다시 말해서 자기 충족적이고 비인격적인 기계와 같은 것으로 자연을 이해하려는 방안들의 대변자가 되었다. 하나님을 멀리 떨어져 있는 비인격적인 이신론의 시계제조 수리공으로 묘사하거나, 그 묘사 자체를 완전히 생략하기도 했다.

19세기는 그 이전 두 세기 동안 확립된 사상의 대부분 흐름이 지속되었으나, 생물학의 영역에서는 인류 지성사에 중대한 혁명 가운데 하나로 평가된 변화가 나타났다. 찰스 다윈(Charles Darwin)이 생물학에서 뉴턴이 17세기 물리학에서 이룩한 것을 19세기에 이룩한 것이다. 양자 모두는 이론화시킨 개념들을 근거로 하여 단일화된 체계를 생산했다. 즉 뉴톤은 지성적으로 설계된 기계와 같은 자연의 형상을 선사했고, 다윈은 자연을 역동적이고 발전적인 과정에 있는 것으로 기술했다. 진화론이 제시된 1859년 다윈의 「종의 기원」(Origin of Species)은 뉴딘 세계관의 이신론적 주상들을 향한 식섭석인 노선이 되었다. 진화론은 자연 내부에 있는 생물학적 소산물로서 인류, 법칙과 같은 성장의 형세들, "생명의 그물 망" 내에 있는 유기체의 상호작용적 특성, 그리고 변화의 중요성 등을 주장함으로써 당시 지배적인 자연에 대한 관점을 전환시켰다. 또한 진화론은 성경에 대한 문자주의 해석, 오랫동안 받아들여져 온 도덕적 이해들, 그리고 자연 내에서 만물의 영장으로서 인간의 독보적 입지, 순진하고 단순한 형태로서 설계 논증양식 등을 파기함으로써 종교에도 영향을 미쳤다. 1900년 경 진화론의 일부 양식은 실제로 모든 과학자들과 대다수 기독교 신학자들에게 받아들여졌다.

20세기는 우리의 성경 해석을 거의 완전히 뒤엎은 과학의 양대 산맥, 즉 물리학과 생물학 이해에 근본적 변화가 있었다. 1900년 이전, "고전적" 과학의 세계관은 자연을 구조상 단순한 것으로 간주했고, 다양하게 조화된 경향들 속에서 상대적으로 몇 안 되는 실체들로 구성되어 있다고 보았다. 그러나 오늘날 우리는 자연이 매우 다양하고 엄청나게 복잡한 것임을 알고 있다. 우주는 원자보다 작은 수수께끼 같은 미시세계에서부터 똑같은 의미로 우리의 인식감각으로는 이해할 수 없는 거시세계까지, 그리고 팽창하는 은하계와 "블랙홀"의 중력장이 함께 있는, 수십 억 광년에 걸친, 우주공간의 거대세계까지 뻗어있는 유기체의 계급체계(hierarchy)로 구성되어 있다.

1900년 이전의 자연 세계는 기계적으로 결정되어 있으며 예측할 수 있는 세계로 여겨졌다. 그리고 모든 자연세계 체계들의 미래 상태는 원칙적으로 현재의 상태로부터 추정가능 하다고 생각했다. 모든 법칙들은 겉으로 보기에 몇 종류의 분자들과 장들(fields)을 지배하는 법칙들의 산물로 여겨졌다. 그런데 알베르트 아인슈타인과 1920년대 양자론의 전개는 이러한 자연에 대한 묘사를 변화시켰다. 이제 우리는 이전과는 다르게 세계를 아원자적 미시수준에서 결정불가능성과 복잡한 거대 수준에서 예측불가능성을 가지고 있는 통계와 우연의 상호작용으로 파악한다.

1900년에는 다윈의 영향에도 불구하고, 자연세계가 여전히 정적이고 어떤 급격한 변화에 대해서도 기본적으로는 친숙한 것으로서 생각되었다. 그러나 이제 우리는 신기함, 새로움, 자발성, 창조성을 전제하는, 역동적이고, 자유롭고, 영원히 변화하는, 그리고 어쩌면 미래에 새로운 출연물을 각오하고 있는 것으로서 자연세계를 생각한다.

20세기 초, 세계는 매우 단단하며 쉽게 지각할 수 있는, 원자를 구성하는 미립자들로 만들어졌다고 생각했다. 그러나 이제는 그 순진한 관점은 무너지고, 우주생성의 근본원리는 신비한 것으로 간주되는 듯하다. 물리학자들은 아원자적 세계의 측정할 수조차 없을 정도의 복잡함에 대해 알게 되었다. 즉 원자 내의 세계는 그들이 상상했던 것 이상, 그들이 상상할 수 있는 것 이상의 신비한 원자의 세계다. 또한 그들이 우주를 좀 더 잘 이해하게 되면 될수록, 그들은 각각의 더 작은 차원에서 발견되는 복잡성들을 인정하게 된다.

오늘날의 과학적 세계관은 더 이상 절대적인 시간과 공간을 인정하지 않고(아인슈타인의 공헌), 관찰은 정녕 독립적이라고 주장하는 바와 같은 식의, 세상을 묘사할 수 있는 객관적인 관찰 주체가 있다는 것을 더 이상 인정하지 않으며(하이젠베르크의 불확정성 원리의 공헌), 더 이상 확실한 예측이 가능한 절대적 결정주의를 인정하지 않는다. 우리 시대에서 우리가 단지 결론지을 수 있는 것은 과학 개념들이 부분적이고, 추상적이며, 상징적이라는 것; 전체는 부분의 총합 이상이어서 우리는 좀 더 높은 조직화 수준에서 통합된 체계를 다루는 이론들이 필요하다는 것; 자연은 영속적 변화와 창조성의 역동적 과정이라는 것; 자유는 질서정연한 우주 체계의 일부라는 것; 과학 이론들은 세상에 대한 정확하고 객관적인 복제물이 아니라는 것; 겸손은 현대 과학자들에게 요구되는 최선의 덕목이라는 것이다. 우리가 얼마나 모르는 것이 많은가에 대한 우리의 인식이 우리가 새로운 지식을 축적하는 양보다 더 빨리 늘어나고 있다. 과거 잘못 해석된 자연에 대한 방법들은 과학의 잘못이었다기보다는, 과학철학의 실수였다. 우리는 볼 수 있는 눈을 가졌으나, 보지 못했던 것이다.

우리의 성경해석 방식은 자연세계를 해석하는 우리의 방식에 따라 변화를 맞이하게 되었다. 그 변화의 시작은 르네상스와 종교개혁이 가져다준 정신적 해방과 새 시대정신의 도래까지 거슬러 올라간다. 개인주의와 신교의 자유, 미국과 동양의 개방에 따른 확대된 전망, 그리고 17세기 과학의 발전 등이 18세기의 중요한 문화적, 사회적, 정치적 그리고 종교적 변화들을 이끌었다. 이 전무후무하게 성경 해석자들을 헤집고 지나간 충격파는 바로 계몽주의였다. 이후 성경의 독자들에게 그 이상의 충격은 없을 정도였다.

계몽주의는 1688년 명예혁명과 함께 유럽에서 시작된 문화시대를 말한다. 이는 1815년 혁명 이후 프랑스의 패퇴와 낭만주의의 반작용이 있을 때까지 만연했다. 계몽주의의 많은 방법들, 가치들과 사상들은 여전히 우리 곁에 남아 있다. "받아들여진 개념들은 이성, 자유, 자연, 공리성, 행복, 권리, 관용, 이신론, 합리적 기독교, 자연종교, 사회계약, 과학, 자율, 조화, 그리고 낙관주의 등이다." 폴 틸리히는 계몽주의가 다음 네 개의 개념으로 특징지어질 수 있다고 주장한다: 1) 인간의 자율 –실재의 구조로서 보편적 이성의 법칙은 내 안에 있다는 것; 2) 이성 –진리, 정의, 선함의 원리들에 대한 인식; 3) 조화 –형성되는 모든 것의 결과가 대개 적절함을 갖는 것은 우리 배후에 법칙이 있기 때문이라는 것; 4) 관용 –편협이 아닌 모든 것에 대한 관용. 이 계몽주의는 다른 많은 운동처럼, 그 자체의 원리들이 지나치게 강조됨으로써 쇠퇴했다.

그러나 많은 계몽주의 사상들은 사라지지 않고 오늘날 우리 사상의 일부가 되었다. 과학에 대한 높은 평가, 모든 진리 주장들은 이성적이어야 한다고 강조하는 것, 그리고 자유와 관용을 향한 추구는 여전히 우리와 함께 공존한다. 그래서 권위, 성경, 계시 그리고 기독교 윤리학에 관한 계몽주의적 회의주의가 존재하는 것이다. 자연을 초월한 실재는 없다고 생각한 것은 20세기 세속 문화의 네 가지 가설을 이끈 시대정신이다. 우리의 세속적 가설은 첫째, 포괄적 우연성이다: 모든 실재는 잠정적 특성을 가진다. 둘째, 모든 것은 시간성이 있다: 실재와 경험의 전적인 일시성. 셋째, 급진적 상대성: 궁극적인 진리, 도덕 혹은 권위는 없다. 넷째, 인간의 절대적 자율성: 인간은 자기 충족적 존재이기 때문에 하나님은 필요하지 않다. 세속주의의 이러한 잣대들은 우리의 소중히 간직된 서구적 가치들을 유지시킬 수 없다. 그래서 허무주의를 벗어나려는 "현대적 이교도"는 기독교적 가치들보다는 다른 것에 그의 삶을 투자하게 된다.

성경 해석에 관하여 대개 직접적으로 개진되고 있는 계몽주의의 한 가지 사상은 성경적인 것이든 세속적인 것이든 과거의 모든 문서들은 문헌비평과 역사비평의 의견을 따라야 한다는 사고였다. 이것은 성경을 권위 있는 자료로 바라보고 있던 사람들에게 위기감을 조장했다. 왜냐하면 성경은 과학 이전의 시대에 쓰진 것이었기 때문이다. 이 위기는 여전히 우리 시대에도 남아있고 아직 해결되지 않았다. 회의적 사고를 개진하는 도구로서 성경비평은 성경이 하나님으로부터 왔다는 것과 성경의 영감성을 의심함으로써 전통적 성경해석에 도전했다. 또한 과학의 발전은 성경의 역사적 완전성에 대한 심각한 의심을 초래했다. 가령 천문학은 성경의 작은 우주관에 질문을 던졌고, 지질학은 성경의 짧은 지구 나이에 의심을 던졌으며, 생물학은 성경의 인간 창조 묘사에 대해 회의적이었다. 그리고 자연의 사건들에 대한 과학적 이해는 성경에 기록된 기적들에 대해 주저하게 만들었다.

계몽주의의 문제제기는 여전히 우리 곁에 남아있다: 과학이전의 시대, 비평이전의 시대에 쓰진 책(성경)은 얼마나 오늘날 우리에게 권위 있는 것으로 해석될 수 있을 것인가? 21세기로 진입하고 있는 이때, 우리는 더욱 과학과 기술의 문하생이 되어가고 있다. 우리는 계몽주의에 항복하고 현대적 이교도들이 될 수밖에 없는 것인가, 아니면 성경비평과 과학에 관해서 반계몽주의의 기치를 들어야 할 것인가? 여기에는 확실히 좋은 대안이 있고 러스트는 이러한 대안 중의 하나를 제시했다.

과학과 성경학 영역 모두에서 연구할 기회를 가졌던, 그리고 창조의 하나님과 성경의 하나님은 동일하다는 생각을 가지고 있던 러스트는 과학과 성경을 조화시키라는 하나님의 명령을 감지했다. 그는 과학자들이 성경에 맞서서 자신들의 입장을 개진하는 과정에서 어리석은 실수를 저질렀고, 신학자들은 성경을 주석하면서 동일하게 서투른 실수를 저질렀지만, 만일 서로가 상대방에 귀를 기울이게 된다면, 그들 사이에는 부조화가 있을 수 없다고 생각했다.

그의 1967년 저작, 「과학과 신앙: 자연에 대한 신학적 이해를 향하여」(Science and Faith: Towards a Theological Understanding of Nature)는 베이컨의 소위 "두 개의 책"을 화해시키는 좋은 방법적 모델이 되었다. 이 책에서 러스트는 과학사상과 종교사상에 대한 역사적, 철학적 그리고 심리학적 기초들을 심층 연구했다. 그는 기독교인들이 과학자들을 납득시킬 수 있으려면, 자신들의 신앙을 오늘의 분석적이고 경험주의적인 용어로 정당화시키는 준비가 필요하다고 주장했다. 반대로 과학자들은 "인간 지식의 종합적이고 총체적인 측면"–이것은 가능성을 인식가능성과 연결해주는 점화 불꽃같은 것인데–의 가치를 인정해야만 한다는 것이었다. 러스트는 다음과 같이 주장했다.

> 내가 확신하는 바는 교회가 수 세기동안 소중함을 포기해간 역사적 신앙이 우리시대에도 여전히 적절한 것일 수 있다는 사실이다. 그것은 다시 표현되어져야 한다. 성경비평의 방법, 종교언어의 본질에 관한 오늘날의 관심, 인간의 기원과 우주에 대한 과학적 탐구, 인간 심신의 본질에 대한 증가된 이해, 하나님의 계시를 이해하려 하고 하나님의 초월성을 정당화하려 하는 새로운 시도들, 이 모든 것은 구시대의 신앙이 새 포도주의 가죽부대에 부어져야 한다는 것을 요청하고 있다.

이 책에서 러스트는 얼마나 현대과학 사상이 성경의 계시와 밀접하게 연관되어 있고 어떻게 기독교 계시가 세속적 관심사들과 연관될 수 있는가를 보여주고 있다. 그는 우리가 이미 그리스도를 구속자 하나님으로서 경험했을 때만, 창조주 하나님을 이해할 수 있다고 생각한다. 러스트는 과학과 신앙이라는 이러한 인식의 두 가지 방법은 서로 상충하기보다는 연합될 수 있는 것임을 주장한다. 그는, 비록 아슬아슬하기는 했지만, 생물학적 진화론과 창세기 1장, 현대심리학과 "하나님의 형상," 그리고 현대과학의 "성례전적 우주"(sacramental universe) 모델과 그리스도의 성육신을 잘 조화시키고 있다. 현대과학은 성경의 계시라는 안경을 통해서 보여야 한다. 러스트는 우리가 성령 하나님의 내재성을 재발견함으로써만, 우리들의 세속적 강조들에 맞설 수 있다고 주장한다. 그는 이것을 다음과 같은 방식으로 표현한다: "그래서 우리는 성령을 그의 창조 안에 있는 하나님의 내재성으로써 기술할 수 있을 것이고, 이것이 창조적으로 표현되었을 때 아버지의 신성한 의도를 이루어가고, 유지시키면서, 아들을 통한 창조적 구속활동을 기술할 수 있을 것이다." 즉 러스트는 자연세계와 하나님을 연관시키고 있는 철저한 삼위일체주의자인 것이다.

러스트는 침례교인들과 다른 복음주의 기독교인들에게 성경과 과학이 어떻게 연계가능한지를 본보기를 보여준 인물이면서 동시에 그는 어떻게 건설적 의미의 비평학과 계시론이 연계 가능한지 본보기를 보여준 인물이기도 하다.

### 계시와 영감

1980년 이래 남침례교는 교단의 진로와 관련한 논쟁을 지속해왔고, 그 싸움의 핵심은 계시와 영감 문제였다. 이 분쟁의 근원은 과거의 모든 문서들(성경을 포함한)이 문헌비평과 역사비평에 의해 점검되어야 한다는 사고를 개진한, 계몽주의로까지 거슬러 올라간다. 19세기 자유주의는 계몽주의에 굴복했고 근본주의가 계몽주의를 무시한 반면 자유주의는 성경의 인간적 특성을 강조한 나머지, 성경의 신적 특성을 포기했다. 반면 근본주의는 신적 특성으로 성경을 도배한 나머지 성경의 인간적 특성을 간과했다.

러스트가 그의 제자들에게 가르친 것은 현대적 지식의 성과와 성경의 완전성 모두를 어떻게 수용할 것인가에 대해서였다. 여기서 다시 그는 자신이 침례교인들에게 "위대한 화해자"일 수 있음을 입증했고, 계시와 영감이 하나님의 특성과 인간의 특성 모두를 가지고 있음을 보여 주였다. 계시의 신적 측면만을 강조한다는 것은 성경의 역동적 특성을 완전히 제거시킨 일련의 명제들로 귀착된다. 계시의 인간적 측면만을 강조한다는 것은 인간적 형상의 하나님을 표현하는 것이다. 양자, 즉 신성과 인간성은 하나님 스스로 주신 것과 인간의 해석하는 반응 사이에서 혼합되어야 한다. 하나님이 주신 것(계시)과 인간의 해석(영감)은 모두 하나님이 주도하신다. 러스트는 다음과 같이 주장했다:

> 이 증언에는 선포와 고백이 동시에 있다. 즉 하나님이 역사의 구체적 국면 속에서 말씀하셨다는 것을 선포하는 것이고, 말씀하신 하나님에 대한 헌신과 그들 자신의 인식, 살아 계신 하나님 속에 거하고 있는 증인들의 신앙을 고백하는 것이다. 이러한 증언은 영감된 것이다. 왜냐하면 오직 하나님만이 그의 임재에 대한 인간의 눈을 열 수 있고, 역사적 중재사건 안에 있는 장막을 걷을 수 있기 때문이다. 그리고 오직 하나님만이 보고, 들은 것에 대한 그들의 간증을 올바르게 지도하신다. 계시에 대한 인간의 반응이 신앙이다.

러스트는 계시와 영감에 관한 인간의 수용성과 하나님의 활동하심 모두를 기술하기 위해 "역사적 형상들"이라는 표현을 사용한다. "역사적"이라는 것은 하나님이 계시하시려고 사용하는 매개물을 지시하고, "형상들"이라는 것은 하나님의 활동하심에 대한 인간의 영감 받은 반응을 가리킨다. 러스트의 경우, 성경의 권위는 역사 속에서 하나님의 활동하심과 그 활동하심을 전하는 영감된 말씀 모두에 근거하고 있다. 러스트는 다음과 같이 주장한다:

> 이제 이러한 형상들은 임의적인 것이 아니다. 다시 말하면, 불트만이 강변하였듯이, 형상들은 출현하는 시간과 공간에 묶여 있는 것이다. 이것은 선지자들과 증인들의 상상력과 신적 영감의 연합이라는 견해를 초래했다…. 선지자들과 사도들의 경우에, 그 상상력은 하나님의 성령에 의해 창조적으로 통제되어, 형

상들과 상징들은 신적 권위를 가지고 있다. 사건들과 형상들은 계시에 수반된 요소들이며, 어느 쪽이라도 결여된다면 계시는 결코 있을 수 없을 것이다.

러스트는 스승 휠러 로빈슨의 견해를 따라서, 하나님이 스스로를 계시하기 위한 세 가지 주요 수단으로 자연, 인간 그리고 역사를 사용하신다고 주장한다. 자연은 하나님으로부터 창조된 이래, 하나님에 의해 보존이 지속되고 있으며, 언젠가 하나님의 목적이 완전히 실현되도록 변화될 것이다. 자연은 하나님의 계시의 수단이 될 수 있다. 러스트는 예수의 치유 기사와 자연 기사에 대해 다음과 같이 언급한다:

> 광풍을 그치라고 명령할 수 있고 사망을 생명으로 되돌릴 수 있는 자; 아버지가 들의 백합에 옷을 입히시고 참새를 돌보신다고 선포하는 자; 자신의 인격 속에, 구약이 오직 하나님에게만 묘사하고 있는 자연을 넘어서는 힘을 드러내고 있는 자; 그는 자연이 하나님과 동일시 될 수 없지만, 자연은 그로 말미암아 유지되며 그의 계시수단이 될 수 있다는 우리의 신앙을 확증시켜 주신다.

현대과학의 영역에서도 훈련받은 경험이 있는 러스트는 자연은 기계주의적 인과율과 "파기될 수 없는 자연법"의 시대였을 때보다, 많은 경우 기독교적 해석에 우호적이라는 것을 알고 있었다. 러스트에 의하면 과학의 언어와 성경의 언어는 결코 상충되지 않는다; 만일 상충될 경우에는 오히려 성경의 언어를 택했다.

> 신학언어는 과학언어를 받아들일 수 있고 그것을 해석할 수 있다. 그러나 반대의 경우는 있을 수 없다. 왜냐하면 과학은 경험 가능한 "관찰들"만을 취급하기 때문이다. 신학언어는 실재에 대한 총체적 사고를 기술하지만, 반면 과학언어는 부분적인 사고만을 기술한다. 신학에서 우주는 인격적인 용어들로 이해되지만, 과학은 인격성을 배제하고 비인격성 자체에만 관심을 가진다. 성육신하신 그리스도에 관해서 과학의 언어와 기독교신앙의 언어는 조화로운 방식으로 함께 해야 한다.

러스트는 하나님이 스스로를 드러내는 데 사용하는 두 번째 주요 수단은 인간의 의식이라고 생각한다. 사람은 성경에서 육체에 하나님의 성령이 생명을 불어넣은 것으로 묘사되기 때문에, 인간은 쉽게 계시가 발생하는 영역이 된다. 이것은 특히 인간의 도덕의식에서 그러한데, 하나님의 형상 속에서 발생한다. 성경은 인간을 심리적-육체적 총체라는 개체로 간주하며, 이 입장은 현대과학의 분석에 의해 지지된다.

> 인간 인격의 정신의학적 성질은 과학이 발전함으로써 확증되어왔다. 명백하게 우리의 인격, 즉 자아는 신체구조의 물리학적이고 생리학적인 측면에 내심 그 뿌리가 있다. 점점 더 우리는 우리 개인의 발전에 관한 유전구조의 밀접한 관계에 대해서, 우리의 정신활동과 두뇌의 밀접한 관계에 대해서, 우리의 인격적 특성들과 몸의 화학적 특성의 상관관계에 대해서 깨닫게 되었다.

우리가 이루어갈 완전한 인간의 모습은 예수 그리스도 안에서 발견된다.

러스트는 하나님이 스스로를 드러내시려고 사용한 세 번째 수단은 역사라고 주장한다. 성경은 인간이 자유로운 도덕적 존재이기 때문에 역사가 역동적이고 가변적이고 가치 창조적이며, 해석될 수 있다는 것, 그리고 완전한 시간 구조 안에서 영원한 하나님은 인간과 만나실 수 있다는 것을 보여준다는 것이다. 그리스도의 삶과 죽음과 부활과 재림은 역사 안에서 하나님이 스스로를 계시하신 최고의 표현이다. 현대과학에 정통한 러스트는 에너지로 물질을 보고, 결과적으로 역사적 계시에 대한 확고한 사상을 가지게 되었다.

> 구원사는 역사적 사실성에 기초한다. 기적들은 역사적으로 입증된 사건들이다. 현대인들이 이해하기 어렵지만 동정녀 탄생은 신화가 아니다. 부활은 신앙적 창조물로서 폐기될 수 없다. 오히려 부활은 십자가를 입증하고 신앙을 창조한 역사적 현실이다. 비록 부활에 대한 해석이 우리를 역사적 심상에 연루되게 할 수는 있겠지만 이러한 역사적 현실이 단순한 상징성과 혼동되어서는 안 된다.

이러한 역사적 계시는, 총체적 부활이 일어나는 시대의 마지막에, 승천하신 그리스도의 재림으로 완결될 것이다.

선지자, 제사장, 현자와 시편기자는 구약성경에서 계시로 스스로에 대해 하나님이 주신 것을 해석하고, 반면에 사도들은 신약성경에서 역사와 인간과 자연 속에 하나님의 계시를 해석한다. 이러한 사람들은 계시를 해석할 뿐 아니라, 그들 스스로가 계시의 수단이 된다. 가령, 호세아는 하나님의 말씀을 해석했는데, 그의 개인적 가정의 비극은 이스라엘에 대한 하나님의 말씀이 되었다. 나아가, 호세아가 한 진술이 기록된 말씀(혹은 성경)이 되었을 때, 하나님은 다시, 내가 신앙 안에서 반응함으로써, 내게 말씀하신다. 이러한 계시에서 인간의 역할은 신약성경의 사도들에 의해서 계속된다. 우리가 오늘날 그리스도를 아는 까닭은 사도들의 말씀이 있기 때문이다.

> [계시]는 특별한 일련의 역사적 사건들인데, 그 차체가 모든 역사의 구속과 의미를 전했다. 계시의 중심에는 사도들, 선지자들, 증언에 대해 해석하는 인물들, 그리고 그들을 끌어 모으는 자들이 있다. 그들에게 계시는 왔다. 실로 그들은 계시 자체에 속한다. 왜냐하면 그들에게 허락된 하나님이 주신 것에 대한 통찰력이 없었다면, 그들의 역사적 상황 속에서 그들에게 임했던 하나님의 말씀과 우리의 신앙은 불가능하다.

## 평가

일반계시는 모든 시간과 모든 장소에서 우리 모두에게 이용될 수 있는 하나님에 대한 보편적 지식이다. 반면 특별계시는 특별한 시간과 특별한 방법으로 하나님이 직접 준비된 사람들에게 주신 것이다. 러스트의 특별계시 모델은 몇 가지 전통적인 물음들에 대한 시험을 거쳐야 한다. 즉 그의 모델은 성경에 충실한가? 내적 자기모순으로부터 벗어나 있으며 자유로우며 그럴듯한가? 우리의 다른 경험을 조명해주고, 우리의 도덕적이고 지적인 삶의 역량을 강화시켜주는가? 우리가 다른 종교들을 이해하도록 돕고 그들과 대화하게 하는가? 자유주의도 근본주의도 이러한 시험을 통과하지 못했지만, 러스트의 모델은 가능했다.

러스트의 접근은 하나님의 행동하심과 말씀을 함께 강조한다. 성경은 하나님이 역사적 사건들 안에서, 사건들을 통해서, 사건들에 의해서 스스로를 나타낸 행동하심의 사건으로 가득하다. 동시에 하나님의 말씀은 구약의 기자와 신약의 사도들을 통해서 전해졌다. 그리스도 안에서 우리는 말씀과 행동하심이라는 가장 완전한 하나님의 계시양식을 만난다.

러스트의 계시모델은 몇 가지 장점이 있다. 첫째, 사건으로서의 계시, 교리로서의 계시, 그리고 경험으로서의 계시 간의 긴장을 유지시킨다. 둘째, 계시는 하나님이 시작하신 것으로 이해한다. 셋째, 신앙으로 계시를 받아드릴 책임을 우리에게 남긴다. 넷째, 우리 자신과 다른 경험을 한 사람들과의 대화를 개방하고 있다. 그리고 다섯째, 성경이 영감으로 된 사실을 의미한다.

영감 받은 성경은 내가 모세, 요한 그리고 바울과 동일한 하나님의 계시를 소유하는 데 필수적이다. 하나님의 성령은 성경기자들의 계시에 대한 기술이 지금 나의 계시가 되도록 인도했다. 이것은 성경기자들이 하나님께서 원하신 성경을 우리가 가질 수 있도록 정확하게 성령의 지도를 받아서 우리에게 전해주었다는 것을 함축한다. 영감은 하나님으로부터 왔으나, 성령은 각 기자의 독특한 재능을 사용했다. 이것은 성경의 권위와 신뢰성을 강조하는 기계적 구술 영감 모델을 피하게 했다. 그래서 영감은 기자와 기록물 모두를 포함시킨다.

성경은 최초의 의미와 최초의 상황 속에서 이해했을 때, 완전히 영감된 책이다. 성경을 올바르게 이해한다는 것은 올바르게 해석한다는 것이다. 올바르게 해석되었을 때, 성경은 기독교인들에게 궁극적으로 기록된 권위가 된다. 우리는 무엇을 믿고 어떻게 행동할 것인가를 정의할 권리가 있다. 우리는 이해와 포용력과 확신을 우리에게 주실 성령을 의지할 때, 성경에서 말씀하시는 하나님의 음성을 듣게 된다.

자유주의는 러스트의 모델을 좋아하지 않을 것이다. 그리고 자유주의자들은 성경이 전적인 인간의 상태에서, 즉 오류 많은 인간들이 쓴 책이라는 것을 인정하지 않는다고 그를 비난할 것이다. 근본주의 역시 러스트를 좋아하지 않을 것이다. 왜냐하면 그가 계몽주의에 초연하지 못했고 성경에 대한 모든 고등비평에 적극적으로 맞서 싸우지 않았다고 보기 때문이다. 즉 러스트는 자유주의도 근본주의도 아닌 죄인이었던 것이다.

그런데 러스트는 현대의 학문적 성과를 부인하기보다는 오히려 활용함으로써 침례교인들이 영감과 계시에 관한 교회의 역사적 교리들을 보유하고 재강화하도록 도왔다. 하나님은 성경 전체에 대한 신뢰성과 성경의 각 부분의 보증자가 되시는, 궁극적 성경의 저자이시다. 성경의 본문과 이미지(언어)는 하나님 안에서 영감을 받았고, 기자들의 인간적 특성은 허용되었으며, 기자들은 그들이 가지고 있는 타고난 자원들 이상의 진리를 받았다. 창조적 대화의 장으로 현대성과 역사적 기독교를 끌어내는 데 러스트가 성취해 낸 것 이상으로 성공한 침례교인들은 거의 없었다. 그는 우리에게 현대 세상의 흐름을 꿰뚫으면서 과감하게 성경을 사용하는 방법을 가르쳐주었다.

# 참고자료


### 1차 자료

*The Christian Understanding of History*. London: Lutterworth Press, 1947.

*Covenant and Hope*. Waco: Word, 1971.

*Evolutionary Philosophies and Contemporary Theology*. Philadelphia: The Westminster Press, 1969.

*Judges, Ruth, 1 & 2 Samuel*. Layman's Bible Commentary, vol. t. Richmond: John Knox Press, 1961.

*Nature and Man in Biblical Thought*. London: Lutterworth Press, 1953.

*Nature: Garden or Desert?* Waco: Word, 1971.

*Positive Religion in a Revolutionary Time*. Philadelphia: The Westminster Press, 1970.

*Salvation History*. Richmond: John Knox Press, 1962.

*Science and Faith*. New York. Oxford University Press, 1967.

*Towards a Theological Understanding of History*. New York: Oxford University Press, 1963.

### 저자가 편집한 자료

Articles on "Prophecy," "Man," "Sin," "Creation," "Grace." *Encyclopedia of Southern Baptist*. Nashville: Broadman Press, 1958.

"Does Science Leave Room for God." *Science and Religion*, ed. J. C. Monsma. New York: G. P. Putnam's Sons, 1962.

"History and Time." *The Teacher's Yoke*, ed. E. Jerry Vardaman. Waco: Baylor University Press, 1964.

"Science and Ethics." *Baker's Dictionary of Christians Ethics,* ed. Carl F. H. Henry, Grand Rapids, Mich.: Baker Book House, 1973.

Sermon: "The Challenge of a World Fellowship." *Younger Voices,* ed. Graham W. Hughes. London: The Carey Press, n.d.

Sermon: "The Hiddenness of God." *Professor in the Pulpit,* ed. W. Morgan Patterson and Raymond Bryan Brown. Nashville: Broadman Press, 1963.

"The Limitations of Science." *Official Report of the Seventh Baptist World Congress, 1947.* London: Baptist World Alliance, 1948.

정기간행물

"The Apologetic Task in the Modern Scene." *The Review and Expositor* 56 (April 1959).

"The Atoning Act of God in Christ." *The Review and Expositor* 59 (Jan. 1962).

"The Bible and Revelation." *Three articles. Community, a Journal of Christian Interpretation* 14 (Nov. 1950, Jan. 1951, April 1951).

"The Biblical Faith and Modern Science." *The Review and Expositor* 71 (Spring 1974).

"The Church in the 1970's." *The Review an d Expositor* 67 (Winter 1970).

"The Contemporary Theological Scene." *The Review and Expositor* 67 (Summer 1970).

"Creation and Evolution." *The Review and Expositor* 59 (April 1962).

"The Destiny of the Individual in the Thought of the Old Testament." *The Review and Expositor* 58 (July 1961).

"The 'God Is Dead' Theology." *The Review and Expositor* 64 (Summer 1967).

"Interpreting the Resurrection." *The Journal of Bible and Religion* 27 (Jan. 1959).

"The Nature and Problems of Biblical Theology." *The Review and Expositor* 50

(Oct. 1953).

"The Possible Lines of Development of Demythologizing." *The Journal of Bible and Religion* 27 (Jan. 1959).

"Theology and Preaching." *The Review and Expositor* 52 (April 1955).

"A Theology of Stewardship." *The Review and Expositor* 70 (Spring 1973).

"The Theology of the Lord' s Supper." *The Review and Expositor* 66 (Winter 1969).

"Time and Eternity in Biblical Thought." *Theology Today* 10 (Oct. 1953).

# 25. 조지 엘든 래드(George Eldon Ladd)

몰리 마샬-그린(Molly Marshall-Green)

조지 엘든 래드
(George Eldon Ladd)

조지 E. 래드(George E. Radd, 1911-82) 교수를 묘사할 때, 엄격하고, 완강하고, 한결같고, 철저한 등의 다양한 용어들이 사용된다. 성경적 선포에 대한 통찰력과 애정 때문에 이 목사-교사는 "이해를 추구하는 믿음"을 설명하는 일에 평생 관심을 두었다. 그는 복음주의적 성경연구에 역사-비판적 방법론을 관련지을 것인지를 두고 가장 고심한 사람이다; 그는 성경의 진리가 역사-비판적 도구를 사용해서 좀 더 분명하게 파악될 수 있다고 생각했다. 성경, 학생들, 그리고 신학연구에 대한 그의 깊은 애정은 이해하기 쉬운 그의 저서들을 읽은 많은 신학생들과 평신도들에게 상당한 영향력을 주었다.[1] 래드교수기념논문집(1978)에서, 풀러신학대학원(Fuller Theological Seminary)의 총장인 '후바드(David Hubbard)는 래드의 철저한 동기를 이렇게 요약했다: "우리 세대의 그 어떤 인물보다, 그는 복음주의 학풍을 대학교의 세계에서 신뢰할 수 있는 것으로 만드는 일을 의도적으로 추구해 왔다."[2] 교수와 저술가로서, 그는 어려운 질문들과 대결을 회피하지 않았다. 본문, 동료들, 그리고 학생들은 그의 철저한 연구의 업적에 압도됐다; 대개 그 결과는 "그 안에 있는 소망에 대한 확고한 이유"였다(벧전 3:15).

## 생애

하나님의 섭리로, 조지 래드는 1911년 7월 31일에 캐나다 알버타(Alberta)에서 그리스도인 가정에서 태어났다. 부친의 직업이 의사였기에, 그 가정은 뉴햄프셔(New Hampshire)로, 후에는 매니(Manie)로 이주했다. 그곳에서 19살 때, 그는 무디성경학원(Moody Bible Institute) 출신의 한 젊은 여성의 설교를 듣고 감리교인이 되었다. 좀 더 많은 생각을 할 나이에 그리스도를 영접한 사람이 흔히 그렇듯이, 그는 선포와 선교를 위한 복음의 명령에 깊은 관심을 가졌다. 이전의 많은 학생들이 입증했듯이, 이것들은 래드의 강의 및 저술에서 지속되는 주제였다.

그는 뉴햄프셔 주 길포드(Gilford)에서 학생 목회자(student pastor)로 섬기면서, 보스턴에 위치한 고든대학(Gordon College)에서 학부 과정을 마쳤다. 자신의 생애에 대한 그리스도의 뜻을 익히 알고 있었기 때문에, 그는 집중적으로 학문을 연구하려는 목적을 성취하기 위하여 목회에 전념하는 것을 미루지는 않았다. 그의 생애는 학업과 사역을 결합, 즉 "말씀의 사역"을 위한 지속적인 의지가 나타난 열렬한 증거다. 래드는 신학사(Th.B.)를 취득했고, 1933년에 북침례총회(Northern Baptist Convention; 지금은 미국침례총회)에서 안수 받았다. 그 해 그는 위니프레드 필리스 웨버(Winifred Phyllis Webber)와 결혼했다.

래드는 다른 사역지에서 목회하는 동안 1941년에 고든신학원(Gordon Divinity School)에서 목회신학학사(B.D)과정을 마쳤다. 목회사역에 대한 헌신으로 그는 버몬트주 몬트페리어(Montpelier)에 위치한 제일침례교회(First Baptist Church)에 부임해서, 1936년부터 1942년까지 그곳에서 목회했다. 그러나 학업과 가르침이 그의 주요한 직무가 돼야 했기에, 래드 가족은 그가 박사과정을 공부할 수 있도록 하기 위해 보스턴으로 돌아왔다. 1943년부터 1949년까지, 그는 하버드대학교에서 고전학 박사과정에서 의욕적으로 연구했다. 동시에, 그는 모교인 고든대학에서 강사로 헬라어와 신약성경을 가르쳤다.

졸업 후, 래드 가족은 1950년에 칼리포니아주 파사데나(Pasadena)에 신설된 풀러신학대학원으로 갔다.[3] 교수직의 매력은 강의에 대한 책임 그리고 저술할 수 있는 충분한 시간을 보장하는 것이었다. 래드는 그의 학문적 입장이 요구하는 것을 철저하고 단호하게 수행했다. 래드의 제자인 총장 휩바드는 래드의 연구스타일이 끼친 영향력에 관해 이렇게 말했다: "우리는 그가 보인 사례를 보고 용기를 얻었을 뿐 아니라, 그분 때문에 이전보다 더 열심히 연구하게 됐다."[4] 풀러신학대학원은 신약성경 석의 및 신학교수인 이 헌신된 학자의 풍부한 저술 덕택에 탁월한 학문적 명성을 얻었다.

래드는 연구와 강의에 충실했다. 교수직에 종사한 사람들은 학문적 연구와 출판 그리고 통찰력 있는 강의와 대학원생들을 지도관리하는 일에서 래드처럼 그렇게 균형을 이루기 어려울 것이다. 하이델베르크대학교(Heidelberg University)와 바젤대학교(Basel University)에서 안식년 연구를 통해 그는 좀 더 넓은 학문세계에서 대화할 수 있는 역량을 강화시켰다. 아이러니하게도, 래드 교수에 대한 평가는 그의 고국에서보다는 영국과 유럽 대륙에서 더 대단했다.[5] 그가 1950년대와 1960년대에 미국에서 개최된 다양한 복음주의 세미나에서 발표한 탁월한 논문들은 래드 교수의 학문적 영향력을 확산시켰다. 건설적인 성경신학의 연구에 관련된 사람들은 "구속사"의 특성, 종말론의 역할, 석의의 우선성, 그리고 부활의 중심성 등에 관한 그의 질문이 쉽게 간과될 수 없다는 것을 알았다. 성경을 비평적이지만 충실하게 접근하는 것에 대한 래드의 입장은 많은 영향력을 끼쳤다.

(동료 교수에 따르면, 그가 여전히 성경을 암송할 수 있었을지라도) 약해져 가는 발작으로 상당한 고생을 겪은 후 1982년에 래드 교수가 사망했을 때, 그가 사랑한 학

교와 전 세계의 동료들은 한 친구를 잃었지만, 신약성경의 가르침에 대한 좀 더 정확한 비평적 평가를 하도록 격려 받았다. (지금은 교수 활동을 하고 있는) 많은 제자들을 통해 전해지는 그의 유산과 저서들은 그리스도의 교회에 지속적으로 영향을 주고 있다. 왜냐하면 그는 교회를 위해 생애를 바쳤기 때문이다.[6]

## 사상

조지 래드는 성경신학의 연구에 대한 확신이 절정에 이른 시점에 저술했다. 많은 학자들이 성경에 대한 이런 접근의 파산을 선고한 후에도,[7] 래드는 신약성경 본문 안에서 신학의 형태를 구성하려는 시도가 타당하다는 것을 주장했다.

래드는 많은 근본주의 저술가들이 의도적으로 애매하게 표현하는 것과 대항하지 않을 수 없었다.[8] 그는 성경 석의와 신학에 대한 자신의 복음주의적 공헌이 신중하게 고려되도록 포괄적인 비평적 입장을 연구하는 데 끊임없이 노력했다.[9] 래드는 1920년대의 근본주의-현대주의 논쟁이 교회와 신학교에 영향을 끼치고 있다고 생각했고,[10] 이런 곤경을 극복하기 위해 보수주의 성경학자들을 지지했다.

### 성경비평에 대한 접근

많은 대화상대자들은 래드의 연구특성을 형성하는 데 도움을 줬다; 그는 복음주의적 비평을 시도하기 전에 그들의 견해가 지닌 함축적 의미를 세심하게 검토했다.[11] 학술 저서 「신약과 비평」(The New Testament and Criticism)에서, 그는 성경의 특성이 비평적 방법론들의 활용을 결정해야 한다고 주장했다. 성경이 "역사 중에서 인간의 언어로 주어진 하나님의 말씀"이기 때문에,[12] 성경비평의 도구를 채택하는 연구자들은 그들의 제한된 한계를 인정하고 결정해야 한다. 래드는 유행하고 있는 접근들의 중요성을 차례로 평가했다; 본문비평,

언어학적 비평, 문헌비평, 양식비평 등은 하나님의 말씀인 성경을 복음주의적으로 이해하는 데 건설적인 가치가 있다고 평가했다.

그러나 래드는 복음주의 진영에 있는 그의 많은 동료들이 성경이 인간의 말로 주어졌다는 실재성을 묵인했다는 것을 잘 알고 있었다. 따라서 그는 복음주의 신앙이 "계시의 과정에 대한 역사적 국면의 재구성에 비평적 방법론을 필요로 한다"고 주장했다.[13] 이런 문제에 관심을 가짐으로 좋은 결실이 기대됐다; 특정의 근본적인 내용들(예를 들면, 동정녀 탄생, 그리스도의 신성, 기적의 실재, 대속적 죽음, 신체적 부활, 재림, 그리고 성경의 완전영감)[14] 등에 대한 신앙의 인식에 의해 지지를 받으면서도, 성경에 대한 객관적인 접근이 성경신학에 대한 일관된 강해를 가능케 한다는 그의 주장은 그의 저서들에 분명하게 나타났다.

래드가 저술한 유용한 교재인 「신약신학」(A Theology of the New testament)[15]는 그가 신약성경 석의와 신학에 사용된 다양한 비평적 방법론들을 대담하게 연구했다는 것을 입증한다. 결정적으로, 래드는 중요한 질문이 성경적 계시에 대한 주장과 성경에 대한 역사적 접근 사이에 관련되어 있어야 한다는 것을 알았다.[16] 이런 질문을 피한다면, 성경적 신앙을 역사적 탐구와는 관계없이 지성이 결여된 주장으로 만들든지, 아니면 신앙을 위한 근본적 사건들의 역사성을 입증하려는 역사가의 능력에 대한 잘못된 인정을 표현할 것이다.[17]

따라서 성경에 대한 역사 – 비평적 접근에 대한 래드의 연구는 "구속사"의 특성 및 (초자연적인 것들을 고려하지 않는) 역사가의 방법론적 적절성에 대한 질문으로 나가곤 했다. 그 의도는 이스라엘의 역사에서 하나님의 능력적인 구속활동과 궁극적으로는 그리스도의 부활을 다루기 위함이다.[18] 래드는 역사가 자연과학의 방법론적 이상에 따르는 것처럼 다뤄질 수는 없다고 주장했다; 불트만이 역사를 그 안에서 하나님의 활동에 대한 증거를 허락하지 않는 폐쇄된 연속체(a closed continuum)로 간주했을 때–혹은 하나님께서 자연질서 안에서 활동하실 가능성을 배제시켰을 때, 그는 이런 함정에 빠졌다.[19]

## 구속사

래드는 성경과 신학에 대한 구속사적 접근을 지지한 신약학자였다.[20] 칼 바르트(Karl Barth), 오스카 쿨만(Oscar Cullman), 레기날드 풀러(Reginald Fuller), 데일 무디(Dale Moody), 에릭 러스트(Eric Rust), 그리고 다른 사람들처럼, 래드는 하나님의 특별한 활동들이 역사 안에서 발생하지만, 이런 활동들이 트뢸취(Troeltsch) 혹은 폰 랑케(von Ranke)의 자연주의적[21] 혹은 실증철학적[22] 방법론들에 따라서 해석될 수 없다고 생각했다. 그것들은 신앙의 눈에 계시된다.

이런 견해는 두 종류의 역사, 곧 일부 현대학자들이 수용하지 못하는 그런 역사를 묘사한다.[23] 구속사를 지지하는 사람들은 세속적 역사 서술의 방법론에 접근할 수 있는 자연역사(natural history), 그리고 인간의 역사에서 하나님의 초자연적인 활동의 가능성과 실재성을 지지하는 신성한 역사(sacred history)를 주장한다. 역사에 대한 후자의 견해는 "하나님께서 역사에서 일반적인 역사적 경험을 초월하는 방식으로 활동해 왔다는 것을 서슴없이 지지한다."[24]

게다가, 구속사를 다루면서, 래드는 기적의 실재성을 주장한다; 기적은 "역사적 원인을 가지고 있지 않는 역사상의 사건이다."[25] 따라서 그는 역사에 대한 어떤 자연주의적 해석, 즉 부활의 가능성 혹은 역사가의 한계를 초월하는 하나님의 능력적 활동을 선험적으로 배제시키는 그런 해석을 분명히 거절한다. 역사가가 하나님의 활동영역을 평가할 수 없다고 생각했기 때문에, 그는 일관된 주장에 대한 부담이 신자에게 주어져야 한다고 주장했다.[26]

"하나님의 능력은 피조물 세상에 의해서 제한되지 않는다…."고 래드는 대담하게 주장한다.[27] 오히려 하나님께서는 자연의 질서에 당신의 능력을 반복적으로 드러낸다; 이것은 자연의 법칙을 "위반하는" 것으로 해석되어서는 안 된다. 이것이 비-역사적(non-historical)으로 간주되어서도 안 된다. 래드는 역사와 신학에 대한 해석의 관점을 간결하게 서술한다: "초자연적인 것은, 그것이 자연적인 것에 영향을 줄 때, 역사적으로 된다."[28] 하나님의 은혜로운 능력을 경험한 사람만이 초자연적인 것의 합류, (예를 들면, 인간의 영역 안에서 하나님의 초월적 활동)의 가능성에 관해 시식을 가신 방식으로 말할 수 있다.

### 신약성경신학을 통합시키는 핵심으로서 종말론

성경신학 분야에 대한 래드의 가장 건설적인 공헌 가운데 하나는 신약성경의 종말론적 핵심에 대한 그의 관심이었다.[29] 그는 근본적인 통일성[30]이 신약성경의 문헌들을 확고하게 지지한다고 확신했다. 그는 두 시대의 묵시적 교리, 즉 하나님 통치의 근접성이기는 하지만 미래적 종말에 관한 예수의 선포에 의해 발생하는 늦춰지지 않는 긴장이 전체 신약성경신학의 조식이라고 주장했다.[31] 예수의 선포와 사역에 관한 종말론적 초점에 일관된 견해를 취하면서, 래드는 당시 조직신학에서 가장 중요한 문제가 될 것을 여러 관점에서 예고했다.[32]

래드는 하나님의 임박한 통치를 선언한 것에 관한 다양한 관점들을 검토했다; 그는 신약성경학계의 분기점을 정확하게 인식한 채로 "시작된"(inaugurated) 종말론과 "실현된"(realized) 종말론 사이의 차이를 언급했다.[33] 종말론이 신약성경신학의 일관된 구조를 제시한다고 확신하면서 그는 다음처럼 말했다:

a) 두 시대의 묵시적 구조는 공관복음서, 바울, 요한의 신학에 기본적이다; b) 신약성경신학의 세 층 모두에는 종말론의 동시대화가 있다; 그리고 c) 각 경우에 종말론의 동시대화는 부분적이긴 하지만 미래적 종말론의 절정에 대한 순수한 예고로 이해돼야 한다.[34]

래드는 예수의 선포 정황이 유대주의의 묵시적 기대였다는 견해에 동의한다.[35] 유대주의적 묵시와 대조해서, 왕국에 관한 예수의 설교에서 독특한 요소는 왕국의 "신비"(mystery)에 대한 그의 강조다. 래드에 따르면, "신비는 하나님의 목적을 한층 더 잘 드러낸다: 사실, 묵시적 화려함 중에 종국적으로 도래할 왕국은 사람들 가운데 은밀하게 역사하기 위하여 감추어진 형태로 먼저 세상에 진입한 상태다."[36] 그 왕국은 부분적으로 현재적이고 역동적인 실재다. 래드는 성경적 종말론에 대한 그의 구도에서 왕국의 미래적 절정을 간과하지는 않는다. 성경에 대한 이해로 인해 그는 "역사적 전천년주의자"(historical premillennialists)의 범주에 속한다.[37] 논리적 일관성과 석의의 상세한 관심으로, 그는 교회의 희망이 예수의 재림보다는 (19세기 복음주의학계의 추론에 불과한) "환난 전 휴거"(pretribulation rapture)에 있다고 생각하는 자들을 반대한다.[38] "그 복된 희망은 대환란으로부터 구출되는 것이 아니다; 그것은 재림 때 주님과 연합하는 것이다."[39] 그리스도의 '파루시아'는 하나님께서 죄 많은 인류에게 주신 구원의 성취가 될 것이다. 그것은 "구속에 대한 성경의 가르침에 절대적으로 필요한 교리다."[40] 래드는 그리스도가 가시적으로 그리고 육체적으로 오시는 것을 부인하는 현대학계의 경향을 우려했다; 만일 그렇지 않다면, 구원은 전체로서 사회와 세상의 구원 및 심판과 관련이 없는 순수하게 개인적 진리라고 볼 수밖에 없다고 주장한다. "하나님의 뜻이 땅에서 이뤄진다"는 것은 하나님의 활동을 완성시킬 그리스도의 영광스런 다시 오심을 필요로 한다.[41]

### 하나님 나라와 교회의 관계

"이미와 아직"(already and not yet) 사이의 종말적 긴장을 완화시키면서 하나님 나라와 교회를 동일시할 때 발생하는 난점을 래드는 아주 잘 안다. 로이즈(Loisy)의 유명한 말인 "예수께서는 하나님 나라를 예고했지만, 실제로는 교회가 왔다"[42]는 그 둘 간의 부적절한 이분법을 만들었지만, 교회가 하나님의 현재적 통치라는 승리주의적 개념 역시 동일하게 문제가 돼 왔다. 이것은 많은 문제들 중에서도 이스라엘에 대한 교회의 관계에서 왜곡된 개념들을 만들었다. 래드는 교회가 하나님의 언약적 선택에서 이스라엘 나라에 주어진 약속들을 상속하면서 이스라엘을 대체했다고 간주하려고 하지 않았다. 따라서 그는 "새 이스라엘"보다는 "참 이스라엘"로서 교회라는 용어를 사용한다.[43] 예수의 제자들로 구성된 믿음 있는 남은 자는 예수의 지상 사역 동안에 하나님의 메시아적 구원을 받게 된다; 예수는 그들을 중심으로 모인 열 두 제자들 안에 "초기 교회"(incipient church)를 구성한다.[44]

래드는 「신약신학」에서 교회와 하나님 나라의 관계를 세밀하게 다룬다. 그는 그 둘 사이의 관계를 묘사하기 위해 몇 가지 논제들을 제시한다: 1) 교회는 하나님 나라가 아니다; 2) 하나님 나라는 교회를 만든다; 3) 교회는 하나님 나라를 증거한다; 4) 교회는 하나님 나라의 도구다; 그리고 5) 교회는 하나님 나라의 관리인이다.[45] 그는 예수께서 하나님의 다스림(예를 들면, 하나님 나라는 하나님의 권위에 대한 역동적 표현이고 또 그 권위가 경험되는 영역이다)을 선포했다고 지지한다.[46] 교회는 하나님의 다스림을 선포하면서 하나님 나라를 증거하는 특별한 역할을 한다. 교회는 하나님의 다스림을 세울 수 없고, 또 "하나님 나라를 확립할 수도 없다." 그것은 하나님의 주권적 선물이다. 교회는 하나님 영역의 현재적 드러남에 이미 참여하는 특권을 가지고 있고, 또 세상과 더불어 그것의 최종적이고 완전한 표현을 고대한다.[47] 아주 지혜롭게, 래드는 교회에만 하나님의 특권을 부여하는 교회론적 전제에 반대한다.

### 역사적 예수에 대한 접근

래드는 학계가 "역사적 예수"(historical Jesus)의 회복에 대한 새로운 관심을 보이는 그런 기간에 저술했다. 충분히 입증되었듯이,[48] 불트만의 많은 제자들은 예수에 관해 전혀 알 수 없다는 극단적인 회의주의에 불만을 가졌다. 그들은 역사의 예수(Jesus of history)가 신앙을 위해서는 적절치 않다는 불트만의 주장에 반대했다.[49]

래드는 복음서들이 신앙의 산물이라고 인정했다; 그러나, 이것은 "역사의 예수가 실종되었다든지 혹은 복음서들이 예수에 관해 본질적으로 정확하게 묘사하지 못하거나 그의 메시지를 제시하지 못한다"는 결론을 요구하지 않는다.[50] 물론, 해석의 과정에서 이런 문헌들을 작성할 때 발생한다는 것을 식별할 수 있지만, 극단적인 회의주의 정신으로 그 문헌들에 접근할 필요는 없다. 래드는 역사에 실제로 살았던 예수와 복음서 저자들에 의해서 묘사된 성경의 그리스도 사이에 기본적인 연속성이 있다고 생각했다.[51]

신앙과 역사의 문제에 대한 래드의 주요 대화상대자는 루돌프 불트만(Rudolf Bultman)이다. 비평가들이 불트만의 신약성경에 대한 공헌의 의미와 함축성, 특히 예수의 역설적인 역할을 거의 이해하지 못했다고 확신했기 때문에,[52] 래드는 이런 국면을 분명히 제시했다.

래드는 하나님의 활동에 관해 말하는 방법에서 불트만과 반대의 입장을 취했다. 불트만에게, 하나님의 활동에 관해 말하는 것은 실존적 진술, 즉 케리그마의 선포를 통해서 그리스도를 개인적으로 만나는 것을 반영하는 것이다. 게다가 그것은 외적 증거에 의존하지 않는 신앙적 진술이다. 래드는 이런 주관적 주장을 지지하지 않았다; 그는 신앙이 부활과 같은 객관적인 사건에 의존해야 한다고 주장했다.[53] 이 사건은 "역사적 그 이상이다; 그것은 역사 안에 있는 사건이지만, 역사를 초월하는 사건이다."[54]

이 점이 바로 래드가 불트만을 가장 정확하게 공격하고, 또 그의 주장이 일관적이지 못함을 입증한 것이다. 많은 사람들이 그를 비판했듯이, 신앙에 대한 불트만의 개념에 대한 논리적 결과는 역사적 예수를 전적으로 배제하지는 않는다; 오히려 그는 사람들을 결단의 위기에 처하게 한 예수의 말씀에 우선권을 둔다. 하나님의 말씀은 역사적 예수 안에서 시작하지만, 하나님께서 케리그마를 통해 말씀해 온 관점에서 이것은 입증될 수 있다.

래드는 불트만이 예수의 생애, 특별히 예수 안에서 하나님 활동의 "영원한" 특성을 약화시키는 것을 비판한다.[55] 그러나, 래드는 불트만의 제안이 역사적 근거에 다소 의존한다고 주장한다. 왜냐하면 그가 케리그마의 기원을 위해서 역사적 예수를 전적으로 배제하지 않기 때문이다. 불트만에게, 선포의 지

속적인 말씀의 중요성이 예수의 특이성을 제거하도록 위협한다는 것이 래드의 견해다.[56]

래드의 주장에 의하면, 성경에서 입증된 역사적 예수와 복음의 현재적 선포에서 만나는 예수 가운데 하나를 택하도록 강요받을 필요는 없다. 그런 선택은 불트만의 그릇된 이원론이다; "역사와 신앙을 절대적으로 분리시키는 종교철학은 성경적 증거에는 정당치 않다."[57] 역사적 통제를 초월하는 역사 안에 있는 한 차원을 기꺼이 허용하면서, 래드는 칼 바르트(Karl Barth)의 방법을 기본적으로 따른다.[58]

## 윤리와 그리스도인의 삶

래드가 종말론의 문제에 관심을 두었지만, 그는 그리스도인들을 위한 현재의 윤리적 삶의 중심성을 간과하지 않는다. 그의 대표작에 포함돼 있는 "그 나라의 윤리"에 관한 핵심 장에서,[59] 래드는 사람의 행동에 관한 예수의 관심을 강조한다.

예수의 윤리적 가르침이 하나님 나라에 대한 선포와 단절될 수 없다고 래드는 주장한다.[60] 그는 옛 자유주의적 해석이 윤리적 국면에만 의존한 채로 하나님 나라에 대한 예수의 전파에서 묵시적 요소들을 간과하려는 시도를 비판한다.[61] 래드에 따르면, 예수께서는 "임시적 윤리"(interim ethics; cf. 슈바이처)만을 제시하지 않았다. 오히려 예수께서는 하나님의 다스림에서 기인하는 "절대적 윤리"(absolute ethics)를 가르쳤다.[62] 이 윤리는 미래에 온전히 성취될 것이다; 그럼에도, 산상설교에서 분명하듯이, 예수께서는 그의 제자들이 현 시대에 그의 가르침들을 실천하길 기대했다. 예수께서는 새로운 토라를 제시하지 않았고, 도리어 내적 국면을 성취하기 위해 모세 율법의 요구를 강화시켰다. 그러나 예수께서는 이런 윤리적 요구를 의를 얻는 수단으로 제시하지 않았다; 그것은 하나님의 다스림을 받고 살아가는 사람의 실천적이고 공적인 증거다.[63]

예수의 선포에서, 기독교 윤리는 선물과 목표로서 하나님 나라와 항상 관련된다.[64] 우리가 "추구하는 목표는 우리 삶을 관리하는 형태를 포함한다";[65] 그런 삶은 "이룰 수도 있지만, 동시에 이울 수 없는 것이기도 하다."[66] 하나님 나라의 윤리에 대한 기본적 묘사는 현재의 의로운 삶의 모습이다. 이런 의는 자신을 겸손하게 낮추는 종의 모습, 기꺼이 용서함, 차별성을 두지 않는 사랑, 실제적인 자선활동, 그리스도를 위해 다른 관계보다 우선되는 급진적이고 무조건적인 결단, 하나님의 선하심에 대한 지속적인 신뢰의 모습을 취한다.[67] 사람은 율법의 요구를 성취할 수 없다; 래드의 이해에서, 하나님의 다스림은 현재 하나님께서 바라는 신실함 속에서 살게 하는 은혜의 선물이다. 시대의 종말 이전에 하나님의 의로우심을 전적으로 경험할 수 없기 때문에, 오늘을 살아가는 그리스도인에게는 인내가 요구된다.

## 평가

성경신학에 대한 건설적 접근에서, 래드는 "성경적 현실주의"(Biblical Realism)로 불리는 성경연구법을 제시한다.[68] 그 방법론은 "성경의 메시지를 현대적 사고 형태로 강요하기보다," 저자의 사고에서 성경을 이해하려는 시도다.[69] 이런 접근은 그 시대의 다른 많은 저술과는 대조적이었다.[70] 그의 방법론은 지속적으로 유지되고 분명하게 제시되면서 신약성경신학 분야에 실질적인 공헌을 했다. 유감스럽게도 래드의 저술들이 학계에서 지지를 받는 과정에서 도전도 받았지만, 그것들은 이전 학생의 증언에서 보면 "신앙과 실천의 원천"이었다.[71]

래드는 신약성경 학자의 주요 임무가 역사적이고 묘사적이라고 생각했다. 첫째, 신약성경이 1세기 상황에서 의미했던 것을 이해해야 한다; 둘째, 그런 다음에야 이 메시지를 현대적 이해로 전달하기 위한 해석학적 노력에서 일관된 해석학적 원칙들을 사용할 수 있다. 성경이 모든 시대에 말할 수 있다고 래드는 주장했다; 해석은 영감 받은 저자가 의미했던 것을 발견하는 것에 의존한다.

이런 확신을 가지고 래드 교수가 가르침과 저술 활동을 통해 성경신학에 관심을 가진 것은 당연하다. 그는 신학적 설명에서 철학적 혹은 체계적인 면에 관심을 두지 않았다; 석의와 주해는 그의 저서들과 강의들의 중심이었다. 인간 중심의 평가를 모든 실재에 대한 척도로 전제하지 않는다면, 비신화화가 신약성경의 기본적 메시지를 이해하는 데 필수적이지는 않다고 래드는 (분명히) 확신했다.[72] 그리스도를 믿는 사람들은 세상에서 하나님의 활동하심에 대한 여지를 주는 "성경적 사고"에 개방적이어야 한다(예를 들면, 인간 역사의 영역은 그 안에서 하나님의 자유로운 활동을 배제하지 않는다). 현대의 과학적 사고는 그리스도인이 단지 실존적 관점에서만 하나님의 구속적 활동에 관해 말하도록 허락된다고 요구할 수 없다.[73] 래드는 성경에 대한 우선성과 하나님의 초월적 주권에 대한 그의 주장을 통해 종교개혁의 주제들을 분명하게 말한다.

그가 다른 저자들의 저술에 대한 분석과 비판에서 적절한 객관성과 균형을 유지하려고 노력했지만, 한 주제에 대한 그 자신의 열정은 이런 방법론적 이상을 수시로 약화시켰다.[74] 편견 없는 학문성은 높이 평가받았지만, 아쉽게도 성경을 통해 중재된 진리에 대한 열정은 그렇지 못하다. 래드의 견해에 따르면, 이 진리는 무시간적이면서도 역사적이다; 그것은 분명히 접근될 수 있었다.

래드는 성경신학의 신학적 전문화가 오늘날처럼 분명하게 주어지지 않던 그런 수 십 년 동안 저술했다. 그는 신약성경신학의 임무가 "종교적 환경의 입장에서 이해된 초기 기독교의 살아있는 신앙적 경험들에 대한 표현들을 서술하는" 것이라고 확신했다.[75] 역사-비판적 방법의 도구를 올바르게 전유하고 또 진리의 말씀을 올바르게 나누는 것이 함께 해야 한다고 래드는 생각했다. 많은 면에서, 그의 생애는 해석하는 일로 점철되었다. 그는 보수적인 복음주의 동료들이 성경본문에 대한 비평적 연구로 향하는 길을 제시해주었다. 새로운 비평적 도구가 인류 안에서 하나님의 구속적 역사의 계시를 왜곡시킨다고 생각하는 자들을 향해, 그는 성경이 하나님의 말씀이라고 상기시켰다.

그의 영향력은 매우 두드러졌다. 복음주의 성경학자들의 조사에 의하면, 래드는 진보적 복음주의 조직인 성경연구회(Institute for Biblical Research)의 학자들에 의해 "가장 영향력 있는" 인물로 평가받고, 또 복음주의신학회(the Evangelical Theological Society)의 학자들 중에서는 요한 칼빈 다음으로 "가장 영향력 있는" 인물로 인정받는다.[76] 하나님께 바치는 그의 학문성, 가르침, 그리고 교회 봉사는 참으로 가치 있는 것이었다. 하나님의 은혜로, 그가 남긴 유산 덕택에 성경을 좀 더 잘 이해하기를 갈망하는 사람들이 계속적으로 배출되고 있다.

## 주(註)

1) David Allen Hubbard, *Unity and Diversity in New Testament Theology: Essays in Honor of George Ladd,* ed. Robert A. Guelich (Grand Rapid, Mich.: Eerdmans, 1978), xi ff가 제시하는 전기적 개요를 참고하시오. 래드의 저서 대부분이 학계를 위한 것들이지만, 전문적으로 성경을 연구하지 않는 사람들 중에서 널리 읽히는 책들도 있다. 이런 부류의 저서에는 *Jesus Christ and History* (Chicago: Inter-Varsity, 1963); *The Young Church: Acts of the Apostles* (New York: Abingdon Press, 1963); *A Commentary on the Revelation of John* (Grand Rapid, Mich.: Eerdmans, 1972); *I Believe in the Resurrection of Jesus* (Grand Rapid, Mich.: Eerdmans, 1975)가 있다.

2) Hubbard, *Unity and Diversity*, xiii.

3) George Marsden, *Reforming Fundamentalism: Fuller Seminary and The New Evangelism* (Grand Rapid, Mich.: Eerdmans, 1987)에서 풀러신학대학원의 특성 및 복음주의 사상에 끼친 독특한 공헌을 참고하시오. Marsden, ed., *Evangelism and Modern America* (Grand Rapid, Mich.: Eerdmans, 1984)은 20세기 복음주의 운동에 관한 문화적 및 역사적 관점을 파악하는 데 도움이 된다.

4) Hubbard, *Unity and Diversity*, xiii. 조지 말스든(George Marsden)은 1950년대에 "뉴 잉글랜드 문화"를 풀러신학대학원 전체학생의 다소 인과적 에토스(causal ethos)에 소개하려는 래드의 시도를 (농담으로) 자세히 말한다(참고., Marsden, *Reforming Fundamentalism,* 128).

5) 그가 기고하도록 부탁 받은 기념 논문집뿐 아니라 *Unity and Diversity in New Testament Theology*의 기고자 명단을 보시오. 그러나 그가 복음주의 진영 밖에서는 언제나 논문 청탁을 받은 것은 아니다. 래드의 독자들은 노만 페린(Norman Perrin)이 *Interpretation* 19 (4월 1965), 228-31에서 Ladd, *Jesus and the Kingdom: The Eschatology of Biblical Realism* (New York: Harper & Row, 1964)에 대한 서평에서 그의 손에 의해 래드가 받은 생색내는 대우를 잘 안다.

6) 풀러신학대학원 동문회, 풀러의 신학과장인 로버트 메이예(Robert P. Meye)에 의한 감사의 글, 그리고 학문의 중심적 주제들에 관한 래드의 네 제자들의 회고를 담기 위

해 뉴스레터 *Theology, News, and Notes* 30:2 (June 1983)가 발행되었다. 조지 말스든(George Marsden)에 따르면 그는 학생들에게 높은 기준을 고취시켰을 뿐 아니라, "신앙심을 높이 평가했고 전체 풀러신학대학원이 선교를 강조할 것을 강력하게 주장했다" (*Reforming Fundamentalism*, 120).

7) Brevard Child, *Biblical Theology in Crisis* (Philadelphia: Westminster Press, 1970)를 참고. Henning Graf Reventlow가 매우 유용하게 분석한 *Problems of Biblical Theology in the Twentieth Century* (Philadelphia: Fortress, 1986)를 비교.

8) Goerge Eldon Ladd, *Scripture, Tradition, and Interpretation*, eds. W. S. Lasor and W. W. Gasque (Grand Rapids, Mich.: Eerdmans, 1978), 49-59는 그가 옳다는 것을 그들에게 변호한 예다.

9) George Eldon Ladd, *The New Testament and Criticism* (Grand Rapid, Mich.: Eerdmans, 1967)은 이 관심사에 대한 그의 역작이다. 얼마나 많은 복음주의 신학도들이 이 예리한 저서를 통해 도움을 받아왔는지를 평가하는 것은 쉽지 않다. "믿을 수 있는 비평" (believing criticism)이라는 래드의 표지에 대한 마크 A. 놀(Mark A. Noll)의 분석은 *Between Faith and Criticism* (San Fransisco: Haper and Row, 1986), 163-64, 113-14에서 참고하시오.

10) George Marsden, *Fundamentalism and American Culture* (New York: Oxford University Press, 1980). 이 책은 이 논쟁에서 다뤄진 이슈들의 영향력과 미국 개신교 전체에서 그것의 지속적인 영향력을 평가하는 데 특히 도움이 된다.

11) 좀 더 유력한 사람들 중에 몇 사람을 거명하자면, (아마도 가장 자주 인용된) 루돌프 불트만(Rudolf Bultman), 오스카 쿨만(Ocar Cullman), 요아킴 예레미아스(Joachim Jeremias), C. H. 다드(C. H. Dodd), 그리고 G. E. 라이트(G. E. Wight) 등이다.

12) Ladd, *The New Testament and Criticism*, 12.

13) Ibid., 215.

14) Ibid., 7-8; 216-17.

15) George Eldon Ladd, A Theology of the New Testament (Grand Rapids, Mich.: Eerdmans, 1974). Roginald Fuller, Anglican Theological Review 58 (July 1976), 381-84의 아주 호의적인 서평에 따르면, 그는 이 책을 "불트만에 대한 보수주의적이고 복음주의적인 대안"으로 특징짓는다.

16) George Eldon Ladd, "The Problem of History in Contemporary New Testament Interpretation," *Studia Evangelica* 5 (1968), 88-100.

17) 다음과 같은 래드의 논문들을 참고하시오: "Biblical Theology, History, and Revelation," *Review and Expositor* 54 (April 1957), 195-204; "History and Faith," *Foundations* 7 (January 1964), 5-14; "History and Theology in Biblical Exegesis," *Interpretation* 20 (January 1966), 54-64.

18) George Eldon Ladd, I Believe in the Resurrection of Jesus (Grand Rapid, Mich.: Eerdmans, 1975), 16ff. 이 간결한 책에서, 래드는 많은 독일 학자들이 사용하는 역사-비판적 방법을 "증거에 대한 편견 없는 귀납법 연구가 아니다"고 주장하면서 단호하게 비판한다. Cf., Willi Marxsen, The Resurrection of jesus of Nazareth (Philedelphia: Fortress, 1970); Rudolf Bultman, Jesus Christ and Mythodology (New York: Charles Scribner's Sons, 1958), 78.

19) George Eldon Ladd, *Existence and Faith*, ed. Schubert M. Ogden (New York: Meridian Books, 1960), 291ff. Cf. *Kerygma and Myth*, ed. H. W. Bartsch (London: S.P.C.K., 1953).

20) Gerhard Hasel, *New Testament Theology: Basic Issues in the Current Debate* (Grand Rapid, Mich.: Eerdmans, 1978), 111-32는 이런 독특한 접근에 대한 도움이 되는 평가를 제공한다.

21) 그의 논문 "Historical and Dogmatic Method in Theology"(1900)에서, 에른스트 트뢸취는 역사적 방법의 세 국면을 강조한다: "역사비평과 관련된 심성의 습관; 역사 연구에서 유비의 중요성; 모든 역사적 사건들에서 얻는 상관성 혹은 상호작용." 이것은 트뢸취의 주요 저서인 *The Absoluteness of Christianity* (London: SCM Press, 1971), 8, 즉 재판 서문에 인용돼 있다.

22) 그 유명한 표현 "사실대로"(wie es eigentlich)는 1824년 10월에 발행된 von Ranke, *Geschichte der romanischen und germanischen Volker von 1494 bis 1535*의 서문에 나온다. 또한 Leopold von Ranke, *The Theory and Practice of History*, eds. G. Iggers and K. V. Moltke (Indianapolis: Bobbs-Merrill, 1973), 137을 참고하시오.

23) Wolfhart Pannenberg, *Theology as History*, vol. 3 of *New Frontiers in Theology*, eds. James M. Robinson and John B. Cobb, Jr. (New York: Harper and Row, 1967); *Jesus-God and Man* (Philadelphia: Westminster Press, 1968), 13.

24) Ladd, *A Theology of the New Testament*, 29. Cf. Ernerst Wright, *God Who Acts* (London: SCM Press, 1952).

25) Ladd, *I Believe in the Resurrection of Jesus*, 21.

26) Lee McDonald, "Historical-Critical Inquiry and the Resurrection of Jesus," *Theology, News, and Notes* (June 1983), 5-7.

27) George Eldon Ladd, "Biblical Theology, History, and Revelation," *Review and Expositors* 54 (April 1957), 198. 창조자가 되기 위해서 하나님의 자기-결정을 통해 하나님의 자기-제한의 범위에 관한 질문은 당시의 조직신학과 성경신학에서 계속되는 관심사다. 특히 다음과 같은 책들을 참고하시오: Langdon Gilkey, *Reaping the Whirlwind: A Christian Interpretation of History* (New York: Seabury Press, 1976); David H. Kelsey, "The Bible and Christian Theology." *Journal of the American Academy of Religion* 48 (September 1980), 385-402; Jurgen Moltmann, *God in Creation: An Ecological Doctrine of Creation* (London: SCM Press, 1985).

28) Ibid., 200.

29) Ladd, "Eschatology and the Unity of New Testament Theology," *The Expository Times* 68 (June 1957), 268-73을 참고.

30) 그의 제안은 James D. G. Dunn, *Unity in Diversity in the New Testament: An Inquiry into the Character of Earliest Christianity* (Philadelphia: Westminster Press, 1977)의 후기 평가와는 아주 다르다.

31) Victor R. Gordon, "Eschatology as the Structure of New Testament Theology," *Theology, News, and Notes* (June 1983), 12-14에 제시된 평가를 참고하시오. 종말론에 관한 그의 이해를 자세히 다루는 래드의 주요 저서는 *Jesus and the Kingdom: The Eschatology of Biblical Realism* (New York: Harper and Row, 1964)다.

32) Pannenberg, *Jesus—God and Man, Moltmann, The Crucified God* (London: SCM Press, 1974); Edward Schillebeeckx, *Jesus: An Experiment in Christology*, trans. Hubert Hoskins (New Yor: Seabury Press, 1979)를 참고.

33) Ladd, "Eschatology and the Unity of New Testament Theology," 268-269.

34) Ibid., 269.

35) 1세기 유대교에서 묵시적 기대의 렌즈를 통해 예수의 선포와 사역을 해석하는 것은 "종말론적 신학자들," 즉 볼프하르트 판넨베르크와 위르겐 몰트만의 두드러진 공헌이다. Bultmann, *Das Urchristentum in Rahmen der antiken Religionen* (1949), 242에 의하면, 불트만은 예수의 설교에서 종말론적 요소들을 부차적인 것으로 간주했다.

36) Ladd, "Eschatology and the Unity of New Testament Theology," 269. 또한 다음의 책들을 보시오: *A Theology of the New Testament*, 91-104; "Apocalyptic and New Testament Theology," *Reconciliation and Hope*, ed. Robert Banks (Exeter: Paternoster Press, 1974), 285-96; *The Presence of the Future: The Eschatology of Biblical Realism* (Grrand Rapid,

Mich.: Eerdmans, 1974).

37) George Eldon Ladd, *Crucial Questions About the Kingdom of God* (Grand Rapid, Mich.: Eerdmans, 1952). Dale Moody, *The Word of Truth* (Grand Rapid, Mich.: Eerdmans, 1981)은 래드의 공헌에 관해 다음과 같이 말한다: "역사적 전천년주의에 관한 최고의 학문적 저술은 조지 E. 래드의 수고로 출판됐다…." 그는 "…세대주의에 대한 래드의 도전이 세대주의가 독점적으로 사용하는 구절에 관한 성서주해에만 기초한다는 것을 깨달은 자들에게 큰 충격을 주었다."

38) George Eldon Ladd, *The Blessed Hope* (Grand Rapid, Mich.: Eerdmans, 1956).

39) Ibid., 12. 이런 주장을 통해, 래드는 「스코필트 관주성경」(*Scofield Reference Bible*)에 있는 C. I. 스코필드(C. I. Scofield)의 설명에서 핵심 사항들 중 하나를 공격했다. Marsden, *Reforming Fundamentalism*, 151을 보시오.

40) Ibid., 6.

41) Ibid.

42) *The Gospel the Church* (1902)는 Hans Küng, *The Church* (Garden City: Image Books, 1976), 69에 인용됐다.

43) Ladd, *A Theology of the New Testament*, 108. 또한 그의 훌륭한 논문인 "Israel and the Church," *Evangelical Quarterly* 36 (Oct.-Dec. 1964), 206-13. 이 논문 212-13쪽에서, 래드는 문자적 이스라엘의 미래적 구원에 관한 세대주의의 지나친 주장에 치우치지 않으면서 그의 신념을 표현한다. 그 구원은 "이방인들의 구원과 마찬가지로 근본적으로 동일한 입장, 즉 이스라엘에 의해 죽임을 당한 메시아로서 예수 그리스도를 믿는 구속적 믿음을 통해서 발생할 것이다."

44) Ibid., 108-11.

45) Ibid., 111-19.

46) Ibid., 111. Cf. Ladd, "The Kingdom of God—Reign or Realm," *Journal of Biblical Literature* 81 (Sept. 1962), 230-38.

47) George Eldon Ladd, *Jesus and the Kingdom: The Eschatology of Biblical Realism* (New York: Harper and Row, 1964), 258ff.

48) W. G. Doty, *Contemporary New Testament Interpretation* (Englewood Cliffs, N.J.: Prentice-Hall, Inc., 1972); Ernst Käsemann, *Essays on New Testament Themes* (London: SCM Press, 1959).

49) Rudolf Bultmann, *Theology of the New Testament* (New York: Charles Scriber's Sons, 1951), 3.

50) Ladd, *Jesus and the Kingdom*, xii.

51) Ladd, *A Theology of New Testament*, 19ff.

52) George Eldon Ladd, "The Role of Jesus in Bultmann's Theology," *Scottish Journal of Theology* 18 (March 1965), 57-68.

53) George Eldon Ladd, "The Resurrection and History," *Dialog* 1 (Autumn 1962), 55-56.

54) Ibid.

55) Ladd, "The Role of Jesus in Bultmann's Theology," 62.

56) Ibid., 65.

57) Ladd, "The Resurrection and History," 57.

58) 바르트의 견해에 대한 루돌프 불트만의 반응을 보려면, Rudolf Bultmann, *Philosophical Essays* (London: SCM Press, 1955), 260f.를 참고하시오. 1962년에 래드가 바르트의 접근을 지지한다고 말한 것은 풀러신학대학원에서 급진적 입장이었다. (나는 R. Albert Mohler, Jr 덕택이 이런 예리한 통찰력을 얻었다.)

59) Ladd, *A Theology of the New Testament*, 120-34.

60) George Eldon Ladd, *The Gospel of the Kingdom: Scriptural Studies in the Kingdom of God* (Grand Rapid, Mich.: Eerdmans, 1959).

61) 래드의 견해에서, 이런 접근에 대한 당시의 예는 C. H. 다드(C. H. Dodd)에게서 발견된다. 다음의 책들을 참고하시오: "The Ethical Teaching of Jesus," *A Companion to the Bible*, ed. T. W. Manson (Edinburg: T & T /clark, 1946), 378-81; *History and the Gospel* (London: Nisbet and Co. Inc., 1938).

62) Ladd, *A Theology of the New Testament*, 128. 같은 해에 발행된 그의 책 *The Presence of the Future: The Eschatology of Biblical Realism* (Grand Rapids, Mich.: Eerdmans, 1974)과 비교하시오.

63) Ibid.

64) Richard B. Gardner, "Matthew and the Kingdom," *Theology, New, and Notes* (June 1983), 17.

65) Ibid.

66) Ladd, *A Theology of the New Testament*, 131.

67) Ibid., 131ff.

68) Ladd, *Jesus an the Kingdom,* xiii.

69) Ibid.

70) 성경신학의 당시 경향들과 문제들에 대한 분석을 위해서 다음의 책들을 참고하시오: Ernst Käseman, "Problem of a New Testament Theology," *New Testament Studies* 19 (1972-73); Peter Stuhlmacher, *Historical Criticism and Theological Interpretation of Scripture* (Philadelphia: Fortress, 1977).

71) Robert A. Guelich, "On Becoming a Minister of the Word," *Theology, News, and Notes* (June 1983), 8.

72) George Eldon Ladd, *Jesus Christ and History* (Chicago: Inter-Varsity Press, 1963), 17. James M. Robinson, *Kerygma und Historicher Jesus* (Zurich: Zwingli, 1960)는 반대 입장을 주장한다; 그는 기적의 가능성이 실증적 역사서술에서 배제돼야 한다고 생각한다. 왜냐하면 방법의 일관성이 그것을 요구하기 때문이다 (14).

73) 래드는 그의 대표작에서 성서 자료를 "비신화화"하는 불트만의 방법론을 자세히 비판한다. 역사에 대한 마르버그 학자의 태도에 대한 상세한 설명을 위해서는 Rudolf Bultmann, *The Presence of Eternity* (New York: Harper and Bros., 1957)를 참고하시오.

74) Marsden, *Reforming Fundamentalism,* 249에 인용되었듯이, 래드가 성서비평을 사용한 것에 대한 노만 페린의 비판을 보시오.

75) Ladd, *A Theology of the New Testament*, 17.

76) Mark A. Noll, "Survey of Evangelical Biblical Scholars," appendix in *Between Faith and Criticism: Evangelicals, Scholarship, and the Bible in America* (San Francisco: Harper and Row, 1986), 209-14를 참고하시오.

# 참고자료

## 1차 자료

*The Blessed Hope.* Grand Rapid, Mich.: Eerdmans, 1968.

*A Commentary on the Revelation of John.* Grand Rapid, Mich.: Eerdmans, 1972.

*Crucial Questions About the Kingdom of God.* Grand Rapid, Mich.: Eerdmans, 1952.

*The Gospel of the Kingdom: Scriptural Studies in the Kingdom of God.* Grand Rapid, Mich.: Eerdmans, 1959.

*I Believe in the Resurrection of Jesus.* Grand Rapid, Mich.: Eerdmans, 1975.

*Jesus and the Kingdom: The Eschatology of Biblical Realism.* New York: Harper and Row, 1964.

*Jesus Christ and History.* Chicago: Inter-Varsity Press, 1963.

*The New Testament and Criticism.* Grand Rapid, Mich.: Eerdmans, 1967.

*The Pattern of New Testament Truth.* Grand Rapid, Mich.: Eerdmans, 1968.

*The Presence of the Future: The Eschatology of Biblical Realism.* Grand Rapid, Mich.: Eerdmans, 1974.

*Rudolf Bultmann.* Chicago: Inter-Varsity Press, 1964.

*A Theology of the New Testament.* Grand Rapid, Mich.: Eerdmans, 1974.

*The Young Church: Acts of the Apostles.* New York: Abingdon Press, 1964.

## 정기간행물

"Apocalyptic and New Testament Theology." *Reconciliation and Hope*, Rovert Banks, ed. Exeter: Paternoster Press, 1974.

"The Holy Spirit in Galatians." *Current Issues in Biblical and Patristic Interpretation.* G. F. Hawthorne, ed. Grand Rapid, Mich.: Eerdmans, 1975.

"The Parable of the Sheep and the Goats in Recent Interpretation." *New Dimensions in New Testament Study*. R. Longenecker, ed. Grand Rapid, Mich.: Zondervan, 1974.

"Paul and the Law." *Soli Deo Gloria*, J. M. Richard, ed. Richmond: John Know Press, 1968.

"Revelation and Tradition in Paul." *Apostolic History and the Gospel.* Ralph P. Martin and W. W. Gasque, eds. Grand Rapid, Mich.: Eerdmans, 1970.

"Why Did God Inspire the Bible?" *Scripture, Tradition, and Interpretation.* W. S. Lasor and W. W. Gasque, eds. Grand Rapid, Mich.: Eerdmans, 1978.

"Advent Song." *Anglican Theological Review* 56 (Oct. 1974): 431.

"Biblical Theology, History, and Revelation." *Review and Expositor* 54 (April 1957): 195-204.

"Christology of Acts." Foundations 11 (Jan.-Mar. 1968): 27-41.

"Consistent or Realized Eschatology in Matthew?" *Southwestern Journal of Theology* 5 (Oct. 1962): 55-63.

"Eschatology and the Unity of New Testament Theology." *Expository Times* 68 (June 1957): 268-73.

"History and Faith." *Foundation* 7 (Jan. 1964): 5-14.

"History and Theology in Biblical Exegesis." *Interpretation* 20 (Jan. 1966): 54-64.

"Israel and the Church." *Evangelical Quarterly* 36 (Oct.-Dec. 1964): 206-13.

"The Kingdom of God-Reign or Realm?" *Journal of Biblical Literature* 81 (Sept. 1962): 230-38.

"The Knowledge of God: The Saving Acts of God." *Basic Christian Doctrines*. Carl F. H. Henry, ed. Grand Rapid, Mich.: Baker Book House, 1962.

"The Life-Setting of the Parable of the Kingdom." *Journal of Bible and Religion* 31

(July 1963): 75-85.

"More Light on the Synoptics." *Christianity Today*, March 2, 1959, 12-16.

"Origin of Apocalyptic in Biblical Religion." *Evangelical Quarterly* 30 (Apr.-June 1958): 75-85.

"Paul' s Friends in Colossians 4:7-16." *Review and Expositor* 70 (Fall 1973): 507-14.

"A Redactional Study of the Gospel of Mark." *Expository Times* 92 (Oct. 1980): 10-13.

"Resurrection and History." *Dialog* 1 (Autumn 1962): 55-56.

"Revelation and Jewish Apocalyptic." *Evangelical Quarterly* 29 (April-June 1957): 94-100.

"Revelation, History, and the Bible." *Christianity Today*, July 8, 1957, 5-8.

"The Revelation of Christ' s Glory." *Christianity Today*, Sept. 1, 1958, 13-14.

"Revelation 20 and the Millennium." *Review and Expositor* 57 (April 1960): 167-75.

"Righteousness in Romans." *Southwestern Journal of Theology* 19 (Fall 1976): 6-17.

"The Role of Jesus in Bultmann' s Theology." *Scottish Journal of Theology* 18 (Marcg 1965): 57-58.

"RSV Reappraisal: New Testament." *Christianity Today*, July 8, 1957, 7-10.

"The Saving Acts of God." *Christianity Today*, Jan. 30, 1961, 18-19.

"The Search for Perspective." *Interpretation* 25 (Jan. 1971): 41-62.

"Unity and Variety in New Testament Faith." *Christianity Today*, Nov. 19, 1965, 21-24.

"Why Not Prophetic-Apocalyptic?" *Journal of Biblical Literature* 76 (Sept. 1957): 192-200.

# 26. 프랭크 스태그(Frank Stagg)(John Bunyan)

로버트 슬로언(Robert Sloan)

## 생 애

프랭크 스태그
(Frank Stagg)

프랭크 스태그(Frank Stagg)는 남서 루이지애나의 유니스(Eunice)에서 동쪽으로 몇 마일 떨어진 아카디아 교구(Acadia Parish)에 위치한 할아버지의 벼 재배농장에서 1911년 10월 20일에 태어났다.[1] 할아버지 에티엔 스태그(Etienne Stagg)는 로마 가톨릭 신자로 양육 받았지만, 그와 그의 형인 아돌프(Adolphe)는 성경을 연구하면서 확실한 침례교인이 되었다. 아돌프(프랭크 스태그의 큰 아버지)는 남부 루이지애나의 아카디아 주민(the Cajuns) 속에서 활동한 초기의 프랑스인 복음전도자 가운데 한 사람으로 루이지애나 침례교인들에게 기억되고 있다. 남부 루이지애나의 아돌프 스태그 협회(the Adolphe Stagg Association)는 아돌프 스태그의 공로를 기념하는 것이고, 또 프랭크 스태그에게 전수된 경건한 침례교 유산의 증거이다.

스태그의 아버지인 폴(Paul)은 몇 해 동안 방 한 칸으로 된 학교에서 가르친 것을 제외하고 농부로서 살다가 생을 마쳤지만, 라틴어와 수학 교육을 받은 침례교 집사였고 주일학교 교사였다. 프랭크 스태그는 아버지의 영향으로 성경에 대한 신실한 이해를 얻었고, 또 질문하는 것을 두려워할 필요가 없다는 것을 배웠다. 11세 때, 프랭크는 침례를 받았고, 대략 8년 후에 복음전파를 위한 강력하고도 결정적인 부르심을 경험했다. 그는 고등학교를 졸업하고 1년이 지났을 무렵인 1930년에 유니스에 위치한 제일침례교회(First Baptist Church)에서 자신의 결단을 간증했다.

그는 루이지애나 대학(Louisiana College)에 입학했고, 교정 안팎에서 그의 지도력을 인정받았다. 그는 학문적으로 탁월한 학생이었을 뿐 아니라 다양한 대학 동아리 활동에 적극적으로 참여했다. 그는 대학 주간지인 「와일드캣」(Wildcat)의 편집장이었고, 또 1933-34년에는 루이지애나의 침례교학생연맹(Baptist Student Union)의 회장을 역임했다. 루이지애나대학을 졸업하기 전 해, 스태그는 도슨(Dodson)에 있는 교회의 비상근 목회자가 되었고, 1933년 9월 10일에 복음사역을 위해 목사 안수를 받았다. 1934년에 루이지애나대학을 졸업한 후, 스태그는 도슨에 있는 교회에 주일학교를 세웠고, 또한 다른 두 교회의 비상근 목사직을 수행하기 시작했다.

1935년 8월 19일에 스태그는 루이지애나대학 3학년 때 만난 명석한 여성인 에블린 오웬(Evelyn Owen)과 결혼했다. 에블린 오웬 스태그는 결혼생활을 통해 헌신적인 아내 그리고 두 아들과 한 딸의 어머니로서 역할을 잘 수행했을 뿐 아니라, 프랭크 스태그의 학문적 경력에 중요한 동역자로서 1978년에 공동으로 발간한 「예수의 세계에서 여성」(Woman in the World of Jesus)의 출판에 매우 중요한 협력을 했다. 프랭크 스태그의 학문적 활동에 대한 에블린 스태그의 공헌은 오웬 가문에 뿌리를 두었고(예를 들면, 그녀의 세 오빠들은 모두가 대학교 교수들이었다), 그녀가 여선교회 훈련학교에 등록한 곳인 서든침례신학대학원(Southern Baptist Theological Seminary) 학생으로서 그녀 자신의 학문적 탐구에서 기인했다. 그녀는 히브리어와 설교학을 제외하고 거의 모든 과목을 남편과 같이 수학했다. 스태그는 서든신학대학원에서 1938년에 신학석사(Th. M.)를

1943년에는 철학박사(Ph.D.) 학위를 취득했다.

신학대학원 과정 중에 루이빌(Louisville)에 있는 하이랜드 침례교선교부(Highland Baptist Mission)를 섬긴 후, 스태그는 1940년 루이지애나 주 데리더(DeRidder)에 위치한 제일침례교회 목사로 부임했다. 이것이 스태그의 전임목회의 유일한 시기였지만, 그가 목회하면서 고민한 목양적/윤리적 질문들은 그의 학문 연구 기간 전반에 걸쳐 이어졌다. 성경과 기독교신학을 그리스도인의 삶에 적합하게 만드는 것은 스태그에게 언제든지 가장 중요한 것이었다. 데리더에서 목회하는 동안, 스태그는 인종과 전쟁의 문제에 관련하여 양심적인 모습을 보였고, 그것은 후에 좀 더 구체적으로 발전되었다. 인종차별주의에 대한 스태그의 반감은 사도행전에 대한 그의 주석서 출판과 더불어 1950년대에 아주 분명해졌다; 1960년대에 베트남 전쟁의 발발과 더불어, 교회, 폭력, 그리고 그가 인식했던 방위-산업에 관한 그의 견해들은 한층 더 구체화되었다.

스태그가 데리더에서 목회하는 동안에 신학대학원 동료였던 듀크 맥콜(Duke McCall)은 후에 뉴올리언스침례신학대학원(New Orleans Baptist Theological Seminary)의 전신인 침례교 성경연구원(Baptist Bible Institute)의 원장이 되었다. 맥콜은 스태그에게 뉴올리언스에 와서 신약성경 교수직을 맡아줄 것을 권유하였고, 스태그는 다소 주저하다가 1945년 1월 1일에 교수직을 시작하게 되었다. 거의 20년 동안 스태그는 뉴올리언스에서 신약을 가르쳤다. 그 기간에 어려움이 없지는 않았다. 그가 1955년에 저술한 「사도행전: 방해받지 않는 복음을 위한 초기의 투쟁」(The Book of Acts: The Early Struggle for an Unhindered Gospel)은 인종차별에 대한 비판적 견해를 명백히 하고 있다. 1950년대와 1960년대는 하나님의 형상에 따라 지음을 받은 피조물로서 모든 사람들의 존엄성과 예수 그리스도 안에서 모든 그리스도인들의 하나됨을 분명하게 주장하는 사람들에게 사회적으로 큰 압력이 가해졌다. 현 세대에게는 단순한 기억에 불과하겠지만, 증오와 아집에서 나온 악의에 찬 고난과 욕설을 참아 낸 프랭크 스태그처럼 용감한 정신을 가진 사람들에게 그런 압력은 매우 현실적인 문제였다.

1964년, 뉴올리언스침례신학대학원이 논쟁에 휩싸이고 교수들의 사기가 저하되고 있을 때, 프랭크 스태그는 켄터키주 루이빌에 위치한 서든침례신학대학원의 교수직 초청을 수락했다. 뉴올리언스의 부정적인 상황과는 상관없이, 대학 동기이자 또 뉴올리언스의 동료인 펜로즈 아만트(Penrose St. Amant)가 서든침례신학대학원에서 신학부 책임을 맡고 있었는데, 스태그가 그를 다시 만나게 된 것이 긍정적인 요인으로 작용했다. 침례교 성경연구원의 원장으로서 스태그를 뉴올리언스로 초청했던 맥콜은 이제 서든침례신학대학원의 학장이 되었다. 이 학교 역시 많은 교수들의 사임과 관련된 위기를 이미 겪었다. 따라서 스태그의 합세는 신학대학원 재건 과정의 일환이었다.

스태그는 신약성경해석의 제임스 해리슨 교수(the James Buchnan Harrison Professor)로 서든침례신학대학원에 가서, 1981년 은퇴할 때까지 기독교계와 남침례교총회를 위한 교수, 설교자, 그리고 저술가로서 그의 활동은 조금도 손색이 없었다. 사실상, 침례교단의 교수들에게 요구되는 많은 강의와 그의 가르침을 받은 학생들의 수를 고려하면, 스태그의 학문적이고 전문적인 위업은 오늘날 기준으로도 아주 대단한 것이었다. 그는 서든침례신학대학원의 목회학석사과정에서 기본과목에 대한 강의와 대학원에서 세미나를 인도했다. 게다가 그의 저술들, 거침없는 견해들, 그리고 학문적 탁월성으로 인해, 그는 세미나 강사 및 설교자로서 더 많은 활약을 하게 되었다. 스태그는 1965년부터 1971년까지 그리고 1973년부터 1975년까지 「리뷰 앤 익스파지터」(Review and Expositor)를 편집했다. 이런 모든 활동들과 더불어, 프랭크 스태그는 그가 사랑한 교단을 섬길 다른 방도를 꾸준히 모색했다. 그는 교단차원의 출판을 위한 일련의 교과자료들을 계속 출판했을 뿐만 아니라, 또 「브로드만 성경주석」(The Broadman Bible Commentary)의 자문 편집위원으로 활동하면서 마태복음과 빌립보서 주석서를 집필했다. 1976년에 스태그는 신약성경 해석학의 선임

교수가 되었다. 그가 은퇴한 후, 스태그 부부는 미시시피의 베이 세인트 루이스(Bay St. Louis)로 이사했고, 이 글이 작성되는 지금도 그곳에서 현재까지 남침례교회와 교단에 지속적으로 공헌하고 있다.

스태그는 교수로서 그의 제자들로부터 대단한 존경을 받았다. 그는 언변 혹은 카리스마를 갖춘 유형의 대중적 강연자는 아니었어도, 수강생들에게는 교과의 내용을 항상 심도 있게 연구하여 가르치는 교수였다. 그의 제자들은 스테그의 학문적 소신과 열정에 대해 한 결 같이 증언한다. 그는 자신의 성장과 배움의 길을 결코 중단하지 않았다. 그는 신약성경에 대한 애정을 가지고 그것의 모든 새로운 영역들을 연구하는 데 몰두했다.

스태그는 20세기 중엽에 남침례교회들 가운데에서 막강한 영향력을 발휘했다. 실제로 일부 사람들은 프랭크 스태그가 20세기 중후반 이후 남침례교인들 중에서 최고의 신약성경 학자였다고 주장한다. 스태그의 저술들에 반영된 연구, 학습, 그리고 그의 학문적 전문성은 그런 주장을 확실하게 지지한다. 스태그의 신학적 입장에 반기를 드는 사람들이 없진 않았지만, 그가 그리스도인의 헌신과 학문적 탁월성을 겸비한 특별한 사람임을 논박하는 사람은 거의 없다.

## 사상

### 역사가 – 문법가 – 주석가

프랭크 스태그는 역사적, 문법적 혹은 성경적 자료들을 결합시켜 요약하는 데 최고의 학자다. 예를 들면, 그의 「신약성경신학」(New Testament Theology)[2]은 신학생들과 사역자들에게 매우 유용한 역사적이고 성경적인 요약을 충분히 제공한다. 이 책의 "죄인으로서 인간의 곤경"이라는 장에서, 스태그는 죄에 대한 12개의 신약성경 용어들을 요약한다. 또한 "침례: 기원과 의미"라는 장에서, 그는 유대교로 개종한 사람의 침례 및 요한의 침례와 관련해서 기독교 침례의 선례와 유사한 관례를 요약한 후, 침례의 관습과 의미와 관련된 다양한 신약성경의 전통을 개관한다. 이런 종류의 예들은 그밖에도 수 없이 많다.[3] 방대한 자료들을 요약하는 스태그의 능력을 보여주는 또 다른 예는 그가 1962년에 쓴 "마태의 기독론"(The Christology of Matthew)이다. 이 소논문에서 스태그는 마태복음의 구조에 대한 유용한 통찰력을 제공하고, 또 신약성경 기독론의 중요성과 기능적 특성에 대한 탁월한 서론적 요약을 제시한다. 스태그의 탁월한 요약 능력은 마태복음에서 다윗의 자손, 하나님의 아들, 그리스도, 인자, 고난받는 종 등과 같은 주요한 기독론적 칭호에 대한 그의 논의에서 뚜렷하게 발견된다.[4]

스태그의 1966년 논문인 "복음서와 성경적 용례"(The Gospel and Biblical Usage)에는 다양한 성경의 전통들을 하나의 주제 아래 결합시키는 그의 능력을 보여주는 또 다른 증거다. 첫째, 그는 "복음"(gospel)이라는 영어단어에 대한 간략하고도 매력적인 역사를 개관한 후, 헬라어 명사 '유앙겔리온'에 대한 유사한 요약을 제시한다. 그 용어는 사도행전, 마가복음, 누가복음, 바울서신들, 그리고 요한계시록 등을 통해 추적된다. 항상 그랬듯이, 스태그는 역사적 개요에서 얻은 분명한 요점들을 요약한 다음에 그 역사적이고 성경적 자료들을 그리스도인의 삶에 적용시킨다.[5]

1966년에 쓴 다른 논문인 "신약성경에서 본 성령"(The Holy Spirit in the New Testament)은 복음서 그리고 예수의 사역에서 성령의 역할에 대한 탁월한 개관이다. 사도행전을 활용하면서, 스태그는 성령의 은사들, 성령을 받는 조건, 침례에서 성령, 방언에서 성령, 성령의 사역, 그리고 성령의 열매에 관련된 방대한 자료들을 통합한다. 스태그는 방대한 자료들을 다양한 부제들 아래에 잘 연결시킬 뿐 아니라, 또 1960년대의 교회생활에 절실히 요구되는 사안에 따라서 그 자료들을 훌륭하게 활용했다. 미국 교회를 휩쓸었던 "은사운동"(charismatic movement)이 많은 분열과 불일치를 조장했던 것은 그 운동과 관련된 비-성경적인 관행 때문이었다. 항상 그렇듯이, 스태그는 당대의 필요에 응답

하고자 했다.[6)]

스태그는 당시의 누가복음 연구동향에 정통했으며, 1967년 논문인 "누가복음서에 나타난 예루살렘을 향한 여행"은 쉽고 재미있는 읽을거리를 제공했다. 이 논문은 소위 누가의 "여행이야기"(9:51-19:27)에 대한 탁월한 요약이다. 누가복음의 중반부 전체에 관한 훌륭한 주해를 제공하는 일에 스태그는 재미있을 뿐 아니라 피상적인 면을 피하는 방식으로 서술해 나간다.[7)]

신약성경에서 주의 만찬에 관한 다양한 전승들을 아주 훌륭하게 요약하면서, 스태그는 1969년에 "신약성경에서 본 주의 만찬"을 발표했다. 그는 당시 학계의 상황을 반영하는 탁월한 능력을 다시 보여주면서도, 교회의 생활과 관련시키는 데도 매우 적절한 방식으로 기술했다. "개방 만찬" 그리고 "폐쇄 만찬"과 관련된 질문들이 침례교인들에게는 문제가 되어왔고, 주의 만찬에 관한 성경적 전승들에 대한 스태그의 개관은 그 문제를 성공적으로 다뤘다. 스태그는 독자들의 관심을 바울 문헌들의 만찬 전승들에 집중시킨 후, 비교적 유사한 마가와 마태의 전승을 분석하고, 누가복음의 전승에 관한 간략한 요약으로 마무리했다. 그러나 주목할 점은, 스태그가 침례교인생활에 나타난 문제들에 대하여 대중적인 관련성을 논하고 요약하는 데 탁월한 능력이 있었다는 것이 그가 자신의 주장을 제시할 능력이 없다고 말하는 것은 아니라는 것이다. 스태그는 (침례교인들에게 거의 공통적인) 만찬의 의미를 "기념"(remembrance)으로만 제한시키고, 그것의 다른 중요한 측면들(즉 언약, 희생, 소망, 그리고 교제 등)을 망각하는 것에 대해서 비판적이었다. 스태그의 저술들은 기독교 경험에서 교제의 중요성에 대해 반복적으로 초점을 맞추고 있으므로 그가 식탁교제의 상황에서 실제로 교회의 연합을 파괴하는 고린도에서의 분열요소들을 다루는 데 논문의 상당한 지면을 할애한 것은 당연한 것으로 볼 수 있다.[8)]

실제로 스태그의 모든 학문적 결과들은 교회 관련기관들, 특히 남침례교총회의 기관들에 의해서 출판되어 왔다. 예외는 1972년 논문인 "오용된 부정과

거시제"였는데, 이 연구논문은 성경문학회(Society of Biblical Literature)의 전문적인 학술계간지 「성경문학지」(Journal of Biblical Literature)에 기재되었다. 스태그가 「리뷰 앤 익스포지터」(Review and Expositor) 그리고 브로드만 출판사를 통해 침례교인들에게는 아주 잘 알려져 있을지라도, 부정과거 시제의 특성에 관한 이 간략한 논문은 스태그에게 신약성경 학계의 전문가 모임에서 대단한 찬사를 얻게 했다. 이 논문은 신약성경 헬라어에서 부정과거 시제의 역할을 아주 잘 다루고 있다. 유머, 예리한 분석, 그리고 많은 고대 및 당대의 예를 들면서, 스태그는 현대 학문, 주석, 그리고 설교에서의 고정적인 신화 하나를 깨뜨렸다. 부정과거 시제의 "결정적인," "오직 한번," 그리고 "시한적" 특성이 설교와 주석에서 종종 강조되는데, 스태그의 견해에 따르면 부정과거 시제가 그 시제 배후에 있는 행동의 특성을 입증하는 식으로 해석하는 것은 학문적으로 혹은 설교적으로 잘못된 말이 될 수 있다는 것이다.[9]

스태그가 가진 역사적이고도 석의적인 탁월한 요약적 능력은 그의 1973년 저서인 「오늘날의 성령」(The Holy Spirit Today)에서도 역시 잘 드러난다. 스태그가 제시하는 삼위일체적 견해 및 복음서들에서 귀신축출의 역할을 다룬 것은, 모든 사람이 동의하는 것은 아닐지라도, 성령의 사역을 말하는 신약성경 자료에 관한 그의 요약은 석의적으로 그리고 역사적으로 매우 풍부할 뿐 아니라 성령의 교리에 보편적인 관심을 보인 시대에 아주 적합했다. 신학의 열매가 그리스도인의 삶에 적용되어야 한다는 스태그의 주장이 잘 나타나 있다.[10]

랄프 해링(Ralph Herring), 프랭크 스태그, 그리고 그밖에 몇몇 사람들은 1974년에 매우 훌륭한 책으로 평가받는 「성경을 이해하는 방법」(How to Understand the Bible)을 공저했다. 이 책은 성경의 역사와 해석에 관한 정보를 담고 있는 보고다. 역사가로서 그리고 (경멸적인 의미가 아닌) 대중적 보급자로서 스태그의 재능들은 모든 곳에서 뚜렷하다.

### 신약성경신학자

한 사람의 신학이 단지 몇 개의 항목으로 요약될 수는 없겠지만, 프랭크 스태그의 저술들에 주도적 관심사들이 반영되어 있다고 말하는 것은 정당하다. 무엇보다도 가장 우선적으로 스태그는 석의신학자로 인정되어야 한다. 그의 신학에 동의하든 않든 간에, 그는 성경에 근거해서 신학을 세우고자 노력했다고 평가받아야 된다.

**자유롭고 책임있는 사람 –** 스태그가 저술한 「성경적 관점에서 본 인간 존재의 양극성」(Polarities of Man's Existence in Biblical Perspective)은 상당한 시간을 들여 준비된 것으로, 그의 대표적인 야심작이다. 서문에서 밝혔듯이, 그 책은 "인간에 관한 성경의 자료 전체를 종합적으로 고찰하는 것을 목표로 삼은 것이 아니다. 차라리… 어떤 극단적인 상황에 처해 있는 사람과 우선적으로 관련되는데, 그 상황에서 그 사람은 동시에 양쪽으로부터 요구당하고, 또 그 자신이 계속되는 긴장 속에 있는 그의 진정한 실존(authentic existence)을 발견한다."[11] 인간은 하나님도 짐승도 아니라는 것이 스태그의 입장이다. 한편으로 인간은 하나님의 형상을 따라 지음을 받은 존재이기에, 다른 피조물들보다 우월하다. 다른 한편으로 인간은 하나님이 아니다. 스태그는 "우리에게 주어진 정반대의 요구들로 보이는 것들 사이에 끼여 있는 우리 자신을 발견하면서 어떤 긴장 속에 산다"고 스태그는 생각한다. 스태그에게 인간은 복잡하지만 통전적이고, 특정 국면을 가지고 있지만 부분적이지 않고, 개인적이지만 공동체의 일원이다. 인간은 존재 자체인 동시에 존재로 되어가야 할 필요가 있는 존재다. 인간은 자유로우면서 속박되어 있고, 주체적이면서 객체적이고, 죄인이면서 성도이며, 자아를 부정하면서도 긍정하도록 요청받고, 결국에는 전적인 선물이지만 절대적 요구이기도 한 구원, 즉 완전히 무료지만 모든 것을 대가로 치른 구원으로 초대받는다.[12]

스태그는 인간을 묵시적 이원론 혹은 우주적 압제자의 관점에서 해석하지 않는다. 물론 아담에게서 기인한 유전된 죄의 관점에서 해석하지도 않는다. 오히려 하나님의 형상을 따라 지음을 받은 존재로서 인간은 필연적으로 어떤 양극성, 즉 일종의 존재론적 변증법을 포함하는 우주의 일부다. 그런 양극성의 긴장 속에서, 인간은 믿음으로 살면서 그의 진정한 자아를 발견한다. 스태그에게 인간은 자유로운 존재로 지음을 받았기 때문에, 그는 선과 악을 행할 수 있는 능력이 있다; 그러나 인간은 악을 행할 수 있는 능력 이상으로, 심지어 "타락" 이전에도 악으로 향하는 경향을 보였다. 인간이 죄로 향하는 성향을 가진 존재로 창조되었기 때문에, 타락은 결과이지 이런 경향성의 원인은 아니다.[13]

스태그의 인간론은 그가 말하는 "어거스틴적" 전제와는 대조되며 신중하고 변증적으로 설명된다. 인간의 자유에 대한 평가에서, 스태그는 인간의 자유 혹은 그것의 양극성, 또한 인간의 책임성에서 파생되는 것으로 보이는 어떤 신학적 개념도 중요하게 여기지 않는 입장을 취한다. 아담의 죄에 어느 정도 참여한 존재로 인간을 규정하는 견해들은 스태그에 의해서 분명하게 거절되었다. "아담, 그리스도, 그리고 우리"라는 논문에서 밝힌 스태그의 분명한 목적은 성경신학을 위해 아담의 역할을 줄이는 것이다. 그는 성경에서 아담의 이름이 상대적으로 자주 언급되지 않고 있다는 것을 지적하고, 또 로마서 5장 12절을 자세하게 다룬다. 스태그에 의하면, 그 본문은 일반적으로 오해되어 인류가 아담의 죄에 참여해 왔다는 어거스틴 견해의 기초를 이루게 되었다. 스태그에 따르면:

> … 유전된 죄에 관한 어거스틴의 이론은 속죄에 대한 거래적 관점(trasactional view)에 이르는 길을 열어두는데, 이러한 접근에 의하면 우리는 그 어떤 것과도 상관없이 단지 수동적이고 비자발적 의미에서 타락한 다음에 구원되었다. 이것은 신학을 무의미하게 만드는 것이고, 또 성경에 기초한 것이기보다는 성경을 곡해하는 것이다. 이것은 어거스틴적 논리이지, 성경신학은 아니다.[14]

스태그는 로마서 5장 12절에서 핵심 구절이, 벌게이트 역본이 이해하듯이,

"그 안에서 모든 사람이 죄를 지었다"가 아니라, "모든 사람이 죄를 지었기 때문이나"로 해석되어야 한다고 주장한다. 스태그는 인류가 아담의 죄에 참여했다고 말하는 대신, 죄가 모든 개인의 자유롭고 자발적인 반응의 결과라고 주장한다.

인간의 자유의지와 개인의 책임에 관한 스태그의 주장은 그의 저술 전반에 반영되어 있다.[15] 스태그의 견해에 따르면, 죄는 인류가 아담의 죄에 참여한 결과로 간주될 수 없을 뿐 아니라, 죄와 관련한 어떤 특별한 역할을 사탄 혹은 우주적 악한 억압자에게 돌리지도 않는다. 이런 신학 사상은 인간의 책임에 근거한 것이다. 야고보서 1장 13-15절과 로마서 1장 18절부터 3장 20절은 죄, 진노, 그리고 인간의 책임에 관한 본질을 이해하는 그의 주요한 성경적 사례들이다.[16] 스태그는 이런 구절들이 아담, 사탄, 혹은 묵시적/우주적 세력들을 전혀 말하지 않는다고 해석한다. 죄에 대한 책임은 전적으로 인간에게 있고, 또 인간이 자유를 잘못 사용한 결과다. 스태그는 창조에서 진정한 자유의 선물이 선과 악을 위한 잠재력을 포함할 뿐 아니라 악으로 향하는 경향성을 포함한다고 주장한다. 즉 성경은 그것의 기원을 설명하지 않고 도리어 악의 "활동"을 언급하면서 악의 존재를 전제하고 있다고 했다.[17]

**회개와 믿음에 근거해 진정한 인간이 되는 구원** – 스태그의 인간론은 그의 구원론과 일치된다. 죄가 우주적 압제자 혹은 타락한 질서에 참여하는 것과 관련 없는 개인의 문제이기 때문에, 스태그에게 구원 그 자체는 역사적 사건 혹은 "거래적" 속죄의 결과로 간주될 수 없다.[18] 오히려 구원은 회개와 예수 그리스도를 통해서 자신을 계시한 하나님을 믿는 믿음을 토대로 하나님께 근거해야 한다. 항상 기꺼이 용서해 오신 하나님의 성품을 반영하는 측면에서 볼 때, 그리스도의 사역은 근본적으로 계시적이다. 구원은 구원사에서 일련의 사건들(십자가 혹은 부활과 같은)에 최종적으로 의존하지 않는다. 오히려 십자가는 예수 그리스도의 인격에서 계시되었듯이 하나님 자신의 약함과 자기-부인의 절정이고 전형이다.[19] 따라서 스태그에게 구원은 자기-주장이 아니라 자기-부인에서 발견된다. 인간은 자신을 부인할 때 진정한 인간이 되는 것이다. 스태그는 그의 구원론을 설명하기 위하여 시편의 통한시를 사용했다. 그는 다음과 같이 기록한다:

> …모든 성경을 구속사의 도식 아래 포함시키는 것은 잘못이다. 이 사실은 시편과 지혜문헌에 분명히 나타나지만, 절망 혹은 희망 중에 있든지, 두려움 혹은 믿음의 상태에 있든지, 죄책 혹은 용서의 상태에 있든지, 반역 혹은 예배의 상황에 있든지, 하나님의 목전에 있는 인간 존재를 분명히 말하는 다른 성경에도 적용된다. 예를 들면, 시편 51편은 어떤 거래적 "구원 계획"에도 일치하지 않는다. 이 말씀은 하나님으로부터 직접 들을 수 있다고 믿으며, 극히 불안한 상태에서 구원의 기쁨을 가지고 하나님께 직접 아뢰는 사람의 고뇌와 신앙에 대한 것이다. 그때 거기서 가능성으로서 구원은 한편으로는 구원사에서 일련의 거래에 의한 우연한 사건이 아니라 오직 하나님께만 근거하고, 다른 한편으로는 죄인의 참회와 믿음의 열림에 근거한다. 이것이 이 말씀의 직접적이고 단순한 의미다.[20]

같은 논문의 이어지는 단락에서, 스태그는 예수의 신학(theology of Jesus)을 서술하고, 유사한 결론을 내린다:

> 복음서를 살펴 볼 때, 우리는 그 시점의 그 장소에서 예수가 하나님을 사람들에게 그리고 사람들을 하나님께 소개하는 분으로 묘사되는 것을 발견한다. 하나님은 그 자신을 사람에게 알려지도록 하시는 분으로 비춰지고, 사람은 하나님의 임재로 부름 받아 자신의 존재 그 자체를 알게 하는 결단을 하도록 요구받고, 또 그대로의 존재에 임재하시는 하나님에 의해 감동받는다. 이것이 구원이다. 구원받는다는 것은 진정한 인간이 되는 것이다. 구원받는 것은 대중적인 사상과 같이 천사가 되거나 일부 영지주의 주장처럼 신적 존재가 되는 것이 아니다. 구원은 몸이 없는 영혼이 되는 것을 말하는 영지주의적 변형이나 단순한 동물이 되는 세속적 변형 등과 같이 단편화 되는 것이 아니다. 하나님과 인간의 공동체 그리고 그가 속한 세상 안에서, 구원은 인간이 그의 전체적인 생태적 존재에서 전인적 존재로 온전케 되는 것이다(요 7:23).[21]

스태그의 경우, 구원은 죄와 마찬가지로 인간의 결단의 문제다. 개인적으로 반응할 수 있는 죄인은 믿음과 회개로 하나님께 향할 수 있고, 그리고 그러한 경험에 의해서 진정한 인간이 되는 구원을 경험한다.

**계시자 그리스도** – 스태그의 구원론은 그의 기독론의 일부다. 스태그는 구원을 역사적 사건들에 의존케 하는 구속사의 구도를 반대했다. 왜냐하면 그런 구도가 구원에서 그것의 즉각성과 오직 하나님께만 두는 기초를 제거하는 것으로 판단했기 때문이다. 오히려 그는 예수의 신학에 주로 호소함으로 구원론을 예증한다. 스태그는 이런 주장을 위해서 바울서신에서 근거를 찾지 않으며, 실제로 그의 구원론과 기독론을 바울에게 기초하려고 하지도 않는다. 물론 로마서 1장 18절부터 3장 20절을 근거로 한 죄와 인간의 책임에 대한 그의 견해는 예외가 된다(즉 인간의 의지 밖에 있는 사탄 혹은 다른 요소의 역할을 최소화하는 해석을 한다).[22]

기독론에서 스태그는 대담하게 공관복음서에 관심을 쏟는다. 공관복음서는 바울 이후에 기록됐을지라도, 소위 예수의 신학에 관한 진정성을 지닌 기억을 반영한다. "예수 자료"에 대한 스태그의 호소는 주로 공관복음서의 전승들 안에서 선택된 장면들에 대한 호소지만, 고난 및 부활 이야기가 일차적 호소는 아니다. 스태그에게 예수의 생애에서 특정한 공관복음서의 일화들은 회개와 믿음으로 그에게 오는 모든 사람들에게 주어지는 하나님의 선물로서 구원의 즉각성을 설명한다.

1971년 2월 2일 서든침례신학대학원의 채플시간에 설교되고, 후에 「리뷰 엔 익스포지터」에 기고된 스태그 교수의 연설은 그의 견해들을 분명하게 제시한다; 그의 1981년 논문 "복음서 재평가"(Reassessing the Gospel)는 동일한 기본적 주제를 좀 더 자세히 제시하려는 시도다. 복음서들이 연대적으로 바울의 서신보다 후에 기록된 것이 분명하지만, 스태그는 바울이 복음서들은 공관복음서의 특정한 일화들에 반영된 예수의 신학과는 차이가 있는 어떤 것을 제시한다고 생각한다. 사실, 초기 교회가 복음서의 이야기 전반을 형성시키면서 일화들에 반영된 예수의 신학과 다른 방향으로 신학적 발전을 유도했을지라도, 이런 복음서의 일화들에는 예수에 대한 기억이 여전히 유지되고 있다고 스태그는 주장한다.[23]

스태그의 접근은 마가복음으로 시작하여 마태복음과 누가복음을 거쳐서 다양한 공관복음서의 장면들을 주해해 나간다. 인용된 각 일화들에 제시된 기본 요점은, 구원은 일련의 "거래적" 사건에 의해서 성취된 것으로 우연적 사건에 호소하지 않고 예수께서 그를 의지하는 사람들에게 즉각적으로 구원을 주었다는 것이다. 마가복음 5장 25-34절에서 혈루병 앓는 여인은 "딸아, 너의 믿음이 너를 치유했다; 평안히 가라"는 말을 듣는다. 마가복음 10장 46-52절에 따르면, 예수께서는 시각장애인 바디매오에게 "너의 믿음이 너를 치유했다"고 말했다. 스태그는 다음과 같이 주장한다:

> 그 이야기에는 "구원론"에 관한 어떠한 문제도 반영하지 않는다. 그 시점 그 장소에서 그 사람이 "구원받았고," 자비를 구하는 그의 외침에 대한 반응이 있었을 뿐이다. 이 이야기의 관점에서 볼 때, 구원에 필요한 요소는 구세주와 구세주에게 그의 필요를 거리낌 없이 기꺼이 말하는 사람이다. 이 구원은 골고다 이전에 일어났고, 신학화하는 교회의 선입관으로 귀결되는 억지 이론에 관심을 보이지 않은 채로 보도된다.[24]

마태복음 25장 31-46절에서 구원은 다음처럼 묘사된다:

> 구원은 배고픔, 갈증, 소외, 헐벗음, 질병, 그리고 투옥과 같은 인간의 필요에 대한 반응의 기준에 의해서 결정된다. 구속사에 관해서는 아무런 말도 언급되지 않는다. 아담의 타락 혹은 보상적 "속죄"에 관해서도 언급되지 않는다. 성례전 혹은 정통적 교리에 관해서도 언급되지 않는다. 구원은 존재 (기질) 및 관계의 입장에서 이해된다.[25]

예수의 신학에 근거한 스태그의 구원론은 삭개오 이야기(눅 19:1-10)에 대한 그의 설명에서도 잘 드러난다.

> 예수와 삭개오에 관한 누가의 이야기는 하나님께서 죄인들을 구원할 계획을 모색하는 것에 관한 사유적인 논거와는 아주 대조적이다. 예수의 임재에서, "세리"는 "분배자"가 되었고, 또 이런 변화를 통해서 예수는 구원이 삭개오에게 임했음을 보았다: "이 날에 구원이 이 집에 임했다"(9절). 예수께서는 "삭개오야, 나는 너의 문제를 알고 있는데, 내가 그것을 처리하겠다; 그리고 내가 구속사를 성취했을 때, 네 죄들을 용서하고 구원하겠다"고 말하지 않았다. 그 시점 그 장소에서 구원이 임하였고 예수님의 임재 앞에 한 사람의 회심이 일어났다.[26]

십자가에 대한 스태그의 이해는 속죄의 모범설(exemplar theory)로 불린다. 스태그에게 십자가는 하나님의 마음속에 항상 자리하고 있었던 하나님의 자기-부인에 대한 계시를 나타낸다. 따라서 인간은 하나님의 피조물로서 진정한 존재를 발견할 것을 요구한다.[27]

스태그는 신성(Godhead)의 세 위격에 관한 니케아적 표현을 다소 꺼려하면서도, 그리스도는 성육신한 하나님이심을 강하게 지지한다. 하나님이신 그리스도는 하나님의 완전한 임재이자 계시이고, 특히 십자가에서 죽음은 하나님의 성품 자체를 드러낸다. 따라서 십자가는 "골고다에서의 특별한 사건"이면서 또한 "영원 전부터 하나님께 속한 성품"이기도 한다.[28] 십자가는 하나님께서 인간을 다루는 일상적인 방법을 계시한다.

> 십자가는 영원하고 특별하다. 그 영원성은 골고다에서 특별성을 초월하고, 또 골고다에서 그 특별성은 그것의 영원성에 의해서 의미가 제거되지 않는다. 십자가는 하나님의 존재에 영구히 속한다. 하나님께서 인간을 만들 때 인간으로 하여금 받아들이거나 거절하고, 신뢰하거나 불신하고, 사랑하거나 증오하도록 하면서 인간을 위해 하나님의 자유와 능력을 포기했을 때, 십자가는 하나님 안에 그리고 하나님의 활동 안에 있었다. 말씀이 육신이 되어 우리의 이해 혹은 오해, 사랑 혹은 증오에 노출되어 우리 중에 거했을 때, 십자가는 하나님의 활동 안에 있었다. 그 십자가는 골고다에서 그가 모든 자기-방어를 거절하고, 또 완전히 자신을 주셨을 때 하나님의 활동 안에 있었다. 하나님께서 사람을 자유롭게 만들었을 때, 하나님은 인간이 하나님을 거부하는 것이 가능하도록 했다.

> 하나님께서 예수 안에 오셨을 때, 그는 인간이 그를 십자가에 처형하는 것이 가능할 수 있게 했다.[29]

실제로 스태그에게 십자가의 영원성은 십자가의 역사적 특수성보다 더 중요했다고 말할 수 있다.

> 예수 그리스도는 인간이 그를 십자가에 못 박기 이전에 이미 죽임 당한 어린양이었다. 구속은 그의 정체 안에 있었지, 그분에게 행해진 일에 있지 않았다. 구원은 역사에서 어떤 거래로부터 오는 것이 아니며, 하나님의 변치 않는 존재에서 나온다. 따라서 구원은 인간이 하나님의 임재에 대해 열린 자세로 서 있을 때마다 가능하다: 아브라함, 시편 기자, 삭개오, 다소의 사울에게 그랬듯이, 당신과 나에게도 그렇다.[30]

**기독교 윤리학자: 은혜는 책임을 수반한다** – 프랭크 스태그는 단 하나의 교회에서 전임 목회를 하였지만, 그의 전체 저술과 강연 경력은 그의 목회적 관심을 보여 준다. 그리스도인의 삶과 그리스도인의 행동을 위한 성경 및 기독교신학의 적합성은 그에게 항상 중요했다. 실제로 그의 생애는 당대의 중요한 사회적 문제들에서 찾아볼 수 있다. 스태그는 항상 가난한 사람들에게 관심을 보였다. 상대적으로 가난하게 자랐고 대공황과 양차 대전을 경험한 적이 있기 때문에, 스태그는 압제 당하는 사람들 그리고 고난을 겪는 사람들과 항상 자신을 동일시했다. 인종문제에 대한 관심이 그런 일을 위한 많은 윤리적 역동성을 제공했다는 것을 알기 위해서, 굳이 스태그의 「사도행전: 방해받지 않는 복음을 위한 초기의 투쟁」을 재론할 필요는 없다.[31] 스태그는 인종적 우월감의 문제에 관심을 가졌을 뿐 아니라, 또 제2차 세계대전 이후에 발생된 민족적 자긍심으로 인한 죄악들은 그로 하여금 사도행전을 국가와 인종의 이기적인 특별주의에 반대하는 기독교의 보편주의적 가르침으로 해석하게 되었다는 것을 주목해야 한다.[32]

베트남 전쟁의 발발 역시 스태그가 신학적 해석의 윤리적 적용에 영향을 주었다. 교회와 정부에 대한 J. M 도슨(Dawson) 연구모임과 텍사스주 일반침례교총회의 그리스도인 생활 위원회의 후원을 받아 "국가 종교"(Civil Religion)에 관한 강연회 기간, 1975년 2월 22-26일에 베일러대학교(Baylor University)에서 행한 그의 두 차례 연설에서 폭력에 대한 그의 반대 입장을 확실히 선언했다. 대체로 스태그는 예수의 사례를 들어 호소하고, 또 "예수의 급진적인 성향의 하나는 그가 폭력을 혁명의 한 수단으로 수용하길 거부한 것이다"고 확신했다.[33]

이와 관련해서, 스태그는 미국이 베트남 전쟁에 군사적으로 개입한 것에 대한 교회의 사회적 및 신학적 보수주의 입장을 보고서, 교회와 국가의 관계에 관한 매우 중요한 정치적/윤리적 질문을 했다. 베일러 강연에서, 스태그는 "국가 종교"는 "종교적 차원을 취한 하나의 정치적 구조라고 선언했고, 또 교회가 하나님께만 속한 것을 정부에게 양도할 때 교회는 국가 종교를 실행하고 있는 것이라고 주장했다."[34] 그리스도인들이 그들 자신의 정당한 범위 안에서 통치 기관에 충성하는 것은 스태그도 분명히 인정했다. 그러나:

> 하나님의 요구는 다른 어떤 요구보다 우선해야 한다…. 인간 자신의 인간성은 위기에 직면해 있다. 인간이 어떤 다른 인간 존재 혹은 인간 구조를 만드는 것을 궁극적으로 주장한다면, 그는 진정한 인간이 될 수 없다…. 교회는 국가의 모든 이념과 군사적 행동들로부터 분리되어야 한다.[35]

스태그의 1977년 논문인 "독신에 관한 성경적 입장"(Biblical Perspective on the Single Person)에서 증거 되었듯이, 독신과 관련된 문제들 역시 그가 관심을 기울인 분야였다.[36] 여성들의 역할 및 여성의 안수 문제에 관한 스태그의 관심은 그의 부인 에블린과 공저한「예수의 세계 안에 있는 여성」(Woman in the World of Jesus)에 심도 있게 표현되어 있다.[37] 이 책은 고대 세계에서 여성과 관련된 문제들을 다루는 유대적, 헬라적, 그리고 로마의 본문들을 탁월하게 대조 연구하고 있다. 이 책은 여성들과 관련하여 예수의 신학과 행동-스태그에게는 항상 중요한-을 검토하면서 진행되고, 초기 교회에서 여성들에 대한 분석으로 마무리된다. 스태그는 바울이 "유대인도 헬라인도 없고, 종이나 자유자도 없고, 남자도 여자도 없다"고 분명하게 선언한 갈라디아서 3장 28절을 제외하고는, 바울의 신학이 가정 생활과 교회생활에서 여성에 대한 복음의 적용이 자의적이고 또한 제한적으로 역행하는 경향을 취하고 있다고 본다. 그는 (베드로전서 2장 13절부터 3장 7절을 포함하여) 바울의 문헌에 반영돼 있는 다양한 가정법전들에 대해 연구한 결과, 바울의 신학이 여성의 역할과 관련해서 예수의 신학 및 의도와는 상당히 동떨어진 입장을 취하기 시작한다고 확신하게 되었다. 스태그는 초기 교회에서 가정법전의 종속주의적 태도는 복음의 새 술에 본질적이지 않은 문화적 "부대"이며, 따라서 그런 태도는 바로 잡아야하고 또 반드시 검토되어야 한다고 했다.[38)]

1980년대 초반에, 스태그는 사회에서 노령화 문제와 노인의 역할을 언급했다. 「성경은 노인 문제를 말한다」(The Bible Speaks on Aging)라는 그의 책은 노인과 노령화의 문제에 적절한 성경의 자료를 연결짓는 대중적이지만 신뢰할 만한 책이다.[39)]

그리스도인의 삶은 가볍게 다뤄질 문제가 아니다. 스태그의 저술들에는 하나님의 은혜로운 선물들과 밀접히 관련된 도덕적 요구들을 반영하는 많은 권고들이 있다. 스태그를 이해할 때, 우리는 신약성경, 특히 바울문헌에서 "법정적 의"(forensic righteousness)의 개념에 대해 그가 일관되게 반대해 온 것을 보게 된다. 스태그는 의가 결코 법적 허구일 수도 없고, 단지 "관점"의 문제일 수도 없으며, 오히려 예수의 이름을 감히 부르는 자들에게 부여된 실질적이고 실제적인 요구로 간주한다.

## 평가

평가라는 것은 평가를 받는 사람만큼이나 평가하는 그 자신에 관해서 말한다는 것을 항상 유념해야 한다. 따라서 나는 내 자신의 신학적 성향에 근거하여 말하고자 한다. 게다가, 나는 스태그의 역사적, 문법적, 그리고 석의적 탁월성을 최대한 존중하면서 다음의 비판들을 제시한다. 그리고 나는 스태그가 그렇게 관대하고 열정적으로 예를 보여준 개방적이고 신학적으로 엄격한 정신에 따라 그런 비판들을 제시한다. 또 하나의 다른 조건이 있다: 스태그가 지적 연속성을 지녔지만, 다음에 제시될 평가는 「신약성경신학」을 저술할 당시인 초기 스태그에게는 적용되지 않고, "공관복음서 전승에서 구원," "복음서 재평가," 그리고 "메시아 개념"을 쓴 후기 스태그에게만 적용된다.

스태그가 신약성경 정경을 훼손하지 않았는지 염려스럽다. 이런 파괴는 문학적 균열이 아니라 신학적인 것이다. 스태그가 바울의 신학보다 예수의 신학을 선호했기 때문에, 바울 사도의 케리그마적인 "십자가와 부활" 신학-실제로는 신약성경 전체-와는 다소 거리감을 둔 것은 사실이다. 역사적 예수의 신학을 나머지 신약성경, 특히 바울과 공관복음서들의 전반적인 십자가-부활 정황으로부터 차단시키고, 또 역사적 사건들을 통한 구원에 근거한 일종의 "거래적" 신학보다는 역사적 예수 신학을 선호하려는 스태그의 시도는 결국 신약성경의 신학적 통일성을 파괴한다. 스태그 자신은 신약성경의 정경형성이 부분적으로 신학의 역할이라고 주장해 왔다.[40] 하지만 스태그가 생각한 예수와 바울 간의 신학적 불연속성이 신약성경의 정경이 출현하는 데 역사적으로 요구되는 신학적 일치를 허용하지 않는 것으로 판단된다. 그가 역사적 예수에 대한 새로운 탐구로 회귀하는 것을 포기할지라도, 다양한 공관복음적 일화들을 복음서 서사들의 좀 더 광범위한 십자가-부활 구도와 분리시키고, 또 그렇게 분리된 일화들을 근거로 구원론을 제시하려는 스태그의 시도는 상당한 함축을 가지고 있다.

분명히, 스태그는 예수 신학의 기초자료로서 공관복음서의 신뢰성에 관한 불트만의 급진적이고, 매우 부정적인 역사적 결론을 거부한다. 그러나 다양한 일화들을 보수주의적 입장에서 역사적으로 다룬다고 할지라도, 그것이 초기 교회의 십자가-부활 신학의 일치에 대한 스태그의 완강한 거절을 보완하지는 못한다. 가정법전의 관점뿐만 아니라, 특히 예수 그리스도의 인격을 통한 하나님의 객관적인 구속활동의 필수적인 절정으로서 십자가와 부활을 거부함으로써 바울의 신학이 예수의 신학과는 차이가 있다는 것을 제시하려는 그의 노력은 신학을 파괴하는 결과만을 초래했다. 물론 스태그가 예수의 역사적 죽음과 그의 육체적 부활을 분명히 지지했지만, 그것은 여기서 논의할 문제가 아니다. 스태그는 예수와 바울 사이에 쐐기를 박음으로, 쾨스터(Koester), 로빈슨(Robinson), 파젤스(Pagels)의 정경적/신학적 재구성의 특성에 문호를 개방하기 시작했다.[41] 이들은 예수의 생애에 대한 바울의 (십자가-부활) 해석은 거룩한 사람인 예수에 대한 많은 경쟁적 해석 가운데 하나에 불과했다고 주장한다. 물론 스태그는 그리스도의 신성을 분명히 지지하고, 또 그가 바로 하나님의 계시이고 임재라고 반복적으로 주장한다. 그러나 스태그는 십자가 이전의 예수에 대한 기억과 그로 인해 제시된 신학에 대한 공관복음의 "기억"은 사도 바울과 초기 공동체의 특성인 십자가-부활 선포의 종류와는 다르다고 주장했다. 그들은 자신들의 신학적 관심으로 복음서 이야기들을 만들어 냈기 때문이다. 스태그가 주장하듯이, 우리가 자료들을 보존한 사람들의 전반적인 신학적 성향과 대조하고, 실제로 그런 자료에도 불구하고 진정성 있는 "예수 자료"를 분간할 수 있다고 주장하는 것은 역사적 뻔뻔함이다. 실제로 스태그가 비평적으로 재구성한 예수의 신학은 예수 전승들이 복음서 이야기들에 보존되고 새겨져 있는 바로 그 공동체의 십자가-부활 신학보다는 더 원시적(초기적)이다.

무엇보다, 스태그의 연구 방법론, 즉 공관적 일화들(예를 들면, 우리의 구원을 위한 예수의 죽음과 부활)에 대한 해석을 공관적 서사들의 전체 요점과 차단시키는 방식을 사용해서 그 자신이 선택한 공관적 일화들을 복음서들의 서사적 구조로부터 구별하는 것을 정당화하는 방법은 납득이 되지 않는다. 물론, 예수께서 그들의 믿음에 근거해서 두 등장인물, 즉 (누가복음) 삭개오와 (마가복음) 혈루병 앓는 여인에게 이미 구원을 선물로 주었다는 사실은 그 누구도 반박할 수 없다. 하지만 분명히 이런 일화들 그리고 스태그에 의해 인용된 그런 특성의 다른 일화들은 서사 전체에서 보여준 복음서들의 복음적 특성과 단절된 채로 해석되어서는 안 된다. 나는 그런 경우들이 예수의 십자가와 부활을 통해 일차적으로 성취될 구원의 방법에 대한 역사적 및 문학적 예측(혹은 설명)으로 간주되어야 한다고 주장한다(여기서 "일차적으로"라고 표현한 것은 최종적 구원이 여전히 그리스도의 오심을 기다리고 있기 때문이다; 롬 8:24f.; 벧전 1:3–9). 예수의 죽음과 부활 이전에 신약성경의 등장인물들에게 주어진 구원은 신약성경에서 구약성경의 믿음의 영웅들에게 돌려진 것과 같은 동일한 예견적/예고적 성격의 구원이다. 히브리서 저자는 구약성경 성도의 구원을 예수와 관련해서 발생해 온 복음적 사건(즉, 십자가–부활–승천)에 분명히 의존시킨다(히 11:31). 신약성경신학 혹은 신약성경의 신학적/정경적 통일성은 스태그처럼 예수의 신학과 바울의 신학 사이에 쐐기를 박을 경우 유지되기가 어렵다.

스태그가 구원의 "거래적" 수단으로서 십자가를 반복적으로 거절한 것에 주목하는 것은 타당하다. "거래적"이라는 것이 스태그가 고대의 혹은 어거스틴적 신념, 즉 구원이 성취되기 전에 성부는 성자에 의해서 다소 진정되거나 달래져야 한다는 것, 혹은 성자가 마귀에게 비용 혹은 몸값(ransom)을 지불해야 하는 것이라면, 우리는 그러한 비판을 허용해야 한다; 그러나 스태그가 "거래적" 속죄를 반복적으로(그리고 경멸적으로) 언급함으로 결국 얻게 된 것은 속죄에 대한 일종의 모범적/참회 모델을 제외한 다른 모든 견해들을 거부한 것이다. 스태그는 그리스도의 십자가를 하나님의 성품의 계시로 약화시킨다. 분명히, 십자가는 우리와 관계있는 하나님의 특성(예를 들면, 그는 자기-희생과 고난받는 하나님이다)을 계시한다. 그분은 그리스나 로마의 변덕스런 신들과는 아주 다른 하나님이다. 예수의 십자가가 하나님의 섬김과 자신을 내어주는 특성에 대한 경이적이고 신비스런 계시임에는 분명하다. 실제로, 신약성경은 예수의 십자가를 모범적 가치를 지닌 것이라고 분명히 말한다(엡 4:32-5:2); 그러나 그 어떤 것도 신약성경에서 매우 분명하게 나타나는 사건을 제거할 수 없다: 특히, 예수의 죽음과 부활은 실제로 우리의 구원을 위한 객관적인 어떤 것을 성취했다. 십자가의 역사적 특별성에 관한 스태그의 모든 지지에도 불구하고, 결국 스태그에게 십자가의 큰 가치는 그것의 본질적인 영속성에 있는 것이 분명하다(즉 하나님의 마음에 있는 고난받고 자기를 내어주는 것의 예로서 그것의 계시적인 "열정"). 스태그가 십자가의 계시적 특성에 초점을 맞추는 것은 환영할 수도 있지만, 그가 십자가와 부활을 객관적이고 특별한 구속의 가치를 가지고 있지 않은 것처럼 대하는 것은 우려할 만한 일이다.

히브리서 6장 6절(그들은 그들 자신을 위해서 하나님의 아들을 십자가에 못 박는다)을 근거로 십자가를 주관화/비-특수화시키는 스태그의 수 년 동안의 호소들은, 그것으로 십자가의 보편성과 영원성을 좀 더 적절한 것으로 만들었지만, 많은 논의의 대상인 본문들에 대한 문제가 되는 석의에 기초하고 있다.[42] 스태그는 사건으로서 예수의 죽음과 부활의 구속적 가치를 실제로 부인한다. 스태그는 구원이 역사적 사건들에 기초하는 것이 아니라 하나님께 기초한다고 주장한다.[43] 사실, 특정한 공관복음서의 장면들에 대한 양식비평과, 신학적으로 결정적이며 문학적으로 지배적인 십자가-부활 중심의 서사를 분리시키려는 스태그의 시도는 신약성경이 구원의 기초를 특정의 사건들, 즉 예수께서 역사적으로 도래하심, 특히 죽음과 부활을 통해서 해석된 그의 강림에 둔다는 사실을 말없이 인정하는 것이다. 더욱이 하나님의 활동과 역사적 사건, 특히 십자가와 부활이라는 역사적 사건을 하나님의 활동과 구분하는 것은 괴상한 해석이다.

구원이 십자가와 부활에 의해서 성취된다고 말하는 것은 하나님의 영원한 목적 안에 있는 구원의 기능으로부터 구원의 사건이 분리되지 않는다는 것을 의미한다. 스태그가 자신의 부인에도 불구하고 십자가를 실제로 비-역사화시키고, 따라서 구원을 궁극적으로 비-역사화시킨다고 나는 주장한다. 믿음이 특별한 역사적 사건들과 단절되면, (스태그에게 실제로 그랬듯이) 구원은 단지 회심의 교리가 되고 만다.[44] 우리로 하여금 십자가의 실재적 필요성에 관한 의구심을 갖게 한다.

비슷한 방식으로, 나는 스태그가 공관복음 신학의 많은 부분, (특히 소위 그가 말하는 "예수 자료들") 그리고 바울 신학의 일정 부분을 비-종말화시켰다고 생각한다. 종말론을 묵시와 구분 지으려는 스태그의 시도는 상대적 기초에서는 적절하지만, 절대적 지지를 받을 수는 없다.[45] 유대주의 종말론에서 역사의 끝을 말하는 것은 일반적으로 주님의 대재앙적/묵시적 날을 말하는 것이다. 스태그의 분명한 가정과는 달리, 과도한 묵시적 상징주의 혹은 표현은 종말론의 묵시적 특성을 제거하지 않는다. 그럼에도 신약성경 종말론을 비-묵시화시키려는 스태그의 노력은, "거래적" 신학에 대한 그의 거절, 그리고 (신약성경신학이 종말론적이라는 스태그 자신의 인정 그 자체가 구원사가 신약성경신학을 하는 데 어느 정도는 적절하고 필수적인 모델이라고 인정할지라도) 구원사의 개념을 경시하고 또 구속 드라마에서 사탄과 우주적 압제자들의 역할을 줄이려는 그의 노력과 일치된다.[46] 실제로, 스태그는 "구속 드라마" 용어를 결코 환영하지 않았다.[47] 하지만 그러한 노력들은 신약성경의 비변증적인 묵시적 사고 세계에 반영된 광범위한 신학/종말론과 대치되지는 않을 것이다.

그의 「신약성경신학」에로 소급해서 보자면, 스태그는 신학적 견해들에 입각하여 사탄과 우주적 세력의 역할을 감소시켰다. 스태그는 야고보서 1장 13-15절의 모델에 따라 죄를 해석하는 것을 선호하였다. 그러한 방법은 죄의 문제를 아담의 이야기에서 좀 더 분명한 근거를 두지 않은 것으로 보인다. 마찬가지로 스태그가 죄와 진노에 관한 바울의 견해에 대한 결정적 핵심으로 로마서 1장 18절에서 3장 20절을 선택한 것은 로마서에서 그 구절이 묵시적 표현을 사용치 않고, 사탄을 전혀 언급하지 않고, 또 아담을 전혀 언급하지 않다는 것에 주로 근거한 것으로 관찰된다.[48] 하지만 무엇보다, 바울 사상의 묵시적 지평을 파악하지 않고서는 "하나님의 진노가 하늘로부터 나타난다 ⋯"(롬 1:18)는 구절을 제대로 이해할 수 없다고 나는 생각한다.[49] 게다가, 그리스도를 통한 하나님의 영역과 대비하는 의미에서 "죄"를 묘사하기 위해 사용된 매우 개인주의적인 용어가 주어진 것을 볼 때, 로마서의 독자가 6장과 7장에서 단 한번의 "죄"라는 용어가 어떤 면에서 어두움의 우주적 세력에 대한 언급이 아니라고 생각하기는 어렵다. 로마서 7장 7-25절은 아담의 문제(특히, 8-13절)나 혹은 구원의 역사(cf. 7-25절과 더불어 7장 5절; 8장 1절 ff.와 더불어 7장 6절)와 분리되어 이해될 수 없는 것으로 생각된다.

그러나 바울은 별개로 하고, 공관복음서 신학 혹은 예수의 신학을 귀신 축출과 열두 및 칠십 명의 전도여행에서 그리스도가 어두움의 세력과 투쟁한다고 해석하지 않으려는 스태그의 노력은 잘못된 것이라 생각된다. 하나님 나라는 그리스도의 오심에 분명하고, 하나님의 통치는 그의 선포, 도래할 영광의 시대에 대한 그의 기적적이고/종말론적인 표적들, 그리고 그의 귀신 축출에 내재되어 있다. 사탄을 정복하고 마귀의 세력을 격퇴하는 것을 말하는 것은 일부 현대인들에게 적절치 않게 보일 수도 있다. 하지만 그것이 신약성경 혹은 공관복음의 신학 혹은 예수의 신학을 역사적으로 이해하도록 압박하는 것은 아니다. 나는 사탄의 지배에 따라 살고 행동하는 집단 그리고 그 세력들에 대한 신약성경의 견해에서 많은 타당성을 발견한다. 왜냐하면 그런 악의 우주적 세력을 근거로 이 세상에 드러나는 악과 부정의의 비참한 양상을 설명할 수 있기 때문이다. 또한 스태그가 매우 훌륭하게 그런 세력에 반대하여 살고, 저술했으며, 또 전파했기 때문이다. 그런 묵시적 (신약성경) 세계관에 대한 영속적인 타당성과 관련을 갖지 않는다면, 비록 신약성경의 독자가 신약성경에 반영된 신학의 역사적 묘사를 주수할지라도 예수의 사역, 죽음, 부활, 그리고 승천을 통한 악의 세력에 대한 그리스도의 승리를 평가하지 않는 속죄에 관한 어떤 이론도 확실하게 말할 수 없게 된다. 그렇게 주장하는 것은 그리스도가 사탄에게 몸값을 지불했다는 조잡한 개념으로 돌아가려는 것이 아니라, 신약성경에 널리 반영된 일반적으로 주장되는 기독교의 신념, 곧 그리스도께서 "죽음의 권세를 쥐고 있는 자, 즉 마귀를 파멸시키기 위하여" 왔다는 것(히 2:14)을 진지하게 받아들이는 것이다.

스태그의 기독론은 그리스도의 신성에 대한 그의 지지와 관련해서 설득력이 있지만, 그의 삼위일체 견해는 재고의 여지를 남긴다.[50] 먼저, 스태그가 삼위일체에 대해 항상 분명한 견해를 가진 것은 아니라는 점을 언급해야 한다. 그는 양태론자가 아니라고 주장하지만, 스태그는 교리사가들이 말하는 양태론적이다.[51] 스태그가 니케아 신조를 싫어하는 증거는 많다. 그가 아버지, 아들, 성령을 말하지만, 이따금 하나님의 세 위격(tripersonality)을 의심하는 것으로 보인다.[52] 그리스도가 아버지께 기도하는 구절과 관련해서, 스태그는 이 구절들을 성육신의 신비로 분류하기 때문에[53] 독자는 그의 견해에 불만을 갖게 되거나 당혹스러워 한다. 물론 스태그가 니케아 신조를 싫어한다는 이유만으로 그의 견해가 이단적으로 불릴 수는 없다. 실제로 스태그가 가능한 한 성경적 용어를 유지하려고 노력한 것은 찬사를 받아야 한다; 그러나 특별히 (이위-일체 혹은 다른 수의 양태들과는 대조적인 것으로서) 삼위-일체적(tri-nitarian) 표현을 충분하게 고려하지 못함으로써 신학적 측면을 잘 나타내지 못한 것으로 보인다.[54] 스태그에게는 성부 하나님과 성자 하나님 간의 차이가 하나님 안에서 본질적인 구분의 문제가 아니라 신자의 입장에서 기능적 인식의 문제처럼 느껴진다. 그와 관련해서 한 분 하나님에 관해 논의하면서 스태그는 "셋"(three)에 필수적 혹은 의미 있는 신학적 결부를 시도하지 않는다.

마지막으로, 필자는 스태그의 신약성경 자료의 윤리적 적용에 늘 유쾌한 것은 아니라는 점을 밝힌다. 물론 스태그가 신약성경을 그리스도인의 생활에 적합하도록 만들기 위해서 꾸준히 노력했다는 점은 열렬한 찬사를 받고 매우 존중되어야 한다; 그러나 미국의 정치에 대한 다소 자유주의적 진영의 정치적 입장은 (상대적으로 말해서) 미국 정치의 우익이 1960년대와 1970년대에 받은 냉정한 분석과 비판을 받지 않았다고 확신한다. 우리 모두는 복음이 좌익 혹은 우익의 이데올로기에 종속되어서는 안 된다는 것을 반드시 기억해야 한다.

프랭크 스태그가 복음을 윤리적으로 적용한 것에 대해 전략적으로 항상 동의하지 않을지라도, 그가 그렇게 신실하게 간직해 온 신약성경이 이 세상에서 우리에게 근원적인 제자도를 요구한다는 것에는 의심의 여지가 없다. 스태그가 예수 그리스도의 주되심 아래에서 살기로 스스로 선택했을 뿐 아니라, 복음의 사역자/교사로서 우리 각자에게 그리스도 예수 안에서 우리의 부름에 일치된 삶을 살도록 요청해 온 것은 바로 프랭크 스태그의 커다란 업적이다. 스태그의 신학적 통합에 동의하지 않을지라도, 예수 그리스도의 주되심에 대한 고백과 삶이 부활하신 주님의 명령일 뿐 아니라 길을 잃고 죽어 가는 세상에 대한 우리의 사명이라는 것에 우리 모두는 동의해야 한다.

## 주(註)

1) 좀 더 자세한 전기적 정보를 위해서는 Malcolm Tolbert, "Frank Stagg: Teaching Prophet," in *Perspectives on the New Testament: Essays in Honorof Frank Stagg,* ed. Charles H. Talbert (Macon, Ga.: Mercer Univesity Press, 1958), 1-16을 참고하시오. 탈버트의 탁월한 논문을 잘 알고 있는 사람들은 본고의 생애 부분이 그에 의해 많은 도움을 받았다는 것을 쉽게 알 수 있을 것이다; 또한 Pensore St. Amant, "A Continuing Pilgrimage: A Biographical Sketch of Frank Stagg," *The Theological Educator* 8 (Fall 1977): 37-49; Ann Evory, ed. *Commentary Author's,* New Revision Series, vol. 1 (Detroit: Gale Research Co., 1981), s.v. "Stagg, Frank," 623; Frank Stagg, "A Continuing Pilgrimage," in *What Faith Has Meant to Me*, ed. Claude A. Frazier (Philadelphia: Westminster Press, 1975), 146-56을 보시오.

2) Frank Stagg, *New Testament Theology* (Nashville: Broadman Press, 1962).

3) 예를 들면, 제4장 "구원론," 80-121에서 성서적 용어들과 신학적 사상에 대한 유용한 자료를 보시오.

4) Frank Stagg, "The Christology of Matthew," *Review and Expositor* 59 (October 1962): 457-78.

5) Frank Stagg, "The Gospel in Biblical Usage," *Review and Expositor* 63 (Winter 1966): 5-13.

6) Frank Stagg, "The Holy Spirit in the New Testament," *Review and Expositor* 63 (Spring 1966): 135-47.

7) Frank Stagg, "The Journey Toward Jerusalem in Luke's Gospel," *Review and Expositor* 64 (Fall 1967): 499-512.

8) Frank Stagg, "The Lord's Supper in the New Testament," *Review and Expositor* 66 (Winter 1969): 5-26.

9) Frank Stagg, "The Abused Aorist," *Journal of Biblical Literature* 91 (June 1973): 222-31.

10) Frank Stagg, *The Holy Spirit Today* (Nashville: Broadman Press, 1973), passim.

11) Frank Stagg, *Polarities of Man's Existence in Biblical Perspective* (Philadelphia: Westminster Press, 1973), 11.

12) Ibid., 16.

13) Ibid., 10; cf. Frank Stagg, *New Testament Theology* (Nashville: Broadman Press, 1962), 20.

14) Frank Stagg, "Adam, Christ, and Us" in *New Testament Studies: Essays in Honor of Ray Summers in His Sixty-Fifth Year*, ed. Huber L. Drumwright and Curtis Vaughan (Waco: Baylor University Press, 1975), 125.

15) Frank Stagg, "Salvation in Synoptic Tradition," *Review and Expositor* (Summer 1972): 355-367; Frank Stagg, "The Great Word of Romans," *The Theological Educator* 7 (Fall 1976): 94-102; Frank Stagg, "The Mind in Christ Jesus: Philippians 1:27-2:18," *Review and Expositor* 77 (Summer 1980): 337-47; Frank Stagg, "Reassessing the Gospels," *Review and Expositor* 78 (Spring 1981): 187-203; Frank Stagg, "Eschatology: A Southern Baptist Perspective," *Review and Expositor* 79 (Summer 1982): 381-95; Frank Stagg, "The Concept of the Messiah: A Baptist Perspective," *Review and Expositor* 84 (Spring 1987): 247-58.

16) 야고보서 1장 13-15절을 위해서는 Frank Stagg, "Exegetical Themes in James 1 and 2," *Review and Expositor* 66(Fall 1969): 391-402; 로마서 1장 18절부터 3장 20절까지를 위해서는 Frank Stagg, "The Plight of Jew and Gentile in Sin: Romans 1:18-3:20," *Review and Expositor* 73 (Fall 1976): 401-13; Stagg, "The Great Word of Romans," 94-102; Stagg, *New Testament Theology*, 21ff 등을 보시오.

17) Stagg, "Salvation in Synoptic Tradition," 359.

18) 스태그의 구원론은 "공관적 전승에서 구원"과 "복음서들 재평가"에서 가장 분명하다.

19) Stagg, "The Concept of Messiah: A Baptist Perspective," 257.

20) Stagg, "Salvation in Synoptic Tradition," 358.

21) Ibid.

22) 이것은 스태그가 바울을 전적으로 무시했다는 말이 아니라, 그의 신학이 복음서에 기초하는 것을 선호한다는 것을 의미한다. Frank Stagg, "Southern Baptist Theology Today," *The Theological Educator* 8 (Fall 1977), 35을 보시오.

23) Stagg, "Reassessing the Gospels," 189.

24) Ibid., 192-93.

25) Ibid., 194f.

26) Ibid., 197.

27) Stagg, "The Mind in Christ Jesus," passim; "Souther Baptist Theology Today," 36; "The Concept of Messiah," 257을 참고하시오.

28) Stagg, "Salvation in Synoptic Tradition," 366 f.

29) Ibid., 367.

30) Ibid.

31) Frank Stagg, *The Book of Acts: Early Struggle for an Unhindered Gospel* (Nashville: Broadman Press, 1955), viii, 123f, 186.

32) Ibid., 18.

33) Frank Stagg, "Rendering to Caesar What Belongs to Caesar: Christian Engagement with the World," *Journal of Church and State* 18 (1976), 101.

34) Frank Stagg, "Rendering to Caesar What Belongs to God: Christian Disengagement from the World," *Journal of Church and State* 18 (1976), 217.

35) Ibid.

36) Frank Stagg, "Biblical Perspective on the Single Person," 5-19.

37) Frank Stagg and Evelyn Stagg, *Woman in the World of Jesus* (Philadelphia: Westminster Press, 1973).

38) Cf. Frank Stagg, "The Domestic Code and Final Appeal: Ephesians 5:21-6:24," *Review and Expositor* 76 (Fall 1979), 543f.

39) Frank Stagg, *The Bible Speaks on Aging* (Nashville: Broadman Press, 1981).

40) Ralph Herring, Frank Stagg, et al., *How to Understand the Bible* (Nashville: Broadman Press, 1974), 132.

41) 이런 견해에 대한 탁월한 요약과 신학적 평가를 위해서 *Studiorum Novi Testamenti Societies*의 제41차 연차 총회에서 행한 레이몬드 부라운(Raymond Brown)의 1986년 회장취임 연설을 출판한 *New Testament Studies* 33 (1987): 321-43을 보시오.

42) 나는 히브리서 6장 6절을 그리스도를 등진 사람들의 입장에서 그리스도의 주관적인 재처형(subjective recrucifixion)에 대한 실제적 언급으로 이해하지 않고, 실제로 일어나지 않는 어떤 것에 대한 가정적 언급으로 이해한다; 사실, 신약성서의 어떤 저자도 히브리서 저자보다 그리스도가 단 한번 고난 받았고, 따라서 다시 죽을 수 없다는 사실을 더 분명하게 제시하지 않았다.

43) Stagg, "Salvation in Synoptic Tradition," 357; Stagg, "Reassessing the Gospels," 192f.

44) Stagg, "Salvation in Synoptic Tradition," 357; Stagg, "Reassessing the Gospels," 192f.

45) Stagg, "Eschatology," 382.

46) Ibid., 385.

47) Stagg, "The Mind in Christ Jesus," 340-43.

48) Stagg, *New Testament Theology*, 21; Stagg, "The Plight of Jew and Gentile," 402f.; Stagg, "Adam, Christ, and Us," passim.

49) Calvin Schoonhoven, *The Wrath of Heaven* (Grand Rapid, Mich.: Eerdmans, 1966), 17ff.; 바울을 묵시적 구조와 그의 사상의 핵심을 떠나서는 이해될 수 없다는 강력한 주장을 위해서는 J. Christian Beker, *Paul Apostle* (Philadelphia: Fortress, 1980)을 참고하시오.

50) Stagg, "Reassessing the Gospels," 190; Stagg, "Southern Baptist Theology Today," 23-28; Stagg, "The Concept of Messiah," 252-54; Frank Stagg, *The Doctrine of Christ* (Nashville: Convention Press, 1984), 90-99.

51) Frank Stagg, *Holy Spirit Today* (Nashville: Broadman Press, 1973), 17-19.

52) Stagg, "Southern Baptist Theology Today," 26; Stagg, *Doctrine of Christ*, 91-95; cf. Frank Stagg, "Matthew," in *Broadman Bible Commentary*, ed. Clifton J. Allen, vol 8 (Nashville: Broadman Press, 1969), 252ff.; Stagg, "The Concept of Messiah," 254.

53) Stagg, "The Christology of Matthew," 461; Stagg, *The Doctrine of Christ*, 99.

54) 각주 52를 참고하시오.

# 참고자료

## 1차 자료

### 단행본

*The Bible Speaks on Aging*. Nashville: Broadman Press, 1981.

*The Book of Acts: The Early Struggle for an Unhindered Gospel.* Nashville: Broadman press, 1955.

*The Doctrine of Christ.* Nashville: Convention Press, 1984.

*Exploring the New Testament.* Nashville: Broadman press, 1961

*Galatians and Romans*. "Knox Preaching Guides," edited by John H. Hayes Atlanta: John Knox Press, 1980.

*The Holy Spirit Today.* Nashville: Broadman Press, 1973.

*New Testament Theology.* Nashville: Broadman Press, 1962.

*Polarities of Man's Existence in Biblical Perspective*. Philadelphia: Westminster Press, 1973.

*Studies in Luke's Gospel.* Nashville: Convention Press, 1967.

*Woman in the World of Jesus.* With Evelyn Stagg. Philadelphia: Westminster Press, 1978.

### 다른 책에 기고한 글들

"Adam, Christ, and US." In *New Testament Studies. Essays in Honor of Ray Summers in His Sixty-Fifth Year*, edited by Huber L. Drumwright and Curtis Vaughan. Waco: Baylor University, 1975.

"Authentic Morality and Militarism." In *Proceedings of the 1970 Christian Life Commission Seminar*. Nashville: Christian Life Commission of the SBC,

1970.

"Biblical Perspectives on Women." With Evelyn Stagg. In *Findings of the Consultation on Women in Church-Related Vocations*, edited by Johnni Johnson. Nashville: Southern Baptist Convention, 1978.

"A Continuing Pilgrimage." In *What Faith Has Meant to Me*, edited by Claude A. Frazeier. Philadelphia: Westminster Press, 1975.

"Establishing a Text for Luke-Acts." In *1977 Seminar Papers, Society of Biblical Literature Book of Reports*. Missoula, Mont.: Scholars Press, 1977.

"Explain the Ending of the Gospel of Mark, Mark 16:17-18." In *What Did the Bible Mean*, edited by Claude A. Frazier. Nashville: Broadman Press, 1971.

"Glossolalia in the New Testament." With Glenn Hinson and Wayne E. Oates. In *Glossolalia: Tongue Speaking in Biblical, Historical, and Psychological Perspective.* Nashville: Abingdon Press, 1967.

"He that Judgeth Me." In *More Southern Baptist Preaching*, edited by H.C.Brown, Jr. Nashville: Broadman Press, 1964.

"How I Prepare My Sermons." In *More Southern Baptist Preaching*, edited by H. C. Brown, Jr. Nashville: Broadman Press, 1964.

"Matthew." In *The Broadman Bible Commentary*, vol. 8, edited by Clifton J. Allen. Nashville: Broadman Press, 1969.

"Philippians." In *The Broadman Bible commentary*, vol. 11, edited by Clifton J. Allen. Nashville: Broadman Press, 1971.

"Playing God with Other People's Minds." *In Should Preachers Play God*, edited by Claude A. Frazier. Independence: Independence Press, 1973.

"Preaching from Luke-Acts." In *Biblical Preaching: An Expositor's Treasury*, edited by James W. Cox. Philadelphia: Westminster Press, 1983.

"Preaching from the Sermon on the Mount." In *Biblical Preaching: An Expositor's Treasury*, edited by James W. Cox. Philadelphia: Westminster Press, 1983.

"Rights and Responsibilities in the Teaching of Paul." In *Emerging Patterns of Rights and Responsibilities Affecting Church and State*. Washington D. C.: Baptist Joint Committee on Public Affairs, 1969.

"Understanding Call to Ministry." In *Formation for Christian Ministry*, edited by Anne Davis and Wade Rowatt, Jr. Louisville: Review and Expositor, 1981.

"What and Where Is the Church?" In *What Can You Believe*? edited by David K. Alexander and C. W. Junker. Nashville: Broadman Press, 1966.

"What Is Truth?" In *Science, Faith and Revelation, An Approach to Christian Philosophy,* edited by Robert E. Patterson. Nashville: Broadman Press, 1979.

"A Whole Man Made Well." In *The Struggle for Meaning,* edited by William Powell Tuck. Valley Forge, Pa.: Judson Press, 1977.

"Women in New Testament Perspective." With Evelyn Stagg. In *Encyclopedia of Southern Baptists,* vol. 4, edited by Lynn Edward May, Jr., Nashville: Broadman Press, 1982.

## 정기간행물

"The Abused Aorist." *Journal of Biblical Literature* 91 (1972): 222-31.

"An Analysis of the Book of James." *Review and Expositor* 66 (1969): 365-68.

"Biblical Perspectives on the Single Person." *Review and Expositor* 74 (1977): 5-19

"The Christology of Matthew." *Review and Expositor* 59 (1962): 457-68.

"The Concept of the Messiah: A Baptist Perspective." *Review and Expositor* 84 (1987): 247-57.

"The Domestic Code and Final Appeal: Ephesians 5:21-6:24." *Review and Expositor* 76 (1979): 541-52

"Eschatology: A Southern Baptist Perspective." *Review and Expositor* 79 (1982): 381-95.

"Exegetical Themes in James I and 2." *Review and Expositor* 66 (1969): 391-402.

"The Farewell Discourses: John 13-17." *Review and Expositor* 62 (1965): 459-72.

"Freedom and Moral Responsibility Without License of Legalism." *Review and Expositor* 69 (1972): 483-94.

"The Gospel in Biblical Usage." *Review and Expositor* 63 (1966): 5-13.

"The Great Words of Romans." *Theological Educator* 7 (1976): 94-102.

"The Holy Spirit in the New Testament." *Review and Expositor* 63 (1966): 135-47.

"Interpreting the Book of Revelation." *Review and Expositor* 72 (1975): 331-43.

"Introduction to Colossians." *Theological Educator* 4 (1973): 7-16.

"The Journey Toward Jerusalem in Luke's Gospel." *Review and Expositor* 64 (1967): 499-512.

"The Lord's Supper in the New Testament." *Review and Expositor* 66 (1969): 5-14.

"The Mind in Christ Jesus." *Review and Expositor* 77 (1980): 337-47.

"The Motif of Frist Corinthians." *Southwestern Journal of Theology* 3 (1960): 15-24.

"Th New International Version: New Testament." *Review and Expositor* 76 (1979): 377-85.

"The New Testament Doctrine of the Church." *Theological Educator* 12 (1981): 42-56.

"Orthodoxy and Orthopraxy in Johannine Epistles." *Review and Expositor* 67 (1970): 423-32.

"The Plight of the Jew and the Gentile in Sin: Romans 1:18-3:20." *Review and Expositor* 73(1976): 401-13.

"Prophetic Ministry Today." *Review and Expositor* 73 (1976): 179-89.

"The Purpose and Message of Acts." *Review and Expositor* 44 (1947): 3-21.

"Rendering to Caesar What Belongs to God: Christian Disengagement with the World." *Journal of Church and State* 18 (1976): 95-113.

"Rendering go God What Belongs go God: Christian Disengagement with the World." *Journal of Church and State* 18 (1976): 217-32.

"Reassessing the Gospels." *Review and Expositor* 78 (1981): 187-203.

"Salvation in Synoptic Tradition." *Review and Expositor* 69 (1972): 355-67.

"Southern Baptist Theology Today: An Interview." *Theological Educator* 3 (1977): 15-36.

"A Teaching Outline for Acts." *Review and Expositor* 71 (1974): 533-36.

"Textual Criticism for Luke-Acts." *Perspectives in Religion Studies* 5 (1978): 152-65.

"The Unhindered Gospel." *Review and Expositor* 71 (1974): 451-62.

# 27. 칼 헨리(Carl F. H. Henry)

앨버트 몰러 2세(R. Albert Mohler, Jr.)

칼 헨리
(Carl F. H. Henry)

신학적인 열기가 사라지고 신학의 큰 별들이 거의 없는 시대에 칼 헨리는 20세기 신학의 등불 가운데 한 사람으로 등장했다. 저널리스트, 교사, 신학자, 편집자, 그리고 복음주의적 기독교 진영의 세계적인 대변자로 일한 경험은 그로 하여금 주요한 신학운동을 형성했다고 평가를 받을 만한 몇 안 되는 사람들의 반열에 서게 했다.

## 생 애

1913년 1월 22일, 부모가 뉴욕 시로 이주한 뒤 태어난 헨리의 삶은 여러 가지 면에서 20세기 초 미국의 모습을 반영한다. 부모인 칼과 요안나 하인리히(옛 성은 Vathroder)는 모두 젊어서 미국으로 온 독일계 이민자들이었다. 그의 성은 1차 세계대전 때의 반(反) 독일 정서 탓에 헨리로 바뀌었다.

헨리의 가족은 고된 노동을 하는 부모와 검소한 생활을 하는 전형적인 이민자의 삶을 살았다. 그의 어머니는 가계를 따라 로마 가톨릭이고, 아버지는 루터

교인이었지만, 헨리의 집안에서 종교적인 모습을 찾아보기란 쉽지 않았다.[1]

후에 그의 가족은 롱아일랜드에 있는 농장으로 이사하였고, 아버지는 그곳에서 작은 생필품 가게를 인수할 수 있을 정도가 되었다. 헨리의 자녀들은 엄격한 교육을 받으며 성인으로 성장하였지만, 가난한 환경은 개선되지 않았고 8명의 자녀 가운데 장남인 칼은 가족의 수입을 보충하기 위해 시간제 일을 계속 해야 했다.

어려서 공립학교에서 교육을 받았던 헨리는 고등학생이 되어서는 언론계에서 직업을 갖는 것이 운명인양 그 분야에서 돋보였다. 대공황 기간 중에 졸업한 그는 일자리를 구하다가 롱아일랜드에 있는 아이슬립출판사(The Islip Press)에서 일하게 되었다. 그는 곧 리포터가 되었고, 얼마 후 「뉴욕 헤럴드 트리뷴」(New York Herald Tribune)과 「뉴욕 데일리 뉴스」(New York Daily News)에 기고하게 되었다. 첫 번째 신문사에서 3년을 보낸 후에 롱아일랜드의 주요 주간지인 「스미스타운 스타」(The Smithtown Star)의 편집자가 되었다. 후에 그는 뉴욕타임스의 롱아일랜드 지역판의 대부분을 책임지게 되었다.

신문사 일을 통해 경건한 그리스도인 여성을 만나게 되었고, 그녀를 통하여 옥스퍼드 그룹의 일원이 되었다.[2] 언론계에서 야망과 성공을 꿈꾸던 스무살의 헨리는 복음을 듣고 신자가 되었다.

하나님께서 전문 사역자로 부르시는 것을 깨닫고 헨리는 촉망받는 신문사 직업을 내려놓고, 1935년 가을에 휘튼대학(Wheaton College)에 등록했다. 휘튼대학의 경험은 그 이후의 헨리의 삶과 사상을 형성하는 데 중요하게 작용했다. 그가 휘튼에 끌린 이유는 휘튼이 "복음주의의 하버드"(evangelical Harvard)라는 명성을 갖고 있었고, 학장인 올리버 부스웰(J. Oliver Buswell)이 신앙 문제에서 이성적인 측면의 중요성을 스토니 부룩(Stony Brook) 대회에서 연설하게 된다는 것을 들었기 때문이라고 기술했다. 휘튼에서 자신이 복음주의 운동의 한 복판에 있다는 것과 미국에서 보수적인 기독교의 발전이 매우 험난한 때라는 것을 알게 되었다. 헨리는 휘튼에서 빌리 그래함(Billy Graham), 해롤드 린젤(Harold Lindsell)과 같은 이들과의 우정을 쌓아갔나. 가장 중요한 만남은 철학교수인 고든 클락(Gordon Clark)인데, 그에게서 아마 헨리는 자신의 사상에 가장 중요한 지적인 영향을 받았을 것이다. 클락은 보수적인 장로교인으로 하나님에 대한 신앙과 신학이 본래부터 합리적이라는 것을 강조했다.[3] 1938년 8월에 졸업할 때까지 헨리는 대학원에서 신학을 공부할 것을 결심하고 있었다. 그는 무디성경대학(Moody Bible College)에서 홍보 책임자로 오라는 초청에 대해서 신중하게 생각하였지만, 신학을 하는 것이 소명이라는 자신의 생각을 따르기로 결정했다.

휘튼은 헨리의 일생에 또 다른 중요한 영향력을 끼칠 사람을 소개해 주었는데, 곧 헬가 벤더(Helga Bender)이다. 1940년에 그들은 결혼 하였고 후에 두 명의 자녀를 낳았다.[4]

헨리는 일리노이 주의 롬바르드 근처에 있는 북침례교신학대학원(Northern Baptist Theological Seminary)에서 신학학사(B.D.) 과정에서 공부하는 동안, 신학석사(M.A. in Theology) 학위를 이수하기 위해 휘튼에 남아 있었다. 북침례교신학대학원은 시카고 대학 신학부(University of Chicago Divinity School)가 계속 자유주의적 경향으로 기울자 그 대안으로 설립되었다. 헨리는 그 학교에서 신학사와 신학박사 학위를 1942년에 마쳤다.[5]

회심 후 9년이 지나자 그는 휘튼에서 학위를 받았고 신학과 관련하여 세 개의 학위를 받았다. 기독교 유신론을 합리적이고 복음적으로 설명하려는 전투의 최전선에 서게 되면서 그의 초기 사상은 이미 뚜렷하게 형성되었다. 이미 출판경험이 있는 저자로서 헨리는 현대신학에 대한 비판적 읽기와 열정적인 보수주의 옹호자로서 사명을 종교사상과 신학에 관한 몇 개의 작은 책에 발표했다.

헨리는 모교인 북침례교신학대학원에서 신학을 강의함으로써 교수사역을 시작했다. 막 개교한 캘리포니아 주 파사데나의 풀러신학대학원(Fuller Theological Seminary) 교수로 청빙을 받은 1947년까지 그곳에 있었다. 이 신학교는 복음전도자 찰스 풀러(Charles E. Fuller)와 보스턴의 유명한 파크 스트리트 교회(Park Street Church)의 목사인 해롤드 오켕가(Harold J. Ockenga)가 급속하게 성장하고 있는 미국 서부 해안에 위대한 복음주의적 신학교를 설립하겠다는 환상에 따른 계획으로 탄생했다. 헨리는 오켕가의 초청을 받아들였고 1947년에 파사데나로 이사했다. 그는 풀러에서 교수로 일하면서 보스턴대학교에서 인격주의 철학자인 에드가 브라이트만(Edgar Brightman)에게서 철학박사 학위를 취득했다. 풀러에서 헨리는 신학과 철학을 가르쳤는데, 주로 변증학과 윤리학에 집중했다.

풀러신학교는 비록 어렵게 탄생했고 총장이 부재중이라서 난관이 있었지만 괄목할만한 발전을 하였고, 헨리는 교수진 중에서 핵심 지도자로 부각되었다.[6] 그러나 그가 파사데나로 이동한 10년 후에 「크리스처니티 투데이」(Christianity Today)의 창간 편집자로 일해 달라는 초청을 받아들였다.

보수적인 신학자들은 자신들의 복음주의적 관점을 전달할 최고의 수단을 오랫동안 열망했다. 「크리스처니티 투데이」는 빌리 그래함과 해롤드 오켕가의 작품이었고, 더 진보적인 자유주의적 개신교의 저널인 「크리스천 센츄리」(The Christian Century)의 대안으로 기획되었다. 헨리를 편집장으로 하는 것은 합리적인 선택이었다. 신문잡지 현장에서 일해 온 배경과 나무랄 데 없는 학문성, 그리고 복음적 정통주의에 대한 확실한 헌신은 헨리로 하여금 그러한 시도를 이끌만한 유일한 사람으로 만들었다. 「크리스처니티 투데이」는 워싱턴 D.C.에 사무실을 두고 1956년에 인상적인 모습과 탄탄한 내용으로 세상에 드러났다.

「크리스처니티 투데이」를 이끌면서 헨리는 좀 더 광범위한 복음주의 운동에서 리더십을 발휘하였고, 현대사상에 진지한 참여를 통해서 세계적인 명성을 누리게 되었다. 그러나 「크리스처니티 투데이」에서 보여준 그의 리더십은

잡지의 방향에 관한 불일치 때문에 1967년에 끝이 났다.[7)]

「크리스처니티 투데이」 편집장을 사직하고 헨리는 캠브리지로 여행을 했다. 그곳에서 그는 자신의 거대한 신학적 기획의 핵심을 담은 여섯 권으로 된 「신, 계시, 권위」(God, Revelation and Authority)를 준비하기 위해 연구와 조사를 했다.

미국으로 돌아와서 헨리는 필라델피아에 있는 동침례교신학대학원(Eastern Baptist Theological Seminary) 교수직을 수락했다. 그 후에 그는 복음주의적 사회활동 기관인 월드비전(World Vision)에서 강사로 봉사했다. 그는 계속해서 강의하고 집필하고 가르쳤다. 그리고 몇 군데에서 방문교수로 일했다. 1940년대부터 공식적인 강의를 시작하였지만, 1970년대와 80년대는 일반 대학과 복음주의 대학들에서 철저하고 영향력 있는 강의를 한 시기였다. 그는 1989년에 에든버러에서 그 유명한 러더퍼드 강연(Rutherford Lectures)을 했다.

## 사상

### 칼 헨리와 복음주의 운동

미국에서 복음주의 운동은 다양한 구성원으로 인하여 명확한 경계선을 긋거나 분명하게 정의하는 것이 어렵기로 악평이 나 있다. 이 운동을 가장 쉽게 정의하는 것은 구체적인 단체나 기관, 그리고 개인들과 동일시하는 것이다. 2차 세계대전 이후에 발전한 복음주의 운동은 풀러신학대학원, 고든콘웰신학대학원(Gordon Conwell Seminary), 그리고 트리니티 복음주의 신학대학교(Trinity Evangelical Divinity School)와 월드비전 등으로 대표된다. 윌리엄 어드만스(William B. Eerdmans), 베이커출판사(Baker Book House), 존더반(Zondervan)과 같은 출판사들은 매년 수백 권의 복음주의 책들을 출판하고 있다. 그러나 복음주의는 개인들과 동일시하는 것으로 가장 손쉽게 이해할 수 있다. 세계적으로 유명한 복음전도자 빌리 그래함은 복음주의적 헌신과 복음의 정통주의 설교로 요약된다. 반면에 칼 헨리는 복음주의 운동의 가장 핵심이 되는 복음주의 진리를 지적이고 인지적으로 방어한 것으로 대표된다.

헨리가 회심한 1933년은 지적 엘리트들이 인본주의 의제를 체계화하여 인본주의 성명서를 발표한 해이기도 하다. 동시에 일어난 이 사건을 헨리는 간과하지 않았다. 이 시기는 근본주의자들에 의해 잃어버린 것이 많았다고 간주되었던 근본주의/현대주의 논쟁이 계속된 때였다. 헨리는 대학교와 신학대학원에서 한 경험으로 인해 주류 교회들과 분리하기로 결정한 사람들과 접촉할 수 있었고, 또한 보수주의 증거자로서 자신들의 교단에 남아 있기로 결정한 사람들과 만났다.

북침례교신학대학원에 제출한 박사논문의 결론에 따르면, 헨리는 근본주의자 운동이 20세기에 효과적인 운동이 되려면 반문화적 성향을 바꾸는 것이 필요하다는 확신을 갖고 있었다. 근본주의가 모든 사회적이고 윤리적인 문제들을 무시하고 있다는 생각에서 그는 획기적인 자신의 첫 번째 작품인 「현대 근본주의의 불편한 양심」(The Uneasy Conscience of Modern Fundamentalism)을 출판했다.[8] 이 책은 후에 "신복음주의"(new evangelicalism) 로 알려진 운동의 선언문이 되었다.

헨리는 현대 복음주의 운동을 확립한 아버지의 한 사람이 되었다. 젊은 보수주의자들이 정의했던 것처럼 신복음주의는 정통 신앙에 대한 매우 충실한 변호였고, 복음 메시지를 사회에 적용하는 것에 신중한 주의를 기울이면서 견고한 학문적 버팀목을 세웠다.[9]

새로운 복음주의의 특성은 풀러신학교를 형성했다. 비록 가장 젊은 교수진 중의 한 사람이었지만, 헨리는 학장으로 선출되었다. 최고의 복음주의 사상가요 대변자로서 그의 명성은 그가 제시한 중요한 비전과 조직하는 능력에 의해 강화되었다. 풀러에 있던 10년 동안 헨리는 8권의 책과 수많은 논문을 썼고, 보스턴대학교에서 박사학위를 취득하였으며, 연례 로즈 볼 선라이즈 서비스(Rose Bowl Sunrise Service)와 같은 행사의 이면에서 조직책임자로 부상했다.[10]

「크리스처니티 투데이」에서 헨리의 중추적인 지도력은 복음주의 지도자들 가운데서 그의 영향력을 강화시켜 주었다. 「크리스처니티 투데이」는 복음주의의 전진을 제대로 평가해 줄 수 있는 매체가 되기를 바라는 그들의 희망을 대변해 주었다. 그의 사설들과 기사들은 그리 길지 않지만 탄탄한 내용으로 유명하였고, 그 운동의 낙관적 전망을 보여 주었다.[11]

복음주의 운동의 단체와 조직에서 헨리의 영향이 정점에 달한 것은 1966년이었다. 그는 당시 베를린에서 복음주의 세계대회(the World Congress on Evangelism)의 의장으로 활동했다. 이 대회는 헨리와 빌리 그래함이 조직하였는데, 복음주의 진영의 진전을 보여주는 또 다른 상징이었다.[12] 그럼에도 2년 내에 헨리는 더 이상 「크리스처니티 투데이」의 편집장 일을 수행하지 못했고, 잡지의 방향과 특성은 후에 중대한 변화를 겪게 되었다.[13]

복음주의 진영에서 헨리의 역할은 독특하고 광범위하다. 다른 어떤 복음주의자보다 그는 복음주의 정체성과 정의 문제에 진지하고 지속적으로 관심을 기울였다. 「현대신학에서 복음주의의 책임」(Evangelical Responsibility in Comtemporary Theology), 「위기의 낭떠러지에 서있는 복음주의자들」(Evangelicals at the Brink of Crisis), 「복음주의 논증을 위한 변명」 (A Plea for Evangelical Demonstration), 「복음주의의 정체성을 찾아서」(Evangelicals in Search of Identity)와 같은 책들의 제목은 복음주의 운동의 정의와 동력에 대한 헨리의 강한 자의식을 보여준다.

「현대 근본주의의 불편한 양심」은 정통 개신교인들로 하여금 문화에 참여할 것을 촉구하기 위해 쓰여 졌다. 같은 해에 오켕가는 "신복음주의"라는 신조어를 만들어냈고, 이 운동은 확산되었다. 헨리는 구보수주의(근본주의)와 신보수주의(복음주의)의 접근방법론이 "분위기"의 차이에 의해서 기본적으로 구별된다고 보았다. 복음주의는 좀 더 넓은 신학적 운동에 참여하는 것과 복음의 사회적이고 문화적 차원을 인식하는 것으로 구체화되었다.

신복음주의는 충분히 정통주의적이었지만 교파들을 초월해서 협력하고,

타락한 자유주의의 폐허로부터 건설적인 신학운동을 만들고자 했다. 그 운동은 종말론에 대한 과도한 관심, 분리주의 정신, 그리고 근본주의의 공통적인 특성인 참여정신의 결여 등을 회피하고자 했다. 신복음주의는 구자유주의 신학들의 타락이 훨씬 더 위험한 신학적 맥락이라는 생각을 갖고 있었기 때문에 자신들의 책임을 선명하게 이해하고 있었다.[14]

신복음주의는 구근본주의의 장점들을 표명한다는 점에서 일치하지만 과도함을 거부하고 완전한 지적 동반자로서 현대주의의 도전을 회피하지 않고 맞서려고 한다는 점에서 다르다.[15]

헨리는 1966년의 복음주의 세계대회를 통해 세계 복음주의자들 가운데서 자신의 위치를 확보하였지만, 6권으로 된 「신, 계시, 권위」의 출판은 그를 복음주의의 계시론과 성경의 권위에 대한 최고의 변호자로 위상을 최종적으로 확립시켜 주었다. 그의 걸작인 이 책의 출판은 미국의 복음주의가 지적이고 문화적인 영향력을 가질 수 있는 좋은 기회를 상실하고 있다는 중대한 위험에 대한 헨리의 점증하는 생각을 보여주고 있다.[16]

복음주의 운동에서 헨리의 지도력은 풀러신학교와 「크리스처니티 투데이」와 같은 단체에서 보여준 영향력에서부터 복음주의 신학자들 가운데 인정받은 최고참자로서 그의 현재 위치로 변모했다. 그럼에도 그는 트리니티 복음주의신학대학원에서 1989년 개최된 "복음주의 선언"(Evangelical Affirmations) 대회의 공동의장직을 수행하는 것을 통해 단체에서의 영향력도 계속되었다는 것을 알 수 있다.

### 헨리와 현대 신학

헨리는 "우리와 함께 사라지게 될 이 세대는 세계 역사에서 하나의 전환점이다"라고 1946년에 썼다.[17] 이러한 급박한 위기의식은 처음부터 칼 헨리의 신학적 사명을 특징 지웠다. 헨리는 문자 그대로 폐허가 된 대부분의 세계와 시대의 여러 문제들을 다루는 데 자유주의 신학이 실패하였음을 입증해 주는 기회를 발견했다. 자유주의적 주정주의와 정통주의적 신앙 사이에서 신학은 "20세기 중반에는 막다른 길"에 봉착하게 되었다.[18]

헨리는 복음주의와 중도주의 혹은 자유주의 사고 체계 사이의 "큰 분리"를 확인할 수 있었다. 하르낙, 리츨, 헤르만의 구자유주의와 결부된 학파들의 파멸을 인정하면서 그는 신정통주의 신학자들의 "신-초자연주의" 체계와 그밖에 현대의 다양한 사상을 비판하는 것을 목적으로 했다.[19]

중도주의 체계에 대한 헨리의 비판에 나타나는 기본 패턴은 북침례교신학자인 스트롱(A. H. Strong)에 관한 그의 보스턴대학교 박사학위 논문에까지 거슬러 올라 갈 수 있을 것이다. 정통주의와 자유주의(스트롱의 경우에는 인격주의적 일신론에 기초한) 사이를 중재하는 체계를 만들려는 스트롱의 시도는 헨리가 보기에 모든 방향에서 실패로 끝났다. 보수주의자들과 자유주의자들은 스트롱의 시도가 부적절하고 무가치한 가교를 건설하려는 것으로 보았다. 이 교훈은 헨리에게 중도주의 체계, 특별히 근대의 비판 철학과 후기 칸트 학파의 인식론에 기초로 한 체계들에서의실패의 모델을 제공해 주었다.[20]

칼 바르트 신학에 대한 헨리의 판단은 그의 신학적 비평패턴을 보여 준다. 루돌프 불트만 신학의 영향력이 신속하게 성장한 반면에 분명히 바르트는 세계대전이 끝난 후에서야 유럽에서 주도적인 신학적 위치를 차지할 수 있었다. 헨리는 바르트의 신학체계가 그의 선생들의 구자유주의와 종교개혁의 복음주의 유산 사이를 중재하려는 시도라고 이해했다. 헨리는 바르트의 생각을 완전히 부정한 것은 아니지만, 바르트의 사상을 경솔하게 인정하려는 동료 복음주의자들에게 즉각적으로 경고했다.

칸트의 인식론에 근거한 바르트의 체계는 온전한 성경적 권위의 회복이 아니라 "신-초자연주의적" 전통에 기초하고 있다. 그것은 "자유주의의 취약함 일부를 교정하는 능력만큼이나 우리 시대의 신학적 혼란을 발생시키는 데 공헌했다."[21] 헨리는 불트만이 더 위험하다고 보았지만, 바르트를 불트만의 경향에서 흘러나온 불충분한 정통이라고 생각했다.[22]

헨리는 특별계시가 비명제적이라고 주장하는 것이 스위스 신학자 바르트 체계의 결정적인 결함이라고 보았다. 이것은 불트만의 비신화화 계획에 대해 건강한 대안을 제공하기에 불충분한 계시론으로 이끈다고 헨리는 애석하게 여겼다. 비록 바르트가 많은 교리적 주제들에 관해서 정통주의를 새롭게 하였지만, 그의 체계는 근대주의와 유신론 사이에서 작동할 수 있는 중재를 제공하지 못했다.[23]

극소수의 운동과 신학자들만이 헨리의 비판에서 벗어났다. 신정통주의 학파가 붕괴하였을 때, 가장 대중적인 관심을 받은 "하나님 죽음의 신학" 운동과 더불어 무수한 다양한 체계들이 등장했다. 헨리는 위르겐 몰트만(Jurgen Moltmann)과 요한네스 뱁티스트 메츠(Johannes Baptist Metz)로 대표되는 희망의 신학들과 볼프하르트 판넨베르크(Wolfhart Pannenberg)의 신학, 해방신학, 과정신학과 결부된 신학 학파들을 포괄하는 혁신을 진지하게 고려했다.[24] 헨리는 각 체계가 부적절한 인식론에 기초한 것이고 그래서 결점이 있는 계시론이라고 보았다.[25]

헨리가 가장 강력하게 신학적 분석작업을 한 것은 그 체계들이 가지고 있는 타협적인 모습이 복음주의 자체에 위협이 될 것이라는 것이었다. 그래서 바르트가 불트만보다 훨씬 더 정통에 가까움에도 불구하고, 바르트의 뚜렷한 보수주의에서 희망을 발견하려는 수많은 복음주의자들에게 바르트는 더 큰 위험이 될 수 있다. 동일한 방식으로 그는 복음주의적 신앙에 위험스러운 흡인력이 있는 서사 신학자(narrative theologians)들의 "해석학적 상대주의"와 찰스 크래프트의 문화적 상대주의가 복음주의적 신앙인들에게 위험한 매력을 주고 있는 것을 슬퍼했다.[26]

### 헨리의 신학적 방법

근본주의/현대주의 논쟁은 "신복음주의자들"이 신학적 발전을 이룰 수 있는 환경을 마련해 주었다. 비록 기독론과 창조론과 같은 문제들이 대중적인 관심을 끌기는 했지만, 가장 결정적인 논쟁점은 직접적으로 성경론과 관련되었다. 따라서 복음주의자들은 그 뿌리가 인식론적 물음이라는 것을 깨달았다. 현대주의의 입장이 계시에 대한 결함 있는 이해로부터 시작되었기 때문에 자연히 성경의 권위에 대한 헌신을 결여하게 되었다. 따라서 복음주의자들은 신앙을 위한 적절한 인식론적 토대를 재확립하고 하나님의 계시로서 성경에 헌신했다.

바로 이 지점에서 보수주의자들 사이의 근본적인 분리가 드러난다. 인식론적 문제가 주요한 문제라는 것에 동의하면서도 그들은 신앙과 이성을 통합하는 적절한 방법에 관해서는 견해가 달랐다. 후에 증거주의자(evidentialists)와 전제주의자(presuppositionalists)로 알려진 양쪽 진영 사이의 분리는 복음주의를 계속 갈라놓았다.

보수주의 진영에서 이러한 갈라짐은 이성과 증거로부터 논증을 통해 변증적 접근에 근거하는 복음주의자와 성경의 권위와 진실성, 그리고 신적 영감에 대한 근본 전제를 신학적으로 사고하려는 복음주의자들은 분리시켰다.[27]

헨리 자신은 분명히 전제주의자 진영 안에 위치하면서도 신앙주의(fideism) 혹은 비합리주의의 공격에 대해서는 저항했다. 그는 터툴리안(Tertullian), 아퀴나스(Aquinas), 어거스틴(Augustine)과 같은 인물과 동일시되는 세 가지 경쟁적인 신학방법론이 있다고 보았다. 그는 설명하기를 터툴리안은 비합리성, 즉 불합리에 대한 신앙의 승리(불합리하기 때문에 믿는다)를 대표하고, 아퀴나스(나는 믿기 위해 안다)는 신앙의 우선성을 상실하여 이성에 의존한 계시를 인정했다. 반면에 어거스틴은 신앙과 계시의 우선성을 확립하는 중도의 길(via media)을 걸었고, 신앙에서 연역한 신학을 구성했다.

터툴리안의 전통은 신정통주의 신학이 등장할 때까지 서구신학에서 주도적 대안으로 작용한 적이 결코 없었다고 헨리는 말한다. 증거주의적 전통은 일반계시로부터 추론한 자연신학의 가능성을 제기했다. 다른 한편으로 어거스틴적 전통은 안셀름, 칼빈, 그리고 루터에게 나타났다. 이는 이성을 계시보다 우위에 두려는 자연신학이나, 혹은 신앙을 이성적 담론의 영역 밖에 두려는 불합리한 신학에 대처할 수 있는 진정한 대안으로 제시된다.

따라서 헨리의 핵심 방법은 최초의 조직신학자인 오리겐으로부터 유래하는 교회의 전통에 뿌리를 내리고 있는 연역적인 방법이었다. 비록 증거주의자들은 전제주의자들을 신앙주의자들이라고 풍자하지만, 헨리는 신학이 보편적 이성이 제기하는 질문들에 대해 개방적 태도를 유지하면서도 계시된 진리에 대해 우선적인 헌신에 기초해야 하는 신학을 추구하고자 했다.[28]

그러므로 헨리의 신학체계의 토대는 성경적 유신론과 무오한 하나님의 말씀으로써 성경의 권위에 대한 확증이다. 이 둘은 이성과 무관한 공리가 아니다. 그러나 계시된 진리의 우선성을 주장하는 것에 대해서는 어떠한 해명도 하지 않았다.[29]

비록 헨리가 최고의 일류급 신학자이기는 하지만, 체계적인 신학을 창출하기보다는, 그는 20세기 신학의 가장 주요한 절충점인 계시론, 신론, 종교적 권위에 관한 문제에 선택적으로 집중했다.[30] 그의 조직신학을 일별하는 것은 그의 간단한 신학 저작들과 「신, 계시, 권위」의 책을 통해서 가능할 것이다. 철학과 과학의 세상뿐 아니라 경쟁적 신학사상과 학파들과의 충분한 대화에도 불구하고, 보수주의 신학은 복음주의 전통 안에서 철저하게 나타난다. 헨리의 신학적 성취에 대한 평가들은 그의 생애와 주요한 작품들에서 그가 전념하였던 주제들에 집중해야만 할 것이다.

### 계시

하나님은 그의 계시보다 더 위대하시고 존재론적으로 우선하시만, 헨리는 기독교신학의 인식론적 출발점을 계시론에서 시작한다. 그에 따르면 계시는 "근본적인 인식론적 공리"이며, 모든 신학적 탐구 또는 진리 추구를 위한 기초적인 원리다. 헨리는 다음과 같이 말했다:

> 하나님의 계시는 기독교 진리를 포함하는 모든 진리의 원천이다. 이성은 그것을 깨닫기 위한 수단이며, 성경은 그것을 검증하는 원리이다. 논리적 일관성은 진리를 판단하는 데 소극적인 시험이며, 논리 정합성은 종속적인 시험이다. 기독교신학의 과제는 체계적인 전체로서 성경의 계시 내용을 제시하는 것이다.[31]

따라서 하나님이 자신의 주도적인 은혜로 베풀어 주신 성경적 계시는 모든 신학적 진술이 도출되어야 하는 원천이 되는 것이다. 헨리는 "만약 하나님이 우리와 의사소통을 하지 않으시기로 작정하셨다면, 우리는 그분에 대해서 그 어떠한 것도 알 수 없다"고 했다.[32]

계시론에 대한 헨리의 설명은 경이로운 복음주의의 성취이다. 하나님의 계시의 현실성과 신뢰성에 대한 그의 강조는 모든 신학적 건설의 토대가 계시라는 사실을 모든 복음주의자들로 하여금 기억하게 하는 역할을 했다.

일관된 인식론적 방법으로 헨리는 자연계시의 실재성을 인정하였지만, 자연계시가 자신의 교리 체계에서 적극적인 역할을 하는 것을 거부했다. 그는 "하나님의 계시 활동에는 다양성이 있다는 것을 고려해야 한다"고 주장했다.[33] 일반계시 역시 계시의 주도성에 대한 복음주의 이해의 일부분임을 지적했다. 일반계시는 창조자 앞에서 인간의 죄와 유죄성(culpability)을 이해하는 토대다.[34] 그럼에도 피조물은 일반계시에서 그것에 기초한 "자연신학"으로 하나님께 나아갈 수 없고, 도리어 창조주에 대해 반역할 뿐이다.

헨리의 신학은 성경에 기록되고 선포된 성육신한 말씀이신 하나님의 계시에 대한 확고한 헌신에 기초하고 있다.

## 성경

신학 세계, 즉 복음주의와 주류 신학에서 칼 헨리는 열정적이고 지속적으로 성경의 권위와 무오성을 변호한 인물로 기억된다. 헨리의 신학체계는 다른 어떤 교리 논쟁들보다 성경의 권위에 더 관심을 기울였다.

계시란 "개념적–문자적 형식" 안에서 이루어진 "이성적 의사소통"이라고 헨리는 말한다. 다시 말해 하나님은 지성적 개념 속에서, 즉 이해할 수 있는 언어를 통해 계시하신다. 그분의 계시는 인간의 언어와 관련된 행위와 활동 모두를 통해서 다가온다. 헨리는 비이성적인 것을 통한 계시를 위한 그 어떠한 역할도 부인한다.[35]

헨리는 성경을 "하나님의 진리의 저수지이며 수도관이고, 하나님의 본질과 의지에 대한 권위 있는 기록이자 설명"이라고 정의한다.[36] 모든 권위에 저항하는 현대 인간의 반항에도 불구하고 헨리는 성경의 권위의 문제에 관해서 타협을 허용하지 않고, 성경이 기록된 하나님의 계시임을 분명하게 주장했다. 그렇게 함으로써 그는 신정통주의, 서사 신학(narrative theologies), 그리고 몰트만과 판넨베르크의 공헌 등과 같은 20세기 신학의 조류에 대립하는 지점에 서 있을 수 있었다. 또한 그는 복음주의 진영 내부에서 어떠한 타협도 반대하고, 제임스 바(James Barr)와 같은 수정주의자들의 비평론을 반박할 수 있었다.

이러한 성경 권위의 변호는 헨리가 명제적 계시의 정당성을 강조한 것과 결부되어 있다. 그는 모든 계시가 명제적인 것은 아니지만, 성경 계시의 많은 부분을 차지하는 본래적인 명제적 본질을 부인하는 모든 입장은 성경적 진리를 상실하게 하는 방향으로 나아가게 할 것이라고 주장한다. 헨리는 신정통주의가 명제적 계시를 부인하는 것은 계시를 비합리성으로 귀속시키는 것이며, 그것은 신앙을 불합리한 것으로 주장하려는 "터툴리안적 유혹"이라고 주장했다.[37]

헨리는 정교한 성경 영감론을 제시하지는 못했지만 소위 "역동" 영감과 "구술" 영감론 사이의 중간 입장을 취했다. 그는 본문의 영감과 조명에서 성령의 역할을 확신했다. 그럼에도 영감 받은 저자들이 성경 본문에 끼친 사실적인 역할도 인정했다.[38] 헨리는 복음주의적 성경 영감론은 "성경 본문은 하나님의 영감을 받았으며, 언어를 통하여 객관적으로 보존되었다"라고 주장한다. 그렇게 함으로 계시의 축자적 성격을 보호한다. 그리고 영감은 선지자들과 사도들의 인간성과 완전히 양립하므로 하나님의 영감은 선택된 성경 저자들에 의해 제한을 받는다. 그러나 하나님의 영감은 저자들의 자연적 수단에 의해 제한 받지 않는다. 성경은 전체와 각각의 부분들이 영감 받았다. 결론적으로 하나님은 성경의 궁극적 저자로 이해될 수 있다.[39]

성경 무오성은 복음주의적 성경론에서도 중요한 역할을 한다. 헨리는 교회의 신학적 전통 안에 있는 교리에 뿌리를 내리고 있다. 그리고 무오성 개념이 근대적 (그래서 불필요한) 창안물이라는 주장을 거부한다. 그 용어는 너저분한 신학적 투쟁으로 종종 오해되었지만, 헨리는 성경무오 개념은 일관된 복음주의 입장에서 결정적인 것이라고 주장한다.

영감은 하나님이 성경 본문의 저자라는 것을 보증한다. 그러므로 무오성은 하나님의 계시가 오류와 비진리로부터 자유롭다는 사실을 명료하게 표현하는 역할을 수행한다. 무오성이란 "성령은 성경저자들의 각기 다른 개성과 문학 스타일, 그리고 문화적 배경과 일치하는 방식으로 성경의 메시지를 전하도록 그들을 지배하고, 오류로부터 그들을 보호하심으로 하나님의 영감의 특별한 활동임을 확신"하는 것을 말한다.[40] 헨리의 성경 무오성에 대한 변호는 복음주의 저작 안에서 성경의 무오성을 가장 철저하게 주장한 글 가운데 하나다. 무오성에 대한 헨리의 다양한 지적들, 특별히 「신, 계시, 권위」에 있는 글들을 읽으면 그 개념-사실은 말씀 자체에 대해서-에 대한 헨리의 열정과 헌신의 깊이를 알 수 있다. 그리고 그가 신학적 투쟁의 무기로 무오성이라는 단어를 사용하는 것을 내켜하지 않았다는 것을 보여 준다. 그는 성경 무오성에 관한 국제회의(International Council on Biblical Inerrancy)의 1차 모임에 참여하는 것을 거절했다. 그리고 무오성은 복음주의의 진정성에 대한 시험이라기보다는 일관성에 대한 시금석이라고 주장하면서 이전의 대학동료였던 해롤드 린셀과 관계를 공개적으로 끊었다.[41]

다시 말하면 일관된 복음주의는 성경 무오성을 극히 중대한 것으로 주장할 것이다. 이런 관점에서 헨리는 더 이상의 양보를 하지 않았다. 그는 무오성을 그 용어의 일부 지지자들처럼 현대의 기술 공학적 정밀성이나 구약 본문에서 인용된 신약에서처럼 절대적인 축자적 정확성을 과도하게 주장하는 것을 피하면서도 성경 본문을 신뢰할 수 있다는 핵심 주장을 보호하기 위한 것으로 정의한다. 성경 무오성에 대한 헌신이 다른 모든 교리에서 복음주의적 정통주의를 보증하는 것도 아니다.

다른 한편으로 헨리는 무오성이 본문의 진실성은 윤리적이고 신학적 가르침들 뿐 아니라 과학적이고 역사적인 문제까지도 확장된다고 말한다. 게다가 그는 무오성은 성경의 실제적인 단어들 안에 본래 내재되어 있다고 주장했다. 즉 무오성은 직접적으로는 원본에 해당하고 간접적으로는 사본들에 해당된다. 그러므로 복음주의자들은 연구를 위해 가장 정확한 본문을 결정하도록 반드시 노력해야 한다.

### 하나님

성경은 그 자체가 목적이 아니라 계시자 하나님의 자기 계시에 그 목적이 있다. 계시론과 성경의 권위에 관한 문제들에 대한 헨리의 관심은 하나님의 실재성, 객관성, 주권에 대한 그의 방대한 해설로 향하게 한다. 「신, 계시, 권위」의 큰 두 부분은 "말씀하시고 나타내시는 하나님"과 "서 계시고 머물러 계시는 하나님"이다. 전자는 후자, 즉 그의 신론에 관한 토론의 인식론적 기초를 확립했다.

형이상학(그리고 많은 현대신학의 복합성)으로부터 탈출하려는 현대에 직면해서 헨리는 "존재' 할지도' 모르는 신이나 존재했던 신 혹은 아직 '존재하지 않는' 신"[42]이 아니라 존재하시는 하나님을 말하는 것이나. 현대 우성주의는 논리 실증주의와 실존주의와 함께 결국 하나님을 거부하는 것이다.

요컨대, 헨리는 하나님은 성경 안에서 아브라함과 이삭과 야곱의 하나님, 그리고 주와 예수 그리스도의 아버지로 계시되었다고 확신한다. 그는 삼위일체론이 극히 중요한 성경적 가르침이라고 확신하고 하나님의 속성, 주권, 그리고 섭리를 명료하게 주장한다. 더욱이 그는 삼위일체의 첫 번째 위격과 창조자를 동일시할 것을 주장한다.

헨리는 유비나 변증법, 혹은 경험적 자료를 통해 하나님을 정의하려는 것을 거부하고, 오직 성경적 계시 위에서만 하나님의 속성을 다룬다. 성경은 하나님의 모든 독특한 완전함의 특성을 보여주는 "살아있는 활동의 핵심"으로 하나님의 단순성을 드러낸다.[43] 그의 신론을 간략히 요약했지만, 그것은 성경 계시 안에 철저히 기초를 둔 고전적 기독교 유신론의 설명이며 튼튼한 변호라고 할 수 있다.

하나님은 우주와 우주 안에 있는 모든 것을 무로부터(ex nihilo) 창조한 분이며, 당신의 창조물을 섭리로 돌보시고 인도하신다. 그는 "비길 데 없는 사랑"과 무제약적 거룩함이라는 용어로 하나님을 정의한다. 그는 이 사랑의 의미가 만인구원설로 이해되는 것을 거부하고 하나님의 선택을 간략히 언급한다.

예수 그리스도는 "육체 안에 인격적으로 육화된 하나님"이시며, "계시의 원천과 내용이 만나고 일치하는" 계시의 정점이시다.[44] 헨리는 로고스의 선재, 그분의 역사적 육화와 지성, 예언과 기대의 초점으로서 그분의 성육신, 하나님과 인간 사이의 유일한 신적 중보자로서 역할 등을 강조한다. 십자가에 못 박히시고 죽으셨고 부활하여 지금은 영화롭게 되신 예수 그리스도는 그분의 성육신 안에서 신성한 신인이었다. 그리고 지금은 아버지의 오른 편에 계시는 우주의 주이시다.

### 윤리

「현대 근본주의의 불편한 양심」은 1947년에 출판된 헨리의 획기적인 책으로 기독교 윤리에서 개인과 사회 윤리에 대한 그의 관심을 보여 준다. 그는 방대한 규모의 작품인 「기독교 개인 윤리」(Christian Personal Ethics)와 「크리스처니티 투데이」의 책임과 강의 부담으로 아주 작은 부피로 출간된 「기독교 사회 윤리의 양상들」(Aspects of Christian Social Ethics)을 출판했다. 그는 또한 복음주의자들에게 주요한 참고 문헌 작품이 된 베이커 출판사의 「기독교 윤리 사전」(Dictionary of Christian Ethics)을 편집했다.[45]

최근에 헨리는 낙태에 대한 강력한 반대자로, 그리고 그밖에 다른 도덕적 주장들에 대해서도 투사로 부각되었다. 강연과 간헐적으로 출판되는 작품을 통해서 그의 윤리적 저작들은 더 가시화되고 있으며, 복음주의 세계에 중요한 영향력을 미치고 있다.[46]

## 평가

칼 헨리는 20세기 신학에 주요한 영향력으로 부각되었다. 그가 여러 권의 책들과 대중적인 강연을 통해 복음주의 운동을 형성한 일은 그 시대의 다른 어떤 복음주의 신학자들도 그 공헌에 필적할 수 없을 것이다. 고전적 유신론, 성경의 권위, 사회에서 교회의 역할 등에 대한 그의 견고한 변증은 복음주의자들과 비복음주의자들 모두에게 존경을 받았다.

그의 주된 업적 가운데 하나는 기독교 공동체의 결정적인 관심사로서 신학을 재확립한 것이다. 그의 신학적 정열과 능력은 일부 복음주의자들 사이에 나타나는 잠재적인 반신학적 태도들 종종 폭로하였고, 교회의 종으로서 신학의 중요한 역할을 거듭 주장했다.

복음주의 운동 역시 광범위한 신학 공동체에 의욕적으로 참여한 헨리의 모델로부터 도움을 받았다. 헨리는 신학적 문헌의 대가였고, 인정받은 전문가로 다양한 신학체계들에 대해서 연설했다. 그러나 대화만이 그가 추구하는 목적은 결코 아니었다. 「그리스도인의 두데이」에서 그의 꿈을 가장 분명하게 보여주었던 것처럼, 헨리는 광범위한 신학 공동체 안에서 자신의 영향력으로 선교적 비전–진정한 복음주의의 비전–에 항상 헌신했다. 그의 사명은 현대신학이 성경 권위에 대한 확고한 헌신으로 되돌아가도록 하는 것이었다.

복음주의자들은 계시와 성경의 권위에 대한 복음주의 교리를 재정립하는데 헨리에게 빚을 지고 있다. 종종 사람들은 그를 합리주의자 – 심지어는 토마스주의자 – 라는 색안경을 끼고 보기도 하고, 인식론적 주제에 대한 그의 스콜라적 접근 태도를 폄하하기도 한다.[47] 그럼에도 불구하고 「신, 계시, 권위」에서 그가 성취한 것은 복음주의 신학에서 백과사전적 서론으로 남아 있을 것이다.[48]

온전한 복음주의 신학에서 서론(혹은 방법론적 서론)의 기능은 헨리의 신학적 기획이 조직신학 전체를 포함하지 않는다는 사실을 가리킨다. 위에서 제안했던 것처럼, 이것은 현대신학에 대한 헨리의 이해와 20세기의 신학적 타협과 관련된 중요한 부분들과 결부되어 있다. 마찬가지로 헨리의 사역은 어떠한 체계적인 신학의 토대로서 방법론적 문제가 중요하다는 것을 복음주의자들에게 상기시킨다. 조직적인 표현의 결여는 몇몇 신학적 주제들을 다루지 않은 상태로 두거나, 헨리의 체계에서 발전되지 않은 것으로 남아 있다. 그는 개인윤리에서 다루었던 것을 제외하고는 성령과 그리스도인의 삶, 그리고 경건에 대해서는 거의 관심을 기울이지 않았다. 그의 신학적 설계에서 유별나게 눈에 띄게 생략된 것은 교회론이다.

헨리의 순례는 보수주의적 개신교회 안에서 파라처치(parachurch) 운동의 부상을 반영한다. 복음주의 운동 자체는 수많은 기성 교회들을 포함하지만 주로 파라처치 운동이었다. 이 운동의 특징을 정의하는 것과 그 추진력은 복음주의 의식을 형성한 파라처치 단체들로부터 왔다. 헨리의 전기는 휘튼대학과 풀러신학교, 그리고 「크리스처니티 투데이」와 월드비전과 같은 복음주의적 파라처치 기관과 단체를 장황하게 설명해야 한다. 실제로 그의 회심 경험은 파라처치 운동으로부터 왔고, 지역 교회의 철저한 복음적 취지에서 나온 것이 아니다. 이런 점에서 칼 헨리는 복음주의 운동 전체에서 상징적 인물이라고 말 할 수 있다.

이것은 침례교신학자로서 칼 헨리에 대한 중요한 의문을 제기한다. 헨리는 침례가 성경적이라고 이해하였기에 휘튼대학과 북침례신학대학원 시절 동안 침례교회 회원이 되었다. 사역으로 부르심을 받고 곧장 침례를 받고 10개월 후에 그는 롱아일랜드의 바빌론침례교회에서 설교할 수 있는 자격을 부여받았다. 1940년 8월에 그는 시카고의 훔볼트 공원 침례교회의 교육전도사로 부름을 받았고, 1941년 그곳에서 안수를 받았다. 안수식은 북침례교총회(Northern Baptist Convention, 지금은 미국 침례교 교단이다)에 가입되어 있던 시카고 침례교 지방회에서 거행했다.

헨리가 풀러신학대학원으로 간 후에 북침례교 총회가 그를 연금 프로그램에서 퇴출시킨 것은 북침례교단과 관계를 훼손시켰다. 풀러에서 헨리는 침례교회에 출석하였고, 「크리스처니티 투데이」에 옮긴 다음에는 북침례교 총회와 남침례교 총회에 가입되어 있는 복음주의적 회중 교회인 워싱턴 D. C.에 있는 카피톨 힐 메트로폴리탄 침례교회를 다녔다.

이러한 연결에도 불구하고 헨리의 가장 중요한 참여들은 교단생활 밖에서 이루어졌다. 하지만 그는 북침례교 총회와 남침례교 총회 내에서 신학적 토론과 논쟁의 일부를 수행했다. 그의 사명은 동료인 침례교인들을 성경의 권위라는 고상한 근거로 이끄는 것이다. 그는 "중생과 결의와 자원에 있어서 침례교의 독특성은 신약성경의 계시는 하나님의 드러내심의 절정이라는 확신에 자리 잡고 있다."[49] 더욱이 헨리는 "남침례교인들은 멀린스(E. Y. Mullins)와 카너(W. T. Conner)를, 북침례교회는 스트롱(A. H. Strong)과 같은 신학적 유산에 대해 종종 폐쇄적이다"라는 언급에서 알 수 있듯이 그는 침례교인들의 "신학적 기억상실증"을 꾸짖었다.[50] 침례교인들 사이에서 활발한 신학의 부흥과 공동의 노력이 필요한 일에서 다른 복음주의자들과 협동하는 개방성을 가질 것을 요청했다. 왜냐하면 "임의로 다른 교파와 교단적 차원에서 연합하는 것은 명백하게 신학적으로 순진한 것이며, 점차적으로는 신학적으로 비현실적인 것이 되기 때문이다."[51]

1987년 남침례교회 목회자협의회는 헨리를 침례교인으로서 신학에 끼친 그의 공헌에 대한 존경과 함께 주요한 대변자로 선정했다.[52] 그러나 사실상 헨리는 일반적으로 복음주의의 대변자요 신학자로 인정을 받고 있다.

수많은 명예와 영예가 헨리에게 다가왔다. 그는 복음주의 신학회(Evangelical Theological Society)와 미국 신학회(American Theological Society)의 의장으로 일했고, 스코틀랜드의 에든버러대학에서 1989년의 러더퍼드 강연을 포함하여 세계에서 가장 유명한 강연들에서 연설을 했다. 그는 20세기 후반부에서 복음주의 운동의 최고의 신학자로 복음주의자들과 비복음주의자들로부터 인정을 받았다. 프린스턴신학교의 홈리하우젠(E. G. Homrighausen)은 헨리를 "명료한 언어, 학문적 포괄성, 명료한 지성, 열정적인 정신으로 복음주의 기독교를 옹호했다"라고 평가했다.[53] 침례교인들과 그의 동료 복음주의자들은 그에게 빚을 지고 있다.

## 주(註)

1) 헨리는 그 때를 다음과 같이 회상한다. "교회 출석 면에서 본다면 우리 가족은 성탄절이나 부활절 신자였습니다. 아버지는 가계로는 루터교인이셨고, 어머니는 로마 가톨릭 신자였습니다. 그러나 우리는 가족끼리 모여 기도하지 않았고, 식탁에서도 은혜에 대한 감사가 없었고, 우리 가정에는 성경책이 없었습니다." 다음을 보라. Carl F. H. Henry, *Confessions of a Theologian: An Autobiography* (Waco: Word Books, 1986), 17-18.

2) 옥스퍼드 그룹은 프랑크 부크만(Frank Buchman)이 창설한 복음전도적이고 경건주의적 운동이었다. 이 그룹은 개인의 영적인 측면을 강조하였는데, 이 점은 복음주의자들 사이의 심각한 논쟁을 불러일으키는 원인이 되었다. 비록 그 그룹의 회원들이 그의 회심에 도움이 되었지만, 헨리는 그 운동에 결코 가입한 적이 없었다.

3) 휘튼에서 종신교수였던 클락은 복음전도의 사명을 가진 대학 공동체와 후원자들 안에서 그의 칼빈주의가 논쟁점이 되자 사임하게 된다. 후에 그는 인디애나 폴리스에 있는 버틀러대학과 테네시에 있는 카버넌트대학(Covenant College)에서 가르쳤다.

4) 헨리 부부에게 폴 브렌트우드(Paul Brentwood, 1942)와 캐럴 제니퍼(Carol Jennifer, 1944)가 태어났다. 두 아이는 부모처럼 학문적인 훈련을 받았다. 캐럴은 음악가가 되었고, 폴은 몇 년 동안 칼빈대학에서 정치학을 가르쳤고, 그 후에 제럴드 포드 대통령이 한 때 의원으로 일했던 그랜드 래피즈의 의원으로 일하면서 연방 하원 의원으로 당선되었다.

5) 헨리는 그의 선생으로 북침례교신학대학원의 페더 스티아젠(Peder Stiasen), 줄리우스 만티(Julius R. Mantey), 에른스트 스미스(Ernest E. Smith), 파리스 화이트젤(Faris D. Whitesell), 윌리엄 파워즈(William Emmett Powers), 윌리엄 파우츠(William Fouts), 그리고 J. 로데히버(J. N. D. Rodeheaver)를 지목했다. 거의 비슷한 시기에 그는 인디애나대학교에서 해리 젤레마(W. Harry Jellema)와 헨리 베이츠(Henry Veitch) 밑에서 공부했다. 칼빈주의자 젤레마는 헨리에게 영향력을 끼쳤는데, 헨리가 그의 신학에서 처녀작 「현대정신의 개조」(Remaking the Modern Mind)를 헌정한 "아테네의 세 사람" 중의 한 사람이기도 했다. 그가 존경한 다른 두 사람은 고든 클락(Gordon Clark)와 코넬리우스 반틸(Cornelius Van Til)이다.

6) 풀러신학교의 역사와 발전은 조지 말스든(George M. Marsden)의 책, *Reforming Fundamentalism: Fuller Seminary and the New Evangelicalism* (Grand Rapids, Mich.: Eerdmans, 1987)에 잘 나타나 있다. 말스든의 역사는 해석적 역사 전기(histography)의 모델이며, 주요한 단체들의 역사를 통해서 파악한 미국 복음주의의 발전에 관한 비판적인 통찰력을 제공한다. 풀러신학교의 초창기 투쟁에서 칼 헨리가 수행한 중요한 역할은 말스든에 의해 기록되었다.

7) 다음을 보라. Henry, *Confessions of a Theologian*, 141-302.

8) Carl F. H. Henry, *The Uneasy Conscience of Modern Fundamentalism*(Grand Rapids, Mich.: Eerdmans, 1947). 헨리는 근본주의 운동이 복음적 사회 관심을 상실한 것과 선한 사마리아인의 비유에서 제사장과 레위인처럼 "고난 받은 사람을 보고 지나가는" 것으로 비교되는 것을 탄식했다. 그는 근본주의의 실패를 교정하는 "새로운 종교개혁"을 요청했다. 그럼에도 불구하고 이 처방은 "새로운 복음주의자"들 가운데서 분리주의의 결핍과 어울려서 구 근본주의자 운동과 궁극적으로 단절하게 했다. 다음을 보라. Farley P. Butler, "Billy Graham and the End of Evangelical Unity" (Ph. D. diss., University of Florida, 1976).

9) 다른 "신복음주의자"들 중에는 버나드 램(Bernard Ramm), 에드워드 존 카넬(Edward John Carnell), 헤롤드 오켕가(Harold J. Ockenga), 그리고 버논 그라운즈(Vernon Grounds)가 있었다. "신복음주의"라는 용어의 정확한 기원은 일반적으로 오켕가와 풀러 신학교에서 개최된 1947년 대회에서의 그의 연설과 관련시키기는 하지만 불분명하다. 다음을 보라. Harold J. Ockenga, "From Fundamentalism, Through New Evangelicalism, to Evangelicalism," in *Evangelical Roots*, ed. Kenneth S. Kantzer(Nashville: Thomas Nelson, 1978), 35-48. 비록 헨리가 이 용어를 만들어낸 것은 아니지만, 대중화와 개념화는 그의 노력이라고 해야 할 것이다. 특별히 다음을 보라. Carl F. H. Henry, "The Vigor of the New Evangelicalism," *Christian Life and Times*, January 1948, 30-32, March 1948, 35-38, 85; April 1948, 32-35, 65-69.

10) 풀러에서 헨리의 경험은 복합적인 것이다. 그는 학교를 설립하는 것에 관한 비전에 전적으로 일치하였음에도 미래의 방향에 관해서 교수진들 사이에 합의가 결여되어 있었다는 것을 알 수 있다.

11) 헨리의 지도력으로 「크리스처니티 투데이」의 논평은 복음주의 운동이 미치지 못하는 선교적 열정과 복음주의적 정통에 대한 그의 헌신을 보여 준다.

12) 그 대회에 대한 헨리의 평가는 그의 책 *Evangelicals at the Brink of Crisis: Significance of the World Congress on Evangelism* (Waco: Word Books, 1967)을 보라. 헨리의 낙관주의는 복음주의가 중요한 영향력을 미치고 확장할 수 있는 기회를 상실했다는 것을 부

드럽게 지적하게 했다. 그는 복음주의가 "결단의 순간" 뿐 아니라 "새로운 탁월성"을 갖고 있다는 것을 보여주는 사건들에 대해 썼다.

13) 헨리가 편집권한을 가지고 있을 때 잡지는 독자로서 훈련된 목사들을 고려하였고, 따라서 다양한 신학적 문제들을 다루었다. 이 잡지는 현재 일반 독자들을 위해 팔리고 있고, 지성적인 내용들이 많이 상실되었다.

14) 헨리는 다음과 같이 논평했다. "대중은 현대주의자들의 풍조에 나와 있는 것과 같은 신뢰할 수 없는 개연성이 아니라 '권위 있는 말' 을 갈망하고 있었다. 그러나 자유주의의 몰락이 복음주의의 부흥을 요구하는 것은 아니다. 도리어 최근의 수십 년보다 더 악화된 세속주의의 예고일 수 있다." 다음을 보라. "Christian Life" (April, 1948): 69.

15) 비록 자유주의는 적대자로 취급했지만 복음주의자들과 헨리는 "심오한 체계적 의미에 대해서 사고하지 않은 채 단지 진부한 표현으로" 신학을 환원하려는 근본주의자들의 경향 또한 거부했다. 다음을 보라. Carl F. H. Henry, *Evangelical Responsibility in Contemporary Theology* (Grand Rapids, Mich.: Eerdmans, 1957), 33. 이십년이 훨씬 지난 다음에 헨리는 제임스 바(James Barr)에게 응답했다. "미국의 복음주의는 근본주의 안에서 바람직한 것과 바람직하지 않은 것 사이를 구분하려는 세대다. 우리는 근본주의자들의 설교가 종종 피상적이라는 것을 깨닫기 위해 1977년[제임스 바의 Fundamentalism이 출간된 해]이나 바(Barr)를 기다릴 필요가 없었다. 근본주의는 무비판적으로 성경의 위치에 대해 지나치게 얌전을 빼는 전통을 고양하였고, 그 대변자들은 역사적 비평이 '불가피하게' 신앙의 총체적 구조를 갈가리 찢고 말 것이고, 그리고 많은 근본주의자들은 창조적인 연구로부터 주도되기 보다는 비복음주의적 학자들에게서 일부를 선택적으로 사용했다. 그래서 진지한 학생들은 생산적인 도전을 위해 종종 중도적인 학자들을 향했다." 다음을 보라. Carl F. H. Henry, "Those Incomprehensible British Fundamentalists," *Christianity Today*, June 2, 1978.

16) 갈수록 기회를 상실하고 있다는 느낌은 헨리의 후기저작들과 베를린대회의 약속을 이행하는 것에 실패한 복음주의를 고발한 것에서 분명히 보여 진다. 1970년대와 80년대에 헨리는 복음주의 운동이 신학적 헌신과 대안 신학체계에 대한 참여 모두를 고무하기 위해 꾸준하게 비탄을 노래했다. 예를 들어 다음을 보라. Carl F. H. Henry, *Evangelicals in Search of Identity* (Waco: Word Book House, 1971); *A Plea for Evangelical Demonstration* (Grand Rapids, Mich.: Baker Book House, 1971); 그리고 그의 "The Evangelical Prospect in America," *Confessions of a Theologian*의 결론 장인 381-407. 또한 헨리와의 대담 시리즈를 출판한 *Conversations with Carl Henry: Christianity for Today* (Lewiston, N. Y.: Edwin Mellen Press, 1986)을 보라.

17) Carl F. H. Henry, *Remaking the Modern Mind* (Grand Rapids, Mich.: Eerdmans, 1946), 19.

18) Carl F. H. Henry, *The Protestant Dilemma: An Analysis of the Current Impasse in Theology* (Grand Rapids, Mich.: Eerdmans, 1948).

19) Carl F. H. Henry, *Fifty Years of Protestant Theology* (Boston: W. A. Wilde, 1950); The Drift of Western Thought (Grand Rapids, Mich.: Eerdmans, 1948).

20) Carl F. H. Henry, *Personal Idealism and Strong's Theology* (Wheaton, Ill.: Van Kampen Press, 1951)를 보라. 그의 사상 패턴이 헨리의 초기 작품에 명백하게 나타나기는 하지만, 그 기초는 에드가 브라이트만의 지도로 작성한 보스턴대학교 박사학위 논문을 출판한 이 책에 가장 분명하게 보여 진다.

21) Henry, *Fifty Years*, 37.

22) Carl F. H. Henry, "Between Barth and Bultmann," *Christianity Today*, May 8, 1961, 24-26; "The Deterioration of Barth's Defenses," *Christianity Today*, February 12, 1971, 40-43; "Wintertime in European Theology," *Christianity Today*, December 5, 1960, 12-14.

23) 칼 바르트와 헨리의 상호 작용에 대한 철저한 분석을 위해서는 다음을 보라. Richard Albert Mohler, Jr. "Evangelical Theology and Karl Barth: Representative Models of Response" (Ph.D dissertation, The Southern Baptist Theological Seminary, 1989), 107-34.

24) Carl F. H. Henry, "The Stunted God of Process Theology," in *Process Theology*, ed. Ronald H. Nash (Grand Rapids, Mich.: Baker Book House, 1987), 357-76; "Liberation Theology and the Scriptures," in *Liberation Theology*, ed. Ronald H. Nash (Milford, Mich.: Mott Media, 1984), 187-202.

25) 대안으로 나타난 신학체계들에 대한 헨리의 반응은 다양한 방식으로 나타난다. 그것들에 관해서 다음을 보라. Carl F. H. Henry, "Narrative Theology: An Evangelical Appraisal," *Trinity Journal* 8 (1987): 3019; "Theology and Biblical Authority: A Review Article," *Journal of the Evangelical Theological Society* 19 (1976): 315-23 (David Kelsey의 *The Uses of Scripture in Recent Theology*에 대한 반응); "The Priority of Divine Revelation: A review Article," *Journal of the Evangelical Theological Society* 27 (1984): 77-92 (Avery Dulles의 「계시의 모델들」(Models of Revelation)에 대한 반응); "The Cultural Relativizing of Revelation," *Trinity Journal* 1 ns (1980): 153-64 (Charles Kraft의 *Christianity in Culture*에 대한 반응).

26) Henry, "Narrative Theology"와 "The Cultural Relativizing of Revelation"을 보라. 그리고 헨리와 마크 엘링센(Mark Ellingsen)의 흥미로운 토론을 보라. 엘링센은 주류 개신교인으로서 서사 신학과 같은 형식에 기초를 둔 주류 운동과 복음주의 운동과의 대화와 궁극적으로 합병을 요청했다. 엘링센의 책을 보라. *The Evangelical Movement:*

*Growth, Impact, Controversy, Dialog*(GRA) (Minneapolis: Augsburg Publishing House, 1988), 그리고 헨리의 반응은 "Where Will Evangelicals Cast Their Lost?" *This World* 18(1987): 3-11에 있다.

27) 물론 이 논쟁은 기독교신학 자체만큼이나 오래된 것이지만, 특별히 복음주의자들 사이에서는 중요하다. 20세기에 가장 열렬하고 영향력 있는 전제주의자는 코넬리우스 반 틸(Cornelius van Til)로 그는 증거주의적 변증학을 단호하게 거부하였고, 이러한 그의 태도는 복음주의 세대들에게 영향력을 미쳤다. 증거주의적 전통 역시 복음주의 운동에 중요한 영향을 미쳤다. 노르만 가이슬러(Norman Geisler)와 같은 신토마스주의자나 존 거스트너(John Gerstner)와 같은 개혁주의 인물들은 보수주의적 개신교에 큰 영향력을 행사했다.

28) 다음을 보라. Henry, GRA, 1:181-87. 그리고 그의 러더퍼드 강연(Rutherford Lecture)에서 "Presuppositionalism and Theological Method."를 보라.

29) 헨리는 다음과 같이 말한다. "싱앙의 우선성을 깔보는 증거주의자들은 복음주의 신학에 특별한 공헌을 하지 못한다. 신앙의 우선성을 주장하는 것은 모든 전제주의자들이 감당하는 비난들, 즉 진리는 이성으로부터 분리되고, 이성 대신에 또는 이성을 넘어서 신앙에만 의존한다는 것을 의미할 필요는 없다. 확실한 기본적인 진리를 확립하기 위해 이성에 선행하는 신앙을 강조하는 것이 이성과 증거가 진정한 신앙에 적합하지 않다는 것을 요구하는 것은 아니다." ("Presuppositionalism and Theological Method," 4).

30) 북침례신학대학원에서 박사학위 과정 중에 있는 헨리와 그의 대학원 동료들은 침례신학교들에서 사용하는 스트롱(A. H. Strong)의 조직신학 책을 대체하는 책을 만들려는 그들의 의도를 공표했다.

31) Henry, GRA, 1:215.

32) Henry, GRA, 2:18.

33) Ibid., 79.

34) "이 교리를 부인하는 자들은 자신을 성경과 성경에서 흘러나온 위대한 기독교 신학적 전통과 대립되는 위치에 자신을 놓은 것뿐만 아니라, 성경이 입증하는 우주적 실재와 인간 안에 드러나는 살아있는 하나님의 나타남을 거부하는 것이다."(롬1:19-21; Henry, GRA, 2:83-84). 더욱이 인류는 빛에 반대하여 반란을 일으켰으므로 허물 많은 죄인들이므로 일반계시를 부인하는 것은 도덕적, 영적 책임의 기초를 파괴하는 것이 될 것이다 (Henry, GRA 2:85).

35) 이렇게 함으로써 헨리는 자신을 신정통주의, 근대 언어 철학, 그리고 분석 철학의 입장들과 분명하게 대화하려는 자세를 보이면서도, 이러한 주장들에 대해서 분명히 반대하는 자리에 자신을 위치시켰다. Henry, GRA, 3과 4를 보라.

36) Henry, GRA, 4:7

37) 헨리가 설명하였던 것처럼 명제적 진리에 대한 부인은 명제적인 부인을 요구한다. 이 문제에 관해 다룬 GRA, 3:455-81을 보라.

38) 성경 무오성에 관한 시카고 선언(Chicago Statement on Biblical Inerrancy)에 대해 헨리는 "구술(dictation)을 강력하게 거부하였지만, 불행히도 어떤 구절에서는 각각의 그리고 모든 단어의 선택에도 하나님이 원인이라고 제안하고 있다"고 비판하는 것을 주목하라. GRA, 4:141을 보라.

39) Ibid., 129-61.

40) Ibid., 166-67.

41) Carl F. H. Henry, *Conversations with Carl Henry: Christianity for Today* (Lewiston, N.Y.: Edwin Mellen Press, 1986), esp. 23-30을 보라. 여기서 헨리의 신중한 구분을 놓쳐서는 안 된다. 복음주의의 성경론의 중요한 요소로서 무오성을 주장하면서도, 헨리는 무오성은 성경 본문을 구성하는 데 첫 번째 요구가 될 수 없다는 것을 인식하고 있었다. 그의 생각에는 무오성 주장이 복음주의 정체성의 필수 조건(*sine qua non*)이어서는 안 된다는 것이었다. 그것은 복음주의적 일관성을 시험하는 기능으로 매우 중요하지만, 그것만이 복음주의적 진정성을 시험하는 것이 될 수는 없다. 이런 점에서 비복음주의자로서 성경 권위에 대한 투쟁에 비판적으로 연합할 수 있었다. 헨리는 다음과 같이 주장한다. "브루스(F. F .Bruce)와 벌카우워([G. C.] Berkouwer)와 같이 보수주의적 입장에 중요한 공헌을 - 심지어는 그들로부터 그 이상의 것을 바라야 한다 - 한 사람들도 바로 이 점에 대한 그들의 입장으로 인하여 그들은 진정한 복음주의자들이 아니라고 말해야 하는 것은 참으로 불행한 일이라고 생각한다." *Conversations*, 24를 보라.

42) Henry, GRA, 5:21.

43) Ibid., 130.

44) Henry, GRA, 3:9.

45) Carl F. H. Henry, *Christian Personal Ethics* (Grand Rapids, Mich.: Eerdmans, 1956); *Aspects of Christian Social Ethics* (Grand Rapids: Eerdmans, 1964); 그리고 Henry, ed. Dictionary *of Christian Ethics* (Grand Rapids, Mich.: Baker Book House).

46) 헨리의 강연과 설교 등을 모은 다음의 책들을 보라. Carl F. H. Henry, *The Christian Mindset in a Secular Society* (Portland, Oreg.: Multnomah Press, 1978); *Christian Countermoves in a Decadent Culture* (Portland, Oreg.: Multmomah Press, 1986): 그리고 Twilight *of a Great Civilization: The Drift Toward Neo-Paganism* (Westchester, III.: Crossway Books, 1988).

47) 예를 들어 남부 감리교대학교의 윌리엄 아브라함(William Abraham)이 제시한 평가를 보라. 복음주의 내에서 웨슬리 전통을 대변하는 아브라함은 「신, 계시, 권위」는 과장된 스콜라주의로 3천 쪽을 일관하고 있다"고 비판했다. William Abraham, The Coming Great Revival (San francisco: Harper and Row, 1984), 37. 이러한 평가는 복음주의를 무엇보다도 신학적 헌신으로 정의하려는 자들과 복음주의를 개인의 성결에 대한 복음주의적 신앙 경험과 관심이라고 지적하는 사람들 사이에서 보여주는 큰 분열의 일부분이다. 공정하게 보자면 헨리는 양 측면 모두에 관심을 갖고 있었다는 것이 명백하다. 그러나 그의 작품에는 우선적으로 인지적 측면에 대한 관심이 더 나타난다.

48) 토마스 레기날드 맥닐(Thomas Reginald McNeal)은 사우스웨스턴침례신학대학원의 박사학위 논문에서 헨리를 토마스주의자와 동일시하고, 그의 신학방법론을 "변증적 전제주의"라고 부른다. 그는 다음과 같이 말한다. "이 논문의 명제는 헨리의 변증적 전제주의가 신앙에 대해 이성의 우선성을 강조하는 합리주의적 신학방법론이라는 것이다." Thomas Reginald McNeal, "A Critical Analysis of the Doctrine of God in the Theology of Carl F. H. Henry" (Ph.D. diss., Southwestern Baptist Theological Seminary, 1986), 1을 보라. 그러나 헨리는 인간의 사상에 합리성과 이성의 역할을 옹호하였지만, 그럼에도 계시는 이성과 신앙 모두에 선행한다는 것을 항상 강조했다. 헨리는 터툴리안, 토마스 아퀴나스, 그리고 어거스틴 모델을 통해 이 주제에 대한 이해의 열쇠를 제공하였고, 어거스틴은 하나님의 계시와 함께 이성도 작용한다는 헨리의 입장을 대변해 준다. 헨리는 이해의 도구로서 이성에 대한 의존을 말한다는 점에서 이성주의적일 수 있지만, 만약 이성의 위치가 계시보다 선행한다는 의미로 따진다면, 그런 의미에서는 그는 이성주의자가 아니다. 헨리는 다음과 같이 설명한다. "확실히 복음주의자들은 다른 사람들이 우리를 합리주의라고 비난할 때마다 전전긍긍하거나 도주하여 숨을 필요가 없다. 왜냐하면 그 용어의 모든 의미가 불쾌한 것은 아니기 때문이다. 비합리적, 초합리적, 혹은 준 합리적인 것은 정면으로 도전받기 때문이다."(Henry, GRA, 3:480).

49) Carl F. H. Henry, "Twenty Years a Baptist," *Foundations*, 47.

50) Ibid., 53.

51) Ibid., 54. 계속해서 그는 다음과 같이 말한다. "우리의 세기는 오히려 끈질긴 문제들로 둘러싸여 붐비고 있다. 사상과 실천에서 성육신하고 기록된 말씀에 속하는 양적이고 질적인 가치가 그리스도인과 침례교인을 생산해 내는가? 침례교인들 안에 있는 불화, 즉 침례교의 독특성에 대한 혼란은 애매모호한 침례교 성향들을 양산한다."

52) 1987년 목회자 대회(Pastors' Conference) 회장인 넬슨 프라이스(Nelson Price)는 헨리의 정체성이 남침례교인이라고 주장하면서 그의 영향력을 기리면서 그에게 기념 명판을 전달한다. 헨리는 서든침례신학대학원에서 방문 교수로 일하고 있었고, 뉴올리언스침례신학대학원과 싸우스이스턴침례신학대학원을 비롯 그밖에 많은 곳에서 강의했다.

53) E. G. Homrighausen, Review of *A Plea for Evangelical Demonstration* by Carl F. H. Henry, *Princeton Seminary Bulletin* 65 (July 1972): 96.

# 참고자료

## 1차 자료

### 단행본

*Aspects of Christian Social Ethics*. Grand Rapids: William B. Eerdmans, 1963.

*Christian Countermoves in a Decadent Culture*. Portland, OR: Multnomah Press, 1986.

*Christian Personal Ethics.* Grand Rapids: William B. Eerdmans, 1957.

*Confessions of a Theologian.* Waco, Tx: Word Books, 1986.

*Conversations With Carl Henry: Christianity for Today.* Lewiston, NY: The Edwin Mellen Press, 1986.

*The Drift of Western Thought.* Grand Rapids: William B. Eerdmans, 1951.

*Evangelical Responsibility in Contemporary Theology.* Grand Rapids: William B. Eerdmans, 1957.

*Evangelicals at the Brink of Crisis.* Waco, Tx: Word Books, 1967.

*Evangelicals in Search of Identity.* Waco, Tx: Word Books, 1976.

*Faith at the Frontiers*. Chicago: Moody Press, 1969.

*Fifty Years of Protestant Theology*. Boston: W.A Wilde, 1950.

*Frontiers in Modern Theology.* Chicago: Moody Press, 1966.

*God, Revelation and Authority,* six volums. Waco, Tx: Word Books, 1976-1983.

*The God Who Shows Himself.* Waco, Tx: Word Books, 1966.

*Note on the Doctrine of God.* Boston: W. A. Wilde, 1948.

*Personal Idealism and Strong's Theology*. Wheaton, Il: Van Kampen Press, 1951.

*A Plea for Evangelical Demonstration.* Grand Rapids: Baker Book House, 1971.

*The Protestant Dilemma: An Analysis of the Current Impasse.* Grand Rapids: William B. Eerdmans, 1949.

*Remaking the Modern Mind.* Grand Rapids: William B. Eerdmans, 1946.

*Twilight of a Great Civilization: The Drift Toward Neo-Paganism.* Westchester, Il: Crossway Books, 1988.

*The Uneasy Conscience of Modern Fundamentalism*. Grand Rapids: William B. Eerdmans, 1947.

### 편집 또는 공동 편집한 저서

*Baker's Dictionary of Christian Ethics*. Grand Rapids: Baker Book House, 1973.

*Basic Christian Doctrines*. Grand Rapids: Baker Book House, 1962.

*Christian Faith and Modern Theology: Contemporary Evangelical Thought.* New York: Channel Press, 1964.

*Contemporary Evangelical Thought.* Grand Rapids: Baker Book House, 1957.

*Evangelical Affirmations*. Grand Rapids: Zondervan, 1990.

*Fundamentals of the Faith*. Grand Rapids: Zondervan, 1969.

*Jesus of Nazareth: Savior and Lord.* Grand Rapids: Baker Book House, 1966.

*Quest for Reality: Christianity and the Counter Culture.* Waco, Tx: Word Books, 1973.

*Revelation and the Bible: Contemporary Evangelical Thought.* Grand Rapids: Baker Book House, 1949.

### 정기간행물

"American Evangelicals and Theological Dialogue." *Christianity Today*, January 15, 1965, 27-29.

"Are We Doomed to Hermeneutical Nihilism?" *Review and Expositor* (1974).

"Between Barth and Bultmann," Christianity Today, May 8, 1961, 24-26.

"The Bible and the Consciousness of Our Age," in *Hermeneutics, Inerrancy, and the Bible*, edited by Earl Rademacher and Robert Preus.

"Biblical Authority and the Social Crisis," in *Authority and Interpretation: A Baptist Perspective*, edited by Duane Garrett and Richard Melick (Grand Rapids: Baker Book House, 1985), 203-20.

"The Cultural Relativizing of Revelation," *Trinity Journal* 1 ns (1980): 153-164.

"The Deterioration of Barth's Defenses." *Christianity Today*, October 9, 1964, 16-19.

"Evangelical," in *The New International Dictionary of the Christian Church*, ed. J. D. Douglas Exeter: Paternoster Press, 358-359.

"Evangelicals and Fundamentals," *Christianity Today*, September 16, 1957, 20-21.

"Evangelicals: Out of the Closet But Going Nowhere?" *Christianity Today*, January 4, 1980, 16-22.

"Evangelism and the Sacred Book." *Christianity Today*, October 15, 1956, 22.

"Justification by Ignorance: A Neo-Protestant Motif?" *Christianity Today*, January 2, 1970, 10-15.

"Liberation Theology and the Scriptures," in *Liberation Theology*, ed. Ronald H Nash (Milford, Mi: Mott Media, 1984), 187-202.

"Narrative Theology: An Evangelical Appraisal," *Trinity Journal* 8 (1987): 3-19.

"The Priority of Divine Revelation: A Review Article," *Journal of the Evangelical Theological Society*, 27 (1984): 77-92.

"The Stunted God of Process Theology," in *Process Theology*, ed. Ronald H. Nash (Grand Rapids: Baker Book House, 1987), 357-376.

"Theology and Biblical Authority: A Review Article," *Journal of the Evangelical Theological Society*, 27 (1984): 77-92.

"The Stunted God of Process Theology," in *Process Theology*, ed. Ronald H Nash (Grand Rapids: Baker Book House, 1987), 357-376.

"Theology and Biblical Authority: A Review Article," *Journal of the Evangelical Theological Society*, 19 (1976): 315-23.

"Where Will Evangelicals Cast Their Lot?" *This World* 18 (1987):3-11.

"Wintertime in European Theology," *Christianity Today*, December 5, 1960, 12-14.

### 2차 자료

Patterson, Bob E. *Carl F. H. Henry*, "Makers of the Modern Theological Mind," (Waco, Tx: Word Books, 1986)

Fackre, Gabriel. "Carl F. H Henry," In *A Handbook to Contemporary Theology*, ed. Martin Marty and Dean Peerman.

Mohler, Richard Albert, Jr "Evangelical Theology and Karl Barth: Representative Models of Response." (Ph.D. diss., The Southern Baptist Theological Seminary, 1989), 107-134.

### 기고자의 노트

칼 헨리의 저술들은 모두 30권이 넘고, 수많은 편집저술과 현대신학에서 나온 사회와 윤리적 이슈들에 대한 논문들이 있다. 이 참고자료는 헨리의 저작들에 대한 간략한 소개일 뿐이다. 특별히 독자들은 헨리가 「크리처니티 투데이」의 편집인으로 재직하는 동안 기고했던 수많은 논문과 편저들을 참고하기를 바란다.

# 28. 데일 무디(Dalo. Moody)[1]

대니 스타이버(Danny R. Stiver)

데일 무디
(Dale. Moody)

비평가들이 자신의 성경관에 대해 맹렬한 공격을 쏟아 부을 때, 데일 무디는 서든침례신학대학원에서 마르틴 루터가 보름스에서 했던 저 유명한 말을 외침으로써 설교의 절정을 장식했다: "Hier stehe ich. Ich kann nicht anders. Gott helfe mir! 내가 여기에 서있나이다. 나는 어떤 것도 할 수 없습니다. 하나님이여, 나를 도우소서… 내 양심은 하나님의 말씀에 사로잡혔습니다."[2] 사실상 50년에 이르는 설교와 강의와 저술 경력의 정수를 포착하기에 이보다 더 좋은 말은 없었을 것이다. 역동적인 설교 및 강의 스타일을 통하여 표출된 성경에 대한 헌신은 무디를 뛰어난 남침례교 신학자들 가운데 한 사람으로 꼽히게 만든다. 그 경력의 절정은, 1981년에 조직신학 책인 「진리의 말씀」(The Word of Truth)을 출간한 것이었다. 이 책은 남침례교의 신학교수가 저술한 것으로서는 40여 년만의 일이었다.[3]

## 생 애

데일 무디는 많은 점에서 개성적인 경건한 열정, 성경적인 열정, 역동적인 인품으로 충만한 텍사스 설교자였다. 텍사스의 존스 카운티에서 1915년 1월 27일에 태어나 침례교 유산이 풍부한 가정에서 양육되었다.[4] 텍사스의 그레이프바인(Grapevine) 곧, 지금의 달라스-포트워스 국제공항(Dallas-Fort Worth International Airport)이 위치한 지역에서 성장했다.[5] 커다란 목장이 펼쳐진 그곳에서, 12살이 되던 해에 그는 말을 타고 숲을 달리다가 작은 숲에서 멈추고는 자신의 삶을 예수 그리스도께 바쳤다.[6] 많은 침례교인들과 마찬가지로, 그에게 이것은 너무나 생생한 경험이었고, 그는 종종 이때의 경험을 돌이킨다. 1927년의 그 여름이 끝날 무렵에, 그는 그레이프바인 침례교회에서 침례를 받았다. 그 후에 무디의 가족은 인근의 코펠(Coppell) 침례교회로 적을 옮겼다. 고등학교 졸업반이 되었을 때, 그는 설교자로 그리고 그 교회의 목사로 부름을 받게 되었다.[7]

그 후에, 우여곡절을 겪은 끝에 그는 서든침례신학대학원에서 자신의 신학적 둥지를 틀었다. 전천년설에 대한 평생에 걸친 관심 때문에 1년 동안 달라스신학대학원에 다녔지만, 그는 나중에 그곳이 지나치게 제한적임을 발견했다.[8] 그는 어디에 있든지 학술적으로 두각을 나타내었다. 심지어 베일러대학(Baylor University)에서는 과학과 성경 양쪽에 관심을 보이기도 했다.[9]

무디는 1937년에 서든침례신학대학원과 관련을 맺기 시작했다. 그 관계 속에 많은 갈등이 있었지만 오늘날까지도 그는 서든침례신학대학원의 기독교신학 명예교수(Emeritus Professor of Christian Theology)로 관계를 계속하고 있다. 무디는 1941년에 신학석사(Th.M.) 학위를 받았으며 학위를 마치기 위하여 베일러로 되돌아가기도 했다. 박사학위 과정은 서든침례신학대학원에서 평생에 걸친 주요 정신적 스승 가운데 한 사람인 카버(W. O. Carver)와 함께 시작했다. 카버는 무디에게, 신앙과 성경에 대해 깊이 헌신하면서도 주목할 만큼 폭넓은 지식과 현대 세계에 대한 개방성을 결합시킨 인물로서 모범을 보여주었다. 다른 사람들처럼 카버도 무디의 독특성을 평가할 때에는, 무디가 단순히 성경 축자주의자의 모습이 있음에도 불구하고, 현대의 비평주의적 방법론, 과학, 철학에 대해 주목할 만하게 개방적인 사람으로 설명한다.[10]

(동료로서 섬긴) 폴 틸리히, (논문 주제였던) 에밀 브루너, 칼 바르트, 오스카 쿨만, 발터 아이히로트와 같은 저명한 사람들과 함께한 그 후 몇 년 간의 연구 휴가는[11] 그의 인식 지평을 잊지 못할 만큼 넓혀주었다. 옥스퍼드대학에서 2년 그리고 침례에 관한 한 권의 책을 출판함으로써, 그는 두 번째 박사학위를 취득했고 좀 더 넓은 에큐메니칼적 접촉점을 가질 수 있었다.[12] 무디는 1960년대에 4년 임기의 세계교회협의회(W.C.C.)의 신앙 및 직제 위원회 위원을 두 차례 역임했다.[13] 1969-70년에는 로마의 그레고리안대학(Gregorian University)에서 가르친 두 번째 개신교인이며 최초의 침례교인이 되었다. 1973년과 1976년에는 예루살렘의 진보신학연구소(Advanced Theological Research, Tantur)에서 초청받아 강의했다. 그는 많은 점에서 매우 보수적인 침례교인이면서도 다른 그룹들에게 개방될 때는 어느 누구에게도 뒤지지 않는 자유주의 정신을 소유했다.[14]

무디의 영향력은 저술과 에큐메니칼적인 접촉에만 놓여 있지 않았다. 남침례교인들과 관계에서, 거의 40년에 이르는 강의를 통해 카리스마 있는 선생으로서 보여준 그의 영향력을가볍게 평가해서는 안 될 것이다. 많은 사람들과 무디에 대한 대화를 나누다보면 불가피하게 도달하게 되는 결론은, 그는 매우 탁월한 선생이었다는 점이다. 나 자신의 평가도, 그의 가장 위대한 강점은 저술가라기보다는 선생이었다는 것이다. 「진리의 말씀」에 관한 몇몇 평론가들은 이것이 강의실 경험에 입각한 방식이라고 언급했다.[15] 그는 강의실에서 지속적으로 자극을 주며 도발적이었다. 그의 스타일은 다양한 관점에 대한 객관적이고 중립적인 해설가 스타일이 아니었다. 그는 어떤 주제에 관해 넓은 범주의 견해들을 제시하기는 하였지만 언제나 예증의 재능으로 발효시킨 생생한 대화체 방식으로 그렇게 하곤 했다. 그는 자신이 제시하는 관점에 강렬한 "관심"을 가졌으며 어떤 입장들을 정력적으로 긍정하거나 거절하여 학생들에게도 어떤 입장을 취하라고 촉구하곤 했다. 대담한 학생들이 공공연히 도전적으로 나올 때 무디는 그들이 마치 동료 교수나 되는 듯이 그들과 맞붙곤 했다. 이와 같은 모습 때문에 어떤 학생들에게는 자극이 되었고, 다른 학생들에게는 위협적으로 여겨질 정도로 생동적인 강의가 되곤 했다.

문제의 해결을 위해서 무디가 돌아간 곳은 항상 성경이었다. 성경을 자신들의 최종적 권위로 삼는 일에 익숙한 침례교 학생들은 무디가 자신들이 있는 자리에서 같이 출발하지만 새로운 길로 이끌어가는 사람임을 발견했다. 논쟁적인 학급 토론이 끝난 뒤의 평가보고는 "나는 그의 의견에 동의하지 않습니다. 그러나 분명히 그는 자신의 견해를 성경으로 뒷받침하고 있습니다!"와 같은 식이었다.

이와 같은 접근방식 때문에, 무디는 모든 사람의 사랑을 받지는 않았다. 그럼에도 이것은 침례교회에 – 학생들과 교회에 – 엄청난 영향을 미치는 결과를 낳았다. 무디는 그의 경력 내내 결실을 많이 맺는 초청 설교자였다. 1970년 무렵에 시작해서 매년 성경 66권 중에서 한 권에 관해 20회에서 40회씩 성경연구를 이끌었고, 교수경력의 마지막 10년 동안에 걸쳐 다른 것 이상으로 성경의 중요성을 일깨우는 데 효과적으로 기여했다고 주장하는 두 차례의 성지여행과 실습 등을 이끌었다.[16] 또한 그는 신학을 주제로 한 토론회를 교회에서 이끌었고, 학생수련회와 퇴수회의 인기있는 강사였다. 그가 지역 교회에 이처럼 깊이 중요하게 관여한 사실은 그가 학생들 이상으로 평신도들에게 다가가서 도전을 주는 것이었다. 그는 "강단과 설교단의 유일한 차이는, 교실은 한 시간짜리라는 것이다"라고 말하곤 했다.[17]

명백히 무디는 논쟁가였다. 그의 도발적 스타일과 성경에 의하여 전통을 판단하고자 하는 결연한 의지 때문에, 많은 논쟁에 휘말렸고 마침내 탁월한 교수경력을 쓰리리게 끝맺게 되었다. 심지어 1941년에 텍사스에서 학생목사로 있었을 때부터 그는 신약성경이 배교가능성을 가르친다고 설교함으로써 이후에 끝없이 그의 뒤를 따라다닐 갈등을 일으켰다.[18] 중간에 몇 차례 충돌이 있은 뒤에, 「진리의 말씀」이 출판된 이후 1981년에 알칸사스 주에서 갈등의 불꽃이 시작되었다. 그러나 불행하게도, 이 화재는 진화되지 않을 불이었다. 논쟁은 확대되어 무디의 교수 임용계약의 마지막 해에 강의가 허용되지 않는 결과로 이어졌다. 결과적으로 서든침례신학대학원에서 마지막 해는 1982-83년도가 되었다. 하지만 이것이 그가 1988년에 기독교신학 명예교수로 지명되는 것을 막지는 못했다.[19] 무디가 볼 때는, 문제의 초점이 순수하고 단순하게, 그가 성경을 전통보다 위에 두느냐 아니냐였다. 그러한 초지일관의 열정에 우리는 지금 눈을 돌리는 것이다.

## 사상

### 성경신학자

무디는 미국 성경신학 운동의 전성기에 학술 경력을 시작했다.[20] 그는 그 운동에 매우 큰 영향력을 미친 유럽 신학자들 즉, 에밀 브루너, 발터 아이히로트, 오스카 쿨만의 사상에 깊이 몰입했다.[21] 그 운동이 60년대에 힘을 상실하였을 때 무디는 그 정신을 지속적으로 구체화한 인물이라고 이해하는 것이 가장 적절할 것이다. 그래서 이 연구의 첫 번째 부분은 무디가 이 운동과 맺은 밀접한 관계를 보여줄 것이다. 성경신학 운동의 주된 차원은 그 초점을 성경 그 자체에 두고 있음이 분명하기 때문에, 계시 및 성경에 대한 무디의 관점을 고찰한 뒤에, 그가 성경신학으로부터 조직신학으로 이동한 경로를 추적할 것이다.

**성경신학에 대한 관계** – 미국 성경신학 운동에 대한 브레바드 차일즈(Brevard S. Childs)의 고전적인 연구는 몇 가지 지배적인 특성을 확인해 준다. 그리고 그 특성들 전부가 무디를 설명해 준다. 첫째, 무디는 비평학적 성경연구의 신학적 차원에 대한 새로운 강조점을 충분히 공유하였고, 따라서 그는 지나치게 직접적이고 경솔한 방법으로 성경주해(註解)로부터 조직신학을 이끌어낸다고 비판을 받는다.[22] 반면에, 무디의 사상에 특성을 부여하기도 한 그 운동의 전반적인 특색은, 현재를 위한 성경신학의 직접적인 적합성이었다.[23] 만일 성경의 의미가 회복된다면, 오늘날 새로운 능력으로 말하게 될 것이다. 신학에 관한 새로워진 초점은, 비록 신앙에 대해 덜 회의적인 결과를 의미하는 경우도 종종 있었지만, 역사비평학적 방법론 그 자체에 대한 반박을 의미하지 않았다. 무디 역시, 비평 이전 단계로 후퇴할 생각은 추호도 없었다. 오히려, 성경 이해와 신학 재형성을 위한 역사주의적 연구가 효과가 많음을 입증하는 일에 관심을 기울였다.[24]

두 번째 강조점은 성경의 특히, 신구약성경의 통일성이었다. 이것은 다양성 속의 통일성으로써, 성경에 있는 다양한 신학적 관점을 공정하게 다루고자 했다.[25] 무디는, 아마도 많은 사람들이 바람직하다고 생각하는 것을 할 수 있는, 즉 신약신학과 구약신학을 모두 가르칠 수 있는 몇 안 되는 1950년대 학자들 가운데 한 사람일 것이다.[26] 주지하는 바와 같이, 무디의 신학 작업은 성경에서 발견되는 역동적 통일성을 지속적으로 끌어내는 것이었다.

일반적으로 지지받았던 세 번째 영역은, 역사 혹은 구속사에서 계시에 관한 강조였다.[27] 이 접근방식은, 정보 혹은 무시간적 진리들의 전달로써 계시보다는, 이스라엘 역사 속에 있는 사건처럼 하나님의 인격적 자기 노출로써 계시가 우월함을 강조했다.[28] 대체로, 본래의 계시사건 자체와 사건에 관한 성경의 증언 혹은 기록을 구별했다. 그 기록이 비록 이차적일지라도 무오한 특성을 가지고 있는지 아닌지에 관해서는 학자들의 의견이 갈라졌다. 무디는 성경의 무오성을 강력하게 주장하면서도 계시에 대한 이러한 접근방식을 열정적으로 따랐다.

네 번째 강조점은, 성경의 개념적 및 언어적 세계의 우월성에 있었다.[29] 성경의 용어들과 범주들은 좀 더 선호되었다. 신학은 종종, 핵심 용어들에 관한 단어 연구에 기반을 두었다. 그런 것들과 관련된 또 다른 사항은, 넓은 주변 환경에 비해 두드러지는 히브리적 정신의 독특성이었다.[30] "성경적 접근방식으로부터 근대로의 변천은 현대인들을 다시 성경적인 사고방식과 행동방식으로 복귀할 것을 요구한다."[31] 이 정신은 무디가 단어 연구를 선호하고, 가능한 모든 곳에서 성경적 용어를 사용하고, 불멸과 같은 성경적 용어들을 전통이 부과한 의미들과 대립시키는 경향에서 분명하게 드러난다.

반면에 성경신학 운동에 관한 차일즈의 불만은 조직신학과 "성경에 대한 진정 기쁨과 자발적인 찬미" 모두에서 열매를 거의 맺지 못했다는 데 있다.[32] 아마도 무디는 이 두 가지 문제점으로 고발당하지는 않을 것이다. 그는 틀림없이 흠잡을 수 없이 시도했기 때문이다. 무디의 조직신학은, 성경신학 속에 그리고 그의 교수 및 저술 사역의 과정에 깊이 뿌리 박혀있는 그 방식 때문에 하나의 독특한 장르이며, 성경에 대한 전염성이 강한 열정을 보여주었다. 미국 성경신학 운동 초창기의 이러한 환경으로부터 무디는 60년대의 혼란 속에서 그 최초의 비전을 상실하기보다는 그 정신의 전형을 보여준 인물로 등장하였으며, 더 한층 결연한 의지로 성경신학의 이러한 기초에 입각하여 신학을 시도했다.

**성경의 "자원" –** 무디의 가장 큰 강점은, 조직신학과 성경신학을 겸비함으로써 자신의 조직신학의 출발점에서 기독교신학의 "자원"이라고 명명한 것에 의거한다는 점이다.[33] 성경주해에 이보다 더 정통한 현대의 조직신학자를 찾기는 힘들다. 무디는 조직신학을 하는 것만큼이나 편안하게 본문비평을 하거나 주석을 한다. 우리는 그가 로마서 주석에서 본문에 관한 깊이 있는 연구를 잘 수행했다는 것을 발견할 수 있을 것이다.[34] 실제로 그가 저술한 대부분의 책들은 명백한 혹은 사실상의 주석집이다. 「살아 계신 하나님의 영」(The

Spirit of the Living God)[35]과 「영광의 소망」(The Hope of Glory)[36]은 사색적인 신학 이상으로 관련 성경본문에 관한 주석집이다.

그러나 역설적으로, 무디는 성경에 그토록 헌신적인 사람임에도 자신의 해석학에 관해서는 거의 서술하지 않았다. 무디가 활동하던 시기는 영감 문제에 강한 관심이 몰리던 상황이었음에도, 드와이트 무디(Dwight Moody)같은 사람이 지적하듯이, "출판된 무디의 저술 어디에서도 무오(無誤) 및 무류(無謬)에 관한 고찰이 없다."[37] 무디는 그것을 논의하기보다는 주해하는 것이 훨씬 편안하였음이 분명하다. 많은 점에서 이것은, 사람들이 "성경과 단순히 대화하기"보다는 성경에 관하여 대화하는 데 너무나 치우쳐 있다고 무디가 자주 불평한 것과 통한다.[38] 결과적으로, 해석학과 같은 특별한 영역에서, 어떤 한 사람의 업적은 그의 이론만큼이나 그의 실천을 통해 판단해야 한다.

무디에게 우선권의 순서는 계시, 권위, 영감 순이다.[39] 마찬가지로, 해석은 영감에 선행한다.[40] 이 순서는 특별계시와 성경적 권위의 수용 그리고 해석의 실제성이 영감의 본질에 관한 엄밀하고 정확하게 이해하는 것보다 훨씬 중요하다는 것을 의미한다. 이것이 무디가 20세기의 많은 복음주의자들처럼 영감의 본질에 몰입하지 않았던 이유다.[41]

무디는 특별계시의 역사적 성격을 강조함으로써 자신이 성경신학과 밀접한 관계를 가지고 있음을 보여준다.[42] 무디는 다음과 같이 진술했다:

> 특별계시는 역사적 계시다. 성경에서 계시는 역사적 사건으로 다가오기 때문이다. 무슬림들이 코란의 계시를 묘사하는 것처럼 하늘에서 뚝 떨어졌다는 생각은 온당치 못하다. 하나님이 자신을 노출시키는 역사적 사건이 발생한다는 생각이 정당하다.[43]

무디는 이와 같은 계시관 때문에 특수성 즉, 특수한 장소, 특수한 민족, 특수한 책에 관한 논쟁에 휘말린다.[44] 그는 하나님의 활동에 강조점을 두면서도 특별계시는 대화라고 역설하기도 한다. "하나님도 사람도 역사적 계시 속에서 혼잣말하지 않는다."[45] 특별계시의 의미를 이해하기 위해서는 그것을 믿음의 눈으로 지각하지 않으면 안 된다. 그것이 구속사(Heilsgeschichte)이며, 단지 중립적 역사문헌(Historie)만으로는 여기에 접근할 수 없다.[46]

계시를 논할 때 무디는 자기노출 및 인격적 관계성이라는 신정통주의적 범주들을 습관적으로 강조한다는 사실이 분명히 드러난다. 무디는 초기에 브루너의 영향을 받았으며 자신의 견해를 신정통주의의 고전적 말투로 각별히 표현했다.[47] 계시는 주체-객체 관계가 아니라 주체-주체 관계다. 브루너처럼 그는, 하나님의 이름은 명제적 진리가 아니라 하나님의 인격적 실재를 표상한다고 생각했다.[48] 무디는 명제적 접근방식을 일관적으로 비판했다. 이 접근방식을 그는 구술영감설과 동일시하는 경향이 있다.[49] 무디는 「진리의 말씀」에서조차 성경을 역사적 계시에 관한 하나의 "기록" 혹은 하나의 "증언"이라고 묘사한다.[50] 이러한 입장들은 성경에 있는 무오한 명제보다는, 성경에서 오류 가능성을 가지고서 하나님의 자기 계시를 지시한다는 신정통주의적 강조에 도달하게 된다.[51] 성경은 계시에 대한 최상의 자원이긴 하지만 교리화된 계시는 아니다.[52]

그러나 인격주의를 성경에 대한 명제적 접근방식에 반하여 이처럼 날카롭게 구별하는 것은 무디의 실천적인 영역에서는 반영되지 않는다. 무디는 하나님에 대한 관계성의 우위를 일관성 있게 강조한다. 그러나 그것은 성경의 가르침에 근거해 있다. 그의 실천에서는, 일차적으로 실존적인 것으로써 계시와 성경의 엄격한 명제적 속성 사이에 갈등은 존재하지 않는다. 성경을 적절하게 해석하면 성경의 가르침은 무오하게 정확하다는 것이 무디의 이해다. 계시와, 오류의 여지가 있는 기록 혹은 증언으로써 성경 사이에 쐐기가 존재하는 것이 신정통주의 신학인데 반해서, 무디의 성경 사용에서만큼은 그런 일이 생기지 않는다.

미간행된 인터뷰 기사에 있는 후기의 기록을 보면, 무디는 성경의 명제적 내용을 훨씬 더 강조한다는 것을 알 수 있다. 계시에 대한 기록으로써 성경에 관한 질문에 무디는 다음과 같이 대답한다:

> 일차적으로 [성경은] 계시에 관한 기록이다. 비록 내가 성경을 계시의 부분인 것처럼 다룰지라도, 성경을 계시의 바깥에 두지는 않는다. 성경의 저술 및 정경화는 역사적 사건의 일부분이다. 역사적 사건을 분리시킨다면 그것은 성령의 도움 없이 기록된 것이 되어버린다. 역사적 계시의 흐름은 사건 그 자체만이 아니라 사건의 기록과 그 사건에 대한 최초의 해석을 포함한다. 그래서 우리는 그것으로부터 모든 것을 즉, 사건 자체, 기록, 영감 그리고 그 사건들을 기록하고 있는 문서들의 정경화까지도 갖게 된다.[53)]

이 언급은 계시와 계시에 대한 기록 혹은 증언 사이에서 발생할 수 있는 간극이 성경 그 자체가 계시라는 역사적 사건의 일부라는 사실 때문에 완화된다는 것을 지시한다. 무디는 성경에 대한 명제적 접근에 독설을 퍼부으면서, 성경은 나-너의 만남에 관심을 가진다고 강조한다. 그러나 실제적으로는, 실존적 만남에 관련된 것인지 아닌지에 상관없이 명제적 내용에도 권위가 있다고 본다.[54)]

무디의 생각과 실천 속에 있는 두 개의 강조점들은, 성경의 내용을 일차적으로, 하나님과의 역사적 만남과 현재의 인격적 만남으로 이해함으로써 서로 연관될 수 있다. 성경은 본질적으로 교리가 아니라 고백이다. 그리고 분명히 그것은 체계가 아니다. 하지만 이 사실이, 성경의 교리적 내용의 무류성을 약화시키지 않는다. 역사적 사건으로써 계시와 성스러운 경전으로써 계시 사이의 관계는, 성경의 목적에 대한 무디의 이해에 의해서 중재되어진다. 선배인 E Y. 멀린스처럼, 무디도 성경의 목적을 과학적이 아니라 구원론적으로 고찰한다.[55)] 따라서, 과학적 혹은 역사적 세부사항에 나타난 명백한 오류 때문에 걱정하지 않는다. 왜냐하면 그와 같은 세부사항을 규정하는 것은 성경의 목적이 아니기 때문이다. 무디에 따르면, 성경은 "그것이 가르치려고 의도하는 바"에 있어서 참되다.[56] 여기에 비추어 무디는 기꺼이, 편지들을 통해 성경은 무오하다고 언급하고 성경무오에 관한 시카고선언에 서명했다.[57] 하지만 무디는, 그 용어를 다음과 같이 사용하기를 더 좋아했다.

> "영감"은 성경이 가르치려고 의도하는 교리를 말할 때 "무류"하고, "성경적 계시의 핵심에 실제적인 영향을 미치지 않는 과학적 내용이나 역사적 내용"을 말할 때 "무오"한 "성경의 저술"을 지시한다.[58]

무디는 무오성을 이렇게 정의함에도 불구하고 성경의 역사성을 신정통주의 신학보다도 훨씬 더 진지하게 받아들인다. 그는 의심스러운 구절들을 조화시키기를 즐겨하며, 역사비평적 방법론의 보수주의적 사용에 비추어 가능한 모든 경우에 사실적 역사성을 받아들이는 경향이 있다.[59] 그는 기꺼이 비평주의적 방법론을 사용하여 본문을 해석하지만 그 결과들은 단호히 보수주의적이다.[60]

성경 해석에 대한 무디의 접근방식은 분명히 귀납적이다.[61] 그것은 성경에 "그래야만 된다"는 선험적 가정을 가지고 다가가는 것이 아니고 성경으로부터 "그것이 무엇인가"를 찾으려는 자세이다. 이미 분명해진 것처럼, 근본요소는 이용가능한 모든 도구를 활용하여 역사적 문서로써 성경을 원어로 진지하게 연구하는 것이다.[62] 그럼에도 이러한 연구는 충분치 않다. 성령이 그러한 이해에 빛을 비춰주지 않으면 안 된다.[63] 무디는 이 두 요소의 중요성을 해명하기 위하여, 펼쳐놓은 성경 위에 비둘기 한 마리가 떠있는 모습을 그려놓은 서든침례신학대학원의 학교인장을 즐겨 언급한다.[64]

영감의 성격에 관한 무디의 접근방식은 비록 간략하기는 하지만 중요하다. 언급한 것처럼 그는 영감을 계시와 권위에 종속시킨다. 그리고 정경에 포함된 영감을, 거룩한 백성들의 선행적 영감에 종속시킨다. 그는 영감이 진기한 방법으로 진행된 것을 다양하게 묘사한다. 무디는 먼저 아우구스투스 스트롱이 영감을 네 가지 이론으로 기술한 것을 언급한다.

(1) 진리에 대한 자연적인 통찰력의 좀 더 고차원적인 발전인 직관론, (2) 글 자체의 영감이 아니라 저자의 영감을 지지하는 조명론, (3) 저자를 수동적인 존재로 간주하는 구술론, (4) 신적 요소와 인간적 요소 모두가 영감에 존재한다고 간주하는 역동론.[65]

무디는 각각의 접근방식이 옳다고 동의하는 탄력적인 관점을 가지고 있다. 그는 이 접근방식을 성경에 대한 귀납적 분석에 입각한다. 그리고 성경에는 각 유형에 대한 심지어 구술론에 대한 증거가 존재한다고 믿고 있다. "영감에 관한 성경적 관점은 그 모든 역사적 이론들에 있는 진리를 포괄할 만큼 충분히 넓은 것이 틀림없다…." 고 결론내린다.[66] "실제로 차이를 만들어 내는 것은, 성경의 권위를 교회의 권위 이상으로 높이는 충실성이다"라고 덧붙인다.[67] 다시 말해서, 권위와 해석은 다양한 영감이론들보다 위에 놓인다.

성경신학과 조직신학 – 무디를 이해할 때 중대한 논제 가운데 하나는 근본적으로 성경신학적인 접근방식과 조직신학을 어떻게 관련짓는가를 파악하는 것이다. 무디는 그 이전의 어떠한 남침례교 신학자들보다도 성경적으로 형성되는 신학을 만들기 위한 변환을 시도했다. 무디는 신학의 성경적 기초를 그 어떤 전임자들보다 훨씬 엄밀하게 단단히 다졌고, 훨씬 철저하게 성경이 전통을 의문시하도록 시도했다. 이것은 반드시, 그가 교리적으로 훨씬 더 성공적이거나 훨씬 더 정확하다는 뜻이 아니며, 그의 신학이 훨씬 더 좋은 조직신학이라는 뜻도 아니다. 그것은 그의 방법이 다른 남침례교인들뿐만 아니라 더 넓은 기독교 공동체와 구별되는 특징이라는 것이다.

무디의 조직신학은 조직신학을 지향하는 성경신학이라고 묘사하는 것이 가장 좋을 것이다. 대부분의 조직신학자들이 교의학적 측면에서 만전을 기하는 반면에, 무디는 성경신학의 측면에서 만전을 기한다. 결과적으로 여기에서는, 무디가 양쪽을 해석하는 방식을 면밀히 검토할 것이다.

1949년 서든침례신학대학원 취임사에서, 무디는 성경의 역사적 연구가 조직신학을 위한 규범이라고 역설했다.[68] 여기에 입각하여, 1963년에서 1970년에 이르는 7년의 기간에 세 권의 주석과 성령론과 교회론에 관한 단행본 분량에 이르는 성경 연구는 그 자신의 조직신학을 위한 길을 닦았다.「진리의 말씀」에 붙인 서론 앞머리에서 그러한 관심사를, "「진리의 말씀」을 출판한다는 것은 최근 성경신학 연구의 매우 현저한 특색인 역사적 주석에 입각하여 신학의 개혁 및 부활을 요청하는 나팔소리를 울린다는 의미다"라고 재진술한다.[69] 그러므로 무디의 목표는, 신학을 성경의 역사적 해석에 뿌리박게 하는 것일 뿐만 아니라 전통을 성경에 입각하여 재평가하는 것이다. 무디는 이 개신교적 원리를 비할 바 없는 열정으로 수행했다. 그것은 많은 점에서, 평생에 걸친 열정이며 조직신학의 실질적으로 모든 주요 영역에서 의미 있는 개정작업을 하도록 만들었고, 반복적으로 논쟁에 휘말리게 했다.

무디가 하나의 교리를 전개하는 전형적인 방법은, 그 교리가 성경의 주요 부분들을 통하여 점진적으로 발전한 것을, 대개는 단어 연구의 형태로, 연대기적 발전을 가능한 유지하면서 펼치는 것이다. 이 방법을 적용하기 쉬운 신약성경에서는 대체로 바울의 문헌에서 시작하여 마가, 마태, 누가–사도행전, 요한 문헌, 공동 서신들의 순서로 나아간다.[70]

이와 같은 성경적 토대 위에서 무디는 성경을 역사신학, 현대과학, 그리고 철학으로 해석하기를 원한다.「진리의 말씀」서문에서 무디는 다음과 같이 진술한다:

> 따라서 이 책은 성경신학적이기도 하고 조직신학적이기도 한 보수적인 화합체 안에 몇몇 분야의 통찰력을 모아놓으려는 의식적인 노력을 보여준다. 성경신학, 현대과학, 다양한 유형의 성경비평, … 역사신학, 그리고 교리사, 이 모든 것들은 조직신학의 발전에서 차지해야 할 의미 있는 역할을 가지고 있다….
> 이 분야들의 자료들을 활용하는 것, 그리고 종교철학자들이 내놓은 관념들뿐만 아니라 세상의 비기독교적 종교들의 통찰력을 크게 활용하는 것은, 그것들보다 더욱 뛰어난 성경의 영감과 권위를 인정하는 나의 관점에 근거한다. 현대

과학 및 비평적-역사적 성경연구 방법론의 발견들을 사용하는 것이 불가피하게 성경 권위를 해친다고 염려하는 자들은 이 책을 탐구함으로써 유쾌한 충격을 받기를 바란다.[71]

그의 생애에서 지적된 것처럼, 무디는 대학시절 초기에 과학과 성경 사이의 갈등을 경험했다. 그 때 이후로 양자의 양립가능성을 입증하는 일에 관심을 가졌다.[72] 이것은 유신론적 진화론을 사용해서, 창조 기사를 현대인류학에 연결하는 그의 매우 인상적인 신학 구절들에서 명백하게 드러난다. 그의 이러한 구절들은 어떤 신학에서도, 그리고 특히 복음주의 신학에서는 발견하기 힘든 특이한 것이었다.[73]

비평가들은 그것이 그의 신학에서 현대과학에 경솔하게 팔려나간 부분이라고 비난했다. 그러나 이것은 심각한 오해다.[74] 무디는 현대과학과 그 방법론을 비판적으로 이용하며, 성경비평 혹은 성경의 증언을 훼손하는 과학의 회의적인 결과들을 단호히 거절하는 경우도 종종 있다.[75] 그는 충돌이 존재한다는 확신이 있으면, 그 결과들을 조화시키는 데에 열심을 다한다. 하지만 무디는 자신이 "비판적 보수주의"라고 이름 붙인 입장에 서서 언제나 성경의 우월성에 무게중심을 둔다.[76]

무디가 성경신학을 다른 학문분야와 연결하는 방식에서 보여주는 종합성은 많은 평론가들에게 특별한 인상을 심어주었다. 이 때문에 클락 피녹(Clark Pinnock)는 무디의 신학을 현대 복음주의 신학 가운데 가장 좋은 것이라고 평가했다. 그는 "거의 두 번째 수준의 작품을 쓴 블로쉬(Bloesch)조차도 현대주의의 적극적 측면을 무디만큼 평가하지 않는다. 그리고 그것을 신학적 비전에 통합시켜 넣지도 않는다"고 언급한다.[77] 남침례교의 초기 신학과 다른 현대신학들과 비교해 보면, 무디의 신학은 더 많은 성경과 더 많은 과학을 포함하고 있다. 그럼에도 그의 조직신학의 핵심은 성경신학이라는 출발점에 근거한다.

성경에 대한 역사적 연구와, 철학적, 과학적 자료들을 통합시켜 각 교리를 주의 깊게 발전시켜 나간 무디의 독특한 분석결과로 훌륭한 업적을 만들어낸 경우가 많았다. 그리고 그는 자주 어떤 교리의 성경적 기초를 새롭고 창조적인 깊이에서 밝혀낼 수 있었다. 의심의 여지없이 이것은 특히, 복음주의자들이 호감을 보이는 특징이다. 그들은 동의하지 않는 때조차도 종종 무디가 성경에 충실하다고 칭찬한다.[78]

반면에, 무디는 성경신학을 뛰어넘어 조직신학으로 옮겨가지 못했다고 비판받는다. 알란 그랙(Alan Gragg)의 말에 따르면, "무디는 하나 혹은 그 이상의 성경신학 저자들의 사상을 밝혀낼 때마다 조직신학자로서 자신의 작업을 수행하고 있다고 느끼는 것 같다."[79] 특성상 무디는 다른 학문분야를 활용하여 성경의 의미를 밝히되 그 의미를 넘어가지 않는다. 앞에서 언급한 것처럼, 성경 의미의 적절성에 대한 해석학적 확신은 초기 성경신학 운동의 일반적인 전형이었다.

이와 관련된 특성은 성경에 있는 다양한 목소리들의 조화다. 무디는 성경의 다양성을 단언하지만, 과잉조화라는 망령을 불러일으키는 부조화는 부인한다. 다시 말해서, 성경의 다양성 속의 통일성은 전반적인 성경신학 운동이 좌초한 모래톱이었다. 어느 정도로는, 이 과잉조화는 조직신학의 임무 그 자체에 고유한 것이다. 조직신학자의 축복과 재난은 그 종합 과정이, 실제로 존재하고 있는 숨겨진 양식에 대한 명민한 식별이라고 할 수 있는가 아니면 휘어잡기 어려운 재료를 견강부회로 짜 맞추는 억지라고 할 수 있는가라는 것이다. 통일성과 다양성 사이의 긴장 속에서, 무디는 어느 한쪽 극단에 서지 않고 통일성을 지향한다.

무디의 성경주의에 공헌한 또 하나의 요소는 종교개혁과 초기 침례교회 운동과 공유하고 있는 그의 확신, 즉 성경은 일반 신자가 이해하기 쉬운 명백한 의미를 가지고 있다는 확신이다. 전신자 제사장직이라는 원리와 영혼의 역량에 관한 침례교적 강조는 성경본문의 의미가 기본적으로 명백하다고 본다.[80]

무디는 이 신념을 충분히 확신하고 있다. 배교 및 진화론 논쟁과 관련하여 무디는 다음과 같이 말한다:

> 실제로 나는 일반 사람들도 성령의 도우심이 있고 성경이 어떤 뜻인지를 알고자 하는 열정이 있는 기독교인으로서 나설 때 성경을 해석할 능력이 있다는 매우 강력한 확신을 가지고 있다. 사람들이 본문의 의미를 발견하는 모습을 바로 보는 것이 정말 즐겁다…. 만일 사람들이 본문의 역사적 의미를 이해한다면, 그 본문이 무슨 뜻인지에 관해서 여러분이 그들에게 숟가락으로 떠 먹여 줄 필요가 없다. 그들이 직접 그것을 번역하여 자신들의 신념과 행동으로 옮길 것이다.[81]

무디는 언제나 이런 의미에서 대중주의자였다. 그는 자신의 입장을 "사람들에게" 편안하게 제시했다. 이러한 확신은 무디가 자신의 신학을 전개한 방식과 일치하며, 어떤 제한된 의미에서 침례교적 기풍에 충실했다. 그는 성경의 과거에서 의미와 현재에서 의미 사이의 간극은 크지 않다고 확신했다. 그에게 성경의 의미를 설명하는 것은 그 의미를 내 쪽으로(pro me) 옮기는 것으로 충분했다. 이러므로 무디의 신학이 단지 성경신학에 불과하다는 비평은 현재에 대한 성경 의미의 투명성에 관한 무디의 확신을 (게다가 역사신학과 현대 세계와의 주의 깊은 신학적 타협 및 대화도 마찬가지로) 공정하게 다루지 않는 것이다. 성경이 자기 시대에서 가르치고자 의도하는 것을 분간하는 것은, 실질적으로, 성경이 우리 시대에서 우리에게 가르쳐주고자 하는 것이다. 의심의 여지없이 이러한 것이 무디가 자신의 동시대인들과 가장 커다란 긴장관계에 놓여있는 부분이다.[82]

무디는 자신의 신학을 "진정한 조직적 성경신학"이라고 명명한다.[83] 그의 접근방식은 조직신학적 과제를 우회하려는 시도도, 혹은 그것에 대한 이해 부족도 아니다. 오히려 그것은 그 본질에 관한 확신을 나타낸다. 이 확신의 실행이 그의 전체 경력의 중심에 놓여 있다.

## 조직신학자

다른 어떤 이유 때문이 아니더라도, 무디의 조직신학은 남침례신학교 교수가 거의 반(半) 백년 만에 내놓은 것이기 때문에 역사적으로 의미가 있다. 하지만 이 사실에 덧붙여, 그의 신학은 그만한 세월에도 기대할 만한 것, 즉 성경의 권위와 경건에 관한 전통적인 침례교적 강조와 확고한 연속성을 갖고 있으면서도 새로운 상황에 대해 발언하고자 하는 신선하고 대담한 시도다. 어쨌든 그의 조직신학은 대부분의 사람들이 알게 될 유산이 될 것이다.

일반적 특성들 – 무디는 신학을 성경주해의 원리에 입각하여 개혁하고자 하는 자신의 열망에 근거하여 거의 모든 주요 교리에서 혁신적인 태도를 취한다. 유신론적 진화론과 배교에 관한 그의 입장은 이미 언급했다. 게다가, 그는 일반계시의 구원가능성이 성경적 근거가 있다고 제기했다.[84] 또한 성부수난설(Patripassionism), 혹은 하나님이 자신의 피조물과 함께 고난을 겪는다는 견해(theopaschitism)를 강력하게 옹호한다. 무디는 후기의 한 논문에서, "하나님은 즐거운 일이든 고통이든 자신의 우주에서 발생하는 모든 것을 경험한다는 믿음은 오늘날 내가 가지고 있는 가장 인격적이고 가장 중요한 신념 가운데 하나다"라고 고백한다.[85] 비록 과정신학의 강조와 관련되지만, 그는 하나님에 관한 이 역동적 관점을 구약성경에 입각하여 의미 있게 세운다.[86] 인간론에서는, 성경신학의 특징인 자아의 통전적 혹은 히브리적 통일성을 강조하지만 영(靈)의 중간상태에서 생존가능성과 결부시킨다.[87] 기독론에서는 영지주의적 및 겸허설적 접근방식에 대비하여 "스케노틱적(skenotic)" 관점을 옹호한다. 이것은 로고스가 인간 예수의 "안쪽에 깃들이는" 즉 "내주(內住)하는" 도덕적 연합에 근거한 것이다.[88] 또 다른 주목할 만한 특성은 폭넓은 에큐메니칼적 대화, 특히 동방정교회 신학과의 대화다.

스타일에 관하여 말하자면, 무디의 신학은 학생들을 염두에 둔 것이다. 그 일반적인 구조는 명확하고 (대개 운율을 맞추는 데 종종 헬라어로 맞추는) 삼중적 요소에 대한 헤겔주의적 특성을 가지고 있다. 무디가 지나치게 길게 성경신학에서 꾸물거릴 때가 자주 있다는 위에서 한 비평에 비추어 볼 때, 실제로 무디는 일반적 범주들에 속하는 다양한 자료들을 배열하는 데 조직신학자의 솜씨를 가지고 있다는 점을 언급할 필요가 있다. 서든침례신학대학원의 동료교수인 피셔 험프리즈(Fisher Humphreys)는, "그들의 신학은 스콜라주의적 방식 즉, 일련의 주제를 목걸이에 달린 진주처럼 차례로 다루는 방식에 훨씬 유사하다면, 무디의 신학은 유기체 즉, 살아있는 몸에 훨씬 가깝다"고 말한다.[89] 이 통일성의 일부는 다양한 절(節)들을 묶어주는 기본 주제 및 목적에 있다. 다른 일부는 성경에 대한 역사적 해석으로부터 교리가 흘러나오도록 허용하는 그 방식에 있다. 많은 면에서 무디 신학의 통일성은 무디가 성경 그 자체에서 식별해내는 통일성이다. 더욱이 무디의 혁신 가운데 일부는 자료 배치에 있다. 예를 들면, 창조의 완료를 창조의 시작 앞에 두고 기독론을 구원론 뒤에 둔다.[90]

이 통일성에도 불구하고, 초창기 침례교신학자들과 비교하였을 때 간혹 부족한 것은 이념의 세심한 논리적 및 개념적 전개다. 다른 말로 하면, 성경주해의 세부사항들과 좀 더 큰 조직신학 사이의 접합이 사람들이 원하는 만큼 견고하지 않다는 것이다. 부분적으로 이것은 다른 어떤 신학자들 이상으로 성경신학을 강조하는 동시에 역사신학, 현대과학, 그리고 철학과 대화하려는 조직신학 책을 만들려는 부담 때문이다.[91] 거의 1천 페이지 분량의 원본에서 가져온 자료의 대부분은 역사신학적 논의라는 점을 무디는 인정하지만, 성경에 관한 너무나 많은 논의를 생략해야 했다고 여전히 불평한다.[92] 역사적 자료를 잘라내는 것은 불행한 일이다. 사상을 그 맥락 안에 놓는 능력이 그의 강점 가운데 하나이기 때문이다. 다른 경우에, 그 개략적으로 정리한 것은 부분적으로 그 작품의 대화체적이고 반(半)-자서전적 성격 때문이다.

하지만 그 책이 가지고 있는 이 개성은 아마도 가장 훌륭한 특색인 활력(活力)을 설명해줄 것이다. 피녹은 "무디에게 시선을 돌리면 커다란 즐거움을 경험한다. 자신의 성경을 믿고 사랑하는 (남침례교의) 복음주의자가 여기에 있다. 그는 명백한 열정과 즐거움으로 글을 쓴다"고 진술한다.[93]

무디는 자신의 경력을 통하여 세 가지 특수한 문제 즉, 칼빈주의, 지계석주의, 세대주의적 전천년설에 관한 논쟁에 관계했다고 밝힌다. 무디는 "출판물, 개인적 서신교환, 그리고 대화를 통하여 이들 즉, 칼빈주의 5대 교리, 지계석주의 5대 교리, 세대주의 3대 교리의 옹호자들이 성경과 모순을 일으키는 문제들에 관해서 도전했다"고 말한다.[94] 「진리의 말씀」에서 그들에게 던진 가시 돋힌 말은 이 책이 종종 지나치게 논쟁적이며 객관적이지 않다고 논평가들이 터뜨린 불만의 대부분을 해명해 준다. 이 논적들에 대한 무디의 반대가 무디의 조직신학의 세 부분 즉, 구원론, 교회론, 종말론에 집중된 검토를 이끌어 간다.

**구원론** – 무디는 칼빈주의 5대 교리에 동의하지 않는다. 오히려 자신의 정력을 그 마지막 교리인 성도의 견인 즉, 남침례교인들에 의해 "영원한 안전"이라고 대중적으로 해석되는 교리를 반박하는 데 집중했다. 무디는 선행하는 네 개의 교리, 즉 무조건적 선택, 불가항력적 은혜 같은 교리를 누락시키면서도 이 교리들에 논리적 기초를 두고 있는 마지막 교리를 유지하려는 남침례교인들과 투쟁했다.[95] 그가 특히 관심을 기울인 문제는 이 영원한 안전 교리가 어떤 사람이 구원받은 뒤에 "마귀처럼 살아도 된다"는 뜻이 되고 말았다는 것이다.[96] 그는 자신의 성경 이해에 의거하여, 이와 같은 "계약적이고 경직된" 구원관에 격렬하게 반대하고 회복가능성이 전혀 없는 배교를 주장했다.

배교에 관한 무디의 견해는 그의 구원관을 폭넓게 파악하지 않고는 적절하게 이해되지 않는다. 그는 구원에 관한 신약성경의 가르침을, 과거, 현재, 미래 시제를 가진 하나의 과정으로 즉, 과거에 국한된 사건에 대한 단일한 강조에 반대하는 것으로 본다.[97] 구원은 또한 두 개의 측면–은혜와 믿음–을 가지고 있다.[98] 저항할 수 없는 소명과 중생이 회개와 믿음에 선행한다는 칼빈주의적 관념을 특히 반대한다.[99] 오히려 그는 하나님–인간의 관계에 대한 모형으로써, 인격적 관계에 고유한 상호성 – 그리고 상처받을 가능성 – 에 호소한다.[100] 성화 또한 점진적 개념으로써, 웨슬리주의의 완전주의와 칼빈주의의 거짓된 안전을 모두 피한다.[101] 선택 혹은 예정을 무디는 무엇보다도 그리스도의 예정으로 그리고 인간의 자유를 배제하지 않는 것으로 이해한다.[102] 무디의 구원론은, 신론에 대한 그리고 인간론에 대한 그의 인격주의적 접근방식의 일부다. 그는 이것을 염두에 두고서, 신약성경의 구절들을 단일예정 즉, "그리스도 안에" 있기 때문에 구원받고 있는 자들에 대한 예정을 의미하는 것으로 해석한다.[103] 그의 말에 따르면, "하나님은 실제로 어떤 프로그램을 가지고 계신다. 그러나 그것은 믿음 이전이든 이후이든 인간의 자유가 들어설 자리 없이 프로그램 되지는 않았다."[104]

이것이 우리를, 그의 책 전체에서 가장 긴 절 가운데 하나(18쪽 분량)인 배교에 관한 서술로 우리를 이끌고 간다. 그의 생애에서 지적한 것처럼, 배교는 무디에게 중심적인 것이었고, 개인적으로 해를 끼쳤던 문제였다. 20년마다 즉, 1941년, 1961년, 1981년에 배교에 관한 큰 논쟁을 겪었다고 주장한다.[105] 특히 그의 교수경력 후반기에 배교 문제는 그의 모든 수업에서 지속적인 주제였다. 그것이 왜 그렇게 중요하였나? 앞에서 다룬 기초작업에서 그 대답은 분명해졌을 것이다. 첫째로, 그것은 그의 가장 중심적인 확신 즉, 성경의 우위성 문제가 핵심에 있었다. 그는 신약성경의 모든 책에서 문자적으로 배교를 가르친다고 확신했다. 전통, 신앙고백서, 직업상의 안전, 혹은 대중성을 위하여 이 사실을 부인하는 것은 그가 자신의 삶을 쏟아 부은 모든 것을 범하는 일이 될 것이다. 두 번째로, 인간을 자유로운 하나님의 형상 속에 존재하는 것처럼 자유로운 존재로 보는 그의 인간관에 그것이 얼마나 필수적인지를 알 수 있다. 그것은 구원이 합법적 거래라든가 주권적 강요에 따른 것이 아니라 자유로운 사랑의 있는 관계라고 이해하는 그의 구원관을 범한 것이다. 만일 이 특별한 교리를 파괴하면 그의 전체 신학구조는 산산조각이 날 것이다.

또 하나의 좀 더 실천적인 이유를 언급할 수도 있다. 많은 사람들에게 배교의 경고들은 이미 불안에 빠진 양심들을 동요케 하고 꼭 필요한 확신을 진실한 기독교인들에게서 박탈해 간다. 반면에 무디는 종종 정반대의 것을 경험했다.[106] 배교에 관한 설교와 강의는 일관되게 부흥과 영적 각성으로 이어졌다. 무디는 "한번 구원은 영원한 구원"이라는 월계관에 편히 머무는 사람들에게 도전하는 기술을 가진 것 같았다. 이 사람들은 하나님의 은혜에 관한 추정에 대해 각성하고 경고를 받아야 할 필요가 있는 사람들이었다. 무디는 분명히 하나님 은혜의 확실성과 우선성을 주장한다. 대체적으로 무디는 알미니우스주의적이다. 그러나 결코 펠라기우스적 혹은 행위구원론적이지는 않다. 배교에 관한 그의 강조를 감안하여, 다음과 같은 평형추들이 있다는 것을 사람들은 놓친다. 사람들은 이 비(非)-침례교적 교리를 무디가 열심히 옹호하는 것이 성경을 다른 어떤 권위보다 위에 둔다는 의미에서 그리고, 부흥을 촉진한다는 의미에서 무디가 가지고 있는 침례교 유산의 상당한 일부였다고 결론을 내린다. 종종 무디를 다소 배교를 "옹호"하는 입장으로 분류하기도 했다. 하지만 그것은 마치 무오론자의 오류를 "옹호"하는 입장으로 분류하는 셈이다. 이것은 결코 진실이 아니었다. 그의 열정은 배교를 "방지"하는 것이다. 훨씬 더 적극적으로 표현하면, 풍성한 기독교적 삶을 증진하는 것이다. 오직 그런 관점으로 보았을 때에만, 그의 전체 신학 속으로 맞물려 들어갈 때에만, 그가 배교를 "설교"할 때 가졌던 그 열정을 이해할 수 있다.

**교회론** - 무디가 기독론을 구원론 뒤에서 다룬 것은 오직 부분적으로는, 그리스도의 사역을 그리스도의 인격보다 상위에 두려는 열심 때문이다. 그것은 또한, 기독론을 교회론에 (그리고 그리스도의 재림을 중심점으로 삼는 종말론에) 훨씬 더 밀접하게 연결하기 위해서이다. 무디의 지배적인 교회관은 그리스도의 몸이다. 의미롭게도 무디는 자신의 첫 번째 저술인 에베소서 주석에 「그리스도와 교회」(Christ and the Church)라는 명칭을 붙였다.[107] 인간론과 죄론과 구원론을 하나로 묶고 기독론과 교회론과 그리스도의 재림을 종말론에서 언급하는 것이 의미가 있다는 사실을 무디는 강의중에 발견했다.[108] 그러므로 교회는 그리스도 안에 있는 새 생명의 작동을 나타낸다.

관련된 방식으로, 무디는 침례교회 안에서 일어난 지계석주의가 그리스도의 한 몸 즉, 보편 교회를 공정하게 다루지 않는다는 점에 비판적으로 집중했다. 무디의 에큐메니칼 정신이 여기에서도 나타난다. 그는 전반적으로 성경신학 운동에서처럼 교회들이 역사적 성경연구를 중심으로 연합하기를 희망했다. 두 번째로, 그의 동료인 웨인 와드(Wayne Ward)가 지적한 것처럼, 무디는 다른 기독교인들과 영적 관계성에서 통일성을 발견했다.[109] 가장 에큐메니칼적인 남침례교인 가운데 하나인 무디는 진리를 발견할 때마다 진리를 수호하고자 진정으로 노력하였고 이 때문에 은사운동, 캠벨주의, 그리고 역사적으로 볼 때 성부수난설 및 네스토리우스주의처럼 이단이라고 여겨진 다양한 입장들을 비판적으로 지지했다.[110] 그러나 의견이 다른 경우에서조차도 교제에 대해서는 개방적이었다. 침례에 관한 1967년 작품은 주목할 만하다. 이 작품에서 신자침례와 유아세례를 교회의 통일성을 위한 잠정조치로 허용한다. 그러므로 무디는 지계석주의적 관점와 대조적으로 보편 교회, 열린 성찬, 타교단의 침수례, 그리고 에큐메니칼적 관련사항들을 옹호했다.

교회론의 다른 문제들에 관하여 그는 침례교인으로서 놀랍게도, 주교제도가 그리고 당연하게도 일반적인 안수식과 여성의 성직취임이 성경적 근거가 있다고 보았다.[111] 이 문제들은 무디의 초기 관점에서 그리고 점진적 성경해석에서 변화를 보임으로써 신약성경이 공식적 성직을 지향하고 여성안수를 찬성하는 방향으로 궤적을 가지고 있다고 한다는 점에서 흥미롭다. 무디는 여성안수가 신약성경에는 없지만 신약성경의 초대교회에서 여성의 사역이 전반적으로 개방되어 있기 때문에 허용할 수 있다고 본다.[112] 그럼에도, 무디는 남녀 역할 상의 차이를 주장하고 바울이 에베소서 5장에서 가르친 것을 지지한다.[113] 비록 무디가 교회의 연합을 위하여 다양한 관례에 대해 개방적이긴 하지만, 그는 회복주의를 지향하는 즉, 예배와 성찬과 침례에 관해 좀 더 신약성경적인 형태를 지향하는 침례교적 경향을 보여준다.[114]

**종말론** – 무디는 천년기설에 관해 평생에 걸쳐 씨름하였다. 이것은 그가 종말론을 주제로 광범위한 작품을 저술한 이유를 해명해 준다. 프랑크 터퍼(E. Frank Tupper)는 종말론에 관한 무디의 저술 「영광의 소망」이 종말론을 신학의 맨 앞에 배치한 판넨베르크와 몰트만의 책과 같은 해에 출판되었다고 지적한다.[115] 무디는 달라스신학교의 세대주의 전천년설을 비성경적이라고 거부하였고, 서든침례신학대학원에서 지배적인 무천년설 혹은 한 때 자신의 고향인 텍사스의 서든침례신학대학원에서 풍미한 후천년설에 만족하지 않았다. 결과적으로 아우구스티누스의 무천년설이 휩쓸기 전에 이레네우스같은 초기 신학자에게서 비슷한 입장이 발견되기 때문에 역사적 전천년설이라고 자신이 이름 붙인 입장을 전개했다.[116] 무디는 무천년설의 접근방식을 우화적 방법론에 가깝다고 비판했다. 그는 무천년설은 "성경 문자주의에 직면하면 사실상 심하게 궁지에 몰린다"고 단언한다.[117] 또 다른 면에서 말하기를, "나를 포함한 다른 많은 사람들은 역사적 전천년설이 계시록 20장에 관해 세대주의보다 훨씬 더 문자적이라는 사실을 발견하였으며, 무신론적인 맑스주의에 대한 가장 사실적인 응답이라고 제안한다"고 했다.[118]

따라서 무디는 그리스도가 지상의 예루살렘에서 천년 동안 통치하는 것이 하나님이 이스라엘에게 주신 약속과 로마서 9–11장에 있는 바울의 간접적으로 표현된 생각의 성취일 것이라는 기독교 시온주의를 열정적으로 옹호한다. 이러한 입장들은 역사에 대한 희망으로서 그의 긍정적 세계관을 보여주며, 현재 속으로 침범해 들어오는 직접적이고 임박한 미래의 유산으로써 하나님 나라라는 관념을 포함한다.[119] 둘째, 그것은 위에서 언급한 것처럼 하나님이 이스라엘에게 그리고 이방인들에게 주신 약속의 성취라는 의미에서 최종적 플레로마(pleroma, 충만)를 포함한다.[120] 셋째, 그것은 적그리스도가 먼저 오는 것을 포함하는, 그리스도의 미래적 파루시아(parousia), 즉 오심을 포함한다. 무디는 이 논지로 태연하게 다음과 같이 진술한다:

> 데살로니가 2:1-12이 미래에 문자적으로 성취된다는 믿음은 (1) 이스라엘이 아브라함에게 약속된 그 땅으로 복귀할 것, (2) A.D. 70년에 파괴된 성전이 재건될 것, (3) 하나님께 예배드리듯이 자신에게 예배드리라고 요구할 적그리스도를 메시아 예수가 돌아와 파괴할 것을 가르치는 기독교 시온주의에 이르렀다.[121]

그리스도의 천년 통치에 대한 생각을 기점으로 무디는 우주적 종말론, 즉 이생을 뛰어넘는 창조의 소망을 다루기 시작했다. 무디가 천년왕국 이후를 바라보면서 제안한 것은 하나님이 창조주이시기 때문에 그리고 기적은 열린 우주에서 가능하기 때문에[122] "대변동을 넘어서서 완성이 존재하고, 화(禍)를 넘어서서 하나님의 거룩한 도성의 기적들 속에 행복이 존재한다"는 사실이다.[123] 천년기설에 관한 논의에서 역사의 현실적 성취에 대한 관심과는 대조적으로, 그는 기독교신앙 속에 있는 재창조에 소망을 둔 우주가 불가피하게 무익하다는 과학적 견해들 사이에는 일관성이 있다는 사실에 흥미를 가진다.[124] 무디의 최종적인 시적(詩的) 비전은 과거의 지상적 예루살렘과 현재의 천상적 예루살렘을 성취하는 새로운 예루살렘으로 끝을 맺는다.[125] 성경 문자주의를 옹호한 초기의 강력한 말투와는 대조적으로 그는 변화하는 성경적 상징들과 철학적 인격주의로 종말론의 신비를 결론짓는다.[126]

무디는 자주 위의 논제들에 관한 대화에 몰두하였지만, 실제로는 개인적 종말론으로 종말론 논의를 시작한다.[127] 인간론에 관한 그의 입장은 영혼의 자연적 불멸성에 반대하여, 하나님께 의존되어진 생명임을 주장하는 것이다. 인간은 그것을 유지시키는 하나님의 존재가 없다면 멸망할 것이다. 그러나 하나님은 낙원에 있는 선한 영들과 음부에 있는 악한 영들에게 중간적 상태를 부여하신다. 파루시아에서 구속받은 자들은 영적 몸을 입고 생명에 이르는 부활에 참여한다.[128] 사악한 자들은 두 번째 사망인 심판의 두 번째 부활에 직면하게 된다.[129] 그 다음에, 조건적 불멸성이라는 관념으로 나아간다. 이것은 하나님 앞에 존재하기로 자신들이 스스로 선택하는 자들에게 하나님이 주시는 선물이다. 조건적 불멸성이라는 것은 죽지 않는 존재로서 지옥에 계속 머문다는 개념과 상반되는 것으로써, 단지 사라져 없어진다는 의미이다.[130]

## 평가

해설하는 과정에서 평가를 많이 하게 되었다. 그러나 여기에서 전반적인 평가를 정리해야 할 차례다. 한 사람의 영향력을 공정하게 평가하는 것이 어렵더라도 대략적인 판단을 해볼 수는 있을 것이다. 무디의 업적은 그의 생각과 인격적인 영향력에 의해서 크게 좌우될 것이다.

### 무디의 사상

현재 남침례교인들 사이에서는 무디의 신학에 견줄 만한 실질적인 경쟁자가 없다는 사실에 주목할 필요가 있다. 그 때문에 남침례교인들과 남침례교신학에 관심이 있는 자들이 그의 신학을 고찰한다. 더욱이 복음주의 신학 중에서도 신선하고 대담한 목소리라고 판단되고 있기 때문에, 피녹 역시 최고의 수준이라고 평가하듯이, 남침례교 울타리 밖에서도 지속적으로 귀를 기울인다. 그의 사상이 가지고 있는 중요한 특질들은 무엇이며, 어떤 문제들이 제기되는가?

여기에서 분명히 해야 할 것은, 무디의 주요 논제가 방법론적인 것이었는데, 그것은 인상적인 개방성과 결부된 성경에 기초한 신학개혁이었다는 점이다. 이 관심사는 분명히 개신교인들에게, 심지어는 로마 가톨릭교인들에게도 새로운 것이 아니다. 그러나 무디는 도전적이라고 할 정도까지 밀어붙였다. 비록 사람들이 그의 신학내용에 동의하지 않는다 할지라도, 개신교의 개혁적 원리들에 대한 요구가 아직 남아있음을 목도해야 할 것이다.

성경적 조직신학의 장르는 더욱 쟁점이 되고 있다. 무디가 성경 해석을 중심으로 한 교회의 통일성과, 그러한 해석을 중심으로 한 대화를 부르짖은 것은 지금까지도 유효한 주장이다. 성경신학의 이 꿈은 비록 다른 관심사들 사이에 파묻혔지만 교회를 규합할 집결지로 계속 남아있다. 무디가 행한 비범한 일은 이러한 소명을 가지고 조직신학을 지속적으로 추구한다는 것과, 어떤 견해를 성경에 입각하여 개정하겠다는 분명한 의지를 가진 점이다. 나아가 조직신학에 의하여 이 소명을 지속적으로 추구한다는 것이다. 이것에 대해서는 그 공헌을 인정해 주어야 한다. 종종 커다란 개인적 손실을 무릅쓰면서까지 성경해석이라는 기초에 입각하여 전통을 개혁한 용감한 방식에 대해서도 그는 칭찬 받아 마땅하다. 그의 조직신학은 성경신학적이다. 하지만 바르트의 신학처럼 교회 즉, 보편 교회를 위한 것이다. 그의 관심사는, 교회가 그 생각과 삶을 올바르게 수행하는 것이다. 원리강령(the Abstract of Principles)의 첫 번째 절 즉, 그가 결코 문제를 제기하지 않은 절에는, "성경은… 구원을 얻게 하는 모든 지식과 믿음과 순종에 관한 충분하고 확실하며 권위 있는 유일한 규칙이다"라고 되어 있다.[131] 무디는 이 문서에 서명할 때 기록된 그대로 받아들였다. 다른 항목에 대해서도 동일한 헌신을 보여주었다. 그의 평생에 걸친 사역은 그 헌신에 기여하는 것이었다.

그의 방법이나 해석이 시대를 감당할 것인가라는 점을 확인할 차례다. 위에서 살펴본 것처럼, 어떤 이들은 그가 현대과학에 지나치게 개방적이라고 보면서도 그의 성경주의를 높이 평가한다. 또한 어떤 사람들은 그가 몹시 성경신학적이며 조직신학의 본령에는 결코 도달하지 못했다고 생각하기도 한다. 또 다른 이들은 그가 성경을 이해하지 못한다는 의미에서 그가 충분히 성경적이지 않다고 간주한다. 이 입장은 그가 요한의 글에 있는 확신 구절들을 공정하게 다루지 않았다는 것과 같은 특수한 예나 혹은 그가 성경을 지나치게 조화시킨다는 일반적인 불평에 근거를 두고 있다.[132] 무디는 첫 번째와 세 번째 무리들과는 대화를 나누곤 했다. 하지만 두 번째와는 아니었다. 첫 번째와 세 번째 사람들은 성경적인 기반에서 대화를 시작해 볼 가능성이 있으나, 두 번째 무리에 속하는 사람들과는 훨씬 깊은 차원에서 의견을 달리하기 때문이다. 무디는 성경의 과거 의미를 설명하는 것이 현재 의미에 가장 빨리 도달하는 방법이라고 확신한다. 그 해석 간격에 의하여 훨씬 곤란을 겪는 사람들은 무디가 편하지 않을 것이다. 브리바드 차일즈와 제임스 스마트 두 사람은 그들이 보기에 해석학 문제를 최소화하는 이러한 성경신학 운동을 비난한다.[133] 비슷한 생각을 가진 사람들은 무디와 유사한 문제를 겪을 것이다. 성경이 가르치려고 의도하는 것에 관해서 성경에 불협화음이 존재한다는 것을 발견하는 사람들 역시 무디가 매력적으로 보이지는 않을 것이다. 그러나 비록 양쪽 다 성경의 최종적 권위를 인정하지만, 무디의 접근방식이 억지라고 생각하는 사람들의 수처럼 무디가 억지 부리지 않는다고 생각하는 사람들도 많다. 어떠한 현시대의 신학자도, 그리고 보수주의자들 중에서도, 무디와 같은 조직신학을 수행한 사람이 없다는 말은 타당하다.

특수한 논제들에 관해서, 무디는 남침례교인들에게 의미 있는 영향력을 발휘할 수밖에 없다. 역사비평주의적 방법론에 대한 개방성, 현대과학에 대한 개방성, 다원주의와의 연대(連帶)라는 점에서 그는 보이스(Boyce)로부터 멀린스와 카너(Conner)에게로 이어지는 궤적을 보여준다. 무디는 하나님과 인간의 관계론적 관점을 지향하는 남침례교인들의 운동을 수행하였고 몇몇 영역에서 그 논리적 결론들 즉, 고난받으시는 하나님, 조건적 구원과 배교, 조건적 불멸성이라는 결론에 도달했다. 이 결론들이 지배적인 위치를 차지할지, 그 신학적 기초들을 또 다른 방향에서 재평가할지는 언급할 수 없다. 말할 수 있는 것은 이 문제들에 관한 논쟁이 무디의 목소리를 고려해야 하기 때문에 동일하지는 않으리라는 것이다.

마찬가지로, 무수한 특수 문제들에 관해서 무디의 목소리를 고려할 것이다. 이 문제들은 그가 존 로버트슨(John A. T. Robertson)과 유사한 방법으로 신약성경의 연대를 재산정한 것, 저작권과 필사자에 관한 도발적인 그의 입장들, 신약성경 구절들에 관한 천년기적 해석들, 부활 출현 기사들을 그가 조화시킨 것들, 히브리서에 관한 그의 강조와 같은 것들이다. 무디는 이 모든 문제들 그리고 다른 많은 문제들에 대해 공헌했다.

### 무디의 개인적 영향

무디의 카리스마적이고 개인적인 영향력이 남침례교회에 스며들어 있다는 점은 이미 강조했다. 이 영향력을 측정하기는 훨씬 더 어려운 일이지만 무엇보다 무척 비중 있는 일일 것이다. 이 개인적인 영향력을 통하여 그의 사상이 보여준 많은 특징적인 것들이 충격을 주었다. 더욱이 에큐메니칼적 관심사 때문에 그는 남침례교회를 뛰어넘어 의미 있는 인상을 남겼다. 에큐메니칼적인 침례교인인 힌슨은 "서든침례신학대학원의 다른 어떤 교수도 데일 무디만큼 폭넓은 에큐메니칼적으로 주목의 대상이 된 적도, 그리고 주목을 받은 적도 없다"고 주장한다.[134]

사실상, 데일 무디의 생애와 사상을 적절하게 평가하기에는 아직 너무나 이르다. 그가 진정으로 희망하고 투쟁하고 고통을 겪음으로써, 어떠한 영향을 특별히 남침례교에 남겼는지는 역사가 판단할 것이다.

# 주(註)

1) 서든침례신학대학원에 오래 머물면서 데일 무디에 관한 대화에 참여하지 않을 수 없다. 만일 그에게서 배웠다면 특히 그러하고, 필자도 마찬가지였다. 나의 이 글은 무수한 토론에 빚지고 있다. 특별히 카렌 스미스(Karen Smith), 찰스 스칼리즈(Charles Scalise), 프랑크 터퍼(Frank Tupper)가 최초의 원고를 읽어줌으로써 도움을 준 것에 대해 감사한다. 앞에서 언급한 리처드 커닝햄(Richard B. Cunningham), 마빈 테이트(Marvin E. Tate), 웨인 와드(Wayne Ward)와의 대화도 무척 유용했다. 나의 박사학위 지도교수로서 기본 자료들을 제공해 주고 1988년 12월 12일자의 2시간 녹음분량의 인터뷰에 기꺼이 동의해 준 데일 무디 본인에게도 특별한 감사를 드린다. 이것을 "개인 면담"라고 언급할 것이다. 게다가, 1988년 12월 30일과 1989년 1월 9일 전화를 통해 무디로부터 정보를 얻었고 나는 이에 관한 기록을 남겨두었다. 이 노트들을 "전화대화"라고 지칭한다. 덧붙여 말하자면, 무디가 이 글의 초안을 읽고 정확성을 기하도록 검토해 주었다. 물론 표현된 정확성과 판단에 대한 책임은 저자의 몫이다.

2) 예배 설교 녹음, The Southern Baptist Theological Seminary, October 30, 1979. 다음 말들은 의미가 깊다, "그[루터]는 히브리어를 읽을 수 있었습니다. 그는 헬라어를 읽을 수 있었습니다. 그는 그 두 가지를 다 번역하였습니다. 만일 우리가 교회의, 이 신학교의, 오늘날 우리 자신의 삶의 원기를 회복시키고 싶다면 성경의 포로가 되도록 합시다. 십볼레를 외쳐대기를 중단합시다. 성경이 *지금 말하고 있는* 바를 가르칩시다. 우리 앞의 성경에 있는 것을 설교합시다. 우리 신학교의 [펼쳐있는 성경 위에 비둘기가 떠 있는] 표지는 의미심장하다고 나는 확신합니다. 나는 누군가의 신조를 필요로 하지 않습니다. 나는 누군가의 신앙고백을 필요로 하지 않습니다. 나는 누군가의 개요서를 필요로 하지 않습니다. 나는 오직 성경과 성령을 필요로 합니다. 내가 그 둘을 굳세 붙잡을 때, 성경을 영감시킨 성령이 나를 인도하고 성경에 기록된 것을 따르게 하리라고 믿습니다. 하나님이 우리를 축복하시리라 믿습니다."

3) Dale Moody, *The Word of Truth: A Summary of Christian Doctrine Based on Biblical Revelation* (Grand Rapids, Mich.: William B. Eerdmans, 1981). 그 이전의 신학은 카너(W. T. Corner)의 *Christian Doctrine* (Nashville: Broadman Press, 1937)이었다. 좀 더 커다란 두 권짜리 작품이 두 부분으로 1936년과 1937년에 출판되었다. 프랭크 터퍼가 나에게 경

고한 바에 따르면, 60년대에 두 명의 남침례교인이 조직신학을 저술했다. Dallas M. Roark, *The Christian Faith* (Nashville: Broadman Press, 1969) 그리고 W. W. Stevens, *Doctrines of the Christian Religion* (Clinton, Miss.: n.p., 1965)이 그것들이다.

4) 나는 이 절에 대해서는 특히, 두 개의 주요 자료에 빚지고 있다. 하나는 무디와 클리프톤 해리슨(Clifton D. Harrison)이 쓴 간략한 자서전적인 글, "A Texas Tumbleweed," *Elm Fork Echoes* 9 (April 1981)이고, 다른 하나는 글렌 힌슨(E. Glenn Hinson)이 쓴 생생하면서도 좀 더 충분한 전기적인 글로써 "Dale Moody: Bible Teacher Extraordinaire," *Perspectives in Religious Studies* 14 (Winter 1987)이다. 다음 두 개의 논문도 유용하여 무디의 사상에 관한 주요한 절에 참고가 되었다. Clark Richard Youngblood, "The Question of Apostasy in Southern Baptist Thought since 1900: A Critical Evaluation" (Ph. D. diss., The Southern Baptist Theological Seminary, 1978)그리고 Dwight A. Moody, "Doctrines of Inspiration in the Southern Baptist Theological Tradition" (Ph. D. diss., The Southern Baptist Theological Seminary, 1982)이다. 지면의 제한 때문에 이 장에서는 무디의 생애를 좀 더 충분히 다루지 못한다. 좀 더 알고 싶다면 무디와 힌슨의 글을 보라.

5) Hinson, "Moody," 6.

6) Moody and Harrison, "Tumbleweed," 11.

7) Ibid.

8) Ibid., 10.

9) Hinson, "Moody," 7-9; Moody and Harrison, "Tumbleweed," 11-12.

10) 무디가 카버에게 바치는 주목할 만하게 추모하면서, 자신이 카버의 전공 지도를 받은 마지막 제자이며 기독교 및 현대사상에 관한 카버의 강좌는 "내가 경험한 것 가운데 가장 중요한 과정"이라고 진술했다. Dale Moody, "Holding Fast that Which Is Good," in *God's Glory in Missions: In Appreciation of William Owen Carver,* ed. John N. Jonsson (Private publication, 1985), 85. 무디가 확인해 준 카버의 세 원수는 계속해서 무디의 주요 적대자들로 계속되었다. 그것들은 "교회론에 있어서 지계석주의, 종말론에서 세대주의, 기독론에서 근본주의다" (ibid.)

11) Hinson, "Moody," 9-11.

12) Dale Moody, *Baptism: Foundation for Christian Unity* (Philadelphia: Westminster Press, 1967).

13) 전화 대화.

14) Hinson, "Moody," 11-12.

15) 특히, Geoffrey W. Bromiley, rev. of Moody, "The Word of Truth," *Theology Today* 38 (July 1981)을 보라. 그리고 비교하라, Bruce Demarest, rev. of Moody, "The Word of Truth," Themelios, *New Series* 8 (September 1982): 34; David S. Dockery, rev. of Moody, "The Word of Truth," *Journal of the Evangelical Theological Society* 26 (December 1983): 459

16) 전화 대화. 무디는 자신이 거의 1년 동안 빌립보서에 관해 43회의 성경연구를 이끌었다고 언급했다.

17) Hinson, "Moody," 3.

18) 특히 Youngblood, "Apostasy," 150-55에서 무디가 확인해 준 설명을 찾아보라.

19) Hinson, "Moody," 14-17.

20) 미국 성경신학 운동에 관한 서술은 주로, 브레바드 차일즈의 통찰력 있는 저술 *Biblical Theology in Crisis* (Philadelphia: Westminster Press, 1970)에 빚지고 있다. James D. Smart, *The Past, Present, and Future of Biblical Theology* (Philadelphia: Westminster Press, 1979)에 따르면, 차일즈는 그 위기를 과대평가하고, 성경신학과 그 미국적 특성을 무시했다. 다른 비평에도 불구하고 스마트는 주요 특성들에 관해서는 관련 당사자들의 다양성에 관해 주의를 기울이도록 하는 것 정도의 의미 밖에 없다. 그러나 스마트는 폰 라트(Gerhard von Radd)와 루돌프 불트만(Rudolf Bultmann)의 매우 상이한 영향력에 반한 것으로써의 발트 아이히로트(Walter Eichrodt)와 오스카 쿨만(Oscar Cullmann)이 영향을 미친 초기 운동에 대한 차일즈의 구별방식을 공정하게 다루지 않는다.

21) Childs, *Crisis*, 17, 62. 브루너가 1962년에 무디에 관하여 "그를 나의 신학 저술에 가장 정통한 신학자라고 해도 틀리지 않을 것이라고 생각한다"고 한 주목할 만한 찬사를 보라. Emil Brunner, "Reply to Interpretation and Criticism," in *The Theology of Emil Brunner,* ed. Charles W. Kegley, *The Library of Living Theology*, vol. 3 (New York: Macmillan, 1962), 346.

22) Childs, *Crisis*, 33-6. 무디에 관해서는 Alan Gragg, "Dale Moody's *The Word of Truth,*" *Perspectives in Religious Studies* 10 (Fall 1983): 276-77을 보라.

23) Childs, *Cristis*, 34.

24) Moody, *The Word of Truth*, xi, 2; Childs, Crisis, 14-17, 28-29, 32-36.

25) Childs, *Crisis,* 36-9.

26) Moody, "Inspiration," 58.

27) Childs, *Crisis*, 39-44.

28) 주로 신정통주의 사상에 관한 존 베일리(John Baillie)의 고전적인 연구에서 이런 주장을 가장 철저하게 했다, *The Idea of Revelation in Recent Thought* (New York: Columbia University Press, 1956), 83-125.

29) Childs, *Crisis*, 44-47.

30) Ibid., 47-50.

31) Ibid., 71.

32) Ibid., 53. 좀 더 충분히 인용하면 다음과 같다: "성경신학자들의 모든 저술에서 좀처럼 찾아보기 힘든 표현은 칼빈, 루터, 번연, 웨슬리 등이 저술한 책에 풍부하게 등장하는 성경에 대한 순전한 즐거움 혹은 자발적으로 우러나오는 찬양에 관한 표현이다. 이쪽의 성경해석은 경건주의와 동일시되었고 거부되었다," (53-54).

33) Moody, *The Word of Truth*, 2-6.

34) Moody, "Romans," in *the Broadman Bible Commentary*, ed. Clifton J. Allen (Nashville: Broadmann Press, 1970), 153-286.

35) Moody, *Spirit of the Living God: What the Bible Says about the Spirit*, rev. ed. (Nashville: Broadmann Press, 1976). 초판은 1968년에 출판.

36) Moody, *The Hope of Glory* (Grand Rapids Mich.,: Eerdmann, 1964).

37) Dwight A. Moody, "Doctrines," 190. 이 작품에서 드와이트 무디가 데일 무디에 관하여 쓴 내용은, 그가 편집한 미간행 문서 및 인터뷰 수집물과 더불어 유용한 지침서이다. Dale Moody, "Inspiration of Holy Scripture," ed. Dwight Moody (Unpublished manuscript, Boyce Centennial Library, The Southern Baptist Theological Seminary). 피셔 험프리즈(Fisher Humphreys)는 무디의 조직신학을 평하는 글에서, "신학들 가운데서 가장 성경신학적인 것이 무오에 관하여 전혀 논의하지 않는다"는 곤혹스러운 사실을 지적한다. Rev. of *The Word of Truth*, by Dale Moody, *The Theological Educator* 12 (Spring 1982): 110.

38) Moody, "Inspiration," 43 (Dr. W. A. Criswell에게 보내는 편지에서, August 17, 1979).

39) Dwight Moody, "Doctrines," 194-95.

40) Ibid. 또한 Moody, "Inspiration," 65도 보라.

41) cf. 예를 들면, Millard Erickson, *Christian Theology* (Grand Rapids, Mich.: Baker Book

House, 1986), 199-240에 있는 영감과 무오에 관한 긴 절들을 참고하라.

42) 비록 일반계시가 무디의 사상에서는 특별계시에 그리고 고도의 기독론에 종속되어 있는 것이 분명하지만 성경적 토대 위에서 일반계시의 구원 가능성을 만들어 내려고 시도한다. Moody, *The Word of Truth*, 57-67. 1967년에 이미 무디는 이 문제에서 바르트보다는 브루너를 선호하고 있었으며 구원의 잠재성에 대한 개방성에 대해서는 이 두 사람보다는 존 베일리를 선호했다. Dale Moody, "Tabletalk on Theology Tomorrow," *Review and Expositor* 64, (1967): 341-42.

43) Moody, "Inspiration," 58-59.

44) Moody, *Word of Truth*, 38-40.

45) Ibid., 40.

46) Moody, "Inspiration," 14 (대략 1950년경의 초기 강의 노트에서).

47) Dwight Moody, "Doctrines," 183을 보라.

48) Moody, *The Word of Truth*, 61.

49) Moody, "Inspiration," 14, 59, 65; Moody, *The Word of Truth*, 38-47.

50) Ibid., 40.

51) George M. Marsden이 *Reforming Fundamentalism: Fuller Seminary and the New Evangelism* (Grand Rapids, Mich.: William B. Eerdmans, 1987), 194-95에서 문서화한 E. J. Carnell과 Karl Barth의 대립을 예로써 살펴보라. 계시와 영감에 관한 신정통주의의 관점에 관한 Baillie의 고전적인 해석은 성경 증언의 오류가능성에 관해 확고하다는 점에 유의하라. Baillie, *Idea*, 83-125.

52) Ibid.

53) Moody, "Inspiration," 59. 무디는 나중에 공관복음서 같은 곳에 편집 과정을 더한다, 61-2. cf. Moody, *The Word of Truth*, 57.

54) 무디는 성경의 다양한 장르에 대해 극히 민감하다. 예를 들면, 모든 곳에 찬양이 있다고 지적한다. 그가 색인표를 만들고자 한 주요한 항목들 가운데 하나는 「진리의 말씀」에서 인용한 찬양이었다, 하지만 이것은 신약성경에서만 75 군데에나 나오는 목록을 다 포함한 것은 아니었다. 그러나 찬양적 특성 때문에 명제적 내용을 뽑아내지 못하는 것은 아니다. 예를 들자면, 그는 딤전 3:16과 벧전 3:18, 22, 4:6에 있는, 그리스도의 죽음과 지옥 강림 그리고 부활을 찬양하는 찬양들을 그리스도의 죽음과 부활을 둘러싼 사건들의 역사적 연대기로 만들어낸다. Moody, *The Word of Truth*, 388.

55) E. Y. Mullins, *The Christian Religion in Its Doctrinal Expression* (Valley Forge, Pa.: Judson Press, 1917), 145, 150. Moody, "Inspiration," 64.

56) Moody, "Inspiration," 64.

57) 편지들에 대해서는 ibid., 42, 45, 49를 보라. 시카고선언에 대한 제한적인 긍정은 ibid., 28-29에 있다. 또한 Dwight Moody, "Doctrines," 192-93을 보라. 무디는 에릭슨(Erickson)이 *Theology*, 222에서 "제한적 무오론"이라고 부른 것에 가장 가까울 것이다.

58) Dwight Moody, "Doctrines," 68.

59) Ibid., 70-71.

60) cf. 전체 신약성경에 대해, 복음서 전체를 A.D. 70년 이전으로 이른 연대를 설정하는 것에 대한 관심을 보인다. Moody, "A New Chronology for the New Testament," *Review and Expositor* 78 (1981): 211-31.

61) Moody, "Inspiration," 65.

62) Ibid., 24, 65.

63) Ibid.

64) Ibid., 19. cf. 각주 2. 성령이 기독교인의 삶에서 수행하는 역동적 역할을 강조하는 자들에게 나타내는 일관된 개방성과 솔직한 찬사에도 주목하라. 무디가 「진리의 말씀」에서 성령을 무시한다는 비판은 거의 유지될 수 없다. 무디가 성령을 단행본 분량 정도로 길게 다룬 것을 고려하면 특히 그렇다. *The Word of Truth*, 36, 115-26, 393, 447-48, 474-80, 506-07, 558, 568, 575를 보라. Humphreys, rev., 110과 Henry W. Hollman, *Journal of Psychology and Theology* 10(Spring 1982): 81에서 비판의 글을 찾아볼 수 있다.

65) Moody, *Word of Truth*, 46.

66) Ibid., 47.

67) Ibid.

68) Dale Moody, "The Crux of Christian Theology," *Review and Expositor* 46 (1949): 167.

69) Moody, *The Word of Truth*, xi.

70) 훌륭한 예는 Moody, Spirit이다.

71) Moody, *The Word of Truth*, xi.

72) cf. Moody, "Inspiration," 71.

73) Moody, *The Word of Truth*, 198-212. 73-77도 보라.

74) 특별히 Carl F. H. Henry, rev. of Moody, *The Word of Truth, Eternity* 32 (October 1981): 43을 보라.

75) 예를 들어 기도, 기적, 천사에 관한 절을 찾아보라, Moody, *The Word of Truth*, 158-69. cf. 동정녀 탄생과 그리스도의 지옥강림에 관한 논의도 찾아보라, 417-18, 388.

76) Moody, *The Word of Truth*, 3, 23.

77) Clark Pinnock, rev. of Moody, *The Word of Truth, Christian Scholar's Review* 11 (1982): 159-60. 블로쉬에 대한 언급은 Donald Bloesch, *Essentials of Evangelical Theology,* 2 vols. (San Francisco: Harper & Row, 1979).

78) 예를 들면, 힌슨의 찬양과, 힌슨이 "Moody," 17에서 인용한 크리스웰의 찬양을 보라. 크리스웰은 "무디의「진리의 말씀」을 '현대 신학서적 가운데 가장 훌륭한 책 가운데 하나' 이며, 무디를 '참으로 그리고 진실로 하나님의 박식한 사람… 칼 바르트만큼이나 유식한 사람' 이라고 격찬했다. 무디는 분명히 바르트만큼 다작을 남기지 않았지만 그 말은 옳은 것 같다. 데일 무디는 성경에 대한 지속적이고 근면하고 신실하고 탐구적인 관심이 낳을 수 있는 최선의 경건을 나타낸다. 만일 남침례교인들에게 세계적인 성경교사요 설교자가 있었다면 무디가 바로 그 사람이었다"라고 했다.

79) Gragg, "Dale," 276-77.

80) 종교개혁에 관해서는 Robert M. Grant, A Short History of Interpretation of the Bible, rev. ed.; (New York: Macmillan, 1963), 128-33을 보라. 또한, George M. Marsden, *Fundamentalism and American Culture: The Shaping of Twentieth-Century Evangelism: 1870-1925* (Oxford: Oxford University Press, 1980), 16, 110-11; George, *Theology*에서 루터(79-82, 95-98), 쯔빙글리(128), 칼빈(197)을 보라. 비교, 315. George의 작품은, 종교개혁가들은 후기 개혁주의 전통에서처럼 성경의 명확성을 평신도들에게 적용하지 않았다고 지적한다. 침례교회 전통에 관해서는 H. Leon McBath, The Baptist Heritage: Four Centuries of Baptist Witness (Nashville: Broadman Press, 1987), 30-48, 63, 70-73, 105와 Herschel H. Hobbs and E. Y. Mullins, *The Axioms of Religion* (Nashville: Broadman Press, 1978), 75-90을 보라. 비교, George, *John Robinson and the English Separatist Tradition,* NABPR Dissertation Series, no. 1 (Macon, Ga.: Mercer University Press, 1982), 115-25.

81) Moody, "Inspiration," 67-68.

82) 비슷하게, Gragg도 지적하는 바에 따르면, 무디는 Strong, Mullins, Boyce와 같은 무디

의 전임자들에 비해 자신의 방법론에 관해 덜 명확하다. Gragg, "Dale," 276.

83) Moody, "Inspiration," 58. 무디는 구약 및 신약 신학 양자의 교수로서의 교수경력을 시작하는 맥락에서 이 진술을 한다.

84) 위에서 각주 41을 보라.

85) Moody, "Perspective on Scripture and Tradition," *Perspectives in Religious Studies* 15 (Spring 1988): 9.

86) Ibid. cf. Moody, *The Word of Truth,* 71, 80-81, 108.

87) Ibid., 170-74.

88) Moody, *The Word of Truth*, 421-26. 무디는 요 1:14에 호소한다. 여기에서 다시 무디는 자신의 견해를 견고하게 성경적인 기초 위에서 전개한다. 그렇지만 과정신학에도 호소한다. 예를 들면, "두 개의 정적 본성에 관한 개념이 어떻게 인간의 행위에 있는 신적 본성의 노출에 의하여 대체되는 지"를 해명하는 것이 그렇다. 71. 425-26도 살펴보라.

89) Humphreys, rev., 109.

90) 몰트만과 판넨베르크에 가까운 무디의 종말론적 관심사는 예수라는 후존재를 그리스도라는 전존재와 예수 그리스도라는 존재보다 앞에 두는 것에서 드러난다, *The Word of Truth,* 386-408 (각각의 경우에 붙인 명칭들이 가진 의도적 의미에 주목하라.) 하지만 그는 예수를 이스라엘의 메시아로 간주함으로써 기독론을 아래로부터 시작한다, 366-85.

91) 브로밀리(Bromiley)는 특히, "이 시대에 신학적 사색에 관하여 한 권짜리 교의학을 시도하는" 누군가를 칭송한다, Rev., 277.

92) 전화 대화. 역사신학에 관한 무디의 최선 작품은 「침례」(Baptism)이었다. 무디는 성경신학과 조직신학에 정통한 것처럼 역사신학에도 정통했다. 그의 동료인 웨인 워드(Wayne Ward)는 무디가 접촉하였던 다른 전통에 속한 학자들이 무디가 "걸어다니는 백과사전 즉, 성경신학과 침례교신학뿐만 아니라 자신들의 전통에 관해서도 잘 알고 있다는 사실에 종종 놀랐다"고 지적한다. Wayne Ward, "Dale Moody's Eschatology," *Perspectives in Religious Studies* 14 (Winter 1987): 96.

93) Pinnock, re., 160.

94) Moody, "Inspiration," 30.

95) Moody, *The Word of Truth*, 365-69. 클락 영블러드(Clark Youngblood)는 무디가 성경의

문제를 로버트슨(Robertson)과 같은 방식으로 보았으며, 그의 조직신학적 지성은 로버트슨, 멀린스, 카너처럼 칼빈주의의 개별 예정과 다른 네 가지 교리의 누락 사이에서 발생하는 긴장을 견딜 수 없었다고 주장한다. "Apostasy," 149, 150-91, 295-99.

96) 개인 면담. 종종 무디는 배교에 관한 자신의 입장에 대해 "그래, 그것이 성경일수는 있어도 침례교는 아니야"라고 응답한 알칸사스의 한 논적을 언급했다. 이와 같은 태도들은, 영원한 안전에 대한 무디의 반대에서 이미 붙기 시작한 불을 활활 지피도록 했다.

97) Moody, *The Word of Truth*, 311.

98) Ibid., 309-10.

99) Ibid., 314-322.

100) 한 가지 예는 롬 8:28에 있는 신인협력설(Synergism) 개념이다. 아마도 이것은 협력(cooperation)으로 이해하는 것이 훨씬 더 좋을 것이다. Ibid., 314.

101) Ibid., 224-25.

102) Ibid., 340-41.

103) Ibid., 341.

104) Ibid., 344.

105) 개인 면담.

106) 개인 면담.

107) 무디 사상에서 종말론이 차지하고 있는 의의에 관한 Frank Tupper의 통찰력이 이러한 언급을 할 수 있는 토대를 제공했다.

108) 전화 대화.

109) Ward, "Ecclesiology," 83, 85.

110) 캠벨주의 운동에 대한 비록 제한적이긴 하지만 주목할 만한 긍정에 대해서는 Moody, "Perspectives," 6-7을 보라.

111) 주교 문제에 관해서는, Moody, *The Word of Truth*, 457을 보라. 훨씬 강력한 진술을 확인하기 위해서는 "Perspectives," 6-7과 개인 면담을 보라.

112) Moody, *The Word of Truth*, 458-59.

113) Ibid., 216-17.

114) 예를 들면, 그는 지역담당 사역자들이 주교로 지위가 상승하는 것은 신약성경의 구조로 완벽한 복귀일 것이라고 말한다. Moody, "Perspectives," 6-7. 비교, Moody, *The word of Truth*, 478, 여기에서 신약성경 예배의 일곱 요소들이 현재에 적합하다고 옹호한다.

115) E. Frank Tupper, "Theology, Christology, and Eschatology," *Perspectives in Religious Studies* 14 (Winter 1987): 99. 그들의 모든 작품을 관통하고 있는 이 종말론적 차원 때문에 무디는 현대의 어떤 다른 신학자들보다도 몰트만과 판넨베르크에 특히, 몰트만에 더 가깝다고 진술한다. Moody, "Perspectives," 14. 마찬가지로 나도 현대과학과의 대화에 대한 그들의 열망 때문에 무디의 초창기 멘토들인 브루너와 바르트보다도 이들에게 훨씬 더 가깝다고 생각한다. 무디는 「영광의 희망」의 원고가 본래 1천 페이지 가량이었는데 출판을 위해서 삼백 페이지까지 줄였다고 말하였다.

116) Moody, *The Word of Truth*, 549-50. cf. Moody, Hope.

117) Ibid., 552.

118) Ibid., 553.

119) Ibid., 516.

120) Ibid., 530.

121) Ibid., 542.

122) Ibid., 567.

123) Ibid., 573.

124) Ibid., 557-58, 573.

125) Ibid., 576-94.

126) 그래그가 이 부분에서 무디는 과학 및 철학과의 대화에 실패했다고 불평한 것은 전적으로 정곡을 찌르지 못한 것이 분명하다. Gragg, "Dale," 275를 보라. 그럼에도 우리는 창조론과 인간론에서 무디가 제공하는 그런 종류의 정교한 진술을 기대한다.

127) Moody, *The Word of Truth*, 487-515.

128) Ibid., 503.

129) Ibid., 512-14.

130) Ibid., 514. 계시록에 있는 몇몇 구절에 입각하여 영원토록 고통을 겪게 될 사탄과 그

의 천사들을 포함하여 악명 높은 사악한 자들을 위한 무디의 이의제기를 주목하라. Ibid., 514-15. 무디는 조건적 불멸성에 대해서는 「진리의 말씀」를 출판할 당시보다 훨씬 더 강하게 확신한다고 최근에 언급했다. 개인 면담.

131) 이 인용문은 「원리강령」에 관한 무디의 주석에서 발췌한 것이다. 원문에는 강조를 위해서 밑줄을 쳤다, Moody, "Inspiration," 33.

132) 확신에 관해서는 Humphreys, rev., 110-11; Dockery, rev., 460; Demarest, rev., 34; Gragg, rev., 277-78을 보라.

133) Childs, *Crisis*, 57-58, 70-72; Smart, Past, 85-106.

134) Hinson, "Moody," 11-12.

# 참고자료

## 1차 자료

### 단행본

*Baptism: Foundation for Christian Unity*. Philadelphia: Westminster Press, 1967.

*Christ and the Church: An Exposition of Ephesians with Special Application to Some Present Issues*. Grand Rapids, Mich.: Eerdmans, 1963.

*The Hope of Glory*. Grand Rapids, Mich.: Eerdmans, 1964.

"The Insp0iration of Holy Scripture," ed. Dwight A. Moody. Unpublished manuscript, Boyce Centennial Library, The Southern Baptist Theological Seminary, 1981.

The Letters of John. Waco, Tx.: 1970.

*Scripture, Baptism, and the Ecumenical Movement: Two Lectures*. Aurora, Ill.: European Evangelistic Society, 1970.

*Spirit of the Living God: The Biblical Concepts Interpreted in Context*. Philadelphia: Westminster Press, 1968. Revised edition: Spirit of the Living God: What the Bible Says About the Spirit. Nashville: Broadman Press, 1976.

*The Word of Truth: A Summary of Christian Doctrine Based on Biblical Revelation.* Grand Rapids, Mich.: Eerdmans, 1981.

### 다른 책에 기고한 글들

"Authority and the Holy Spirit." In *Commission on Baptist Doctrine of the Baptist World Alliance*. Washington, D.C.: Baptist World Alliance.

"The Authority of Faith." In *The Proceedings of Catholics and Baptists in Ecumenical Dialogue,* edited by J. William Angell. Winston-Salem, NC.: Wake Forest University, 1973.

"The Bible and Homosexuality." In *Homosexuality, Critical Issues.* Nashville:

Christian Life Commission of the Southern Baptist Convention, 1978.

"Christ and Freedom." In *Study Papers on the Meaning of the Free Exercise of Religion.* Washington. D.C.: Baptist Joint Committee on Public Affairs, 1964.

"The Church in Theology." In *The Theology of Emil Brunner*, edited by Charles W. Kegley. The Library of Living Theology, vol. 3. New York: Macmillan, 1962.

"The Fourth Exhortation (Hebrews 10:19-39." In *The Way of Faith*, edited by James M. Pitts. Wake Forest, NC.: Chanticleer Publishing Company, 1985.

"God Is Really Among You." In *Professor and the Pulpit*, edited by W. Morgan Patterson and Raymond Bryan Brown. Nashville: Broadman Press, 1963.

"Holding Fast that Which Is Good." In *God's Glory in Missions: In Appreciation of William Owen Carver,* edited by John N. Jonsson. Private publication, 1985.

"The Meaning of Salvation." In *Renewal in the Church,* edited by Findley B. Edge. Louisville: The Southern Baptist Theological Seminary.

"The Nature of the Church." In *What is the Church*?, edited by Duke K. McCall.

"The New Testament Significance of the Lord's Supper." In *What Is the Church?*, edited by Duke K. McCall. Nashville: Broadman Press, 1958.

"The Origin of Infant Baptism." In *The Teacher's Yoke*. edited by E. Jerry Vardaman and James Leo Garret, Jr. Waco: Baylor University Press, 1964.

"Pentecost." In *Upper Room Disciplines,* edited by Sulon G. Ferree. Nashville: Upper Room, 1969.

"A People Under the Word: Contemporary Relevance." In *The Concept of the Believers' Church*, edited by James Leo Garrett, Jr. Scottdale, Pa.: Herald Press, 1969.

"The Priestly Authority of Paul." In *The Pastor as Priest*, edited by Earl E. Shelp and

Ronald H. Sunderland. New York: Pilgrim Press, 1987.

"Romans." In *The Boadman Bible Commentary*, edited by Clifton J. Allen. Nashville: Broadman Press, 1970.

정기간행물

"Baptism in Recent Research." *Review and Expositor* 65 (1968): 13-22.

"Charismatic and Official Ministries: A Study of the New Testament Concept." *Interpretation* 19 (1965): 168-81.

"The Crux of Christian Theology." *Review and Expositor* 46 (1949): 164-80.

"The Double Face of Death." *Review and Expositor* 58 (1961): 348-66.

"The Eschatology of Hal Lindsey." *Review and Expositor* 72 (1975): 271-78.

"The First Epistle of Paul to the Corinthians (A.D. 55)." *Review and Expositor* 57 (1960): 540-53.

"God Is Love." *Review and Expositor* 47 (1950): 427-33.

"God's Only Son: The Translation of John 3:16 in The Revised Standard Version." *Journal of Biblical Literature* 72 (1953): 213-19.

"The Good News Bible." *Review and Expositor* 76 (1979): 409-16.

"The Holy Spirit and Missions: Vision and Dynamic." *Review and Expositor* 62 (1965): 75-81.

"An Introduction to Emil Brunner." *Review and Expositor* 44 (1947): 312-30.

"Isaiah 7:14 in the Revised Standard Version." *Review and Expositor* 50 (1953): 61-68.

"The Man of God." *Review and Expositor* 56 (1959): 411-16.

"The Ministry of the New Testament." *Review and Expositor* 56 (1959): 31-42.

"The Miraculous Conception (Part Ⅰ: The Old Testament)." *Review and Expositor* 51 (1954): 495-507.

"The Miraculous Conception (Part Ⅱ: The New Testament)." *Review and Expositor* 52 (1955): 44-54.

"The Miraculous Conception (Part Ⅲ: The Church Fathers)." *Review and Expositor* 52 (1955): 310-24.

"The Nature of the Church." *Review and Expositor* 51 (1954): 204-16.

"A New Chronology for the Life and Letters of Paul." *Perspectives in Religious Studies* 3 (1976): 248-71.

"A New Chronology for the New Testament." *Review and Expositor* 78 (1981): 211-31.

"Perspectives on Scripture and Tradition: A Response by Dale Moody." *Perspectives in Religious Studies* 15 (Spring 1988): 5-16.

"Present Theological Trends: A Review Article." *Review and Expositor* 47 (1950): 3-20.

"The Shaping of Southern Baptist Polity." *Baptist History and Heritage* 14 (July 1979): 2-11.

"Tabletalk on Theology Tomorrow." *Review and Expositor* 64 (1967): 341-56.

"A Texas Tumbleweed." (Written in collaboration with Clifton D. Harrison) *Elm Fork Echoes* 9 (April 1981): 10-15.

"The Theology of the Johannine Letters." *Southwestern Journal of Theology* 13 (1970): 7-22.

"On the Virgin Birth of Jesus Christ." *Review and Expositor* 50 (1953): 543-62.

## 2차 자료

Debusman, Paul M., compiler. *Bibliography of Materials by Dale Moody.* Unpublished document, Boyce Centennial Library, The Southern Baptist Theological Seminary, 1986.

Gragg, Alan. "Dale Moody's The Word of Truth," *Perspectives in Religious Studies* 10 (Fall 1983): 269-78.

Hinson, E. Glenn. "Dale Moody: Bible Teacher Extraordinaire." *Perspectives in Religious Studies* 14 (Winter 1987): 3-17.

Marshall, I. Howard. "The Problem of Apostasy in New Testament Theology." *Review and Expositor* 4 (Winter 1987): 65-80.

Moody, Dwight A. "Doctrine of Inspiration in the Southern Baptist Theological Tradition." Ph. D. diss., The Southern Baptist Theological Seminary, 1982.

Simmons, Paul M. "The Ethics of Dale Moody." *Review and Expositor* 4 (Winter 1987): 125-38.

Ward, Wayne. "Dale Moody's Ecclesiology." *Perspectives in Religious Studies* 14 (Winter 1987): 81-97.

Youngblood, Clark Richard. "The Question of Apostasy in Southern Baptist Thought since 1900: A Critical Evaluation." Ph. D. diss., The Southern Baptist Theological Seminary, 1978.

# 29. 조지 R. 비즐리-머리(George R. Beasley-Murray)

R. 앨런 컬페퍼(R. Alan Culpepper)

## 생 애

조지 R. 비즐리-머리
(George R. Beasley-Murray)

조지 비즐리-머리는 그가 예견할 수도, 이룰 수도 없는 순례의 삶을 살았다. 런던에 있는 아일랜드 로마 가톨릭(Irish Roman Catholic) 가정 출신인 부모들은 1차 세계대전 기간에 그 교파를 떠나 영국 국교회(Anglican Church)에서 결혼했다. 조지(George)는 1916년 10월 10일에 태어났다. 그의 아버지는 그 전쟁기간에 죽었고, 그때 조지는 아주 어렸다. 그의 아버지 이름은 조지 알프레드 비즐리(George Alfred Beasley)였고, 의붓아버지는 조지 머리(George Murray)였다; 그래서 그의 이름은 비즐리-머리(Beasley-Murray)로 불렸다.

조지는 로마 가톨릭 사제에 의해서 영세를 받았다. 그의 기억에 따르면 네 살 때였는데, 이 해는 그의 여동생이 태어난 다음 해였다. 18개월 후에 가족들은 런던을 떠나 라이체스터(Leicester)로 이주했다. 그곳에는 가톨릭교회가 집에서 멀리 떨어져 있었다. 의붓아버지가 특정 종교에 가입하지 않았기 때문에, 15세가 되기까지 그는 교회생활을 하지 않았다. 그런데 섭리적인 사건이 발생했다. 부모는 라이체스터에 집을 찾아온 한 낯선 사람을 환대했다. 조지 또래의 아들을 가진 그 손님은 자유 교회(Free Church)를 발견했다. 그 소년은 축구를 하고 싶은 마음으로 성경학교에 참석했고, 또 조지에게 함께 참석할 것을 권했다. 두 주일 후에 그들은 떠났고, 그 후 조지는 그들을 만나지 못했다.

조지는 성경학교에서 다른 부류의 사람들을 만났고, 또 말씀이 선포되는 예배에 참석하기 시작했다. 그 후 곧바로 스펄전대학(Spurgeon College)의 두 학생이 인도하는 부흥회가 열렸다. 조지는 부흥회를 위한 기도 모임에 초청 받았다. 시골 억양을 구사하는 한 여성은 하나님을 친구로 부르면서 기도에 전념했다. 조지는 그 주간의 기도 모임에 계속 참석했고, 다음 주간에 열린 부흥회에 참석하는 동안에 예수의 죽음이 자신을 위한 것으로 분명히 깨달았다. 그 사건은 그의 삶의 방향을 전환시켰고, 그날 밤에 그는 주님을 만났다.

어린 시절에 그는 음악에 매혹됐다. 그리스도인이 됐을 때, 그는 하루에 네 시간 동안 피아노를 연주하면서 여가 시간을 보냈다:

> 감상적인 열여섯의 나이에, 음악에 대한 열정은 절정에 달했다. 피아노를 연주하는 데 많은 시간을 보냈기에 깨어 있는 동안에 내 생각은 음악과 항상 함께 있었다. 나는 그 반주에 맞춰 (종종 그 박자를 맞추면서) 걷고, 자전거를 타고, 일하고, 먹고, 또 마셨다. 그리고 음악은 나의 수면을 방해하기도 했다.[1]

회심을 경험한 후, 그는 자신이 하나님을 위한 삶을 살도록 부름을 받고 있다고 분명하게 느꼈다.

18세 때, 그는 자신이 기독교 사역에 대한 소명에 헌신해야 한다고 결론지었다. 그는 그 소명이 음악을 포기하라는 명령으로 해석하여 6개월 동안 피아노를 전혀 연주하지 않았다. 그는 설교하기 시작했고, 또 2년 동안 매주 설교하면서 고전 헬라어 문법책을 사용해서 헬라어를 독학했다. 20세 때, 조지는 스펄전대학에 입학했다. 그때 비즐리-머리는 성경을 가르치는 복음전도자가 되길 원했다. 신학연구의 첫 과정 동안에, 그는 신약성경보다는 구약성경을 더 많이 연구하면서 시간을 보냈다. 그는 성경에 대한 풍성한 지식을 가지고 학생들을 열정적으로 가르쳤다.

그가 스펄전대학에 입학한 지 2년이 지났을 때, 2차 세계대전이 발발했다. 4년 과정의 마지막 해에 런던이 폭격을 받았다. 그는 즉시 목회사역을 시작해야 한다고 생각했다:

> …우리는 전쟁기간 내내 런던에 있었다. 폭격이 시작되었을 때, 우리는 남부 런던의 가장 높은 곳에서 밤에 폭발하는 폭탄들과 파괴되는 집들을 보고 있었다. 초기 교회사 논쟁 및 우리가 배우는 내용의 타당성은 쉽사리 찾을 수 없었다. 하지만 우리의 목전에서 일어나고 있는 일이 우리가 표방하는 기독교신앙을 거부한 결과이고, 또 그 신앙이 불경스런 철학과 신조로 대체되었다는 것을 알았다. 그 결과는 파괴와 재앙 그 자체였다. 당시에 동료들이 "당신은 사역과 기독교에 관해 어떻게 생각하는가?"고 물었다. 나는 기독교신앙 그리고 세상에 그 신앙을 선포할 사역자들의 필요성을 이렇게 절실하게 느껴본 적이 없다고 대답했다. 해가 거듭될수록 그 확신은 더 분명해졌다.[2]

에식스(Essex) 주의 일포드(Ilford)에 위치한 애셔스트 드라이브 침례교회(Ashurst Drive Baptist Church)가 비즐리-머리를 초청했다. 1941년에 런던대학교(London University)에서 신학사 학위(B.D.)를 마친 후, 그는 그 교회에서 목회사역을 시작했다(1941-48). 교회는 그에게 아침시간에 공부할 수 있도록 허락했다. 이는 영국에서 아주 특이한 사례였다.

1942년에 그는 루스 웨스턴(Ruth Weston)과 결혼했고, 슬하에 아들 셋과 딸 하나를 두었다. 젊은 비즐리-머리는 런던대학교의 킹스대학(King' s College)의 고전학자인 태스커(R. V. G. Tasker)의 지도를 받으면서 신학석사(Th.M) 과정에서 신약학을 전공했다(1945). 그 교수는 학생들에게 헬라어 신약성경을 해석하고 헬라어로 쓰도록 훈련시켰다. 젊은 목사로서 그는 기독교논문을 쓰기 시작했다. 그런 저술들 가운데 그가 처음으로 출판한 것은 부활을 다루는 「그리스도는 살아있다」(Christ Is Alive, 1947)였다. 그는 또한 그것을 설교했다.

비즐리-머리의 첫 번째 학술 논문은 열두 족장의 언약(Testament of Twelve

Patriarch)에서 두 메시아에 관한 것이었는데, 이것은 「신학학술지」(Journal for Theological Studies)에 게재됐다(1947). 1948년에 비즐리-머리는 캠브리지(Cambridge)에 갔고, 다드(C. H. Dodd)는 성경의 종말론에 관한 논문을 지도해주기로 동의했다. 새로운 법규 때문에 비즐리-머리는 목회하면서 박사학위(Ph.D) 과정을 공부할 수 없었다. 그는 캠브리지에 있는 시온침례교회(Zion Baptist Church)의 목사직 청빙을 수락했고(1948-50), 목회를 중단할 필요를 느끼지 못했다. 그래서 그는 신약성경 비평에 대한 일반적인 공부를 해서 학사학위(B.A., 1950)와 석사학위(M.A., 1954)를 취득했다. 그는 은사인 다드 교수가 주재하는 신약성경 세미나에 참석했다. 그의 개인 지도교수는 가드너-스미스(P. Gardner-Smith)였다. 그는 비즐리-머리가 신약성경 각 권에 대한 주요 주석을 공부하게 했다. 그는 또한 다드 교수가 지도하는 요한복음과 신약성경 기독론을 수강했다.

이 때 비즐리-머리는 마가복음 13장에 관심을 갖게 되었다. 그는 침례교연맹 장학금(Baptist Union scholarship)을 받았다. 이것은 많은 후보자들 가운데 선발된 것으로, 그의 학자금을 후원하기 위한 것이었다. 또한 비즐리-머리는 스펄전대학의 신약성경 강사로 초대받았다(1950-56). 그것은 어려운 결단이었다. 캠브리지에서 2년 반을 보낸 후, 그는 스펄전대학에 갔고, 태스커 교수의 지도로 마가복음 13장의 "소묵시록" 이론("little apocalypse" theory)을 연구하면서 박사과정을 시작했다. 그는 1952년에 박사학위를 취득했다.

1956년에 그는 뤼슈리콘(R?schlikon)의 교수직 초청을 받았다. 한 두 주 후, 맥콜(Duke K. McCall)은 그에게 켄터키 주 루이빌에 위치한 서든침례신학대학원(The Southern Baptist Theological Seminary)의 교수로 초청하는 편지를 썼다. 비즐리-머리는 침례교세계연맹 실행 위원회(Baptist World Alliance Council)에서 맥콜을 만났다. 그는 특히 유럽을 책임지는 BWA의 총무직을 맡는 것에 관해서 이야기를 나눴다. 그는 맥콜의 편지를 받지 못했고, 이때 그가 뤼슈리콘의 교수직을 이미 수락한 상태였는데, 이것은 하나님의 섭리였다. 뤼슈리콘에서 사역(1956-58)을 통해 그는 유럽에 알려졌고, 또 남침례회(Southern Baptist fellowship)와도 교류하게 됐다.

1956년에 뤼슈리콘에 갈 때, 그는 그곳에서 평생 동안 가르칠 것을 기대했다. 그러나 스펄전대학의 학장직이 공석이 되자, 비즐리-머리는 돌아와서 그 학교를 이끌도록 요청받았다(1958-73). 그는 스펄전대학으로 돌아가서 그 학교를 다시 세워야 한다는 의무감을 느꼈다. 스펄전대학으로 돌아오고 열두 달이 지난 후, 맨체스터(Manchester)에 있는 릴랜드(Ryland)대학의 총장 선임위원회와 인터뷰 요청을 받았다. 맨슨(T. W. Manson)은 이미 작고한 상태였다. 비즐리-머리는 그들을 만나지 않기로 결심했다: "나의 모든 생애는 교회를 섬기는 일에 바쳐졌고, 신학대학원은 교회의 연장이라고 나는 생각했다."

「예수의 부활」(The Resurrection of Jesus, 1964)의 출판은 부활의 주제로 이루어진 BBC 대담에서 비롯된 것이었다. 그리고 비즐리-머리는 침례교연맹(Baptist Union)을 위해서 침례와 초교파적 관계에 관해서 상세히 대답했다(1965). 그 보고에 의하면, 침례교는 다른 사람들의 통찰력을 필요로 한다는 것이고, 또 그들 역시 침례교의 증거를 필요로 했다. 이 기간에, 그는 영국 및 아일랜드 침례교연맹(the Baptist Union of Great Britain and Ireland)의 총회장직을 수행했고(1968-69), 그 첫 번째 상임위원회의 회장을 맡았다(1969). 아주 힘든 기간이었다. 비즐리-머리는 행정적인 업무와 교단적인 사역을 감당하면서도 저술하는 데 심혈을 기울여야 할 필요를 느꼈다.

그가 서든침례신학대학원에서 1개월 강좌를 가르치고 있을 때, 신학대학원은 그가 그 학교 교수로 올 것을 두 번째 초청했다. 이제는 그가 행정적 책임을 내려놓고 전적으로 가르치고 연구할 적절한 때가 온 것이다.

1973년에 맥매스터대학교(McMaster University)는 비즐리-머리에게 신학박사학위(D.D.)를 수여했다. 그 해 1월에 그는 강의를 하고 있었다. 남침례교에서 기여할 것이 있다는 것을 그는 처음으로 느꼈다. 이전에 그는 남침례교에는 많은 실력자들이 있기 때문에 영국 출신의 지도자는 필요치 않다고 생각했다. 이제 그에게는 남침례교단에 기여하고, 또 좀 더 많은 시간을 저술하는 데 투자할 수 있는 기회가 주어졌다.

1977년에 비즐리-머리는 서든침례신학대학원에서 신약성경 해석학의 제임스 부캐넌 해리슨 교수(The James Buchanan Harrison Professor)로 불렸고, 1980년에 그가 은퇴해서 영국으로 돌아올 때까지 그는 교수직을 수행했다. 그 때, 그는 서든침례신학대학원에서 엘로드 선임교수(Elrod Senior Professor)로 불렸다.

## 영향들

어떤 책과 스승이 비즐리-머리에게 많은 영향력을 주었고, 또 그들은 그의 사고를 형성하는데 어떤 기여를 했는가?

(1) C. H. 다드가 비즐리-머리에게 끼친 영향력은 그가 관심을 둔 주제들과 그가 신약성경에 접근하는 관점과 방법론에 있었다. 비즐리-머리는 다드에게서 복음서의 특성과 그것의 역사와의 관계에 관한 연구, 하나님의 현재적 능력으로서 하나님 나라에 관한 가르침, 기독론, 그리고 요한복음에 대한 연구 등을 매우 높이 평가했다. 다드는 다른 학자들의 견해들을 인용하지 않으면서 본문을 있는 그대로 기술함으로써 본문을 석의하는 데 몰두했다.

(2) B. F. 웨스트코트(B. F. Westcott)의 예수의 부활과 세상에서 인간의 삶을 연결시킨 「부활하신 주님의 복음」(The Gospel of the Risen Lord)과 요한복음에 관한 그의 두 주석들.

(3) E. C. 호스킨스(E. C. Hoskyns)의 「신약성경의 난제」(The Riddle of the New Testament)는 비평적 도구가 신약성경신학을 연구하는 데 어떻게 사용되는 지를 보여주는 한 예다. 그의 「요한복음 주석」(Commentary on John)은 어떻게 주석이 언어학적이면서 동시에 신학적일 수 있는 지를 보여주었다.

(4) 아돌프 슐라터(Adolf Schlater)의 영향은 비즐리-머리의 요한복음 주석에 대한 서론에서 분명하게 드러난다. 슐라터는 신약성경의 신학적 함축성 및 예수의 유대성(Jewishness)의 중요성에 대한 안목을 일깨워 주었다.

(5) 스트랙-빌러베크(Strack-Billerbeck)는 예수의 유대성을 깨닫게 하여 비즐리-머리가 그의 「탈무드 및 미드라쉬를 통한 신약성경 주석」(Kommentar zum Neuen Testament aus Talmud und Midrash)을 사용하게 했다.

(6) R. 뉴톤 플루(R. Newton Flew)는 비즐릴-머리가 캠브리지에 있는 동안에 영향을 주었다. 「예수와 그의 교회」(Jesus and His Church)는 예수에 대한 교회의 중요성을 보여준다. 신앙과 직제(Faith and Order) 모임에서, 플루는 비즐리-머리에게 침례교를 제시할 것을 요구했다. 그러나 비즐리-머리는 한쪽으로 치우쳤다. 그때 그가 침례교에 관해 충분히 알고 있다고 생각하지 않았기 때문이다. 감리교인 플루는 조지에게 침례교 유산에 관한 개관을 제공했다. 폰 휘겔(Von Hügel)은 어떤 사람의 전통을 이해하려면 그가 주어진 신앙적 전통에 속해 있다는 것을 알아야 한다고 플루에게 가르쳤다. 비즐리-머리는 다른 전통들에서 기독교신앙의 거장들에 관해 공부하기 시작했다. 그런 독서를 통해 다른 전통들 그리고 다른 고백들에 관한 그의 편협한 배타성에 관한 그의 단순한 생각을 깨뜨렸다.

## 사상

### 예수와 미래

마가복음 13장에 관한 비슬리-머리의 학위논문은 「예수와 미래」(Jesus and the Future)로 출판됐다. 이 책에서 그는 마가복음 13장에 대한 1864년, 곧 티모시 콜라니(Timothy Colani)가 "소묵시록 이론"을 제안한 이후의 모든 중요한 논의들을 개관한다. 콜라니는 마가복음 13장 5-31절이 A.D. 60년대에 구성된 유대주의적 그리스도인들의 종말론을 제시한다고 주장했다. 논제의 요점은 유대주의적 기독인들의 종말론이 예수의 종말론과는 아주 달랐다는 주장이다. 거의 170여 쪽에 걸쳐서 비즐리-머리는 이런 논제의 발전 및 논제의 변형들 그리고 그것이 촉진시킨 논쟁을 상세하게 추적한다.

5장은 비즐리-머리의 반응으로 구성되어 있는데, 그것은 "종말론적 강화의 가르침이 그것을 위한 외부적 기원을 요구하는 필요성을 배제시킬 정도로 우리 주님의 다른 입증된 가르침에 매우 근접하다는 것"을 증명하는 탁월한 진술이었다.[3] 종말론적 강론의 진정성에 대한 주요 반대 가운데 하나는 종말의 돌연성과 그것에 선행되는 징조들에 대한 묘사의 불일치였다. 예수의 가르침에서 이런 두 요소의 역할을 분석한 후, 비즐리-머리는 "목자장으로서 예수 자신의 목회적 돌봄"을 강조함으로 그 불일치를 설명한다:

> 종말은 돌연히 임해서 불경건한 사람들에게는 갑작스러울 것이다. 왜냐하면 그들은 그들의 재앙의 문제를 모르기 때문이다; 신자들 역시 종말이 오는 때를 모르지만, 그 시기의 성격에 대한 이해는 그들이 견고하게 참아내어 그 면류관을 상실치 않도록 격려할 것이다.[4]

예수께서 임박한 종말에 관해 잘못된 예언을 함으로 신용을 잃었다는 비난에 대해 비즐리-머리는 반응했다. 이 반응은 저자의 개인적인 투쟁, 교회의 증거에 관한 학문적 영향력에 대한 관심, 그리고 존경할 만한 정직성을 반영한다.

> 그리스도인 신자들은 주님이 자신이 선포한 주요 항목을 오해했다고 인정하는 것과 복음서 자료에 대한 다른 어떤 설명이 있는 지에 대해 탐구하는 것을 꺼려한다. 필자가 보수적 견해에 치우쳐있다는 것은 독자에게 분명해보일 것이다; 이 문제와 관련해서, 필자는 그 사실들 앞에 항복하는 것을 오랫동안 주저했다고 솔직히 인정한다. 하지만 사실 그렇게 보이고, 또 그렇다 하더라도 그리스도인들은 그것들을 인정해야 한다; 진리처럼 보이는 것을 거스르면, 그의 종말적 관심사가 성취되는 곳에서 주님을 부인하게 될 것이다.[5]

그 이래로 비즐리-머리는 예수께서 그 세대가 끝나기 전에 그의 파루시아가 발생할 것이라고 기대했다는 그의 신념을 수정해 왔다. 마가복음 13장 30절에 따르면, "이 세대가 지나가지 전에 이 모든 것들이 일어난다." 비즐리-머리는 마태복음 23장 36절과 누가복음 11장 51절의 유사한 평행구절에 관심을 두었다: "진실로 나는 너희에게 말하는데, 이 모든 일들은 이 세대에 임할 것이다." 그것은 이스라엘 가운데 완강하게 반항하는 사람들에 대한 하나님의 심판을 말한다. 비즐리-머리는 마가의 진술이 그 정황과는 관련 없이 언급될 때 Q자료가 취한 양식을 보여주고, 또 (마가의) 새로운 정황과 관련될 때 예루살렘, 성전, 도시, 그리고 사람들에게 임할 "주의 날"(Day of the Lord)의 도래를 일차적으로 언급하는 것이라고 주장한다. 예수께서 곧 도래할 주의 날을 언급했다고 인정할지라도, 이제 비즐리-머리는 마가복음 13장 32절이 하나님 나라의 도래와 절정의 때에 관한 예수의 실재 입장을 나타낸다고 믿는다: "그 날과 때는 아무도 모른다 .... 심지어는 아들도 모른다."

이런 미묘한 문제에 관한 비즐리-머리의 결론은 마지막 때의 돌연성 및 징조들 간의 긴장에 관한 그의 해결방식과 일치한다. 즉 그것은 예수의 제자들에 대한 관심과 하나님 나라의 실현에 관한 그의 독특한 자각이며, "승리의 임박성에 대한 예수의 확신은 그의 마음속에 간직된 명료한 비전에서 기인했다"는 사실이다.[6] 그리고 그는 독일의 경건주의자이고 주석가인 벵겔(Bengel)의 말을 지지하면서 다음과 같이 인용한다: "어떤 산의 정상은 구름이 완전히 걷히고 선명하게 드러나는 아주 흔하지 않은 경우에만 보인다."[7] 그가 「예수와 미래」를 완성한 지 거의 25년이 지난 뒤, 서든침례신학대학원에서 열린 신약성경 공동세미나의 한 기억할 만한 모임에서, 비즐리-머리는 높은 지점에서 멀리 떨어져 있는 산맥의 봉우리들을 볼 수 있다고 지적하면서 벵겔의 은유를 채택하고 확장시켰다. 산봉우리들은 분명하게 보이지만, 얼마나 멀리 떨어져 있는지는 말할 수 없다. 이처럼, 예수께서는 도래하는 성취를 알았지만,

부활, 예루살렘 파괴, 그리고 파루시아 간에는 어느 정도의 시간이 놓여있는지를 몰랐다. 예수께서 감람산에서 종말론적 강론을 전했을지라도, 마가복음 13장 본문은 예수의 종말론적 가르침의 단편들을 편집한 것이다.

비즐리-머리는 1982년 신약성경연구학회(the Society of New Testament Studies)에 제출한 논문에서 이 문제를 다시 다뤘다. 거기서 그는 마가복음 13장의 편집적 특성을 지지했다. 그는 "소묵시론" 이론을 계속해서 거부하면서, 복음서 저자가 예수의 가르침이 보존된 초기 기독교 교리문답집에서 그 요소들을 가져왔다고 주장한다: "마가복음 4장과 8장 27절-9장 1절과 같은 종말론적 강론의 구성에서, 마가의 주요 역할은 그의 전통에서 그에게 유용한 다양한 요소들을 모아서 그것들을 그 교회의 당시 정황과 필요의 관점에서 하나의 통일체로 구성한 것이었다."[8)]

「복음서에 기초한 복음 전파」(Preaching the Gospel from the Gospels, 1956)는 사역자 세미나를 위해 정해진 주제였다. W. G. 큄멜(W. G. Kümmel)과 G. D. 킬패트릭(G. D. Kilpatrick)은 마가복음 13장에 관한 그의 견해가 어떻게 석의적으로 가능한지를 제시하도록 요청했다. 그 대답으로, 비즐리-머리는 「마가복음 13장 주석」(A Commentary on Mark Thirteen, 1957)을 썼다.

비즐리-머리는 마가복음 13장을 종말론에 관한 신약성경의 가장 어려운 부분이라고 했다. 그는 이 연구를 신약성경 종말론에 관한 좀 더 폭넓은 연구를 위한 첫 걸음으로 간주했다. 이것은 1950년대에 시작된 것으로 그때 침례교연맹은 그가 침례에 관해 저술할 것을 요청했다.

침례에 관한 칼 바르트(Karl Barth)의 강연이 있은 후, 다른 교회들(루터교, 개혁주의, 영국국교회, 스코틀랜드 교회)은 침례에 관한 그들의 교리를 검토하기 시작했다. 바르트는 침례에 관한 신학이 받는 사람의 신앙을 전제한다는 것을 입증하고자 했다. 그는 유아세례를 그리스도 몸에 일종의 상처를 입히는 것이라고 했고, 교회가 어린이에게 침례를 주는 것을 중지해야 한다고 요청했다. 요아킴 예레미야스(Joachim Jeremias), 오스카 쿨만(Oscar Cullman), 그리고 스코틀랜드 교회들은 신약성경에서 침례가 신자의 가족들을 위한 것이라고 주장하면서 바르트에게 대응했다. 바르트는 사도의 침례가 복음에 반응한 사람들을 위한 것이었다고 결론지었다. 역설적으로 침례교인들은 신약성경에서 침례 교리를 그렇게 강하게 강조하지 않았다. 이런 논쟁에 대응하기 위하여 비즐리-머리는 종말론 연구를 중단하고 침례를 연구하기 시작했다. 그가 뤼슈리콘에 있는 동안에, 침례에 관한 진술의 책임을 맡은 신앙과 예전에 관한 세계교회협의회의 한 위원회에서 침례교를 대표하도록 요청 받았다. 이런 두 권유는 그가 다른 교단을 대표하는 주도적인 학자들과 함께 논의하면서 침례에 관해 저술하게끔 했다.

### 신약성경의 침례

침례에 관한 비즐리-머리의 관심은 「프레터널지」(The Fraternal) 70 (1948), 3-7쪽에 게재된 그의 첫째 논문인 "성례전"(The Sacraments)에로 소급될 수 있다. 그 논문에서 그는 침례를 하나님에 대한 그리스도인의 헌신을 표현하는 의식(ordinance)으로 묘사한 이전의 논문에 반응했다. 비즐리-머리는 침례가 무엇보다 하나님으로부터 받은 은혜를 나타내는 성례전(sacrament)으로 이해돼야 한다고 주장했다. 이와 관련해서, 비즐리-머리의 입장은 영국 침례교 학자인 H. W. 로빈슨(H. Wheeler Robinson, 1872-1945)과 H. H. 라울리(H. H. Rowley, 1890-1969)의 연구에 기초하고 있었다. 그들은 "복음주의적 성례전주의" 혹은 "역동적 성례전주의"의 기초를 놓았다. 로빈슨은 다음처럼 주장했다: "우리가 지금보다 더 많이 침례에 관해 연구하지 않는다면, 우리가 한 교단으로서 존속할 수 없을 것이고, 또 회원권 남용(open membership)이 회중주의로 유입되는 경로가 될까 염려되는데, 나는 그것을 개인적으로 개탄한다."[9]

"바울의 문헌에서 침례"(Baptism in the Pauline Literature)에 관한 논문의 초판은 열 명의 영국 침례교인들에 의해서 쓰여진 「기독교 침례」(Christian Baptism)로 불린 논문 모음집에 실려 있다.[10] 침례에 관한 비즐리-머리의 연구는 1959년 3월 17-19일 켄터키 주 루이빌에 위치한 서든침례신학대학원에서 전해진 노턴 특강(Norton Lectures); 사우스이스턴침례신학대학원, 뉴올리언스침례신학대학원, 그리고 사우스웨스턴침례신학대학원에서 강연들; 1959년 11월에 옥스퍼드에 있는 리젠트 파크대학(Regent's Park College)에서 W. T. 휘틀리 박사 특강(W. T. Whitley Lectureship); 또 1960년 2월에 북 웨일즈(North Wales)에 있는 뱅거대학교(Bangor University)의 뱅거침례대학(Bangor Baptist College)에서 특강 등을 통해서 한층 더 발전했다. 비즐리-머리는 미네소타 주의 성 바울에 위치한 베델신학대학원(Bethel Theological Seminary)에서 1965년에 전달된 아돌프 올슨 기념 강연(the Adolph Olson Memorial Lectures)을 통해 「침례: 오늘과 내일」(Baptism: Today and Tomorrow. London: Macmillan, 1966)이라는 제목으로 출간된 침례 논쟁에 관한 대중적 입문서를 준비할 기회를 가졌다.

「신약성경의 침례」(Baptism in the New Testament)에는 침례를 말하는 신약성경의 모든 구절들에 대한 비즐리-머리의 심도 있는 석의, 그리고 적절한 이차자료들(대략 234의 책과 논문들)에 대한 비교 분석이 여섯 장으로 구성돼 있다. 처음 네 장은 역사적 개관을 제시한다: (1) 선례들(구약성경, 쿰란, 유대주의 개종자 침례, 침례 요한), (2) 기초(예수의 침례), (3) 출현(사도행전에 따른 초기교회에서 침례), 그리고 (4) 기독교 침례의 발전(바울의 문헌, 요한의 문헌, 그리고 히브리서와 베드로전서에서). 제5장은 신약성경에서 기독교 침례의 교리와 관련된 신학적 주제들-침례와 은혜, 신앙, 성령, 교회, 윤리, 희망, 그리고 침례의 필요성-을 다루고 있다. 제6장은 유아세례의 기원과 의미를 다루는 확장된 부록인데, 엄격히 말해서 비즐리-머리에게 이것은 "신약성경의 침례"에 관한 필수적인 국면이지는 않다.

이런 철저한 석의적 연구에 기초한 침례에 관한 이런 관점은 비즐리-머리가 "침례탕에 던진 폭탄"(bombshell in the baptistry)으로 불려 왔다.[11] 초기 교회에서 행해졌듯이 고백이 기독교 침례에 필수적이라고 인정하면서, 비즐리-머리는 침례가 "신앙고백의 의식이자 고백 그 자체"였다고 주장했다.[12] 침례 받은 사람은 예수의 "이름으로" 침례 받았으니, 침례는 "예수는 주님이시다"라는 고백이었다.[13] 그 결과, "그 자신을 예수의 이름을 부르는 사람들의 부류에 포함시키려는 침례 받는 사람의 이런 갈망은 침례를 통해서 그가 하나님 나라를 상속받는 사람들의 공동체에 은혜롭게 연합됨에 의해서 해결 받는다."[14] 말과 행동의 일치라는 점에서, 비즐리-머리는 침례가 회심 체험의 필수적인 부분이라고 주장한다: "침례를 통해서 복음 선포와 신앙의 고백은 하나의 확고한 활동, 즉 하나님의 은혜와 인간의 믿음의 행위에서 결합된다."[15] "침례와 회심은 불가분의 관계이기에, 하나는 다른 하나를 필요로 하고, 어느 것도 독자적으로는 온전치 못하다."[16] 5장에서 회심의 모든 국면들은 침례와 관련된다. 결과적으로, 신약성경이 "구속적 은혜의 충만을 …침례의 행위에서 찾는다"고 말할 수 있다.[17] 비즐리-머리는 침례를 개인이 그리스도 혹은 교회와 연합되는 것과 결코 분리된다고 생각하지 않는다: "그리스도를 향한 침례는 곧 교회를 향한 침례다";[18] "참으로 중요한 점은… 침례의 두 국면이 나눠질 수 없다는 것이다: 그것은 그리스도께로 침례이자 그 몸(the Body) 안으로 침례다. 침례는 신자를 머리와 몸의 모든 지체들과 동시적으로 연합시키기에 매우 개인적이며 또한 전적으로 연합적이다."[19]

비즐리-머리는 침례가 상징적이냐 혹은 성례전적이냐 하는 양자택일을 거부한다. 그에게 침례는 두 국면 모두에 해당한다: "침례가 전적으로 상징적인 의식이라는 사상은 만족스럽지 못할 뿐 아니라 신약성경과 전혀 조화가 되지 않다고 선언돼야 한다. 의문의 여지없이, 이런 판단은 필자가 속한 교단의 일반적 전통과는 배치된다…."[20] 그러나 두 관점들은 신중한 검토를 필요로 한다. 침례는 "단순히 상징적"이지 않다; 사도적 저술가들은 침례가 "능력을 수반한 상징, 즉 성례전이다"라고 증거한다.[21] 반면에, 비즐리-머리는 "성례주의가 마술적(magical)일 수 있기 때문에, 결국 초기 교회의 성례전주의가 마술적이었다"고 간주되는 논리에는 반대한다.[22] 실제로, 그는 침례에 대한 마술적-성례전적 견해에 반대하여 분명히 경고한다(고전 10:1이하; 벧전 3:21). 윌리엄 E. 훌(William E. Hull)이 침례에 관한 비즐리-머리의 견해에 대한 요약에서 결론지었듯이, 규범적인 신약성경 교리가 회복될 때마다,

> 침례는 성례전, 즉 "능력을 수반한 상징"으로 이해된다. 왜냐하면 그 사건에서 주어진 은혜가 "비인격적 영향력, 즉 물질적 본질을 통해 투입된 것이 아니라, 하나님의 은혜의 활동"이기 때문이다(265쪽). 하나님 중심의 이런 강조를 통해, 우리는 침례 연구에 대한 비즐리-머리의 가장 심오한 관심을 접하게 된다.[23]

아마도 이런 해석은 전적으로 석의적일 수 있다, 즉 이것이 침례에 관한 신약성경의 가르침을 제시하려는 노력이지, 특정 교단의 가르침이 아니라고 덧붙여 말할 수 있다. 비즐리-머리는 신약성경 전체에서 침례가 침례 요한이 선포한 "회개-침례"(예., 회심-침례)가 되어야 한다고 생각한다. 이것은 신약성경에서 침례에 관한 신학과 회심에 관한 신학이 하나인 이유다. 침례가 회심으로부터 분리되는 순간 침례는 잘못 이해되고, 회심의 신학을 본질적으로 의식에 적용함으로 "성례전주의"가 발생한다. 영국 침례교연맹의 총무인 어네스트 페인(Ernest A. Payne)은 비즐리-머리가 "이상적인 침례"(ideal Baptism)에 관한 주석을 썼다고 말했다. 비즐리-머리는 그 해석을 인정했지만, 침례교인들이 신약성경의 이상에 따라 침례를 행하려 노력해야 한다는 희망을 표현했다.

침례에 관한 성경 구절에 대한 비즐리-머리의 석의는 앞으로도 오랫동안 그 분야에서 뚜렷한 업적이 될 것이다. 그의 연구에 문제가 있다면, 석의적인 문제를 다루는 것에 대한 반응에 있지 않고, 포괄적인 방법론적, 해석학적 그리고 신학적인 관점에 있다. 비즐리-머리는 이 주제에 대한 기념비적인 연구를 진행하면서 신약성경과 초기 교회생활에서 침례의 중요성을 과장하고 있지는 않는가? 요한복음 3장 22절과 4장 2절의 애매한 언급을 제외한다면, 예수께서 다른 사람들에게 침례를 주었다는 기록도 없고, 또 침례가 그의 가르

침의 중요한 요소도 아니었다. 비즐리-머리는 신약성경에서 신학적 관점들이 다양성, 그리고 예수와 초기 교회, 사도행전과 바울의 서신들, 요한복음서와 공관복음서들, 혹은 바울과 요한간의 상이점을 적절하게 인식했는가? 좀 더 심층적으로 연구하면, 침례의 의미가 팔레스타인에서 이방인 지역으로, 그리고 초기 기독교 전승의 한 경로에서 다른 곳으로 전개되어 변화했고 발전했다는 것을 분명하게 알게 될 것이다. 그러나 그런 연구는 비즐리-머리가 교회와 그 신학자들을 위해 지침으로 제시한 견고한 저술에 기초할 뿐이다.

런던대학교는 침례에 관한 그의 연구를 기념하여 비즐리-머리에게 신학박사학위(D.D.)를 수여했다(1963). 이 학위는 영국에서 높이 평가되는 학위였다.

1965년에 BWA 세계모임이 마이애미(Miami)에서 개최됐다. 비즐리-머리는 "침례교인들 가운데 침례"(Baptism among Baptists)에 관한 논문을 발표했다. 그것은 모든 대의원들에게 개방된 모임이었다. 비즐리-머리는 어떤 방식으로 침례가 시행되든지 간에 그 침례가 신자들을 위하여 성부, 성자, 성령의 이름으로 주어질 때 유효하다는 사실을 확고히 했다. 침례를 유효하게 만드는 것은 침례의 의도, 복음, 그리고 신앙고백이지 침수례라는 형식이 아니라는 것이다. 초기 교회를 위한 지침의 모음집인 「열두 사도 교훈집」(Didache)은 이것이 아주 초기로부터 교회의 가르침이었음을 보여준다. 그 책은 침례가 생수(흐르는 물)에서, 그렇지 않으면 생수를 채운 웅덩이에서 거행되어야 한다고 구체적으로 말한다. 침례 받는 사람은 물속에 세 차례 잠겨야 했다. 그러나 물이 충분치 않을 경우에는 물을 침례 받는 사람의 머리 위에 세 차례 부었다.

### 계시의 책

비즐리-머리는 상당히 오용되었던 계시록에 학계의 관심을 촉발시키면서, 유대교 및 기독교 묵시문학, 성경의 예언, 그리고 예수와 초기 교회의 종말론적 가르침을 배경으로 계시록을 이해했다. 형식 면에서, 계시록에는 서신,

묵시, 그리고 예언의 장르들을 결합돼 있다고 비즐리-머리는 주장한다: "요한이 묵시가의 문체를 채택할지라도 그를 예언자로 간주하는 데는 전혀 방해가 되지 않는다."[24] 그럼에도, "계시록을 근거로 미래의 역사(history-in-advance)를 구성하려는 사람은 실망하거나 오해하게 될 것이다. 왜냐하면 계시록에는 그런 내용이 기록되어 있지 않기 때문이다."[25] 실제로, 당대의 사건에 대한 예언적 주석과 어려운 시기에 교회를 위한 지침서로서, 계시록에 사용된 이미지는 현대의 정치적 풍자만화와 매우 흡사하다. 이것은 그 의미가 쉽게 이해되는 상징과 인간 혹은 동물의 대표적인 특징들을 사용한다.

다른 묵시가들과 달리, 요한은 위명(僞名)이 아니라 자신의 이름으로 기록한다. 비즐리-머리는 3세기의 알렉산드리아 주교인 디오니시우스(Dionysius)를 그의 지침으로 삼으면서, 동 저자가 계시록과 요한복음서를 쓰지 않았을 것이라는 이유를 다음과 같이 열거한다: (1) 예견자(the Seer) 요한이 사도나 사랑 받는 제자라고 결코 주장될 수 없다; (2) 비록 비즐리-머리가 "계시록이 그것들[요한복음서와 요한의 서신들]과 공통의 음절을 거의 가지고 있지 않다"는 디오니시우스의 날카로운 평가를 근거로 이의를 제기할지라도, 내용상 분명한 차이가 있다; 그리고 (3) 문체와 용어에도 차이가 있다. 이 문헌들의 저자들은 사랑 받는 제자의 제자들일 수도 있겠지만, 예견자 요한은 확실한 권위를 가지고 있는 것으로 보인다. 따라서 비즐리-머리는 "우리는 묵시록의 저자가 요한의 이름을 사용하는 유대주의-그리스도인 예언자였다는 것 외에 아는 것이 없다"는 견해를 지지하며 인용한다.[26] 이레니우스(Irenaeus)의 초기 증언에 따라, 비즐리-머리는 계시록이 도미티안(Domitian) 통치 말기인 95년경에 쓰였다는 입장을 표명한다.

주제와 강조 측면에서 볼 때, "이 책의 핵심(fulcrum)은 마지막 환상에 묘사된 파루시아와 하나님 도성의 도래가 아니라, 4-5장의 하나님과 어린양의 환상에 있다."[27] "따라서 그 시대들은 과거다."[28] 그 주석이 구약성경과 유대주의적 묵시문학에서도 동일하게 발견된다 하더라도, 비즐리-머리는 다음과 같이 적절하게 진술한다: "유대주의 모든 묵시들에는 계시록 5장의 종말론적 교리에 대한 유비가 없는데, 그 이유는 단순하다: 이를테면 오직 그리스도인 예언자만이 제시할 수 있는 것은 십자가에서 죽임을 당했지만 다시 살아난 그리스도의 복음에 대한 주석이기 때문이다."[29]

이어지는 장들에서 세상에 대한 무시무시한 심판들은 제2의 출애굽(the second exodus)에 대한 모형론을 환기시킨다. 또 "핵심 사건은 '재앙'이 아니라, 새로운 세계에 이르게 하는 구속이다."[30] 게다가, 6-19장은 파루시아로 이어지는 사건들에 대한 연속적인 진술로 해석돼서는 안 된다; 세 개의 일련의 메시아적 심판(인, 나팔, 그리고 진노의 잔)은 역사에 있어서 짧은 기간, 곧 그리스도의 나라가 임하기 직전의 시간에 대한 평행적 묘사다.[31] 일곱째 인의 일화는 하나님의 백성들이 행하는 기도의 중요성을 강조한다. 12-14장은 하나님과 악의 세력 간에 오랜 세월의 갈등을 배경으로 한 교회와 국가 간의 갈등을 설정한다. 기독교를 반대하는 제국은 멸망하는 세력의 희생이 될 것이고(17-18장), 결국 그리스도의 계시는 극적으로 표현된다(19-22장).

비즐리-머리의 계시록 연구의 장점은 그 책을 복음의 정황과 신약성경의 중요한 신학적 주제에 적절하게 위치시킨 것이다. 휴거와 천년왕국에 관한 세대주의적 견해를 배우거나 반박하는 데 관심을 가진 독자들은 당황하거나 실망할 수도 있다. 다른 사람들은 비즐리-머리가 계시록과 신약성경의 다른 책들 간의 연속성을 과장해 왔다고 반응할 것이다. 비즐리-머리는 이런 반대적 입장에 다음과 같이 대답한다:

> 계시록은 그리스도인들이 하나님 나라에 관해서 역사를 통해 교회에 전해진 가르침을 신중하게 다룰 것을 요구한다. 요한에게 그것은 사도적 교사들에 의해서 전수되고 성령과 교회를 통해 해석된 것으로 하나님 나라에 대한 예수의 증거를 의미한다.
>
> 예수의 가르침과 계시록의 가르침 간에 연속성을 추적하는 것이 가능한가? 종

말론의 근본적 요소들에서 이탈하지 않는다면, 그렇다.[32]

따라서 계시록의 메시지는 바울과 다른 사도적 저자들에 의해서 해석되듯이, 하나님 나라와 종말에 관한 임박한 기대에 대한 예수의 선포, 그리고 적그리스도와 교회의 역할에 기초한다.

### 예수와 하나님 나라

서든침례신학대학원에서, 윌리엄 E. 훌(William E. Hull)은 비즐리-머리에게 예수의 가르침에서 하나님 나라에 관한 강좌를 개설하도록 요청했다. 이 요청 덕택에 그는 수 년 전부터 의도한 것, 즉 예수의 종말론에 관해 저술을 할 수 있었다. 책의 분량을 고려해서, 그는 공관복음서에 한정시킬 수밖에 없었고, 그 연구가 기독론에 기여할 것으로 생각했다. 기독론에 관한 책들은 하나님 나라와 예수의 관계에 관한 예수의 견해를 간과한다. 속죄 교리에 관한 고전적 입장 역시 이 문제를 간과한다. 그것들은 주로 바울의 문헌에 기초한다. 마찬가지로 신학자들이 기독론을 연구할 때, 예수를 무시한 불트만처럼 연구를 진행시켜 왔다. 초고는 1986년 초판이 발행되기 훨씬 전인 1980년에 완성됐다.

비즐리-머리에게 이 책의 주제는 예수의 생애를 주도한 하나님 나라를 이해함으로써 결국 예수가 어떤 분인지를 좀 더 분명히 알 수 있는 기회를 제공한다. 구약성경과 당시 유대주의 문헌에서 하나님 나라에 관한 주제의 정황과 발전이 우선적으로 연구됐다. 다니엘서 7장에 대한 메시아적 해석의 문제와 관련하여, 비즐리-머리는 "인자와 같은 이에 대한 메시아적 해석은 논증될 수 있는 것이 아니라, 그럴 듯한 심지어는 있음직한 것이다"고 주장한다.[33] 게다가 묵시문학의 하나님 나라에 관한 비즐리-머리의 재검토는 "종말론적 나라에 대한 현재적이고 미래적인 개념이 나란히 가는 것이 유대주의 종말론에서 그렇게 낯선 것이 아니다" 하는 것을 발견하게 했다. 특히 인자를 메시아적 대표로 묘사하는 유사 에녹서(Similitudes of Enoch)가 예수 사역의 동시대에 구성됐다는 그의 결론은 의미심장하다. 그러므로 예수의 가르침과 유사 에녹서에서, 우리는 "한 자료, 즉 다니엘의 환상으로 소급되는 사상에 대한 두 개의 평행적 운동"을 확인할 수 있다.[34)]

이 책의 주요한 두 개의 장들은 현재 하나님 나라가 임하는 것에 관한 말씀들과 비유들을 개관한다. 하나의 공식으로는 하나님 나라에 대한 예수의 관계를 제대로 제시할 수 없다. 예수께서는 전사 혹은 논쟁자(the Champion or Contender, 막 3:27), 창시자(the Initiator, 마 11:12), 매개자(the Instrument, 마 12:28), 대표자(the Representative, 눅 17:20-21), 중재자(the Mediator, 막 2:18-19), 사역자(the Bearer, 마 11:5), 그리고 계시자(the Revealer, 마 13:16-17)다. 더욱이 예수께서는 그 어느 구절에서도 메시아 칭호를 사용하지 않지만,

> 그러한 말씀들과 역할은 예수 자신이 메시아의 역할을 감당하고 있다는 것을 보여주는 것이 아닌가? 이것은 결코 사소한 논쟁점이 아니다. 비평적인 학계의 목소리는 서서히 약화되거나, 설득력을 잃고 있다. 하지만 결국 우리는 가장 단순한 이유를 근거로 '그렇다' 고 말한다…. 하나님 나라와 관련에서 예수께서 그 자신에게 부여한 기능은 구약성경 그리고 당대의 묵시적이고 랍비적인 가르침이 메시아에 관해 언급한 그 이상의 것이다. 그 용어를 사용해서 예수와 하나님 나라의 관계에 대한 모든 것을 전달하기는 충분치 않다고 주장될 수 있지만, 그럼에도 그보다 예수를 더 잘 묘사할 수 있는 것도 있을 수 없다.[35)]

비즐리-머리는 예수를 "인자"로 표현하는 것을 제거하려는 사람들에게, "하나님 나라의 메시지에 대한 예수의 선포에 가장 완벽한 수단으로서 이 용어의 적절성을 입증한다; 그 용어는 하나님의 영광과 관련되면서도 겸손한 것이다."[36)] 그것은 일반적 의미에서 ("사람") 자신에 대한 완곡적 표현으로 사용될 수 있고, 혹은 그 나라의 대리자 및 중재자를 의미할 수도 있다. 따라서 예수께서는 고난 예고에서, 그 자신의 죽음과 그것의 정당성을 말하는 정황에서 그 용어를 사용할 수 있었다:

이런 증거의 관점에서 고난 예고를 보는 것은 그것을 하나의 새로운 방식으로 접근하는 것이다. 그것은 말씀에서 예고된 부활에 대한 어떤 하나의 표현이 확실히 믿을 만한 것이라고 입증하지는 않지만, 그 안에서 확신에 찬 예수의 표현, 곧 고난 후에 한층 더한 섬김과 영광을 받기 위해 그가 하나님에 의해서 일으킴을 받게 된다는 것을 이해할 수 있게 한다는 것을 보여준다.[37]

최후 만찬 이야기에서, 인자 칭호를 사용한 것은 "예수께서 그의 죽음을 그 나라가 임하는 과정의 부분으로 간주했다"는 것을 잘 보여준다. 결국, 그 이야기들이 우리로 하여금 그것을 묘사하도록 허락하지 않지만, 파루시아에 관한 말씀들은 "세상의 구원과 그 심판을 위해 그리스도 안에서 이루어지는 하나님의 활동"을 우선적으로 언급한다.[38]

「예수와 하나님 나라」(Jesus and the Kingdom of God)는 독자들에게 공관복음서 안에서 그 나라 말씀들, 인자 말씀들, 그리고 파루시아 말씀들에 대한 철저한 분석을 제공한다. 일부 신약성경 학자들은 예수의 의식을 이해하기 위해서 복음서 말씀들에 대한 일반적인 신뢰도에 관한 비즐리-머리의 주장에 이의를 제기할 수 있다. 그러나 그는 예수께서 자의식적으로 하나님 나라의 대리자, 다시 말해 그의 말과 활동을 통해 하나님 나라를 현재화시키는 자, 그의 죽음을 통해 하나님 나라의 구속적 사역을 성취하는 자, 그의 재림을 통해 하나님의 왕적 통치를 온 세상에 확장시키는 분이었다는 견해에 대한 당당하고 학적인 재확인을 보수주의와 복음주의 진영에 제공해 왔다.

비즐리-머리는 이 책을 완성한 후, 마가복음 13장에 관한 자신의 책을 개정하기 시작했다. 그 책보다 앞선 것은 단 한 권 밖에 없었다(F. Busch, 1930년대). 결과적으로, 편집비평이 발전함에 따라 여섯 권 정도의 책이 출판됐다. 그러나 「말씀성서주석」(Word Biblical Commentary) 시리즈의 요한복음서 주석을 집필하도록 부탁을 받았기 때문에, 그는 다시 한 번 이 기획을 중단해야 했다.

## 요한

「말씀성서주석」은 진보적 복음주의의 주도로 출간됐다. 비즐리-머리의 요한복음서 주석은 이러한 방향에 아주 적합했고, 「말씀성서주석」 시리즈를 한층 더 돋보이게 했다. 이 시리즈는 비평적이고 신학적인 면을 강조했다. 본문의 각 단위(unit)를 위해서, 저자는 영어, 독어 그리고 불어로 된 중요한 자료들 중에서 신중하게 선별된 참고목록, 본문의 원어 번역, 본문비평 및 사전설명, 핵심 구절에 대한 상세한 설명들, 단위의 주제전개 및 신학적 중요성에 대한 설명들을 제시한다.

비즐리-머리는 요한복음서의 문헌 전승들을 우선적으로 말하면서, 그 배후에 있는 문헌 자료를 확인하는 데는 회의적이다. 예를 들면, 그는 기적 자료가 복음서 배후에 있다는 입장을 거부하고, "요한복음서를 형성하기 위한 전승들의 구성이 설교, 특히 복음서 저자의 설교를 통해서 발생했다"[39]는 논제를 선택한다.[40]

> 신학생인 내가 요한의 "기적들의 책"(2-12장)의 구조에 대해 다드 자신의 이해를 상세히 설명하는 것을 들을 때, 그 생각이 문뜩 떠올랐다. 그는 요한복음서의 이 부분에 있는 각 일화들이 강론과 더불어 기적들로 구성돼 있다고 생각했고, 각 일화들이 전체적으로 복음, 즉 명시되고, 십자가 죽임을 당하고, 살리심을 받고, 높임을 받고, 또 삶을 나눠주신 그리스도를 제시한다고 생각했다(참고., Dodd, Interpretation, 383-86). 나에게 이것은 눈에서 비늘이 벗겨내는 것과 같았다. 왜냐하면 복음적 자료(evangelic material)의 이런 배열은 복음서 저자가 그의 설교에서 그렇게 사용했을 개연성이 있기 때문이다. 즉, 다드는 주님의 구속적 죽음과 부활의 맥락에서 일화들의 목적을 제시하려는 입장으로 사역의 일화들을 소개했다.[41]

더욱이 본문의 현재 순서는 이해할 만한 것이다. 요한복음서는 "매우 통일적이고 잘 통합된 문서다."[42]

요한 전승의 근원지는 의심의 여지없이 유대(Judea)다—이것과 관련해서 비즐리-머리는 그 복음서 배후에 있는 유대주의적 유산의 특성에 대한 쿨만의 견해에 대해 논의할 말이 많다고 주장한다. 실제로, 그 주석의 특이한 공헌들 가운데 하나는 요한복음서의 본문을 설명하기 위해서 랍비적 문헌들을 폭넓게 사용한 것에 있다.[43] 주석 전체를 통해, 비즐리-머리는 교회와 회당 간의 갈등에 민감하였다. 그것은 J. 루이스 마르틴(J. Louis Martyn)이 가장 열렬하게 지지하는 그 복음서의 삶의 배경에 대한 견해와 복음서가 쓰인 배경에 대한 자료의 적절성에 관한 견해의 긴장이다: "복음서 저자는 예수의 역사적 사역을 세상에서 부활하신 주님의 사역과 분리시키지 않으면서 팔레스타인을 배경으로 삼는다."[44] 따라서 비즐리-머리는 제4 복음서의 역사적이고 신학적인 특성의 긴장과 균형을 견지한다.

> 그러나 우리의 실제 관심은 제4 복음서의 형태를 결정한 근본적 문제가 신학적인 것, 즉 육신의 상태에서 그리고 영의 상태에서 그리스도의 활동의 통일성을 강조하는 데 있다. 그것은 주님의 사역에 담긴 요소들과 그것들의 상호 관련성이라는 양자에 대한 이해를 요구한다. 요한의 사상과 저술에서, 그것들의 통일성과 독특성은 균형을 이루고 있다.[45]

여러 곳에서 비즐리-머리는 관점의 혼합을 이유로 우리가 예수의 말씀을 복음서 저자의 말과 더 이상 분리시킬 수 없다고 생각한다.

요한복음서의 저작권에 대한 비즐리-머리의 논의는 10여 년 전에 계시록에 대한 주석을 쓴 이래로 사상적으로 많은 발전이 있었다는 것을 보여준다. 요한복음서 주석에서, 비즐리-머리는 이 두 책들을 쓴 저자들이 "요한 '학파'의 추종자들"이었다는 견해를 분명히 채택한다.[46] 의심의 여지없이 역사적 인물이었던 사랑 받는 제자는 아마도 열두 명에 속하지 않았으며, 사도 요한도 아니었다. 그는 요한복음서의 저자도 역시 아니었다. 오히려, 목격자, 즉 "요한 공동체가 존경하는 권위를 가진 인물인 사랑 받는 제자는 그 주위에 교사 무리를 두었던 것으로 보인다." 그들 중에는 요한복음서, 요한서신들, 그리고 계시록의 저자들이 있었다.[47] 복음서 저자와 사랑 받는 제자의 정체는 알 수 없지만, 우리는 "복음서 저자를 사랑 받는 제자 학파를 제대로 이해한 최고의 해석자(master interpreter)로 간주할 수 있을 것이다."[48] 요한복음서의 기원에 관해서, 비즐리-머리는 T. W. 맨슨(T. W. Manson)의 견해와 아주 유사한 입장을 취한다. 맨슨은 다음과 같이 제안했다:

> 제4 복음서는 예루살렘에서 기원한 전승에서 시작했고, 안디옥으로 전해졌다; 예루살렘 전승은 그 도시와 관련된 문헌들, 시리아교회의 예배 의식들, 그곳에서 파송된 선교사들(예., 바울)의 가르침, 그리고 후기 지도자들(예., 이레니우스)에게 영향을 주었다; 그것은 안디옥에서 에베소로 전해졌고, 거기서 "최종적인 문학적 형성이 요한의 것으로 간주된 그 복음서와 서신들이 이뤄졌다."[49]

요한복음서의 논쟁적 특성들에 대한 최근의 경향을 바로잡으면서, 비즐리-머리는 제4 복음서가 "복음전도적이고 교훈적 의도로" 기록됐다고 주장한다. 따라서 그는 침례 요한의 제자들이 전개한 운동에 반대하는 입장의 중요성을 약화시킨다.[50]

그 주석의 가장 가치 있는 국면들 가운데 하나는 그것이 요한 신학의 독특성을 다뤘다는 점이다. 주요 신학적 주제들 그리고 그것들의 독특한 요한적 전개 및 표현은 균형 있게 잘 연구되었다. 예를 들면, 3장 14절, 8장 28절, 그리고 12장 32절에 있는 "들림"(lifting up)의 중요성은 주해의 적절한 부분에서 부각된다.[51] 마찬가지로 비즐리-머리는, 요한이 파루시아와 마지막 날의 심판을 통해 미래에 있을 하나님의 구속적 사역의 성취에 대한 확고한 희망을 주장한다는 것을 제대로 인식한다. 그리고 신자들이 예수를 믿음으로 부활과 영생을 이미 경험한다는 그 복음서의 독특한 주장을 적절하게 강조한다. 그런 강조들이 편집자에게서 기인했을지라도, "그것들은 복음서 저자들의 근본 신학과 조화를 이룬다."[52] 부활의 그리스도는 미래의 생명과 현재에서 그 생명의 실재에 관한 희망을 준다.[53]

## 평가

돌이켜보면 교회의 사상과 삶에 끼친 비즐리-머리의 공헌이 그 범위와 중대성을 감안할 때, 그를 시대를 초월하여 가장 영향력 있는 침례교 신학자 가운데 한 사람으로 여겨도 될 것이다. 목사, 학장, 그리고 교수로서 그는 교회와 동고동락했다. 게다가 그의 저술이 보여준 영향력은 비즐리-머리가 신약성경 학계뿐 아니라 교회생활에 매우 중요한 주제들-예수와 미래, 침례, 그리고 하나님 나라-을 항상 연구했다는 사실에 의해서 부각된다. 그는 이 세대를 위해서 각 주제에 관한 중요한 논문을 제공했다. 비즐리-머리는 그의 관심사인 신약성경의 중요 주제들-마가복음 13장, 계시록, 그리고 요한복음-의 핵심을 정확하게 연구했다. 그러나 그의 모든 연구에서, 우리들은 신약성경이 우리를 예수의 가르침, 계시, 그리고 인격과 만나게 한다는 분명한 확신을 발견한다. 따라서 비즐리-머리의 가장 위대한 업적이자 사람들이 생각하기에 가장 탁월한 업적은 예수의 가르침의 본질을 확실하게 이해하도록 교회 (그리고 사십여명의 사역자 학생들)를 도왔고, 성경과 그 안에 실려있는 주님의 계시를 좀 더 올바르게 이해했다는 점이다.

비즐리-머리의 탁월한 경력과 신약성경 학계와 교회를 위한 그의 공헌은 여전히 인정받고 있다. 1989년에 「종말론과 신약성경: 조지 R. 비즐리-머리 기념 논문집」(Eschatology and the New Testament: Essays in Honor of George R. Beasley-Murray)이라는 책명으로 훌리트 글로어(Hulitt Gloer)가 편집한 기념논문집이 발행됐다(Peabody, Mass.: Hendrickson, 1988). 스펄전대학은 국가학술진흥위원회(Council of National Academic Awards)가 비즐리-머리에게 명예문학박사학위(D. Lit.)를 수여하도록 청원했고, 캠브리지 대학교는 신약성경에 관한 그의 저술들, 특히 하나님 나라와 요한복음에 대한 연구를 인정하여 그에게 신학박사학위(D.D., 1989)를 수여했다.

비즐리-머리는 계속하여 집필에 전념했다. 그는 요한복음 주석을 완성한 후, 요한복음의 주제들에 관한 소책자를 최근에 출판했고, 마가복음 13장에 관한 좀 더 심층적인 책과 요한복음의 신학에 관한 책을 집필하고 있다.

## 주(註)

1) George R. Beasley-Murray, "My Call to the Ministry" in C. A. Joyce, ed., My Call to the Ministry (London: Marshall, Morgan and Scott, 1968), 37-38.

2) Ibid.., 39.

3) George R. Beasley-Murray, *Jesus and the Future, An Examination of the Criticisms of the Eschatological Discourse, Mark 13 with Special Reference to the Little Apocalypse Theory* (New York: Macmillan, 1953), 172.

4) Ibid., 180.

5) Ibid., 183.

6) Ibid., 190.

7) Ibid.

8) George R. Beasley-Murray, "Second Thought on the Composition of Mark 13," *New Testament Studies* 29 (1983), 418.

9) The *Baptist Quaterly* 1 (1922), 217

10) George R. Beasley-Murray, "Baptism in the Epistles of Paul" in A. Gilmore, ed., *Christina Baptism* (Philadelphia: Judson, 1959), 128-49.

11) William E. Hull, "Baptism in the New Testament," 미간행 논문, 6. 이 논문은 많은 점에서 비즐리-머리의 사상에 대한 소중한 지침의 역할을 했다.

12) George R. Beasley-Murray, *Baptism in the New Testament* (New York: Macmillan, 1962), 101; 참고., 로마서 10장 9-10절.

13) Ibid., 100-12.

14) Ibid., 103.

15) Ibid., 272.

16) Ibid., 394.

17) Ibid., 264.

18) Ibid., 279.

19) Ibid., 202.

20) Ibid., 263.

21) Ibid., 263.

22) Ibid., 264-65.

23) Hull, 19.

24) George R. Beasley-Murray, The Book of Revelation, New Century Bible (Grand Rapid, Mich.: Oliphants/Eerdmans, 1974), 22.

25) Ibid., 23.

26) Ibid., 37.

27) Ibid., 25.

28) Ibid.

29) Ibid., 26.

30) Ibid., 27.

31) Ibid., 30-31.

32) Ibid., 38-39.

33) George R. Beasley-Murray, *Jesus and the Kingdom of God* (Grand Rapid, Mich./Exter: Eerdmans/Paternoster Press, 1986), 35.

34) Ibid., 68.

35) Ibid., 146.

36) Ibid., 229.

37) Ibid., 247.

38) Ibid., 341.

39) George R. Beasley-Murray, *John in Word Biblical Commentary* (Waco: Word Books, 1987), 152, 186.

40) Ibid., xli-xlii.

41) Ibid., xlii.

42) Ibid., xliii.

43) 예를 들면, Ibid., 109, 120.

44) Ibid., xlvii.

45) Ibid., xlix.

46) Ibid., xliv.

47) Ibid., lxxiv.

48) Ibid., lxxv.

49) Ibid., lxxxi는 Manson, "The Fourth Gospel," *Bulletin of the John Rylands Library* 30 (1946-47), 320을 인용한다.

50) Ibid., 23.

51) 예를 들면, Ibid., 131.

52) Ibid., lxxvi.

53) Ibid., lxxvii.

# 참고자료

## 1차 자료

### 단행본

1947 *Christ Is Alive*. Lutterworth Press.

1953 "Ezekiel," in *The New Bible Commentary*, ed. F. Davidson. Tyndale Press.

"Revelation," in *The New Bible Commentary*.

*Jesus and the Future, An Examination of the Criticism of the Eschatological Discourse, Mark 13 with Special Reference to the Little Apocalypse Theory*. New York, Macmillan.

1956 *Preaching the Gospel from the Gospels*. Lutterworth.

1957 *A Commentary on Mark Thirteen*. New York, Macmillan.

1962 "Philippians," in *Peake's Commentary on the Bible*, 2d edition. Nashville, Nelson.

*Baptism in the New Testament*. New York, Macmillan.

1964 *The Resurrection of Jesus Christ*. Oliphants.

1965 *The General Epistles, in Bible Guides*, ed. W. Barclay and F. F. Bruce. Lutterworth.

1966 *Baptism Today and Tomorrow*. New York, Macmillan.

1971 "2 Corinthians," in *The Broadman Bible Commentary*. Nashville, Broadman Press.

1972 *Highlights in the Book of Revelation*. Nashville, Broadman.

1974 *The Book of Revelation, New Century Bible*. Grand Rapids, Mich.: Oliphants/Eerdmans.

1977 *Revelation: Three Viewpoints*. with H. Hobbs and R. F. Robbins. Nashville,

Broadman.

1983 *The Coming of God*. Exter: Paternoster Press.

1984 *Matthew, in Bible Study Commentary.* Scripture Union/Christian Literature Crusade.

1986 *Jesus and the Kingdom of God*. Grand Rapids, Mich.: Eerdmans/Paternoster Press.

1987 *John, Word Biblical Themes: John*. Waco, Word Books.

다른 책에 기고한 글

1953 "The Apocryphal and Apocalyptic Literature," in *The New Bible Commentary.*

1959 "Baptism in the Letters of Paul," in *Christian Baptism*, ed. A. Gilmore. Lutterworth.

1963 "The Apostolic Writing," in *The Roads Converge,* ed. P. Gardner-Smith. E. Arnold.

"Introduction to the New Testament," in *A Companion to the Bible*, ed. H. H. Rowley. T & T. Clark.

1964 "Die Taufe der Glaubigen," in *Die Baptisten,* ed. J. D. Hughey. Stuttgart: vangelisches Verlagswerk.

1965 "The Diaconate in Baptist Churches," in *The Ministry of Deacons*, World Council Studies no. 2. Geneva: World Council of Churches.

1968 "My Call to the Ministry," in *My Call to the Ministry*, ed. C. A. Joyce. London: Marshall Morgan & Scott.

"The Holy Spirit and the Church," in *Sermons for Today*, ed. A. H. Chapple. London: Marshall, Morgan & Scott.

1970 "Jesus and the Spirit," in *Melanges Bibliques,* Festschrift R. P. Beda Rigaux.

Gembloux: Duculot.

"The Child and the Church," in *Children and Conversion*, ed. Clifford Ingle. Nashville: Broadman Press.

1971 "Articles on Blut(Greek rhantizo) and Taufe(Greek baptizo, louo), in *Theologisches Begriffslexikon zum Neuen Testament*. Wuppertal.

1974 "How Christian Is the Book of Revelation?" in *Reconciliation and Hope,* Festschrift for Leon Morris. Grand Rapids, Mich.: Eerdmans.

1975 "The Clue to the Meaning of Life" in *What Faith Has Meant to Me*, ed. Claude Frazier. Philadephia: Westminster.

1979 "Faith and the Parousia," in *Science, Faith and Revelation: An Approach to a Christian Philosophy*, Festschrift for Eric Rust. Nashville: Broadman Press.

1980 "Jesus and Apocalyptic: with special Reference to Mark 14:62," in *L'Apocalypse johanique et l'apocalyptique dans le nouveau testament,* ed. J. Lambrecht, Bibliotheca/Ephemeridum Theologicarum Lovaniensum LIII. Duculot, Gembloux, Leuven University Press. Pp. 415-429.

1986 "John 12:31-34, The Eschatological Significance of the Lifting up of the Son of Man," in *Studien zum Text und zur Ethik des Neuen Testaments,* Festschrift H. Greeven, ed. W. Schrage and W. de Gruyter, Berlin and New York. Pp. 90-101.

1989 "Eschatology and Ethics in the Teaching of Jesus, with Special Reference to Matthew 6:33," in *Festschrift for Rudolf Schnackenburg*.

### 정기간행물

1943 "The Church and the Child." *The Fraternal, Organ of the Baptist Minister's Fellowship*, New Series, no. 50.

1949 "The Eschatology of the Fourth Gospel." *Evangelical Quarterly*, 18,2(April 1946).

"The Second Coming of Christ." *The Fraternal,* 61 (July 1946).

"The Relation of the Fourth Gospel to the Apocalypse." *Evangelical Quarterly*, 18, 3 (July 1946).

1947 "The Two Messiahs in the Testaments of the Twelve Patriarchs." *Journal of Theological Studies*, 48 (Jan.-Apr. 1947), 189-190.

"Doctrinal Developments in the Apocrypha and Pseudepigrapha." *Evangelical Quarterly*, 19, 3 (July 1947).

1948 "A Conservative Thinks Again About Daniel." *Baptist Quarterly*, 12, Nos. 9 and 10-11 (1948).

"Biblical Eschatology, I, The Interpretation of Prophecy." *Evangelical Quarterly*, 20, 3 (July 1948).

"The Sacraments." *The Fraternal,* 70 (1948).

"Biblical Eschatology, II, Apocalyptic Literature and the Book of Revelation." *Evangelical Quarterly*, 20, 4 (October 1948).

1951 "The Second Coming in the Book of Revelation." *Evangelical Quarterly,* 23, 1 (January 1951).

1953 "A Century of Eschatological Discussion." *Expository Times*, 64, 10 (July 1953).

"The Rise and Fall of the Little Apocalypse Theory." *Expository Times*, 64, 11 (August 1953).

1954 "The Minister and His Bible." *The Fraternal*, 92 (1954).

1955 "Important and Influential Foreign Books: Gloege's Reich Gottes und Kirche." *Expository Times*, 66, 5 (February 1955).

1956 "The Church of Scotland and Baptism." *The Fraternal*, 99 (1956).

1957 "Demythologized Eschatology." *Theology Today* 14, 1 (April 1957).

"The Significance of the Second Coming of Christ." *The Fraternal*, 103

(1957).

1958 "Das Reich Gottes und die sittliche Forderung Jesus." *Wort und Tat*, 12, 1 (Jan-Feb 1958)

"Gesetz and Geist in die christlichen Lebensführung (Die Ethik des Apostles Paulus.)" *Wort und Tat*, 12, 2 (March-April 1958).

1960 "Baptism in the New Testament." *Foundations*, 3 (1960).

"The Eschatological Discourse of jesus." *Review and Expositor*, 57 (1960).

"Nya Testamentets Dopteologi." *Tro och Liv*, No. 6 (1960).

1961 "Interpretation av Rom. 6. 1-11." *Tro och Liv,* No. 1 (1961).

1963 "Ecumenical Encounter in Russia." *The Fraternal*, No. 127 (1963).

1965 "A Baptist Interpretation of the Place of the Child in the Church." *Foundations*, 8, 2 (1965).

1966 "The Holy Spirit, Baptism and the Body of Christ." *Review and Expositor*, 63 (1966).

1967 "Das Christusbild des Neuen Testaments und unsere Verkündigung." *Wort und Tat*, 21 (September 1967).

"I Still Find Infant Baptism Difficult." *Baptist Quarterly*, 22 (October 1967).

1973 "The Second Chapter of Colossians." *Review and Expositor,* 70, 4 (1973).

1974 "The Contribution of the Book of Revelation to the Christian Belief in Immortality, Drew Lecture on Immortality, 1972." *Scottish Journal of Theology*, (1974).

1975 "New Testament Apocalyptic－A Christological Eschatology." *Review and Expositor*. 72, 3 (1975).

1976 "The Preparation of the Gospel." *Review and Expositor*, 73, 2 (1976).

"The Righteousness of God in the History of Israel and the Nations: Romans 9-11." *Review and Expositor*, 73, 4 (1976).

1978 "Eschatology in the Gospel of Mark." *Southwestern Journal of Theology*, 28 (1978).

"The Parousia in Mark." *Review and Expositor*, 75 (1978).

1980 "The Authority and Justification of Believer's Baptism." *Review and Expositor*, 77 (1980).

1982 "Faith in the New Testament: A Baptist Perspective." *American Baptist Quarterly*, 1, (1982), 137-143.

"The Theology of the Child." *American Baptist Quarterly*, 1, (1982), 197-202.

1983 "The Interpretation of Daniel 7." *Catholic Biblical Quarterly*, 45, (1983), 44-58.

"Second Thoughts on the Composition of Mark 13." *New Testament Studies*, 29, (1983), 414-420.

1986 "John 3:3,5, Baptism, Spirit and Kingdom." *Expository Times*, 97, (1986), 167-170.

1988 "The Community of the New Life: John 13-17." *Review and Expositor*, 85 (1988).

# 30. 버나드 램(Bernard Ramm)

알란 데이(Alan Day)

## 생 애

버나드 램
(Bernard Ramm)

버나드 로렌스 램(Bernard Lawrence Ramm)은 1916년 몬타나 주(Montana) 뷰트(Butte)에서 태어났다. 어린 시절 그는 러시아 혁명기에 미국으로 이민 온 러시아 출신 기술자 아들을 친구로 두었기 때문에, 그의 가정에서 보내는 시간이 많았다. 친구의 아버지와 많은 토론을 하였는데, 특히 아인슈타인과 상대성이론, 원자이론, 화학 등을 토론하는 모임에도 함께 했다. 이러한 토론들은 램의 지적 욕구를 자극하였고 과학에 인생을 바칠 생각을 갖게 했다. 따라서 그는 고등학교와 대학교 시절에 수학과 과학 과목들을 가능한 많이 수강했다.

그러나 램은 고등학교를 마치고 대학에 진학하려던 그 해 여름, 예수 그리스도의 놀라운 은혜를 경험했다. 이 경험은 "생애의 모든 부분들을 완전히 바꾸어 놓았다."[1] 그에게는 존(John)이라는 형이 있었는데, 그 형은 램의 회심을 도와준 인간적 도구가 되었다. 램은 3인칭으로 묘사된 독특한 자전적 진술을 통해서, 자신의 회심에 관해 언급하면서 기독교인이 된 증거들에 대해 이렇게 밝혔다:

> 저자 자신은 삶을 변화시킨 복음의 능력을 경험했다. 그는 대부분의 고등학생들이 학교를 마칠 때쯤 지니고 있을 법한 정서, 즉 과학에 대한 깊은 경외, 더 새롭고 좋은 문화생활에 대한 기대, 종교에 대해 엷어진 경외심과 자유로움, 스포츠와 오락의 즐거움, 세계를 좀 더 "좋게 만들겠다는" 열망 등을 가진 전형적인 고등학교 졸업생이었다. 그런데 마침 내 복음이 그에게 들어왔다. 단 삼 분만에 그의 모든 인생관과 기본적 인격이 바뀌었다. 그는 흘러넘치는 은혜와 하나님 은혜의 놀라운 능력을 경험했다. 순식간에 그는 새로운 철학, 새로운 신학, 새로운 마음, 새로운 삶을 얻었다.[2)]

램은 계획대로 워싱턴대학에 진학했으나, 이내 철학과 연설로 그의 관심을 돌렸다. 졸업 후에는 이스턴(Eastern)침례신학대학원을 다니면서, 펜실베이니아(Pennsylvania)대학교에서 철학과 대학원 과정을 수강했다. 1945부터 1950년까지 램은 서든캘리포니아대학교에서 철학을 전공하여 석사(M.A)와 철학박사(Ph.D) 학위를 받았다. 그가 초기에 철학뿐 아니라 과학에도 관심을 가지고 있었다는 것은 "현대 물리학이론에 있어서 에딩턴과 쟌스의 관념주의"(The Idealism of Jeans and Eddington in Modern Physical Theory, 1947)라는 석사 논문과 "물리학의 자료를 중심으로 과학에서 나온 형이상학적 진술들을 정당화시키기 위한 최근의 시도들에 대한 탐구"(An Investigation of Some Recent Efforts to Justify Metaphysical Statements from Science with Special Reference to Physics, 1950)라는 박사논문에서도 확인된다. 램의 초기 저작이자 대표작 가운데 하나인 「과학과 성경에 대한 기독교적 이해」(The Christian View of Science and Scripture)라는 제목이 붙여질 수 있었던 것은 따라서 결코 우연이 아니다.

신학자이자 학자인 램의 저술에는 지역 교회와 현장의 기독교사역에 대한 저자의 관심과 애정이 나타나 있다. 그는 뉴욕과 워싱턴, 캘리포니아에 소재한 교회들에서 목회했고; 1955년 초에는 캘리포니아의 파운틴 밸리(Fountain Valley)에 있는 청년생활학교(Young Life Institute)의 하계 강좌에서 가르쳤다.

그러나 램은 저자이자 교수로써 가장 널리 기억될 것이다. 그는 21권의 간행 저서와 여러 미간행 저술들을 집필했고, 「크리스챠니티 투데이」(Christianity Today), 「영원한 세세」(Eternity), 「미국 과학협회 지널」(Journal of the American Scientific Affiliation) 등과 같은 정기 간행물에 수십 편의 논문을 기고했다. (그는 또한 이러한 간행물들의 편집자문으로도 일했다.) 램은 로스앤젤레스(Los Angeles)침례신학대학원; 로스앤젤레스 성경학교; 미네소타 주(Minnesota)의 성 바울(St. Paul)에 있는 베델(Bethel)대학과 신학대학원; 베일러(Baylor)대학교; 캘리포니아의 코비나(Covina)에 있는 캘리포니아침례신학대학원(현재 캘리포니아주 버클리 서부에 있는 아메리카침례신학대학원); 펜실베이니아 주의 필라델피아(Philadelphia)에 있는 이스턴침례신학대학원과 서부의 아메리카침례신학대학원 등에서 교수로 봉직했다. 그리고 램은 레바논(Lebanon)의 베이루트(Beirut)에 있는 하이가지안복음대학(Haigazian Evangelical College)에서 1966년부터 1967년까지 가르쳤으며; 캘리포니아 주의 프레스노(Fresno)에 있는 메노나이트(Mennonite) 바이블 신학대학원; 캘리포니아 주의 모데스토(Modesto)에 있는 심슨(Simpson)대학과 풀러(Fuller)신학대학원의 공개강좌 등에서도 가르쳤다.[3)]

현재 램은 캘리포니아 얼바인(Irvine)에 있는 자신의 집에서 아내 알타(Alta)와 함께 살고 있다.

## 사상

### 주요 영향

램의 신학과 생애에 끼친 영향 가운데 첫 번째이자 가장 중요한 것은 그의 회심이었다. 두 번째는 과학과 철학에 대한 램의 때 이른 사랑이었다. 과학 교육을 받은 램은 동시대의 어떤 사람들처럼 과학자와 과학을 무조건 의혹의 시선으로 바라보지 않았다. 그는 지속적으로 복음주의자들에게 과학에 대한 몽매주의(obscurantism)를 경계하도록 충고했다. 이는 몽매주의가 과학적 의미에서든 그 반대적 의미에서든, 그것이 인도하는 곳이 어디든지 간에 복음주의자들의 진리추구를 방해할 수 있다고 보았기 때문이다. 따라서 램은 성경에 접근할 때 결코 그 본질과 관련된 어떤 전제(무오성 같은)를 가지고 다가가지 않았다; 오히려 그는 다음 두 가지를 결정하기 위해서 말씀 그 자체를 연구했다. 첫째, 램은 성경이 성경에 대해 무엇이라고 말하고 있는가를 알기 원했다. 둘째, 램은 성경이라는 "현상들"(phenomena)을 있는 그대로 이해하려고 했다. 그래서 그는 성경에 대한 모든 영감론이 기록된 성경에 부합한 것이어야 하며, 어떤 선험적 가정들에 기초해 매우 추상적이고 철학적인 이론이 될 필요는 없다고 믿었다.

램은 과학과 성경이 결국 같은 이야기를 하고 있다는 확신을 가지고 있었다.[4] 이 개방적 진리관으로 인해, 램은 고대와 현대의 주요 신학적, 철학적 체계들을 연구했다. 이것은 그 체계들에서 배우고 자신의 사상을 비판적으로 평가해보기 위해서였다. 그는 복음주의 사상을 실현시킨 역사의 역동성에 대한 예리한 통찰력을 가지고, 역사의식이 결여되어 있다는 이유로 넓게는 복음주의자들과 좁게는 침례교인들을 비판한다.[5] 그는 모든 사람들에게 기꺼이 배우고자 했다. 램은 "악마의 하수인들"(devil' s hacks), 이를테면 사르트르(Sartre), 니체(Nietzche), 프로이드(Freud), 까뮈(Camus), 하이데거(Heidegger), 흄(Hume) 등과 같은 사람들을 배척하기보다는, 차라리 끊임없이 그들을 연구하고, 비평적이거나 변증법적으로 그들을 수용하며, 그들에게서 배움으로써 "아무리 내키지 않는 사람도 공평하게 대하려고"(램의 용어를 빌자면) 애썼다.[6]

신학적으로, 램은 개혁주의적이다. 칼빈과 네덜란드 개혁주의 신학자 아브라함 카이퍼(Abraham Kuyper)[7]의 영향은 거의 모든 그의 저작 속에서 확인된다. 그의 신 인식, 성령의 증거, 종교적 권위, 성경의 본질에 대한 교리들은 일관되게 칼빈주의적이다. 램은 감히 이렇게 쓰고 있다. "기독교의 가장 참된 표명은 사도시대 말기부터 종교개혁에 이르기까지 기독교신학의 정수를 보존하기 위해 노력하고, 가장 성경적인 양식으로 종교개혁의 신앙을 표출한 개혁주의 신앙에 있다."[8)]

램에게 끼친 또 하나의 가장 중요한 영향은 칼 바르트(Karl Barth)다. 1957년부터 1958년까지, 램은 바젤(Basel)에서 바르트의 지도로 공부했다. 이후 램은 바르트의 「교회교의학」(Church Dogmatics)을 "매일 정해진 계획에 따라 체계적으로" 통독해 나갔다.[9)] 그는 그렇게 해서 바르트의 저작을 서투르게 모방하고, 일반화하며, 요약하는 차원 이상의 것을 얻을 수 있었다. 이것은 대다수 복음주의자들이 바르트를 연구하면서 쉽게 간과했던 것이었다. 매우 흥미롭게도 램은 거의 같은 시기에 아브라함 카이퍼와 포사이트(P. T. Forsyth)에 대한 연구를 시작했고, 그들의 신학 안에서, 특히 바르트와 카이퍼 사이에서 많은 공통점을 확인했다.

램에게 끼친 바르트의 거대한 영향은 처음부터 미묘한 부분이 있었다. 그는 「어떻게 칼 바르트가 내 사상을 변화시켰는가」(How Karl Barth Changed My Mind)라는 책의 헌정사를 통해 신학방법에서 세 가지 "중요한 변화"에 대해 언급한다. 첫째, 바르트는 램이 진리를 담대하게 추구하도록 도왔다. 미국에서 근본주의자와 현대주의자의 논쟁은 방어적이며 의심 많은 복음주의자들을 만들어 가는 경향이 있었다. 램 역시 과학이나 성경 비평이 신학자를 어디로 인도할 것인가에 대한 우려로 고심했다. 바르트는 램에게 과학과 성경비평에 의한 접근의 "무용성과 지식적 능력의 파산"을 보여주었다. 램은 "만일 실험적 과학자처럼 된다면 신학에서도 자유로운 사람이 될 수 있다"는 것을 입증해 주었다.[10)]

바르트가 램에게 끼친 두 번째 중요한 영향은 역사신학에 대한 바르트의 대단한 존중이다. 라틴 교부들과 희랍 교부들에 관한 바르트의 지식과 그에 대한 인용은 실로 엄청난 것이었다. 바르트는 "시대의 횡포"(the tyranny of time)를 믿지 않았으며; 교회통합(ecumenticity)을 동시대인들은 물론 과거 신학자들과의 대화로 이해했다."[11)] 램의 모든 신학적 방법론은 바르트의 역사에 대한 강조에서 비롯된 것이었다. 램의 모든 저작에 대한 이해는 그가 반드시 역사적 차원을 우선적으로 고려하지 않고는 결코 어떠한 교리도 논의한 바가 없음을 깨닫고 행해져야 한다.

바르트가 램의 신학적 방법론을 변화시킨 세 번째 사항은 "성경의 비평학을 성경의 영감과 권위에 연계시킨 방법에 있다."[12] 바르트는 스스로 성경의 인간적 특성과 하나님의 특성에 대한 진지한 성찰을 하고 나서, 일찍이 비평학적 접근을 반대하는 방향으로 전개해 나갔다. 그러나 그는 성경 속에 있는 인간의 특성과 하나님의 특성을 상호 관련시키는 방안을 발견했다. 이것은 다음 두 가지 점에서 램에게 도움을 주었다. 첫째, 바르트는 "하나님이 처음부터 의도하신 하나님의 말씀과 신구약성경에 명기된 말씀이 일대일 상호대응적이지 않다는 것"을 램에게 가르쳐 주었다.[13] 특정한 언어와 문화로 주어진 말씀을 수용하는 것이기 때문에 하나님의 말씀과 하나님의 의도하신 것 사이에는 간격(diastasis)이 있다는 것이다. 둘째, 바르트는 "일부 성경이 기록되었거나 구성된 방식이 하나님의 말씀으로서 가치를 훼손시키지 않는다"고 강조했다.[14]

바르트가 램에게 끼친 절대적 영향은 1983년에 「근본주의 이후」(After Fundamentalism)라는 저서가 간행되기까지는 명확한 것이 아니었다. 이 책에서 램은 신학적 방법론의 전형과 패러다임을 모색했다. 램은 계몽주의가 보수주의 기독교에 대해서 문제를 제기했는데, "근본주의자들"(fundamentalists)은 이러한 논점들에 적절한 답을 주고 있지 못한다고 주장했다. 대다수 복음주의자들은 마치 계몽주의가 결코 발생한 적이 없고, 성경 비평은 존재하지 않았으며, 나아가 그들은 이 문제들에 대해 어떤 진지한 지적 작업도 생략한 채, 성경 연구에 끼친 현대과학의 영향을 망각할 수 있을 것처럼 행동한다는 것이다. 램은 "바르트의 신학이 계몽주의의 등장 이래, 계몽주의에 항복하지 않고 쓰인 개혁주의 신학에 대한 재천명"이라고 생각했다.[15]

이어지는 장들에서 램은 바르트가 어떻게 다양한 신학 논제들, 가령 설교,

변증학, 성경의 인성과 신성, 인간의 교리 등을 다루었는지; 그리고 그가 어떻게 바르트의 접근 방식을 신학함의 전형으로 삼았는지 제시한다. 그는 변증법적으로 접근하면서 몇 가지 점에서 바르트를 비평한다; 그러나 바르트의 방법론과 신학에 대해 램이 받아들이기를 망설인 주요 유보사항은 부록에만 간략하게 나와 있을 뿐이다. 램은 1985년에 펴낸 두 권의 저서, 즉 「복음주의 기독론」(An Evangelical Christology)과 「이성에 대한 공격」(Offense to Reason)에서 바르트를 계승한 개혁신학의 모습을 제시했다.

### 신학의 본질과 임무와 방법

램은 장년기의 모든 삶을 신학에 바쳤다. 그는 신학이 진정한 지식을 다루고 있다는 의미에서 "과학"이라고 생각했다.[16] 램은 계시가 인격적인가 또는 명제적인가에 관한 질문에 양자 모두라고 답했다. 명제적 계시라 함은 램의 경우 "계시에 개념적인 측면이 있다는 것"을 의미한다.[17] 이 개념적 요소 없이는 신학이 불가능하다.[18] 램은 바르트나 브루너(Brunner)가 모두 어떻게 비개념적 계시가 기독교신학의 기초가 될 수 있는지를 분명하게 밝히지 못했다고 생각했다.[19]

철학과 신학의 관계에 대한 램의 견해는 철학을 신학의 "하녀"이자 종속물로 본다는 점에서 어거스틴, 루터, 칼빈의 입장과 동일하다. 철학은 신학에 유용하며, 불가피하기조차하다. 왜냐하면 담론의 규칙과 논리적 규범, 진리적 언명을 검토하는 방법론은 본질상 철학적이기 때문이다. 그러나 철학은 결코 신학의 대체물로 간주될 수 없다. 신학은 어떤 특별한 철학 체계에도 얽매이게 (틸리히 같은 신학자들이 수행한 것처럼) 해서는 안 된다. 탁월한 통찰력의 소유자인 램은 이렇게 경고 한다: "만일 어떤 신학자가 어느 철학을 기독교의 입장에 부합한 것으로 믿고 있다가 그 철학이 불신을 받게 된다면, 그때 모든 기독교의 입장(case)은 손상을 입는다."[20]

신학자 램은 그리스도인이 "그리스도에 의한 구속과 성령의 내적 증거를 통해서 계시에 참여한 자"이어야 한다고 믿는다.[21] 복음주의 신학자는 자신의 "가장 근본 동기가 편향된 복음주의 입장을 무조건 방어하려는 것이 아니라, 어떤 대가를 지불하더라도 진리를 추구하겠다는 열정이라는 것"을 보여주어야 한다.[22] "어떠한 대가를 지불하고서라도 진리"를 추구하겠다는 램의 헌신은 그의 신학방법론의 핵심 사상이다.

램은 신학자가 계몽주의 기간에 발전한 학문의 도구들과 방법들을 사용해야 한다고 생각했다; 본문 비평과 문학 비평, 그리고 역사 비평은 모두 신학의 작업에서 유용하다는 것이다. 램은 "경건한 성경 비평"(즉 영감 받은 자료로 성경을 존중하는 비평)이기만 하다면 고등비평의 역할을 인정한다.[23] 그러므로 성경 비평은 한계가 있다는 것이다. 왜냐하면 성경의 영감이나 권위에 대한 관념을 파괴시키는 비평은 도를 넘어선 것이기 때문이다.[24] 그러나 성경 비평이 가능할 뿐 아니라 필수적인 이유는 성경이 인간과 하나님이라는 이중 저자의 산물이기 때문이다.[25]

램은 자신의 해석학적 방법의 실제 응용사례를 보여준, 출애굽기 주석에서, 자료비평과 제한적이고 신중한 편집비평의 타당성을 인정했다. 또한 "J자료, E자료, P자료는 순수한 사변이 아닌 본문 안에 있는 현상들을 말하고 있다고 확인했다."[26]

그러나 램은 "믿음이 모든 것을 말해준다"는 가정과 기록된 예수의 행적과 말씀은 역사적 근거가 없다는 가정에 동의하지 않는다. 정녕 마태복음 28장 19-20절에는, 아마도 삼위일체 교리의 흔적 같은 것일 수도 있는 "초대교회 자료"가 있다. 섞여있기만 한 것이라면, 신약성경은 초대교회의 자료가 "섞여 있는" 것이 아니다. 그렇지 않다면 신약성경은 신뢰할만한 신학의 자료가 될 수 없을 것이다.[27] 이것은 명료화이지 왜곡이 아니다.

램은 "오늘날 가장 첨예한 신학적 문제는 성경을 특정한 역사에 국한시키면서, 문화가 어느 정도 성경의 자체적 특성에 영향을 미치는가를 가늠하는 것"이라고 쓰고 있다.[28] 실제 문제는 성경 속에 있는 무엇이 초역사적이고 초문화적인가를 결정하는 것이다. 램은 계시의 문화적 측면은 문헌 양식이나 언어에 있다고 생각한다. 계시는 "인간"이나 "우주만물을 통해서" 전달된다[29] (즉 그것은 인간의 언어 형태를 갖고, 인간의 유비와 은유, 그리고 신인동형화 등을 사용한다). 과학적, 심리학적, 의학적 용어나 수학적이고 계량적인 체계를 다룬 성경의 언어는 전적으로 문화적이다.[30] 그러므로 성경은 특별한 우주론을 가르치는 것이 아니라 단지 그 당시 통용되는 언어로 하나님의 진리를 표현한다.[31] 램은 또한 신학이 문화에 의해 좌우된다고 생각한다. 그는 신학자들은 "어떠한 문화 요소들이 그들의 신학에 유입될 수 있는지, 그리고 그것의 본래 성경기반과 다른 왜곡을 만들어 낼 수 있는지를 파악하기 위해 계몽주의 태도에 개방되어야 한다"고 썼다.[32] 신학자의 임무는 각 세대가 이해할 수 있도록 신학을 재진술하는 데 있다. "현대적이면서도 성경적이 되는 것, 성경적이면서도 동시대적이 되는 것, 그것이 관건인 것이다."[33]

### 변증학

초기에 램은 변증학을 죄인이 하나님의 계시를 테스트할 능력이 있다고 가정한다는 이유에서 "불신앙"의 한 양식이라고 생각한 바르트와 의견을 달리했다. 램은 바르트가 자신의 계시, 성령의 사역, 계시의 징표, 하나님의 실재에 대한 교리에서 변증을 하고 있다고 생각한다.[34]

램은 「기독교 변증학의 문제」(Problems in Christian Apologetics)라는 자신의 최초 저술에서 믿음과 이성의 관계에 대한 자신의 입장을 밝혔다. 그는 자신의 입장을 "자율적 기독교"라고 불렀다.[35] 그는 계시가 "자기 확증적"(self-established)이지만, 그럼에도 이성은 계시가 모순적이거나 비논리적이지 않다는 것을 보여줄 수 있다고 생각했다. 램은 어떠한 인간의 증언이나 합리적인 논증도 한 인간이 우선 믿음으로 복음을 붙잡기 전까지는 아무런 유익이 되지 못한다는 칼빈과 의견을 같이한다. 확신은 이성이 아닌 성령의 설득을 통해서 온다. 하나님의 존재를 입증하려는 기독교 증언이나 논증은 믿음을 가진 사람에게만 유용한 것이다.[36] 램은 전통적인 신존재 증명들을 논의했지만, 이 증명들이 무엇인가를 "입증"해 준다고 생각하지 않았다. "살아계신 하나님 안에 있는 신앙이라는 성경적 견해가…. 유신론적 증명에 의해서 하나님의 존재하심에 관한 신념이 대조된다면, 이러한 신념은 공허한 것임이 드러난다."[37] 이러한 진술은 존 베일리(John Baillie)의 그 유명한 주장을 상기시킨다: "신약성경이 전하고 있는 하나님에 대한 지식은 최고의 논증조차 하찮은 대체물이요 사족에 불과하다는 것을 확인시켜주는 지식이다."[38]

램의 핵심변증은 여러 해를 거듭하면서도 기본적으로 변하지 않고 일관성을 유지해 왔다고 볼 수 있지만, 후기에 그는 체험(성령의 증거)과 역사 속에서 하나님의 행동하심, 그리고 "공관적(synoptic) 비전"(이것이 그가 실증에 대한 세 개의 동심원이라고 주장한 요소들이다) 같은 것들을 더 강조하였다. 이것들은 기독교의 진리를 입증하는 데 기여하기보다 기독교의 진리를 개연성이 있는 어떤 것으로 만들었다.[39] 최근 그의 변증에 관한 저서들은 "만약 하나님의 말씀 밖에 있는 어떤 것이 하나님의 말씀을 진정한 것으로 확증시키는 데 필요하다면, 그것은 하나님의 말씀보다 더 위대해야만 할 것이라는 바르트의 의견에 동감하고 있다"는 것을 보여준다.[40]

### 계시

모든 신학자는 사람에 대한 그 자체로서 하나님 계시의 본질이라는 주제를 다루어야 한다. 그러나 버나드 램이 해왔던 정도로까지 그 주제를 집중적으로 논의한 사람은 거의 없었다. 거의 모든 그의 저서와 수많은 논문들은 계시에 관한 여러 측면을 직접적으로 다루고 있다. 이 주제를 다룬 램의 가장 중요한 시도는 「특별계시와 하나님의 말씀」(Special Revelation and the Word of God)이라는 저서였다. 리처드 콜만(Richard J. Coleman)은 이 책을 계시와 관련한 "가장 중요한 주제들을 다루고 있는 가장 유익한 입문서"라고 평가했다.[41]

램은 하나님에 대한 이중 지식 – 즉 창조자 하나님에 대한 지식과 구속자 하나님에 대한 지식– 이 있다는 칼빈의 입장에 동의한다. 오늘날에는 일반적으로 일반계시와 특별계시라는 하나님 지식의 두 요소에 대해 말한다. 램은 일반계시를 "하나님이 모든 사람을 위해 그 자신을 증거하시는 것"으로 정의한다.[42] 이것은 자연과 인간을 통해 오는 하나님의 계시를 포함한다. 전통적인 로마가톨릭 신학은 자연과 인간 이성을 통에서 발생하는 하나님에 대한 정확한 지식이 가능하다는 신념을 고수하고 있다. 칼빈처럼, 램은 정확한 일반계시가 있다는 것을 믿었지만, 지적 작용(noetic effects)이 죄에 오염되어 있다면 인간이 일반계시를 통해 이익을 얻지는 못한다고 주장했다. 그렇다면 자연신학은 성립되지 않는다. 죄 안에 있는 인간은, 비록 계시가 객관적이고 실재적인 것이라고 하더라도, 하나님에 관한 자연계시를 방해하고 왜곡한다.

특별계시는 특정한 사람이나 집단에게 구체적 양식으로 주신 하나님 말씀으로,[43] 세 가지 이유 때문에 필요하다. 첫째, 죄에 오염된 지력의 작용이나 "이성에 침투한 죄"[44]는 특별계시를 필요로 하게 한다. 둘째, 하나님의 초월성과 불가해성은 특별계시를 요구한다. 램은 키에르케고르(Kierkegaard)를 거쳐 신정통주의로 계승된 "알려지지 않은 자"(Unknown), "전적인 타자"(Wholly Other), "모호한 하나님"(Deus Absconditus), 그리고 "숨으신 하나님"(Hidden God) 같은 개념들은 하나님의 내재성에 대한 다양한 견해로 이해되어야 한다고 생각한다.[45] 셋째, 인격으로서 하나님 개념은 삼위일체적 계시 혹은 특별계시를 요구하게 된다. 하나님의 삼위는 하나님의 그 위격들이 알려지기를 원할 때만 알려질 수 있다. 하나님은 결코 발견되지 않는다; 그는 스스로를 드러내신다.

램은 특별계시를 – 특별계시의 유형과 특별계시의 결과물이라는 – 두 개의 주요 부분으로 나누어 논의했다. 이러한 양식들이나 유형들은 하나님이 하나님 자신으로서 계시를 전하는 방법이다. 첫째 유형은 "하나님의 배려"(divine condescension; 즉 사람에게 계시의 수준을 맞추심)다.[46] 계시는 사람을 일으킨 것이 아니다; 계시는 하나님이 웅크리신 것이다. 순응(accommodation)으로서 계시는 언어, 의인화, 유비 등과 같이 철저하게 인간적 특성들을 가지고 있다. 이러한 계시의 "인간적" 속성은 계시가 인간에게 이해될 수 있다는 것을 확신시킨다. 램은 조절의 원리가 진리의 상실을 함축한다는 불트만의 의견에 동의하지 않는다.[47]

둘째 유형은 "하나님의 말씀하심," 혹은 하나님 말씀으로서 계시다.[48] 구약성경의 예언자는 여러 가지 신비한 방법으로 하나님의 생생한 말씀을 받아서 전했다. 이것이 하나님 말씀의 으뜸 되는 가장 기본적인 의미다. 그 때 말씀은 구전 양식뿐 아니라 기록된 양식도 취한다. 기록된 특별계시는 반드시 여러 가지 문헌 양식으로 취해진다. 램은 어떤 문학 장르(신화, 무용담, 전설을 포함한)나 어떤 역사적 기록양식(연대기, 지리, 자서전 등)도 수용될 수 있다고 생각했다. 하나님의 말씀을 이해하기 위해서, 문자적 매개체가 그것이 나르고 있는 계시의 내용과 혼동되어서는 안 된다.

셋째 유형은 "역사적 사건"이다.[49] 죄가 역사적이기 때문에, 계시는 역사적일 수밖에 없다. 계시는 역사 속에서 하나님의 구속활동을 전하고 반영한다. 그래서 구속은 계시에 우선한다.

계시의 넷째 유형은 성육신이다. 램은 역사적 신조들에 진술된 실제적 성육신을 믿는다. 예수는 하나님인 동시에 인간이었다. 그의 일차적 사명은 죄를 위해 대속물로서 십자가 위에서 죽는 것이었다. 성육신을 통해서 하나님은 사람으로 "강림하셨다"; 그는 인간의 차원에서 계시를 이루기 위해 낮아졌다. 그리스도는 자신의 말씀과 인격과 행위를 통해서 하나님 아버지를 계시했으며, *"신약성경은 성육신에 대한 사도적 경험의 교회 안에서 영원하다."*[50]

램은 그리스도 안에서 그것의 정점을 이루는 이러한 우주적 매개체를 통한 계시가 어떠한 "잔여물들"과 "부산물들"을 남겼는데, 그것들이 바로 말씀선포, 하나님에 대한 지식, 성경, 성경번역이라고 주장한다. 말하기와 기록하기는 계시를 보존하고 전달하기 위한 기독교 공동체의 시도다. 계시에 의해 전해진 하나님의 지식은 인격적인 동시에 개념적이며, 설교와 가르치기와 기록하기를 통해 재현될 수 있는 진리들을 포함한다.

계시는 또한 성경을 낳았다. 램은 이 성경이 하나님이 말씀하시는 양식의 확장이라고 간주한다.[51] 하나님 말씀의 구전양식, 즉 전승은 신약성경의 핵심과 요지임을 보여준다. 구전 전승만으로는 계시 그 자체 보존이 불가능해서 기록되어져야 했다.[52]

신학자는 성경에 대해 무엇을 말할 수 있는가? 성경의 특성을 결정하는 데는 두 가지 접근이 있다. 하나는 선험적(priori) 방법이다. 연구자는 이 방법을 사용해서 성경 본문을 연구하고, 또는 성경신학을 전개한다. 또 다른 방법은 "현상학적"(phenomenological) 방법이다. 연구자는 이 방법을 사용해서, "현재 우리 앞에 있는 그대로"의 성경 특성을 우선 파악하려 한다.[53] 전자의 방법은 만일 성경이 영감을 받은 것이라면 어떤 특성을 가졌음에 틀림없다고 가정한다; 후자의 방법은 성경에 있는 하나님과 인간의 모든 "현상들"(phenomena)에 관해서 성경 그 자체를 연구하고, 성경의 신학적 속성에 대해서 결론을 내린다. 램의 방법은 후자다. 그래서 그는 영감(inspiration)을 근거로 무오성(inerrancy)에 대한 어떤 형식적인 개념을 결코 추론하지 않았다.

현상학적 접근방법은 성경이 가지고 있는 인간적 특성을 부담스러워하지 않는다. 신화와 전설을 포함한 모든 문학 장르는 하나님의 계시를 운반하는 도구가 될 수 있다고 생각한다. 성경비평을 권장하며, 위에서 언급한 것처럼, "건전한"(reverent) 편집 비평을 수용한다. 또한 성경은 과학, 역사, 지리학이 제기하는 문제들과 관련해서 무오하다는 기대를 하지 않는다. 램은 복음주의자들이 무오성을 최고의 교리로 만든 것은 잘못이라고 생각한다. 그는 연구자의 성경관이 신학에서 가장 중요한 부분이라고 생각하지 않는다.[54] 계시가 영감에 우선하며 더 중요하다; 그리고 성경을 활용하는 것이 성경에 대해 어떤 견해를 가지고 있는가 하는 것보다 더 중요하다. 예를 들어 성경에 대한 맹목적 열광주의자도 성경 무오론자가 될 수 있다는 것이다.

램은 영감을 과소평가하는 것이 아니다. 다만 영감을 기능적으로 이해하려고 할 뿐이다. 영감의 기능은 진정한 "양식 안에 계시를 보호"하고 보존하는 데 있다.[55] 성령이 어떻게 이러한 것을 수행했는지에 대해서는 아무도 모른다; 그러므로 고착화시킬 수 있는 성경에 관한 어떤 선험적 개념은 결코 있을 수 없다.

초기 저작들에서 램은 성경을 묘사하기 위해 "무오성"이라는 용어를 사용한다. 그러나 그는 그 개념을 상당히 신중하게, 그리고 믿음과 도덕에 관한 차원으로만 제한적으로 사용했다.[56] 후기 저작들에서 램은 칼 헨리(Carl Henry)의 계시관을 다루었다. 그는 헨리의 저작을 논하면서 "어떤 사람이 성경을 하나님의 말씀으로 확신한다고 할 때 성경에 관해 말할 수 있는 가장 우선적인 것은 무엇인가?"라고 묻는다. 램은 이렇게 답한다, "헨리는 성경이 무오하다고 주장한다. 나의 연구와 사고로는 그렇게 말할 수 있다고 보지 않는다. 말할 수 있는 것은 성경의 메시지가 무엇이냐 하는 것이다."[57] 램은 계시와 성경에 대해 가장 명확하게 다루고 있는 「특별계시와 하나님의 말씀」(Special Revelation and the Word of God)에서 "무오한"(inerrant)이란 용어를 한 번도 언급하지 않는다. 그는 "무류한"(infallible)이라는 용어를 더 선호했다. 이 용어의 의미는 성경이 잘못 인도하거나 기만하거나 실망시키지 않는다는 것이다. 성경의 능력은 무오성 같은 몇 가지 특성에서 오는 것이 아니라 예수 그리스도에 대한 참된 증언으로부터 온다. 성경은 하나님을 인간에게 계시하는 데 사용한 성령의 도구다. 무오성에 대한 좀 더 다듬어진 입장을 램은 기독론에 관한 자신의 저서에서 밝힌다. 무오성이 아닌 성경의 기독론이야말로 하나님의 권위 있는 말씀을 "사수하는 최전선"이다. 램은 이러한 사상이 바르트에게서 온 것임을 인정한다.[58]

### 권위

램은 많은 복음주의자들과 다르게 오직 성경에서만 권위를 찾으려고 하지 않았다. 그렇게 하는 것은 성경 앞에 어떤 권위도 있을 수 없다는 것을 의미하기 때문이다. 또한 신약의 증언을 보면 그리스도 자신이 교회의 살아계신 권위가 되신다. 정녕 이러한 견해는 성령의 증거라는 중요한 역할을 간과하는 경향이 있다.[59] 램은 권위에 대한 "일원적 원리"(monistic principle) 대신에, 역사 속에 하나님의 계시와 성육신과 성경, 그리고 성령의 증거를 포괄하는 권위의 "패턴"(pattern)이나 "모자이크"(mosaic)를 선호한다. "그래서 하나님 아버지의 객관적 말씀과 성령의 주관적 사역은 하나님에 관한 참 지식을 깨닫고 권위에 대한 기독교의 원리를 일깨우기 위해 믿는 자의 마음속에서 동시에 역사한다.[60] 램은 이러한 접근이 진정한 개혁주의신학, 곧 칼빈을 제대로 계승한 것이라고 생각했다.

### 성경과 과학

램은 계몽주의와 현대과학에 대한 근본주의자의 대응이 기독교를 과학과 성패 없는 싸움의 올무에 빠지게 했다고 보았다. 램은 전 생애를 통해서 반계몽주의자도 아니었고 지나치게 양보만 하지도 않으면서 과학에 대한 합리적 대응을 추구했다. 램은 그가 할 수 있는 한 과학과 성경을 조화시키려고 노력하면서도, 성경이 문화적으로 조건 지어진 특성을 가지고 있다고 생각했다. 성경의 언어는 대중적이고 현상적이며 비전문적이다. 성령은 성경기자들이 계시를 왜곡시킬 만큼의 중대한 오류를 범하게 하시지는 않았지만, 성령은 성경기자들에게 완전한 과학을 전해준 것도 아니었다. 램은 부분적 홍수와 비유로서 "여호수아의 긴 낮"(long day of Joshua) 사건, 그리고 성경 기록과 조화될 수 있는 고대의 지구에 대해 주장했다. 램은 기독교인이 유신론적 진화론자가 될 수 있다고 생각했다. 그 자신 역시 "점진적 창조론"(progressive creation)의 입장

을 취한다.[61]

램은 후기의 한 저서에서 인간에 대한 진화론의 결과와 아담에 관한 성경의 자료들, 그리고 인류의 타락 문제를 가지고 씨름한다. 그는 창세기 2-3장이 이야기신학이라고 주장하면서, 아담이야기를 전설 같은 것으로 보는 바르트를 따르고 있다. 즉 그는 아담이야기를 "태초의 인간을 회복시키려는 상상의 문학적 노력"으로 정의하고 있다.[62] 램은 아담을 "보편적 인류에 대한 총칭"(generic man)이자 인류와 유대인의 조상으로서 실제의 한 인물로도 본다. 이 책에서도 바르트에 대한 램의 의존성은 자명하게 드러나 있는데, 특히 성경에 대한 기독론적 견해가 그렇다.

### 기독론

램의 「복음주의 기독론」(An Evangelical Christology)과 「이성에 대한 공격」(Offense to Reason)라는 최근의 두 저서에서 마침내 신학방법론의 문제들을 넘어서 독자적인 신학을 개진해 나가고 있음을 보여주었다. 우리는 이 두 저서에서 그의 생생한 지식과 학문의 깊이, 그리고 그의 신학에 반영된 바르트의 지대한 영향력을 보게 된다. 「근본주의 이후」(After Fundamentalism, 1983)에는 램이 바르트적 입장을 벗어나 독자적인 신학을 개진하고 있음이 어느 정도 예기되어 있다.

램은 고대 신조들이 기독론의 모든 문제를 해결하지 못했다는 것을 알았지만, 그의 기독론은 여전히 고대의 신조들을 따르고 있다.[63] 램은 그리스도의 신성과 선재성, 성육신의 사실성, 동정녀 탄생, 그리스도의 참인간 되심과 죄 없으심(그리스도는 죄인의 몸이나 "죄의 본성"을 갖지 않았다), "성경에 기록되어 있는 그대로의" 그리스도의 죽으심과 부활하심, 그리스도의 재림 등을 확인한다. 램은 급진적 비평가들에 맞서서 성경에 기록된 그리스도의 모습을 강력히 변호하지만; 급진적 비평가들의 주장을 경청하기도 한다. 그의 열정적인 삶은 존중받을 만한 복음주의를 건설하는 데 바쳐졌고, 그의 「복음주의 기독론」은 이 과업의 수행 방안을 제시하려는 시도였다.

또 다른 램의 1985년 저작인 「이성에 대한 공격」 역시 그의 신학적 박식함과 바르트로부터 받은 영향이 나타나 있다. 램은 기독교적 죄론이 인간의 삶과 역사에 잘 부합된다는 것을 보여준다. 죄 문제는 기독교의 문제만이 아니다. 왜냐하면 철학자들, 심리학자들, 극작가들, 세속적 저술가들 그리고 세계의 고등종교들은 여러 다양한 방식으로 죄를 직접 다루고 있기 때문이다. 램은 창세기 2-3장을 전설로 그리고 아담을 사람에 대한 총칭으로 보고 있다는 점에서 바르트를 계승하고 있다. 그러나 그는 아담을 역사 속의 인물로 보고 있다는 점에서, 그리고 인류가 의로운 상태로 창조되었지만, 우리가 익히 알고 있는 역사 속에 한 사건으로 타락했다는 입장을 견지하고 있다는 점에서 바르트를 넘어서고 있다.[64] 램은, 자신의 사상을 개진하면서, 어떻게 아담이 사람에 대한 일반적 이름이면서 동시에 인류사 안에 있는 실제 개인의 이름일 수 있는지에 대해서는 결코 명백한 입장을 밝히지 못했다.

램은 모든 개인의 구원에 유일한 근거는 예수 그리스도뿐이라고 믿었다. 그는 또한 바르트의 만인구원론(universalism)에 대해 반대를 표명하고 "구원받은 자와 구원받지 못한 자 사이의 절대적 차별성"을 주장한다.[65] 그러나 램은 복음을 한 번도 들어본 적이 없는 사람들 모두가 "천국에서 문전 박대"를 당한다고 여기지는 않으면서도, 하나님의 성령이 예수의 이름을 들어보지 못한 사람들에게 그리스도의 구원사역을 적용시키실 수도 있다는 가능성을 열어 놓았다.

## 평가

복음주의는 지난 한 세기 동안 많은 도전과 변화를 겪어왔다. 계몽주의의 영향과 현대과학의 부상은 논쟁을 만들어낸 두 개의 주요한 힘이었다. 램의 사명은 복음주의를 지성적으로 존중받을 만한 것으로 보존시키며, 복음주의 교리의 핵심을 보호하면서도 반계몽적이라는 혐의에서 벗어나게 하자는 데 있었다. 램은 이러한 문제를 진지하게 다가가기 위해서 철학과 과학과 역사와 신학 문헌을 깊고도 폭넓게 연구했고, 방대한 저술 작업으로 자신의 연구를 정리했다. 램은 기독교 옹호자들은 물론 반대자들과 정직한 대화를 시도했다는 점에서, 자신의 사명을 잘 감당한 사람이다. 그의 결론이, 부분적으로 혹은 전폭적으로(in toto), 수용될 만한 것인지 아닌지는 램에게 중요한 것이 아니었다. 그는 일찍부터 신학에서 마침표를 찍는 진술과 "영광의 신학"(theology of glory)이란 있을 수 없는 것이라고 생각했다.

램이 사역에서 겪는 어려움은 근본주의와 자유주의 사이에서 중용의 길을 모색하려고 한 것에 있었다. 그 결과 그는 양측으로부터 비판을 받았다. 근본주의자들은 램이 너무 많은 타협을 했다고 비난했고, 상대적으로 자유주의적 정서를 가지고 있는 사람들은 램이 자신의 사상을 그들의 논리적 결론에까지 밀고 나가지 못했다고 주장했다. 램은 이러한 비판에 민감했지만, 진리가 인도하는 곳은 어디든지 따라가고자 했다.

램은 남침례교단보다 더 다원주의적인 북침례교단(American Baptist Convention)에서 활동해온 침례교인이다. 램은 침례교인인 동시에 신학적으로 복음주의 입장을 가지고 있는 신학자로 사는 것이 결코 모순이 되지 않는다고 보았다. 그러나 남침례교인인 글렌 힌슨(E. Glenn Hinson)은 램이 양자택일을 해야 한다고 주장하고 있다.[66] 힌슨은 복음주의자와 침례교인의 차이점을 다음의 네 가지로 요약한다: 침례교인은 신조를 꺼리지만, 복음주의자는 그것을 사용하고; 침례교인은 말씀에 대한 경험을 강조하지만, 복음주의자들은 말씀의 객관성을 강조하고; 침례교인은 계몽주의의 긍정적 작용(influence)을 인정하지만, 복음주의자는 계몽주의를 적으로 생각하며; 침례교인은 객관적인 하나님 말씀이나 행동보다는 하나님의 말씀과 활동하심에 대한 자발적인 응답이나 믿음에 "우선성"(priority)을 두지만, 복음주의자는 성경을 종이교황(paper pope)처럼 우상화했다.

첫 번째 지적과 관련하여, 램은 침례교 역사를 검토해보면 침례교인들이 처음부터 신앙고백서를 사용해왔음을 확실히 알 수 있다고 주장할 수 있을 것이다. 램은 신앙고백서 사용의 자제를 촉구하고, 신앙고백서가 흔히 개혁주의 신학의 강조를 포함하는 것에 주목했다.[67] 두 번째 지적에 대해서 램은 자신이 사실 그러하며, 힌슨이야말로 진정한 침례교신학을 벗어났다고 말할 것처럼 보인다. 램은 체험만을 종교나 신학체계의 핵심원리로 만들려는 어떠한 시도에 대해서도 의혹의 시선을 보냈다.[68] 힌슨의 세 번째 지적은 명백한 오류다. 왜냐하면 램의 반계몽주의에 대한 지속적인 경고들과[69] 「근본주의 이후」(After Fundamentalism)라는 저서가 이를 증명하고 있기 때문이다. 이 책에서 그는 계몽주의에 대해 긍정적으로 접근할 것을 요구한다. 네 번째 지적(그가 성경을 "종이교황"으로 만들고 있다는 것) 역시 램의 견해에 대한 서투른 지적이다. 신학에서, 특별히 성경의 본질과 신앙의 권위 구조와 관련한 오늘날의 논의에서 램의 주요 공헌 가운데 하나는 모든 일원론적 견해에 반대해서, 다양성이 수렴되는 권위나 그러한 경향을 강조한 것이다.[70] 더 나아가 램이 하나님의 일을 제대로 감당하고 있는지 가늠할 수 있는 신앙인의 정확한 판단자료로 성령의 내적 증거를 확실하게 재차 강조한 것은 근본주의 신학에서 흔히 행해졌던 말씀의 절대적 객관화라는 유혹에서 그를 지켜주었다.[71]

바르트에 대한 램의 존경심은 마침내 그가 이 스위스 신학자를 신학을 수행하는 전형으로 삼아야 한다고 선언하기까지 이르렀다. 바르트에 대한 존경은 거의 경외심에 가까웠다고 느껴질 정도다. 아마도 램이 기독교의 진리를 확립해나가는 데 자신의 이성적 주장들을 완화시키게 만든 것은 바르트의 영향 때문이었을 것이다. 또한 램이 만인구원론 근처에서, 비록 넘어가지는 않았지만, 휘청거리게 만들고, 복음을 한 번도 들어보지 못한 많은 사람들에 대해 구원의 문을 열어놓도록 영향을 미친 것은 바르트의 "그리스도-일원론"(christo-monism)이었을 것이다.

사람들로부터 의혹을 받고 있는, 이방인을 향한 램의 "열린 문"(open door) 개념은 신약성경에 대한 심각한 연구 결과에서 기인한 것이라기보다, 더딘 세계복음화의 진전과 상대적으로 적은 기독교인들로부터 기인했다. 그의 로마서 2장 주석은 의심스러운 점이 있다.[72] 무엇보다 중요한 것은 램이 그리스도의 유일성, 케리그마의 중요성, 신앙과 복음에 관한 복음의 메시지에 대한 신약성경의 전체적 증언을 고려하지 않은 듯하다는 것이다. 바울이 선포하듯이, 복음은 구원을 이루시는 하나님의 능력이다(롬 1:16); 그리고 하나님에 의해 선택된 자들에게 증거를 주는 것(살전 1:4-5)은 그리스도의 죽으심과 장사지내심과 부활하심(복음)에 대한 사도적 증언을 받아들임으로써 이루어진다. 램 자신은 계시의 개념적 측면을 여러 차례 주장했다. 신앙은 주관성 이상의 것이다.

잃은 자를 구원하기 위한 복음 설교의 중요성을 간과하는 것은 세계복음화를 위한 기독교의 사명에 종막을 알리는 것이 될 수도 있는 심각한 퇴보다. 더 나아가 이러한 교리에서부터 바르트의 사상과 만인구원론까지는 그 거리가 매우 가깝게 느껴진다; 그리고 이러한 교리는 복음주의에 상당히 부정적인 결과들을 가져올 수도 있다. 만일 바르트라는 명망가가 세계선교에 대한 관심과 필요성을 약화시킬 수 있다면, 그 때 그는 대부분의 침례교인들이 본받기를 원하고 있는 전형적인 사람이 될 수 없다. 물론 램이 바르트를 신학자의 전형으로 치켜세웠을 때 정확히 어떤 특정한 교리를 염두에 두었던 것은 아니었다. 그러나 나무는 열매로 안다; 만인구원론의 쓴 열매는 보기에 좋은 것일지는 몰라도 침례교인의 기호에는 전혀 맞지 않는다.

램은 창조적인 신학자가 아니다. 그의 유산은 새로운 신학세계를 만든 사람의 것과 다르다. 그는 수많은 젊은 신학자들의 사상에 영향을 주었지만,[73] 이렇다 할 "램의 추종자들"(Rammites)은 없는 듯하다. 패커(J. I. Packer)가 램의 광범위한 연구와 중용적 접근을 언급하면서 "건실한 종합을 이루어낸 선구자"(a pioneer in enriched synthesis)[74]로 기억될 것이라고 주장한 것은 매우 적절하다. 진리를 향한 램의 개척자적 열정은 그를 전통적인 틀에서 벗어나도록 했다.

램은 사람의 생각을 자극할 수 있는 많은 요소를 가지고 있었다. 왜냐하면 그는 결코 한 주제를 대충 넘어가지 않았기 때문이다. 램은 그 자신이 이것은 수용하고 저것은 거부하면서–변증법적이며 비평적으로–다른 사람들을 이해한 것과 같은 방식으로 이해되어야 한다. 우리가 과학과 성경을 조화시키려고 한 램의 접근이나 어떤 유익을 얻기 위해서 램이 무오성 개념을 거부한 것에 반드시 동의할 필요는 없다. 아마도 그의 가장 위대한 공헌은 다음과 같을 것이다: 그는 진리를 사랑하고 다른 이들의 의견을 존중하며 사실들(그가 생각한) 앞에서 담대한 자의 모범이었다. 그의 사역을 완전히 평가하기에는 너무 이르다. 그래서 개인적으로 필자는 미래에 더 많은 것을 기대해 본다.

## 주(註)

1) Bernard Ramm, *The Christian View of Science and Scripture* (Grand Rapids, Mich.: Wm. B. Eerdmans Publishing Co., 1954), 7.

2) Bernard Ramm, *Protestant Christian Evidences: A Textbook of the Evidences of the Truthfulness of the Christian Faith for Conservative Protestants* (Chicago: Moody Press, 1953), 220-21.

3) 필자는 램(Ramm)이 작성해서 1988년 보내준 「이력서」(Vitae)에서 이러한 그의 신학교 교수 경력을 발췌했다.

4) Bernard Ramm, *Problems in Christian Apologetics: The Mid-year Lectures of 1948 of Western Baptist Theological Seminary* (Portland, Ore.: Western Baptist Theological Seminary, 1949), 92.

5) Bernard Ramm, "Baptist and Historical Theology," *Foundations* 2 (July 1959):258-63.

6) Bernard Ramm, *The Devil, Seven Wormwoods, and God* (Waco: Word Books, 1977), 6.

7) 카이퍼에 대해 램의 찬사는 다음의 책을 보라. Bernard Ramm, *Special Revelation and the Word of God* (Grand Rapids, Mich.: Wm. B. Eerdmans Publishing Co., 1971).

8) Bernard Ramm, *A Christian Appeal to Reason* (Waco: Word Books, 1972), 33.

9) Bernard Ramm, *After Fundamentalism: The Future of Evangelical Theology* (San Francisco: Harper & Row, Publishers, 1983), 11.

10) Bernard Ramm, "Helps from Karl Barth," *How Karl Barth Changed My Mind*, ed. Donald K. McKim (Grand Rapids, Mich.: Wm. B. Eerdmans Publishing Co., 1986), 121.

11) Ibid., 122-23.

12) Ibid., 123.

13) Ibid., 124.

14) Ibid., 125.

15) Ramm, *After Fundamenualism*, 14. 강조 표기는 램에 의한 것이다.

16) Ramm, *The Christian View of Science and Scripture*, 46.

17) Ramm, *Special Revelation and the Word of God*, 154,

18) Bernard Ramm, *The Evangelical Heritage* (Waco: Word Books, 1973), 130.

19) Bernard Ramm, *A Handbook of Contemporary Theology* (Grand Rapids, Mich.: Wm. B. Eermans Publishing Co., 1966), s.v. "Revelation, Propositional."

20) Bernard Ramm, *The Devil, Seven Wormwoods, and God,* 142. 또한 다음을 보라. *Types of Apologetic Systems,* 95; *Protestant Christian Evidences,* 33; *Protestant Biblical Interpretation,* 169.

21) Ramm, *Special Revelation and the Word of God,* 141.

22) Ramm, *The Devil, Seven Wormwoods, and God,* 60.

23) Ramm, *Special, Revelation and the Word of God,* 191-92.

24) Ramm, *A Christian Appeal to Reason*, 66.

25) Bernard Ramm, *Special Revelation and the Word of God*, 179; Jack Rogers, ed. "Is Scripture Alone the Essence of Christianity?" *Biblical Authority* (Waco, Texas: Word Books, 1977), 117.

26) Bernard Ramm, *His Way Out* (Glendale, Calif.: Regal Books, 1974), 208.

27) Bernard Ramm, "Contemporary Theology and Church Material," *Christianity Today* 16 (August 11, 1972): 11-12.

28) Ramm, *Protestant Biblical Interpretation*, 157.

29) Ramm, *Special Revelation and the Word of God*, 36, 65-66.

30) Ramm, *The Christian View of Science and Scripture*, 65-76.

31) Ibid., 97 ff.

32) Ramm, *The Evangelical Heritage,* 72

33) Ibid., 170.

34) Ramm, *A Christian Appeal to Reason*, 22.

35) Ramm, *Problems in Christian Apologetics*, 11.

36) Ibid., 25-30.

37) Ramm, *A Christian Appeal to Reason,* 108-9.

38) John Baillie, *Our Knowledge of God* (New York: Charles Scribner's Sons, 1939), 126.

39) Ramm, *A Christian Appeal to Reason,* 38 ff.

40) Ramm, *After Fundamentalism,* 61.

41) Richard J. Coleman, *Issues of Theological Warfare: Evangelicals and Liberals* (Grand Rapids, Mich.: Wm. B. Eerdmans Publishing Co., 1972), 105.

42) Ramm, *Special Revelation and the Word of God,* 17.

43) Ibid., 17.

44) Bernard Ramm, "The Labyrinth of Contemporary Theology," *Christianity Today* 9 (July 16, 1965): 8.

45) 다음을 참조하라. Ramm, *A Handbook of Contemporary Theology*, s.v. "Other. Wholly," & *"Deus Absconditus."; Special Revelaton and the Word of God,* 24.

46) Ramm, *Special Revelation and the Word of God,* 31-52.

47) Ramm, *Protestant Biblical Interpretation,* 101.

48) Ramm, *Special Revelation and the Word of God,* 53-69.

49) Ibid., 70-105.

50) Ibid., 115. 강조 표시는 램에 의한 것이다.

51) Ibid., 161.

52) Ibid., 173-75.

53) Bernard Ramm, "Scripture As a Theological Concept," *Review and Expositor* 71 (Spring 1974): 150.

54) Bernard Ramm, "Is Scripture Alone the Essence of Christianity?" in *Biblical Authority,* ed. jack Rogers (Waco: Word Books, 1977), 113.

55) Ramm, "Scripture As a Theological Concept," 158.

56) Ramm, Protestant Biblical Interpretation, 202 ff.

57) Bernard Ramm, "Carl Henry's Magnus Opus," *Eternity* 28 (March 1977). 62.

58) Ramm, *An Evangelical Christology,* 202.

59) Ramm, "Baptists and Source of Authority," *Foundations* 1 (July 1958): 13-4.

60) Bernard Ramm, *The Patter of Religious Authority* (Grand Rapids, Mich.: Wm. B. Eerdmans), 92.

61) 다음을 참조하라. Ramm, *The Christian View of Science and Scripture;* 또한 *Offense to Reason: A Theology of Sin* (San Francisco: Harper & Row, Publishers, 1985), 74-75.

62) Bernard Ramm, *Offense to Reason*, 70.

63) Ramm, *An Evangelical Christology*, 16.

64) Ramm, *Offense to Reason,* 139-40.

65) Bernard Ramm, "will All men Be Finally Saved?" *Eternity* 15 (August 1964): 22-25, 33. 또한 다음을 보라. *After Fundamentalism*, 165 ff., 201.

66) E. Glenn Hinson, "Baptists and Evangelicals: What is the Difference?" 이 논문은 1980년 11월에 Columbia, S. C.의 남 캐롤라이나 침례교 역사학회(South Carolina Baptist Historical Society)에서 발표되었다.

67) Bernard Ramm, "Baptist Theology," *Watchman-Examiner*, November 24, 1955, 1070.

68) 다음을 참조하라. Ramm, "Baptist and Sources of Authority," 6-15.

69) Bernard Ramm, "Are We Obscurantists?" *Christianity Today*, February 18, 1957, 14-5. 또한 "계몽주의를 평가한 것과 관련해서는" 다음을 참조하라. *The Evangelical Heritage,* 70,

70) 다음을 참조하라. Ramm, "Baptist and Source of Authority," 6-15, & *The Pattern of Religious Authority* (Grand Rapids, Mich.: Wm. B. Eerdmans Publishing Co., 1957).

71) 다음을 참조하라. Bernard Ramm, *The Witness of the Spirit: An Essay on the Contemporary Relevance of the Internal Witness of the Holy Spirit* (Grand Rapids, Mich.: Wm.: B. Eerdmans Publishing Co., 1959).

72) Ramm, "Will All Men Be Finally Saved?" 25.

73) 다음을 참조하라. Clark H. Pinnock, "Bernard Ramm: Postfundamentalist Coming to Terms with Modernity," *Perspectives in Religious Studies*, (Festschrift issue) (1990).

74) 패커(Packer)는 1988년 11월 필자와의 대담 도중 이러한 진술을 했다.

# 참고자료

## 1차 자료

### 단행본

*After Fundamentalism: The Future of Evangelical Theology*. San Francisco: Harper and Row, 1983.

*A Christian Appeal to Reason. Waco: Word Books. Paperback,* 1977. Originally published in hardback under the title *The God Who Makes a Difference: A Christian Appeal to Reason* by the same publisher, 1972.

*The Christian College in the Twentieth Century.* Grand Rapids, Mich.: Wm. B. Eerdmans, 1963.

*The Christian View of Science and Scripture.* Grand Rapids, Mich.: Wm. B. Eerdmans, 1954.

*The Devil, Seven Wormwoods, and God.* Waco: Word Books, 1977.

*An Evangelical Christology: Ecumenic and Historic.* Nashville: Thomas Nelson, 1985.

*The Evangelical Heritage.* Waco: Word Books, 1973.

*A Handbook of Contemporary Theology.* Grand Rapids, Mich.: Wm. B. Eerdmans, 1966.

*His Way Out.* Glendale, Calif.: G/L Regal Books, 1974.

*Offense to Reason: A Theology of Sin.* San Francisco: Harper and Row, 1985.

*The Pattern of Authority.* Grand Rapids, Mich.: Wm. B. Eerdmans, 1957. Paperback edition under the title The Pattern of Religious Authority by the same Publisher, 1968.

*Problems in Christian Apologetics.* Portland: Western Baptist Theological Seminary, 1949.

*Protestant Biblical Interpretation: A Textbook of Hermeneutics for Conservative Protestants.* Boston: W. A. Wilde Co., 1950. Revised and enlarged by the same publisher, 1956. Revised edition under the title *Protestant Biblical Interpretation: A Textbook of Hermeneutics.* Grand Rapids, Mich.: Baker Book House, 1970.

*Protestant Christian Evidences: A Textbook of the Evidences of the Truthfulness of the Christian Faith for Conservative Protestants.* Chicago: Moody Press, 1953. Paperback edition by the same publisher, 1978.

*Rapping About the Spirit.* Waco: Word Books, 1974.

*The Right, the Good and the Happy.* Waco: Word Books, 1971.

*Special Revelation and the Word of God.* Grand Rapids: Wm. B. Eerdmans, 1961.

*Them He Glorified: A Systematic Study of the Doctrine of Glorification.* Grand Rapids, Mich.: Wm. B. Eerdmans, 1963.

*Varieties of Christian Apologetics.* Grand Rapids, Mich.: Baker Book House, 1962. Originally Published under the title *Types of Apologetic Systems: An Introductory Study to the Christian Philosophy of Religion.* Wheaton, I11.: Van Kampen Press, 1953.

*The Witness of the Spirit: An Essay on the Contemporary Relevance of the Internal Witness of the Holy Spirit.* Grand Rapids, Mich.: Wm. B. Eerdmans, 1959.

### 다른 책에 기고한 글들

"Biblical Interpretations." In *Baker's Dictionary of Practical Theology*, edited by Ralph G. Turnbull. Grand Rapids, Mich.: Baker Book House, 1967.

"Biblical Interpretations." In *Hermeneutics*, edited by Ralph G. Turnbull. Grand Rapids, Mich.: Baker Book House, n.d.

"The Common Call for Human Dignity." In *Modifying Man: Implications and Ethics*, edited by Craig W. Ellison. Washington, D.C.: University Press of

America, 1977.

"Ethics in the Theologies of Hope." In *Toward a Theology for the Future,* edited by David F. Wells and Clark H. Pinnock. Carol Stream, I11.: Creation House, 1971.

"The Evidence of Prophecy and Miracle." In *Revelation and the Bible: Contemporary Evangelical Thought*, edited by Carl F. H. Hinry. Grand Rapids, Mich.: Baker Book House, 1958.

"Fortunes of Theology from Schleiermacher to Barth and Bultmann." In *Tensions in Contemporary Theology*, edited by Stanley Gundry and Alan Johnson. Foreword by Roger Nicole. Chicago: Moody Press, 1976.

"The Glorification of the soul." In *The New Life,* edited by Millard J. Erickson. Grand Rapids, Mich.: Baker Book House, 1979.

"Helps from Karl Barth." In *How Karl Barth Changed My Mind*, edited by Donald K. McKim. Grand Rapids, Mich.: Wm. B. Eerdmans, 1986.

"Is 'Scripture Alone' the Essence of Christianity?" *In Biblical Authority,* edited by Jack Rogers. Waco: Word Books, 1977.

"John Henry Newman." In *A History of Religious Educators,* edited by Elmer L. Towns. Grand Rapids, Mich.: Baker Book House, 1975.

"The New Hermeneutic." In *Baker's Dictionary of Practical Theology,* edited by Ralph G. Turnbull. Grand Rapids, Mich.: Baker Book House, 1967.

"The New Hermeneutic." In *Hermeneutics,* edited by Ralph G. Turnbull. Grand Rapids, Mich.: Baker Book House, n.d.

"The Principle and Pattern of Authority in Christianity." In *The Living God,* edited by Millard J. Erickson. Grand Rapids, Mich.: Baker Book House, 1973.

"Shifting University Education and the Evangelical College." In *About Schools,* edited by Mark Tuttle. New York: Houghton College Press, 1972.

"Special Revelation and the Word of God." In *The Living God,* edited by Millard J. Erickson. Grand Rapids, Mich.: Baker Book House, 1973.

## 정기간행물

"An Appraisal of Karl Barth." *Eternity* 20 (Feb. 1969): 36-38.

"Are We Obscurantists?" *Christianity Today* 1 (Feb. 18, 1957): 14-15.

"Baptist Theology." *Watchman-Examiner* 43 (Nov. 24, 1955): 1070-73.

"Baptist and Historical Theology." *Foundations* 2 (July 1959): 258-63.

"Baptist and Sources of Authority." *Foundations* 1 (July 1958): 6-15.

"Bernard Ramm's Confession of Christ." *Eternity* 31 (April 1980): 29.

"Biblical Faith and History." *Christianity Today* 7 (Mar. 1, 1963): 5-8.

"A Definition of Death." *Journal of the American Scientific Affiliation* 25 (June. 1973): 56-60.

"Europe, God and Karl Barth." *Eternity* 10 (April 1959): 10.

"An Evaluation of Karl Barth." *Southern Presbyterian Journal* 7 (May 4, 1959): 8-11.

"Have You Discovered Thielicke?" *Eternity* 18 (May 1967): 19.

"Human Philosophy vs. Jesus Christ." *Eternity* 15 (Mar. 1964): 25-26.

"The Inscrutable Dr. Tillich." *Eternity* 14 (Nov. 1963): 28.

"Jesus Christ: Hallmark of Orthodoxy." *Christianity Today* 3 (Aug. 3, 1959): 9-11.

"Karl Barth and Analytic Philosophy." *Christian Century* 79 (April 11, 1962): 453-55.

"Karl Barth: The Theological Avalanche." *Eternity* 8 (July 1957): 4.

"Kierkegaard: Danish Timebomb." *Eternity* 9 (July 1958): 5-7.

"The Labyrinth of Contemporary Theology." *Christianity Today* 9 (July 16, 1965): 6-9.

"The Major Theses of Neo-orthodoxy." *Eternity* 8 (June 1957): 18.

"Moltmann and the Theology of Hope." *Eternity* 19 (Sept. 1968): 32-33.

"New Light on How God Speaks?" *Eternity* 25 (Oct. 1974): 79-80.

"The Relationship of Science, Factual Statements and the Doctrine of Biblical Inerrancy." *Journal of the American Scientific Affiliation* 21 (Dec. 1969): 48-124.

"Scripture an a Theological Concept." *Review and Expositor* 71 (Spring 1974): 149-61.

"Theological Reactions to the Theory of Evolution." *Journal of the American Scientific Affiliation* 13 (Sept. 1963): 71-77.

"Welcome 'Green-Grass' Evangelicals." *Eternity* 25 (Mar. 1974): 13.

"Will All Men Finally Saved?" *Eternity* 15 (Aug. 1964): 22.

# 31. 에드워드 존 카넬(Edward John Carnell)

조셉 로자스 3세(L. Joseph Rosas III)

## 생 애

에드워드 존 카넬
(Edward John Carnell)

에드워드 존 카넬(Edward John Carnell)은 대부분 변증학과 관련이 있는 8권의 저서와 다수의 논문들과 서평 그리고 초창기에 설립과정을 도왔던 한 신학교를 유산으로 남긴 채 1967년 세상을 떠났다. 카넬은 당대의 뛰어난 복음주의 지도자 가운데 한 사람이었다. 그러나 그는 또한 이 새로운 운동 가운데서 나타나곤 하는 긴장들을 구체화했는데, 이것은 우로는 분파적 근본주의와 자유주의 그리고 좌로는 신정통주의 신학과 구분 지으려는 운동이었다. 이 장에서는 그러한 배경 가운데서 카넬의 철학적이며 신학적 관점을 검토하려 한다. 그의 갑작스런 죽음으로 절정에 달했던 감정적이고 정신적인 곤경들은 그 투쟁에 대한 그 자신의 반응 가운데 더욱 어두운 국면이었다.[1)]

### 근본주의 대 복음주의: 상황 속의 카넬

19세기 신학에 커다란 충격을 주었던 철학과 과학 두 영역에서 큰 동요가 일어났다. 임마누엘 칸트(Immanuel Kant) 철학의 인식론적 분열과 헤겔(G. W. F.

Hegel)의 회의적이고 변증적 해법은 사상사적으로 후기비평시대(postcritical era)를 열었다. 이는 신학이 그 임무를 다하려고 추구했던 개념적 틀을 완전히 바꿔 놓았다. 성경에 대한 이성적인 고등비평의 등장은 성경해석학에 관한 주요한 전제를 포함해서 성경의 신적 기원과 영감설에 대한 태도에 급격한 방향선회를 가져왔다. 진화론에 대한 대폭적인 수용과 대중적인 확산 또한 보수신학과 과학 사이의 양극화를 증대시키는 데 기여했다. 워필드(B.B. Warfield)와 핫지(Hodges)의 프린스턴신학(Princeton Theology)은 어느 정도 이러한 흐름에 대해 반발했다.[2)]

부흥운동과 세대주의 종말론은 이 시기에 널리 퍼졌고, 종종 교계에서 충돌하기도 했다. 보수주의 신학적 입장이 점차 공격을 받게 됨에 따라, 구 프린스턴신학, 부흥운동 그리고 세대주의의 지지자들 간에 비공식적인 연합이 주된 관심사인 성경의 권위를 중심으로 이루어졌다.[3)] 이러한 다양한 그룹들 사이(심지어 동일 그룹 사이에서도)의 입장 차이는 매우 큰 것이었다. 그러나 이러한 차이는 완전히 신뢰할 만한 성경이 문자적 해석에 기인한다는 주장으로 인해 표면적으로는 가려졌다.

이런 느슨한 연대의 정점은 1911년 「근본적인 것들」(Fundamentals)이라는 제목으로 발간된 일련의 논문들이었다. 이 책의 주요 관심은 여러 면 – 주요 쟁점은 성경의 권위에 관한 것–에서 정통신학에 관한 것이었다.[4)] 점차, 전선은 이동했고, 근본주의자들은 스스로 몇몇 주요 교단 안에서 공격의 초점이 되었다. 20세기의 1분기에 있었던 "현대주의자–근본주의자" 논쟁은 가장 극렬한 보수주의자들이 각 교단으로부터 축출되거나 자발적으로 탈퇴하는 결과를 가져왔다.

근본주의를 하나의 운동으로 규정하는 데는 어려움이 있다. 이런 다양한 그룹에 의해 보편적으로 채택된 표준 신앙고백이 없기 때문이다. 앞서 지적했듯이, 신학적으로 근본주의는 부흥운동과 세대주의 신학의 성경주의를 좀 더 명확하게 하기 위해 구 프린스턴신학의 정교한 주장들을 결합하는 것을 의미한다. 많은 보수주의자들이 주류 교단에서 탈퇴함에 따라, 근본주의 역시 분리주의 교회론과 관련되게 되었다.

성경 대학들, 독립 선교부, 그리고 다양한 보수 선교단체들의 출현은 근본주의 하부문화가 지속적으로 존재할 수 있게 보증해 주었다. 그러나 이들의 분파적 성향과 그 운동을 주도하려는 수많은 내부적 갈등은 "근본주의"가 종종 의미했던 경멸적인 분위기를 갖게 만들었다.[5] 이는 또한 근본주의 운동이 다시는 교회의 주류로 복귀하지 않을 것이라고 확신하게 만드는 것처럼 보였다.

2차 대전 이후 새로운 보수주의 지도자 그룹이 나타나기 시작했다. "복음주의자"라고 불렸던 그들도 성경의 권위(일반적으로 "성경의 무오성"으로 개념화된)와 정통신학에 전념했지만, 미국 기독교의 주류를 개선하려는 의지를 표명하지는 않았다. 그들의 교육 자격, 기질 그리고 학문 성과로 말미암아 그들은 종교적인 조직을 형성하게 되었다.[6] 또한, 많은 복음주의자들은 세대주의, 배타성, 그리고 근본주의 선조들의 분열성으로부터 돌아섰다. 이것들과 또 다른 이슈들에 대한 다양한 견해들로 인해 복음주의 안에서 긴장의 고조는 필연적인 것이 되었다.

### 카넬: 생애와 영향력

에드워드 존 카넬의 생애와 업적은 근본주의의 그림자로부터 벗어나 복음주의의 출현이라는 배경을 비교해 볼 때 가장 잘 이해될 수 있다.[7] 그는 이 새로운 복음주의 운동이라고 특징 지워질 수 있는 긴장들을 상당부분 구체화했다.

카넬은 1919년 6월 28일, 위스콘신(Wisconsin) 주 안티고(Antigo)에서 태어났다. 그는 아버지가 목사였던 보수적인 침례교가정에서 자랐다. 카넬은 후에 근본주의의 종교성에 대해 "엄격하고, 편협하며, 교조적…"이라고 불평하곤 했다. 그러나 이것은 특히 그의 어린 시절에 대한 반발이라는 적잖은 증거다.[8] 실제로 젊은 카넬에게 특별히 강한 종교적 감정이나 학문적 능력도 어느 정도 있어 보인다. 하지만 그의 성숙한 시절을 특징지을 수 있는 사색, 정서적 우울함, 성향들도 눈에 띤다.

카넬은 휘튼대학에서 대학과정을 공부했다. 그곳에서 그는 모든 휘튼출신들에게 영향을 끼쳤던 엄격한 기독교 합리주의자이자 철학교수였던 고든 클락(Gordon H. Clark)에게 영향을 받았다.[9] 휘튼대학에 재학시절, 카넬은 자신의 목회적 소명에 충실했다. 그는 사회적 관계에서 좀 어려움을 가지긴 했지만 진지하고 열심히 공부하는 학생으로 평판이 나 있었다. 카넬은 기초적인 신학 훈련(B.D와 Th.M)을 웨스트민스터신학대학원에서 마쳤다. 웨스트민스터에서 그는 코넬리우스 반틸(Cornelius Van Til)의 영향을 받게 되었다. 반틸은 카넬로 하여금 변증학과 칼빈신학에 관심을 갖도록 한층 더 자극한 사람이었다. 카넬은 1948년 하버드신학부에서 "라인홀드 니버 신학에서 변증법의 개념"(The Concept of Dialectic in the Theology of Reinhold Niebuhr)이라는 논문으로 신학박사학위(Th.D)를 받았다.[10] 일 년 후에 카넬은 보스턴대학에서 "키에르케고르의 검증 문제"(The Problem of Verification in S ø ren Kierkegaard)라는 철학박사학위(Ph.D)논문을 마쳤다.[11] 이 곳에서 카넬은 자신의 철학적 성숙에 또 다른 영향을 끼친 에드가 쉐필드 브라이트만(Edgar Sheffield Brightman)을 만나게 되었다.[12]

카넬은 1944년 침례교 목사로 안수를 받았다. 그는 대학원과정을 마치고 고든대학과 신학교에서 강의하면서, 매사추세츠 주, 마블헤드(Marblehead)에서 침례교목사로 섬겼다. 1948년, 그는 캘리포니아 주, 파사디나(Pasadina)에 새롭게 문을 연 풀러신학대학원에 교수로 가게 되었다. 그는 침례교인으로 남아있었지만, 초기에 풀러신학대학원을 후원하였던 레이크 애비뉴회중교회(Lake Avenue Congregational Church)에 출석했다. 카넬은 19년 동안 풀러에 재직했다. 1954-59년에는 초대 총장으로 일했다. 1967년 4월 25일, 에큐메니칼 모임에 연설약속이 있던 전야에 에드워드 존 카넬은 외견상으로는 바르비투르산연 과다복용으로 사망했다.

## 사상

카넬은 대학원생이었을 때, 그의 첫 번째 저서인 「기독교 변증학 입문」(An Introduction to Christian Apologetics)을 1948년에 출판했다.[13] 이 성공적인 책은 그의 명성을 신복음주의의 떠오르는 별로 올려놓았다. 그는 또한 분명하게 변증적인 또 다른 세 권의 책 「기독교종교철학」(A Philosophy of the Christian Religion), 「기독교인의 헌신」(Christian Commitment), 「사랑의 왕국과 삶의 긍지」(The Kingdom of Love and the Pride of Life)를 저술했다. 「정통신학의 문제」(The Case for Orthodox Theology)는 그의 초기 저작들에 나타난 강조점에 대한 요약이자 좀 더 분명한 설명이었다. 또한 그는 「크리스천 센츄리」(The Christian Century)와 「크리스처니티 투데이」(The Christian Today)에 정기적으로 기고하면서, 「텔레비전: 종인가 주인인가?」(Television: Servant or Master?)와 다수의 논문과 비평을 썼다. 몇몇 기사와 논문들은 그의 제자였던 로날드 내쉬(Ronald H. Nash)가 편집하여 「성경적 기독교의 문제」(The Case for Biblical Christianity)라는 유작으로 출판되었다.

이제 우리 연구의 초점은 카넬의 주요 저작들에 대한 연구로부터 얻어진 그의 신학적이고 철학적인 통찰력에 대한 연구로 옮겨진다. 이 장은 한 사람의 기독교 사상가, 교육자 그리고 신자으로서 카넬의 중요성에 대한 평가로 결론을 맺는다.

카넬의 변증법을 분류하는 것은 어려운 일이다. 비록 그가 자신을 한 사람의 "기독교 합리주의자"(Christian rationalist)로 여겼을지라도, 논쟁과 관련한 몇 가지 방향성은 그의 저작들 가운데서 분명히 나타난다.[14] 로날드 내쉬는 카넬의 방법론을 "전제주의"(presuppositionalism)라고 불렀던 반면, 노르만 가이슬러(Norman Geisler)는 카넬의 변증법에 대해 "조합주의자"(combinationalist)라는 이상

한 이름을 사용하여 설명했다[15)]

자신의 마지막 변증서에서, 카넬은 자신의 저작들 속에 있는 다양한 양상의 접근법에 대해 언급했다:

> 나는 변증학에 관한 책에서 복음과 문화 사이에 몇 가지 유용한 접촉점을 만들려고 일관되게 시도해왔다. 「기독교 변증학 입문」은 모순되는 법에 대한 호소였다. 「기독교 종교철학」은 가치에 대한 것이었고, 「그리스도인의 헌신」은 법 감정에 대한 호소였다. 이 책에서 나는 사랑의 법에 호소하고 있는 중이다.[16)]

케네스 하퍼(Kenneth Harper)는 카넬의 변증학이 두 가지 접근법을 포함하는 것으로 간주될 수 있다는 유익한 설명을 했다: 초기 저작들은 기독교를 구현하는 데 거친(tough-minded) 방법을 사용했고, 후기 저작들에서는 부드러운(tender-minded) 접근법을 사용했다.[17)]

### 강인한 자를 위한 변증학

카넬 사상의 인식론적 기초는 「삼위일체-유신론 신앙에 대한 철학적 변호」(A Philosophic Defense of the Trinitarian-Theistic Faith)라는 부제가 붙은 「기독교 변증학 입문」에 자세히 설명되어 있다. 이 기초는 「기독교 종교철학」에 근거를 두고 있다. 「정통신학의 문제」는 이들 초기 저작들의 동일한 강조점을 여러 차례 강조하는 동시에, 카넬의 후기 "부드러운" 변증학에 가교역할을 했다.

카넬은 이 책의 세 부분 가운데 첫 번째 부분에서 인간의 고뇌를 다루었다. 카넬은 자신의 입장이 기독교 합리주의(Christian rationalism)로 간주되는 것에 대해 그 자신은 합리주의와 경험주의의 극단 사이의 중간입장이라고 여겼다. 그는 만일 어떤 사람이 "영원한 이성(rationes aeternae, 우리의 판단에 의한 규범)에 승복하게 된다면, 회의주의에 빠지게 되고, 인식된 자료를 고려하지 않는다면, 극도로 냉철한 철학에 이르게 된다"고 경고했다.[18)]

"인간의 고뇌"(human predicament)는 기독교적 세계관을 받아들이는 실존적 전제조건이다.[19] 육체와 영혼 모두를 가진 인간의 이중적 본성은 실제적인 딜레마를 초래한다. 육체적 질병, 기형 그리고 부수적인 어려움들이 산재해 있다. 죽음이 궁극적인 승리자가 될 것처럼 보인다. 인간의 가장 큰 근심의 근원은 바로 보편적 실재인 죽음에 대한 두려움이다.[20] 카넬에 따르면, 임시성과 영원성은 인간의 "이중 환경으로 이루어져 있고, 이것이 "슬픈-영혼의 근본 원인"(basic cause of soul-sorrow) 가운데 하나다.[21]

영혼을 둘러싸고 있는 육체가 근심을 유발하는 것처럼, 육체를 둘러싸고 있는 우주도 근심을 초래한다. 카넬은 우주에 관해서 갈릴레오(Galileo)가 무한한 특성을, 데카르트는 수학적 특성을, 다윈은 무목적론적 특성을, 그리고 열역학 제2법칙은 궁극적인 파멸이라는 특징을 밝혀냈다고 진술했다.[22] 카넬은 "간단히 말해, 현대인들은 동력의 부족으로 인해 언젠가는 작동이 멈출 것으로 예견되는 거대한 우주라는 기계의 한 부분을 지키고 있는 이제 막 어른이 된 존재(grown-up germ)"로 결론지었다.[23] 현실과 이상 사이의 갈등은 영혼의 비극을 더한다. 개인에게는 네 가지 대안이 있다: (1) 자살하라; (2) 그러한 관점을 지지해줄 어떤 합리적인 증거도 없이 삶이 의미를 지니는 것처럼 살아가라; (3) 가장 최악의 상황을 만들라; (4) "기독교적 전제"(Christian-hypothesis)-아무런 노력도 없이 의롭게 될 시점에서 제시된- 선택하라.[24]

카넬은 슬픈 영혼에 대한 일단의 치유가 사물에 대한 믿음을 회복시켜야 하며 다음과 같은 것들을 포함해야 된다고 주장했다: (1) 소망-개인의 영원을 위해 (2) 논리적으로 이해할 수 있는 우주관 (3) 진리에 대한 지식.[25]

인간의 한계는 슬픈 영혼의 실제적 문제다. 인간의 고뇌라는 신학적인 문제는 이상과 경험세계 사이의 합리적인 연관성을 발견하려는 시도에 집중되어 있다. 그것은 "하나," "여러 개"의 문제이거나 의미, 특수성의 문제이며, 중요한 표현력과 행동의 문제로 설명된다.[26] 카넬은 논리와 경험 사이에서 궁극적인 이분법을 인정하지 않으면서, "그리스도는 유일한 원리이자 많은 사람들의 창조자다 ....”라고 말한다.[27] 게다가 카넬은 기독교의 가설(hypothesis)을 정당화하는 과정 없이 설명했다.

그 문제와 잠정적인 해법 모두를 언급한 후에, 「기독교 변증학 입문」의 두 번째 부분에서 카넬은 기독교적 해결방안과 인지 방식(way of knowing)에 대한 정당화를 시도하고 있다. 카넬은 진리와 관련없는 믿음에 대한 어떤 정의도 거부했다. 그는 “의심할 바 없이, 만일 믿음이 지식과 진리와 관계없다면, 의미가 없는 것이다. 그것은 과학이라기보다는 미신에 가깝다. 기독교는 실제로 믿음의 행위에 기초하지만, 지식에 근거하지 않은 믿음은 단지 고상한 미신에 불과하다”고 말했다.[28] 카넬은 믿음을 “하나님의 말씀이 참(true)이라는 전적인 신뢰”라고 보았으며, 성령은 사람으로 하여금 그 말씀이 참이라는 것을 알게 하는 능력이라고 주장했다.[29] 따라서 믿음의 확신은 믿음에 관한 시험(test)을 선행한다.

믿음에 관해 시험하는 것은 오류-또한 진리에 관한 문제-의 가능성 때문에 중요하다. 카넬이 자신의 검증원리인 “체계적인 일관성”(systematic consistence)을 소개하기 전에 바라는 것은 진리에 대한 몇몇 전통적인 진단법들이 평가되고 발견되는 것이었다.[30] “일관성”(consistency)은 “상충되는 법에 대한 순종”을 말하며 본질적으로 부정적인 증거다.[31] 하나의 가설은 현실세계의 진실과 부딪쳐 그 진실을 평가함으로써 “체계적인” 방식으로 검증된다.[32] 의견일치로 인하여 체계적인 일관성은 개인으로 하여금 하나님의 의지에 일치하는 판단을 택하도록 하고, 따라서 참이 된다.[33] 이런 원리를 통해, 카넬은 출발점의 문제와 공통 근거(common ground) 모두를 다룬다.

카넬은 철학 체계 안에서 한 사람의 방법과 결론 모두를 조절할 수 있는 한 사람의 출발점을 주장했다. 카넬에 따르면, “대략적으로 말해서, 경험이야말로 모든 철학을 위한 유일하게 가능한 출발점이다.”[34] 카넬은 논리적, 공관적(synoptic) 출발점과 임시적 출발점 사이를 구분했다— 후자는 한 사람의 경향이 되며, 상대적으로 중요하지 않은 것이 된다. 카넬에 의하면, 논리적 출발점은 "우주의 많은 것들을 존재케 하고 의미를 부여하는 통합적 궁극성(coordinating ultimate)이다."[35] 공관적 출발점은 논리적 출발점을 검증하는 수단을 제공한다.[36] 이 두 가지는 모두 전제다. 전자는 세계와 궁극성의 지시를 따르며, 후자는 주어진 세계를 검증하기 위한 기준에 의해서만 유일하게 결정된다.

이리하여 카넬은 진리를 검증하기 위한 이중적인 기준을 수용함으로써 합리주의와 경험주의 사이의 간극을 메우려고 시도한다. 그러나 그는 이 둘 사이의 명백한 충돌을 해결할 수 있는 조정원리를 제시하지는 않는다. 그보다 그는 이러한 난제들의 근본적 실재를 부인하는 데 우선 순위를 둔다.

카넬은 대체로 일반계시를 "성경을 읽는 것을 제외하고, 사람이 성경을 알기 위해 가진 모든 가능한 자원"이라고 정의했다[37]. 카넬은 일반계시를 하나님과 인간 사이의 공통점 또는 접촉점으로 간주했다. 그러나 특별계시–성경–만이 구원을 이룰 수 있다.[38]

카넬은 성 토마스의 "기독교 경험주의"(Christian empiricism)를 단호히 거부했다. 그는 "설명할 수 있는 외적 경험"(affable external experience)은 불변의 진리를 제공해 줄 수 없다고 주장했다.[39] "하나님에 대한 토마스주의적 증거들"은 불신자들의 죄로 오염된 지성에 관한 인식능력을 지나치게 약화시킨다. 카넬은 하나님의 존재에 관한 다양한 논쟁들에 관해 전통적 비평에 공감을 가졌다. 근본적으로 기독교 경험주의는 자연에 기초하고 우주에 다다를 수 없기 때문에 실패한다. 그것은 자신의 자원보다 결코 더 높이 다다를 수 없다[40].

카넬은 자신에 관한 분석을 일반계시에 관한 좀 더 효과적인 연구로 보았다. 어거스틴과 데카르트를 따르면서, 카넬은 정신에 관한 정신의 인식(mind's awareness of mind)에 눈을 돌렸다. 그는 다음과 같이 진술했다:

> 생각(cogito)은 네 가지로 구성된다. 첫째, 감각주의로부터 이성주의자들이 주장하는 지식의 근원인 이성으로 주의를 돌리는 데 성공한다…. 둘째로, 감각

에 선행하지 않는 지성(식)은 없다고 말하는 모든 사람들에 대해 반박한다…. 셋째로, 생각(cogito)은 우리에게 하나님에 대한 지식을 제공한다. 무엇이 진리인지를 알게 될 때, 우리는 하나님이 어떤 분인지를 알게 된다. 그 이유는 하나님이 진리이기 때문이다…. 넷째로, 생각(cogito)은 하나님에 관해 명확한 서술을 가능하게 한다. 그 이유는 우리가 감각으로부터 추상화될 수 있는 것들로 제한되지 않기 때문이다. 우리 자신을 더 잘 알면 알수록, 우리는 진리를 알게 된다. 그리고 하나님은 진리이시다.[41]

카넬은 신인식(sensus divinitatis)과 관련된 칼빈의 주장을 인용하면서, 우리 자신의 유한하고 의존적인 자아를 아는 것은 또한 우리들의 영속적인 상태, 완전한 의존성, 최종적인 책임과 대비되는 존재를 알게 해 준다. 우리들은 우리 자신의 유한하고 죄 많고 불행한 상태에 대한 지식으로부터 이 모든 것들을 안다.[42]

카넬은 또한 진(眞), 선(善), 미(美)와 같은 범주들을 다루기 위해 우선적인 준거틀로 어거스틴의 영원한 이성(우리의 판단에 의한 규범) 또는 영원의 개념을 인용했다. 그는 "이성(rationes)에 선험하는 지식이 없이는, 감각적 인식은 우리에게 어떤 의미도 주지 못 한다"[43]고 말했다. 그는 마지막으로, 모든 사람들이 자연을 통해 하나님의 신성을 안다는 바울의 가르침을 지적하면서, 카넬은 "만일 사람이 자연을 관찰했을 때 알아야 할 것을 몰랐다면, 바울이 자연을 모든 사람이 저주 아래 있음을 알게 하는 수단으로 간주하는 것은 무의미하였을 것이다"라고 말했다.[44] 그러나 자연에서 얻는 증거들은 하나님의 존재에 대한 공식적인 증거가 아니다. 그보다 그 증거들은 시종일관 일치하는 추가된 증거들을 제공한다. 카넬은 "하나님의 존재는 경험으로 얻게 되는 모든 증거를 볼 때 받아들일 수밖에 없는 자기-일치적 가설(self-consistent hypothesis)"[45]이라고 결론 내렸다.

그러나 카넬에 따르면, 인간 이성은 죄에 의해 부패되었을 뿐만 아니라, 특별계시 없이는 하나님에 대한 완전한 인식을 가능하게 하는 능력과 충분한 자료가 결여되어 있다.[46] 이것은 이성에서부터 믿음으로의 변화를 말하는 것이 아니다 왜냐하면 "믿음은 확실한 증거 이외의 영역이기 때문이다."[47] 카넬은 이렇게 주장했다. "진리는 체계적으로 설명되는 의미다. 만일 성경이 이러한 기준을 충족시킨다면, 전이(transition)에 관한 램버트의 법칙과 마찬가지로 그것은 진리다. 모든 가설은 그것들이 삶을 무난하게 설명해 줄 때 증명되는 것이다"라고 주장했다.[48]

카넬은 "그리스도인들이 자신을 성경 안에서 계시하시는 하나님의 임재라고 하는 한 가지 중요한 전제아래 생활한다"고 진술했다.[49] 이 전제는 실제로는 이중적인 가설이다. 카넬은 "하나님은 **존재근거**(ratio essendi, 즉 성경의 근거)지만, 성경은 **인식근거**(ratio cognoscendi, 성경을 통해서 하나님이 이해된다는 것)다"라고 말했다.[50]

비록 카넬이 기독교세계관과 관련한 여러 가지 난제들을 다루면서 성경에 대한 자신의 견해를 어느 정도 이 책의 마지막 3장에서 발전시켰지만, 영감, 권위 그리고 해석학과 관련한 문제들은 나중에 저술한 「정통신학의 문제」(The Case for Orthodox Theology)에서 좀 더 체계적이고 신학적으로 다루었다.[51] 그러나 카넬은 권위 있고 무류(infallible)한 성경을 특별계시와 관련하여 유일하게 충분하고 적합한 자원으로 간주했다. 카넬은 「기독교변증학 입문」을 파스칼의 도박(Pascalian wager)으로 결론을 맺는다. 이는 이성만이 중립적인 사람들로 하여금 복음을 선택하도록 촉구하여 결단의 순간으로 이끌 수 있기 때문이다.

카넬의 「기독교변증학 입문」은 인식론을 복음주의적 입장에서 다룬 것이다. 이 책과 비슷한 유형인 「기독교철학」(A Philosophy of the Christian Religion)은 가치론 또는 가치체계를 다룬 책이다. 카넬은 "불일치가 논리적인 것처럼 어리석은 짓 역시 가치론적인 것이다"라고 말했다.[52] 모든 가치체계는 지적 열심으로(intelligent commitment) 할 수 있는 모든 것으로 전부 검증되어야 한다. 카넬은 "가치있는 것을 무가치한 것과 구분함으로써 지식은 대안을 평가하고 선택하게 되며, 그 결과 마음은 확신 속에서 평안을 얻게 된다"[53] 고 말했다.

이 책에서 카넬은 인간의 필요를 다룬다고 주장하는 철학체계의 방대한 범주를 검토했다. 카넬은 쾌락주의와 맑시즘에 의해 제공된다고 여겨지는 육체적 만족과 욕구라는 "저급한 직접성"(lower immediacies)을 다루는 것으로 시작했다. 인간의 탁월성은 단순히 만족을 위해 사는 사람들의 평안함을 부인한다. 이러한 시도의 결과는 카넬이 "자유가 반복적으로 직접성과 관련을 맺는 결과인 정신적 권태(weariness of spirit)로 묘사한 지루함(boredom)이다.[54] 어떤 영속적인 목적의 결여 끝에 나타나는 좌절과 자책은 의미 있는 성공에 관한 모든 희망이 사라져 버렸을 때 극도로 기진맥진하게 된다.[55] 카넬의 유물주의와 맑시즘에 관한 논의는 그 책이 쓰였던 시대의 냉전기류와 시대를 반영한다.[56]

합리주의와 실증주의에 의해 제공되는 지적 만족이라는 "고급한 직접성"(higher immediacies)에 관련해서, 카넬은 후험적 경험주의에 근거한 과학기술의 놀랄만한 성공이 선험적 경험주의 또는 논리적 실증주의를 볼품없는 자리로 내몰았다는 데 동의했다.[57] 카넬에 따르면, 과학적 경험주의 또는 논리 실증주의는 후험적 철학과 가장 일치하며 칸트적 인식론의 논리적 귀결이다.[58]

실증주의가 형이상학이 되기 위한 결과는 비참해지고 말았다. 카넬은 다음과 같이 말한다:

> 과학이 서술적인 것에서부터 규범적인 것에 이르는 모든 문제를 해결할 수 없기 때문에, 윤리학이냐 혹은 형이상학이냐에 관한 유익한 명제들은 도출될 수 없다. 윤리적 또는 형이상학적 주장과 관련해서는 어떤 과학적 방법도 통하지 않는다. 따라서 인식의 중요성도 마찬가지다. 윤리적 격언은 소원 또는 주장과 함께 검토될 수 있겠지만 사실에 입각한 진리를 요구하지는 않는다.[59]

그러나 그는 개인이 의미있는 언어에 관한 실증주의자들의 진정성의 기준들을 잠시 보류해야 하며 회심하기 전에 실증주의 전 체계에 관해 검토해봐야 한다고 주장했다.

실제로, 실증주의자들은 한 가지 난관에 봉착해 있다. "인식"(cognitive) 언어와 관련된 실증주의자의 가설은 관찰에 기초해 있다. 그것은 보편화할 수 없는 것이어서 확신있게 적용할 수 없거나, 형이상학적 주장인 신념 수준이기 때문에 인식에 관한 고유의 진정성에 일치하지 않는다.[60] 카넬에 따르면, 대다수 초기 개척적인 과학자들은 "하나님을 두려워했으며," "진, 선, 미는 시공간을 초월하는 가치라고 확고히 믿고 있었다. 과학적 이상은 이러한 진정성에 의거하여 판단되어졌다. 진정성의 기준을 찾으려는 상상은 하지 않았다."[61]

카넬은 또한 인본주의, 이신론, 범신론, 그리고 유한-신론(finite-theism)과 같이 기독교유신론의 경계선상에 위치한 "발단 항목들"(threshold options)을 분석했다. 인본주의는 추상적인 원리들로부터 인간에 대한 헌신으로 그 초점을 옮겼다. 기독교와 마찬가지로, 인본주의는 인간을 최우선으로 하는 가치를 옹호하지만, 십계명이라고 하는 두 번째 단계로 넘어가는 것은 거부한다.[62] 인본주의자들은 또한 한 가지 근본적인 난관에 봉착한다. 인본주의자들은 과학적 세계관에 헌신하여 하나님, 최종 권위 또는 절대 도덕률과 같은 어떠한 궁극적 절대(ultimate absolute)에 대한 구속도 거부한다. 그러나 카넬은 한 사람의 철학자로서, 인본주의자들은 하나님의 존재 가능성을 함의(含意)하는 사랑, 정의, 성실과 같은 선험적 가치를 확실히 주장한다고 논했다.[63] 나아가 개인의 자아와 공동의 선 사이의 충돌은 인본주의적 이상이 위치를 갖는지 여부를 판단할 수 있는 궁극적 잣대가 필요함을 말해준다.

실제로, 카넬은 "하나님"을 완전히 만족스러운 가치체계를 가늠하기 위한 최종적 기준으로 여겼다. 그러나 그가 인정한 것은 다름 아닌 성경에 계시된 일신론적 삼위일체 하나님이었다.[64] 카넬은 이신론과 범신론 모두를 거부하면서, 성경에 나타난 내재-초월의 균형이 회복될 필요를 감지했다. 카넬은 다음과 같이 말했다:

어떤 사람들은 하나님과 인간에 대한 특정한 기독교적 견해를 수용하는 것에 대해 개인적으로 관심을 두지 않을 수 있지만, 적어도 하나님의 내재성과 초월성 둘 다를 성립할 수 있도록 해주는 특정 신학, 덧붙여 말하자면 하나님을 아버지로서 이해하는 것의 가치론적 유익을 부정할 수는 없다.… 초월성은 역사의 중요한 국면들이 침해받지 않을 정도로 세상과 충분한 거리를 두고 있다는 점을 보증해 준다. 반면에 내재성은 하나님께서 기도를 들으시고 예배를 받으시기에 충분할 만큼 가까이 계시다는 점을 확증해 준다.[65]

카넬은 완벽한 성경적 기독교(즉 카넬의 보수 복음주의적 개혁주의 관점)에 대해 숙고한 후, 만인구원설에 관한 성경적 위치와 로마 가톨릭과 키에르케고르식 실존주의에 관한 기독교의 선택을 다루면서 "왕국 설명"(kingdom clarifications)을 지적했다. 카넬은 기독교의 주장들이 대부분 편견으로 인해 무시되었다고 확신했다. 그는 다음과 같이 말했다:

비평적 가설로부터 얻어진 관점에 의해서보다는 편견에서부터 얻어진 관점에 의해서 사람들이 성경적 기독교로부터 등을 돌리게 되었다는 것이 바로 기독교 철학자들의 확신이다. 겉으로는 그럴듯해 보이는 온전하지 않는 교파나 제도 체계가 성경적 진리의 단순한 체계를 혼돈시키기 때문에 오해받기가 쉽다. 결론적으로, 사람들은 대부분 서점에서 적은 돈으로도 살 수 있는 한 권의 성경을 무시하는 반면, 현재의 불확실성으로부터 나온 자료를 얻기 위해 세상을 뒤지고 있다.[66]

또한 카넬은 많은 사람들이 "기독교가 (어느 정도 인간의 자유를 제한하는) 교리에 대한 권위적인 체제라는 (근거없는) 두려움" 때문에 복음을 거부한다고 확신했다.[67]

카넬이 키에르케고르의 기독교적 실존주의와 적극적으로 관련을 맺은 것은 이런 점에서 특별히 흥미롭다. 왜냐하면 카넬의 후기 저작들에서 내적인 것(inwardness)에 대하여 한층 증가된 강조가 나타나기 때문이다. 비록 하나님에 대한 염려스럽고, 내적인 반응을 주장하는 키에르케고르에 대해 공감할지라도,

카넬은 키에르케고르가 이성과 믿음을 분리시킬 정도로 너무 멀리 갔다고 생각했다. 카넬은 "만일 믿음이 참된 권위에 의해 시시받지 못한다면, 그것은 내적인 것에 대한 의미 없는 표현이 될 뿐이다"고 주장했다.[68] 나아가, 그는 "일반적인" 믿음(즉 신앙)은 "이성적 차원에서 충분한 증거의 영역을 넘는 것이다. 구원하는 믿음은 이런 일반적인 표현의 범주를 넘어서는 것이지만 그것들을 배제하지도 않는다"고 주장했다.[69] "건전한 내적인 것"(healthy inwardness)에 관한 주장에서, 카넬은 다음과 같이 결론을 내렸다: "내적(inwardness) 진리가 이성적 진리보다 교제를 위해서는 더 중요할지도 모르지만, 그러한 체계(이성적 진리)로부터 얻어지는 지침 없이는 망망한 바다에 떠 있는 방향타 없는 배와 같다."[70]

카넬은 「기독교종교철학」을 "여호와는 선하시다는 사실을 경험하여 알라"고 권유하면서 끝을 맺었다.[71] 비록 그가 이러한 초창기의 변증적 노력과 관련한 내용이나 연구를 결코 포기하지 않았지만, 카넬의 후기 저작들에서는 좀 더 주관적인 호소와 사적인 어조로 나타나고 있다.

카넬의 「정통신학의 문제」는 비록 「기독교인의 헌신」이 출판된 후에 나오긴 했지만, 과도기적 변증서다. 1959년 웨스트민스터출판사에서 3부작 중 일부로 출판된 이 책은 완화된 합리주의를 보여준다.[72] 이 책은 카넬의 정통신학적 입장에 관해 언급한 부분과 언급하지 않은 부분 둘 다로 인해 중요하다. 그것은 복음주의 공동체 안에서 복음주의 공동체를 향한 호소다.

카넬은 "정통"을 "종교적 권위에 대한 근거로 성경만을 인정하는 기독교의 부류"로 정의했다.[73] 그는 개인적 체험과 명제적 계시는 한 쌍의 요소이기 때문에 별개의 것으로 나뉠 수 없다고 주장했다. 카넬은 다음과 같이 지적했다: "정통은 살아있는 말씀에 의해 마음이 감동되지 않는 한, 기록된 말씀은 스스로를 확증하지 않는다는 것을 늘 주장해왔다."[74]

카넬은 성경의 권위와 관련하여 복음주의 사상의 전형적인 노선을 되풀이했다. 그리스도인들은 구약을 예수 그리스도의 권위에 입각해서 받아들인다.[75] 사도적 권위가 신약을 입증해 준다.[76] 성경의 권위에 관한 그의 논의 가운데 가장 중요한 점은 이러한 맥락에서 무오성을 그 어디에서도 자세히 다루지 않았다는 것이다. 카넬은 정통에 관한 "논쟁"을 다룬 다음 장에서 무오성에 대해 좀 더 광범위한 방향으로 논의를 바꾸어 놓는다. 카넬은 무오성에 관해 프린스턴신학의 입장을 고수하였지만 제임스 오르(James Orr)의 견해에 상당한 호의를 보이는 설명을 덧붙었다. 오르는 명제적 진리를 강조하는 워필드와는 대조적으로 성경의 목적은 지식이 아니라 생명의 교류(communication of life)라고 강조했다.[77] 카넬은 성경의 자료가 이 두 가지 입장을 다 초래한다고 보았으며, 오르와 프린스턴신학 사이의 대화가 결코 "성공적으로 끝맺어 지지 못했다"고 결론을 내렸다.[78]

카넬은 또한 전형적인 복음주의적 해석학을 상당히 발전시켰다. 그는 모든 성경이 역동적으로 영감 받았음을 주장하는 한편, 성경이 "점진적인 계시"(progressive revelation)라고 주장했다.[79] 그는 성경은 변형되지 않는다(Bible does not justify)는 성경에 대한 통일성을 강요하는 "숭배 의식"(근본주의)을 비난했다.[80] 그는 성경해석학에 관한 주요 다섯 가지 원리를 다음과 같이 제시했다:

> 첫째, 신약으로 구약을 해석한다. 둘째, 서신서로 복음서를 해석한다. 셋째, 체계적인 구절로 부수적인 구절을 해석한다. 넷째, 보편적인 구절로 지엽적인 구절을 해석한다. 다섯째, 교훈적인 구절로 상징적인 구절을 해석한다. 만일 이 가운데 어떤 규칙이라도 무시된다면, 성경의 조화는 깨질 것이다.[81]

따라서 카넬은 성경의 권위에 대해 주장하고 있는 동안, 무오성 문제에 대해 잠시 보류하고 있는 듯 보인다. 이것은 그의 이성적인 해석학과 연관되어 몇 가지 영역에서 해결되지 못한 긴장을 낳았다. 그는 비파괴적인 고등비평의 관점을 조심스럽게 찬성했다. 또한 그는 진화가 사실이며 "여기에 머물게 한다"는 것을 인정했다.[82] 카넬은 "자유주의 신학"을 용인하려는 것과 근본주의의 광신적이고 분파적인 성향에 대한 비난하는 것 모두 다 신랄하게 비판했다.[83]

카넬이 복음주의 정체성을 더 강조하는 바람에 침례교의 정체성은 뜻밖에도 간과되었다. 풀러신학교에 있는 동안 카넬은 기독교와 관련해 특정 교단의 입장에 대한 지지를 철저하게 피했다. 「정통신학의 문제」에서 그는 다양한 교단들을 구분하는 특징들을 언급했다. 나아가 "종파 의식"(cultic mentality)의 한 예로써, 그는 "침례교인들이 종종 침수례를 받은 사람들과만 교제한다"는 사실을 언급하면서 "이것은 불행한 일이다"라고 결론을 내렸다.[84] 교회정치형태와 관련하여 그는 "사도들이 교회에서 특정한 정치형태를 제도화하지 않았다"고 말했다.[85] 말할 것도 없이, 이러한 견해는 많은 침례교인들의 감정을 나쁘게 만들었다. 침례교에 관한 주요한 도서 가운데 어떤 것도 「정통신학의 문제」 안에 있는 각 장의 끝 부분에 제시된 추천도서목록에 포함되지 않았다. 또한 "일반 신학자료 목록"으로 결론을 맺는 부분에서도 어떤 침례교의 관련 자료들이 언급되지 않았다.[86]

### 연약한 자를 위한 변증학

간단히 말하면, 이제부터 카넬의 후기 변증 저작들을 살펴보려고 한다. 이것들은 카넬이 풀러의 총장을 지내며 놀랄만한 출세를 했던 시기에 쓰였다. 그 어느 것도 복음주의 진영에서 광범위하게 받아들여진 것은 없었다. 카넬은 특별히 그가 개인적으로 좋아했던 「기독교인의 헌신」이 실패작이었다는 점에 실망했다.[87]

「기독교인의 헌신」은 카넬이 법적 의견 또는 인간의 도덕적 인지방식인 "제3의 인지방식(third way of knowing")으로 불리는 변증법을 제시한다.[88] 그것은 변형된 "도덕 논쟁"(moral argument)의 확장된 논의 가운데 하나다. 카넬처럼 자서전적 형태를 사용하는 것은 자신이 체험한 경험을 통해 제3의 인지방식을 추적하는 것이다. 카넬의 기본 주장은 사람이 한 가지 윤리적 체계의 진리에 대한 헌신을 행동으로써 나타낸다는 것이다.

카넬은 키에르케고르에게 관심을 돌려 "어떤 선임 사상가도 자유롭고 윤리적인 개인의 관점에서 실재를 해석하려고 강력하게 시도하지 않았음"을 알게 되었다.[89] 카넬에 따르면, 키에르케고르는 "의무에 관한 생각은 의무에 관한 실천과 같지 않다. 생각은 행동을 낳아야만 한다"고 바르게 지적했다.[90] 나아가, 카넬에 따르면 "의무를 알게 되는 유일한 방법은 이미 우리에게 부과된 의무들을 도덕적으로 따르는 것에 의해서이다."[91]

옳고 그름에 대한 개인의 감각은 보편적인 도덕적 환경에 대한 증거가 된다. 개인의 도덕적 환경이 다른 사람에 의해 침해당했을 때, 침해당한 사람은 침해한 사람이 유죄라고 판단한다. 부당하게 행동하거나 공인된 규범에 대해 따라 행동하지 못했을 경우에는 보편적으로 용납되지 않는다.

카넬은 또한 침해당한 인간의 양심을 신적 판단 감각이 훼손되었다는 지표로 인식했다. 그는 "… 인간 차원에서 도덕적 그리고 영적 환경의 본질은 바로 신적 차원의 그것과 같은 것이다. 그리고 그것은 어떤 정직한 인간이 완벽하게 지킬 수 없는 기준들을 하나님은 완전하게 지키신다고 말하는 것이 더 타당하다"고 주장했다.[92]

이러한 환경의 필수적인 요소가 사랑이다. 하나님은 본질적으로 선하신 반면 인간은 그들이 도덕적이고 영적인 환경을 하나님과 공유하는 경우에 한에 선하다.

첫 번째 입장에서 행동하기로 결정하는 가운데 악한 행동과 도덕적 곤경에 대한 분노는 근본적인 질문을 낳는다:

> 그러나 어떻게 체계를 검증하였는가? 한 체계가 다른 것보다 더 나은지 여부를 결정하는 방법이 있는가? 그것은 다시 한 번 신학과 철학 이 두 영역 모두에 적용된다. 체계는 그것이 갖고 있는 주된 요소들이 체계내의 다른 것들 그리고 역사와 자 연의 광범위한 사실들과 어느 정도의 일관성을 가지고 있는지에 의해 검증된다. 간단히 말해, 일관된 체계가 참 체계다. 만일 누가 이보다 더 정교하고 완전한 검증을 원한다면, 그는 능력의 한계를 보게 될 것이다. 이것이

말할 수 있는 전부다. 기독교는 진리다. 왜냐하면 기독교는 그것이 갖고 있는 주된 요소들이 체계내의 다른 것들 그리고 역사와 자연의 광범위한 사실들과 일관성을 가지고 있기 때문이다. 지식이 가능한 세 번째 방법은 인간이 도덕적 곤경이 처해 있고, 오직 기독교만 이 인간의 네 가지 측면-육체적, 이성적, 심미적 그리고 도덕적이자 영적인-의 좀 더 큰 특징을 훼손하지 않으면서 이러한 곤경을 해결할 수 있기 때문이다. 실존 그 자체는 그리스도의 의만이 비평적으로 받아들일 수 있는 유일한 답이냐는 질문을 야기했다. 그런 이유로 기독교는 진리다.[93]

「기독교인의 헌신」의 마지막 3장은 법정선고문에 근거한 회개라는 신학적 주석과 예수 그리스도의 궁극성에 대한 호소로 할애했다. 그의 마지막 저서인 「사랑의 왕국과 삶의 자부심」(The Kingdom of Love and the Pride of Life)에서, 카넬은 복음과 프로이드 사상을 접목하려고 했다. 그 책의 핵심 주제는 그리스도를 따를 때 한 개인의 개성이 완벽하게 표출되는 것을 볼 수 있다는 것이다. 나사로의 부활에 대한 설명 가운데 일부분이 각 장의 첫 부분에서 다루어지고 있다.[94]

행복한 아이는 이 책의 중심체계다. 이 책의 변증적인 주장은 사랑과 용납이라는 보편적인 필요에 기초하고 있다.[95] 사랑의 왕국에서, 카넬은 "걱정, 공포 그리고 버림받을 것에 대한 두려움으로부터 자유"를 보았다.[96] 이 책 전체를 통해서, 그는 어린아이와 같은 신뢰와 믿음을 언급하고 있다. 노이로제에 대한 어린 시절의 원인을 알아내기 위한 프로이드 정신분석은 예수의 훈계-"만일 네가 어린아이와 같지 않으면…"-와 대조를 이룬다.[97] 행복한 아이는 이성이 인지하지 못할지도 모르는 마음의 근거를 상징하는 것이다. 카넬은 다음과 같이 말했다: "우리가 이성에 가장 의존하고 있을 때, 이성이 우리를 속일 수 있기 때문에, 지적인 각성은 위험을 내포하고 있다. 이성은 우리를 실체에 좀 더 가깝게 인도해 주기도 하지만, 더 멀어지게도 한다."[98] 카넬은 이 점에서 직관에 의한 지식에 더 개방적이다. 그러나 그는 인간의 이성이 신뢰할 만한 것임을 계속해서 변호하고, 신앙은 "최소한 증거가 충분히 있는 가운데 이성

에 기초하는 것"이라는 말하곤 했던 자신의 견해를 다시 언급했다.[99]

카넬은 프로이드 정신분석에서 사랑이 "삶의 법칙"(the law of life)이라는 증거를 발견했다.[100] 그가 프로이드를 비판한 이유는 프로이드가 과학적인 공평성에 매여 소망에 대한 원리를 분명하게 밝히지 못했기 때문이다.[101] 카넬은 오직 기독교만이 심리치료로 해결할 수 없는 인간의 필요를 충족시킬 수 있을 정도의 사랑과 소망을 제공해 준다고 결론을 내렸다. 다음의 말을 통해 사람들은 카넬이 개인적으로 필요로 했던 소망을 듣게 된다:

> 세상에 태어났을 때 우리는 혼자였지만, 세상을 떠날 때, 우리는 주님의 영원한 임재를 느끼게 될 것이다. 죽음이 가까워오고 우리가 어두운 여행이 가까이 옴을 두려워할 때, 주님은 하나님이 보시기에 우리의 삶이 귀한 것이라고 우리를 안심시킬 것이다. 하나님은 부드럽게 "애들아, 집으로 오너라"라고 말씀하실 것이다. 예수님은 그가 결코 우리를 떠나거나 버리지 않으실 것이라고 말씀하셨고, 그의 말씀은 그의 성품만큼이나 확실한 것이다.[102]

「사랑의 왕국」은 또한 당대 그의 사상적 흐름을 알게 해주는 일말의 단서를 주고 있다는 점에서 중요하다. 그는 보수적인 기독교가 "예수의 신성을 방어하는 데 급급한 나머지 예수의 인성을 간과해버렸다"고 비난했다.[103] 그는 양식비평을 조심스럽게 옹호했다.[104] 그는 인간의 이해를 넘어서는 인간의 경험의 깊이를 인정했다.[105] 그리고 그는 정통주의의 엄격한 주장을 책망하면서 "신학의 능력이 절대로 구원을 위한 필수조건이라고 언급하지 않았다."[106]

## 평가

카넬은 적어도 세 가지 측면에서 복음주의 진영에 영향을 끼쳤다. 그는 교육자, 학자 그리고 목회자로서 사역했다. 풀러신학대학원은 형성기에 그의 지도력으로 온건한-복음주의를 견지할 수 있었다. 풀러신학대학원 총장이었던 데이비드 허바드(David A. Hubbard)는 카넬에 대해 다음과 같이 말했다:

> 카넬이 총장으로 있는 동안, 풀러신학대학원은 커리큘럼, 교수임용, 도서관 건립 그리고 재정안정 등에서 완전히 인정을 받을 만큼 괄목할 만한 진전을 이루었다. 그 누구 못지 않게, 그는 풀러신학대학원의 명성을 쌓았다.[107]

실제로 카넬이 세상을 떠났을 때, 오브리 하인즈(Aubrey B. Hains)는 풀러신학대학원이 그의 가장 위대한 업적이었음을 쉽게 확인할 수 있었다고 말했다.[108] 또한 카넬이 대부분의 재직기간에 가장 영향력있는 교수로 평가받았다는 점은 대단히 중요한 사실이다.[109] 아이러니칼하게도, 카넬이 다시는 온전히 회복하지 못했던 신경쇠약증에 걸린 것도 바로 풀러신학대학원의 총장이라는 행정적 부담으로 인한 것이었다.[110]

둘째로, 카넬은 학문적 차원에서 복음주의 진영에 영향을 끼쳤다. 그의 이성주의적 성향은 보수적 변증학의 한 특정한 양식의 완전한 전형이 되었다.[111] 그러나 카넬은 키에르케고르(S ø ren Kierkeggard)의 저작을 통해 긍정적으로 영향을 주고받고, 기독교 실존주의의 통찰력에 대해 어느 정도 개방적인 태도를 취한 최초의 복음주의 학자들 가운데 한 사람이었다.[112] 비록 그가 성경의 무오성에 관한 프린스턴선언에 끝까지 동의하기로 했을지라도, 그는 최소한 그 문제에 관한 한 좀 더 자유로운 복음주의 전통이 갖고 있는 인식을 높이 평가하고 있었다.[113] 결국 카넬은 보수적인 학자들이 종종 무시하고 있는 난제들에 도전하여 해결하려 했다. 그 결과, 학문적 차원에서, 카넬은 오늘날 복음주의 신학 안에 존재하는 긴장을 이해 가능한 패러다임으로 제공하는 데 기여했다.

그는 결코 당대 복음주의 진영 내 많은 사람들에게 인기있는 사람이 아니었다. 그는 C. S. 루이스(C. S. Lewis)와 같이 명쾌하고 호소력있는 문장력을 갖고 있지도 못했다. 비록 카넬의 저작들이 프란시스 쉐퍼로 특징지워질 수 있는 일부 보수주의 변증학과 같이 극단적으로 단순화된 접근방법을 취하고 있지 않다하더라도, 학문적 위상에서 그는 칼 헨리(Carl F. H. Henry)와 같은 보수주의 대변인의 위치에 이르지는 못했다. 그러나 여전히 카넬의 저작은 윌리엄 호든이 "비-근본주의자들이 카넬의 업적을 무시하고서는 자신들의 세계를 정당화시킬 수 없다"고 짧게 언급한 것처럼, 많은 비복음주의자들이 "근본주의자와 비근본주의자" 사이의 대화를 위한 기회를 발견하는 데 아주 중요한 가치를 가지고 있다.[114)]

카넬의 기본적인 철학적 취약점은 인식론에 관한 것이다. "체계적인 일관성"(systematic consistency)에 관한 시험은 실제로 진리에 관한 이중적인 판단기준이었다. 경험주의와 연역적 논리를 동일하게 발전시킨다면, 이 둘 사이에 잠재적 충돌을 가져올 여지가 없게 된다. 신학적인 차원에서, 카넬은 결코 기독교신앙을 다른 형태의 믿음과 구분하지 않았다. 카넬은 신자가 기독교세계관을 유지하기에 적절한 인식론적 토대를 가지고 있음을 설명하려고 시도했다. 사실, 기독교인은 단지 이성적 논쟁 이상의 것에 의해 확신을 갖게 된다. 카넬은 신앙에 대한 실존주의적이고 비객관적인 관점을 몹시 두려워했다.

비기독교세계관의 공허함을 설명하려는 가운데, 카넬은 종종 가공의 반대자들을 상정하고 공격했다. 그는 또한 복음주의 기독교세계관의 난제들을 과소평가했다. 그러나 카넬이 불신자들이 복음을 듣고 믿기 위하여 정통주의의 모든 교의를 이해할 필요는 없다고 지적한 것은 확실히 옳은 것이다.

카넬이 영향을 끼친 세 번째 영역은 목회였다. 카넬은 당시 정통주의 안에 있는 "고전과고 이교적 요소의 호기심어린 혼합"(curious blend of classic and cultic elements)을 경고했다.[115)] 그는 교회에 관한 분리주의자들의 견해를 몹시 개탄하면서 "성령은 영의 분열을 초래하지 않는다. 왜냐하면 사랑은 삶의 법칙(law of life)이고, 사랑은 그리스도의 몸을 이루는 모든 사람들이 하나의 신성한 몸으로 연합될 때까지 불완전한 상태이기 때문이다"라고 말했다.[116)] 카넬은 온화한 기질을 가지고 있었고, 좀 더 광범위한 신학단체 그리고 교회단체와 기꺼이 대화했다. 그는 1962년 시카고대학에서 있었던 칼 바르트(Karl Barth)와 대화에 참석한 패널의 "보수주의" 대표였다. 카넬은 또한 좀 더 자유주의적이었던 「크리스천 센츄리」(The Christian Century)에 정기적으로 기고했던 소수의 복음주의자 가운데 하나였다. 그 잡지는 "편집부와 복음주의적 기독교 가운데 좀 더 보주적인 종파 사이의 가교가 카넬에게 있었다"고 논평했다.[117]

카넬의 개인적 삶과 신학 사상 사이에 있는 긴장은 복음주의의 정체성을 찾는 세대의 전형이었다. 카넬의 침례교 정체성과 그의 신중한 복음주의 사상 사이에 중요한 관계성이 결여되어 있다는 점은 한 교단 안에서 "복음주의"를 분류해 내는 일이 실행 가능한가하는 의문을 제기한다.[118] 로날드 내쉬(Ronald Nash)는 에드워드 존 카넬의 삶과 업적에 관해 다음과 같이 적절한 비문을 남겼다:

> 내가 보기에 문제는 에드워드 존 카넬이 항상 성경과 일치하는 가르침을 행했는지 안했는지가 아니다. 우리 각자는 무의식적으로 어느 정도 이단적인 요소 또는 그밖에 것들을 발전시킨다. 문제는 에드워드 존 카넬이 성경적 일관성을 유지할 수 있는 능력이 없었는지 여부를 판단하기가 사실상 어렵다는 점이다. 그가 진리를 알려고 노력했고, 그것으로 인해 변하게 되는 한, 우리는 더 이상 물을 것이 없다. 왜냐하면 우리 역시 마찬가지이기 때문이다.[119]

## 주(註)

1) Roudolph L. Nelson, *The Making and Unmaking of an Evangelical Mind: The Case of Edward Carnell* (New York: Cambridge, 1987)은 카넬의 생애에 관한 역사심리학을 다룬 책이다.

2) Ernst R. Sandeen, *The Roots of Fundamentalism* (Chicago: University of Chicago Press,1970), 103-31; B. B. Warefield, The Inspiration and Authority of the Bible (Philadelphia: Presbyterian and Reformed, 1970). 이 책은 성경의 권위에 관한 구 프린스턴 신학의 고전적 주장이다.

3) Sandeen, 162f. Cf. Geroge Marsden, "From Fundamentalism to Evangelism: A Historiacl Analysis," *The Evangelicals,* eds. D. F. Wells and J. B. Woodbridge (Nashville: Abingdon, 1975), 140, n. 8.

4) 이 논문들에 대한 요약에 대해서는 다음을 참조하라. Sandeen, 203-6.

5) 메이첸(J. G.Machen)과 프린스턴 학파와의 결별, 그리고 이 후 그의 추종자들과 메킨타이어(Carl McIntire) 사이의 결별에 관한 논의에 대해서는, Sandeen, 253 f.를 참조하라. 실제로, 말스든(Marsden)은 "분리주의"(Separatism)와 포괄주의 사이의 대립이 풀러신학교의 신 복음주의와 구 근본주의를 가르는 중요한 분기점이 되었다고 언급했다.

6) William Hordern, *New Direction in Teholog*y*: vol. 1* (Philadelphia: Westminster Press, 1966) chapter 4, "The New Face of Conservativism," 74-95.

7) 의심할 바 없이 오켕가(Harold Ockenga)가 "복음주의적"(evangelical)이라는 용어를 이러한 배경에서 처음으로 적용한 사람이다. Geroge Marsden, *Reforming Fundamentalism,* 53 f. 그러나 "복음주의"와 "근본주의" 사이의 차이점은 보편적으로 알려져 있지 않았다. James Barr, *Fundamentalism* (London: SCM Press, 1977)

8) Edward John Carnell, *The Case for Orthodox Theology* (Philadelphia: Westerminster Press, 1959), 113. 실제로 그는 이 책을 부모님께 헌정했다.

9) 이 책의 칼 헨리(Carl F. Henry)에 관한 27장을 참조하라.

10) 이후에 「라인홀드 니버의 신학」(*The Theology of Reinhold Niebuhr*)이라는 제목으로 출판되었다.

11) 이후에 「키에르케고르의 부담」(*The Burden of Soren Kiekegaard*)이라는 제목으로 출판되었다.

12) Cf. Joe E. Barnhart, "The Religious Epistemology and Teodicy of Edward John Carnell and Edgar Sheffield Brightman" (Ph. D. diss., Boston University, 1964). 이 논문은 카넬과 브라이트만의 사상의 연관성을 발전시켜 주었다.

13) 카넬 저작의 전체 목록을 확인하라.

14) Edward John Carnell, *An Introduction to Christina Apologetics* (Grand Rapids, Mich.: Eerdmans, 1948), 151.

15) Norman Geister, *Christian Apologetics* (Grand Rapids: Baker Book House, 1976), 121; Ronald Nash, *The New Evangelicalism*(Grand Rapids, Mich.: Zondervan, 1963), 114.

16) Edward John Carnell, *Kingdom of Love and the Pride of Life* (Grand Rapids, Mich.: Broaddmans, 1960), 6.

17) Kenneth C. Harper, "Edward John Carnell: An Evaluation of His Apologetics," *Journal of the Evangelical Theological Society* 20(1977): 137 f.

18) Carnell, *Christian Apologetics,* 7.

19) Ibid., 19, 29.

20) Ibid., 20.

21) Ibid.

22) Ibid., 21-22.

23) Ibid., 22.

24) Ibid., 24-55. 기독교세계관이 다른 증거들에 의해 증명될 가치가 있다는 카넬의 적극적인 가설은 "절대 가치의 차이"를 말한 반틸의 격렬한 반대에 부딪혔다. Edward John Carnell, "Perfect Assurance," rev. of *Van Till's The Defense of the Faith* (Presbyterian and Reformed). *Christianity Today*, January 4, 1956, 15.

25) Ibid., 25-7.

26) Ibid., 30-31.

27) Ibid., 41.

28) Ibid., 65.

29) Ibid.,

30) 기준(Criteria)은 다음과 같은 것들을 포함한다: 직관, 관습, 전통, 동의, 느낌, 인식, 직감, 일치, 그리고 실용주의. Ibid., 48-56 f.

31) Ibid., 56.

32) Ibid., 59.

33) Ibid., 56.

34) Ibid., 123.

35) Ibid., 124.

36) Ibid.,

37) Ibid., 157.

38) Ibid.,

39) Ibid., 126 f. 카넬은 본질적으로 토마스주의를 거부하고 그 전통 속에서 토마스 아퀴나스에 대한 존 뉴포트 입장을 확고히 반대한다. Cf. Newport, "Representative Contemporary Approaches to the Use of Philosophy in Christian Thought," *Review and Expositor* 82 (1985): 508, 518.

40) Ibid., 139.

41) Ibid., 158-59.

42) Ibid., 160.

43) Ibid., 169.

44) Ibid.

45) Ibid., 172.

46) Ibid., 157.

47) Ibid., 175.

48) Ibid., 173.

49) Ibid.

50) Ibid., 100.

51) 카넬은 성경비평, 기적 그리고 자연법과 악의 문제와 같은 문제들을 다루었다. 전통적인 문제들에 대해 이성적인 복음주의적 해답이 계속 된다.

52) Edward John Carnell, *A Philosophy of the Christian Religion* (Grand Rapids Mich.: Eerdmans, 1952), 21.

53) Ibid., 29.

54) Ibid., 58.

55) Ibid., 77.

56) Ibid., 83-128. 카넬은 이차자료에 의존했다. 그는 구소련의 권력에 굶주린 지도자들에 초점을 맞추었고 공산주의를 정적이고 획일적이며 자유가 없는 사회로 보았다. 나아가 카넬은 맑스의 초기 저작들과 소외 개념에 대해 어떤 이해도 가지고 있지 못함을 보여주었다.

57) Ibid., 132. 이것은 훨씬 더 쉬운 목표에 관한 하찮은 논쟁에 기초하여 모호한 결론을 내리는 것처럼 보였다.

58) Ibid., 138.

59) Ibid., 140.

60) Ibid., 149.

61) Ibid., 163.

62) Ibid., 229.

63) Ibid., 243.

64) Ibid., 272.

65) Ibid., 293-94

66) Ibid., 511.

67) Ibid., 512.

68) Ibid.

69) Ibid., 450.

70) Ibid., 453. 키에르케고르 학파인 로버트 퍼킨스(Robert L. Perkins)는 카넬이 키에르케고르의 주관주의를 제대로 이해하지 못했다고 정확히 주장했다. Cf. Perkins, "Review of Carnell's *The Burden of Soren Kierkegaard*," Scandinavian *Studies*, 38 (May 1966): 160-61.

71) Carnell, *A Philosophy of the Christian Religion*, 516.

72) 또 다음을 포함한다: William Hordern, *The Case for a New Reformation Theology*, and L. Harold DeWolf, *The Case for Theology in a Liberal Perspective*(Philadelphia: Westminster press, 1959).

73) Carnell, *The Case for Orthodox Theology*, 13.

74) Ibid., 33.

75) Ibid., 35.

76) Ibid., 47.

77) Ibid., 100.

78) Ibid., 109. 무오성에 관한 카넬의 사상적 긴장은 복음주의 안에서 계속된 논의의 양 주체들에 의해 인용되고 주장되었다. 그는 잭 로저스(Jack Rogers)와 도날드 맥킴(Donald Mckim)의 중재적 입장을 지지하는 것으로 인용된다. *The Authority and Interpretation of the Bible* (New York: Harper and Row, 1979), 375, 401, 402. 엄격한 무오주의자 가운데 한 사람인 해롤드 린셀(Harold Lindsell)은 카넬에게 「성경을 위한 투쟁」(The Battle for the Bible)을 헌정했고, 허가를 받아 카넬을 인용한다. *The Battle for the Bible* (Grand Rapids, Mich.: Zondervan, 1976), 32, 70, 109, 112.

79) Ibid., 52.

80) Ibid., 53.

81) Ibid.

82) Ibid., 95.

83) Ibid., 113f. Cf. John R. Rice, " Fuller Seminary's Carnell Sneers at Fundamentalism," *The Sword of the Lord,* October 30, 1959, 1, 7, 11.

84) Carnell, *The Case for Orthodox Theology*, 59.

85) Ibid., 22.

86) Ibid., 148. 그는 각각 다음과 같은 목차를 참고자료와 함께 제시했다: (1) the ecumenical creeds, (2) the standards of Greek and Eastern Orthodoxy, (3) the standards of Roman Catholicism, (4) the standards of Lutheranism, (5) the standards of the Reformed tradition, (6) the standards of Anglicanism, and (7) the standards of Arminianism.

87) Nelson, *The Making and Unmaking of An Evangelical Mind*, 103.

88) Edward John Carnell, *Christian Commitment: An Apologetic*(New York: Macmillan, 1957), x.

89) Ibid., 73.

90) Ibid., 74.

91) Ibid., 85.

92) Ibid., 138.

93) Ibid., 286.

94) Carnell, *Kingdom of Love*, 24, 36, 51, 65, 78, 94, 106, 122, 138.

95) Ibid., 10.

96) Ibid., 7.

97) Ibid.

98) Ibid., 17.

99) Ibid., 104.

100) Ibid., 59. 카넬은 이 시기에 광범위한 심리치료와 전기충격요법을 받았다.

101) Ibid., 62.

102) Ibid., 160.

103) Ibid., 107.

104) Ibld., 107-8.

105) Ibid., 109.

106) Ibid.

107) David Hubbard, "Prefact," to "The Glory of a Theological Seminary," the Inaugural Address of Edward John Carnell, President of Fuller Theological Seminary 1954-1959,

delivered May 17, 1955(published as a portion of the Carnell Memorial established in 1969-70 by the Fuller Theological Seminary Alumni Association) 3.

108) Aubrey B. Haines, "Edward John Carnell: An Evaluation," *The Christian Century* June 7, 1967, 751.

109) Marsden, *Reforming Fundamentalism,* Appedix.

110) Carl F. H. Henry, "The Loss of Two Great Leaders," *Christianity Today*, May 12, 1967, 30.

111) 다음과 같은 사람들이 비슷한 접근을 취한다; J. O. Buswell, Gordon Clark, Bernard Ramm, and Carl F. H. Henry.

112) Carnell, *Commitment,* 73. 버논 그라운드(Vernon Grounds) 역시 이 범주에 속한다. . Cf. Grounds, " Take Another Look at S. K., "*Christianity Today*, February 18, 1966, 33.

113) Carnell, *The Case for Orthdox Theology*, 99 f. 카넬이 지속적으로 자신을 프린스턴 규범인 무오성주의자라고 여긴 사실은 그가 죽기 채 일년 전에 편집자에게 보낸 편지에서 확인된다. 카넬은 성경 무오성을 방어하는 최근의 책에서 다음과 같이 "성경 자체의 관점인 성경 무오성의 방어는 실제로 워필드에 의해 세워진 과정의 재건이다" 라고 언급하면서 "나는 전적으로 이에 동의한다" 고 결론을 내렸다. (Christianity Today, October 14, 1966, 23.) 카넬이 "철저한" 무오주의자인지 여부 또는 잠시 그랬었는지는 오늘날 또 다른 문제를 야기시킨다.

114) William Hordern, *A Layman's Guide to Protestant Theology* (New York: Macmillan, 1955), 75.

115) Ibid., 132.

116) Ibid., 137.

117) 카넬은 캘리포니아에서 사망했다. " *The Christian Century*, May 10, 1967, 612.

118) Cf. James Leo Garrett, E. Glenn Hinson, James Tull, *Are Southern Baptists "Evangelicals"?* (Macon, Ca.: Mercer University Press, 1983).

119) Nash, "Introduction, "to *The Case for Biblical Christianity.* 9.

# 참고자료


## 1차 자료

### 단행본

*The Burden of S Øren Kierkegaard*. Grand Rapids, Mich.: Eerdmans, 1965.

*The Case for Orthodox Theology*. Philadelphia: Westminster Press, 1959.

*Christian Commitment: An Apologetic*. New York: Macmillan, 1957.

*An Introduction to Christian Apologetics*. Grand Rapids, Mich.: Eerdmans, 1948.

*The Kingdom of Love and the Pride of Life*. Grand Rapids, Mich.: Eerdmans, 1960.

*A Philosophy of the Christian Religion*. Grand Rapids, Mich.: Eerdmans, 1950.

*The Theology of Reinhold Niebuhr*. Grand Rapids, Mich.: Eerdmans, 1951.

### 다른 책에 기고한 글들

*How My Mind Has Changed*, edited by Harold E. Fey. New York: Meridian, 1960.

"Fundamentalism." In *Handbook of christian Theology*, edited by Marvin Halverson and Arthur A. Cohen. New York: Meridian, 1958.

"The Government or the church." In *Basic Christian Doctrines*, edited by Carl F. H. Henry, Grand Rapids, Mich: Baker, 1962.

"Niebuhr's Criteria of Verification." In *Reinhold Niebuhr: His Religious, Social, and Political Thought*, edited by Charles W. Kegley and Robert W. Bretall. New York: Macmillan, 1956.

"Reinhold Niebuhr's View of Scripture." *In Inspiration and Interpretation*, edited by John F. Walvoord. Grand Rapids, Mich : Eerdmans, 1957.

"The Son of God." In *The Empirical Theology of Henry Nelson Wieman*, edited by Robert W. Bretall. New York: Macmillan, 1963.

정기간행물

"Barth as Inconsistent Evangelical." *The Christian Century,* June 6, 1962, 713-14.

"Beware of the New Deism." *HIS* (Dec. 1951): 14-6, 35-6.

"A Christian Social Ethic." *The Christian Century,* Aug. 7, 1963, 979-80.

"Conservatives and Liberals Do Not Need Each Other." *Christianity Today,* May 21, 1965, 6-8.

"Criterion of Love." Rev. of Nels F. S. Ferre's Know Your Faith(Harper). *Christianity Today*, Aug. 29, 1960, 42-43.

"The Government of the Church." *Christianity Today,* June 22, 1962, 18-19.

"The Grave Peril of Provincilizing Jesus." *The Pulpit* (May 1951): 2-4.

"How Every Christian Can Defend His Faith." *Moody Monthly*, Jan. 1950. 312-12; 343; Fed. 1950, 348-85, 429-31; Mar. 1950, 460-61, 506-7.

"Jesus Christ and Man's Condition." *Encounter* 21 (Winter 1960); 52-8.

"The Nture of the Unity We Seek: An Orthodox Protestant View," *Religion in Life,* 26 (Spring 1957): 191-9.

"Orthodoxy: Cultic vs. Classical." *The Christian Century*, Mar. 30, 1960: 377-79.

"Post-Fundamentalist Faith." *The Christian Century*, Aug. 26, 1959: 971.

"The Problem of Religious Authority," *HIS* (Feb. 1950): 6-9, 11, 12.

"The Secret of Loving Your Neighbor." *Eternity*, July 1961, 15-16.

"Should a Christian Go to War?" *HIS* (April 1951): 4-8, 10.

"The Virgin Birth of Christ." *Christianity Today*, Dec. 7, 1959, 9-10.

"Why Neo-Orthodoxy?" *The Watchman-Examiner*, Feb. 19, 1948, 180-81

## 다른 저서

"The Concept of Dialectic in the Theology of Reinhold Niebuhr." Th.D. diss., Harvard Divinity School, 1948.

"The Glory of a Theological Seminary." Inaugural Address of Edward John Carnell, president of Fuller Theological Seminary 1954-1959, delivered May 17, 1955.

"The Problem of Verification in SØren Kierkegaard." Ph.D. diss., Boston University, 1949.

## 2차 자료

Barnhart, Joe E. "The Religious Epistemology and Theodicy of Edward John Carnell and Edgar Sheffield Brightman." Ph.D. diss., Boston University, 1964.

Haines, Aubrey B. "Edward John Carnell: An Evaluation." *The Christian Century,* June 7, 1967, 751.

Harper, Kenneth C. "Edward John Carnell: An Evaluation of His Apologetic." Journal of The Evangelical Theological Society 20 (June 1977): 133-45.

Rosas III, Louis Joseph, "An Analysis of the Apologetic Method of Edward John Carnell," Th.M. Thesis, The Southern Baptist Theological Seminary, 1980.

Sailer, William S. "The Role of Reason in the Theologies of Nels Ferre and Edward John Carnell." S.T.D. diss., Temple University, 1964.

Sims, John A. "The Apologetical Odyssey of Edward John Carnell." M.A. thesis, Florida State University, 1971.

Sims, John A. *Edward John Carnell: Defender of the Faith.* Washington, D.C.: University Press of America, 1979.

________. "The Problem of Knowledge in the Apologetic Concerns of Edward Lewis and Edward John Carnell." Ph.D. diss., Florida State University, 1975.

# 32. 제임스 데오티스 로버츠(James Deotis Roberts)

제럴드 토마스(Gerald Thomas)

## 생 애

제임스 데오티스 로버츠 (James Deotis Roberts)

제임스 데오티스 로버츠(James Deotis Roberts)는 북캐롤아이나주 스핀데일(Spindale)에서 목수의 아들로 태어났다. 그는 북캐롤라이나주 샬럿(Charlotte)에 있는 존슨 C. 스미스대학교(Johnson C. Smith University)에서 폭넓은 교육을 받았고, 그곳에서 종교 교육학과 영문학을 전공했으며, 문학사를 우수한 성적(magna cum laude)으로 마쳤다. 또한 북캐롤라이나주 랠라이(Raleigh)에 소재한 쇼대학교(Shaw University)에서 1950년 신학사(B.D.) 학위를 취득했다. 이어 로버츠는 코넷티컷주(Connecticut)의 하트포드(Hartford)에 있는 하트포트신학대학원 재단(Hartford Seminary Foundation)에서 1951년 또 하나의 신학사와 1952년 종교신학(Sacred Theology) 석사학위를 받았다. 그의 논문제목은 "파스칼, 베르그송 그리고 제임스에서 이성과 신앙의 문제"("The Problem of Faith and Reason in the Pascal, Bergson, and James")였다.

이 탁월한 신학자는, 에든버러대학교(University of Edinburgh)에서 광범위한 연구를 통해 철학적 신학을 전공하여 1957년에 철학박사 학위(Ph.D)를 취득했다. 학위논문 제목은 "벤자민 위치콧트의 합리적 신학: 캠브리지 플라톤주의자들의 대부"(The Rational Theology of Benjamin Whichote: Father of the Cambridge Platonists)였다. 로버츠는 1956년 연구의 일환으로 캠브리지대학교(Cambridge University)에서 신학을 공부하기도 했다.

로버츠는 오늘날 어떤 흑인학자보다도 가장 폭넓은 학문적 기반과 명성을 획득한 사람이다. 침례교 목사안수를 받은 로버츠 박사는 북캐롤라이나와 코넷티컷의 교회들에서 목회했으며, 박사과정 중에는 스코틀랜드의 래드너 파크(Radnor Park) 회중교회의 임시목사(pastor-ad-interim)로 섬겼다.

그는 1952년부터 1953년까지 메이콘(Macon)에 소재한 조지아침례대학(Georgia Baptist College)의 종교학 과장(dean of Religion), 1953년부터 1955년까지는 쇼대학교에서 철학 및 종교 담당 조교수이자 종교생활과 종교활동(Religious Life and Activities) 책임자, 그리고 1957년부터 1958년까지는 쇼대학교의 철학과 종교담당 부교수이자 교목으로 재직했다.

흑인 고등교육의 "메카"인 워싱턴에 있는 하워드(Howard) 대학교 총장 모르드캐이 존슨(Mordecai Johnson)은 1958년 학문성을 갖춘 이 촉망받는 신학자를 신학부의 철학 및 역사 담당 교수로 청빙했다. 로버츠는 약 15년 동안, 학계의 신학 발전과 종교교육 분야에서 지도자이자 교수로서 명성을 쌓았다.

로버츠는 이 기간에 미국의 가톨릭대학교의 신학부(1968-69)와 스와스모어(Swarthmore) 대학(1969-70), 조지 메이슨(George Mason)대학(버지니아대학교, 1971-73) 등에서 종교학 초빙교수를 역임했고, 1973년에는 미국에서 가장 오래된 흑인 교육기관의 하나인 버지니아연합대학교 신학대학 학장에 선임되었다.

1년 후, 그는 하워드대학교 종교학부로 돌아와서 1980년까지 「종교사상지」(The Journal of Religious Thought)의 편집자이자 신학교수로 일했다. 1976년 여름, 로버츠는 서든침례교신학대학원(Southern Baptist Theological Seminary)의 흑인

신학 분야에서 해방과 화해라는 강좌를 담당했다. 1978년 봄에는 캘리포니아에 있는 클레어몬트(Clarmont)신학교에서 초빙교수의 자격으로 존 캅(John B. Cobb)을 대신해서 강의했다.

로버츠 경력의 절정은 1980년이었다. 그는 조지아의 애틀랜타(Atlanta)에 있는 초교파 신학 센타(The Interdenominational Theological Center)의 철학적 신학 담당 특별교수이자 원장으로 선임되었다. 또 그는 보스턴대학의 "목회사역 및 종교교육 연구소"(1980)와 캘리포니아 버클리 서부의 아메리카침례신학대학원(1981), 애틀랜타 에모리(Emory)대학교의 캔들러(Candler)신학교(1983), 그리고 아틀랜타의 컬럼비아(Columbia)신학대학원(1984) 등에서도 초빙교수로 섬겼다.

최근, 로버츠는 이스턴침례신학대학원(Eastern Baptist Theological Seminary)에서 철학적 신학 담당 특별교수로 재직하고 있다. 로버츠는 전처인 엘리자베스 캘드웰(Elizabeth Caldwell)과 결혼해서 슬하에 에딘 샤르메인(Edin Charmaine), 카를리타 로즈(Carlita Rose) 그리고 크리스티나 라페르네(Kristina LaFerne)라는 이름을 가진 세 명의 딸이 있다.

## 사상

### 철학적 신학

구속자 하나님과 신앙인 양자에 대한 기독교 해석의 현대적 경향은 로버츠가 인종차별과 인간적 고통이라는 현실에 직면하고 있는 흑인체험의 중요성을 제안하도록 촉구했다. 비록 그의 최초 저작인 「파스칼, 베르그송 그리고 제임스에서 신앙과 이성」이 고전철학을 향한 애정을 강조하지만, 그는 자연과학을 위한 이성적이고 형이상학적인 접근과 관련된 파스칼의 삶 속에 나타난 신학적 전제들을 추적했다. 그러나 로버츠의 마음을 사로잡은 것은 "하나님과 인간의 관계가 진정한 지식의 기초"라고 제안하게 된 파스칼의 "제2의 회심" 사건이었다.[1] 그는 다음과 같이 쓰고 있다:

> 이러한 종교 경험을 통하여, 파스칼은 단순한 이지적 신존재 증명의 무익함을 절감했다. 그는 마음의 느낌들을 통해 하나님이 존재하신다는 것을 안다고 주장한다. 이를 위해서, 그는 사람들이 자신의 마음을 살펴보고 하나님이 말씀하신 진리를 지켜보아야 한다고 촉구한다.[2]

이러한 최초의 감격적인 경험의 시작은 이 정력적인 학자로 하여금 성장하는 도시의 "암흑가"(dark places)에 거주하는 사람들의 처지에 대해 미국이 올바르게 이해해야 할 필요성을 탐구하게 만들었다. "미국인의 생활방식"에 상당히 만연해 있는 인종차별은 1950년대에 젊은 마르틴 루터 킹 목사(Martin Luther King, Jr.)의 예언자적 주장과 충돌했다. 당시 킹 목사는 불평등과 인종차별이라는 불의에 맞서 시위하도록 흑인들을 결집시켰다. 그래서 피억압자와 낙담자, 권리를 박탈당한 자들을 위한 신학의 새로운 개척지가 막 시작되었다.

로버츠는 소요와 폭동의 절정기였던 1968년, 「17세기 영국 내에서 청교도주의로부터 플라톤주의까지」(From Puritanism to Platonism in Seventeenth-Century England)라는 책을 발간함으로써 기독교신학에 중요한 저술을 남겼다. 이 책은 흑인신학자가 서구문화의 지성들을 다룬 역작이었다. 이어서 로버츠는 처음으로 휴머니즘의 창지자이자 캠브리지 플라톤주의자들의 대부인 벤자민 위치코트(Benjamin Whichcote)의 생애에 관한 논문을 써서, 주요한 실력 있는 신학자로서 명성을 확보한다. 이 저작으로 로버츠는 미국과 유럽의 신학자들에게 깊이 있는 신학적 탐구를 통해서 역사적이고 종교적인 성찰을 제시할 능력이 있는 학자로 존경받게 되었다.

### 흑인신학

흑인신학 분야에서 볼 때, 데오티스 로버츠는 평등한 인간으로서 흑인들의 종교경험을 체계적으로 전개시킨 탁월한 현대 신학자 가운데 한 사람이다. 로버츠의 명성은, 신부 제임스 가디너(Father James J. Gadiner)와 공동으로 「흑인신학 탐구」(Quest for a Black Theology)를 편집을 때 새로운 차원에 도달했다. 이 책은 다섯 명의 흑인 박사(Ph.D)들과 알버트 클리지(Albert D. Cleage, Jr.) 목사의 공동 저작이었다. 모든 집필자가 "흑인의 힘"(black power)과 흑인의 힘이 흑인 교회에 미친 결과에 관해 직접적으로 서술했다.

로버츠는 "흑인신학에 관한 입장 진술의 하나로써 신학적 관점에서 본 흑인의식"이라는 제목의 장을 썼다.[3] 그는 다음과 같이 주장한다:

> 이 논문은 나에게 "미지의 바다로 향한 첫 항해"였다. 그러나 시작이 없다면 더 이상 항해가 있을 수 없다는 의미에서 이것은 하나의 "시작"이다. 독자는 합당한 많은 질문들을 발견할 수 있겠지만, 합당한 대답을 찾지는 못할 것이다. 그래서 이것이 건설적 비평을 촉발시킨다면, 그것은 값진 목적을 달성하는 셈이다. 그것의 "끝"은 하나의 시작이다.[4]

흑인신학의 본질이 무엇인가에 대해서는 제임스 콘(James Cone), 조셉 워싱톤(Joseph R. Washington), 빈센트 하딩(Vincent Harding), 월터 예이츠(Walter Yates) 등에 의해 정의되고 있었다. 그들은 흑인의 시각으로 하나님과 성경을 이해할 필요가 있음에 초점을 맞추었다. 전국 흑인교인 협회의 신학위원회(The Commission on Theology of the National Committee of Black Churchmen)는 흑인신학에 관한 성명서를 발표했다. 이 성명서는 흑인신학을 이렇게 정의하고 있다:

> 우리에게 흑인신학은 흑인해방신학이다. 그리스도 안에서 하나님의 계시에 비추어 흑인의 처지를 이해하려 애쓴다. 그렇게 함으로써 흑인공동체는 복음이 흑인의 인간됨의 성취와 일치한다는 것을 알 수 있을 것이다. 흑인신학은 "검음"(blackness)의 신학이다. 흑인들을 백인들의 인종차별에서 해방시키는 것은 비로 흑인의 인간됨을 인정하는 것이다. 이것은 백인과 흑인 모두에게 진정한 자유를 주는 것이다. 흑인신학은 백인의 압제적 침략에 대해 "아니오"를 말한다는 점에서 백인의 인간성을 인정하고 있다.[5]

로버츠는 "미국의 흑인은 개인적인 측면과 집단적인 측면 모두에서 독특한 유형의 영적 경험—이 경험은 신학적으로 분석하고 해석할 만한 가치가 있다—

을 낳은 특별한 수난을 겪어왔다"는 이유에서 흑인신학의 당위성을 찾는다.[6]

계몽과 격려의 필요성 때문에, 로버츠는 흑인의 영적 의식을 고양시킨 대표적 인물로 부각되었다. 그는 "신학의 과업은 미국에서 흑인이면서 기독교인이 된다는 것이 무슨 의미인지 결정하는 데 있다"고 생각한다.[7] 편견은 눈에 보이는 것만으로 미리 판단하는 것이라는 점에서, 흑인은 쉽게 주목받는다는 사실에 로버츠는 주목한다.[8] 흑인이라고 무조건 배척한다는 것은 로버츠의 견지에서 볼 때 명백한 죄다. "흑인됨"은 실제적 현실이자 삶의 진실이며 무시할 수도, 회피할 수도, 극복할 수도 없는 주어진 것(given)이다. 그러므로 저자에 따르면, "유행"(faddishness)에 편승한다는 인상을 주지 않기 위해서, "흑인신학은 반드시 기독교 역사와 성경적 신앙에 확실히 근거하고 있어야 한다."[9]

그 성명서는 이어서 다음과 같이 주장했다. "흑인신학자에 의한 타개책이란 결코 있을 수 없었다. 우리는 [원문그대로 표기하자면] 바르트와 틸리히, 혹은 불트만 같은 신학자들을 배출하지 못했으며, 우리만의 어떠한 신조들도 갖고 있지 않다."[10] 이러한 문제는 전통적인 유럽인에 의해 세워진 기독교신학의 개념을 벗어나지 못했던 그 시대 대다수 흑인신학자들에게 점차 커다란 문제점으로 다가오기 시작했다. 조셉 존슨(Joseph R. Johnson)은 다음과 같이 부언한다:

> 우리는 우리의 바르트, 브루너, 니버, 본훼퍼 그리고 틸리히를 안다. 그러나 우리는 이런 백인신학자들이 백인들을 위해 그 시대의 신앙을 명료화하고 신학의 정수를 설명했다는 것을 발견했다. 이 백인신학자들은 흑인의 경험을 전혀 알지 못했으며, 그들 대다수에게 흑인경험은 불법적이고 거짓된 것이었다.[11]

로버츠를 포함한 흑인신학자들은 "미국에서 흑인생활의 독특한 경험을 반영하고 있는 신앙의 확증"을 찾고자 노력했다.[12] 시간을 다투는 문제는 "흑인됨의 통일성"(unity in blackness)이 필요한 것처럼 보였다. 그는 다음과 같이 말함으로써 진정으로 흑인에게 필요한 것이 무엇인지 포착한다:

> 우리가 흑인 기독교인으로서 "함께 모이는"(getting together) 이유는 우리가 누구인지를 깨닫는 데 있다. 우리가 우리의 정체성을 알게 되고, 스스로를 존중하며, 하나의 국민으로서 완전한 확신을 하게 될 때, 우리는 열등한 자가 아닌 대등한 자로서 남들과 화해할 수 있는 입장이 될 것이다.[13]

로버츠는 이러한 화해의 신념을 가지고, 「해방과 화해: 흑인신학」(Liberation and Reconciliation: A Black Theology)이라는 주목받은 책을 집필하기 시작했다. 그의 입장은 인종차별의 장벽을 넘어서기 위해서는 흑인뿐 아니라 백인도 책임을 져야 한다는 것이다. 그는 이렇게 쓰고 있다:

> 흑인과 백인 사이의 화해는 상호관계적이다. 화해는 흑인이 좀 더 호전된 인종간의 관계상황을 위해 행하지 않은 것만큼 백인이 좀 더 호전된 인종간의 관계상황을 위해 행한 것에 의존한다. 화해는 형평의 원리 위에서 양측의 사람들 모두가 서로를 배려하고 인정하는 통합정신에 바탕을 둔 것이어야 한다. 평등은 통합의 시대에 당연한 것이다.[14]

흑인신학자는 기독교신앙의 참된 요구가 무엇인지 언급해 줄 윤리적 임무가 있다. 우리는 흑인의 경험이 어떻게 "흑인의 의식과 흑인의 긍지, 흑인의 자결권-한마디로 흑인의 힘(Black Power)-이라는 입장에서 이해"될 수 있는지 결정할 자유가 있다.[15] 로버츠의 경우 이것은 "흑인의 힘으로서 종교"라는 과격한 극단주의자들과 흑인신학 속에서 자명하게 드러나는 전통 기독교의 가르침 사이의 분할선이 된다. 그는 다음과 같이 결론을 내린다:

> 기독교인이 아닌 많은 흑인들은 "흑인의 힘의 종교"를 지지했다. 기독교 신학자는 종교로서 흑인의 힘의 종교를 해석하는 자가 아니다. 그는 흑인신학자의 하나로서 미국의 흑인 기독교에 대한 해석자인 것이다. 그는 흑인의 힘이라는 의미에 동조하는 것일 수도 있다. 그러나 그는 미국에서 흑인의 경험에 비추어 기독교신앙을 이해하려고 시도한다. 이러한 저술가는 기독교 신학계 내에서 자신의 자리를 잡아가고 있다.[16]

여기서 우리는 흑인신학을 개진하는 로버츠의 기준들을 발견하게 된다.

진지하게 화해를 추구하는 흑인신학은 흑인과 백인 사이에서 적극적인 대화를 필요로 한다. "미국에서 흑인 기독교인과 백인 기독교인은 인종문제에 관련해서 기만적 삶을 살아왔다"고 로버츠는 단언한다.[17] 흑인을 위한 참된 의미는 해방의 역동성을 넘어 화해의 역동성으로 움직이게 하는 데 있다. 백인을 위한 참된 삶이란 자비를 통한 화해에 끊임없이 참여하는 것이다.

로버츠는 주저없이 "해방과 화해는 흑인신학의 양대 기둥"이라고 주장한다.[18] 대다수가 해방을 혁명이라는 개념으로 생각하고 있지만, 로버츠는 폭력과 피흘림의 개념을 과감하게 포기한다. 그는 인종문제에서 혁명은 화해를 통해 가능하지만, 이 목표는 반드시 흑인과 백인에 의한 공동의 노력을 통해서 달성되어야 한다고 생각한다. 로버츠는 이 긴장을 극복하는 방안에 관해 다음과 같은 언급하고 있다:

> 변화의 필요성은 개인차원에만 있지 않다; 인종차별에 대한 모든 사회적 관습(pattern)이 달라져야 한다. 그 일은 개인측면과 사회측면에서 동시에 진행되어야 한다. 한 인간으로 받아들여지기 위해 흑인이 초인이 될 필요는 없다.[19]

흑인 교회와 흑인신학의 과제는 흑인 신앙의 문제를 자유와 관련시켜 다시 성찰하고 연구하는 데 있다. 모든 흑인신학자들은 평등과 자유에 대한 "성경적 입장"을 결정하는 데 관련된 핵심 요소들에 최대의 관심을 둔다. 따라서 "특별한 백성이자 선택받은 민족, 즉 하나님의 선민이 된다는 것의 실제 의미를 건설적으로 진술하는 시도가 흑인신학의 과제다."[20]

사실 흑인의 수난 경험은 이스라엘 백성과 모세의 삶에서 제시되었듯이, 구속적 수난에 대한 성경 메시지와 관련된다. 그러나 로버츠는 해방의 주제들을 구약성경에만 국한시키는 데 만족하지 않는다. "흑인신학은 이것을 넘어 오늘날에 이르는 유대인 역사에 나타난 수난에 대한 포괄적 이해로 나아가야 한다."[21] 흑인신학자는 흑인경험의 필요들을 재해석할 의무와 함께 성경 계시를 충실히 따를 필요가 있다.

흑인신학의 체제 안에서 그러한 필요들을 이해하면서, 로버츠는 1974년에 「흑인 정치신학」(A Black Political Theology)을 저술했다. 이는 흑인의 구속에 관한 그의 "총체적" 관심 주제들을 다루어 나가는 일환이었다. 그는 "흑인신학이 백인의 압제에 대한 단순 반작용이 아닌, 기독교신앙에 입각하여 건설적으로 재정립돼야 한다"고 믿었다.[22]

흑인신학은 실존적이지만, 그것은 또한 주요한 정치적 의미를 함축하고 있다. 그것은 생존과 의미와 불의에 항거하는 신학이다.[23] 흑인신학의 사명은 분명하다; 즉 로버츠에 따르면, "흑인신학은 흑인의 의식, 힘, 그리고 해방의 시대에 기독교신앙으로부터 흑인들을 집단 출애굽 시키려는 대안이다."[24] 흑인 정치신학은 불의와 인종차별에 대한 항거와 의미의 탐구 사이에서 긍정적 균형을 잡으려고 노력해야 한다.

로버츠는 인간의 아픔과 전능하신 하나님의 관계를 "인간이 아픔을 통해 하나님과 하나가 되는 상징으로" 표현한다.[25] 그는 한 걸음 더 나아가 다음과 같이 주장한다: "인간을 위하고 인간과 함께 하는 하나님의 수난, 하나님의 진노와 사랑의 조화, 그리고 사랑이 진노를 극복하고 아픔을 이겨내는 방식은 흑인신학을 성찰하는 데 매우 시사적이다."[26]

하나님은 능력의 하나님이다. 능력으로서 하나님은 흑인 정치신학에서 필수적이고도 중요한 개념이다. 인종차별의 사회에서 무자비한 권력의 남용에 의해 짓밟힌 힘없는 사람에게는 능력의 하나님에 대한 기독교적 이해가 필수적이다.[27] "이 능력의 하나님은 인간을 속박하는 모든 양식으로부터 억압받는 자를 구원하신 하나님이다"라는 것이 로버츠의 믿음이다.[28] 인종차별은 자연적 악이 아니라 모든 인간과 하나님의 관계를 위협하는 도덕적 악이다. 그러므로 흑인 정치신학은 비도덕적 사회 안에 있는 권력의 구조들에 대항하고 투쟁할 필요가 있다.

고(故) 하워드 더만(Howard Thurman)은 「예수와 인권을 박탈당한 자」(Jesus

and Disinherited)에서 흑인의 경험과 관련하여 중요한 신학적 논지를 전개한다. 그는 "억압을 받은 사람은 완전한 하나님의 인생을 사신 인간 예수를 통해서만 하나님의 인간적 모습을 볼 수 있다"고 주장한다.[29] 로버츠는 흑인 정치신학의 주제에 관해서 다음과 같이 말한다:

> …온화하고 온유하신 예수가 아니라, 전 인격, 마음, 영혼, 그리고 몸이 자유로운 상태에 놓이는 구속의 목적을 위해 역사와 문화 속에서 행하신 문화 위의 그리스도(Christ above culture)를 통해서 연구돼야 한다. 흑인들의 필요는 "군중 속에 파묻힌 단순한 사람들에 지나지 않는" 존재로 머물러야 되는 사회 속에서, 온전한 인격체가 되는 것이라고 예수는 말씀하신다.[30]

가진 것이 없는 자들의 예수는 인류를 해방한다. 그는 창조하시고, 구속하시고 모든 자를 심판하시는 하나님으로부터 회심(conversion)의 메시지를 가져왔다. 기독교인의 경험은 인류를 구하기 위해서 진정한 생명의 실체로 오신 억압받은 자의 예수와 부합되어야 한다.

1970년 대 후반기에 흑인전통과 흑인들 사이의 분열은 로버츠로 하여금 「흑인 미래의 뿌리들」(The Roots of a Black Future)에서 흑인 교회와 관련해서 흑인가족의 가치와 요구사항들을 제시하게 했다. 로버츠는 이렇게 주장하고 있다: "논문의 주요 목적은 흑인신학을 위한 중요한 교회론적 연구들을 제시하는 것이지만, 「흑인 정치신학」 이래로 키워온 필자의 비전을 공유하려는 데 있다."[31]

이러한 노력을 통해서 로버츠는 1970년대의 좌절을 극복하고, 그 시대에 맞는 흑인 교회를 위한 적절한 신학의 윤곽을 제시하고 있다. 아프리카 흑인의 전통에서부터 노예기, 노예 해방, 그리고 재건기에 거친 흑인 교회와 그 발전에 관한 역사적 개관을 로버츠는 소개하고 있다. 그는 "하나님의 백성이자 가족"으로서 흑인이 이룩한 투쟁과 승리에 찬사를 보낸다. 그래서 로버츠는 흑인의 삶의 본질을 다음과 같이 단언한다:

아프리카나 미국 내 흑인들의 전통 전반을 통해, 가족제도는 교회, 곧 교회의 목적과 사명을 이해하는 데 중심이 되어 왔다. 동시에 종교는 온전한 가정생활의 핵심을 이뤄왔다.[32)]

로버츠는 흑인 가정에 대한 총체적 사역을 위한 흑인 교회의 필요성을 자신의 중심 논제로 삼았다. 사회적 관심들과 개인의 자유에 관한 흑인의 한계를 연결시키기 위해 그는 흑인 경험의 가장 평범하고 자연스러운 측면을 지향한다. 로버츠는 "교회가 사회변혁을 시도할 때, 우리는 실천 가능한 신학에 관심을 가져야 한다"고 주장한다.[33)] 그의 총체적 주제는 흑인 교회전통의 사제적이고 예언자적인 사역을 위한 건전한 전망을 제시하는 데 있다.

로버츠는 1980년 「설리반 원칙에 관한 신학적 해설」(A Theological Commentary on the Sullivan Principles)을 저술했다. 이 책은 남아프리카 공화국의 인종차별정책에 맞서는 대표적인 미국회사들의 방안을 소개한다. 필라델피아 시온침례교회의 레온 설리반(Leon Sullivan) 목사는 기회평등 산업센터(Opportunities Industrialization Center), 일명 OIC를 설립했다.

1981년에 저술된 「기독교 확신들」(Christian Beliefs)은 하나님, 예수, 그리고 성령과 관련된 기독교신앙의 기본 교의들을 통찰하는 방안들을 목회자들, 학생들, 평신도들에게 제공했다.

지금까지 로버츠에 의해 완결된 가장 철저하고 포괄적인 저작은 「오늘의 흑인신학: 해방과 상황화」(Black Theology Today: Liberation and Contextualization)다. 이 책은 교회와 사회운동 전국협의회(Church and Social Action for the National Council)에 관한 열두 번째 토론토 신학 총서다. 사람들은 이 저작을 "로버츠의 흑인신학 규례집"이라고 부르기도 한다.

바로 여기에서 로버츠의 다년간 학문적 연구와 저술의 탁월성이 나타난다. 해석학과 방법론에 관한 앞부분에서부터 흑인 사역에 관한 마지막 부분까지, 그는 신학적 천재성을 가지고 흑인 전통에 관한 논제들을 훌륭하게 다루고 있

다. 그는 다음과 같이 언급한다:

> 신학자는 신념-체계에서 연유한 확신을 가지고 사역을 해야 한다고 나는 생각한다. 그러므로 당연히 신앙이 첫째가 되겠지만, 사람들이 믿는 것을 이해하려는 탐구 또한 중요하다. 이것은 신학적 주장들이 우리의 모든 논리와 비평 능력에 의해서 신중하고 비평적으로 검증돼야 한다는 것을 의미한다.[34)]

로버츠의 이 신학선집은 신중한 모든 학자들에게 흑인신학의 정수, 곧 그것의 근원으로부터 완성까지를 이해할 수 있는 기회를 준다.

로버츠의 최근 저작, 「대화로서 흑인신학」(Black Theology in Dialogue)은 타문화권들과 해방신학에 흑인신학의 중요성을 인식시키는 다리의 구실을 했다. 그 가운데 여러 장은 국내외에서 강연된 것으로, 흑인신학에 대한 저자의 지속적인 헌신을 반영한다. 비록 로버츠는 "흑인신학이 장성해서, 세계적인 신학적 발전들과 더불어 대화 상대자가 되었다"고 인식했지만,[35)] 흑인신학은 여전히 변화하는 과정에 있다.

우리는 신학의 작업을 위한 새로운 관점 위에서 재구성된 강조점을 즉각 발견하게 된다. 그는 다음과 같이 쓰고 있다.

> 신학의 새로운 상황은 인습을 타파하는 것이지, 과거를 계승하는 것은 아니다. 그러한 환경은 후기-바르트적이며, 상호문화적이며, 학문 사이를 넘나드는 것이다. 이제 신학계에는 여성신학, 흑인신학, 그리고 라틴아메리카 신학 등을 포함해서 다양한 신학들이 등장했다. 북대서양 사회의 신학자들에 의해서 마련되고 포장되며 운반된 신학은 더 이상 수용되지 않는다. 제3세계 신학자들이 자신들의 신학을 전개함으로써 서구신학의 시장은 퇴조하고 있다.[36)]

이런 새로운 분위기는 로버츠로 하여금 미래를 기대함과 아울러 과거를 평가하는 시간을 갖게 했다. 흑인신학은 여전히 스스로를 아프리카의 뿌리와 아프리카계 미국인 전통과 동일시하면서, "사회적, 경제적, 정치적 그리고 문화적 측면이라는 공동체 삶의 전 분야에서 상황화되어 유지될 것"이다.[37)] 하지만 아직 끝나지 않은 많은 문제점들이 남아있다. 로버츠는 계속해서 이렇게 주장한다.

> 우리는 이러한 모든 신학의 주요 주제들(구조적 악)을 총체적으로 다루는 신앙적 해석이 필요하다. 어떻게 집단적 악이 압제로 희생당한 자들의 개인적 고난을 심히 가중시키고 있으며, 그리고 어떻게 하나님을 믿는 신앙이 이러한 사람들로 하여금 생존 차원에서 그 의미를 발견하게 하는 지에 대해 적절한 주의가 집중되지 않고 있다.[38]

저자는 다음과 같이 주장함으로써 그 해결책을 적절히 진술하고 있다. "우리가 이러한 주변 상황을 건설적인 방향으로 전환시키기 위해 행할 수 있는 것이 무엇이냐 하는 것은 전적으로 흑인 자신들과 특히 흑인교회에 달려있다."[39] 대중을 재교육하기 위해 현재의 상황을 평가해야 한다는 분명한 요구는 팀 사역, 상호격려, 그리고 지원을 필요로 한다.

따라서 로버츠와 흑인신학에 관해서 볼 때, 그들이 전 인류에 끼친 공헌을 평가할 때가 이르렀다. "흑인신학은 철저하게 자기 이해를 달성하는 순간, 그것은 타문화 신학 이해에 대해 중요한 기여를 하는 것이다."[40] 이러한 노력은 믿는 모든 자의 관심 속에 있는 것이다.

## 평가

로버츠는 흑인의 경험과 문화적 전통이라는 새로운 영역을 신학교육 속에 포함시킨 개척자다. 그는 흑인신학의 최전선에서 20년 이상이나 기독교계에서 르네상스 이후 가장 자극적인 견해를 견지해 왔다.

로버츠는 인종차별이 평등을 금하기 때문만이 아니라 "하나님의 형상"(Imago Dei)이라는 기독교적 개념을 방해하기 때문에 죄가 된다는 확신을 밝힌다. 그러나 그는 제임스 콘(James Cone), 알버트 클리지(Albert Cleage), 조셉 워싱턴(Joseph Washington), 빈센트 하딩(Vincent Harding), 그리고 다른 학자들의 혁명적 성향을 넘어서고 있다. 다른 흑인신학자들은 백인에게 무관심한 반면, "그가 관심을 갖고 있다"는 점에서, 로버츠의 진지함은 생생하게 표현된다.

로버츠는 비록 흑인신학의 열심당원 편에 서기를 거부하지만, 압제와 불의의 문제를 다루는 데는 타협하지 않는다. 그는 흑인신학을 위한 해방의 주제를 통해 사람들의 가슴속에 심오하고도 광범위한 영향을 주었다. 그는 화해라는 구조 틀 안에서 해방을 위한 상황화를 생각한다. 그에게 그것은 양자 모두를 포용하는 것이지 양자택일이 아니다. 그의 "화해"라는 주제는 모든 그리스도인들이 사회의 힘없는 자에 대한 학대를 종식시키고 통합시키기 위한 핵심요소다. 성경은 "새로운 창조"가 화해의 사역을 통해 그 자신들에게 관심을 갖는 것이라고 명백하게 가르치고 있다.

## 주(註)

1) J. Deotis Roberts, *Faith and Reason in Pascal, Bergson and James* (Boston: Christopher Publishing, 1962), 20.

2) Ibid., 21. 또한 다음을 보라, Blaise, *Pascal's Pensees*, trans. H. F. Stewart (New York: Pantheon Books, Inc., 1950)

3) James J. Gardiner and J. Deotis Roberts, *Quest for a Black Theology* (Philadelphia: Pilgrim Press, 1971), xi.

4) Ibid.

5) "Black Theology: A Statement of the National Committee of Black Churchmen," June 13, 1969.

6) Ibid., 62.

7) Ibid., 63.

8) Ibid., 64.

9) Ibid., 65.

10) Ibid., 66.

11) Ibid., 100.

12) Ibid., 66.

13) Ibid., 79,

14) J. Deotis Roberts, *Liberation and Reconciliation: A Black Theology* (Philadelphia: Westminster Press, 1971), 10.

15) Ibid., 14.

16) Ibid., 21.

17) Ibid., 24.

18) 또한 다음을 보라. Alvin Pitcher, "White racism and Black Development," *Religious Education* (March-April 1970): Joseph R. Washington, Jr. *Black and White Power Subreption* (City Beacon Press, inc., 1969), 116-68.

19) Roberts, *Liberation and Reconciliation*, 33.

20) Ibid., 50.

21) Ibid., 55.

22) J. Deotis Roberts, *A Black Political Theology* (Philadelphia: Westminster Press, 1974), 40.

23) Ibid., 41.

24) Ibid.

25) Ibid., 102.

26) Ibid., 103.

27) Ibid., 111.

28) Ibid.

29) Howard Thurman, *Jesus and the Disinherited* (Nashville: Abingdon Cokesbury Press, 1949), 22.

30) Ibid., 119.

31) J. Deotis Roberts, *The Roots of a Black Future* (Philadelphia: Westminster Press, 1980), 8.

32) Ibid., 86.

33) Ibid., 114.

34) J. Deotis Roberts, *Black Theology Today: Liberation and Contextualization,* vol. 12 (New York: The Edwin Mellen Press, 1983), 42.

35) J. Deotis Roberts, *Black Theology in Dialogue* (Philadephia: Westminster Press, 1987), 7.

36) Ibid., 12.

37) Ibid., 47.

38) Ibid., 115.

39) Ibid., 116.

40) Ibid., 120.

# 참고자료

## 1차 자료

### 단행본


*A Black Political Theology*. Philadelphia: Westminster Press, 1974.

*Black Theology in Dialogue*. Philadelphia: Westminster Press, 1987.

*Black Theology Today*. Lewiston: Edwin Mellen Press, 1983.

*Christian Beliefs.* Atlanta: John Colton and Associates, 1981.

*Faith and Reason in Pascal, Bergson and James.* Boston: Christopher Publishing House, 1962.

*From Puritanism to Platonism in Seventeenth-Century England.* The Hague: Martinus Nijhoff, 1968.

*Liberation and Reconciliation: A Black Theology*. Philadelphia: Pilgrim Press, 1971.

*Quest for a Black Theology.* With Fr. James Gardiner. Philadelphia: Pilgrim Press, 1971.

*The Roots of a Black Future.* Philadelphia: Westminster Press, 1980.

*A Theological Commentary on the Sullivan Principles.* Philadelphia: International Council on Equality of Opportunity, 1980.


### 다른 책에 기고한 글들


"The American Negro's Contribution to Religious Thought." In *The Negro's Impact on Western Civilization,* edited by J. S. Roucek and T. Kierman. New York: Philosophical Library, 1970.

"The Forgiveness of Sins." In *Christian Theology: A Case Study Approach,* edited by Evans and Parker. New York: Harper, 1976.

"Hermeneutics: History and Providence." In *Hermeneutics and Horizons: The Shape of the Future*, edited by Frank Flinn. New York: Rose of Sharon Press, 1982.

"Liberation Theism." In *Black Theology II,* edited by C. E. Bruce and W. R. Jones. New York: Bucknell Press, 1978.

"The Mind of Howard Thurman." In *God and Human Freedom*. San Francisco: Friends Press, 1983.

"Models of Christian Discipleship: An African/Afro-American Perspective." In *Christ's Lordship and Religious Pluralism*, edited by G. H. Anderson and T. F. Strausky. Maryknoll: Orbis, 1981.

### 정기간행물

"Afro-Arab Islam and Black Revolution." *The Journal of Religious Thought* 28:2" (1972).

"Black Theologians' Conference." *Liberation and Unity*, a Lenten Booklet (1979): 5-7.

"Bergson as a Metaphysical, Epistemological and Religious Thinker." *The Journal of Religious Thought* 20:2 (1963): 105-14.

"A Black Ecclessiology of Involvement." *The Journal of Religious Thought* 32:2 (1975): 36-46.

"Black Perspectives on Theological Education and Global Solidarity." US/Canadian Consultation on Global Solidarity in Theological Education. Geneva's Programme on Theological Education, WCC, 1981.

"Black Theological Education: Programming for Liberation." *The Christian Century,* Feb. 6, 1974, 117-18.

"Black Theologies and African Theologies." *Insight: A Journal World Religions* 3:1; 3:3 (1978-9): 14-27.

"Black Theology and the Theological Revolution." *The Journal of Religious Thought.*

"Black Theology in the Making." *Review and Expositor* 70:3 (Summer 1973).

"Christian Liberation Ethics. The Black Experience." *Religion in Life* 48:2 (Summer 1979): 227-35.

"Contextual Theology." *The Christian Century*, Jan. 28, 1976, 64-68.

"Ecumenical Concerns Among National Baptists." In *Journal of Ecumenical Studies*, edited by W. J. Boney and G. A. Iglheart. 17:2 (Spring 1980)" 38-48.

"Folklore and Religion: The Black Experience." *The Journal of Religious Thought* 27:2 (1970).

"Gospel Particularity and Global Solidarity." *Grapevine* New York: JSAC, 1982.

"The Impact of the Black Church: Sole Surviving Black Institution." *The Interdenominational Theological Journal* 6:2 (spring 1979): 138-47.

"The Implications of Black Theology for Campus." *Toward Wholeness* 1:1 (Summer 1972).

"Kierkegaard on Truth and Subjectivity." *The Journal of Religious Thought* 18:1 (1961): 41-56.

"Meditations on Reconciliation." *The Upper Room Disciplines* (Oct. 1972).

"Moral Suasion as Nonviolent Direct Action: The Legacy of William Stuart Nelson." *The Journal of Religious Thought* 35:2 (Fall-Winter 1978-9): 29-43.

"New Power for the Black Church." *Journal of the Society for Commons Insights 2:2* (Nov. 17, 1978): 63-77.

"The Priestly and Prophetic Aspects of Black Theology." *Journal of the Society for Common Insights* 1:2 (Nov. 10, 1977).

"Religio-Ethical Reflections Upon the Experiential Components of a Philosophy of Black Liberation." *The Journal of the Interdenominational Theological Center* 1:1 (Fall 1973): 80-94.

"Traditional African Religion and Christian Theology." *Studia Africana* 1:3 (Fall 1979): 206-18.

# 33. 밀라드 에릭슨(Millard J. Erickson)

데이비드 도커리(David S. Dockery)

## 생 애

밀라드 에릭슨
(Millard J. Erickson)

미국 복음주의 운동은 지난 40여 년 동안 근본적으로 초교파적이었다. 가령 빌리 그래함(Billy Graham)과 칼 헨리(Carl Henry)는 침례교인으로서보다는 복음주의자로서 더 잘 인식되고 있다. 이러한 사실은 이 책에서 다루고 있는 여러 신학자들, 특히 카넬(E. J. Carnell) 같은 신학자를 포함한, 많은 이들에게 적용될 수 있다. 그래서 제임스 답슨(James Dobson)도 나사렛교인으로보다 복음주의자로 잘 알려져 있고, 마크 놀(Mark Noll)은 장로교인으로보다 복음주의자로 잘 알려져 있으며, 론 사이더(Ron Sider) 역시 형제회교인으로보다는 복음주의자로 더 잘 알려져 있다. 어떤 이들은 복음주의자인 동시에 신실한 특정 교단의 교인이 될 수 있는지 의문을 제기한다. 그러나 밀라드 에릭슨(Millard Erickson)은 복음주의 진영에서 가장 탁월한 저술 신학자가 되었을 뿐 아니라 여전히 신실한 침례교인으로서도 기억되고 있다. 에릭슨의 유산은 확실히 침례교에서 온 것이다. 스웨덴인 조부모로부터 상속된 이 유산은 버나드 램(Bernard Ramm) 같은 "신복음주의" 신학자들을 향한 그의 초기 관심과 합해졌다. 칼 헨리와 특히 카넬은 침례교인이면서 동시에 복음주의 신학자가 되려는 사람들에게 새로운 전형이 되고 있다.

밀라드 에릭슨은 1932년 6월 24일, 미니애폴리스(Minneapolis) 근교에 위치한 미네소타 주의 스텐치필드(Stanchfield)에서 네 자녀 중 막내로 태어났다.[1] 부친은 태어난지 6개워만에 조부모를 포함해, 많은 친척과 함께 미국에 왔다. 모친 역시 그녀의 부모가 스웨덴에서 미국으로 이민 온지 한 달 만에 태어났다.

에릭슨은 가족농장에서 자랐다. 이 농장의 소출은 에릭슨의 가족 여섯 식구가 먹기에는 족했지만 그 이상은 아니었다. 물을 제공하는 풍차도 있었다. 그러나 가족들은 일주일에 한번 목욕을 하기 위해 부엌 난로에 물을 데워야 했다. 에릭슨은 고등학교에 갈 때까지 등유 램프 불빛 아래서 공부했다. 왜냐하면 그 때까지 농장에 전기가 들어오지 않았기 때문이다.

에릭슨은 축구, 농구, 야구와 음악활동 등 가리지 않고 참여하는 만능 재주꾼이었다. 그는 또한 전 생애를 통해서 탁월한 학자의 능력을 보여주기도 한다. 에릭슨은 도보로 1.5 마일 가량 걸리는, 교실이 하나 밖에 없는 학교에서 교육을 받기 시작했다. 그는 총명해서 2학년 때 4학년으로 월반했다. 그리고 1949년 브래함(Braham)고등학교를 우등으로 졸업했다.

에릭슨 가족의 유산은 침례교 전통에 확고히 뿌리박고 있다. 그의 조부와 조모는 미네소타에 정착한 후 곧바로 침례교회에서 활동했다. 이후 조부는 자신의 가정에서 개척한 침례교회에서 평신도 목회자로 5년 동안 사역했다. 이 교회에서 내적 체험이 없던 소년 에릭슨은 복음을 듣고 회심했다.

고등학교를 졸업 후, 에릭슨은 베델대학(Bethel Collage)에 입학했다. 그는 당초 미네소타 대학교를 갈 계획이었다. 그러나 섭리적 환경과 담임목사의 격려로 기독교대학에 가기로 결정한 것이었다. 그 해 여름 담임목사는 교회에서 소프트볼 경기를 하던 중에 부상을 당했다. 담임목사가 설교할 수 없게 되자, 에릭슨은 수요일 저녁 강단에 서게 되었다. 깊은 인상을 받은 담임목사는 에릭슨이 전임사역에 헌신하도록 격려했다. 에릭슨은 이렇게 회고하고 있다. "당시에 그 분이 머리 부상에서 회복되었는지는 잘 모르겠다. 그러나 하나님은 내 마음에 확신을 주셨고, 나는 그것을 무시할 수 없었다."[2] 에릭슨은 베델대학 재학 첫 해에, 일련의 중요한 채플 메시지를 접하면서 하나님이 자신을 설교자로 부르고 있음을 깨달았다. 그는 대중 앞에서 말한다는 것이 쑥스럽고 두려웠지만 그 주간 주말에 개인적으로 그 부르심에 응했다. 그 주간 토요일 그는 주님께 사역자로 섬기겠다는 것, 그러나 하나님께서 부족한 것을 채워주셔야만 한다는 것을 고백했다.

베델대학 2학년 때, 그는 세속 사상에 대한 폭 넓은 탐구의 기회를 갖기 위하여 미네소타 대학교로 전학했다. 미네소타대학교에서 그는 철학을 전공했고, 심리학과 사회학을 부전공 했다. 에릭슨은 1953년 우수한 성적으로(Phi Beta Kappa) 졸업했다. 그리고 그는 베델 캠퍼스로 돌아와서 신학대학원에 입학했고, 시카고에 있는 북침례교신학대학원(Nothern Baptist Theological Seminary)으로 전학하기 전까지 다녔다. 그는 베델신학대학원에 재학하는 동안, 베델대학에 재학 중이던 버지니아 네스테드(Virginia Nepstad)를 만났다. 그들은 1955년 8월 20일 결혼했다. 에릭슨 부부는 세 명의 딸을 두었다. 1959년 2월 23일에 태어난 캐서린 슈(Kathryn Sue), 1962년 5월 1일에 태어난 샌드라 린(Sandra Lynne), 1964년 9월 20일에 태어난 샤론 룻(Sharon Ruth)이 그들이다.

에릭슨은 베델신학대학원에서 버나드 램(Bernard Ramm)과 만나면서 칼 헨리(Carl Henry)와 카넬(E. J. Carnell) 등 그 시대 신복음주의 신학자들의 저작에 관심을 갖기 시작했다. 에릭슨은 자신의 인생에서 이 의미심장한 확립의 시기에 기독교변증학에 대한 접근과 자신의 신학을 구체화하는 데 카넬의 신학을 활용했다. 이러한 신복음주의 신학자들에 대한 그의 관심은 자신의 최초 주요 저작일 뿐 아니라 결국 박사학위 논문의 주제가 될 정도로 확대 지속되었다.

에릭슨은 북침례교신학대학원을 졸업한 후, 시카고의 다인종이 모인 패어

필드 애비뉴(Fairfield Avenue) 침례교회 목회자로 청빙되었다. 그는 1957년 3월 21일 이 교회에서 목사 안수를 받았다. 성경적이면서도 당대의 사고방식과 삶의 경험에 적합한 신학을 만들려는 에릭슨의 평생 열망은 이 중요했던 목회 경험의 소산이었다. 여기서 그는 도시 지식인과 노동자 모두가 공감하는 복음을 전할 필요를 느꼈다. 에릭슨은 자신의 신학적 과업을 모색하면서 폴 틸리히(Paul Tillich)의 상관방법론에서 많은 것을 배웠다.

1956년 노던침례신학대학원에서 연구가 마무리되자, 그는 시카고대학교의 철학 석사과정에 입학했고 1958년에 졸업했다. 에릭슨은 자신이 철학보다는 신학에 더 많은 관심이 있음을 확인하고, 시카고대학교에서 박사과정을 밟지 않겠다고 결정한다. 대신에, 그는 윌리엄 호던(William Hordon)의 지도로 노스웨스턴(Northwestern) 대학교와 가레트(Garrett) 신학대학원에서 공동으로 개설한 박사과정에 들어갔다.

노스웨스턴에서 박사과정을 마치고, 에릭슨은 아내 버지니아와 첫 번째 아이 캐서린과 함께 자신이 올리버침례교회의 목사직을 수락한 미니애폴리스로 돌아왔다. 거기서 그는 박사과정 졸업시험을 통과했으며, 1963년에는 헨리와 램과 카넬의 신학에 관한 박사학위 논문 작성을 끝냈다. 에릭슨은 사랑했던 교회와 목회를 그만 두는 일을 상당히 고심했지만, 1964년 휘튼(Wheaton) 대학의 성경학과 변증학 담당 조교수 자리의 제의를 수락했다. 그리고 그는 1967년 학과장(Department Chair)에 선출되었다.

에릭슨은 자신의 박사학위 논문을 수정해서 「신복음주의 신학」(The New Evangelical Theology [Weatwood, NJ: Fleming H. Revell, 1968])이란 제목으로 출판했다. 1969년에는 베델신학대학원 신학교수로 초청에 응했는데, 이곳에서 신학교수로서 뿐 아니라 행정담당 부총장과 학장으로써 섬기게 된다. 에릭슨은 수많은 논문과 단행본 학술논문, 그리고 서평을 했다. 특히 여러 침례신학대학원과 복음주의신학대학원에서 표준 조직신학교재로 사용된, 인상적인 세 권짜리 저서 「복음주의 조직신학」Christian Theology(Grand Rapids: Baker, 1983-1985)를 포함한 10권의 책을 저술하거나 편집했다.

에릭슨은 또한 세 권짜리 「기독교 신학강독」(Readings in Christian Theology [Grand Rapids: Baker, 1973-1979])을 편찬했다. 이것은 조직신학 수업에서 핵심 교재로 함께 사용되고 있다. 1974년에는 「현대 기독교 윤리학에서 상대주의」(Relativism in Contemporary Christian Ethics [Grand Rapids: Baker])를 출판했다. 이 책 다음에는 「종말론에 관한 현대적 대안들: 천년왕국 연구」(Contemporary Options in Eschatology: A Study of the Millennium [Grands Rapids: Bakers, 1977])를 냈다. 또한 그는 「기독교 신학 핵심 사전」(Concise Dictionary of Christian Theology [Grand Rapids: Baker, 1986])이외에도, 「구원: 하나님의 놀라운 계획」(Salvation: God's Amazing Plan [Wheaton: Victor, 1978])과 「응답하는 신앙」(Responsive Faith [Arlington Heights, IL: Harvest, 1987])이라는 널리 읽힌 두 권의 구원론에 관한 저서를 집필했다. 그러나 그를 오늘날 주요 신학자들 가운데 한 사람으로 만들어준 것은 세 권짜리 「복음주의 조직신학」이었다.

그는 제1권을 최초의 신학 스승인 버나드 램에게 바쳤다. 제2권은 박사학위 논문 지도교수인 윌리엄 호던에게 바쳤다. 그리고 제3권은 1976년 안식년을 함께 보낸, 박사 후 과정의 스승, 뮌헨(Munich)대학교의 저명한 독일신학자 판넨베르크(Wolfhart Pannenberg)에게 바쳤다. 「복음주의 조직신학」은 에릭슨이 시대에 맞는 조직신학 교재에 대한 강한 필요성을 인식한 데서 비롯되었다. 그 계획은 1981년 6월 1일 시작되었는데, 당시 그는 일주일에 한 장(章)씩 집필했다. 제1권은 11월말에 완성되었다. 제2권의 초고는 그 이후 10주가 지나서 완성되었는데, 그 때는 그가 겨울 학기동안 해당되는 주제를 가르치고 있었다. 제3권의 집필이 곧 이어졌고 안식년이었던 바로 그 해에 완성되었다. 이듬해에 그는 제2권과 제3권을 수정했다. 에릭슨은 18년 동안의 교수 사역 이외에도 가족들이 "바로 그 책"(the book)이라고 지칭하고 있는 것에 약 4,000 시간 이상을 투자한 것으로 추정하고 있다.

에릭슨의 신학적 관심사는, 소개된 앞의 저작들 뿐 아니라 제3세계 신학, 과정신학, 흑인 신학 그리고 현대 언어분석 등에 초점을 맞추고 있는 최근 연구과제들이 반증해 주고 있듯이 매우 방대하다. 그러나 그는 이 모든 것 이전에 일차적으로 현장 사역자다. 그는 지난 25년 동안 45개 교회를 섬겨 오면서 간간히 목회사역을 지속했다. 그는 설교자로 초청되고 있고, 또한 교단의 주요 위원회와 부서에서 사역하고 있다. 거의 20년 동안, 에릭슨은 침례교 밖에서 침례교인으로서 활동을 감당하고 있으며, 침례교세계연맹(Baptist World Alliance)에서 사역하고 다양한 침례교신학대학원에서 강의해 왔다.

이러한 헌신은 밀라드 에릭슨을 우리 시대의 가장 존경받는 침례교인이자 복음주의 신학자 가운데 한 사람으로 만들었다. 그의 신학 저작들은 당연히 다음 침례교 세대와 복음주의적인 교회지도자들의 삶과 사상에 영향을 미치게 될 것이다.

## 사상

### 에릭슨 신학의 형성자들

앞에서 지적한 것처럼, 에릭슨의 신학사상과 신학방법은 자신의 침례교 신앙과 실천에서 비롯된 것이다. 또한 그는 목회현장의 사역, 램과 카넬이 제시한 변증의 방향, 그리고 신학을 성경적이면서도 시의적절한 것이 되게 하기 위해서 오늘날의 사고방식에 부합시키겠다는 열망 등으로부터 영향을 받았다. 그러나 에릭슨은 엄밀한 의미에서 어느 특정 신학자나 신학 학파의 문하생은 아니었다. 그는 미네소타대학교에서 2년 동안 수학하면서 현대철학의 흐름과 만났다. 그 스스로도 인정하듯이, 신학의 변증방향을 구체화시켜 준 것은 카넬의 저작들, 그 중에서도 특별히 「기독교변증학 입문」(An Introduction to Christian Apologetics [Grands Rapids: Eerdmans, 1948])이었다.[3] 카넬과 램 그리고 헨리

같은 대표적 신복음주의 사상가들은, 일차적으로 복음주의자들이지만, 모두 침례교인이었다는 것을 주목하는 것은 중요하다. 에릭슨의 침례교적 유산과 신앙은 직접적이든 간접적이든 모든 의미에서 그의 신학형태와 삶에 상당 부분 영향을 미쳤다.[4)]

그러나 비록 에릭슨의 신학은 존 길(John Gill), 멀린스(E. Y. Mullins), 특히 스트롱(A. H. Strong) 같은 침례교 신학자들로부터 받은 미세한 영향을 감안하더라고, 확실히 인식적으로든 특징적으로든 침례교적이라고 말하기는 어렵다. 에릭슨은 자신의 신학이 침례교 세계를 넘어서 있는 청중에게까지 영향을 미치는 희망의 무대가 되기를 지향해 왔다고 주장한다. 그의 저작은 그 자신의 교회 사역경험과 신앙에서 기인된 것이라는 의미에서 그 모양새가 침례교적이라고 해도 무방하다.[5)] 이 점에서 에릭슨은, 칼 바르트(Karl Barth)와 폴 틸리히(Paul Tillich) 같은, 즉 비록 침례교인은 아니었지만 신학에 대한 자신들의 이해가 목회현장의 경험에 의해 크게 영향 받았던 신학의 거성들을 닮았다. 에릭슨에 의하면, 침례교인들은 루터교인과는 다르게 마르틴 루터를 좇고, 장로교인과는 다르게 존 칼빈을 좇으며, 감리교인과는 다르게 존 웨슬리를 좇는 "결코 하나의 광채에 만족하지"(no one shining) 못한다. 그리고 어떤 의미에서 그들은 신학을 "이데올로기적 고립"(an ideological ghetto)에서 벗어나게 하려는 사람들이다.[6)] 에릭슨은 교회의 필요에 부응하려고 애쓰면서 성경적 주제들을 강조하는 신학이야말로 침례교적 주제들을 강조하는 신학을 낳게 될 것이라고 믿는다.[7)]

또한 에릭슨의 신학은 그의 스승들을 통해 형성된 것이다. 그는 호던으로부터 경쟁력 있는 탁월한 저술방식 뿐 아니라 사상의 명료성을 고려하는 정신을 물려받았다. 판넨베르크로부터는 다양한 입장들을 공정하게 다루는 방안을 배웠다. 에릭슨은 스승들에게 최고의 찬사를 아끼지 않으면서도, "스스로가 연대관계에 있다는"[8)] 판넨베르크와의 상호작용은 쉽지 않은 일이었다고 주장한다. 그러나 그의 저작은 처음부터 신복음주의자들의 영향을 크게 받아왔다.

우리는 이 해설에서 에릭슨의 신학이 전개된 상황을 주목하고자 한다. 우리는 침례교와 복음주의 신학에 대한 에릭슨의 주요 공헌에 초점을 맞추려고 한다. 이 공헌들은 그의 신학 방법과 성경 교리의 해명과 관계된 것이다. 그밖에 중요한 논점들은 이어지는 간략한 분석과 평가 부분에서 살펴보게 될 것이다.

### 에릭슨의 상황

신복음주의로 알려진 신학운동은 19세기의 치열했던 근본주의자 대 현대주의자 논쟁의 산물이었다.[9] 종교개혁에 뿌리를 두고 있는 복음주의는 19세기에 절정을 맞았다. 그러나 19세기 초에 이르자 복음주의는 시대성을 상실해 버렸다. 앞 세기의 성공은 물질문명의 번영, 기독교신앙에 혼란을 가져다준 애국심, 그리고 복음주의의 발전을 방해하는 개인주의에 대한 지나친 강조로 귀착되었다. 다윈의 진화론, 독일의 고등비평, 프로이드의 심리학, 마르크스주의자들에 의한 사회주의, 그리고 만연한 자연주의 등과 같은 새로운 사상의 범람은 성경적 진리와 초자연적 실재에 관한 확신을 손상시켰다. 현대주의자 대 근본주의자 논쟁뿐 아니라 두 차례 세계대전의 참상이 초래한 이러한 이데올로기적 변화들은 새로운 기회들 뿐 아니라 새로운 도전을 가져왔다. 칼 헨리(Carl Henry)에 의해 창안되고 1947년 헤롤드 오켕가(Harold J. Ockenga)가 대중화시킨 용어, 즉 신복음주의는 이러한 배경에서 비롯된 것이었다.[10]

에릭슨은 탁월한 분석을 통해서 신복음주의 신학운동이 옛 근본주의에 이의를 제기했다고 보았다.[11] 신복음주의는 미국에서 가장 저명한 신학자들과 교단의 지도자들 대다수가 지지하고 있던 세속적 신앙과 매우 단순한 근본주의 신앙 사이의 중간입장을 견지하면서, 미국 개신교 안에서 제3의 노선을 창출했다. 신복음주의 신학자들은 근본주의가 각각의 다양한 모든 사고를 설명하지 못하거나 근본주의자들이 하는 방식대로 기독교를 정확하게 실천하지 않는 모든 사람을 의심하는 오류를 범했다고 주장했다. 또한 근본주의는 지역적인 측면과 교단적인 측면 모두에서, 전적으로 순수한 교회를 만들려고 애쓰는 경직된 분리주의를 조장하는 적절하지 못한 전략을 가지고 있었다. 결국 근본주의는 자유주의의 경향을 물리치지도 못했고, 그 시대의 사상에 큰 영향을 미치지도 못했으며, 시대가 안고 있는 사회 문제들을 다루지도 못한 채 공허한 결과를 낳았다.[12] 카넬은 근본주의가 운동이라기보다 하나의 사고방식으로 존재하는, 그 신앙적 확신들이라는 것이 교회의 역사적 신조들과 무관한, 우상화된 정통주의라고 주장했다.[13] 칼 헨리는 근본주의가 탁월한 세계관을 가진 기독교를 제시하지 못하고 오히려 메시지의 특정한 부분만을 강조했다고 주장했다. 근본주의자들은 또 다른 차원에서 세속적이고, 반지성적이며, 반항적이어서 신앙을 문화나 사회생활과는 동떨어진 것이 되게 했다.[14]

신복음주의 운동은 사회윤리, 변증신학, 선교, 교육, 그리고 기독교의 통합과 같은 여러 중요한 주제들을 강조했다. 에릭슨은 이 운동이 성경 교리에 입각한 통합을 추구한 것에 주목했다. 이 운동의 목표 가운데 하나는 신학적 좌파와 우파 사이에서 종파주의를 극복하고 지성인들의 기대에 부합할 수 있는 신앙을 재진술하려는 것, 그리고 적어도 의미 있는 신학자와 대화의 장을 모색하려는 것이었다.[15] 이러한 주제들과 강조점들은 「복음주의 신학」에서 확인되었듯이, 에릭슨 자신의 신학 여정을 특징지어 주었다. 이러한 복음주의적 주제들과 강조점들은 다음과 같은 말로 요약될 수 있다:

> 이 시대의 요구에 부합된 일련의 관심들과 태도들로서, 과거의 활기찼던 정통주의와 연계성 속에 있으며, 그리고 후기 근본주의와는 일반적으로 구별되며, 정통주의 기독론이나 정통주의 성경관에 연관되어 있다.[16]

## 신학의 정의와 방법

에릭슨은 하나님에 대한 연구나 학문이라는 말은 신학의 매우 예비적이고 기본적인 정의라고 주장한다.[17] 그러나 그밖에도 신학은 "성경에 기초하고 있고, 일반적으로 문화적 상황 속에 놓여 있고, 당대의 어법으로 말해지며, 삶의 문제들과 관계가 있는, 기독교신앙에 대해 일관된 교리적 진술을 제공하려고 노력하는 학문"이라고 말할 수 있다.[18] 그래서 신학은 성경적이고, 체계적이며, 일반 문화와 지식의 문제들과 관련된, 동시대적이고 실천적인 학문이다.

에릭슨의 복음주의자들과 침례교인들에 대한 탁월한 공헌점들 가운데 하나는 그의 신학방법론이다. 그의 신학이 전개되는 과정은 전적으로 성경에 기초한 것이었지만, 그는 신학을 단순한 "증거본문을 제시하는"(proof-texting) 접근방법 이상의 것으로 보고 있다. 또한 그의 신학은 전적으로 성경적이면서도, 상황적으로도 적절한 것이었다. 그의 방법론은 시카고 목회시절에 시작된 관심인데, 그 당시와 지금의 시간적 간격을 극복하려고 시도한다.

에릭슨은 경직된 구조를 따를 수 없다는 이유 때문에, 신학은 과학일 뿐 아니라 예술로서 의미가 있음을 인정한다. 에릭슨의 경우, 성경신학은 조직신학 이전에 발전했다. 그래서 다음의 순서가 제시된다: 성경주해--성경신학--조직신학.[19] 에릭슨은 신학의 전개과정 아홉 가지 단계를 다음과 같이 간략히 제시하고 있다.

**1. 성경자료 수집** 이 최초의 단계는 연구하는 교리에 관한 적절한 성경구절을 모두 모으는 것뿐 아니라, 이러한 성경자료를 해석하는 연구자 자신의 전제에 대한 이해가 포함된다. 이밖에도, 에릭슨은 사용된 참고문헌들의 집필자들이 가지고 있던 전제들을 아는 것이 중요하다고 강조했다. 또한 본문은 교훈적인 성경구절들뿐 아니라 이야기체로 서술된 본문들도 사용되었다.

**2. 성경자료의 통합** 이것은 일반적인 주제를 발견하려 할 때 성경본문 전체를 참고해야 한다는 의미이다. 억지로 짜맞추는 것은 피해야 한다.

**3. 성경적 가르침의 의미에 대한 분석** 어떤 주제에 관한 일반적인 가르침을 찾으려고 시도한 후, 이 본문들을 "이것이 실제로 의미하는 바는 무엇인가?"라는 질문을 가지고 분석해야 한다. 신학자는 성경의 의미가 명확하고 이해가 능한 언어가 되도록 노력해야 한다.

**4. 역사적 접근방법을 통한 연구** 우리가 특정한 가르침을 연구하는 최초의 세대가 아니라는 인식은 우리 자신의 관점을 극복하는 통찰력을 줄 것이다. 그것은 우리가 우리 이전에 살았던 사람들의 연구에 의존하고 있다는 것을 의미하며, 본문에 대해 올바른 질문들을 제기하도록 우리를 돕는다. 아마도 어느 것보다도 유익한 이 단계는, 에릭슨이 주장하는 바에 의하면, 우리의 결론을 제시하는 데 겸손할 것을 요구하고 있다.

**5. 교리의 본질에 대한 동일화** 많은 성경의 진리들은 통용되고 있는 문화 및 상황과 밀접한 관계를 맺고 있다. 이것은 "문화적 소산물"을 제거하는 것을 의미하지 않는다. 그것은 가령 바울이 빌립보에 살고 있는 1세기 기독교인들인 빌립보 사람들에게 말했던 것과 기독교인들인 그들에게 말한 것을 구분하는 것을 의미한다. 마찬가지로, 레위기의 제사제도는 속죄 교리의 본질이 아니다. 본질은 인류의 죄를 해결하기 위해서 대속적 희생이 있어야만 한다는 개념이다.

**6. 성경 이외의 자료들에 의한 조명** 이 단계의 핵심은 하나님이 특별계시를 통해서 뿐 아니라 일반계시를 통해서도 스스로를 계시하신다는 인식이다. 성경은 기독교신학의 일차자료이지만, 유일한 자료는 아니다. 신복음주의의 입장을 일관되게 유지하고 있는 에릭슨은 체험과 학문은 성경이 언급하고 있지 않거나 조명하고 있지 않은 곳을 밝혀 줄 수 있다고 주장한다. 일반(보편) 계시와 특별(특별한) 계시는 양자가 올바르게 해석될 때 궁극적으로 조화된다는 것을 인정하는 것이 중요하다.

**7. 교리의 동시대적 표현** 신학자는 성경의 메시지뿐 아니라 그 교리가 의사

소통되고 있는 그 시대의 상황과 정황에 주의해야 한다. 양 지평 모두를 주시해야 한다. 그러나 단순히 특정한 시대의 분위기나 문제를 만나서 모색된 신학은 그 자체가 급속히 퇴조한다. 성경 메시지에 충실하고 다양한 상황들, 문화들 혹은 전통들을 가로질러 통용될 수 있는 진리들은 영원히 존속할 것이다.

**8. 핵심적인 해석 동인(動因)의 전개** 일관된 입장을 견지하는 모든 신학자들이 그렇듯이, 에릭슨은 다양한 교리들이 서로 관계가 있다는 것을 확인해주는, 특정한 주제나 관점이 개진될 수 있음을 주장한다. 그러나 그는 핵심 동인은 결코 적절하지 않은 것에는 사용될 수 없으며, 결코 성경의 가르침을 특정한 체계에 맞추기 위해서 자의적인 해석을 사용해서는 안 된다고 경고한다.

**9. 주제들의 분류** 에릭슨이 제안하고 있는 방법의 마지막 단계는 핵심주제와 부차적인 주제가 무엇인지를 결정하는 것이다. 재림의 교리는 핵심주제이지만, 반면에 휴거의 시기에 대한 문제는 성경에서는 덜 중요하고 확실히 덜 강조된 부분이다. 그래서 개요는 하나의 가르침과 중요한 관계에 있는 다른 가르침을 볼 수 있게 돕고, 그들의 관계적 중요성에 기초한 주제들을 잘 제시한 것이어야 한다.[20]

에릭슨은 "하나님의 탁월성"[21]이라는 핵심 동인을 가지고 자신의 신학을 전개한다. 이러한 동인은 그의 신학체계에 일관된 의식을 제공한다. 탁월성은 전통적으로 "하나님의 영광"이라는 표현을 연상시키는 개념으로 이해되고 있지만, 때로는 자기중심적 의미와 무관하게 그 표현이 사용되고 있다.

에릭슨은 신학의 메시지를 상황화하고 핵심동인들을 발전시키거나, 또는 종교언어를 통해서 이러한 문제들과 소통하는 데 연루된 문제들을 간과하지 않는다. 그는 이러한 문제들을 가지고 씨름하면서, 조직신학의 고전적 주제들을, 성경의 계시를 넘어서지 않도록 지나치게 독창적이지 않게, 재진술하려 한다. 그는 교리와 신학의 차이를 알고 있으며 영속성의 요구를 인식하고 있다. 그의 방법은 자신의 체계적 접근에 건전한 균형 감각을 제공하고 있다.

## 계시

신복음주의 노선을 견지하고 있는 에릭슨은 하나님의 보편계시와 특별계시 사이의 완벽한 조화를 제시한다. 따라서 올바르게 해석된 성경과 올바르게 해석된 자연과학적 지식 사이에는 결코 모순이 있을 수 없다. 에릭슨은 만일 모든 자료가 이용될 수 있다면 완벽한 조화는 나타나기 마련이라고 주장한다. 이것은 창조된 시공의 세계에서 끌어온 증거자료의 제시를 통해서 성경적 입장의 진리를 제시하는 것이 가능하다는 것을 시사한다.[22]

이러한 계시 개념은 또한 문화에 대한 적극적인 태도를 낳는다. 그래서 에릭슨의 신학은 반문화적이기보다 친문화적이다. 그러므로 특별계시 이외에도 하나님의 어떤 진리적 지식이 있을 가능성은 있다. 에릭슨은 일반 혹은 보편계시가 특별계시의 대체물이 아닌 보충물이 되어야 한다고 주장한다.[23]

보편계시가 있기 때문에 하나님이 복음을 전혀 들어보지 못한 사람들을 정죄하는 것은 온전하고 공식적인 의미에서 마땅하다고 에릭슨은 생각한다. 그는 다음과 같이 부연하고 있다:

> 기회가 전혀 주어지지 않는 사람은 없다. 모두가 하나님을 알고 있다. 만일 그들이 제대로 하나님을 인식하지 못했다면, 그것은 그들이 진리를 거부해 왔기 때문이다. 그래서 모두는 책임을 지어야 한다. 이것은 선교를 위해 노력하는 동기를 증대시킨다. 무지한 자가 한 사람이라도 있어서는 안 되기 때문이다. 모두는 하나님의 은혜로운 선물을 믿어야 할 필요가 있고, 그 메시지는 모두에게 영접되어야 한다.[24]

에릭슨은 하나님의 보편계시와 특별계시를 구분한다. 한편으로 보편계시는 "모든 시대와 모든 장소에서 모든 사람들에게 하나님이 스스로를 교통하는 것이다."[25] 다른 한편으로 하나님의 특별계시는 "사람들을 하나님과 구속적 관계에 들어갈 수 있도록, 특정한 시대와 장소에서 특별한 사람들에게 하나님이 스스로를 나타내시는 것을 의미한다."[26] 특별계시는 이제 성경자료를 통해서만 접할 수 있다. 보편계시는 다루는 주제의 범위와 표현의 명료성을 고려할 때 특별계시보다 열등하다. 보편계시의 불충분함은 특별계시를 요청한다. 그러나 특별계시는 보편계시 위에 만들어진 것이기 때문에, 특별계시는 보편계시를 요구한다.[27] 에릭슨은 특별계시와 일반계시의 보완적 성격을 제시하고 있을 뿐 아니라, 인격적 계시나 명제적 계시의 문제에 대한 "두 가지/모두"의 답을 선택하고 있다.[28]

### 성경

계시에는 명제적 진리가 포함되어 있기 때문에, 진리는 기록되고 보존될 수 있는 특성을 가지고 있다. 계시는 인류가 하나님과 올바른 관계를 맺기 위해 알 필요가 있는 진리에 대한 하나님의 의사소통이다. 하나님은 각 사람에게 자신의 계시를 반복해서 전하지 않기 때문에, 계시를 보존할 어떤 방안이 있어야 한다. 에릭슨은 계시가 하나님이 인류에게 자신의 진리를 나타내는 것이고, 영감은 어느 때든지 상관없이 영감 받은 최초의 사람이 다른 사람들에게 그 진리를 전하는 것과 관련되어 있다는 것을 지적하면서, 계시와 영감을 구분한다. "따라서 계시는 수직적 활동이며, 영감은 수평적 사건으로 생각된다."[29]

에릭슨은 영감론을 공식화하는 문제를 가지고 씨름하면서, 여전히 그렇게 하는 합법성의 문제를 제기한다. 그는 영감론을 다루고 있는 다양한 이론들과 방법들을 접하고 나서, 영감의 전형을 제시하는 것이 가능하다고 결론 내린다. 그렇게 하기 위해서, 그는 교회가 스스로 영감에 대한 입장과 관련한 성경적 가르침들을 강조함으로써, 성경적 영감관을 세워나가야 한다고 주장한다. 하지만 그는 이것을 성경에 관한 이론들 가운데 중요하기는 하지만 부차적인 것으로 취급한다.[30]

에릭슨은 영감이란 하나님이 성경저자들의 생각을 인도하는 것이며, 그래서 저자들의 생각은 하나님이 나타내기를 원하신 생각들과 정확하게 일치하는 것이라고 주장한다. 때때로 이러한 생각들은 매우 구체적인 것이었으며, 다른 시대에는 그러한 생각들은 좀 더 일반적이었다. 이 사상들이 일반적인 것이었을 때, 하나님은 한정된 특별한 형태로 기록되기를 원하셨던 것이다. 에릭슨은 이러한 한정성이 단어들의 선택에까지 확대될 수 있지만, 그것이 반드시 구술을 의미하지는 않는다고 주장한다.[31]

에릭슨은 하나님의 말씀이 영감받은 것이기 때문에, 하나님의 특별계시를 담고 있는 것이라고 결론 짓는다. 영감은 하나님의 말씀이 폐하여지지 않고, 오히려 모든 시대의 백성들에게 전하여진다는 것을 보증하는 하나님의 방법이다. 영감은 하나님의 말씀이 참되고, 신실하며, 믿을 만한 것임을 보증한다.[32] 마찬가지로, 성경은 마땅히 신앙이나 행위를 요구하고 있지만, 이것은 강요된 복종과는 다르다. 성경이 권위가 있는 것은 신실한 하나님의 말씀이기 때문이다.[33]

하나님 말씀의 신실성은 성경이 가르치고 있는 모든 것이 전적으로 참된 것임을 확증한다. 이와 관련된 용어는 무오성(inerrancy)이다. 에릭슨은 무오성을 다음과 같이 정의하고 있다: "성경은 그것이 기록된 시대에 유통되었던 의사소통의 수단과 문화에 비추어서, 그리고 그것이 주어진 목적에 따라 올바르게 해석되었을 때, 성경이 진술하는 모든 것은 전적으로 참된 것이다."[34] 에릭슨은 무오성이란, 성경에 직접적으로 언급되어 있지는 않지만, 성경 자체에 관해서 성경이 가르치고 있는 확실한 암시가 있다고 강변한다. 그는 무오성이, 오해될 가능성이 있음에도, 반드시 주장되어야 한다고 주장하며, 무오성의 중요성을 신학적, 역사적, 그리고 인식론적으로 옹호한다.[35]

신중하게도, 그는 "도미노 이론"(domino theory)에 관한 자신의 입장 표명을 유보한다. 따라서 그는 하나의 오류는 다른 모든 성경적 가르침들의 부당성을 담보하는 것이라고 주장하지 않는다. 그러나 그는 만일 성경에 오류가 있다면, 그것은 확실히 성경에서 가르쳐진 일들을 왜 우리가 믿어야하는지를 설명하기가 더 어렵게 만든다고 지적한다. 그의 입장은 성경의 현상학적 언어들을 끌어들여 설명하고자 하는 것이다. 에릭슨은 기독교인이 "모든 성경의 가르침은 참되다"는 명제를 포기하는 것은 어리석다고 주장한다.

### 하나님, 창조 그리고 섭리

에릭슨은 "하나님이 좋아하는 것은 무엇"[36]이고, "하나님이 행하는 것은 무엇"[37]인지를 조망하는 것에서부터 하나님의 교리를 접근한다. 이러한 논의들은 정통적 삼위일체주의자 시각에서 탐구된다. 그는 하나님의 속성들을 다루면서 중심 논점으로 하나님의 장엄성(majesty)을 선택한다. 그는 영광(glory)보다는 이 장엄성이라는 주제를 다루는 것이 하나님의 위대성(greatness)을 묘사하는 더 적절한 방안이라고 주장한다. 그는 하나님의 속성들을 다루는 다양한 방안들을 훌륭하게 평가하고 난 후, 위대성과 선하심의 영역을 선택한다.[38] 이러한 주제들에 관한 그의 결론은 성경의 자료들과 과정신학의 도전들을 언급하는 데 미묘한 차이를 보여주고 있기는 하지만 고전적인 입장과 궤를 같이한다.[39]

에릭슨은 온건한 칼빈주의의 모범에 근거하고 있는, 전통적으로는 작정하심이라고 정의되어 온 "하나님의 계획"을 다룬다. 그는 인간의 자유와 하나님의 주권을 탁월하게 상호 연계시키고자 한다.[40] 이러한 균형감각과 일관성은 대체로 그의 구원의 교리에도 마찬가지로 반영되어 있다.

램과 카넬의 입장과 궤를 같이하고 있는 「복음주의 조직신학」 1권과 2권은 점진적 창조주의자 입장을 취한다.[41] 에릭슨은 "날"(yōm)이라는 히브리말이 상당히 오랜 시간을 의미할 수 있다고 생각한다. 에릭슨은 한편으로 "홍수론"을, 다른 한편으로 "거시적 진화론"을 모두 거부하면서, 성경의 아담과 이브의 역사성을 여전히 강력하게 변호하고 있다.[42]

## 인간과 죄

루디와 칼빈처럼, 에릭슨은, 인간의 선천적인 본성을 기술하는 가장 좋은 방안으로 "조건적 통일성"이라는 말을 잠정적으로 제안하면서, 하나님의 형상에 대한 관계적이고 기능적인 측면들을 내포하는,[43] 구조적이고 실질적인 이해를 채택한다.[44]

가장 창조적인 작업의 일환으로, 그는 태아와 미혼자뿐 아니라 모든 인종, 모든 성별, 모든 경제적 계층들, 모든 세대를 포함하는, 인간의 보편성을 논의하기 위해 한 장(章)을 할애한다.[45] 게다가 그는 죄의 사회적 차원을 충분히 다루고 있다.[46]

에릭슨은 죄를 "수동적으로든 능동적으로든 도덕법칙에 부합하지 못한 것"으로 정의한다.[47] 죄는 죄인과 다른 이들에 대한 죄인의 관계, 그 외에 하나님과 인간의 관계적 분리 등과 관련하여 부정적인 효과를 나타내는 말로 여겨진다. 죄의 본질은 하나님을 하나님 되게 하지 못한다.[48] 죄의 전가에 관해서, 그는 인간의 삶의 책임성과 성숙도에 따라서 좌우되는 조건적 전가로 주장한다. 그는 "부패된 본성과 죄책이 물려받는 것이라면, 인간은 우선 자신들의 부패된 본성을 받아들이거나 인정할 때 처음으로 죄책을 갖게 된다"고 말한다.[49]

아마도 침례교인이라는 점과 경건주의적 성향을 가지고 있다는 점이 계기가 되었겠지만, 그는 구원이 인간의 편에서 보자면 의식적이며 자발적인 결단을 요하는 것이라고 주장한다. 그는 유아들과 어린이들도 부패된 본성과 죄책을 가지고 인생을 시작한다고 주장하면서도, 우리의 주님은 어린이들을 근본적으로 죄 있는 존재로 간주하지 않는다고 주장한다. 따라서 어린아이 같은 무죄함의 상태를 끝내는 행위는 어디까지나 도덕적 책임을 질 수 있는 나이에 도달하여 구원의 초청을 영접하는 행위처럼 자발적이다.[50]

## 그리스도, 성령 그리고 구원

에릭슨의 기독론은 오늘날 독자들에게 칼케돈 신조(Chalcedon)의 의미를 번역하여주려는 시도를 보여줌으로써 칼케돈 신조에 대한 전적인 헌신을 반영하고 있다.[51] 현시대의 중요한 논점들을 분명히 잘 알고 있으면서도, 에릭슨은 기독론을 펼치기 위해 요한복음에 나타난 예수의 자의식을 추적하는 데 전력한다.[52] 그리스도의 명칭들은 사려깊게 다루어졌으나, 중요성은 충분하게 개진되어 있지는 않다.

예수 그리스도의 사역은 대략 "계시자," "화해자," 그리고 "통치자" 같은 주제들과 함께 논의된다.[53] 다양한 속죄론의 사례를 총체적으로 다루지만 형벌대속론 모형에 우선권을 부여한다. 온건한 칼빈주의 입장에서 그는 제한된 효력을 가진 보편속죄론의 입장을 지지함으로써 특별 구속의 개념을 거부한다. 이러한 입장은 특성인만의 구속을 선택할 때보다 성경 증언의 많은 부분을 그대로 반영할 수 있다고 보기 때문이다.[54] 에릭슨의 경우, 이러한 관점에서 가장 인상적인 성경 구절은 살아계신 하나님은 "모든 사람, 특히 믿는 자들의 구주시라"고 말씀하고 있는 디모데전서 4장 10절이다.[55] 정녕 구세주는 비록 자신을 믿는 자들에게 하고자 하시는 만큼은 아니겠지만, 모든 믿는 자들을 위해 무엇인가를 행하시는 분이라는 것이다.[56]

더욱 논쟁거리가 되는 에릭슨의 결론 가운데 하나는 예수의 부활한 몸이 승천 때에야 비로소 완전히 변화되었다는 주장이다.[57] 이러한 주장의 핵심은 부활의 가치를 떨어뜨리려는 것이 아니라 승천의 중요성을 강조하려는 의도가 있다. 신중하고 가정적인 방법으로, 에릭슨은 최초의 부활이 승천하신 주님의 영광스러운 몸과는 다소 차이가 있다는 것을 뒷받침하기 위한 성경(눅 24장; 요 20장; 고전 15장)의 가르침을 다룬다.[58] 이것은 예수의 죽으심 이후 40일 동안을 나사로의 경우와 같은 부활과 비슷한 시기로 간주한 결과다. 제자들과 함께 음식을 먹은 것은 그들을 용납하기 위해서보다는 식욕을 채울 필요가 있었기 때문이었을 것으로 추측된다. 우리가 반드시 기억할 것은 에릭슨이 이것을 가설로서만 주장하면서 다음과 같은 신중하게 결론을 내리고 있다는 것이다.

> 그러나 마치 동정녀 탄생이 본질적으로 생물학적인 사건으로 생각될 수 없는 것처럼, 부활은 일차적으로 물리적 사실로 인식될 수 없다. 부활은 죄와 사망과 그에 따르는 모든 것들에 대한 예수의 승리였다. 또한 부활은 전 인류의 죄를 자발적으로 담당함으로써 그에게 임했던 저주로부터 벗어나게 된 승천의 예비단계였다.[59]

성령으로 말미암는 신자들에 대한 그리스도의 사역은 궁극적으로 하나님과 올바른 관계를 회복시킨다. 에릭슨의 경우, 하나님의 영은 중생과 회심을 통하여 기독교인의 삶을 시작하게 하며, 권능, 조명, 교훈, 성화 그리고 영적 은사들의 부여를 통해 지속시킨다.[60] 그의 구원 개념은 온건한 칼빈주의적 구원의 순서(ordo salutis)를 수용한다. 그러나 그는 중생 이전에 일어나는 회심의 사건을 주장함으로써, 일반적인 칼빈주의 입장에는 반기를 든다.[61]

### 교회와 종말론

에릭슨은 교회의 조직과 관련해서는 회중 정체를 선호하지만, "신약성경의 증거가 충분하지 않기 때문에" 신중한 입장이다.[62]

그의 침례교적 색채는 교회론을 논할 때 확실히 드러난다. 그는 침례를 일종의 기념, 즉 신자에게 일어난 내적 변화에 대한 상징이자 외적 증거로 본다.[63] 그는 침례의 방식과 관련해서는 침수례를 주장하고 있으나, 교조적이지는 않다. 왜냐하면 그는 다른 방식들에 대해서도 개방적인 태도를 표명하고 있기 때문이다.[64] 주의 만찬은 그리스도와 관계하고 연합하는 시간이다. 의식에 참여하면서 기독교 공동체는 부활하신 주님과 만남을 확신하게 된다. 왜냐하면 그리스도가 그의 백성과 만날 것을 약속했기 때문이다. 성례전은 "그리스도의 임재와 관련해서가 아니라 그리스도의 약속과 그리스도와 좀 더 밀접

한 관계를 갖기 위한 가능성과 관련해서" 생각해야 한다.[65]

지역 교회를 강조하면서도, 에릭슨은 하나님의 보편교회 역시 강력히 변호한다. 또한 그는 교회를 하나님 나라의 유일한 가시적 실체로 인정하고 있다. 그는 교회의 통일성에 관해서 열정을 바쳐 강변하면서, 분리를 조장하는 근본주의자들의 강조점에 대해서는 반대한다.[66]

에릭슨의 종말론은 고전적인 역사적 전천년주의 노선을 따르고 있다.[67] 요한계시록 19장의 메시아의 잔치를 포함해서, 천국과 지옥과 관련해서 성경이 가르치고 있는 묵시적 요소들과, 종말론에 대한 또 다른 부분들에 대한 내용이 논증된다. 그러나 그는 만인구원론에 대해서는 어떠한 암시도 하지 않는다.[68]

## 평가

### 강점

신학 무대에서 밀라드 에릭슨의 공헌은 침례교 사상과 복음주의 사상에서 중대한 사건이다. 그의 꼼꼼한 저작은 탁월한 연구, 비판적 논증, 성경자료에 대한 철저한 영적 이해를 보여주고 있다. 그의 신학은 매우 중요하며 일관되고 집중된 주제가 모든 저작에서 나타난다.[69]

에릭슨의 신학은 침례교와 복음주의 유산을 잘 반영하고 있다. 그의 신학은 정통적인 동시에 현대적이지만, 일시적이거나 과도하게 혁신적이지는 않다. 모든 중요한 논제를 다룰 때 일반적으로 에릭슨의 신학 구성은 성경적이고 고전적인 측면이 중시되어 있다.[70] 그의 저작의 진정한 강점은 교회와 송영적(doxological) 색조에 관한 지배적 관심에 있다.[71]

그의 저작이 지니고 있는 가장 주목할 만한 강점은 균형잡힌 신학적 방법, 매우 신중한 성경관과 정통신학을 이 시대가 제기하는 문제들에 연계시키려는 관심이다. 또한 그는 조직신학에서 통일성, 신학적 겸향의 미덕, 그리고 성경 주제들을 둘러싸고 있는 시간성과 무시간성 사이의 긴장을 표명하고 있다.[72]

그는 끊임없이 이 시대의 신학적 주제들에 대한 폭넓은 이해를 바탕으로 다양한 입장들과 견해들에 대해 개방적 태도를 취하고 있다.[73] 그의 신학은 확실히 가르치는 상황에서 탄생한 것이지만, 특별히 그것은 평화적이고, 신선하며, 목회적이다.[74]

### 약점

에릭슨의 저작은 경탄해 마지않을 부분들이 매우 많지만, 그럼에도 약점도 있다는 사실을 주목해야 한다. 가령, 그의 성경론은 복음주의자들과 침례교인들에게 하나의 대안이 되고 있지만,[75] 정경성에 대한 논의는 물론 성경의 영감, 성경의 권위, 혹은 성경해석학에 대한 정경의 관계가 언급되어 있지 않다.

헨리와 램과 카넬의 노선을 따르고 있는 그의 신론은, 비교적 명료하게 드러나듯이, 이성주의적 경향이 있다. 그는 신학사상에서 모순을 거부하고 신론을 개진하는 데 신인동형론적 입장을 배제하려는 듯이 보인다. 그럼에도 그의 신론에 영향을 준 온건한 칼빈주의적 입장은, 상대적으로 엄격한 칼빈주의자들[76]은 물론, 상대적으로 알미니우스주의적 경향[77]을 취하고 있는 사람들 모두에게 만족을 주지 못하고 있다.

에릭슨의 고전적 성격의 기독론은 아마도 요한복음의 전통적 이해에 지나치게 의존하고 있기 때문에 비판적 학자들에게는 만족을 주지 못할 것이다. 부활과 승천에 관한 그의 가설은 불안정한 것 같으며, 복음주의 학자든 비판적 학자든 모두에게 환영을 받지 못하고 있다.

그의 침례교적 특성은 구원이나 교회에 관한 강조를 포함한 여러 부분에서 확인된다. 그러나 그의 침례방식에 대한 개방적 시각은 – 이 주제는 침례교세계연맹(Baptist World Alliance) 진영 내에서 심도 있게 논의되고 있다 – 침례교 입장과는 다소 모순되는 듯 보인다. 마찬가지로 그의 구원에 대한 입장을 따른다면, 구원의 순서를 전개시킬 때 확정된 순서를 만들지 않는 것이 더 낫다고

판단하고 있는 것 같다.[78]

그러나 교회론에 대한 그의 강조점은 종말론과 잘 조화되지 못한 채. 역사 신학적 한계를 드러내고 있다. 그는 하나님 나라를 배제시킬 만큼 교회를 강조하고 있는 듯하다.[79] 그러므로 새 하늘과 새 땅의 역사 속에서 하나님 나라와 하나님 사역의 완성이라는 주제를 전개시킬 필요가 남아 있다.[80]

우리가 주목한 바와 같이 에릭슨의 공헌은 신학방법론과 계시론의 창조적 구성에 있다. 전체적으로 그의 신학은 성경적이고 적절하며 실천적이다.[81] 그는 기독교교회가 수세기에 걸쳐 신학화한 작업에 정통하고 있으면서도, 이 시대의 경향에 대해 개방적인 입장을 표명하고 있다. 그는 자신의 침례교와 복음주의적 유산들을 신실하게 견지하면서도, 현대신학의 전개 상황과 의미심장하게 작용하려 해왔다. 그의 저작은 강점이 많으나, 약점은 많지 않다. 그러나 에릭슨의 신학도 보완해야 할 부분이 있지만, 그래도 그보다 이 시대에 복음주의 신학이 활용할 수 있는 좀 더 탁월한 대안은 없다. 그의 저작은 도날드 블로흐(Donald Bloesch)의 것보다는 더 포괄적이고 칼 헨리(Carl Henry)의 것보다는 덜 위협적이다. 또한 핸드리커스 벌코프(Hendrikus Berkhof)보다는 단호하지 못하고 루이스 벌코프(Louis Berkhof), 올리버 버스웰(J. Oliver Buswell), 채이퍼(L. S. Chafer) 그리고 찰스 핫지(Charles Hodge) 같은 전통적 복음주의 신학자들보다는 훨씬 더 열려있다. 그의 신학은 스트롱(A. H. Strong)이나 헬무트 틸리케(Helmut Thielicke)의 것보다 훨씬 더 읽기가 편하다. 그리고 브루스 데마레스트(Bruce Demarest)와 고돈 루이스(Gordon Lewis)의 것보다는 매력적이다. 그 저작은 신학적으로 확실히 침례교적인 강조가 잘 반영되어 있다. 이미 그것은 카너(W. T. Conner), 멀린스(E. Y. Mullins), 데일 무디(Dale Moody) 혹은 모리스 애쉬크래프트(Morris Ashcraft)의 것보다 더 폭넓은 것임을 과시한다. 그의 저작은 일단 성공적이다. 에릭슨이 수행했던 것보다 더 훌륭한 침례교적이며 복음주의적인 신학이 가능할 수는 있겠지만, 현재까지는 그보다 더 나은 작업을 한 사람은 아직 없다.

## 주(註)

1) 이러한 초기 부분과 관련한 또 다른 대부분 자료는 1988년 11월에 있었던 수차례의 전화 대화에서 채록된 것이다. 도움이 될 만한 다른 자료는 다음을 참조하라. Leslie R. Keylock, "Evangelical Leaders You Should Know: Meet Millard J. Erickson," *Modern Monthly*, June 1987, 71-73.

2) Ibid.

3) 1988년 11월 대화.

4) Ibid., 또한 다음을 보라. Warren C. Young's observation at this point in his "Review of The New Evangelical Theology," *Foundations* 12 (January 1969): 95-96.

5) Ibid.

6) Ibid.

7) Ibid.

8) Ibid.

9) Millard Erickson, *The New Evangelical Theology* (Westwood, N.J.: Revell, 1968). 참조.

10) Ibid., 13-3. 오켕가(H. Ockenga)가 "신 복음주의"라는 용어를 만들어 냈다는 널리 알려진 주장은 헨리(C. Henry)에 의해 논박된다. 헨리는 1948년 초 간행된 *Christian Life and Times*에 "신복음주의"와 관련된 세 개의 논문을 썼다. 다음을 보라. George Marsden, *After Fundamentalism* (Grands Rapids: Eerdmans, 1987) 3, 167.

11) Ibid., 31-45. 흥미로운 발언으로는, 해머(R, Hammer)가 미국의 복음주의는 영국의 근본주의와 동일한 것으로 간주될 수 있다며 미국적 배경과 영국적 배경 사이의 차이점을 주목한 것이다. Hammer, "Review of The New Evangelical Theology," *Expository Times* 81 (January 1970): 109-10.

12) Erickson, *New Evangelical Theology*, 22-30.

13) E. J. Carnell, *The Case for Orthodox Theology* (Philadelphia: Westminster, 1959) 참조.

14) Carl F. Henry, *The Uneasy Conscience of Modern Fundamentalism* (Grand Rapids: Eerdmans, 1947) 참조.

15) S. Heavenor, "Review of The New Evangelical Theology," *Scottish Journal of Theology* 24 (August 1971): 355-57.

16) 에릭슨의 저작에 대한 서평의 요약 부분이다. Richard N. Longenecker, "A Review of the New Evangelical theology," *Christian Today* 13:1 (October 11, 1968), 19-20. 에릭슨의 초기 저작에 대한 모든 서평은 매우 긍정적이다. 제기된 논제들에는 "복음주의"에 대한 정의에 초점을 맞추는 경향이었다는 것이다. 로제네커(Longenecker) 이외에 참조할 것은 다음이다. Charles C. Ryrie, "A Review of the New Evangelical Theology," *Bibliotheca Sacra* 126 (January 1969): 81-82; Ralph Martin, "A Review of the New Evangelical Theology," *Evangelical Quarterly* 42 (January 1970): 57-58.

17) MIllard J. Erickson, Christian Theology, 3 vols. (Grand Rapids: Baker Book House, 1983, 1984, 1985), 1:21.

18) Ibid.

19) Ibid.

20) Ibid.

21) Ibid.

22) Ibid.

23) Ibid.

24) Ibid. 또한 다음을 보라. Millard J. Erickson, "Hope for Those Who Haven't Heard? Yes, but.... " *Evangelical Missions Quarterly* 2 (1915): 122-126.

25) Erickson, *Christian Theology*, 1:153.

26) Ibid., 1:153-54, 175.

27) Ibid., 1:176-77.

28) Ibid., 1:191-96.

29) Ibid., 1:200.

30) Ibid., 1:207-10. 다음을 참조하라. Millard J. Erickson, "Implications of Biblical Inerrancy for the Christian Mission" *Proceeding of the Conference on Biblical Inerrancy,* (Nashville: Broadman Press, 1987), 223-36.

31) Erickson, *Christian Theology*, 1:217.

32) Ibid., 1:221-40.

33) Ibid., 1:242-44.

34) Ibid., 1:233-34.

35) Ibid., 1:225-29.

36) Ibid., 1:263.

37) Ibid., 1:345.

38) Ibid., 1:266-67.

39) Ibid., 1:267-300. 예를 들자면 "하나님과 시간"(274-75); "불변성"(278-81); "신실성"(291-92); "사랑"(292-94); "사랑과 정의"(297-98).

40) Ibid., 1:345-63.

41) Ibid., 1:378-86.

42) Ibid., 2:473-93. 1988년 11월 우리와 가진 전화 대담에서, 에릭슨은 홍수 지질학자들이 성경이 요구하지 않는 것을 수호하고자 하며, 이것은 따라서 그들만의 "맹신"에 해당한다고 주장한다.

43) Ibid., 2:512-14.

44) Ibid., 2:536-39.

45) Ibid., 2:541-59.

46) Ibid., 2:641-58.

47) Ibid., 2:578.

48) Ibid., 2:580.

49) Ibid., 2:639.

50) Ibid., 2:636-39.

51) Ibid., 2:734-38.

52) Millard J. Erickson, "Christology from Above and Christology from Below: A Study of Contrasting Methodologies." *Perspectives on Evangelical Theology,* ed. Kenneth S. Kantzer

and Stanley N. Gundry (Grand Rapids: Bauer, 1979), 43-55.

53) Erickson, *Christian Theology*, 2:762-69.

54) Ibid., 2:812-23.

55) Ibid., 2:834-35.

56) Ibid.

57) Ibid., 2:777.

58) 그 점이 1988년 11월에 있었던 전화대담에서 강조되었다.

59) Erickson, *Christian Theology*, 2:777.

60) Ibid., 3:872-77. 에릭슨은 오늘날의 현상들이 참된 것인지 아니지를 결정하는 것은 어려운 일이라고 주장한다. 그는 은사란 주권적으로 주어지며 구하여 얻는 것이 아니라고 단정한다.

61) Ibid., 3:932.

62) Ibid., 3:1084.

63) Ibid., 3:1096-97.

64) Ibid., 3:1104-5.

65) Ibid., 3:1123.

66) Ibid., 3:1130-47. 또한 다음을 보라. Milard J. Erickson, "Separation," *Evangelical Dictionary of theology,* ed. W. A. Elwell (Grand Rapids: Baker, 1984), 1002-2.

67) Erickson, Christian Theology, 3:1206-24. 에릭슨의 이러한 문제들에 대한 좀 더 폭넓은 논의를 위해서는 다음을 참조하라. Millard J. Erickson, *Contemporary Options in Eschatology: A Study of the Millennium* (Grand Rapids: Baker, 1977). 이 책은 오늘날의 교회를 위한 완전하고 객관적인 종말론적 대안들을 탐구하기 위한 강좌를 개설한 베델신학대학원(Bethel Seminary)의 요청에 따른 것이었다. 에릭슨의 결론들에 대한 이견과 평가에 대해서는 다음의 서평을 참조하라. Anthony Hoekema, "A Review of Contemporary Options," *Calvin Theological Journal* 13 (1978): 208-11; D. K. Erlandson, "A Review of Contemporary Options," *Christian Scholars Review* 9 (1979): 186-87; R. A. Coughenour, "A Review of Contemporary Options," *Reformed Review* 32 (1979): 181-82;p John Walvoord, "A Review of Contemporary Options," *Bibliotheca Sacra* 137 (1980): 83-85.

68) Erickson, *Christian Theology* 3:1226-41.

69) Stanley Grenz, "A Review of *Christian Theology*. 1," Christian Scholars Review 16 (1986): 93, 96.

70) David S. Dockery, "A Review of *Christian Theology*. 1," *Grace Theological Journal* 5 (1984): 302-3.

71) David S. Dockery, "A Review of *Christian Theology*. 2," *Grace Theological Journal* 7 (1984): 140-42.

72) Ralph W. Vunderink, "A Review of *Christian Theology*. 3," *Calvin Theological Journal* 22 (1987): 144.

73) L. R. Bush, "A Review of *Christian Theology*. 3," *Southwestern Journal of View and Expositor* 83 (1986): 134-35; R. H. Culpepper, "A Review of *Christian Theology*. 3," *Faith and Mission* 3 (1986): 91-92.

74) David Wells, "A Review of *Christian Theology* 1, 2, 3," *Eternity* 38 (Feb. 1987): 41; David Landegent, "A Review of *Christian Theology* 1," *Reformed Review* 39 (1986): 121.

75) 그러나 좀 더 보수주의적인 복음주의자 가운데 한 사람인 하우(Frederick Howe)는 무오성에 대한 그의 미묘한 입장차이에 대해 문제를 제기하고 있다. Frederick Howe, "A Review of *Christian Theology*," *Bibliotheca Sacra* 143 (1986): 75-76.

76) Clark Pinnock, "A Review of *Christian Theology* 1,2,3," *TSF Bulletin* 9 (1986):29-30.

77) Dale Sanders, "A Review of *Christian Theology*, 2," *Calvin Theological Journal* 21 (1986): 111-13.

78) 이러한 관점에 대한 의미심장한 경고로는 다음의 글을 들 수 있다. G. C. Berkouwer, *Faith and Justification*, trans. L. B. Smedes (Grand Rapids: Eerdmans, 1954), 25-38.

79) 이것은 "하나님 나라"라는 주제가 교회라는 제목 아래, 한 쪽도 채 할애하지 않은 채, 독특한 문제로 취급되었다는 사실로 입증된다. 좀 더 자세한 논의를 위해서는 다음을 보라. Ralph W. Vunderrrink, "A Review of *Christian Theology*," *Calvin Theological Journal* 22 (1987): 139-44.

80) 나는 제3권에서 개진된 주제들이 제1권, 제2권에서 논의된 것보다 적어도 서로의 관계적 측면에 있어서는, 조급하고도 허술하게 다루어졌다는 인상을 여기저기서 확인한다. 다음을 참조하라. David S. Dockery, "A Review of *Christian Theology*. 3," *Grace Theological Journal* 8 (1987): 295-96.

81) 그러나 어떤 이들은 방법의 적용에서 드러나는 모순들을 지적하기도 한다. 다음을 참조하라. Bruce Demarest, "A Review of Christian Theology," *Journal of the Evangelical Theological Society*. 29 (1986): 236-37; David Landegent, "A Review of *Christian Theology*. 2," *Reformed Review* 40 (1986): 67-68.

# 참고자료

## 1차 자료

*Christian Theology*, three volumes. Grand Rapids: Baker Book House, 1983, 1984, 1985. One volume edited, 1986.

*Concise Dictionary of Christian Theology*. Grand Rapids: Baker Book House, 1986.

*Contemporary Options in Eschatology-A Study of the Millennium.* Grand Rapids: Baker Book House, 1977.

*Ed. The Living God, Readings in Christian Theology.* Grand Rapids: Baker Book House, 1973.

Ed. *Man's Need and God's Gift, Readings in Christian Theology.* Grand Rapids: Baker Book House, 1976.

*The New Evangelical Theology.* Westwood, N.J.: Fleming H.Revell Co., 1968 and London: Marshall, Morgan and Scott, 1969.

Ed. *The New Life, Readings in Christian Theology.* Grand Rapids: Baker Book House, 1979.

*Relativism in Contemporary Christian Ethics.* Grand Rapids: Baker Book House, 1974.

*Responsive Faith*. Arlington Heights, IL: Harvest Publications, 1987.

*Salvation: God's Amazing Plan*. Wheaton, IL: Victor Books, 1978.

## 정기간행물

"Apologetics Today: Its Task and Shape," *Bethel Seminary Journal* 18 (Autumn 1969),: 1-13.

"Authority of the Bible-Historical Basis," *Old Drums to March By* (St. Paul, MN: Bethel College and Seminary, 1971), 6-14.

"The Bible, Science and Creation-How to Interpret the Evidence," *The Standard*, July 15, 1968, 23-24.

"Biblical Inerrancy: The Last Twenty-Five Years," *Journal of the Evangelical Theological Society* 25 (December, 1982): 387-94.

"Christology from Above and Christology from Below: A Study in Contrasting Methodologies," *Perspectives on Evangelical Theology,* ed. Kenneth S. Kantzer and Stanley N. Gundry (Grand Rapids: Baker Book House, 1979), 43-55.

"The Church and Stable Motion," *Bethel Seminary Journal* 20 (Spring 1972): 9-17.

"Doctrine, Preaching, and the Preacher," *Proclaim the Good News: Essays in Honor of Gordon G. Johnson,* ed. Norris Magnuson (Arlington Heights, IL: Harvest Press, 1986), 43-57.

"With Ines E. Bowers. Euthanasia and Christian Ethics," *Journal of the Evangelical Theological Society* 19 (Winter 1976): 15-24.

"The Holy Spirit and the Church Today," *The Standard*, May 1, 1975, 14-15.

"Hope for Those Who Haven't Heard? Yes, but...," *Evangelical Missions Quarterly* 11 (April 1975):122-26.

"How Do You Deal With Doubt?" *The Standard,* 77 July 1987, 21-23.

"Human Engineering and Christian Ethical Values," *Journal of the American Scientific Affiliation* 30 (March 1978).

"Immanence, Transcendence, and the Doctrine of Scripture," *The Living and Active Word of God*, ed. Morris Inch and Ronald Youngblood (Winona Lake, IN: Eisenbrauns, 1983), 193-205.

"Implications of Biblical Inerrancy for the Christian Mission," *The Proceedings of the Conference on Biblical Inerrancy* 1987 (Nashville: Broadman Press, 1987), 223-36.

"Is Tongues-Speaking for Today?" *The Standard,* October15, 1973, 18-19; November

1, 1973, 20-21.

"Narrative Theology: Translation or Transformation?" *Festscrift: A Tribute to William Hordern,* ed. Walter Freitag (Saskatoon: University of Saskatchewan Press, 1985), 29-39.

"The New Birth Today," *Christianity Today*, August 16, 1974, 8-10.

"A New Look at Various Aspects of Inspiration," *Bethel Seminary Journal* 15 (Autumn 1966): 16-26.

"Pannenberg's Use of History as a Solution to the Religious Language Problem," *Journal of the Evangelical Theological Society* 17 (Spring 1974): 99-105.

"The Potential of Apologetics " (two parts), *Christianity Today,* July 17, 1970, 6-8; July 31, 1970, 13-15.

"Presuppositions of Non-Evangelical Hermeneutics," *Hermeneutics, Inerrancy, and the Bible,* ed. Earl Radmacher and Robert D. Preus (Grand Rapids: Zondervan, 1984), 591-612.

"Principles, Permanence, and Future Divine Judgment: A Case Study in Theological Method," *Journal of the Evangelical Theological Society* 28 (September 1985): 317-25.

"Problem Areas Related to Biblical Inerrancy," *The Proceedings of the Conference on Biblical Inerrancy* 1987 (Nashville: Broadman Press, 1987), 175-89.

"The Sting Is Gone," *The Standard*, March 23, 1970, 4-5.

"This Talk About the Millennium and the Tribulation-What's It All About?" *The Standard,* September 1, 1974, 16-17.

"Why I Believe in Jesus Christ," *The Standard.*

"Absolutes, Moral," "Act Ethics," "Joseph Fletcher," "Norms," "Principles," and "Rule Ethics," *Baker's Dictionary of Christian Ethics*, ed. Carl Henry (Grand Rapids: Baker Book House, 1973).

"Jealousy," and "Joy," *Zondervan's New Pictorial Bible Encyclopedia*, ed. Merrill C.

Tenney (Grand Rapids: Zondervan Pub. Co., 1974).

"Baptism," "Image of God," "Man," *Nelson's Illustrated Bible Dictionary,* ed. Herbert Lockyer, Sr. (Nashville: Thomas Nelson., 1986).

"Euthanasia," "Millennial Views," "Separation," *Evangelical Dictionary of Theology,* ed. Walter A. Elwell (Grand Rapids: Baker Book House, 1984).

"Christology in America," "Theories of Atonement in America," *Dictionary of Christianity in America* (Downers Grove, IL: InterVarsity Press, 1990).

# 34. 클락 피녹(Clark H. Pinnock)

로버트 레이크스트로(Robert V. Rakestraw)

## 생 애

클락 피녹
(Clark H. Pinnock)

클락 피녹(Clark Harold Pinnock)은 1937년 2월 3일 캐나다 온타리오주 토론토(Toronto)의 한 중류 가정에서 태어나 성장했다. 그는 자유주의 성향의 침례교회에서 자라났는데, 그 교회는 진리와 하나님의 실재 모두를 거의 망각한 교회였다. 그러나 그에게는 성경을 믿는 할머니와 그리스도를 알도록 인도한 주일학교 교사가 있었다. 또한 피녹은 토론토의 청소년선교회(Youth For Christ)와 어느 여름에 열린 캐나다 캐스윅 성경사경회(Canadian Keswick Bible Conference)에서 봉사의 경험을 통해 신앙이 크게 성장했다. 그는 근본주의 신앙을 배경으로 하나님을 만났고, 자신의 근본주의 경험을 계속 감사하게 생각한다.[1]

신앙생활의 초기부터 피녹은 순수성을 잃어 가는 기독교의 모습에 심한 불만을 보인 반면, 기독교의 본질에는 상당한 관심을 보였다. 1950년대, 그는 구 프린스턴신학대학원과 연관된 일종의 복음주의 신학의 성향에 점차 영향을 받게 되었다.

초기에 그에게 신학적으로 "건전한" 영향을 끼친 대부분의 저술가들은 충실한 칼빈주의자들이었다. 머리(J. Murray), 로이드-존스(D. M. Lloyd-Jones), 반틸(C. V. Til), 칼 헨리(C. Henry), 패커(J. Packer), 그리고 쥬웨트(P. Jewett)가 바로 그들이다. 그들의 저서는 그가 자주 들리던 인터바서티(InterVasity) 서점에서 판매되고 있었으며, 올바른 신학을 배우길 원한다면 꼭 읽어야 할 책이라는 평을 받던 것들이었다.[2]

1956년에 고등학교를 졸업했고, 4년 후에 토론토대학에서 고대근동 연구과정을 우등생으로 마치고 문학사(B.A.)를 취득했다. 토론토대학 재학 중에 하버드대의 우드로윌슨협회(Woodrow Wilson Fellowship) 장학금과 영국의 영연방 장학금을 제의받았는데, 피녹은 영국을 선택해서 맨체스터대학의 박사과정에 진학했다. 그곳에서 그는 탁월한 성경학자이고 변증가인 브루스(F. F. Bruce)의 지도로 신약학을 전공했다. 1963년에 바울의 성령론에 관한 박사학위 논문을 마친 피녹은 신약학 강사로 활동하면서 2년 더 브루스와 함께 연구했다. 이 시기 동안 그는 변증가인 쉐퍼(F. A. Schaeffer)와 친밀하게 서신을 주고받았고, 여름방학에는 학생이자 사역자로서 스위스 훼모츠(Huemoz)에 있는 쉐퍼의 라브리공동체(L' Abri Fellowship)에서 생활했다. 이 공동체는 의심과 곤란을 겪던 여러 나라의 기독교 지성인들을 매료시키던 곳이다.[3] 쉐퍼의 방법과 사상에 다소 심각한 약점이 있다는 것을 알았지만, 실용적 진리에 대한 쉐퍼의 추구는 젊은 피녹에게 깊고 지속적인 영향을 주었다.[4]

1965년부터 그는 루이지애나주의 뉴올리언스침례신학대학원에서 신약학을 가르치게 된다. 2년 후 그는 조직신학을 가르치기 위해 조직신학부로 자리를 옮기게 되었다. 그것은 그의 신학연구에 대한 열정 때문이기도 했지만 조직신학부의 필요 때문이기도 했다. 뉴올리언스에서 피녹은 신뢰받는 분석가로 그리고 현대신학 사상에 대한 촉망받는 전문가로 주목받게 되었다. 1967년 자신의 첫 중요 저서인 「성경의 무류성에 대한 변증」(A Defense of Biblical Infallibility)을 출간하게 된다. 같은 해에 「당신의 입장을 밝혀라」(Set Forth Your

Case)를 출간했다. 이 책은 성경적인 계시와 현대문화의 견지에서 기독교신앙을 변호한 것으로 쉐퍼로부터 지대한 영향을 받은 것이었다. 그는 자신이 이 기간에 "변증적 확실성이라는 편견"(preoccupation with apologetic certainty)에 사로잡혀 있었다고 인정한다.[5)]

1968년에 출간한 「새로운 개혁: 남침례교를 향한 도전」(A New Reformation: A Challenge to Southern Baptist)에서, 그는 자신이 속한 교단이 기록된 하나님의 말씀에 대한 온전한 확신의 자리로 돌아오도록 호소했다. 심지어 침례교 고등교육기관에서 성경에 대한 역사적 입장을 포기한 교수들을 추방시키는 결정적 조치를 취하도록 호소했다.[6)] 1969년 출판된 소책자 「복음주의와 진리」(Evangelism and Truth)에서 그는 이 둘 사이의 뗄 수 없는 연관성을 보여주었고, 성경적 복음주의를 위해 칼빈주의적 기초가 절대적으로 필요하다는 것을 선언했다. 더 나아가 1960년대 후반 그는 달라스신학대학원(Dallas Theological Seminary)에서 받은 영향으로 무천년주의에서 전천년주의로 전환하게 된다.[7)]

피녹은 자신의 신학적 기초에 대한 확신을 점점 더 많이 강조할수록, 진리의 지적인 측면에 편중되기 때문에 개인적인 삶에서 진리의 실재와 능력의 결핍을 느끼고 있었다. 1967년 뉴올리언스에서 몇몇 친구들에게 성령의 능력을 달라고 안수기도를 요청했고, 그는 소위 '성령의 충만'을 체험했다. "그리스도인이 된다는 것은 질질 끌려가는 것이 아니라 흥분되는 모험이다."[8)] 1960년대 보수적인 남부의 남침례교 지도자인 피녹에게 이것은 놀라운 사건이었다. 이 사건이 어디로 이끌어가든 그리고 그의 신학적 체제와 상관없이 어떠한 결과를 초래하든 간에 하나님과 그의 진리에 대한 간증에 대한 열망을 나타내었다.

그의 명성이 커지자, 일리노이주 디어필드에서 새롭게 부상하고 있는 트리니티 복음주의 신학대학원의 주목을 받게 되었다. 그는 트리니티에 모여들고 있는 전위적인 소장학파 대열에 합류하도록 초청을 받았다. 이곳에서 피녹은

1969년에서 1974년까지 조직신학을 가르쳤다. 뉴올리언스에서 그랬듯이, 그는 보수주의자, 신정통주의자, 혹은 자유주의자에 관계없이 당시의 신학자들의 글을 탐독한다. (그는 한 주에 4권 정도를 읽으면서 폭넓은 주제를 섭렵한 다독가였다.) 1971년 두 개의 저서가 출간되었다. 「성경적 계시: 기독교신학의 기초」(Biblical Revelation: The Foundation of Christian Theology)는 "워필드(Warfield) 이래 축자적, 완전영감설에 대한 가장 강렬하고 학자적 진술"로 찬사 받는다.[9] 웰즈(D. F. Wells)와 공동 편집한 「미래의 신학을 향하여」(Toward a Theology for the Future)는 신학 연구의 다양한 영역에서 결정적인 시도들이 어디서 발생하고 있는지를 지적하고, 또 건설적이고 복음주의적인 제안을 모색하도록 기술되었다. 1970년대 초반에, 그는 영국 신학생회(British Theological Students Fellowship)를 모델로 하는 북미지역 신학생회(North American division of Theological Students Fellowship)를 태동시켰다. 이 모임은 1987년 IVF(InterVarsity Christian Fellowship)에 의해 중단될 때까지 기독학생회의 행정부 역할을 했다. 그는 이 시기 매우 활동적인 총무로 지속적인 사역을 감당했다.

프라이스(Robert M. Price)는 (피녹 자신이 대부분 인정한[10]) 피녹의 신학적 발전을 조망하는 논문에서, 피녹의 생애에서 새로운 단계가 1971년 즈음에 시작되었음을 정확히 지적하고 있다. 프라이스는 「미래의 신학을 위해서」에서 피녹이 집필한 장(章)인 "조직신학에 대한 전망"에서 그의 두 번째 단계가 시작되었다고 생각한다.[11] 분명히 이 시기에 중요한 변화가 일어나고 있었다. 피녹이 신학적으로 항상 변화하고 있었지만, 그의 주요 기간들을 나누는 분명한 분할선들이 있다. 새로운 10년을 시작하면서 그는 '후기 자유주의 신학' 또는 '고전적 기독교' 신학을 주창했다. 이것은 반대 진영의 주장에 진지하게 귀 기울이고 대화하기 위한 새로운 복음주의 대안을 모색한 것이었다.[12] 이 시기 피녹에게 미친 영향이 무엇이든 간에, 그것들이 기독교인의 증거, 그리고 활기찬 기독인의 삶을 향한 그의 열정을 꺾지는 못했다. 「형제여, 지금 구원받으시오」

(Live Now, Brother)와 「불타는 진리: 갈라디아서의 메시지」(Truth on Fire: The Message of Galatians)와 같은 전도용 팸플릿들이 모두 1972년에 출간되었다.

1970년대 초반에 피녹이 보여준 극적 변화의 두 영역은 그의 구원론과 정치/사회적인 이데올로기다. 위에서 언급한 것처럼, 그는 자신의 신학적인 삶을 칼빈주의자로 시작했으며, 이 관점에 대해 오랜 세월 의문을 품지 않았다. 그러나 1970년경에, 성도의 견인에 관한 강의 일부인 히브리서 연구를 통해 그리고 견인 문제에 대한 마샬(I. H. Marshall)의 철저한 연구서인 「하나님의 능력에 의한 보호」(Kept by the Power of God, 1969)를 통해,[13] 그는 칼빈주의 논리에 심각한 오류가 있다는 것을 알게 되었다.[14] 그는 그가 편집한 「제한 없는 은혜」(Grace Unlimited, 1975)에서 칼빈주의에서 웨슬리-알미니우스주의로 전향하겠다는 뜻을 밝힌다.

사회적이고 정치적인 사안과 관련해서, 피녹은 진리에 대한 추구로 자신이 여러 국면을 경험하게 되었다고 지적한다. 1953년에서 1969년까지 정치적 보수주의의 "주류"에 있었던 반면, 1970년에서 1978년 동안에는 그 '경계 밖'에 있었다. 1970년에서 1978년 동안에 트리니티의 학생인 짐 월리스(Jim Wallis) 등의 영향으로 피녹은 정치와 문화에 대한 급진적이고 파괴적인 입장을 거의 맹목적으로 채택하게 된다. 존 요더(John H. Yoder)의 「진정한 혁명」(Original Revolution)에 의해 자극받아 그는 신좌파의 관점과 핵심을 전반적으로 채택했다. 캐나다로 돌아온 후에는 밴쿠버 주민 선거에서 공산당 입후보자에게 투표하기도 했다. 이 두 번째 단계에서 그는 월리스가 편집한 복음주의 좌파 잡지인 「체류자들」(Sojourners, 이전의 Post-Americans)의 기고 편집인으로 수고하기도 했다. 세 번째 단계(1978-현재)는 "중심으로 회귀"의 기간이다. 이때에 그는 민주 자본주의의 정신을 포용하고 옹호하게 된다.[15]

피녹은 1974년에 벤쿠버에 있는 리젠트대학(Regent College)에서 3년 간 가르치기 위해 자신의 조국으로 돌아왔다. 이 기간에 다른 일을 추구하는 중에서도, 그는 계속 성경무오성에 대한 자신의 견해를 검토하고 교정했다.[16] 보수주의자들 중에서 무오성 교리에 대한 전통적인 표현, 변호, 그리고 활용 등에 대한 문제제기로 인해, 그는 해롤드 린셀(Harold Lindsell)로부터 극심한 비난을 받았다. 「크리스처니티 투데이」(Christianity Today)의 호전적인 전임 편집자였던 린셀은 1976년에 선풍적인 지지를 받은 「성경을 위한 투쟁」(The Battle for the Bible)에서 피녹을 동지로 간주했다.[17] 또 다른 많은 보수주의자들도 동일하게 피녹에 대하여 불편해 했다.[18]

1977년 피녹은 온타리오주 해밀턴에 있는 맥매스터신학대학원의 조직신학 부교수로 초빙되는데 현재까지 이곳에서 정교수로 재직하고 있다. 예상된 대로, 맥매스터에서 그의 봉직 기간에 논쟁이 없지 않았다.[19] 40세가 되어 자신의 모국에서 현재의 위치에 정착한 이래로 그는 더욱 과감하고 혁신적이 되었다. 그리고 그의 생애 가운데 그 어느 때보다 더 영적으로 민감해진 신학자로 보인다. 그는 현재 온타리오주와 퀘벡주에 기반을 두고 있는 침례교총회의 온건한 오순절 계통의 회중으로 구성된 해밀턴 웨스트마운트 침례교회에 출석하고 있다. 피녹은 아내 도로시(Dorothy)와 슬하에 1967년에 태어난 딸 사라 케서린(Sarah Katherine)을 두고 있다. 클락 피녹은 신약학회와 틴데일 성경연구회, 복음주의 신학회 그리고 북미 칼 바르트 학회 등에서 회원으로 활동하고 있다. 또한 「크리스처니티 투데이」의 연구위원 등 여러 책임을 맡고 있다.[20]

맥매스터에 재직 기간에 그는 상당한 양의 글을 썼다. 50여 편이 넘는 논문들, (거의 대부분이 현재 폐간된 TSF Bulletin과 이 전신인 TSF News and Review 수록된) 서평들, 다른 편집자에 의해 출간된 책들에서 많은 장(章)들을 집필했을 뿐 아니라, 네 권 이상의 책을 집필했고 다른 책들을 편집했다. 「충분한 이성」(Reason Enough)은 1980년에 출판되었고, 뒤이어 「성경 원리」(The Scripture Principle, 1984), 「영적 회복을 위한 세 개의 열쇠」(Three Keys to Spiritual Renewal, 1985) 그리고 「미로 찾기」(Tracking the Maze, 1990) 등이 간행되었다. 또한 「하나님의 은혜,

인간의 의지: 알미니우스주의의 입장」(The Grace of God, the Will of Man: A Case for Arminianism, 1989)을 편집했다.

아마도 피녹의 변증적 노력이 담긴 초기와 후기의 중간에 위치한 「충분한 이성」을 제외하고, 최근 다섯 권은 그의 성숙한 사상을 반영하고 있다. (프라이스는 1980년경을 피녹의 제3기가 시작된 시점으로 제시한다.)[21] 따라서 이 논문에서 이어질 연구는 1980년대에 그가 변화해 온 그리고/또는 그를 유명하게 한 부분에 대한 강조와 함께 이 기간의 피녹의 입장을 전반적으로 고찰하고자 한다. 다음의 개관은 피녹의 사상을 성경, 구원, 유신론, 그리고 회복이라는 네 가지의 범주로 분류한다.

## 사상

### 말씀하시고 조명하시는 하나님

피녹은 다른 어떤 신학적 주제보다 성경에 대한 교리로 잘 알려진 인물이다. 그는 생애 전반을 통해서 기독교신학을 위한 영감받은 기초로서 성경에 대한 강경한 입장을 적극적으로 그리고 분명하게 주장해 왔다. 그러나 특히 성경이 구성되는 과정에서 하나님의 역할과 인간의 역할 사이의 균형에 대한 그의 입장은 현저하게 변화해 왔다.

「성경의 계시」(Bible Revelation)에서, 그는 "무오성은 영감교리의 본질적인 부수물, 즉 성경이 하나님의 말씀이라는 사실에서 유추된 필연적 귀결로 간주되어야 한다"고 말한다.[22] 만일 성경 저자가 특정한 부분에서 오류를 범했다면, 그들이 더 많은 부분, 심지어 신학적인 내용에서 오류를 범하지 않았다는 확신을 가질 수 없다. 이 시기에 린셀이 피녹의 성경관을 자신과 같은 입장으로 간주한 것으로 보이지만, 심지어 초기에서도 피녹은 절대적이거나 무조건적인 무오설을 주장하지는 않았다.[23] 그는 융통성을 가진 무오성이라는 정의가 지닌 미묘한 차이를 항상 주장해 왔다.[24]

(1981년의 초고를 전격적으로 개정한) 「성경원리」에서, 그는 하나님의 저작권과 권위, 인간적 특성과 결함, 그리고 올바를 이해에 필수적인 영적 역동성 등을 함축할 수 있는 총체적 성경관을 견지하기 위하여 매우 심도 있고 정교한 논증을 펼쳤다. "성경 원리"는 하나님의 말씀에서 하나님-인간의 주제가 오늘날 사람들을 위하는 하나님의 유익하고 믿을 만한 메시지다. 왜냐하면 그것이 교리적이든, 윤리적이든, 영적이든 간에 진리를 말하기 때문이다.[25]

그가 무오성이라는 용어를 유지하기를 선호했지만, 그가 초기에 이해한 개념과는 상당히 달라졌다. 예를 들어, 타락에 대한 역사적 특성은 보존되어야 하지만(롬 5:12), 창세기 2-3장의 이야기는 역사 속에서 죄책감과 구원에 대한 인간의 경험에서 유도되고 '전설 같은 이야기'의 양식으로 표현된 인과 관계적 추론이다.[26] "전설적인 특색을 느끼게 하는" 물고기 입 속의 동전 사건처럼(마17:24-27), "전설이 매우 사실적으로 보일 가능성이 있는 경우들이 있다"고 그는 지적한다. 바울이 멜리데 섬에서 독사에게 물렸지만 해를 당하지 않은 사건도 이와 비슷한 경우다(행 28:1-6). "아마도 사람들이 그런 방법을 의존하지는 않겠지만, 하나님이 바로 이 방법으로 바울을 구원하는 것은 전적으로 가능한 일이다. (그러나) 이것이 영웅이야기의 일부를 구성할 수는 있지만, 사실을 표현한 것은 아니다."[27]

「미로 찾기」에서, 그는 "성경 안에는 역사적(historic)인 것이 아니라 역사-같은(history-like) 것들이 있다"고 했다. 예를 들어, 삼손이나 엘리사 이야기의 역사적 가치를 출애굽 사건이나 예수의 부활 이야기와 같은 수준으로까지 간주해서는 안 된다. "성경의 중심 주장이 역사적이라는 이유만으로, 성경이 흥미있는 전설일 가능성을 부인해서는 안 된다." 복음 이야기가 진실이 되기 위해 부활은 반드시 발생해야 했지만, 그런 입장이 엘리사의 도끼 사건이나 롯의 아내가 겪은 운명에도 동일하게 적용되지는 않는다. "나는 우리가 영감의 초자연성을 지나치게 과장해 온 것으로 생각한다."[28] 에릭슨(M. Erickson)에 의해서 정리된 무오성에 관한 견해들 가운데 피녹은 "목적 무오성"을 지지했다. 이것은 성경이 그 자체의 기독 목적을 성취한다는 점에서만 성경을 무오한 것으로 이해한 것이다.[29)]

동시에, 그가 점점 더 "성경을 신성한 것"으로 이해한 것은 놀라운 일이라고 여겨질 수 있다. 해석과 관련해서, 피녹은 저자가 본래 의도한 입장에서 본문의 객관적 의미와 본문 배후에 있을 다른 의미뿐 아니라 그 의미에 대한 독자의 주관적 이해 사이의 중간 입장을 유지하려 했다. 최근 수 십 년간 보수주의자들이 자유주의자들처럼 해석에서 성령의 조명 사역을 간과해 온 것을 그는 매우 슬퍼했다.[30)]

### 찾으시고 구원하시는 하나님

피녹이 구원론에 관한 전문 서적을 출간하기 전, 그는 두 권의 매우 중요한 저서를 편집했고, 또 (「미로 찾기」의 3장과 같은) 그 주제에 관한 중요한 논문을 집필했다. 버논 그라운드(Vernon Ground), 잭 코트렐(Jack Cottrell), 하워드 마샬(I. H. Marshall), 그랜트 오스번(Grant Osborne), 그리고 다른 사람들과 집필한 「제한없는 은혜」는 하나님이 이루시는 구원에 대한 새로운 이해를 촉구한다. 그 자신이 쓴 서론과 (동시대 신학자인 고든 카우프만(Gordon Kaufman)에게 많은 신세를 지고 있다고 인정한) "책임 있는 자유와 성경 역사의 흐름"이라는 장(章)에서, 피녹은 모든 사람을 구원하기 원하시는 하나님의 확고한 열망을 담대하게 주장한다. "우리는 이 진리를 거부하는 모든 형태의 신학을 거절하고, 또 자비롭게 보이지 않은 하나님의 마음에는 어떤 비밀스런 심연이 있는 것으로 생각한다."[31)] 이러한 인식은 피녹의 구원론 전체의 기초가 되고, 창세기에서 계시록에 이르는 복음 이야기의 핵심 진리로서 최근의 「미로 찾기」에 좀 더 분명하게 나타난다. 관련된 초석은 하나님이 제공하는 구원을 수용하거나 거절할 수 있는 인간의 자유와 관련된다. "모든 인류는 예외 없이 그가 자유로운 것처럼 말하고 느낀다…. 내 생각에는, 이 근본적인 자아인식은 실재의 본질에 관한 중요한 실마리다."[32]

이 분야에 대한 가장 최근의 그의 저작은 「하나님의 은혜와 인간의 의지: 알미니우스주의의 입장」이다. 이 책은 다양한 전통을 가진 영향력 있는 복음주의 신학자들이 집필한 논문집이다. 우리는 이 책에서 「제한 없는 은혜」에 집필한 코트렐, 마샬, 그리고 오스번과 같은 학자들 뿐 아니라 윌리엄 아브라함(William Abraham), 윌리엄 크레이그(William Crag), 브루스 라이엔바흐(Bruce Reichenbach), 그리고 다른 학자들을 만날 수 있다. 이 논문들은 하나님이 그의 주권적 선택으로 인간 피조물들에게 부여한 자유를 존중하는 역동적 인격의 주관자라는 명제를 제안하고 변론한다. 피녹은 서론 외에 "어거스틴에서 알미니우스까지: 신학의 순례"("From Augustine to Arminius: A Pilgrimage in Theology")라는 장을 썼는데, 여기서 그는 구속 진리에 대한 입장을 가지고 그 변화들을 다루고 있다.

피녹은 복음주의자들과 다른 그리스도인들 가운데 일고 있는 결정론적 구원교리에서부터 멀리 떠나 진정한 인간의 자유로 향하려는 최근 신학 동향에 깊은 관심을 보인다. 그는 성경이 현대 문화와 대화하고, 또 자율성, 시대성, 그리고 역사적 변화 등을 강조하면서 점점 더 새로운 방식으로 읽혀지고 있다고 생각한다. 피녹은 (예정에 대한 칼빈의 용어인) "끔찍한 작정"이 전혀 없다는 것을 알았다. 그는 구원에서 '선택'을 개인들의 선택이 아니라 연대적인 문제로 이해하게 한 로버트 생크(Robert Shank)에게 신세지고 있음을 인정한다.[33] 예정은 사람들을 예정된 형식에 억지로 맞추려는 것이 아니라, 사람들을 위해 하나님이 예비하신 목표로 이해되어야 한다. 그는 성경을 점점 더 하나님의 보편적 구원 의지와 중요한 인간 자유라는 관점에서 이해하는 것처럼, 자신의 성경해석학에서 "패러다임 전환"을 인정하고 있다.[34]

그는 또한 전적 타락의 교리에 의문을 품기 시작했다. 성경이 하나님께 응답할 능력과 책임을 가진 존재로서 사람들에게 호소하고 있는 것은 "그것이 그늘의 모습이기 때문에" 그렇다고 생각했다.[35] 예수는 보는 사람의 죄를 위해 죽으셨다. 그러나 피녹은 그 속죄를 안셀름(Anselm)과 그로티우스(Grotius)가 이해했던 것 이상으로, 즉 제한적 혹은 보편적 대속이라기보다는 사법적 선언의 행위로 이해한다. 그가 대속을 버리길 원하지 않지만, 인간의 자율성을 주장하면서도 그런 교리를 주장할 수 있는 방법은 분명해 보이지 않는다.[36]

하나님의 보편적 구원 의지에 대한 피녹의 견해는 개개 죄인들의 반응과 운명에 대한 정확한 속성을 이해하는 데 매우 자연스럽게 영향을 끼친다. 1976년에 그는 "왜 예수만이 유일한 길인가?"라는 제목의 논쟁적인 논문을 썼다. 유일한 구세주로서 예수 그리스도의 절대성을 강력하게 주장하면서도, 그는 그리스도에 대해 전혀 알지 못한 채로 살다가 죽은 많은 사람들에게는 죽음 직후에 복음을 듣고 믿을 수 있는 기회가 있을 것이라고 주장한다. 베드로전서 3장 19절과 4장 16절에 주목하고, 또 크랜필드와 판넨베르크와 같은 명성 높은 해석가들이 제시하는 견해들에 관심을 두면서, 그는 이것이 "두 번째 기회" 이론이 아니라, 죽음에서 첫 번째 기회를 가지는 것이라고 주장한다.[37] 10년 후에 그는 자신의 제안을 "논란이 되는 신학의 한 부분"이라고 부르면서 이 견해를 더 깊이 발전시켰다. 그는 이것이 건전하고 옳다고 생각하면서도 그것을 단호하게 주장하지는 않는다.[38] 죽음 이전이든 이후든 간에 복음을 듣고 거절한 사람에 관해서, 그는 영혼소멸설을 주장한다. 지옥에 대한 전통적인 견해가 가지고 있는 "도덕적인 공포와 석의상의 취약함"을 반대하면서, 그는 "전인격의 소멸"을 마태복음 25장 46절에 있는 "영원한 형벌"의 의미로 이해한다.[39]

### 살아 계셔서 응답하시는 하나님

잃어버린 자들을 찾으시고 구원하시는 하나님의 선하심에 대한 피녹의 새로운 이해는 그가 하나님의 존재와 속성들을 좀 더 더 깊이 탐구하도록 이끌었다. 그가 1970년대에 이런 주제들을 어느 정도 연구하기 시작했지만,[40] 1980년대에 이르러서야 그의 사상들을 좀 더 충분하게 발전시켰다.[41] 그는 전통적인 유신론의 과정 비평에 대부분 동의하고, 또 그런 관점에서 그것에 대한 존경심을 표현하는 것을 인정하지만,[42] (뒤늦게 1987년에) 과정 유신론을 확고하게 거절한다.[43] 그러나 그는 과정 비평(process critique)에 의해서 뿐만 아니라 과정 구성(process construct)에 의해서도 중대하게 영향을 받았다.

하나님의 무감정성(impassibility)에 대한 전통적인 교리와 관련하여, 그는 이것이 고전적 유신론의 가장 의문스러운 점이라는 오웬(H. P. Owen)의 입장에 동의한다.[44] 하나님은 그 자신 이외의 어떤 것에 의해서도 영향받지 않으시며, 우리의 고통이나 기쁨에 무관심하다는 가르침은 심각한 왜곡이자 성경의 진리를 부정하는 것이다. 일반적으로 성경, 특별히 십자가 사건은 하나님이 슬픔, 아픔, 사랑을 경험할 수 있다는 사실을 분명히 나타낸다.[45] 불변성과 관련하여, 하나님은 "진실로 세상과 서로 영향을 주고받으시고, 그 안에서 벌어지고 있는 일들에 적극적으로 응답하시며, 심지어 변화하는 역사적 상황들에 맞추시기 위해 당신의 계획들을 바꾸시기조차 하신다."[46] 하나님은 본질과 속성에서는 불변하지만, 자신의 지식과 행하심에서는 가변적이다.[47] 더구나 하나님은 시간을 초월해서 계신 분이 아니다. 성경은 하나님을 확실히 고전적 유신론과는 반대 의미로, 즉 시간과 역사 안에서 활동하시는 분으로 소개하고 있다. 만일 하나님이 시간 안에 계시지 않다면, "행하시고 계신 것을 성경이 언급하고 있는 대로, 하나님은 우리의 여정에 동행할 수 없을 것이고, 또는 벌어지고 있는 일에 자유롭게 관여하실 수 없으며, 계획을 세우고 수행할 수도, 승리의 기쁨이나 패배의 아픔을 경험할 수도 없을 것이다."[48]

그렇다면 피녹은 하나님의 전지성에 관해서는 어떻게 말하고 있는가? 그는 그 자신과 같은 대부분의 알미니우스주의자들에 의해서조차 견지되어 온 입장, 즉 하나님은 앞으로 일어날 모든 일을 완전히 예지하고 계신다는 입장을 점차 불편하게 여기게 된다. 그는 "이러한 절대적 전지성은 우리가 미래에 택할 모든 일들이 하나님의 지식 장부에 이미 낱낱이 기록되어 있다는 것을 필연적으로 의미하기 마련이라는," 그래서 우리가 진실로 자유롭고 중요한 선택들을 하고 있다는 신념이 무력화된다는 "직감을 떨쳐버릴 수 없다"고 생각했다. 그는 이제 하나님께서는 "알려질 수 있는" 모든 것을 알고 계시지만, 자유로운 선택들이 현실화될 때까지는 하나님조차 그것을 알 수 없다고 주장한다. "아직 내려지지 않은 결정들은 하나님조차 아시는 바가 없다."[49] 하나님은 당신이 다음 금요일에 무엇을 할지 "추측"하실 수는 있지만, 그것을 확실히 알지는 못하신다. 하나님은 "세상에 관한 자신의 정보를 전해주시기 위해 세상에 의존하신다."[50] 그러나 일어날 일에 대한 예언은 하나님이 미래를 완전히 아신다는 것을 입증하는 것이 아닌가? 피녹은 입증하는 것이 아니라고 답한다. 왜냐하면 높은 비율의 예언은 다음 세 요소 가운데 하나로 설명될 수 있기 때문이다. "1) 하나님이 무엇인가를 행하시고자 한 시기보다 앞선 공표, 2) 결과가 열려진 채 주어진 조건적인 예언들, 3) 하나님의 과거와 현재에 대한 완전한 지식에 기초를 둔 예언."[51]

또한 하나님의 전능성과 주권도 역시 재정의되어야 한다. 전능성은 하나님께서 당신이 하시고자 하는 일과 마땅히 하실 필요가 있는 일을 하실 수 있다는 것을 의미한다. 만일 하나님이 기계적인 인간 대신에 자유로운 인간들의 세상을 창조하신다면, 이것은 하나님의 능력을 부정하는 것이라기보다 그의 능력을 확대하는 것이다. 그러나 한 때 그는 그런 세상을 자유롭게 선택하셨지만, 그는 그 세상의 법칙에 의해 제한받고 있다. "그의 주권은 모든 것을 결정할 수 있다는 식이 아니라 전능하다는 것이다. 하나님은 일어날 수 있는 어떤 상황들도 확실하게 처리할 수 있으시며, 하나님을 무너뜨리거나 대적할 수 있는 것은 아무도 없다. 그러나 그는 일어나고 있는 모든 일을 통제하지는 않는다." 유한한 인간이 자신을 거역할 자유를 가지고 있는 세상에서 하나님은 자신의 뜻을 실현시킬 수 있다. "왜냐하면 하나님은 피조물들이 하나님의 방법을 방해할 수 있다는 것을 예측할 수 있는 능력이 있고 각각의 새로운 도전에 효과적인 방식으로 응답할 수 있기 때문이다." 아무튼 하나님은 하나님 나라에 대한 통치가 도전받는 가운데 일하신다. 하나님은 "유한한 피조물인 우리가 할 수 있는 것보다 훨씬 더 큰 안목을 가지고 있는" "전문가"이시다.[52] 게다가 하나님은 우리를 우주를 운행하는 일에 그 분의 동역자로 부르신다. 그의 계획은 개방되어 있고, 기도는 실제로 미래를 바꿀 수 있다. "만일 당신이 기도가 일을 바꿀 수 있다고 믿는다면, 그것이 바로 나의 입장이다. 만약 당신이 그것을 믿지 않는다면, 당신은 성경적 신앙에서 멀리 떠나있는 것이다."[53]

그는 하나님의 삼위일체 본질과 관련해서 어거스틴을 따르는, 그리고 여전히 라너와 바르트에게서 견지되고 있는 서방신학의 양태론적 경향에 반대하고, 삼위일체의 사회적 교리를 지지한다. 그런 견해는 비이성적이기보다 오히려 매우 조리 있고 설득력이 있으며, 게다가 매우 실용적이다.[54]

### 갱신과 진보를 주도하시는 하나님

앞에서 논의된 세 가지의 영역은 피녹의 사상과 저서에서 대략적으로 연대기적 배열로 나타나 있다. 반면에 하나님의 백성들 사이에서 부흥과 이 땅에서 하나님 나라의 확장을 다루는 주제들은 학자로서 삶을 사는 동안 그가 보여준 지배적 관심사였다. 이것은 신학의 본질, 방법, 그리고 내용을 좀 더 명확하게 이해하려는 그의 관심을 시사한다. 우리의 사상들은 (크기는 작지만 중요성은 절대 작지 않은) 「영적 회복을 위한 세 가지 열쇠」(Three Keys to Spiritual Renewal)라는 작은 책에 있는 범주들에 따라 나뉠 수 있을 것이다. 그 책은 필수적인 성경신학의 회복과 발전, 성령충만한 삶으로 복귀, 그리고 하나님 나라의 확장을 위한 백성의 하나됨에 초점을 맞추고 있다. 우리는 셋째 범주를 주로 살펴볼 것이지만, 나머지 두 가지도 역시 동일하게 클락 피녹에게 중요하다는 점을 알아야 한다.

신학의 과제와 내용에 관한 그의 저작들에는 복음전도적이고 목회적인 논조가 명백히 드러난다. 그는 신학을 목회로 이해한다. "목회에서 당신의 주된 관심사는 무엇입니까?"라고 질문을 받을 때, 그는 "나의 저작, 설교, 강의, 그리고 간증을 예수 그리스도에 대한 효과적이고 적절한 증거가 되도록 조화시키는 것이다. 예수 그리스도에 대한 증거를 위협하는 요소들에 응답해서, 현재의 곤경들을 극복하는 데 도움이 되는 지침을 제공하는 것이다"고 대답했다.[55]

피녹이 변증학에 오랫동안 관심을 가져온 것은 증거에 대한 이런 관심을 나타낸다. 그는 변증학을 일종의 복음전도의 예비로, 심지어 교회의 생존을 위한 필수사항으로 여긴다. 「당신의 입장을 밝혀라」에서, 그는 합리적 논증과 검증에 상당히 의존하면서, 일반적으로 신약성경 문헌, 특별히 그리스도 부활의 신빙성이 기독교진리에 대한 핵심증거들이 되게 함으로써, 기독교신앙이 역사로서 계시에 대한 신뢰에 확고히 자리 잡도록 했다.[56] 「충분한 이성」에서, 신뢰성의 다섯 영역, 즉 실용주의, 경험, 자연신학, 역사, 공동체를 제공하기 위하여, 그는 좀 더 제한된 역사적 자료들에서 나온 증거의 토대들을 확장시킨다.[57] 최근에 그는 이성적 논증에 거의 의존하지 않고 있다. 수년간 그는 코넬리우스 반틸(Cornelius Van Til)과 그 추종자들의 전제적 변증학을 강력히 반대해 오고 있다. 하지만 1979년에는 "이제 나는 내가 취했던 입장과 개혁주의 신앙 사이의 중도 노선에 있다"고 인정했다.[58]

그러나 교회의 변증적 사명은 우리 신앙의 핵심요소들을 철저히 고수하지 않고서는 실패할 수밖에 없다. 피녹은 성경이 가르치는 기독교의 핵심요소들을 제시하는 새로운 신앙고백서의 작성을 촉구했다. 그래서 그는 캐나다침례교부흥협회(Baptist Renewal Fellowship of Canada)의 정황을 반영하는 「새로운 침례교 고백서」(A New Baptist Confession)를 작성했다. 여기에서 그는 말씀하시는 하나님, 살아계신 하나님, 창조주와 주관자요 완전케 하시는 하나님, 구주요 구속자이신 하나님, 새로운 공동체를 부르시는 하나님이라는 다섯 가지의 핵심 범주들을 제시한다. 이 고백서에서 우리는 역사적인 기독교의 진리에 대한 명료하지만 포괄적인 주장을 찾아 볼 수 있다.[59]

「미로 찾기」는 피녹이 자유주의-보수주의 사이의 공통분모로 이동함으로써 과거의 양극단을 극복해 보고자 하는 소망을 가지고 그 자신의 신학을 체계적으로 기술하려는 가장 야심찬 시도다. 그가 말했듯이, 오늘날 교회 안에 분명한 현대성과 조화를 추구하는 과정에서 방해를 받고 상당한 어려움을 겪은 바 있는 피녹은 혼신을 다해 이 책을 썼다. 오늘날 기독교신학의 경향을 예리하게 연구하고 분석한 뒤, 이 경향의 역사적 뿌리를 철저하게 탐구한 다. 그리고 그는 책의 마지막 삼분의 일을 할애하여 기독교의 본질이 무엇인지를 규명하고자 했다.

계시에 대한 신뢰성과 창조성 사이의 균형을 모색하는 현대 상황에서, 그는 기독교 메시지를 이야기로 간주하는 제안에 대해 전반적으로 그 윤곽을 제시한다. "내 생각에는 기독교의 핵심메시지의 본질은 기독교 경전과 예식에 보존된 채로 구속에 관한 서사시적 이야기다. 이것은 구원 곧 인류에 대한 하나님의 해방을 선포한다. 그 이야기는 (톨키엔이 말한) 사실화된 신화(eucatastrophe)를 선포하고 역사적이고 신화적인 인류의 구원을 위해 하나님의 역사개입이라는 사실을 선언한다. 복음은 실존적 약속과 상징적 풍요로 살아있을 뿐 아니라, 확고한 역사적 신뢰를 가지고 있는 실제다.[60] 이야기가 구체화되고 수세기에 걸쳐 전해 내려오는 자료들이나 수단에 관해서, 피녹은 웨슬리의 네 개축인 성경, 전통, 경험, 이성을 가장 교훈적인 것으로 여긴다. 계시는 그것들 모두의 전제 조건이며, 각각은 나머지들에 대해 창조적인 긴장관계에 있다.[61]

"신학이란 무엇인가?"는 질문에, 피녹은 신학적 체계화의 이차적 특징을 강조한다. "기독교의 진리와 의미는 그것이 교리형태로 표현되기 전에는 이야기와 밀접한 관계가 있었다. 신학은 그 이야기를 돕기 위해 존재하는 것이며 그 반대는 아니다." 따라서 기독교신학은 형태에서 일차적으로 합리–명제적이어서는 안 된다. 더 나아가, "우리는 이단을 그 이야기를 파괴하는 어떤 것으로, 그리고 정통신학을 그 이야기를 생생하게 지키고 그것을 말하는 새로운 방식을 고안하는 것으로 재정의해야 한다."[62] 피녹에게는 신학에 대한 그런 접근이 또 하나의 패러다임 전환을 의미한다. 왜냐하면 그는 어느 누구보다도 그의 초창기 이성적인 자아에 대해서 불만족을 표현하고 있기 때문이다.

피녹은 사역의 초기부터 영적 부흥에 관심을 기울였다. 1967년에 "내적 충만"을 경험하고 변화된 뒤, 그는 비은사주의자들에게 오순절 계통의 가르침이나 행습에 대한 좀 더 호의적인 태도를 요구하기 시작했다.[63] 핵심적인 성경의 진리를 재발견한 뒤, 개혁과 부흥에 대한 그의 두 번째 열쇠는 우리의 삶과 교회들을 체험적으로 회복시키고 능력주시는 성령의 사역에 개방시키는 데 있다. 그는 침례교회를 포함한 오늘날 대부분의 개신교 교회들이 성령의 자유가 제한되지 않고 폭 넓은 성령의 은사들이 예상치 않게 일어났던 신약성경의 모형보다는, 예배순서가 정형화되어 예측 가능한 가톨릭 성례전적 경향에 더 편안함을 느끼는 것을 애석하게 여긴다.[64]

생명력 있는 기독교에 대한 세 번째 열쇠는 철저한 제자도의 삶으로 하나님의 모든 명령을 순종하는 것이다. 왜냐하면 땅을 지배하라는 창세기 1장의 명령을 가장 오뜸 되는 윤리적 명령으로 간주하기 때문에, 그는 점점 더 전천년주의를 벗어나 옛 청교도의 후천년주의적 종말론과 전망으로 기울어져 가고 있다. 그가 초기에 성경을 재침례교 방식으로 해석한 것에서 신구약성경에 대한 개혁주의 해석학으로 입장을 전환한 뒤, 이제 그는 오늘날의 사회에 모세의 율법이 요구된다는 것과 "그리스도인의 행동과 도덕성을 이끄는 실천적 지침"으로서 후천년주의적 견해의 가치를 강조하고 있다.[65] 그는 프란시스 쉐퍼(Francis Schaffer)의 후기 저작들, 신우익(New Right)의 시도들, 그리고 기독교 재건을 위한 칼케돈 운동에서 가르쳐지는 이런 신률(theonomy)의 부활에 대해 고무되어 있다. 그리고 그는 자기 나라의 그리스도인들에게 "기독교 국가의 방향"으로 나아가도록 최선을 다해야 한다고 촉구한다. 그는 그리스도인들이 투옥 대신에 손해보상 그리고 사형제도의 즉각적 복원을 지지하는 대담한 입장을 취할 것, 그리고 가정 붕괴, 낙태, 동성애, 과격한 페미니즘과 같은 사회악들에 대항해서 일할 것을 요청하고 있다.[66] (성경적 페미니즘을 지지하는 사람들에 대해서, 그는 어떤 사례가 그런 입장을 대변하는지에 의심스러워한다.[67]) 그러나 그가 재건주의에 매료되어 있는 것이 그가 서구 중심적 입장에 대해 무비판적이거나, 또한 성경이 자본주의 경제 자체를 지지한다고 주장하는 것은 아니다.[68]

## 평가

### 신학적 방법

최근에야 피녹이 성경, 전통, 이성, 경험의 네 축을 신학적 진리의 자료로 언급하고 있을지라도, 그는 항상 이와 같은 테두리 안에서 연구해왔다. 물론 이것들 가운데 성경은 구속의 이야기를 전해주는 신적 계시의 유일하고도 무류한 기준이다. 성경의 현상들에 대한 그의 수정된 견해로 인해 성경만이 신학에서 최상의 완벽한 권위를 가진 자료라는 그의 확신에 몇 가지 문제를 제기할 수 있겠지만, 피녹의 새로운 입장을 폭넓게 살펴보자면 이러한 입장이 1960년대 못지않게 여전히 확고하다는 것을 발견하게 된다.[69] 그가 신앙고백의 내용을 선택할 때나 사상의 전반적 발전에서 볼 때, 전통은 피녹을 주도한다. 경우에 따라서 정반대로 보이지만, 피녹은 항상 역사적 기독교의 견지에서 신학을 연구한다. 그는 자신이 전통을 잘 알고 있다는 바로 그 이유 때문에, 전통을 변호할 것인지 아니면 수정할 것인지를 강요받는다고 느낀다. 그가 신성한 것으로 간주하지 않는 전통을 벗어날 경우에도, 그것은 경솔한 사고의 결과가 아니었다. 성경, 이성, 그리고 경험과 조화되지 않는 것은 거절당하든지 재고되어야 한다. 그가 전통을 대단히 존중하고 소중하게 여길지라도, 그에게 전통은 기독교 진리의 네 자료를 묶는 최소한의 끈으로 간주된다.[70]

성경 다음에 이성과 경험 가운데 어느 것이 피녹의 신학에 더 중요한 자료인지를 묻는다면, 그의 초기에는 이성이라고 답할 것이다. 그러나 그의 경력을 추적해보면, 우리는 그가 이성이나 논리보다도 경험(그리고 개인적인 열망과 직관)을 점점 더 중시하고 우선함을 알게 된다. 예를 들어 예정론에 관해서, 그는 "모든 인간이 그가 자유로운 것처럼 말하고 느낀다"는 사실로부터 주장을 편다.[71] 그는 복음을 들어보지 못한 사람이 복음을 들을 수 있는 사후의 기회를 "주님으로부터 온 폭넓은 암시, 곧 우리의 마음에 그가 행하기를 바라는 바를 주께서 이루실 것으로 말한다."[72] 이와 같은 예들(그리고 다른 많은 예들)은, 어떤 문제가 사실이기를 바라는 그의 개인적 열망에 관해서 뿐 아니라 외부인들 혹은 변절을 고려하는 그리스도인들에게 복음을 호소하려는 그의 바람과 관련해서, 그의 감성이 이성을 종종 주도한다는 것을 보여준다. 만일 경험이 성경의 확실한 가르침에 종속된다면, 그런 동기는 절대 해롭지 않고 도리어 칭찬할 만하다. 경험, 직관, 그리고 소망은 평가절하 될 수 없는 가치 있는 경험적 자료를 제공한다.

피녹은 항상 자신의 신학을 세우고 방어하는 데 이성이나 논리에 의지했지만, 현재 그는 과거에 비해 그런 견해에서 상당히 후퇴했다. 그는 이성이 역사와 문화로부터 독립적으로 작용하지 않고, 그 안에 항상 깊숙이 자리하고 있었다는 것을 현명하게 인정한다. 그에게 이성은 진리에 대한 자율적, 전권적, 그리고 궁극적 판단이 아니다. 신앙은 이성적인 표현에 대한 이해를 추구하지만, 그것은 또한 신비를 존중하고 신적 진리를 이해하는 능력의 한계를 안다.[73]

피녹에게 끼친 영향력들은 다양하고 많다. 프란시스 쉐퍼는 변증자로서,

진리를 사랑하는 자로서, 그리스도인의 삶의 모델로서 그에게 상당한 영향을 끼쳤다. 「성경 원리」는 도날드 블로쉬(Donald Bloesch), 가브리엘 패커(Gabriel Fackre), 그리고 에릭슨이라는 세 명의 신학자들에게 헌정되었다. 그들은 그에게 "진리를 위해 용감하고 표현에 있어 창조적인" 복음주의 학자들의 모델이었다.[74] 패커의 '이야기신학'에 대한 강조는 피녹에게 각별한 인상을 주었다. 하워드 마샬(I. H. Marshall)은 특별히 피녹이 알미니우스적 성경해석으로 선회하는 데 중요한 영향을 끼쳤다. 그는 칼 바르트와 볼프하르트 판넨베르크의 저서에 열광한다. 물론 이들에게 결점이 없는 것은 아니지만 그는 이들을 본질적으로 정통이라고 여긴다.[75] 그리고 피녹에게 데일 무디는 「진리의 말씀」(The Word of Truth)이라는 책을 통해 "비평적 사고와 보수적 확신을 결합시킨 이상적인 복음주의 신학자의 거장"으로 여겨졌다.[76] 고든 카우프만(Gordon Kaufman), 한스 큉(Hans Küng), 슈베르트 오그덴(Schubert Ogden), 랭돈 길키(Langdon Gilkey)와 같은 비복음주의적 학자들 또한, 자신의 저서에서 많이 인용된 것으로 보아, 피녹에게 영향을 끼쳤다. 그는 "견해를 달리 하는 사람들"의 주장을 알기 위해서 뿐 아니라, 그들로부터 배우기를 서슴지 않았다. 1982년에, 그는 "길키는 항상 최고이며 교훈적인 글을 쓰는, 여전히 내가 좋아하는 신앙적 자유주의자다"라고 썼다.[77]

### 신학적인 범주들

성경에 관해서, 피녹이 성경의 인간적 국면에 관심을 두고 있기 때문에 그는 갈채를 받아야 한다. 물론 자유주의자들이 이것을 지나치게 강조한 반면, 보수주의자들은 이 진리를 경시해서 그로 인해 정확한 성경해석에 방해가 되어 왔던 것이 사실이다. 피녹이 성경을 신성한 것으로 이해하는 것은 복음주의 학계 안에서 석의적 정확성을 교리와 삶에 대한 필요충분조건으로 간주하려는 경향에 대한 필수적인 개선책이다.

그러나 그는 성경 안에 있는 역사적 비진리를 지나치게 허용했다. 그가 "우스꽝스런 전설"(playful legend) 또는 필사상의 오류라고 결정내릴 만한 확실한 근거나 기준을 제시하지 못한 것은 심각한 약점이다. 만약 물고기 입 속의 동전, 바울이 멜리데 섬에서 독사의 독에 해를 입지 않은 것, 혹은 엘리사의 도끼 이야기들이 "역사적인 것 같지 않아" 보인다면, 우리는 어떻게 이것을 알 수 있는가? 그것들에 대해 전설 같은 "느낌"이 있다는 정도로만 말하는 것은 충분하지 않다. 이 "느낌"은 과연 무엇으로 구성되어 있는가? 피녹은 이야기 자체의 (혹은 병행 사건과 비교한) 자료들뿐 아니라, 전체 복음서 이야기에 대한 의문에 대해서 성경 본문의 특성이 역사적 정확성의 가능성이 높은지, 그렇지 않은지를 드러낼 것이라고 우선적으로 대답한다. 그러나 그런 기준들이 사용된다면, 그런 문제들 안에 있는 지배적 요소가 현대성과 진정으로 조화시키고자 한다는 인상을 피하기 위해서 그것들이 어떻게 계발되고 적용될 수 있겠는가?[78]

구원 교리에서, 선택, 예정, 인간의 죄성에 대해 그가 칼빈주의에서 알미니우스주의로 전환한 것은 복음주의 사상 안에서 바람직한 일이다. 그러나 서든 침례신학대학원의 데일 무디(Dale Moody)의 경우에서처럼,[79] 피녹이 영원보장 교리를 포기한 것은 그의 침례교 자격에 많은 의문을 제기할 것이다. 복음을 일차적으로 이야기로 간주하는 그의 새로운 강조는 흔히 명제적 진리에 몰두했던 복음주의 진영에게는 신선한 것이었다. 그가 그리스도 속죄에 대해 좀 더 폭넓은 견해를 보인 것은 환영받고 있지만, 이를 여전히 대속으로 간주한다는 점을 분명히 할 필요가 있다. 전통적 복음주의 진영에서 보인 주된 관심사는 복음을 듣지 못한 사람이 사후에 복음에 응답할 수 있는 "두 번째 기회"를 피녹이 지지하고 있는 점이다. 그런 입장을 주장하기 위해서는 좀 더 철저한 연구가 요구된다. 영혼멸절설에 관한 것과 마찬가지로, 이 입장에 관한 그의 견해들은 침례교를 포함해서 복음주의 신앙의 주류에서 분명히 반대하고 있다.[80]

피녹이 역사적 기독교로부터 가장 철저하게 떠난 부분은 바로 자신의 반

(半)과정신론(semi-process theism)이다. 그가 사회적 삼위일체(social trinity)를 받아드리고 하나님의 무감정과 무시간성에 대한 철학적 교리들을 거절하는 것이 성경 전체와 양립하는 것으로 해석될 수 있는 반면에, 변-불변적 하나님(immutable-mutable God)에 관한 그의 가르침은 좀 더 심화된 설명과 발전을 필요로 한다. 마지막 요점은 그의 전지와 전능에 관한 견해와 분리될 수 없다. 리처드 뮬러(Richard Muller)가 기록했듯이, 바로 여기서 피녹은 "정통과 전통적 유일신론을 훨씬 앞서 갔다."[81] 만일 하나님께서 내일 무슨 일이 일어날지 확실히 알지 못하고, 또 그가 예견하지 않은 예상하지 못한 일이 발생한다면, 어떻게 그런 사실이 민수기 31:14-29; 시편 139:4; 이사야 40-48장(예를 들면, 46:10-11; 48:3-15); 데살로니가후서 2장; 그리고 감람산 강화와 같은 성경구절과 조화를 이루겠는가? 분명히 이와 같은 성경구절들은 하나님의 입장에서 매우 가망성 있는 지식이 아니라, 미래에 관한 확실한 지식을 전달하려는 것이다. 대안적 입장이 지속될 수 있을 지는 좀 더 충분히 고려되어야 한다.[82]

영적 회복의 주제들과 이 땅에서 하나님 나라의 확장은 피녹의 전체 신학의 한 정점, 아마도 최고의 정점일 것이다.

교회 안에서 신학적이고 윤리적인 자유주의, 성령의 채우시고 베푸시는 사역, 교회의 모임들과 "예배"의 지루함, 그리고 하나님의 모든 명령들에 대한 철저한 순종과 같은 문제들과 관련해서, 강경하고 심지어는 감정적으로 대하는 것을 두려워하지 않는 총명한 지성인을 반복적으로 만나는 것은, 마치 사막에서 솟구쳐 오르는 샘을 발견한 것과 같다. 피녹의 「미로 찾기」는, 현재 존재하는 그대로 그리고 연구된 방법에서, 기독교 신학사상의 유형에 대한 뛰어난 연구서다. 그러나 그 자신의 제안에서, 그는 종종 교리나 이야기의 상호보완성을 강조하기보다는 서로를 거의 상반되게 설정하는 것으로 보인다. 또한 그는 자유주의자와 보수주의자 사이의 재회를 향한 의미심장한 움직임들에 대해 대체로 낙관적인 듯하다.

## 단점들과 장점들

주요 신학자들과 마찬가지로, 클락 피녹의 전반적 신학연구의 여정에는 장점과 약점이 공존한다. 몇몇 부적당한 점들이 지적될 수 있다는 것이다. 한 방향으로 너무 열정적으로 전환하려는 그의 경향은 과거에 그가 자신의 입장을 너무 자주 혹은 철저하게 바꾸는 것을 보면서, 그렇게 하지 않았다면 그의 생각을 따랐을 사람들을 다소 회의적으로 만들 수도 있었다.[83] 예를 들어, 신학과 윤리학을 연구하는 학도들이 구원에 관한 교리나 정치/경제 윤리를 발전시키는 문제에서 조언을 찾고 있을 때, 피녹을 필수적인 연구대상으로 삼는 일을 주저할 것이다. 공정히 말해서, 그는 최근 몇 년 동안 많은 논쟁점들에 대한 자신의 입장을 분명히 밝히지 않았다. 그런 모습은 앞으로 몇 년 동안에도 지속될 것이다. 그의 성향은 어떤 논쟁이 될 만한 견해에 대해 적절한 기초를 충분히 발전시키지 않고 너무 빨리 그 견해를 발표하는 것과 밀접히 연관되어 있다. 그가 성경 안의 역사적 오류들을 확인하는 방법을 제시하지 않은 채 그런 오류들을 인정하는 것이라든지, 선견적 예언들에 대해 만족할 만한 설명 없이 하나님의 예지를 포기하는 것은 적절한 사례다. 그가 아무 생각 없이 충동적으로 그런 입장으로 전환한 것은 아니다. 수 년 간에 걸친 그의 저술들, 특히 그의 서평들을 연구해보면 그런 전환이 신중히 고려되었다는 중요한 단서들을 종종 발견할 수 있다. 그러나 핵심적인 난제들이 해결되지 않은 채 어떤 새로운 입장, 특별히 논쟁을 일으킬 만한 입장을 발표하는 것은 도움이 되지 않는다.

다른 약점들은 그의 사상이 강한 실용주의적 특징과 연관되어 있는 점이다. 만일 보수주의의 견해들이 변증적으로 달갑지 않다면, 보수주의 신학의 결론들 안에 있는 많은 신비감을 허용할 수 없을 것처럼 보인다. 겉으로 보기에 하나님의 전지가 진정한 자유를 무너뜨린다는 이유로, 그것을 거절한 것이 그 실례다. 확실히, 보수주의자들은 딜레마들을 피하기 위해 너무 빈번하게 "신비"(mystery)에 의지해 왔지만, 피녹은 그 반대쪽으로 너무 많이 치우쳤다. 그래서 그에 의해서 고려되고 있는 어떤 교리에서 얻은 실제적 가치는 성경에서 그 교리에 관한 철저한 연구를 주도하거나 (혹은 적어도 상당한 영향을 끼치는) 것처럼 종종 보인다. 예를 들어, 후천년설로 전환하면서, 그는 자신의 견해를 확증하기 위해 성경을 연구하는 중임에도 그 견해를 실용적인 가설로 채택했다는 특이한 인상을 남긴다. 이는 완전히 잘못된 것만은 아니고, 많은 신학자들이 그들의 견해들을 발전시키는 방법이기도 하지만, 최선의 방법은 발표하기 전에 그 사상의 기초를 좀 더 다지는 것이다.

피녹의 신학은 많은 장점들을 가지고 있다. 교리와 삶에서 성경적이기를 바라는 그의 소망은 그의 저서들 전체에서 명백하게 드러난다. 그가 성경에 대한 하나님의 영감과 권위를 강경하게 주장하면서도 한편 성경의 인간적인 면을 강조한 것은 높이 평가할 만하다. 신학자들이 성경의 의미를 미리 결정하는 방식이 아니라, 성경이 독자를 향해 자연스럽게 열려있는 방식을 따르는 그의 (일관된) 접근은 매우 유용하다. 자신의 지식과 관련해서 그가 보여주고 있는 놀라운 겸손과 정직은 매우 신선한 것이지, 이기적인 것이 아니다.[84] 그가 어떤 증거를 재검토 한 뒤에 자신의 입장을 전환하려는 태도는 특별히 칭찬할 만하다. 게다가, "진리"가 어디로 인도하든지 그 누구를 혼란케 하든지 개의치 않고, 그가 진리에 대해 열정을 보인 것은 최고의 찬사를 받기에 합당하다. 이 점에 관해서, 앞을 내다보는 그의 자세와 모험심은 특별히 복음주의자들 사이에서도 독특하다. 그 자신이 표현하듯이, 그는 다른 사람들이 궁지에서 벗어나서, 우리가 지금 신학 안 어디에 서 있는 지와 그 동향이 어디로 진행할 것인지 뿐 아니라, 우리가 어떤 동향을 지향할 것인지 그리고 무엇을 말하고 행해야 할지를 표현하길 "목말라한다."[85] 대다수의 보수주의자들이 그런 위험을 감수하려하지 않기 때문에, 그는 그렇게 할 수밖에 없다고 생각한다.[86] 이것 역시 칭찬할 일이다. 아마도 가장 중요한 또 다른 장점은 실용적 진리, 곧 실제 세상에서 실제 사람들이 겪는 일상의 일들에 실제 적용되는 진리에 대한 그의 관심이나. 그는 상아탑 안에 갇혀 있는 신학자가 아니다.

### 영향력과 중요성

클락 피녹이 일반적으로 기독교에, 그리고 특히 침례교의 삶과 사상에 끼친 영향력을 어떻게 평가할 것인가? 이미 작고했거나 은퇴한 사람들을 평가하는 것보다 그의 중요성을 평가하는 것이 어렵지만, 우리는 그의 업적이 중대한 영향력을 끼쳐 왔고, 앞으로도 상당한 영향력을 행사할 것이라고 확실히 말할 수 있다. 최대의 영향력은 신학도들, 특히 그가 가르친 학생들과 그의 저서와 사역이 전해진 비복음주의 신학대학원의 학생들에게 미쳤다. 1970년대와 대부분의 1980년 동안 학생들에게 미친 주요한 영향력은 TSF의 출판물과 모임을 통해 전달되었다. 「TSF 회보」(TSF Bulletin)와 「TSF 소식과 평론」(TSF News and Review)을 통해, 학생들뿐 아니라 많은 신학자들과 목사들의 지평을 넓혀주었고, 또 그들의 지성에 중대한 도전을 던져주었다. 물론 그의 책들은 그의 견해들을 기독교계에 폭 넓게 확산시키는 주요 수단이었다. 불행하게도, (침례교와 그밖에) 많은 보수주의 대학들과 대학원들에서, 피녹은 복음주의 정통에서 크게 벗어난 학자로 연구되거나 대개 부정적으로 언급되고 있다.

그가 어디에서 살든지, 남침례교, 침례교 일반총회(Baptist General Conference), 현재 소속된 교단, 그리고 다른 몇몇 모임에서, 그는 언제나 침례교 회원으로 지냈다. 침례교에 대한 그의 영향력은 남침례교에서 최근 몇 년간 일고 있는 보수-온건 논쟁에 지속될 것이다. 보수주의자들은 이 장에서 지적된 이유들로 인해 점점 더 그를 회피할 것이지만, 온건주의자들은 정통 주류 내에서 적합성과 창의성의 모델로 더욱 더 그를 환영할 것이다.[87] 분명 그는 북미 침례교 사회 안에서 발견되는 중요한 다양성을 보여준다.

창의적인 신학자요 위험을 두려워하지 않는 인물로서, 20세기 말에 복음주의 신학에 끼친 그의 영향력은 정립된 복음주의 교리들을 옹호하기보다는 새로운 사상의 유형들을 만들어 낼 것이다. 그는 보수주의자들이 종종 질문하기조차 두려워하는 그런 질문들을 제기하고, 그 당시 자신에게 가장 만족스러운 해답을 제기한다. 어느 누구도 피녹의 미래를 예측할 수 없다. 하지만 우리는 피녹이 성경적 신앙의 중심에서 벗어났던 문제들로부터 좀 더 위대한 정통으로 되돌아오고, 또 신학적 권위의 네 축에 견고하게 근거하지 않은 소중한 보수적 신념들에 대해 더 심화된 질문을 던지는 놀라운 일들을 기대한다.

신학의 중대한 약점에도, 클락 피녹은 20세기 후반부의 주요한 복음주의 신학자다. 그는 성경과 신론에 관한 그의 입장에 분명한 변화를 주지 않는다면, 복음주의의 주요 학자로서 북미에서 칼 헨리(Carl Henry)의 후계자가 되지는 못할 것이다. 또한 자유주의자의 한 사람으로서 자유주의 진영에 받아들여지지도 않을 것이다. 그러나 그는 자신의 업적을 연구하는 모든 사람들을 지속적으로 자극하고 도전할 것이다. 그리고 그는 자신의 신학적 한계를 넘어 하나님의 사람들에게 주어진 선물인 살아있는 진리에 대한 열정을 볼 수 있는 그런 사람들에게 크게 보답할 것이다.

# 주(註)

1) 다음의 글에 실린 피녹(Pinnock)의 증언 참조. "I Was a Teenage Fundamentalist," *The Wittenburg Door,* December 1982-January 1983, 18. 또한 다음을 참조하라. Clark H. Pinnock. *Three Keys to Spiritual Renewal* (1985), 18. 이 글에서 출처를 밝히지 않은 실제 정보는 1989년 1월 피녹과 전화 통화를 통해 얻은 것이다.

2) "Pilgrimage in Political Theology" (1984), 107; Clark H. Pinnock., "From Augustine to Arminius" (1989), 17.

3) R. Price, "Clark H. Pinnock: Conservative and Contemporary," 158.

4) "Schaeffer on Modern Theology" (1986), 1973-93; *Three Keys to Spiritual Renewal*. 101, n. 3.

5) "A Response to Rex Koivisto" (1981), 154.

6) 린셀(Harold Lindsell)은 「새로운 개혁」(A New Reformation)에서 자신보다 한층 더 극단으로 치달은 "피녹은 마치 먹이를 사냥하는 호랑이처럼 보였다"고 썼다. (Lindsell, *The Bible in the Balance*, 36, 38-39).

7) "Pilgrimage in Political Theology," 106, 108.

8) *Three Keys to Spiritual Renewal.* 150-51, 54.

9) Gordon R. Lewis의 *Eternity*(January, 1972): 50쪽에 있는 *Biblical Revelation*에 대한 서평.

10) 피녹은 프라이스를 잘 아는 사람이다. 그는 프라이스의 드루(Drew) 대학교 박사 논문 심사에 관여했다. 그러나 그는 슐라이어마허와 자신을 비교하는 프라이스의 입장과는 견해를 달리한다.

11) Price, "Clark H. Pinnock," 173.

12) "Prospects for Systematic Theology," 96.

13) I. Howard Marshall, *Kept by the Power of God* (London: Epworth, 1969; now published by Bethany Fellowship, Minneapolis).

14) "From Augustine to Arminius," 17.

15) "A Pilgrimage in Political Theology," 103-20.

16) 다음을 참조하라. "Three Views of the Bible in Contemporary Theology"(1977), 45-73; and "Evangelicals and Inerrancy: The Current Debate" (1978), 65-69.

17) Lindsell, *The Bible in the Balance*, 36-43; Lindsell, *The Battle for the Bible* (Grand Rapids: Zondervan, 1976): 173-74, 201.

18) 다음을 참조하라. Rex A. Koivisto, "Clark Pinnock and Inerrancy: A Change in Truth Theory?"

19) Alan S. Orser, "An Interpretation of Dr. Clark H. Pinnock and His Contribution to the Baptist Convention of Ontario and Quebec, 1977-1985."

20) 일부는 다르씨 타플린(Darcy Taplin)이 제공한 다음의 글에서 도움 받았다. "Clark H. Pinnock: Growing Out of the Weaknesses of a Fundamentalist Past."

21) Price, "Clark H. Pinnock," 175.

22) *Biblical Revelation* (1971), 73-74. 피녹은 이제 인정한다. "내가 초기에 무오성에 대한 완고한 견해를 변호했던 진짜 이유는 그것[성경]이 사실이기는 필사적으로 원했기 때문이다. (Parameters of Biblical Inerrancy"[1987], 96.)

23) Lindsell, *The Bible in the Balance*, 38.

24) "A Response to Rex Koivisto," 154.

25) *The Scripture Principle* (1984), xiii, 62.

26) Ibid., 67. "Climbing Out of a Swamp; The Evangelical Struggle to Understand the Creation Texts" (1989)도 보라.

27) *The Scripture Principle,* 125.

28) *Tracking the Maze* (1990), 161, 175. 피녹은 로잔 언약에 명시된, 성경은 "그것이 가르치고자 하는 모든 것에서 무오"하다는 표현과, 성경 무오에 관한 다음과 같은 시카고성명 제8항의 표현을 좋아했다. 일부를 소개하면 다음과 같다: "우리는 그것이 사용이나 목적에 어긋나는 오류와 진리의 기준들을 따라 성경을 평가하는 데 적절한 것이라고 보지 않는다." ("What Is Biblical Inerrancy" [1987], 74; "Parameters of Biblical Inerrancy" [1987], 97. The Chicago Statement is in *Inerrancy*, ed. Norman L. Geisler [Grand Rapids: Zondervan, 1980], 493-97.)

29) "Clark Pinnock on Inerrancy: The Evolution of a Doctrine," 12에서 소개된 피녹과 슈미트(Diane De Smidt) 사이의 전화통화 내용 참조. 또 다음을 참조하라. Millard J. Erickson, *Christian Theology* (Grand Rapids: Baker, 1983), 223. 피녹이 해마다 갱신되는 복음주의 신학회( Evangelical Theological Society)의 성명서에 서명을 계속하고 있다는 것은 이러한 정의를 확실히 해준다. 즉, 이 성명서는 회원들에게 "오직 성경이, 그리고 완벽한 성경이 기록된 하나님의 말씀이며, 따라서 원본이 무오하다고 주장할 것을 요청한다."

30) The Scripture Principle, 156, 192. 또한 다음을 참조하라. "Reflections on *The Scripture Principle*"(1980), 10. 그러나 피녹은 본문과 독자 사이의 변증법적 만남을 추구하는 오늘날의 해석학 이론들에 호감을 보이지는 않는다. James H. Olthius et al., *A Hermeneutics of Ultimacy: Peril or Promise?* Lanham, MD: University Press of America, 1987 안에 있는 제임스 올티우스에 대한 부정적인 비판을 보라.

31) "Introduction," in *Grace Unlimited* (1975), 11.

32) "Responsible Freedom and the Flow of Biblical History" (1975), 95.

33) Robert Shank, *Elect in the Son* (Springfield, Mo.: Westcott, 1970).

34) "From Augustine to Arminius," 20-21.

35) Ibid., 15.

36) Ibid., 17.

37) Why Is Jesus the Only Way?" (1976), 13-15, 32-33.

38) "The Finality of Jesus Christ in a World of Religions" (1988), 154. 피녹은 하나님이 "그들이 사망 전이든 후든 예수 그리스도를 만날 것이라는 통찰과 부합하는 그러한 답을 언제나 알고 있다"는 것을 덧붙인다(p. 163). 또한 다음을 참조하라. "Revelation" in *New Dictionary of Theology* (1988), 586.

39) "Fire, Then Nothing" (1987), 40-41. 피녹에 대한 웰즈(David F. Wells)의 반박은 41-42쪽.

40) *Grace Unlimited;* "The Need for a Scriptural, and Therefore a Neo-Classical Theism" (1979), 37-42.

41) "God Limits His Knowledge" (1986), 143-62; "Between Classical and Process Theism" (1987), 311-27; "From Augustine to Arminius" (1989).

42) "The Need for a Scriptural, and Therefore a Neo-Classical Theism," 37.

43) "Between Classical and Process Theism," 317-20.

44) Ibid., 323.

45) "God Limits His Knowledge," 155.

46) "From Augustine to Arminius," 24.

47) "God Limits His Knowledge," 155; "Between Classical and Process Theism," 323.

48) From Augustine to Arminius," 25.

49) Ibid., 25.

50) "God Limits His Knowledge," 146, 157.

51) Ibid., 158.

52) Ibid., 146, 162.

53) Ibid., 152.

54) *Tracking the Maze,* 208-10.

55) 태플린(Darcy Taplin)이 기록한, 1980년 11월 11일자 피녹과 개인적 서신 참조. "Clark H. Pinnock: Growing Out of the Weaknesses of a Fundamentalist Past," 17.

56) *Set Forth Your Cases*에 대한 부정적 입장의 중요한 서평은 스틴(Peter J. Steen)이 썼다.

57) *Reason Enoughs*에 대한 서평은 월터스트로프(Nicholas Wolterstorff)의 것을 제외하고는 긍정적이다. 피녹은 "Response by Clark Pinnock" (1981)으로 월터스트로프에 답했다.

58) Lecture at New College, Berkeley, July 23, 1979. 다음을 참조하라. Price, "Clark H. Pinnock," 181.

59) *Three Keys to Spiritual Renewal*, 30-33.

60) *Tracking the Maze*, 153-54.

61) Ibid., 170-71.

62) Ibid., 182-83.

63) "Truce Proposal for the Tongues Controversy" (1971); "The New Pentecostalism: Reflections by a Well-Wisher" (1973); "Charismatic Renewal for the Radical Church" (1975).

64) *Three Keys to Spiritual Renewal*, 42-44. In this volume Pinnock actually gives a "word of prophecy" (p. 56). 또한 "Baptists and the Latter Rain: A Contemporary Challenge" (1988), 255-72에 있는 그의 날카로운 통찰을 참조하라.

65) *Three Keys to Spiritual Renewal,* 104, n. 2; 또한 "Baptists and the Latter Rain," n. 5. In 1983 그는 이렇게 썼다. "나는 이러한 전천년주의적 기대에 반대한다는 것이 아니라 이러한 입장을 취하면서 날짜를 계산하려는 바보짓에 반대한다는 것이다"("Having Ascension Eyes"[1983], 16).

66) "A Pilgrimage in Political Theology," 113; *Three Keys to Spiritual Renewal*,,77-78.

67) "Biblical Authority and the Issues in Question" (1986), 58. 건드리(Stanley N. Gundry)의 반응은 59-63쪽.

68) *Three Keys to Spiritual Renewal*, 76. 실제로, 피녹은 이제 로날드 사이더(Ronald Sider)와 여러 사람이 함께하고 있는, 복음주의 사회윤리학의 핵심저널, *Transformation*의 편집위원이다. 그는 그답게 확실한 반사회주의자 성명서인, "Villars Statement on Relief and Development"에 서명했다. 다음 책에 있는 성명서를 참조하라. *Freedom, Justice, and Hope*, ed. Marvin Olasky (1988), 141-48; 이 책에서 피녹이 기고한 글, "The Pursuit of Utopia," 65-83.

69) 가령 다음을 참조하라. "How I Use the Bible in Doing Theology" (1985), 18-34. 이 논문은 피녹의 성경연구방법론에 대한 탁월한 소개를 담고 있다.

70) "How I Use Tradition in Doing Theology" (1982), 2-5.

71) "Responsible Freedom and the Flow of Biblical History," 95.

72) "The Finality of Jesus Christ in a World Religions," 166.

73) *Tracking the Maze*, 178-79.

74) *The Scripture Principle*, iv.

75) Price, "Clark H. Pinnock," 172. 다음을 참조하라. Pinnock, "Assessing Barth for Apologetics" (1986), 162-65; "Pannenberg's Theology: Reasonable Happenings in History" (1976); "No Nonsense Theology: Pinnock Reviews Pannenberg" (1976).

76) Review of *Message and Existence: An Introduction to Christian Theology* by Langdon Gilkey (1982), 21. 피녹은 Dale Moody의 *The Word of Truth* (Grand Rapids: Eerdmans, 1981)을 *TSFB* (September-October 1981): 22에 서평했다.

77) Review of Gilkey, *Message and Existence* (1982), 21.

78) *The Scripture Principles*에 대한 중요한 서평으로는 케빈 반후저(Kevin Vanhoozer)의 것이 있다. 피녹이 성경을 이해하는 데 역사비평에 관한 사용을 다룬 도움이 될 만한 논문으로는 루터교도인 글렌 닐슨(Glenn Nielsen)의 것이 있다.

79) 이 책의 무디(Dale Moody)에 관한 장을 참고하라.

80) 그러나, 존 스토트(John Stott)가 영혼멸절설을 변호하고 인정하는 것으로 알려지자, 많은 복음주의자들은 이 교리의 두 번째 입장을 채택해 가고 있다. 다음을 참조하라. David L. Edwards with John Stott, *Evangelical Essentials* (Downers Grove: Inter-Varsity, 1988), 312-20.

81) R. Muller, "God Only Wise," 32. 피녹은 주류 복음주의자들 가운데 전지성(omniscience)에 대한 자신의 입장이 남다른 것임을 인정한다. 제7안식일 교인인 리처드 라이스(Richard Rice)는 다음의 글에서 같은 견해를 피력한다. *God's Foreknowledge and Man's Free Will* (Minneapolis: Bethany, 1985).

82) 다음의 최근 저작들은 하나님의 예지는 필연성을 수반하는 것이나 인간의 자유를 훼손하는 것이 아니라고 주장하고 있다. Stephen T. Davis, *Logic and the Nature of God* (Grand Rapids: Eerdmans, 1983); Jonathan L. Kvanvig, *The Possibility of an All-Knowing God* (New York: St. Martin's, 1986); Bruce Reichenbach, "God Limits His Power," in *Predestination and Free Will,* eds. D. Basinger and R. Basinger(Downers Grove: InterVarsity, 1986); Alvin Plantinga, "On Ockham's Way Out," in *The Concept of God*, ed. Thomas V. Morris (Oxford University Press, 1987); William Lane Craig, *The Only Wise God: The Compatibility of Divine Foreknowledge and Human Freedom* (Grand Rapids: Baker, 1987). 피녹은 이 자료들이 제시한 주장들을 의식하고 있고, 열린 마음으로 그것들을 고려하고 있다.

83) 이 점과 관련해서, 피녹은 다음과 같이 쓰고 있다. "그것[프라이스(Price)의 논문]은 확실히 내 사상을 변화시킬 만큼 내 사상의 경향을 잘 보여준다. 비록 이것이 역동적인 삶의 일부분이라 할지라도, 나는 지나치게 내가 일관되지 못했다는 점을 유감스러워하고 있다. 나는 자신이 얼마나 많은 변화들을 겪었고 또 여전히 겪고 있는가를 생각할 때 언제나 스스로를 못 마땅히 여기고 있다. 나는 내가 조금 더 안정적이었다면 좋았을 것이라고 생각한다. 나와 같은 후기근본주의자(postfundamentalist)는 실제로 전혀 전통을 존중하지 않고 어떤 것을 창조하고 발견하기만 했다는 주장의 일부는 사실일 수도 있다. 어떻게 우리는 좋은 의미에서 충분한 칼빈주의자 혹은 웨슬리주의자 아니면 그밖에 무슨 주의자가 될 수 있겠는가. 대체로 내가 그 변화들에 대해 생각하고 있는 바처럼, 성령론, 결정론, 성경영감론, 정치신학 분야 등에서 다양한 변화를 경험했지만, 나는 그 과정이 그 나름대로 괜찮았다고 생각한다. 나는

많은 것을 배웠고, 어떤 이들은 심지어 내가 그들에게 도움을 주었다고 얘기한다." (Letter to Diane DeSmidt, Bethel Theological Seminary, November 11, 1988.)

84) (가령, "A Response to Rex Koivisto," 153; 그리고 "A Pilgrimage in Political Theology," 118-19.) 그러나 피녹은 그 작업에 세련되지 못한 사람일 수도 있고, 다른 이들에게 - 그 자신이 그들에 대해 인식하고 있는 바대로 - 동기부여를 할 수도 있다. 피녹의 다음 서평을 참조하라. John Jefferson Davis, The *Necessity of Systematic Theology* in *TSFB* (September-October 1981), 22; Millard J. Erickson, *Christian Theology* in *TSFB* (January-February 1986), 29-30; and Gordon H. Clark, *Clark Speaks from the Grave in TSFB* (May-June 1987), 37, 40.

85) Review of *A Century of Protestant Theology* by A. Heron (1982), 20.

86) 두말할 필요도 없이 이러한 위험을 감수한 것은 리처드 모우(Richard Mouw)의 다음과 같은 주장을 감안하면 이례적인 일이다. "복음주의 진영은 그러한 신학자들을 매우 부정적으로 취급하는 경향이 있다. 신학자들은 다른 학문을 연구하는 동료학자들보다 더 주의 깊은 처신을 요구받는 것이다."("The Call to Holy Worldliness, *Reformed Journal* [January 1989], 8.)

87) 다음의 책은 두 입장에 대한 남침례교의 전형적인 사례들을 제시하고 있다. *The Proceedings of the Conference on Biblical Inerrancy,* 1987. For these see replies to Pinnock by W. Hull, J. Lewis, P. Patterson, and A. Rogers.

# 참고자료

## 1차 자료

*A Defense of Biblical Infallibility*. Philadelphia: Presbyterian and Reformed, 1967.

*Set Forth Your Case*. Nutley: Craig, 1967; reprint, Chicago: Moody, 1971.

*A New Reformation: A Challenge to Southern Baptists*. Tigervile, SC: Jewel, 1968.

*Evangelism and Truth*. Tigerville, SC: Jewel, 1969.

*Biblical Revelation: The Foundation of Christian Theology*. Chicago: Moody,1971.

*Toward a Theology of the Future* (edited with David F. Wells). Carol Stream, IL: creation House, 1971.

*Live Now, Brother*. Chicago: Moody, 1972; reprint, Are *There Any Answers?* Minneapolis: Bethany, 1976.

*Truth on Fire: The Message of Galatians*. Grand Rapids: Baker, 1972.

*Grace Unlimited* (edited). Minneapolis: Bethany, 1975.

*Reason Enough: A Case for the Christian Faith*. Downers Grove: InterVarsity, 1980; reprint, A Case for Faith, Minneapolis: Bethany.

*The Scripture Principle*. San Francisco: Harper & Row, 1984.

*Three Keys to Spiritual Renewal*. Minneapolis: Bethany, 1985. (In Canada: The Untapped Power of Sheer Christianity. Burlington, ON: Welch, 1985.)

*The Grace of God, The Will of Man: A Case for Arminianism* (edited). Grand Rapids: Zondervan, 1985.

*Tracking the Maze: An Evangelical Perspective on Modern Theology*. San Francisco: Harper & Row, 1990)

## 정기간행물


"The Structure of Pauline Eschatology," *The Evangelical Quarterly* 37 (January - March 1965) 9-20

"On the Third Day." In *Jesus of Nazareth: Savior and Lord, ed.* Carl F. H. Henry,145-55. Grand Rapids: Eerdmans, 1966.

"The Inspiration of the New Testament." In *The Bible: The Living Word of Revelation,* ed. Merrill C. Tenney, 143-64. Grand Gapids: Zondervan, 1968.

"Cultural Apologetics: An Evangelical Standpoint," *Bibliotheca Sacra* 127 (January - March 1970): 58-59.

"The Harrowing of Heaven," *Christianity Today*, June 19, 1970, 7-8.

"Theology and Myth," *Bibliotheca Sacra* 128 (July - September 1971): 215-26.

"Truce Proposal for the Tongues Controversy." *Christianity Today*, October 8, 1971, 6-9.

"Prospects for Systematic Theology," In *Toward a Theology of the Future,* ed. David Wells and Clark Pinnock, 93-124. Carol Stream, IL: Creation House, 1971.

"The Living God and Secular Experience," *Bibliotheca Sacra* 129 (October- December 1972): 326-20.

"The New Pentecostalism: Reflections by a Wisher," *Christianity Today,* September 14, 1973, 6-10.

"The Problem of God," *Journal of the Evangelical Theological Society* 16 (Winter 1973): 11-16.

"The Moral Argument for Christian Theism," *Bibliotheca Sacra* 131 (April - June 1974): 114-19.

"Baptists and Biblical Authority," *JETS* 17 (Fall 1974): 193- 205.

"Faith and Reason," *Bibliotheca Sacra* 131 (October -December 1974): 303-10.

"Limited Inerrancy: A Critical Appraisal and Constructive Alternative." In *God's*

*Inerrant Word*, ed. John Warwick Montgomery, 143-58. Minneapolis: Bethany, 1974.

"The Inspiration of Scripture and the Authority of Jesus Christ." In G*od's Inerrant Word,* ed. John Warwick Montgomery, 201-18. Minneapolis: Bethany, 1974.

"Charismatic Renewal for the Radical Church," *Post American* (February 1975):16-21.

"Responsible Freedom and the Flow of Biblical History." In *Grace Unlimited,* ed. Clark H. Pinnock, 95-109. Minneapolis: Bethany, 1975.

"Liberation Theology: The Gains, The Gaps." *Christianity Today,* January 16, 1976, 13-15.

"Inspiration and Authority: A Truce Proposal." *The Other Side* (May - June 1976): 61-65.

"Pannenberg's Theology: Resonable Happenings in History," *Christianity Today*, (November 5, 1976):19-22.

"No-Nonsense Theology: Pinnock Reviews Pannenberg" (second of two parts). *Christianity Today,* (November 19, 1976): 14-16.

"Why Is Jesus the Only Way?" *Eternity* (December 1976): 13-15, 32, 34.

"The Inerrancy Debate among the Evangelicals," *Canadian Baptist* (June 1977):4-5, 11.

"Schaefferism as a World View," *Sojourners* (Jul]y 1977)32-35.

"Three Views of the Bible in Contemporary Theology," In *Biblical Authority,* ed. Jack Rogers, 45-73. Waco: Word, 1977.

"Evangelicals and Inerrancy: The Current Debate," *Theology Today* 35 (April 1978): 65-69.

"Joyful Partisan of the Kingdom." *Sojourners* (December 1978):26.

"A call for Triangular Christianity." Address given at the annual Pastor's Conference of the Baptist Convention of Ontario and Quebec, 1979).

"An Evangelical Theology: Conservative and Contemporary." *Christianity Today,* January 5, 1979, 23-29.

"The Need for a Scriptural, and Therefore a Neo-Classical Theism." In *Perspectives on Evangelical Theology,* ed. Kenneth S. Kantzer and Stanley Gundry, 37-42. Grand Rapids: Baker, 1979.

"A Call for the Liberation of North Americans." In *Evangelicals and Liberation*, ed. Carl E. Armerding. Phillipsburg: Presbyterian and Reformed, 1979.

"The Study of Theology: A Guide for Evangelicals," *TSF News and Reviews* (March 1980): 1-4.

"The Inspiration and Interpretation of the Bible," *TSF Bulletin* (October 1980): 4-6.

"A Pilgrimage in Political Theology: A Personal Witness." In *Liberation Theology,* ed. Ronald Nash, 103-20. Milford, MI: Mott Media, 1984. Reprinted in *Is Capitalism Christian?*, ed. Franky Schaeffer, 311-25. Westchester, IL: Crossway, 1984.

"A Response to Rex Koivisto," *Journal of the Evangelical Theological Society* 24 (June 1981): 153-55.

Review of The Necessity of Systematic Theology, by John Jefferson Davis. *TSFB* (September-October 1981): 22.

Review of Message and Existence: An Introduction to Christian Theology, by Langdon Gilkey. *TSFB* (January-February 1982): 20-21.

"Liberals Knock the Center Out of Theological Education," *Christianity Today,* February 5, 1982 32-33.

Review of A Center of Protestant Theology, by Alasdair I.C. Heron. *TSFB* (May-June 1982): 19-20.

"How I Use Tradition in Doing Theology," *TSF Bulletin* (September-October 1982): 2-5.

"Building the Bridge From Academic Theology to Christian Mission," *Themelios* (April 1984): 3-6.

"A Political Pilgrimage." *Eternity* (October 1984): 26-29.

"How I Use the Bible in Doing Theology." In *The Use of the Bible in Theology: Evangelical Options,* ed. Robert K. Johnston, 18-34. Atlanta: John Knox, 1985.

"Erickson's Three-Volume Magnum Opus." Review of Christian Theology, 3 vols., by Millard J. Erickson. *TSFB* (January-February 1986): 29-30.

"Catholic, Protestant, and Anabaptist: Principles of Biblical Interpretation in Selected Communities." *Brethren in Christ* (December 1986): 264-75.

"Assessing Barth for Apologetics." In *How Karl Barth Changed My Mind*, ed. Donald K. McKim, 162-65. Grand Rapids: Eerdmans, 1986.

"Biblical Authority and the Issues in Question." In *Women, Authority, and The Bible,* ed. Alvera Mickelsen, 51-58. Downers Grove: InterVarsity, 1986.

"God Lunits His Knowledge." In *Predestination and Free Will,* ed. David Basinger and Randall Basinger, 141-62. Downers Grove: InterVarsity, 1986. Pinnock의 응답 PP. 57-60, 95-98, 137-40.

"Schaeffer on Modern Theology." In *Reflections on Francis Schaeffer,* ed. Ronald W. Ruegsegger, 173-93. Grand Rapids: Zondervan, 1986.

"Who Are the Evangelicals in Canada?" *Ecumenism* (March 1987): 4-5.

"Fire, Then Notheing." CT (March 20, 1987): 40-41.

Review of Clark Speaks from the Grave, by Gordon H. Clark. *TSFB* (May-June 1987): 37, 40.

"Parameters of Biblical Inerrancy." In *The Proceedings of the Conference on Biblical Inerrancy*, 95-100. Nashville: Broadman, 1987.

"What Is Biblical Inerrancy?" In *The Proceedings of The Conference on Biblical Inerrancy*, 73-80. Nashville: Broadman, 1987.

Response to James H. Olthuis in *A Hermeneutics of Ultimacy: Peril or Promise,* ed. Olthuis, et al. Lanham, MD: University Press of America, 1987.

"Between Classical and Process Theism." In *Process Theology*, ed. Ronald Nash, 309-27. Grand Rapids: Baker, 1987.

"Baptists and the Latter Rain: A Contemporary Challenge." In *Costly Vision: The Baptist Pilgrimage in Canada*, ed. Jarold K. Zeman, 255-72. Burlington, ON: Welch, 1988.

"The Finality of Jesus Christ in a World of Religions." In *Christian Faith and Practice in the Modern World,* ed. Mark A. Noll and David F. Wells, 152-68. Grand Rapids: Eerdmans, 1988.

"The Pursuit of Utopia." In *Freedom, Justice, and Hope: Toward a Strategy for the Poor and the Oppressed,* ed. Marvin Olasky, 65-83. Westchester, IL: Crossway, 1988.

"Climbing Out of a Swamp: The Evangelical Struggle to Understand the Creation Texts." *Interpretation* 43 (April 1989): 143-55.

"From Augustine to Arminius: A Pilgrimage in Theology." In *The Grace of God, the Will of Man: A Case for Arminianism*, ed. Clark H. Pinnock, 15-30. Grand Rapids: Zondervan, 1989.

2차 자료

DeSmidt, Diane. "Clark Pinnock on Inerrancy: The Evolution of a Doctrine." Bethel Theological Seminary, Fall, 1988 (unpublished paper for Systematic Theology course).

Fuller, Daniel. "Daniel Fuller and Clark Pinnock: On Revelation and Biblical Authority." In *Christian Scholars Review* 2 (1973): 305-35. Reprinted in *JETS* (Spring 1973): 67-72.

Gilkey, Langdon. Response to "Langdon Gilkey: A Guide to His Theology." In *TSFNR* (April 1978): 7-8.

Gundry, Stanley N. "Response to Pinnock, Nicole and Johnston." In *Woman, Authority and The Bible,* ed. Alvera Mickelsen, 59-64. (Downers Grove: InterVarsity, 1986).

Koivisto, Rex A. "Clark Pinnock and Inerrancy: A Change in Truth Theory?" *JETS*

24 (June 1981): 138-51.

Lindsell, Harold. *The Bible in the Balance*. Grand Rapids: Zondervan, 1979.

Muller, Riichard. Review of Predestination and Free Will: Four Views of Divine Sovereignty and Human Freedom, ed. David Basinger and Randall Basinger. *The Reformed Journal* (May 1987): 31-34.

Nielsen, Glenn. "Clark Pinnock." The Southern Baptist Theological Seminary, Winter, 1982 (unpublished research paper for Trends in Modern Theology: Historical Criticism course).

Orser, Alan S. "An Interpretation of Dr. Clark H. Pinnock and His Contribution to the Baptist Convention of Ontario Quebec, 1977-1985." Acadia Divinity College, November 12, 1985 (unpublished paper for Professor J.K. Zeman).

Price, Robert M. "Clark H. Pinnock: Conservative and Contemporary." In *The Evangelical Quarterly* 60 (April 1988): 157-83.

Reichenbach, Bruce. Response to "God Limits His Knowledge." In *Predestination and Free Will,* ed. David Basinger and Randall Basinger, 175-77. Downers Grove: InterVarsity, 1986.

Steen, Peter J. Review of Set Forth Your Case. In *WTJ* 31 (November 1968-May 1969): 101-9.

Taplin, Darcy. "Clark H. Pinnock: Growing Out of the Weaknesses of a Fundamentalist Past." The Southern Baptist Theological Seminary, December 3, 1980 (unpublished paper for Baptist Theologians in Historical Perspective course).

Wells, David F. "The Role of Tradition for Pinnock and Dulles: A Response." *TSFB* (May-June 1983): 5-6.

Wolterstorff, Nicholas. "Is Reason Enough? A Review Essay [of Reason Enough]." In *The Reformed Journal* (April 1981): 20-24.

# 침례교신학과 신학자들

데이비드 도커리(David S. Dockery)

## 생 애

처음부터 침례교는 복합적인 역사와 여러 가지 신학적 전통을 가진 다양한 그룹들로 이루어져왔다. 이 책에서는 침례교의 다양한 국면들과 각기 다른 관점을 가지고 활동했던 신학자들로부터 대표적인 특성을 찾아보고자 하는 것이었다. 그러나 앞서 다루었던 각 장들에서는 아직도 많은 영향력 있는 신학자들이 언급되지 않았다. 이 마지막 장의 목적은 간단하게나마 침례교신학의 역사에 나타난 수많은 또 다른 중요한 인물들을 개관해 보는 것이다. 분명하게도, 「침례교신학자들」에 포함된 일부 주제들은 매우 탁월한 선택이다. 한편, 이 책의 편집자들을 포함하여, 침례교의 특성을 만들어낸, 우리가 관심을 가질 만한 또 다른 훌륭한 신학자들과 사람들이 있어왔고 현재도 그런 사람들이 있다. 역사적 관점으로부터, 우리는 이러한 침례교 생활과 사상의 중요한 형성자들을 알아 볼 것이다.

### 침례교신학의 시작

침례교회들이 공유하고 있는 침례교신학은 두 가지 공통된 영국의 근원에서 찾아 볼 수 있다. 영국 분리주의에서 생겨난 일반 침례교인들은 1608-

1609년 경에 네덜란드에 피난처를 얻었다. 이들 가운데 존 로빈슨(John Robinson)이 이끈 한 무리는 1620년 매사추세츠 플리머스로 이주한 "순례자 교회"(Pilgrim Church)로 널리 알려졌다. 존 스마이스(John Smyth, 1612년 사망)의 지도로 다른 무리는 암스테르담으로 망명을 했다. 그들은 유아세례를 거부하고 관수례에 의한 신자들의 침례를 새롭게 시작했다. 스마이스는 성경을 계속해서 연구하는 가운데 교회정체, 예배, 그리고 침례에 관해 새로운 입장을 제시했다. 이런 문제들에 대해서는 그의 주요 저서인 「가시적 교회에 관한 원리와 추론」(Principles and Inferences Concerning the Visible Church, 1607)과 「짐승의 특성」(The Character of the Beast, 1609)에 제시되어 있다.[1] 일반 침례교의 신학은 구원론에서 보편 또는 일반 속죄를 강조하는 본질적으로 알미니우스주의였다. 그래서 일반 침례교회(General Baptists)라고 불렸다. 스마이스가 이끄는 회중에는 토마스 헬위스(Thomas Helwys, 1570-1615)라는 독자적인 사상가가 있었다. 그는 스마이스로부터 침례를 받은 사람이었다. 스마이스의 추종자 가운데 일부는 메노나이트 공동체와 관계를 맺으려고 시도했다. 그러나 헬위스와 다른 지도자들은 이를 반대했다. 헬위스는 곧 일부 사람들과 영국으로 돌아가 1612년 런던 근교 스피탈필드(Spitalfield)에서 영국 땅 최초의 침례교 회중을 조직했다. 그는 그의 책 「불법의 신비」(The Mistery of Iniquity, 1612)에서 종교의 자유를 열렬히 변호했다.[2]

일반 침례교외에, 칼빈주의 흐름에 영향을 받은 특수 침례교회(Particular Baptists)가 있었다. 특수 침례교회는 제한속죄적인 이해를 따랐으며 헨리 제이콥(Henry Jacob)의 독립교회에서 기인했다. 1638년, 존 스필스베리의 지도를 따르는 몇몇 회중이 최초의 특수 침례교회를 세웠다. 그 후 몇 십 년간 이 교회는 급격하게 성장했다.[3] 그들은 제1차 런던신앙고백(the First London Confession, 1644)에서 조심스럽게 칼빈주의적 신앙고백을 분명히 했다. 그 신앙고백의 두드러진 특징은 일회의 침수례에 의한 침례를 주장한 점이다. 곧 이어 일반 침

례교회도 침수례를 채택했다.[4]

스밀스베리가 런던에서 교회를 세운지 1년 뒤 1639년, 미국에서는 로저 윌리엄스(Roger Williams, 1603-84)에 의해 로드아일랜드(Rhode Island)의 프로비던스(Providence)에 첫 침례교 회중이 시작되었다. 실제로 윌리엄스는 짧은 기간만 침례교인으로 머물렀다. 그러나 아이삭 백커스(Issac Backus)의 초기 침례교 역사에 나타난 윌리엄스에 대한 평가에 의하면, 종교의 자유에 관한 경연장에서 침례교인이자 개척자로서 윌리엄스의 영향은 매우 커 보인다. 윌리엄스는 적어도 잠시 동안, 성경과 침례에 관해 침례교의 입장을 지지했고, 그의 역작인 「박해에 관한 피 묻은 교리」(The Bloody Tenet of Persecution, 1644)에서 종교의 자유에 관한 침례교의 입장을 위한 단서를 제공했다.[5] 1641년과 1646년 사이에, 좀 더 안정적인 침례교 공동체가 존 클락(John Clarke, 1609-76)에 의해 로드아일랜드의 뉴포트(Newport)에 세워졌다. 그의 책 「뉴잉글랜드에서 온 나쁜 소식」(Ill News from New England)은 로드아일랜드 헌장(Charter of Rhode Island, 1663)에 나타난 침례교 입장의 진술을 입증해 주었다. 이 헌장은 다음 세기 동안 식민지에서 비슷한 해석을 가능하게 해 주었다.

영국의 상황을 보면, 크롬웰 정권 후에, 새로운 신앙고백이 채택되었다. 웨스트민스터 신앙고백(Westminster Confession of Faith)의 변형인 제2차 런던신앙고백(The Second London Confession, 1677)은 주의 만찬, 침례 그리고 교회정체에 관한 침례교의 입장과 더불어 일관된 칼빈주의적 견해를 제시했다. 이 신앙고백은 침례교신학을 형성하는 데 가장 영향력을 끼친 문서 가운데 하나가 되었다. 필라델피아와 찰스턴지방회(association)에 미친 충격은 이 신앙고백의 중요성을 짐작케 한다. 다른 침례교지방회에서는 정통신조(Orthodox Creed, 1678)가 일반 침례교인들 사이에서 알미니우스주의와 칼빈주의 입장을 중재했다.[6]

## 18세기 침례교신학

다음 세기에는 두 가지 부정적인 발전을 보게 된다. 일반 침례교회는 메마른 소시니우스주의(Socianianism)로 인해 고통을 당했고, 특수 침례교회는 이성적인 고등 칼빈주의(hyper-Calvinism)로 흐르는 경향을 보였다.[7] 영국 일반 침례교신학의 부흥에서 견인차역할을 한 지도자는 요크셔지방의 댄 테일러(Dan Taylor, 1738-1816)였다. 젊은 날에 테일러는 웨슬리운동에 참여했다. 후에 그는 웨슬리식의 신앙훈련을 거부하고 할리팩스(Halifax)의 일반 침례교회들 중에서 안식처를 발견했다. 1770년, 미드랜즈(Midlands)에서 마음에 맞는 일반 침례교회들의 특별모임을 소집했고, 일반 침례교회들의 새로운 연합(New Connection)을 위한 기초를 닦았다. 테일러신학의 핵심은 복음전도적인 열정이 어우러진 숭고한 기독론, 신자의 침례, 알미니우스적 구원론에 있었다. 이와 관련하여 그는 40권이 넘는  책과 소책자를 집필했다. 그의 저작들 가운데 가장 중요한 것은 신앙과 실천 속의 종교의 기본들」(Fundamentals of Religion in Faith and Practice, 1775)과 「성경의 진리와 영감」(The Truth and Inspiration of the Scriptures, 1790)이다. 침례교 역사 가운데 일반 침례교회와 특수 침례교회 양쪽 모두 영적, 신학적 쇠퇴를 직면하게 되었을 한 시점에, 테일러는 지도력을 발휘하여 부흥을 가져왔고, 1813년 침례교연합(Baptist Union)의 설립을 가능하게 만들었다.[8]

미국 내 대부흥은 남북전쟁 어간에 일어났다. 대부분의 성장은 대각성운동의 부산물이었다. 초기 침례교신학의 체계는 주로 필라델피아 신앙고백(Philadelphia Confession, 1742)에서 볼 수 있듯이 주로 칼빈주의적 성향을 띠었다. 세기가 바뀌면서 뉴햄프셔 신앙고백(New Hampshire Confession, 1833)에서 보듯이, 온건한 경향으로 발전하게 되었다.

18세기 말과 19세기 초에 걸쳐 다양한 침례교 분파에서 중요한 공로자들이 출현했다. 이들 가운데 유명한 사람으로는 조지 레일(Geroge Leile, 1750-1800), 토마스 볼드윈(Thomad Balwin, 1753-1825) 그리고 윌리엄 캐리(William

Carey, 1761-1834)가 있었다. 버지니아 노예의 아들이었던 레일은 1773년 침례를 받았다. 그의 주인은 레일이 재능과 은사를 활용할 수 있도록 자유를 주었다. 레일은 사바나(Savannah) 강 근처에서 신자들을 모아 미국 최초의 흑인 침례교회를 시작했다. 그는 자마이카에서 사역한 최초의 흑인 선교사가 되었는데, 이는 윌리엄 캐리보다 10여년이 앞선 것이었다. 전하는 바에 따르면, 그는 1791년에 500여명의 회심자들에게 침례를 주었다고 한다. 그의 사역은 노예해방을 상당히 앞선 것이었다.[9]

당시 뉴잉글랜드 침례교인들 사이에서 주도적으로 선도역할을 했던 인물 가운데 하나였던 토마스 볼드윈은 보스턴에서 목사로 일했으며, 「메사추세츠 침례교선교매거진」(Massachusetts Baptist Missionary Magazine, 1803-24)의 편집자로 일했다. 그의 신학적 그리고 변증적 저작들은 침례교의 신학을 상당히 발전시켰다. 그는 다음과 같이 매우 중요한 저작들을 남겼다.: 「개방만찬 연구」(Open Communion Examined, 1789), 「교회에 맞겨진 침례」(Christian Baptism, as Delivered to the Church, 1812), 「기독교교리와 행습에 관한 교리문답 또는 요약」(Catechism or Compendium of Christian Doctrine and Practice, 1816)[10]

윌리엄 캐리는 이 당시 선교운동의 발전을 주도했다. 앤드류 풀러(Andrew Fuller)의 신학에 기초한 이 운동은 속죄설에 대한 독특한 주장을 포함하는 칼빈주의 신학을 지지했다. 이는 모든 사람이 복음에 응답할 것을 촉구하는 일반적 초대(universal invitation)도 포함하는 것이었다. 이러한 결합은 새로운 침례교 선교신학과 세계선교운동의 발전을 가져왔다. 그 선교운동은 루터 라이스(Luther Rice, 1783-1836)와 아도니람 저드슨(Adoniram Judson, 1788-1850)에 의해 지속되었다. 위대한 이상가요 행정가였던 라이스는 인디아에서 저드슨과 함께 사역했고 후에 위대한 침례교 정치가가 되었다.[11] 19세기에 접어들면서 침례교신학의 부흥과 형성에 중요한 성과들이 있게 되었다.

### 19세기 침례교신학

19세기에는 중요한 저작들이 상당수 저술되었고 그 결과 침례신학이 성숙하고 발전하게 되었다. 존 리랜드(John Leland, 1745-1841)는 침수침례에 대해서 역사적으로 그리고 성경적으로 열렬히 변호했다. 그는 설교의 끝맺음을 침례에 대한 초청으로 맺곤 했다. 그러나 리랜드의 대부분 관심과 공헌은 신앙의 자유에 관한 것이었다.[12] 이에 대한 것은 L. F. 그린(L. F. Greene)이 편집한 「존 리랜드 전집」(The Writings of John Leland, 1845)의 상당부분을 차지하고 있다.

19세기 전반기에 빛나는 두 사람은 제시 멀서(Jesse Mercer, 1769-1841)와 존슨(W. B Johnson, 1782-1862)이다. 목사이자 교육가 그리고 행정가로 성공했던 멀서는 침례교 교육기관의 설립과 하나님이 주도하시는 부흥을 일으키는 기도라는 두 가지에 집중했다. 그러나 그가 대표적으로 공헌한 책은 「조지아 침례교협회의 역사」(History of the Georgia Baptist Association, 1838)였다. 멀서와 마찬가지로 칼빈주의자였던 존슨은 남부에서 침례교 사상을 상당히 발전시켰다. 그의 확고한 사상적 유산은 그의 교회론에 관한 저서인 「그리스도의 교회의 사역자, 법, 책임 그리고 정체에 관하여」(A Church of Christ with Her Officers, Laws, Duties, and Form of Government, 1844)에서 찾아 볼 수 있다.

프란시스 웨이랜드(Fransis Wayland, 1796-1856)는 당대 최고의 지성으로 손꼽힌다. 그는 또한 보스턴과 프로비던스에서 목사로, 앤도버신학대학원(Andover Seminary), 유니온 대학(Union College)과 브라운대학교(Brown University)에서 신학을 가르쳤다. 존슨과 마찬가지로, 그의 주된 공헌은 교회론 영역이다. 「침례교 원리와 행습에 대한 주해」(Notes on the Principles and Practices of Baptist Churches, 1856)에는 주체적인 회중에 대한 변호가 주로 기록되어 있다.

19세기 중반에는 남부에서 지계석주의 신학이 논쟁적인 제임스 로빈슨 그레이브스(James Robbins Graves, 1820-93)에 의해 촉발되었다. 「테네시 뱁티스트」(Tennessee Baptist)의 편집자로서, 그는 자신의 독특한 신학적 입장을 발전시키는 데 언론의 힘을 전략적으로 활용했다. 그의 저작 가운데 상당수는 전임 편집자였던 호웰(R.B.C Howell, 1801-68)의 강한 반대에 직면했다.[10] 그레이브스는 신자의 침례(Believer' s Baptism)라고 하는 확고한 전통에 근거해서 지역 교회의 자치권과 교회의 순결을 변호했다. 그는 자신의 신학을 「구 지계석주의, 그것이 무엇인가?」(Old Landmarkism: What Is It?, 1880)에서 분명히 했다. 그레이브스는 또한 「구속언약 속에서 그리스도의 사역」(The Work of Christ in the Covenant of Redemption: Developed in Seven Dispensations, 1883)을 통해 침례교 안에 세대주의 신학을 소개했다. 그레이브스가 지금까지 침례교신학에 끼쳐온 영향은 당대보다 더 크다.

19세기에 침례교사상의 형성에 기여했던 또 다른 신학자들과 기여자들이 있다. 존 뉴턴 브라운(John Newton Brown, 1803-1868)은 「침례교회 교본」(The Baptist Church Manual, 1853)으로 불리는 교회에 관한 중요한 저술로 공헌했다. 이 책은 대부분 교회들이 표준 교회규약으로 삼게 된 내용을 포함하고 있었다. 변호사 출신의 리처드 풀러(Richard Fuller, 1804-76)는 「십자가의 능력」(The Power of the Cross, 1851)을 통해 십자가에 대한 강력한 신학을 침례교에 남겼다. 비록 노예계층에 인기 있는 설교가였지만, 그럼에도 그는 노예제도를 옹호하는 것으로 알려져 왔다. 이러한 잘못된 견해는 「성경적 제도의 하나로 알려진 가정의 노예제도」(Domestic Slavery Considered as a Scriptural Institution, 1845)에서 발견할 수 있다.

당대에 가장 뛰어난 신학자는 뉴턴신학원(Newton Theological Institute)의 학장이사 교수로 재직했던 알바 호베이(Alvah Hovey, 1820-1903)였다. 19세기 복음주의에 강하게 영향을 받아, 그는 과격한 성경영감설을 믿게 되었다. 그의 기독론은 초대교회 신조에 근거하여 만들어진 규범에 기초하고 있었다. 그는 「조직신학과 기독교 윤리에 관한 교본」(Manual of Systematic Theology and Christian Ethics, 1877)을 남겼다. 또한 그는 「미국 주석」시리즈(American Commentary)의 편집자로도 일했다. 아도니람 저드슨 고든(Adoniram Judson Gordon, 1836-95)은 이 시기의 광범위한 복음주의의 영향을 받은 또 다른 침례교 지도자였다. 그는 주로 목사로서 일했지만, 보스턴선교훈련원(Boston Missionary Training School, Gorden College의 전신)의 원장도 역임했다. 그의 신학적 공헌은 「선교에서 성령」(The Holy Spirit in Mission, 1893)에서 보듯이 성령론에 관한 연구와 가르침에 있다.

19세기 말에 침례교사상에 중요한 영향력을 끼쳤던 두 명의 남침례교 거장은 존 브로더스(John Broadus, 1827-95)와 바실 맨리 2세(Basil Manly, Jr., 1825-92)였다. 두 사람은 모두 서든침례신학대학원(Southern Baptist Theological Seminary)의 초대 교수였다. 침례교 주일학교부(Baptist Sunday School Board) 산하 출판사인 브로드만 출판사(Broad(us)Man(ly) Press)의 이름은 바로 이 두 사람의 이름을 조합하여 만든 것이다. 브로더스는 뛰어난 언어학자였지만, 정작 가장 큰 업적을 남긴 부분은 목회신학이었다. 그의 「설교 준비와 전달을 위한 연구」(A Treaties on the Preparation and Delivery of Sermons, 1870)는 아직도 많은 사람들에 의해 이 분야의 고전으로 간주되고 있다. 맨리의 주된 공적 가운데는 성경의 권위와 관련하여 중요한 저서인 「성경영감에 관한 교리」(The Bible Doctrine of Inspiration, 1888)와 「원리강령」(Abstract of Principles, 1859)에 관한 그의 명쾌한 저서가 있다. 이 중요한 문서들은 남침례교신학의 신앙고백의 기초를 만드는 데 사용되었다.[14)]

19세기가 끝나갈 즈음에, 영국 침례교회는 자신들이 하강논쟁(Downgrade Controversy)이라고 불렀던 논쟁의 한 가운데에 서 있다는 것을 알게 되었다. 이 논쟁은 존 클리포드(John Clifford)와 찰스 스펄전(C. H. Spurgeon)이라는 두 명의 지도자들이 주도했다. 클리포드(1836-1923)는 성경비평과 신학-과학의 공조 효과를 옹호했다. 이는 스펄전의 초자연주의(supernaturalism)에 의해 완강히 거부된 것이었다. 스펄전은 1887년 침례교연합(Baptist Union)에서 탈퇴하였고, 클리포드는 영국 침례교의 뛰어난 지도자로 남았다. 클리포드는 침례교연합에서 뿐 아니라 다음 세기에 세계침례교연맹(Baptist World Alliance) 내에서도 전략적인 지도력을 발휘했다. 하강논쟁 등인 논의되었던 문제들은 20세기에 대서양을 마주한 양쪽 지역에서 지속적으로 논란이 되었다.

### 20세기 침례교신학

19세기 동안, 뉴햄프셔 신앙고백(New Hampshire Confession, 1833)에서 좀 더 완화된 칼빈주의의 영향력이 증대되어 필라델피아 신앙고백(Philadelphia Confession)의 확고한 칼빈주의는 변형되기에 이르렀다. 이번에는 뉴햄프셔 신앙고백문이 1925년과 1963년 침례교신앙과 메시지(Baptist Faith and Message)의 기초가 되었다. 이러한 변형, 이에 따른 반작용, 지속되는 다양성이 20세기 침례교신학의 특징이 되었다.

앞서 하강논쟁의 예에서 보듯이, 침례교 역시 자유주의의 침입으로부터 예외일 수는 없었다. 자유주의 흐름을 주도한 대표자 가운데는 윌리엄 클락(William Newton Clarke, 1841-1911), 쉐일 매튜(Shailer Mathews, 1836-1941), 해리 포스딕(Harry Emerson Fosdick, 1878-1969)이 있다. 사회복음신학이 월터 라우쉔부쉬(Walter Rauschenbusch)에 의해 주장되었으며, 이상주의에 의해 영향을 받은 중재신학(mediating theology)이 스트롱(A. H. Strong)에 의해 훌륭하게 소개되었다.

거의 30년 동안, 클락은 토론토침례교신학대학원(Toronto Baptist Seminary)과 콜게이트 신학대학원(Colgate Theological Seminary)에서 신약을 가르쳤다. 그의 저서 가운데 인상깊은 것으로는 「신학에서 성경사용법」(The Use of the Scriptures in Theology, 1905), 「성경과 함께 60년」(Sixty Years with the Bible, 1909)과 고전이 된 「기독교신학 개요」(The Outline of Christian Theology, 1909)가 있다. 클락은 반-실존주의적 방법론을 발전시켰다. 이 방법론은 예수의 생애와 가르침을 하나님의 계시와 인간 경험을 해석하는 틀의 중심에 두는 방법이다.

클락과 마찬가지로, 쉐일 매튜도 가장 인상 깊은 침례교 유산 가운데 일부를 계승한 사람이다. 뉴턴신학원(Newton Theological Institute)에서 수학한 뒤, 매튜는 시카고대학 신학부(University of Chicago Divinity School)에서 뛰어난 경력을 발휘하기 전에 잠시 콜비 대학(Colby College)에서 가르쳤다. 20세기 다른 어떤 침례교인들보다도, 매튜는 자유주의 사상을 구체화했다. 성경과 신학 연구에서 독일식 비평방법, 종교사에 대한 혁명적인 이해, 사회복음에 대한 기본적인 헌신에 의해 영향을 받은 매튜는 모더니즘을 과감하게 변호했다. 그의 「예수의 사회적 가르침」(The Social Teaching of Jesus, 1897), 「모더니스트의 신앙」(The Faith of a Modernist, 1924)은 기독교를 주로 인간의 필요와 자유라는 용어로 표현한 저서다. 그의 생기 넘치는 통찰력은 전통적인 신학구조에 도전했고, 20세기 초에 침례교를 위한 신학의제를 형성했다.

클락과 매튜의 사상을 좀 더 광범위하게 대중에게 전달한 인기 설교가는 강단의 거인이었던 해리 포스딕(Harry Emerson Fosdick)이었다. 포스딕은 뉴욕시 지역에서 세 개 교회를 목회를 하면서, 40년 동안 유니온신학교에서 간헐적으로 가르친 학자였다. 그의 인기가 절정에 오른 때는 파크애비뉴(Park Avenue) 침례교회(후에 Riverside Church로 이름을 바꿈)에서 감동적인 설교자로 섬길 때였다. 그는 1922년 "근본주의자들이 승리할 수 있을까요?"(Shall the Fundamentalists Win?)라는 설교를 통해 전통 기독교에 도전했다. 그는 많은 저서를 통해 자유주의적 침례교신학을 대중화시켰다. 그의 사상은 가장 유명한 저서인 「기독교와 진보」(Christianity and Progress, 1922), 「성경의 현대적 사용법」(The Modern Use of the Bible, 1924)에서 확인할 수 있다.[15)]

모더니즘 사상가에 대해 반발했던 침례교 근본주의자들은 윌리엄 라일리(William Bell Riely, 1861-1947), 존 프랭크린 노리스(John Franklyn Norris, 1877-1952), 쉴즈(T. T. Shields, 1873-1955), 존 라이스(John R. Rice, 1895-1980) 등이 유명하다. 1926년까지 이들 근본주의 열렬분자들은 침례교총회에서 모더니스트들을 몰아내는 데 실패했다. 대부분의 영역에서, 그들은 진화론과 역사비평에 대항한 싸움에서 패하고 있었다. 북쪽의 근본주의자들은 그들이 볼 때 배교했다고 간주되는 총회로부터 탈퇴해 순수성을 유지하기 위해 새로운 교단들을 만들었다. 그들은 정규침례교회 일반연합(General Association of Regular Baptist Churches), 미국 보수주의 침례교연합(The Conservative Baptist Association of America) 그리고 침례교국제성경협회(The Baptist Bible Fellowship International)를 만들었다.[16]

프랭크 노리스는 근본주의 지도자들 가운데 가장 논쟁적이며 선정적으로 기치를 들어올렸다. 노리스는 베일러대학교(Baylor Universty)에서 캐롤(B. H Caroll)과 함께 공부했으며, 세계적으로 가장 유명한 강단에서 정규적으로 설교하면서 야심만만하게 자신의 생각을 펼쳐나갔다. 동시에 그는 1935년에서 1952년까지 텍사스 주의 포트워스(Fort Worth)와 미시간 주의 디트로이트(Detroit)에 있는 교회에서 목회를 했다. 그는 근본주의 신학을 전파하기 위해 「근본본적인 것들」(The Fundamentalist, 1909-1952)의 편집인이라는 도구를 십분 활용했다. 그는 진화론 사상과 사회복음에 넌더리를 쳤다. 또한 노리스는 전천년주의를 핵심적인 신학적 소신으로 끌어올렸다. 그는 모든 면에서, 신학이 문자적 해석에 근거해서 형성되어야 한다고 주장했다. 그의 저서인 「역동적 복음」(The Gospel of Dynamite, 1933)은 문자적 그리스도, 문자적 구원, 문자적 지옥 그리고 문자적 천국을 포함하여 신학적 문자주의를 강조하고 있다.[17]

「복음의 증인」(The Gospel Witness, 1922-55)의 편집자이자 토론토침례신학대학원(1927-55)의 학장인 쉴즈는 릴리, 노리스와 함께 1923년 북미 침례교성경연맹(Baptist Bible Union of North America)을 결성하고 초대회장을 지냈다. 네 번째 주요인물인 존 라이스는 남부침례교모임(Southwide Baptist Fellowship)을 만드는 것을 도왔다. 남침례교인들을 고무시키기 위해 가까운 동료인 프랭크 노리스, 라이스와 함께 1934년 「주의 검」(the Sword of the Lord)을 창간했다. 이 간행물은 미국에서 가장 광범위하게 배포되었으며, 가장 중요한 근본주의자들의 정기간행물이 되었다. 「주의 검」을 통해, 라이스는 1979년 이후 남침례교총회 내

에서 근본주의자들의 재기뿐 아니라, 근본주의 현상을 확장하는 데 대단한 영향력을 끼쳤다.[18)]

수잔 그리핀(Susan E. C. Griffin, 1851-1926)과 헬렌 몽고메리(Helen Barrett Montgomery, 1861-1934)는 여성운동과 침례교적 모습과 사상을 형성하는 데 개척자로 거론될 수 있는 가장 중요한 두 여성이다. 수잔 그리핀은 미국 침례교인들 가운데 최초로 안수를 받은 여성이었다(1893). 그 때는 그녀와 그녀의 남편이 뉴욕 주 엘미라 헤이츠에 있는 엘미라 헤이츠 침례교회에 목사로 청빙을 받은 시기였다. 이러한 부르심을 받기 십 여년 전에 이 부부는 인도에서 선교사로 일했다. 천부적인 언어학자, 연설가 그리고 행정가였던 그녀는 자유침례교일반협회(Free Baptist General Conference)와 북침례교총회(Northern Baptist Convention)에서 여성협회의 연합을 효과적으로 이끌었다. 몽고메리는 침례교에서 여성의 역할을 발전시킨 또 다른 중요한 인물이었다. 그녀가 만든 수많은 성경공부 보조교재가 있지만, 가장 사랑받는 교재는 「신약성경 100주년 번역」(Centenary Translation of New Testament, 1924)이다. 그녀는 최초의 세계기도의 날을 정했다. 1920년 모더니스트-근본주의자 논쟁의 와중에, 그녀는 북침례교총회의 전국모임을 주재했다.

20세기 중반에 각기 다른 학문분야에서 업적을 남기며 영향을 주었던 두 명의 뛰어난 침례교인은 헤롤드 로울리(Harold Henry Rowley, 1890-1969)와 케네스 라토렛(Kenneth Scott Latourette, 1894-1968)이었다. 구약학자였던 로울리는 구속, 선택 그리고 예배를 포함하여 몇 가지 관점들을 통해 구약성경의 신학적 중요성을 다루었다. 그는 하나님의 말씀인 성경이 신성하기도 하며, 동시에 인간적이기도 하며, 하나님의 살아있는 말씀인 예수 그리스도의 궁극적인 권위를 유일하게 세워준다고 주장했다. 이러한 견해는 「성경의 적절성」(The Relevance of the Bible, 1942), 「성경의 권위」(The Authority of the Bible, 1949), 그리고 「성경의 통일성」(The Unity of the Bible, 1953)에 충분히 나타나 있다. 휠러 로빈슨과 함께 로울리는 침례교인들 가운데 구약성경 분야를 발전시켰다. 「이스라엘의 신앙」(The Faith of Israel, 1956)과 「선택에 관한 성경적 교리」(The Biblical Doctrine of Election, 1950)는 이러한 발전의 산물이었다. 그는 구약성경이 교회와 기독교 신학을 위해 갖는 영속적 중요성이라는 측면에서 재발견되어 사용되어야 한다고 설득력 있게 주장했다.

특별히 선교역사 분야에서 가장 뛰어난 교회사가 가운데 한 사람이었던 라토렛은 예일대학 선교학교수(1921–53)로 재직했다. 그의 가장 유명한 저작인 7권짜리 「기독교 확장의 역사」(The History of the Expansion of Christianity, 1937–45)는 아직도 후배 침례교 역사가들에게 고전이자 최고의 표준서다. 라토렛은 20여 년 동안 미국침례교해외선교협회(American Baptist Foreign Mission Society)의 회원이었으며, 미국침례교총회 회장을 역임한 침례교 목사였다.

카일 마니(Carlyle Marney, 1916–78)와 마르틴 루터 킹 2세(Martin Luther King, Jr., 1929–68)은 당대 침례교인들을 설교를 통해 신학적으로 도전했던 두 명의 예언자적 설교가였다. 테네시 주 해리만(Harriman) 출신의 마니는 탁월한 침례교 목사이자 신학자였다. 그는 켄터키 주 파두카(Paducah), 텍사스 주 오스틴(Austin) 그리고 노스캐롤라이나 주 샬럿(Charlotte)에서 목회를 했다. 그의 사역 가운데 마지막 10년 동안, 그는 노스캐롤라이나 주 레이크 주나러스카(Lake Junaluska)에 있는 목회자들을 위한 재교육센터인 해석자의 집(the Interpreter's House)의 책임자로 일하는 동안 그의 관심은 좀 더 넓은 에큐메니칼한 주제들에 모아졌다. 그의 신학과 사역은 윤리적 사회적 문제들에 집중되었다. 이러한 주제들이 「편견의 구조」(The Structure of Prejudice, 1961), 「인간 재발견」(The Recovery of the Person, 1963), 「재림 신앙」(The Coming Faith, 1970) 그리고 「서로를 향한 제사장」(Priests to each Other, 1974)에서 다루어지고 있다.[19)]

원로 침례교 목사인 마르틴 루터("아버지") 킹의 아들인 마르틴 루터 킹 2세는 1960년대 시민권리운동의 주도자이자 사회문제 제기에서 비폭력전략의 선구적 옹호자였다. 그는 1968년 테네시 주 멤피스에서 암살당하기 전에 앨라배마 주 몽고메리, 조지아 주 애틀랜타에서 목회했다. 그는 신학적으로 마하트마 간디와 월터 라우쉔부쉬의 저작에 영향을 받았다. 그의 박사학위 논문은 폴 틸리히의 신학에 관한 것이었다. 킹은 그의 이상을 실현하기 위하여 1957년 남침례교 기독인지도자협회(Southern Baptist Christian Leadership Conference)를 설립했다. 그는 뉴욕 주 브룩클린 출신의 뛰어난 흑인목사인 가드너 테일러와 협력하여 1961년 진보적인 전국침례교총회(Progressive National Baptist Convention)를 결성했다. 1963년 킹은 타임지에 올해의 인물로 선정되었다. 그는 1964년 노벨평화상을 받았을 뿐 아니라 300여 차례나 각종 유명한 상을 수상했다. 또한 킹 목사는 다작가였다. 그는 매우 많은 논설을 남겼으며 일곱 권의 책을 저술했다. 그 가운데 「자유를 향한 전진」(Stride Toward Freedom, 1958)은 에인스필드-울프 상(Ainsfield-Wolf Award)을 받았다. 경제정의와 인종화해의 발전을 위해 킹만큼 기여한 침례교 지도자는 아무도 없었다.[20]

## 결론

침례교 전통을 형성하는 데 영향을 끼치쳤던 또 다른 30여명을 제외하고서도, 아직도 언급할 만한 가치가 있는 유명한 사람들이 많다. 그 중에는 윌리엄 휫시트(William Whitsitt), 티드웰(J. B Tidwell), 윌리엄 하퍼(William Rainey Harper), 로버트 케첨(Robert Thomas Ketchum), 에드윈 포티어 2세(Edwin McNeill Potear, Jr.), 리(R. G. Lee), 로버트슨(A. T. Robertson), 존 브라인(John Brine), 알렉산더 맥클레런(Alexander Maclaren), 스티븐스(W. W. Stevens), 존 카터(John F. Carter), 트리블(H. W. Tribble), 화이트(W. R. White), 루이 뉴턴(Louie D. Newton), 아브라함 부스(Abtaham Booth), 조지 트루엣(George Truett), 에베네저 닷지(Ebenezer Dodge), 슈발 스턴스(Shubal Stearns), 페퍼(G. D. B. Pepper), 에즈키엘 로빈슨(Ezekiel Robinson), 나단 우드(Nathan R. Wood), 제시 잭슨(Jesse Louis Jackson), 그리고 빌리 그래함( Billy Graham)

등이 있다.

현대 침례교 신학자들 가운데는, 몇 사람만이 주목할 만한 저술을 하고 있거나 저술했다. 그 가운데 단연 유명한 사람은 제임스 가레트 2세(James Leo Garrett, Jr.)다. 가레트은 사우스웨스턴침례신학대학원(Southwestern Seminary), 서든침례신학대학원, 베일러대학에서 가르쳤다. 그는 카너(W. T. Conner), 교회론, 복음주의 그리고 신자들의 교회운동에 관한 저서로 잘 알려져 있다. 뛰어난 역사학자이자 신학자 가운데 한 사람이었던 가레트의 두 권짜리 조직신학은 앞으로 수 년 동안 교과서가 될 것이다. 제임스 맥클렌던(James McClendon)은 침례교적 관점에서 쓴 몇 권짜리 이야기신학의 첫 권을 저술했다. 브루스 디마레스트(Bruce Demarest)와 고든 루이스(Gordon Lewis)의 「통전 신학」(Integrative Theology), 토마스 핑거(Thomas Finger)의 「기독교신학」(Christian Theology) 그리고 가브리엘 팩커(Gabriel Fackre)가 준비하고 있는 야심찬 프로젝트를 포함하여 다른 여러 책들이 준비 중에 있다.

사우스웨스턴침례신학대학원에서 오랫동안 신학과 철학교수로 재직했던 다작가 존 뉴포트(John Newport)는 철학적 신학을 상당히 강화시켜놓았다. 수십 권의 책들 가운데, 그의 가장 괄목할만한 저작은 「인생의 궁극적인 질문들」(Life's Ultimate Questions, 1989)이다. 침례교에서 발전하는 신학의 한 분야인, 심미신학(Aesthetic Theology)은 윌리엄 핸드릭스(Willian Hendriks)에 의해 개척되었다. 탁월하고 창조적인 사고의 소유자로 골든게이트신학대학원, 사우스웨스턴침례교신학대학원, 그리고 서든침례교신학대학원에서 가르쳤던 핸드릭스는 신학과 예술 분야에 새로운 지평을 열었다. 핸드릭스의 창조성은 「어린이 신학」(A Theology for Children)과 「노인 신학」(A Theology for Aging)에서 엿볼 수 있다. 두 명의 성경신학자, 웨인 워드(Wayne E. Ward)와 얼 엘리스(E. Earle Elis)는 신약신학 분야에서 세계적인 명성을 얻었다. 기발한 사상가인 워드는 역동적인 강단 사역을 통해 성경신학을 대중화시켰다. 뛰어난 복음주의 신학자인 엘리스는 수많은 논문과 주석, 그리고 그의 가장 최근작인 바울신학에 대한 탁월한 저술을 통해 권위를 인정받고 있다.

이 마지막 장에서 언급한 사람들뿐 아니라 이 책의 각 장에서 언급한 주요 신학자들은 주로 북미와 영국의 침례교인들이다. 상황화신학과 관련한 새로운 통찰력, 새로운 시도, 계획과 실천이 아프리카, 아시아, 유럽의 일부지역 그리고 제3세계에서 일어나고 있다. 이 마지막 장에서 다룬 많은 사람들에 대한 좀 더 충분한 언급과 함께 이러한 중요한 노력들의 발전은 다음 번 책에서 다루게 될 것이다. 바라기는, 이 책을 통해 우리 모두가 침례교신학의 다각적인 특성을 잘 알고, 침례교신학자들의 과거 역사를 재발견할 수 있기를 바란다. 이러한 기초를 통해, 다가올 미래에 우리는 침례교인들 사이에서 신학적 창조를 위한 잠재력을 사장시키지 않고, 업적들을 쌓아 갈 수 있을 것이다.

## 주(註)

1) H. Leon McBeth, *The Baptist Heritage* (Nashivill: Broadman, 1987) 30; cf. Timothy George, *John Robinson and thr English Seperatist Tradition* (Macon, GA: Mercer, 1982).

2) Ibid., 32-39.

3) Ibid., 39-44.

4) Ibid., 44-48.

5) Cf. Edmund S. Morgan, Roger Williams: The Church and State(New York: Harcourt, Brace and World, 1967).

6) Cf. William L. Lumpkin, Baptist Confesstions of Faith(Valley Forge, Pa. Judson, 1959)

7) Cf. James Leo Garrett, Jr., "History of Baptist Theology," *Encyclopedia of Southern Baptists* (4 vol., Nashivill: Broadman, 1958-1982), 2:1412-13. 고등칼빈주의에 대해서는 다음을 보라. Thomas J. Nettles, *By His Grace and For His Glory*(Grand Rapids: Baker, 1986). Curt Daniel, "Hyper-Calvinism and John Gill," Ph. D. diss. University of Edinbugh, 1983).

8) McBeth, *The Baptist Heritage,* 154. 비교하여 보라. William H. Brackeney, "Dan Taylor," *The Baptists* (New York: Greenwood, 1988), 271-72.

9) Cf. E. A Holems, "George Leile: Negro Slavery's Prophet of Deliverence," *Foundations* 9(1956): 333-45.

10) Cf. N. A. Baxter, "Thomas Baldwin: Boston Baptist Preacher: *The Chronicle* 19 (1956): 28-35.

11) Cf. H. W. Thomson, *Luther Rice: Believer in Tomorrow* (Nashville: Broadman, 1983).

12) Edwin. S. Gaustad, "The Backus-Leland Tradition," *Foundations* 2(1959). 131-5; 또한 다음과 비교하라. Brad Creed, " John Leland: American Prophet of Religious Individualism," Ph. D. diss., Southwestern Baptist Theological Seminary, 1986.

13) Cf. Homer L. Grice and R. Paul Caudill, "Graves-Howell Controversy," *Encyclopedia of Southern Baptists,* 1:580-585; James E. Tull, *Shapers of Baptist Thought* (Valley Forge, Pa.:

Judson, 1972), 129-51.

14) William A. Muller, *A History of Southern Baptist Theological Seminary* (Nashville: Broadman, 1959). 61-100.

15) McBeth, *The Baptist Heritage,* 596-600; R.V. Pierard, "Theological Liberalism," *Evangelical Dictionary of Theology* (Grand Rapids: Baker, 1984), 633-35.

16) Cf. Geroge W. Dollar, *A History of Fundamentalism in America* (Greenville, SC: Bob Jones University Press, 1973).

17) Bobby D. Compton, "J. Frank Norris and Southern Baptists," *Review and Expositor* 79(1982): 63-84.

18) Cf. Jerry Falwell, ED Dobson, and Ed Hinson, eds., *The Fundamentalist Phenomenon* (Garden City: Doubleday, 1981); Bill Leonard, *God's Last and Only Hope* (Grand Rapids: Eerdmans, 1990).

19) Cf. John J. Carey, *Carlyle Marney: A Pilgrim's Progress* (Macon, Ga.:Mercer University Press, 1985).

20) Cf. Tull, *Shapers of Baptist Thought,* 209-35; James M. Washington, ed., *A Testament of Hope: The Essential Writings of Martin Luther King, Jr.* (San Francisco: Harper & Row, 1986).

"너희는 유대인이나 헬라인이나 종이나 자유인이나 남자나 여자나
다 그리스도 예수 안에서 하나이니라" 갈라디아서 3장 28절

# 침례교 신학자들(하)

초판발행 2010. 9. 1
편자 침례교신학연구소
발행인 도 한 호
등록번호 출판 제6호 (1979. 9. 22)
발행처 침례신학대학교 출판부
주소 대전광역시 유성구 하기동 산14 (305-358)
전화 (042)828-3255, 3257 / E-mail: public@kbtus.ac.kr
FAX (042)828-3256 / 홈페이지 http://www.kbtus.ac.kr

〈값 16,000원〉
ISBN 978-89-93630-19-0 94230
ISBN 978-89-93630-18-3 94230 (전2권)